基本情况

中国重型机械研究院股份公司（原西安重型机械研究所）创建于1956年，系我国装备工业较早建立的国家应用技术开发研究院所之一，1999年转制改革为科技型企业，2006年组建成立中国重型机械研究院，2012年改制为中国重型机械研究院股份公司。公司具有国家颁发的冶金行业、建筑行业、市政行业（热力工程、城镇燃气工程）、环境工程（大气污染防治工程、水污染防治工程）、化工石化（石油及化工产品储运）和医药行业工程设计甲级或乙级资质。设有博士后工作站、全国冶金设备标准化技术委员会和国家冶金重型机械质量监督检验中心。

业务领域

专业从事大型现代化、绿色化的钢液精炼，连续铸钢，黑色、有色金属板、带、箔材及管、棒、型材精密轧制，精整，挤压与锻造成形，烟气净化、节能，油气输送等重大成套技术装备的研发、设计、成套与工程总承包，精诚服务于冶金、航空航天、轨道交通、新能源、装备制造、石油化工、建材等国民经济支柱产业，并承担标准、规划、检测等行业技术归口工作。

创新体系

公司拥有一支由工程院院士带头的近千人科技队伍、数百人专家团队，组建有多个省（市）级创新团队，先后创建起金属挤压与锻造装备技术国家重点实验室、高品质特殊钢超厚板连铸技术及创新平台以及陕西省大型工业铝型材挤压技术与装备工程技术研究中心等10多个国家、省级研发平台，覆盖了公司精炼、连铸、轧制、锻压、环保、煤化工专业技术领域。

荣誉成就

60多年来，公司研发的220多项国产大型成套装备填补了多项国内空白；近400余项科技成果荣获国家和省部级科技进步奖；取得1100余项科研成果，向国内外数百家企业提供2300 余台（套）先进设备和大型成套装备，广泛应用于黑色、有色金属冶金和压延加工、航空航天、船舶、能源、交通、核电及军工、高端装备制造等国民经济支柱领域，为我国钢铁有色行业科技进步、转型升级、产品提升做出了重要贡献。2019年公司被国家相关部门认定为国家企业技术中心和国家技术创新示范企业；荣获陕西省“创新方法应用优秀单位”荣誉称号。

200mm×700mm不锈钢板坯连铸机，2019年投产

2150mm铝合金板拉矫清洗机组，2019年投产

高端铝合金材料薄壁挤压及智能制造项目40 MN
铝型材挤压机，2019年投产

国内生产超高强度桥梁缆索用盘条核心设备
——在线盐浴设备，2019年投产

300tLF精炼炉设备，2019年投产

广西盛隆1780mm热轧生产线

800MN大型模锻压机

蒂森克虏伯发动机零部件（中国）有限公司125MN热模锻压力机生产线

大型万向联轴器

0℃ 1000MW超高温超超临界汽轮机中压内缸铸件（CB2材料）

5m轧机支承辊

CAP1400核电半速转轴

白鹤滩项目上冠铸件

燃机锻件

长龙山项目首件转子中心体

100吨级Cr12高中压转子电渣锭

750t · m锻造操作机

蒸汽发生器主锻件上封头

主泵泵壳

100kW飞轮储能不间断供电系统

陕煤天元化工年产60万t粉煤热解回转反应炉

高含硫撬装设备——达州普光气田撬装设备

广东雷州垃圾熔融裂解装备

川矿集团

四川矿山机器（集团）有限责任公司（简称川矿集团）位于四川省江油市，始建于1958年，属中国八大重机之一，是国内主要重型装备制造商，中国西部冶金矿山设备、水泥建材设备领域的领军企业，被誉为中国客（货）运架空索道的“摇篮”，2014年由昆吾九鼎投资管理有限公司（简称昆吾集团，股票代码：430719）全资控股。

川矿集团为四川省企业技术中心、高新技术企业，连续多年入选中国机械500强、中国专用设备制造业100强企业和中国建材机械制造20强。现为中国重型机械工业协会常务理事以及其下属破碎粉磨设备专业委员会理事长单位、中国煤炭工业劳动保护科学技术学会副主任委员和中国建材机械工业协会副会长单位。川矿集团被授予国家重合同守信用企业，“川矿”商标被评为四川省著名商标。

川矿集团拥有国内先进、国际一流的生产线，涉及产品研发、设计、工艺、制造、质量管控、运输、安装调试、工程总承包（EPC）及维护保养、备品备件和售后服务等业务流程，主要为国内外旅游、交通、冶金、矿山、水泥建材、电力、石油化工和起重运输等行业提供重大成套技术装备、高新产品和技术服务，产品包括空中客、货运架空索道，冶金矿山装备，矿井提升机，成套水泥装备，各种破碎筛分设备及砂石生产线设备，化工压力容器，各种备品备件以及安装调试和维保服务等，产品与服务享誉国内并远销欧美及东南亚的近40个国家和地区。

货运索道

客运索道

货运索道

索道带式运输系统

砂石骨料生产系统

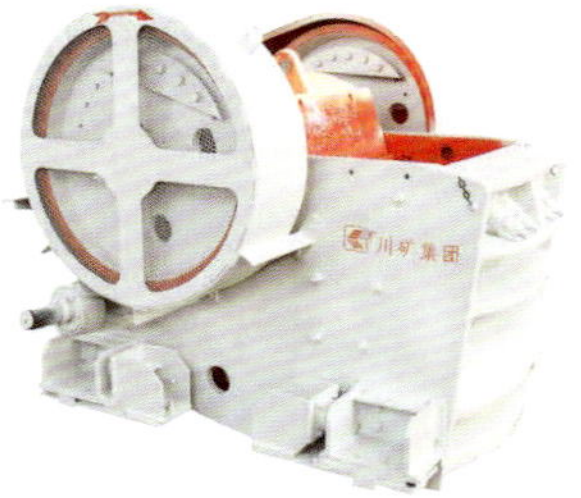
欧版颚式破碎机

单缸液压圆锥破碎机

日产5000t新型干法水泥生产线

单绳缠绕式矿井提升机

多绳摩擦式矿井提升机

自身返碱蒸汽煅烧炉

地址：四川省江油市三合镇建设北街100号
邮编：621701
电话：0816-3696888
http://www.chuankuang.com
E-mail：chuankuang@163.com

四川矿山机器(集团)有限责任公司

SICHUAN MINING MACHINERY (GROUP) CO., LTD.

广告
Messe München
Connecting Global Competence
bauma CHINA 2022
二十韶华 筑梦远航
2022.11.22-25
上海新国际博览中心
Shanghai New International Expo Centre
联系方式 Contact
+86-21-20205500
baumachina@mm-sh.com
上海国际工程机械、建材机械、矿山机械、工程车辆及设备博览会
International Trade Fair for Construction Machinery, Building Material Machines, Mining Machines and Construction Vehicles.
www.b-china.cn
www.bauma-china.com
bauma CHINA

中国机械工业年鉴系列

中国重型机械工业年鉴

2020

中国机械工业年鉴编辑委员会
中国重型机械工业协会
编

机械工业出版社
China Machine Press

《中国重型机械工业年鉴》2020年版设置综述、大事记、行业与市场篇、企业篇、统计资料、标准与质量和附录7个栏目，集中反映了2019年重型机械行业的发展情况，详细记录了17个分行业的生产发展、产品产量、市场销售、科技成果及新产品、标准与质量、基本建设及技术改造等情况，公布重型机械行业权威统计数据。企业大事记专栏梳理了行业重点企业2020年的重大事件，记录了企业的发展历程。

《中国重型机械工业年鉴》主要发行对象为政府决策机构、机械工业相关企业决策者，从事市场分析、企业规划的中高层管理人员以及国内外投资机构、贸易公司、银行、证券、咨询服务部门和科研单位的机电项目管理人员等。

图书在版编目（CIP）数据

中国重型机械工业年鉴. 2020 / 中国机械工业年鉴编辑委员会，中国重型机械工业协会编 .—北京：机械工业出版社，2021.5
（中国机械工业年鉴系列）
ISBN 978-7-111-68298-1

Ⅰ. ①中… Ⅱ. ①中… ②中… Ⅲ. ①重工业—机械工业—中国—2020—年鉴 Ⅳ. ① F426.42-54
中国版本图书馆CIP数据核字（2021）第095118号

机械工业出版社（北京市西城区百万庄大街22号　邮政编码 100037）
责任编辑：赵　敏
责任校对：李　伟
责任印制：罗彦成
北京宝昌彩色印刷有限公司印制
2021年5月第1版第1次印刷
210mm×285mm • 16 印张 • 29 插页 • 725 千字
标准书号：ISBN 978-7-111-68298-1
定价：380.00元

中国机械工业年鉴系列

作为『工业发展报告』
记录企业成长的每一阶段

中国机械工业年鉴

编辑委员会

中国重型机械工业年鉴

鉴证行业发展足迹
振兴重型装备工业

中国重型机械工业年鉴
执行编辑委员会

中国重型机械工业年鉴

鉴证行业发展足迹

振兴重型装备工业

中国重型机械工业年鉴编辑出版工作人员

总编辑	石　勇
主　编	田付新
副主编	刘世博　周晟宇
市场总监	赵　敏
责任编辑	赵　敏
编　辑	董　蕾　任智惠　江道芝　万鲁信　高书强
地　址	北京市西城区百万庄大街22号（邮编100037）
编辑部	电话（010）68320642　68997973
市场部	电话（010）88379812　88379536
发行部	电话（010）88379838　68994469

E-mail:cmiy@vip.163.com

http://www.cmiy.com

中国重型机械工业年鉴

鉴证行业发展足迹
振兴重型装备工业

中国重型机械工业年鉴特约顾问单位特约顾问

特约顾问单位	特约顾问
二重（德阳）重型装备有限公司	韩晓军
中国重型机械研究院股份公司	王社昌
北京起重运输机械设计研究院有限公司	唐　超
华电重工股份有限公司	赵胜国
山东山矿机械有限公司	孙善金
山东华特磁电科技股份有限公司	王兆连
浙江双鸟机械有限公司	张文忠
株洲天桥起重机股份有限公司	龙九文
山起重型机械股份公司	徐新民
四川矿山机器（集团）有限责任公司	李　志
南昌矿山机械有限公司	龚友良
江西华伍制动器股份有限公司	曹明生
济南重工集团有限公司	卢庆亮
淮北矿山机器制造有限公司	胡善宏
无锡新大力电机有限公司	徐　敏
河南省东风起重机械有限公司	李伟娟
八达机电有限公司	何国胜
浙江浙矿重工股份有限公司	陈利华
北京伍强科技有限公司	尹军琪
常州市常欣电子衡器有限公司	袁黎萍
上海精星仓储设备工程有限公司	黄　曦
钟祥新宇机电制造股份有限公司	游学峰

中国重型机械工业年鉴

鉴证行业发展足迹

振兴重型装备工业

中国重型机械工业年鉴
特约顾问单位特约编辑

特约顾问单位	特约编辑
二重（德阳）重型装备有限公司	徐文金
中国重型机械研究院股份公司	屈薛勇
北京起重运输机械设计研究院有限公司	聂索夫
华电重工股份有限公司	肖立群
山东山矿机械有限公司	胡秀万
山东华特磁电科技股份有限公司	王成业
浙江双鸟机械有限公司	韩　剑
株洲天桥起重机股份有限公司	郑正国
山起重型机械股份公司	刘永庆
四川矿山机器（集团）有限责任公司	王　斌
南昌矿山机械有限公司	仇　珩
江西华伍制动器股份有限公司	谢徐洲
济南重工集团有限公司	于普涟
淮北矿山机器制造有限公司	彭爱民
无锡新大力电机有限公司	诸美红
河南省东风起重机械有限公司	赵　辉
八达机电有限公司	杜左海
浙江浙矿重工股份有限公司	林为民
北京伍强科技有限公司	刘　崇
常州市常欣电子衡器有限公司	包鸿霞
上海精星仓储设备工程有限公司	陈　忠
钟祥新宇机电制造股份有限公司	黄长明

前　言

重型机械行业包括冶金机械、矿山机械、物料搬运机械（起重运输机械）、重型锻压机械和大型铸锻件，是我国装备制造业的重要组成部分，也是关系到国民经济命脉和国家安全的重要产业，主要服务于钢铁、有色、矿山、煤炭、建材、电力、水利、交通、石化、物料搬运和国防建设等国民经济各领域，部分产品进入了民众生活服务领域（城市停车、物流与仓储设备等）。

2020 年是全面建成小康社会和“十三五”规划收官之年，也是极不平凡的一年。面对严峻复杂的国内外环境，特别是新冠肺炎疫情的冲击，重型机械行业认真贯彻落实党中央、国务院统筹推进疫情防控和经济社会发展工作的决策部署，主动作为，承压前行。全行业积极投身疫情防控，快速推进复工复产，生产经营秩序在第二季度得以基本恢复。在国家减税降费、助企扶企、稳定就业等政策支持下，重型机械行业市场需求基本稳定，多数企业生产任务比较充足，但是企业间两极分化趋势明显，一些分行业出工而不得利的现象较为突出。2020 全行业共实现营业收入约 10 260 亿元，同比增长 2.21% ；行业实现利润总额约 677 亿元，同比增长 19.61%；完成进出口总额 220 亿美元，进出口贸易受新冠肺炎疫情影响有所下滑。

2021 年是“十四五”规划的开局之年，也是中国共产党成立一百周年。重型机械行业要认真贯彻落实党的十九届五中全会精神和全国“两会”精神，适应新时代、新形势、新要求，落实《中华人民共和国国民经济和社会发展第十四个五年规划和 2035 年远景目标纲要》，做好行业 “十四五”发展规划，以自主创新、自立自强的精神状态迎接新的挑战，持续推进重型机械行业转型升级，实现行业平稳健康发展，向党的百年华诞献礼。

《中国重型机械工业年鉴》作为行业的宣传窗口，已连续出版 16 年。《中国重型机械工业年鉴》2020 版记载了 2019 年重型机械行业企业在技术升级、创新发展、提升企业核心竞争力中取得的经验和成绩，与广大用户和关心重型机械行业发展的读者一起，共同见证了中国重型机械行业改革成长的发展历程。

在《中国重型机械工业年鉴》的编纂过程中，得到了各有关企业和用户的大力支持，也得到了许多行业专家的指导，在此表示诚挚的感谢。中国重型机械工业协会希望通过《中国重型机械工业年鉴》记录和展示行业的整体面貌，加强与各界同仁的交流与沟通，共同努力推动我国重型机械行业在新时代的创新发展。中国重型机械工业协会将一如既往地为行业企业提供更加完善周到的服务。

中国重型机械工业协会常务副理事长

2021 年 3 月

广告索引

智能制造专栏

优秀企业展示

专栏索引

企业大事记

智能制造

物料输送工程

钢结构工程

海洋风电工程

空冷工程

热能工程

山矿
SHAN KUANG

山东山矿机械有限公司

SHANGDONG SHANGKUANG MACHINERYCO.,LTD.

山东山矿机械有限公司始创于1970年，是集研发、设计、生产、销售带式输送机、破碎机、球磨机、工矿电机车等系列主机产品及关键零部件的大型骨干企业。公司注册资金2亿元，拥有总资产7亿元，是中国重型机械工业协会副理事长单位及其下属带式输送机分会、破碎粉磨分会、矿山机械分会和中国电器工业协会牵引电气分会副理事长单位。

公司下辖公司本部及山矿重工有限公司、山矿托辊制造有限公司、山矿设备供应公司和宏山汽运有限公司等全资子公司和一所高级技工学校。公司具有从铸造、铆焊、机械加工、热处理到产品总装、试验等全过程的生产能力，配有钢材预处理、涂装、托辊、横梁、铸胶、滚筒等专用生产线。公司主导产品为破碎粉磨机、带式输送机、筛分洗选机、工矿电机车和建材机械等系列300多个品种规格。产品广泛应用于电力、冶金、港口码头、煤炭、矿山、建材、化工等行业。

公司先后荣获中国机械500强企业、全国机械行业文明单位、山东省重合同守信用企业、山东省信誉等级AAA企业、山东省管理创新优秀企业、山东省机械行业十大自主创新企业、山东省机械工业快速成长型企业、山东省机械百强企业等荣誉称号。“山矿”商标连续多年被评为山东省著名商标。

公司为国家高新技术企业，拥有国家CNAS实验室、山东省企业技术中心、济宁市矿山机械工程技术研究中心等创新平台。公司获得了ISO 9001标准质量体系、ISO 14001环境管理体系和OHSMS 18001职业健康安全体系认证，通过了“AAA”标准化良好行为企业确认，获国家计量保证确认合格单位、二级理化检测单位。公司设计生产的带式输送机被中国机械工业联合会评为“中国机械工业优质品牌”，带式输送机、破碎机和球磨机三项产品被评为“山东省名牌产品”，公司现拥有50项国家专利、40项省级科学技术奖励，参与了5项国家标准和12项行业标准的修订。

山东山矿机械有限公司将继续秉承“优、新、快、信”的经营理念，愿与国内外朋友广泛合作，共谋发展！

CNAS实验室

重型机械协会颁发的AAA级证书

4PG四辊破碎机

PCFK1830可逆反击锤式破碎机

四辊破碎机

淮安钢铁管带机

出口印尼宏发韦立管带机

莱州电厂脱硫用MLTB3675湿式球磨机（筒体内径3.44m、长度7.5m）

正在安装的巴西电站项目

山矿带式输送机运行于“一带一路”沿线的巴基斯坦胡布电站

公司地址：山东省济宁市济安桥北路11号
全国服务热线：4006786931
电话：0086-537-2226931
传真：0086-537-2228529　邮编：272041
邮箱：master@sdkj.com.cn　网址：www.sdkj.com.cn

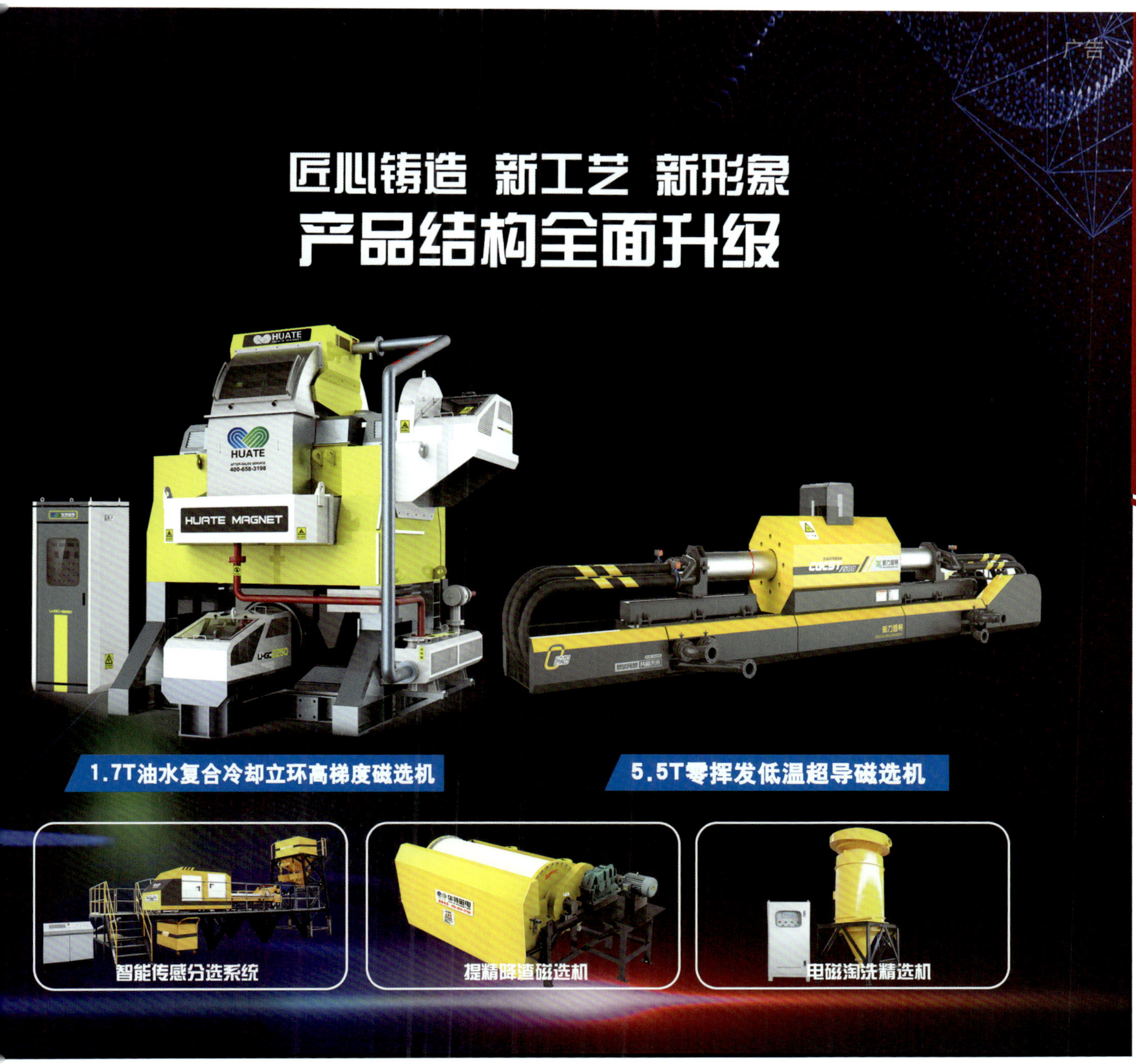
广告
匠心铸造 新工艺 新形象
产品结构全面升级
HUATE MAGNET
1.7T油水复合冷却立环高梯度磁选机
5.5T零挥发低温超导磁选机
智能传感分选系统
提精降渣磁选机
电磁淘洗精选机

提精降渣磁选机使用现场
湿式强磁筒式磁选机使用现场

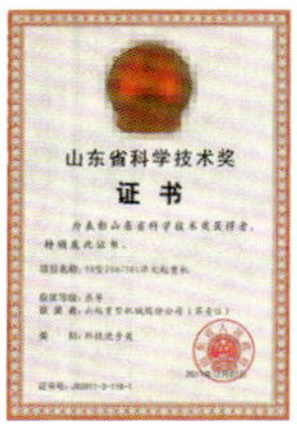

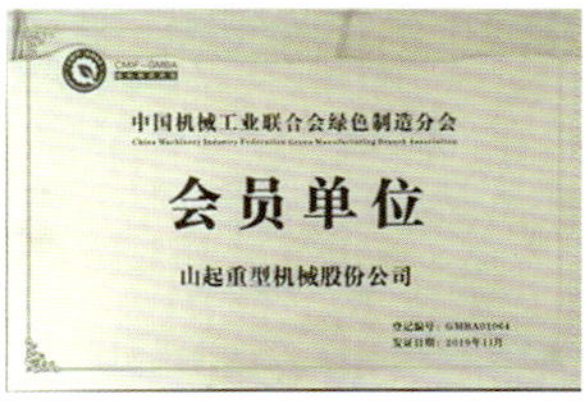

海洋石油工程用起重机

通用桥式起重机

铸造起重机

造船起重机

通用门式起重机

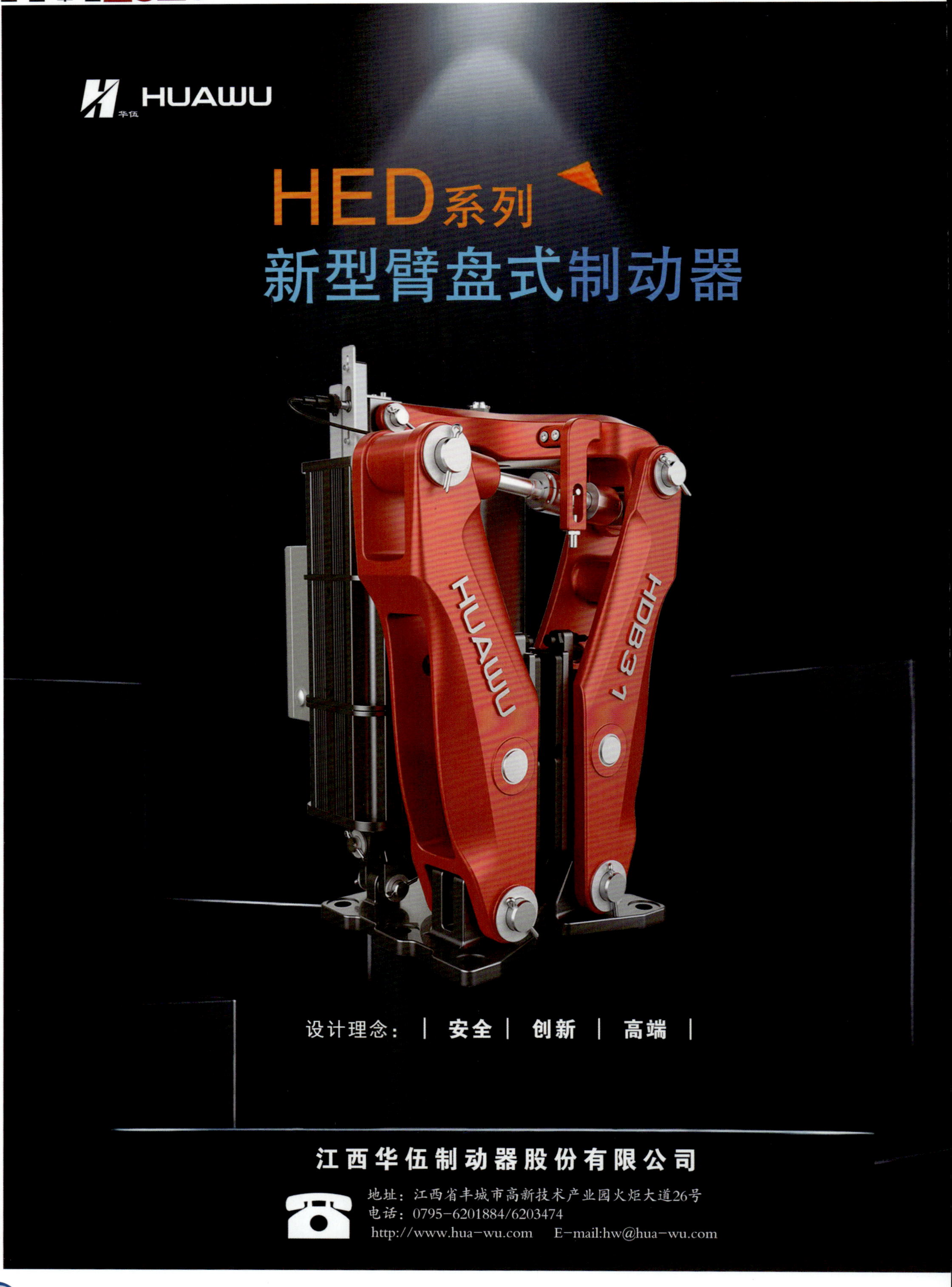
HUAWU
华伍
HED系列
新型臂盘式制动器
HUAWU
HDB31
设计理念：| 安全 | 创新 | 高端 |
江西华伍制动器股份有限公司
地址：江西省丰城市高新技术产业园火炬大道26号
电话：0795-6201884/6203474
http://www.hua-wu.com E-mail:hw@hua-wu.com

广告
华伍股份公众号
华伍股份官方抖音号
HED系列
电力液压推动器
电机节能
间歇工作，发热低
油温监控
油温达75℃时，报警、停机
油压监控
系统工作压力低时，实现自动补压

济南重工

济南重工集团有限公司始建于1949年，占地面积410000m^2，现有职工1200余人，总资产30亿元。公司下设铆焊、机械加工等专业生产厂，拥有各种国内先进的大型生产设备300多台，加工制造能力雄厚。

公司主要产品包括隧道掘进设备、电力设备、矿山设备、脱硫设备、冶金设备、水泥设备等。主导产品全断面隧道掘进机，分为土压平衡盾构机、泥水平衡盾构机和顶管机三大类。目前，公司已制造各类规格的盾构机67台（套），并且在下穿京沪铁路、京沪高铁时均实现了“零沉降＂，专业制造、专业服务得到了施工单位的高度评价。

公司技术中心是国家认定企业技术中心和山东省环保脱硫装备工程技术研究中心，建有博士后科研工作站和院士工作站，现有各类工程技术人员200 多人。公司于2000 年通过了1S09001 质量管理体系认证，并于2007 年获得CE 认证和多家船级社认证。截至2020 年12月，公司拥有专利574项，其中，发明专利27项，制定国家和行业标准27项。公司生产的“济重”牌磨煤机被评为中国名牌产品。

地址：山东省济南市历城区机场路12798号　邮编：250109
办公电话：0531-86139268　　销售电话：0531-86139376
E-mail：market@jizg.com　　http://www.jinanhi.com

智能制造专栏

济南重工

中国工业论坛
中国工业经济先锋全国示范单位
济南重工股份有限公司
国家认定
企业技术中心
国家发展改革委 科技部
财政部 海关总署 国家税务总局
济南重工股份有限公司
山东省院士工作站
山东省科学技术厅
二〇一九年
济南重工股份有限公司
博士后科研工作站
POSTDOCTORALPROGRAMME
人力资源和社会保障部
全国博士后管委会
制发
山东省著名商标
山东省工商行政管理局
国家认定
企业技术中心
国家发展改革委 科技部
财政部 海关总署 国家税务总局
高新技术企业
证书
中国驰名商标
授予
中国名牌产品证书
济南重工股份有限公司
中国名牌产品

济南重工 开创一号
济南重工制造
攻坚号

57
58
59
60
61
62
63
REDCRAB
VSTRONG

广告
第26届亚洲国际动力传动与控制技术展览会
2021年10月26 - 29日
上海新国际博览中心
www.ptc-asia.com
30
YEARS | SINCE 1991
PTC
ASIA
更多信息请咨询主办单位:
HPSA 中国液压气动密封件工业协会
CMCA 中国机械通用零部件工业协会
Deutsche Messe
FIERA MILANO
中国液压气动密封件工业协会
地址：北京市西城区太平街甲2号
邮编：100050
联系人：王征 / 祁金一
电话：010-6317 2481
邮箱：chpsa_zl@163.com
传真：010-6317 2481
网址：www.chpsa.org.cn
中国机械通用零部件工业协会
北京市海淀区北蜂窝2号中盛大厦25层2502
邮编：100038
联系人：罗燕 / 姚海光
电话：010- 6326 2092 / 6326 7012
邮箱：china-parts@vip.163.com
传真：010-6857 2092
网址：www.cmca-view.com
汉诺威米兰展览(上海)有限公司
联系人：PTC ASIA 项目组
电话：021-2055 7000
传真：021-2055 7100
邮箱：ptc-asia@hmf-china.com
网址：www.ptc-asia.com
PTC
ASIA

优秀企业展示

中国·八达机电有限公司

BADA MECHANICAL & ELECTRICAL CO.,LTD. · CHINA

公司创建于1993年，是一家集研发、生产、销售为一体的国家高新技术、国家无区域性企业，主要生产“BADA”牌微型电动葫芦、电动绞盘等系列产品。公司资产总额超亿元，员工380余名，技术管理人员100人，厂区建筑面积4.9万㎡，2008年出口交货值2 500万美元。公司系瑞安市50强企业、瑞安市活力和谐企业、温州市大集团培育企业和温州市“五个一批”重点企业、浙江省清洁生产企业；浙江省纳税AAA级信誉企业、经营AAA级诚信企业、银行资信AAA级企业、安全生产标准化企业；全国创名牌重点企业。

公司是全球大型的“单相电动葫芦”制造商，是国家钢丝绳电动葫芦行业标准起草单位之一，设有“浙江省单相电动葫芦技术研发中心”“浙江省企业技术中心”和“国家教育相关部门计算机辅助产品创新设计工程中心八达产业基地”。公司生产的“BADA”牌单相微型电动葫芦PA系列产品，填补了国家微型起重设备的空白，获得13项国家专利，同时被列入“国家重点新产品”和“国家星火计划项目”。产品分别通过了欧盟“CE”“EMC”，德国“GS”“PAHS”，美国“UL”，加拿大“CUL”认证，欧盟“WEEE”“RoHS”绿色双指令认证，多款产品通过TüV的FFU测试。公司通过了ISO9001:2000、ISO14001和GB/T18000认证。产品远销欧美50多个国家和地区，国内外市场占有率均在60%以上，并在欧美16个国家和地区以及中国香港、中国台湾注册了“BADA”牌商标。先后获得“温州名牌产品”“温州知名商标”“浙江名牌产品”“浙江知名商号”和“浙江著名商标”等荣誉。

务实的团队精神、优秀的员工队伍、扎实的管理基础、灵活的经营机制、先进的企业理念、一流的工艺装备、过硬的产品质量、良好的售后服务有效保证了企业的稳定和可持续发展。

广告
ISO14000 GB/T28001 ISO9001
BADA®
BADA ELECTROMECHANICAL
八达机电
八达葫芦——减轻您的负担
BADA HOIST—RELEASE YOUR BURDEN
PA500
BADA
单相电动葫芦
吊重量：100～1 000kg
浙江名牌产品
ZHEJIANG FAMOUS PRODUCT
浙江名牌
国家星火项目
国家重点新产品
全球同类产品大型制造商
浙江著名商标
国家高新技术企业
中国·八达机电有限公司
BADA MECHANICAL & ELECTRICAL CO., LTD.· CHINA
地址：浙江省瑞安经济开发区毓蒙路8号 邮编：325200
Add: No.8 Yumeng Road, Ruian Economic Development Zone, Ruian City 325200, Zhejiang, P.R.China
电话（TEL）：0086-577-65156698 65596666 传真（FAX）：0086-577-65159998
法人代表：何国胜 http://www.cn-bada.com E-mail: bada@cn-bada.com

企业简介

无锡新大力电机有限公司（无锡市大力电机厂）坐落于美丽的太湖之滨——无锡惠山经济开发区工业园内，始建于1992年，具有二十多年的电机设计、制造经验，是国内起重及冶金用三相异步电动机和起重用隔爆型三相异步电动机行业的资深企业、全国旋转电机标准化技术委员会起重冶金电机分标委员会副主任委员，参与36项行业标准的起草和制定。是中国重型机械工业协会理事单位、桥式起重机专业委员会理事单位。公司占地面积39000m²，建筑面积36000m²，现有员工230人，公司专业技术人员占员工总数的20%以上，并拥有多名专业设计制造专家，年生产电机120万kW。先进的专业生产设备及检测仪器、较强的工艺保障能力和检测水平，确保了产品质量的稳定性。依靠雄厚的技术力量和科学的管理模式，使企业在行业内位居前列。

企业产品

公司所有产品均按最新国家标准，并消化吸收国内外领先技术，持续研发，精心制造。公司主导产品有起重冶金用三相异步电动机、起重冶金变频调速三相异步电动机、起重用隔爆型三相异步电动机、各类制动电机、稀土永磁同步变频调速电动机和车辆用蓄电池交流三相异步电动机六大类，共60多个系列。产品结构合理、性能可靠、品质优良、规格齐全，已形成企业产品优势和较强的生产能力。产品广泛应用于起重、冶金、港机、水利、车辆、压缩机等行业，用户遍布全国大部分省、市及自治区，并远销欧洲、东南亚等国家和地区，公司生产的起重用隔爆型三相异步电动机已成功运用于军工领域。

企业创新

公司目前拥有有效专利65项，其中发明专利22项，与湖南大学联合成立了“湖南大学—无锡新大力电气工程博士后流动站科研基地”“无锡新大力电机技术研究所”，壮大了企业高技能人才队伍，为企业的技术创新不断提供新动力。近几年已为很多客户提供进口电机国产化产品，目前在线运行都非常稳定，随着国家绿色发展的推进，客户对绿色节能产品需求迫切，公司研发的低压大功率变频电机，一级能效永磁同步电机成功应用于很多节能改造项目，为客户节电10%～15%。

企业荣誉

公司先后荣获全国质量稳定合格产品、江苏省名牌产品、无锡市名牌产品，江苏省著名商标、江苏省首届百名诚信之星、无锡市质量信得过企业、劳动保障诚信单位、生产蓄电池交流电动机列入国家火炬计划并获得项目证书，江苏省工程技术研究中心、江苏省高性能稀土永磁电机工程技术研究中心，江苏省认定企业技术中心、无锡市蓄电池用交流电机技术研发中心，高新技术企业，科技创新示范基地、江苏省民营科技企业，中国优秀民营企业，重型机械桥式起重机专业委员会优秀配套件供应商，水利部门工程启闭机合格供应商、国内多家知名起重机制造商授予企业优秀供应商和最佳供应商荣誉称号，资信等级AAA级企业。

企业文化

公司始终不忘初心，秉承和谐，诚信、感恩的传统文化价值观，以“员工是企业最宝贵的财富”这一理念，积极构建和谐劳动关系，打造员工幸福生活。通过流程再造和工匠精神的发扬，认真做好每件产品、真心服务广大客户，为中国制造添砖加瓦。

400-6099-066
www.xdldj.com
地址：江苏省无锡市惠山经济开发区工业园区惠畅路19号
电话：0510-8376 0111　8376 0666　8376 0999
传真：0510-8376 2288　8362 1022
邮箱：ngp@wuxingp.com

优秀企业展示

企业荣誉

起重变频电机

机座号：112-560
功　率：1.5~1000kW

我们采用优质变频材料，保证电机在1～120Hz平稳运行，高效节能

YZP系列变频调速三相异步电动机，
支持多种附加选件的安装，
性能上能表现的更卓越
主要用于起重机行业和港口机械行业。

产品系列：YZP

高效永磁电机

机座号：100~500
功　率：2.2~1000kW
频　率：1~250Hz

我们只生产一级能效，效率高、节能效果显著

TYCP系列稀土永磁变频调速电动机
广泛应用于空气压缩机、风机、水泵，皮带机，
搅拌机，挤出机，拉丝机等机械设备。

产品系列：TYCP

起重防爆电机

机座号：112-450
功　率：1.5~400kW

**我们只生产安全产品
可靠保障、后顾无忧**

适用于各种型式的防爆起重机。防爆标志分别为ExdIIBT4、ExdIICT4、粉尘防爆。适用于传爆能力不高于IIB和IIC级，引燃温度分别为T1~T4组的可燃性气体或蒸气与空气形成的爆炸性混合物的场所

产品系列：YBZR、YBZP、YBZPE、YBZ、YBZE、YBZS、YBZSE

400-6099-066
www.xdldj.com

地址：江苏省无锡市惠山经济开发区工业园区惠畅路19号
电话：0510-8376 0111　8376 0666　8376 0999
传真：0510-8376 2288　8362 1022
邮箱：ngp@wuxingp.com

钟祥新宇机电制造股份有限公司

钟祥新宇机电制造股份有限公司是一家致力于向社会提供振动电机、振动机械产品的研发、生产、服务和智能化解决方案的装备制造企业。五十年风雨兼程、五十年砥砺前行、五十年不懈奋斗，一路走来，公司已发展成为一个新型的、开放的、充满活力的科技创新型企业，成为国内大型的振动电机生产基地和振动机械生产骨干企业。不断创新、不断向社会奉献具有新型价值的产品和服务是我们永远的追求，“生产用户满意的产品，提供用户满意的服务”是我们庄严的承诺。“和谐 奉献 通达天下”的企业文化将引领和伴随我们走向未来。

公司是中国电器工业协会中小型电机分会理事单位、中国重型机械工业协会洗选设备专业委员会理事单位。是振动工程装备细分领域“隐形冠军”企业，国家火炬计划重点高新技术企业、湖北省高新技术企业，湖北省著名企业，湖北省优秀民营科技企业，湖北省科技中小企业重点培育企业，湖北省重点培育的100家有发展潜力的中小型企业，湖北省创新型企业建成试点单位。

公司生产的振动电机和振动机械产品，品种多、规格全。振动电机拥有十大系列、近二百个规格，振动机械拥有六大系列、一百多个规格。产品广泛用于粉状、粒状、块状物料的机械化输送、给料、破碎、筛分、填充、振实、造型、落砂、料仓防闭塞等场所；适用于煤炭、石油、电力、冶金、化工、建材、矿山、轻工、铸造等行业。

公司具有较强大的产品研制和开发能力，是中华人民共和国机械行业标准JB/T5330《三相异步振动电机 技术条件》、JB/T11819《高效率三相异步振动电机 技术条件》的主要起草单位。公司建有

VB系列三相异步振动电机

智能变频三相异步振动电机

VBB系列隔爆振动电机

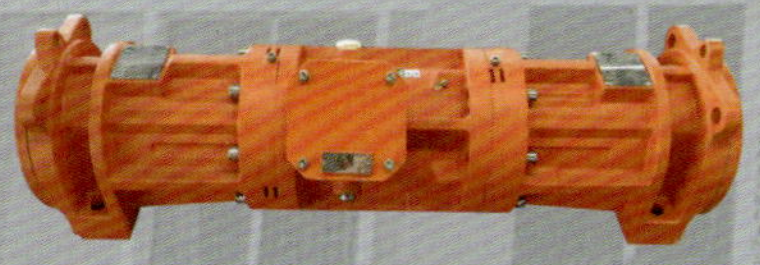

VLBLX系列隔爆振动电机

VBE系列高效节能三相异步振动电机

VBH系列频繁起动振动电机

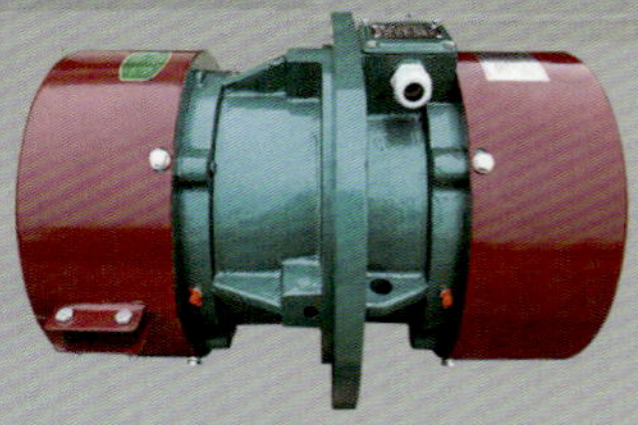

VBCB系列侧板振动电机

天桥起重
TIANQIAO

创新驱动发展 智造引领未来

股票简称：天桥起重　股票代码：002523

智能化产品研发，5G智能物料搬运装备系统解决方案供应商

株洲天桥起重机股份有限公司成立于1999年，于2010年在深交所上市。公司下辖7家控股子公司，业务涵盖起重运输机械、物料搬运装备、有色冶炼智能装备、选煤机械、港口码头装卸船机、高端立体停车装备及真空造雪装备等。产品应用覆盖全国，并出口意大利、德国等国家。

公司秉承“先进制造，专业典范”的企业愿景，致力提升智能化物料搬运装备系统解决方案功底，不断向核电、港口码头、仓储物流等方向延伸。智能物料搬运作业系统应用场景实现了多项目的示范应用。公司打造的华菱湘钢“5GtoB”项目，在“5G +智慧钢铁”应用生态场景独树一帜。

智能物料搬运作业系统应用场景

渣包缓冷场自动作业系统

冶金废钢无人自动装车系统

自动上下料作业系统

散装物料自动配料系统

板坯库无人库房管理系统

长材智能化产线无人仓储管理系统

地址：湖南省株洲市石峰区田心北门新明路226号　电话：0731-28432961
传真：0731-22337000-8009　网址：www.tqcc.cn

广告
NMS since1970 南昌矿机
南昌矿机
江西
智能化控制 低成本运行
匠心设计 安全高效
联系方式: +86 791 83782888
网址: www.nmsystems.cn
地址: 江西省南昌市湾里区红湾大道300号
官方微信
官方中文网站
今日头条号
抖音号

淮北矿山机器制造有限公司

淮北矿山机器制造有限公司成立于2004年，注册资金1700万元，为淮北矿山机器厂改制的股份制企业。是原机械工业部门在华东地区生产洗选设备的定点厂，中国重型机械工业协会洗选设备专业委员会副理事长单位、全国矿山机械标准化委员会委员单位、国家高新技术企业；安徽省高科技民营企业、安徽省经信委“专、精、特、新”企业、安徽省装备制造业重点企业；淮北市50强企业、淮北市科技创新10强企业。拥有安徽省高效浓缩机重点实验室、淮北市洗选设备暨高效浓缩机工程技术研发中心。

公司设有铸造、铆焊、金工、装配和机电等生产车间，拥有大型立式数控车床等各类机械加工设备300余台。主要生产选矿、选煤和环保设备，产品主要有浓缩机、浮选机、带式压滤机、跳汰机、振动筛、真空过滤机、矿浆准备器、斗提机和带式输送机等，可为2000万t以下选矿厂设计和生产全套设备。

公司产品通过国家矿山机械检测中心和安徽省检测中心检测。先后获得濉溪县县长质量奖、安徽省质量奖、安徽省卓越绩效奖、安徽省著名商标和安徽省名牌产品等荣誉。

董事长：胡善宏13965876158　　副总经理：李从军13909618508
销售总经理：杨勇13965898976
公司地址：安徽省淮北市濉溪经济开发区白杨路15号

广告
浙江浙矿重工股份有限公司
浙矿重工
ZHEKUANG HEAVY INDUSTRIES
股票代码：300837
拥有自主核心技术的矿山机械民族品牌
国家火炬计划重点高新技术企业
浙江省专利示范企业
拥有省级高新技术企业研发中心
产品荣获国家重点新产品
产品荣获浙江省科学技术奖
CJ系列颚式破碎机
RC系列单缸液压滚动轴承圆锥破碎机
MRC系列多缸液压滚动轴承圆锥破碎机
CH—PL7300立轴式冲击破碎机
地址：浙江省长兴和平工业园区　邮编：313103　电话：0572-6955888　传真：0572-6959977
http:// www.cnzkzg.com　E-mall：zkzg@cnzkzg.com

广告

智能仓储物流系统提供商

上海精星仓储设备工程有限公司（简称精星）创立于 1989 年，是专业从事智能仓储物流设备和高端工业货架的设计、制造、安装、调试的高科技民营企业。多年来，公司已在世界各地成功承建 15000 余座形式各异的立体仓库，其中自动化立体仓库约 2000 座。

精星是上海市高新技术企业、上海制造业企业 100 强，曾荣上海市科学技术奖二等奖，自成立以来，公司坚持以技术研发为导向，承建了省级研发机构—上海仓储物流设备工程技术研究中心，主导起草和参与了多项自动化立体仓库和工业用组合式货架的国家标准。

精星项目遍布海内外各行各业，近年来，公司紧紧抓住国家“一带一路”建设发展机遇，主动加强与东南亚、中东、澳洲等国家和地区的合作，实施完成了多个大型库架一体式自动化立体库项目，成功带领仓储物流装备行业民族品牌走向世界。

精星将始终秉持“精进日新，精益求精”的企业理念，以科技创新与自主研发为手段，以智能仓储物流设备和高端工业货架的设计、生产和销售为载体，努力向着“成为世界一流的智能仓储物流系统提供商”的目标迈进。

自动化立体仓库

库架一体式立体仓库

密集存储系统

上海精星仓储设备工程有限公司　上海精星物流设备工程有限公司

地址：上海市松江区泖亭路398号　电话：021-37620999　网址：www.jxlogistics.com

综合索引

鉴证行业发展足迹
振兴重型装备工业

中国工业年鉴出版基地

编辑说明

一、《中国机械工业年鉴》是由中国机械工业联合会主管、机械工业信息研究院主办的大型资料性、工具性年刊，创刊于 1984 年。

二、根据行业需要，1998 年中国机械工业年鉴编辑委员会开始出版分行业年鉴，逐步形成了中国机械工业年鉴系列。该系列现已出版了《中国电器工业年鉴》《中国工程机械工业年鉴》《中国机床工具工业年鉴》《中国通用机械工业年鉴》《中国机械通用零部件工业年鉴》《中国模具工业年鉴》《中国液压气动密封工业年鉴》《中国重型机械工业年鉴》《中国农业机械工业年鉴》《中国石油石化设备工业年鉴》《中国塑料机械工业年鉴》《中国热处理行业年鉴》《中国齿轮工业年鉴》《中国磨料磨具工业年鉴》《中国机械工业集团年鉴》《中国电池工业年鉴》和《中国机电产品市场年鉴》。

三、《中国重型机械工业年鉴》作为该年鉴系列之一，2005 年起每年连续出版，2020 年为第 16 版。该年鉴集中反映了重型机械行业的发展情况，全面系统地提供了重型机械行业及其企业的主要经济技术指标。

四、《中国重型机械工业年鉴》2020 年版内容由综述、大事记、行业与市场篇、企业篇、统计资料、标准与质量和附录 7 部分构成，统计资料中的数据为快报数据，由中国重型机械工业协会提供，数据截至 2019 年 12 月 31 日。由于 4 舍 5 入，行业进出口总额与各分项之和略有出入。

五、本年鉴在编纂过程中得到了中国重型机械工业协会及所属分会、研究院所和企业的大力支持和帮助，在此深表谢意。

六、未经中国机械工业年鉴编辑部的书面许可，本书内容不允许以任何形式转载。

七、由于水平有限，难免有疏漏及不足之处，敬请批评指正。

中国机械工业年鉴编辑部

2021 年 4 月

目　　录

综　　述

大　事　记

行业与市场篇

企　业　篇

统 计 资 料

标准与质量

附 录

Contents

Summary

Chronicle of Events

About Products and Market

About Companies

Statistics

Standards and Quality

Appendix

综述

回顾2019年及2020年上半年重型机械行业发展状况，指出当前行业发展中存在的问题，并提出措施建议。公布2019年重型机械行业获得中国机械工业科学技术奖项目情况。公布1949—2019年重型机械行业主要经济指标

Look back on the development of the heavy machinery industry in 2019 and the first half of 2020, point out problems existing in its current development, and propose measures and suggestions. Publicize projects from the heavy machinery industry which won the China Machinery Industry Science and Technology Awards in 2019.Publicize the main economic indicators from the heavy machinery industryin 1949 to 2019

综述

2019 年重型机械行业总体发展情况

一、基本情况

2019 年，是重型机械行业主要产品产量持续增长的一年。行业企业积极贯彻中央“以进促稳，以稳应变”的要求，充分利用国内外有利条件，积极主动地化解诸多复杂矛盾的影响，稳定经营生产。全行业营业收入实现稳步增长，全年营业收入增长率有 10 个月稳定在两位数增长区间，其中，最高点在 3 月份，为 17.31%，最低点在 12 月份，为 9.32%。2019 年重型机械行业主要经济指标完成情况见表 1。2018—2019 年重型机械行业营业收入增速比较如图 1 所示。2015—2019 年重型机械行业与机械工业营业收入增速比较如图 2 所示。

表 1　2019 年重型机械行业主要经济指标完成情况

行业类别	营业收入（亿元）	同比增长（%）	营业成本（亿元）	同比增长（%）	利润总额（亿元）	同比增长（%）	利润率（%）	上年同期（%）
重型机械	9 792.24	9.32	8 102.41	8.75	559.19	21.65	5.71	5.13
1. 冶金机械	1 201.17	13.65	1 026.55	14.31	44.91	16.48	3.74	3.65
2. 矿山机械	2 456.81	5.71	2 021.60	3.50	136.21	46.61	5.54	4.00
3. 物料搬运机械	6 134.27	10.01	5 054.25	9.90	378.07	15.19	6.16	5.89

注：因四舍五入表中数据有微小出入。

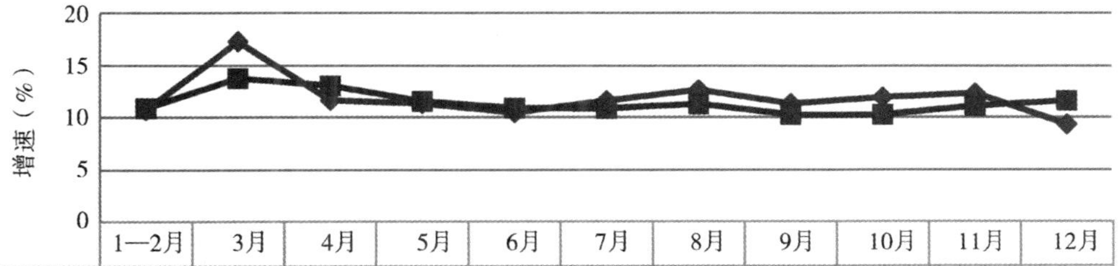

	1—2月	3月	4月	5月	6月	7月	8月	9月	10月	11月	12月
2019年	10.69	17.31	11.65	11.33	10.45	11.61	12.66	11.31	11.95	12.34	9.32
2018年	10.90	13.76	13.03	11.54	10.88	10.85	11.30	10.25	10.25	11.10	11.64

图 1　2018—2019 年重型机械行业营业收入增速比较

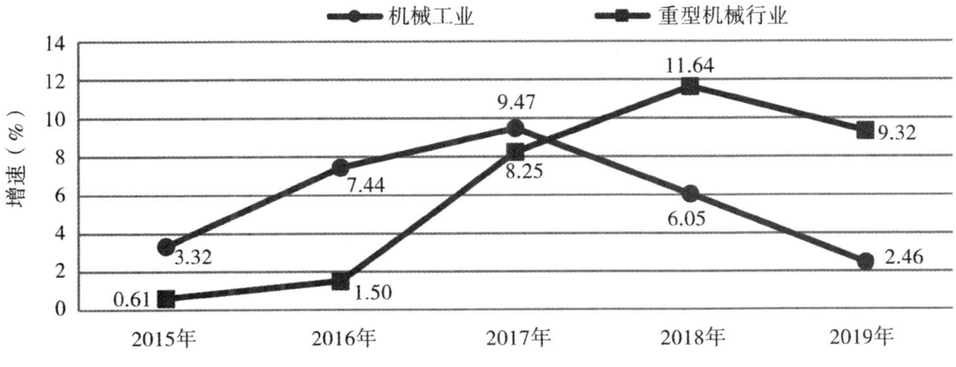

图 2　2015—2019 年重型机械行业与机械工业营业收入增速比较

二、主要产品完成情况

2019 年，机械工业上下游产业链波动对重型机械行业的影响开始显现，但由于重型机械行业运行周期性的特点，全年走势基本平稳，多数产品的产量和合同量仍保持了一定增长。其主要特征有以下几个方面。

（1）部分原材料行业所需的产品出现两极分化现象，如为钢铁、煤炭等行业服务的矿山专用设备的产量增长 5.17%，金属冶炼设备下降 22.84%，金属轧制设备下降 15.17%。

（2）与环境保护和污染治理相关的产品延续了销量上升的走势，如行业产品中涉及水质污染防治、固体废弃物处理的设备等保持增长态势。

2019 年行业主导产品产量见表 2，2019 年行业专用产品产量见表 3，2019 年与重型机械相关产品产量见表 4。

表 2　2019 年行业主导产品产量

产品名称	产量（t）	同比增长（%）
矿山专用设备	6 731 081	5.17
金属冶炼设备	611 113	-22.84
金属轧制设备	506 908	-15.17
起重机	9 216 597	22.58
输送机械（输送机和提升机）	1 379 161	4.20

表 3　2019 年行业专用产品产量

产品名称	单位	产量	同比增长（%）	产品名称	单位	产量	同比增长（%）
减速器	台	8 516 730	3.78	水泥专用设备	t	386 535	3.69
电动车辆（电动叉车）	台	215 662	5.40	铸钢件	t	11 249 206	4.31
内燃叉车	台	343 253	-2.30	锻件	t	9 279 337	0.13

表 4　2019 年与重型机械相关产品产量

产品名称	单位	产量	同比增长（%）	产品名称	单位	产量	同比增长（%）
炼油、化工生产专用设备	t	1 270 853	14.12	电站用汽轮机	kW	53 525 711	-24.72
环境污染防治专用设备	台（套）	787 760	2.17	电站水轮机	kW	1 093 361	23.37
工业机器人	套	186 943	-6.10	燃气轮机	kW	4 190 514	50.51
金属成形机床	台	234 369	-7.58	包装专用设备	台	210 404	-5.21
发电设备	kW	92 741 064	-15.00	金属集装箱	m^3	72 364 254	-36.18

三、主要经济指标情况

2019 年重型机械行业供给侧结构性改革持续深入，规模以上企业为 4 209 家，同比减少 209 家。其中，冶金机械行业增加 15 家，矿山机械行业减少 168 家，物料搬运机械行业减少 56 家。

全行业实现营业收入 9 792.24 亿元，同比增长 9.32%，增幅在机械工业 14 个行业中列第 4 位（前 3 位分别是机器人与智能制造行业、工程机械行业和内燃机行业）。

1. 资产指标

重型机械行业资产总额为 12 930.37 亿元，同比增长 3.80%，在机械工业 14 个行业中列第 5 位（前 4 位依次是汽车、电工电器、石化通用和机械基础件行业）。重型机械及相关行业资产、负债状况见表 5。

行业流动资产总额为 8 637.59 亿元，同比增长 3.88%；负债总额为 7 799.56 亿元，同比增长 4.43%。应收票据及应收账款为 3 150.46 亿元，同比增长 2.06%。存货为 2 241.34 亿元，同比增长 1.43%，其中产成品为 769.24 亿元，同比增长 14.37%。

表 5　重型机械及相关行业资产、负债状况

行业类别	企业数量（家）	资产总额（亿元）	负债总额（亿元）
汽车	16 569	85 052.68	51 081.60
电工电器	21 512	61 654.55	34 552.06
石化通用	11 193	22 701.71	12 647.94
机械基础件	12 355	14 852.75	7 334.75
重型矿山	4 209	12 930.37	7 799.56

2. 成本费用指标

行业营业成本为 8 102.41 亿元，同比增长 8.75%，增幅在机械工业 14 个行业中列第 3 位（第 1 位是机器人与智能制造行业、第 2 位是内燃机行业）。

重型机械行业总销售费用为 341.22 亿元，同比增长 7.11%；管理费用为 478.05 亿元，同比下降 1.28%；财务费用为 101.39 亿元，同比增长 11.83%。重型机械各分行业“三费”增幅如图 3 所示。

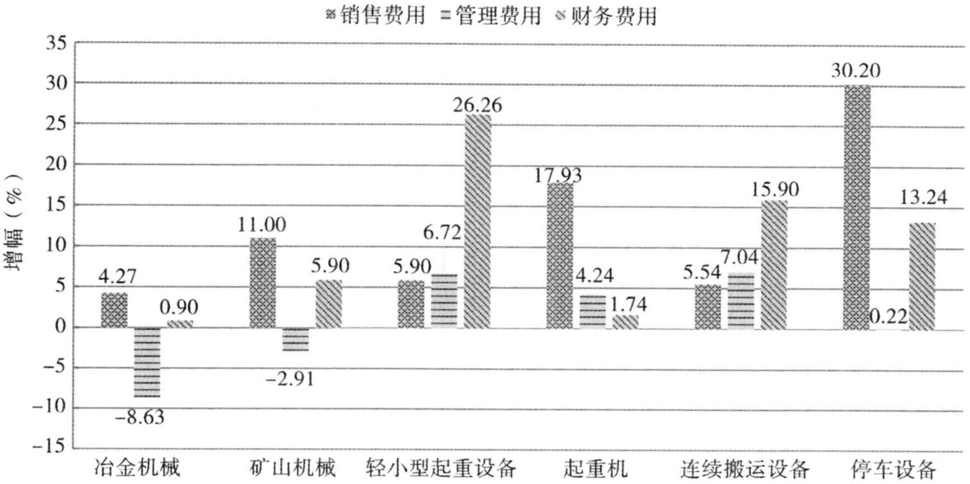

图 3　重型机械各分行业“三费”增幅

3. 盈亏指标

行业利润总额为 559.19 亿元，同比增长 21.65%，增幅在机械工业 14 个行业中列第 2 位（列第 1 位的是食品包装机械行业）。

行业亏损企业数为 614 家（其中：冶金设备制造企业 58 家，矿山设备制造企业 190 家，轻小型起重设备制造企业 32 家，起重机制造企业 85 家，生产专用车辆制造企业 29 家，连续搬运设备制造企业 38 家，机械式停车设备制造企业 16 家，电梯及自动扶梯 123 家，其他物料搬运设备制造企业 43 家），同比减少 38 家；亏损面为 14.59%，同比下降 0.9 个百分点。重型机械及相关行业亏损面对比如图 4 所示，重型机械各分行业亏损面对比如图 5 所示。

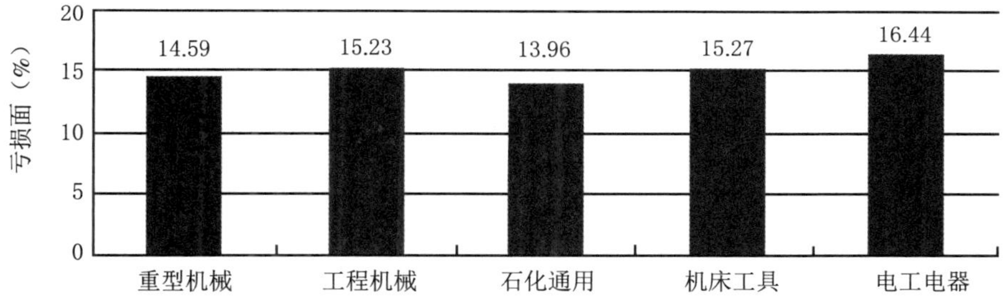

图 4　重型机械及相关行业亏损面对比

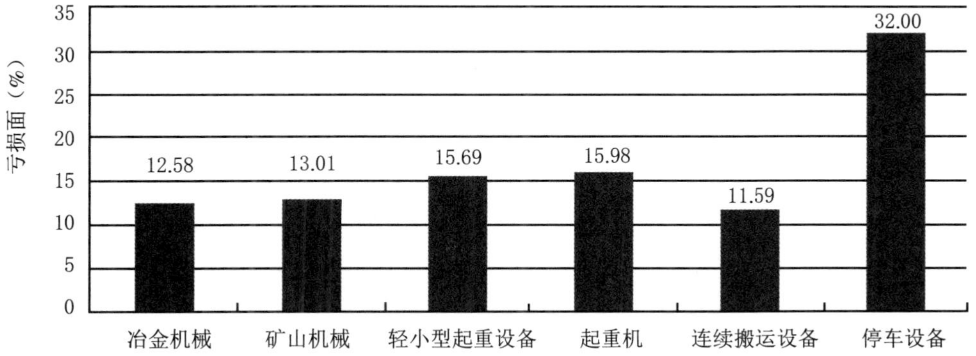

图 5　重型机械各分行业亏损面对比

4. 综合效益指标

2019 年，行业综合效益指标未出现明显波动，其中：资产负债率为 60.32%（2018 年为 59.95%）；流动资产周转率 1.19 次（2018 年为 1.15 次）；成本费用利润率为 6.20%（2018 年为 5.51%）。重型机械及关联行业综合效益指标见表 6。

表 6　重型机械及关联行业综合效益指标

行业类别	资产负债率（%）	流动资产周转率（次）	成本费用利润率（%）	行业类别	资产负债率（%）	流动资产周转率（次）	成本费用利润率（%）
重型机械	60.32	1.19	6.20	客运索道	58.25	1.34	10.19
轻小型起重设备	50.94	1.92	4.76	建筑工程用机械	60.86	0.94	10.13
生产专用起重机	62.54	1.22	4.74	金属压力容器	61.87	1.21	4.18
连续搬运设备	52.80	1.32	7.12	环境保护专用设备	56.30	1.05	9.39
矿山机械	59.38	1.08	6.00	海洋工程装备	81.78	0.50	-7.45
冶金专用设备	63.03	0.91	4.00	金属成形机床	52.15	1.27	6.04
停车设备	65.44	0.94	2.64	铸造机械	52.15	2.62	5.56

5. 主要产品进出口情况

重型机械行业主要产品进出口总额为 248.51 亿美元，同比下降 0.60%。其中：出口额为 200.74 亿美元，同比增长 0.76%；进口额为 47.77 亿美元，同比下降 5.93%；进出口顺差为 152.97 亿美元，同比增长 3.05%。2015—2019 年重型机械产品进出口总额比较如图 6 所示。

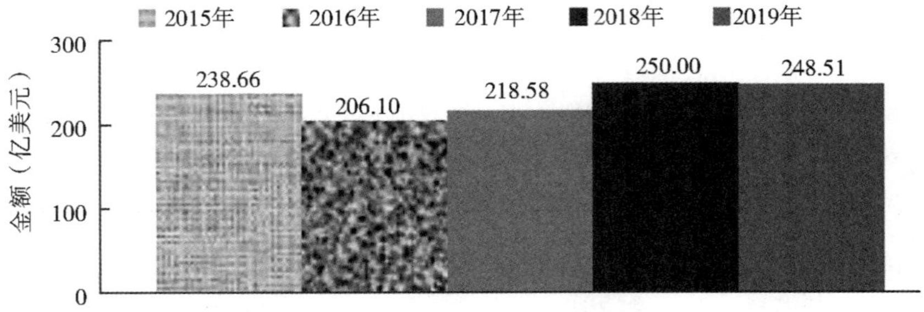

图 6　2015—2019 年重型机械产品进出口总额比较

四、重型机械各分行业运行情况

1. 冶金机械行业

冶金机械包括炼焦、烧结、冶炼、轧制、重型锻压等大型成套设备及相关产品，是为造船、军工和机械制造等行业提供大型铸锻件产品的制造行业。

（1）基本情况。2019 年，冶金机械行业规模以上企业 461 家，同比增加 15 家。实现营业收入 1 201.17 亿元，同比增长13.65%，比2018年的27.99%下降14.34个百分点。全年增速有 4 个月在 20% 以上，6 个月在 10% ～ 20% 之间，12 月的增速为 13.65%。其中，最高点是 3 月的 30.39%，最低点为 1—2 月的 6.99%。流动资产总额为 1 369.74 亿元，同比增长 0.32%；应收票据及应收账款为 544.41 亿元，同比增长 8.33%；存货为 290.89 亿元，同比增长 0.34%；营业成本为 1 026.55 亿元，同比增长 14.31%；销售费用为 26.81 亿元，同比增长 4.27%；管理费用为 54.93 亿元，同比下降 8.62%；财务费用为 14.06 亿元，同比增长 0.90%。2018—2019 年冶金机械行业营业收入增速同期比较如图 7 所示。2019 年冶金机械行业效益质量指标见表 7。

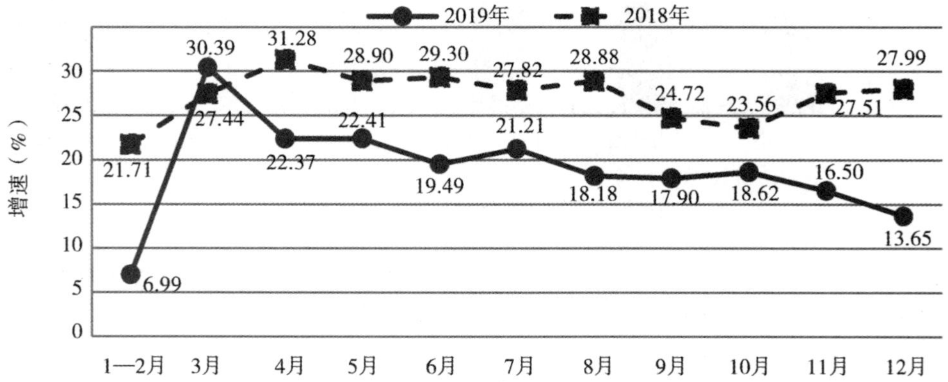

图 7　2018—2019 年冶金机械行业营业收入增速同期比较

表 7 2019 年冶金机械行业效益质量指标 （单位：元）

指标名称	2019 年		2018 年	
	重型机械行业	冶金机械行业	重型机械行业	冶金机械行业
营业收入成本 /100 元	82.74	85.46	83.18	84.99
营业收入费用 /100 元	9.40	7.98	9.98	9.44

（2）综合效益指标情况。2019 年，行业经济效益状况有所改善，特别是大型骨干企业保持了盈利的态势。全年实现利润总额 44.91 亿元，同比增长 16.48%；亏损面 12.58%，比 2018 年的 13.23% 下降 0.65 个百分点。行业主要经济效益指标完成情况：资产负债率 63.03%，2018 年为 64.23%；流动资产周转率 0.91 次，2018 年为 0.85 次；成本费用利润率 4.00%，2018 年为 3.86%。

（3）主要产品产量完成情况。2019 年，行业主要产品产量均呈现下滑趋势，其中，金属冶炼设备产量为 61.11 万 t，同比下降 22.84%；金属轧制设备 50.69 万 t，同比下降 15.17%。2015—2019 年金属冶炼、轧制设备产量增速走势如图 8 所示。

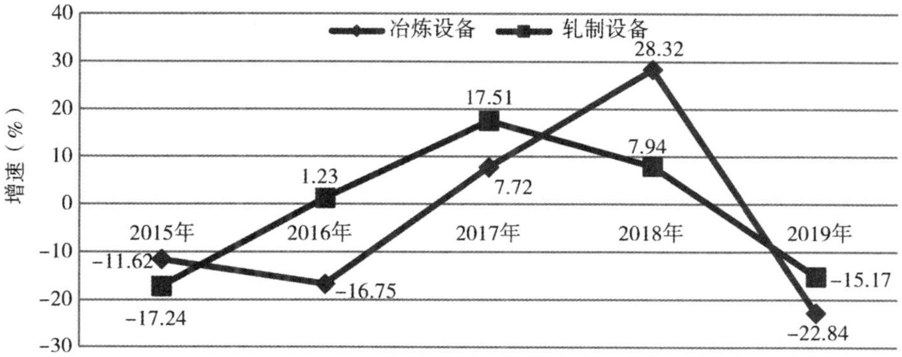

图 8 2015—2019 年金属冶炼、轧制设备产量增速走势

（4）主要产品进出口情况。2019 年，冶金机械行业进出口总额为 23.58 亿美元，同比增长 14.91%。其中：出口金额 18.85 亿美元，同比增长 15.85%；进口金额 4.74 亿美元，同比增长 11.19%；进出口顺差 14.11 亿美元，同比增长 17.51%。2015—2019 年冶金机械进出口总额比较如图 9 所示。

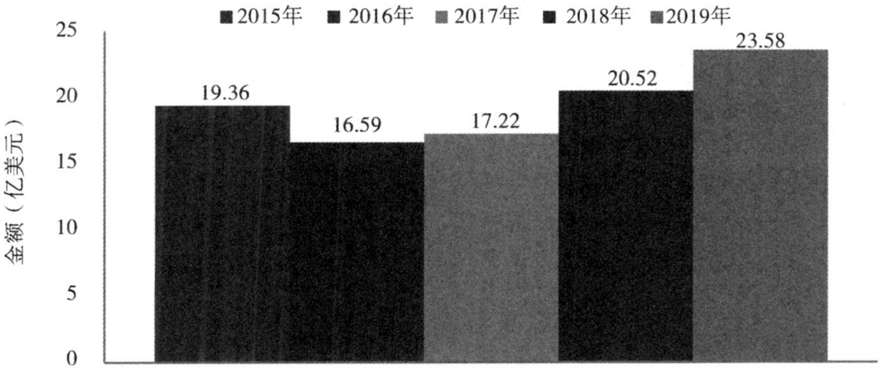

图 9 2015—2019 年冶金机械进出口总额比较

冶金机械分类产品出口额：冶炼设备 0.33 亿美元，占比 1.75%；连续铸钢设备 0.23 亿美元，占比 1.22%；轧制设备 3.84 亿美元，占比 20.37%；冶金备件 14.45 亿美元，占比 76.66%。

冶金机械分类产品进口额：冶炼设备 0.06 亿美元，占比 1.27%；连续铸钢设备 0.03 亿美元，占比 0.63%；轧制设备 1.60 亿美元，占比 33.76%；冶金备件 3.05 亿美元，占比 64.35%。

2. 矿山机械行业

矿山机械行业是包括矿山开采、矿井提升、破碎粉磨、煤矿采掘、筛分洗选、竖井及隧道挖掘、水泥等大型成套设备及相关产品的机械制造行业。

（1）基本情况。2019 年，矿山机械行业规模以上企业 1 460 家，比 2018 年减少 168 家。实现营业收入 2 456.81 亿元，同比增长 5.71%，比 2018 年下降 3.71 个百分点；全年增速有 5 个月在 10% 以上，12 月的增速为

5.71%。增速最高点是 3 月的 17.24%，最低点为 12 月份的 5.71%。2018—2019 年矿山机械行业营业收入增速比较如图 10 所示。

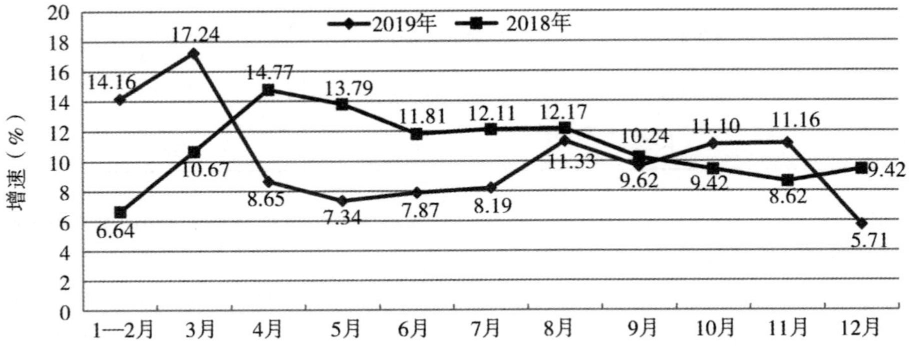

图 10　2018—2019 年矿山机械行业营业收入增速比较

矿山机械行业流动资产总额为 2 330.00 亿元，同比增长 2.45%；应收票据及应收账款为 876.05 亿元，同比增长 1.26%；存货为 645.03 亿元，同比下降 8.01%；营业成本为 2 021.60 亿元，同比增长 3.50%；销售费用为 87.84 亿元，同比增长 11.00%；管理费用为 121.43 亿元，同比下降 2.91%；财务费用为 41.06 亿元，同比增长 5.90%。2018—2019 年矿山机械行业效益质量指标见表 8。

表 8　2018—2019 年矿山机械行业效益质量指标　　（单位：元）

指标名称	2019 年		2018 年	
	重型机械行业	矿山机械行业	重型机械行业	矿山机械行业
营业收入成本 /100 元	82.74	82.29	83.18	84.04
营业收入费用 /100 元	9.40	10.19	9.98	10.45

（2）综合效益情况。2019 年，行业经济效益状况明显改善，实现利润 136.21 亿元，同比增长 46.61%。行业亏损面和亏损额均有下降，亏损面为 13.01%，比 2018 年下降 1.92 个百分点。

主要经济效益指标完成情况：资产负债率 59.38%，比 2018 年下降 0.8 个百分点；流动资产周转率 1.08 次，与 2018 年持平；成本费用利润率 6.00%，比 2018 年增长 1.77 个百分点。

（3）主要产品产量完成情况。2019 年，主要产品矿山专用设备产量仍处于上涨区间，全年完成产量总计 673.11 万 t，同比增长 5.17%。2015—2019 年矿山专用设备产量增幅如图 11 所示。

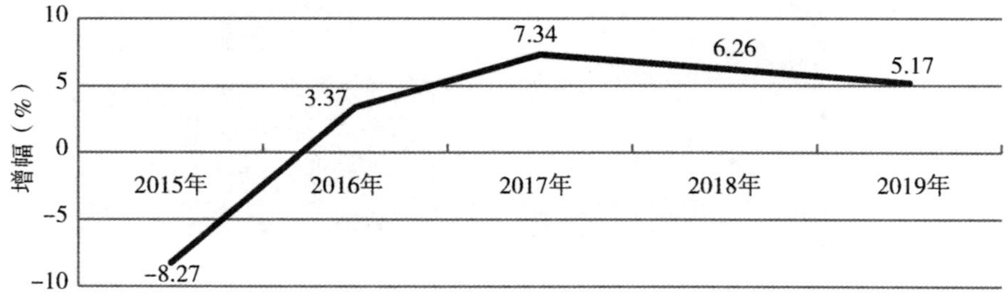

图 11　2015—2019 年矿山专用设备产量增幅

（4）主要产品进出口情况。2019 年，矿山机械进出口总额为 20.92 亿美元，同比增长 8.79%。其中：出口金额 16.88 亿美元，同比增长 8.03%；进口金额 4.05 亿美元，同比增长 12.21%；进出口顺差 12.83 亿美元，同比增长 6.78%。2015—2019 年矿山机械进出口总额比较如图 12 所示。

矿山机械分类产品出口额：采掘设备 5.50 亿美元，占比 32.56%；破碎设备 6.25 亿美元，占比 37.03%；洗选设备 4.20 亿美元，占比 24.88%；提升设备 0.14 亿美元，占比 0.83%；其他 0.79 亿美元，占比 4.68%。

矿山机械分类产品进口额：采掘设备 0.96 亿美元，占比 23.70%；破碎设备 1.82 亿美元，占比 44.94%；洗选设备 1.12 亿美元，占比 27.65%；提升设备 0.08 亿美元，占比 1.98%；其他 0.07 亿美元，占比 1.73%。

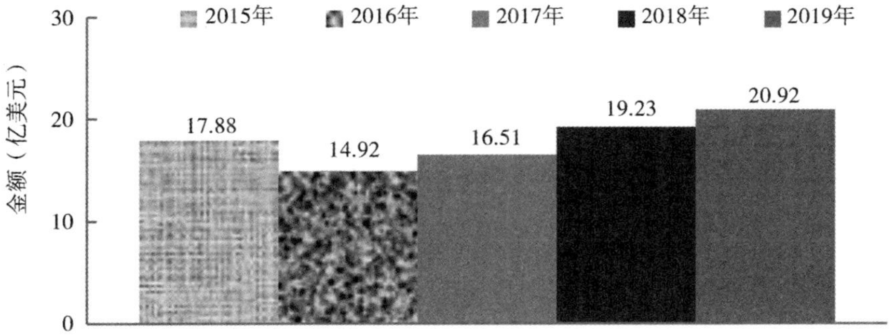

图 12　2015—2019 年矿山机械进出口总额比较

3. 物料搬运机械行业

物料搬运机械包括 8 个类别：轻小型起重设备、起重机、生产专用车辆、连续搬运设备、电梯自动扶梯及升降机、机械式停车设备、客运索道和其他物料搬运设备。

（1）基本情况。2019 年，行业规模以上企业 2 288 家，同比减少 56 家。企业数减少的分行业有：起重机 86 家，轻小型起重设备 15 家，客运索道 1 家，其他升降设备 5 家，其他搬运 1 家。企业数增加的分行业有：连续搬运 28 家，停车设备 12 家，电梯 7 家，专用车辆 5 家。

2019 年，物料搬运机械行业实现营业收入 6 134.27 亿元，同比增长 10.01%，比 2018 年的 9.77% 增长 0.24 个百分点，其中 7 个分行业增长，1 个分行业下降，行业走势平稳。实现两位数增长的分别是：停车设备 21.96%，起重机 18.49%，客运索道 12.79%，连续搬运 10.26%，专用车辆则下降 0.23%。全年营业收入增速有 9 个月在 10% 以上，12 月的增速为 10.01%，增速最高点是 3 月的 15.00%，最低点为 1—2 月的 9.64%。2018—2019 年物料搬运机械行业营业收入增速比较如图 13 所示。2019 年物料搬运机械各分行业销售额占比如图 14 所示。

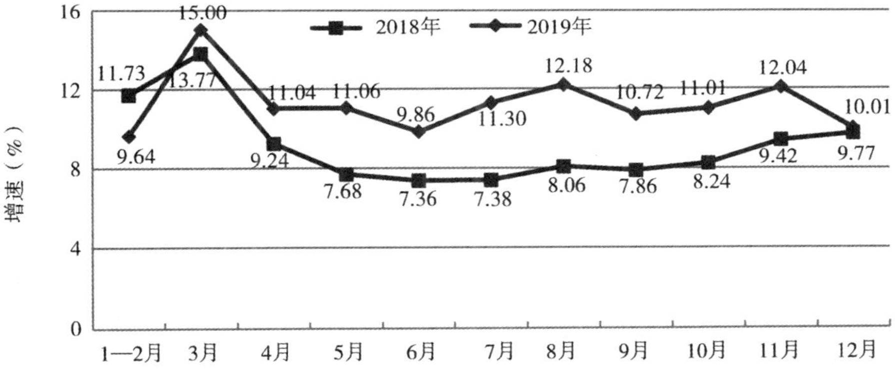

图 13　2018—2019 年物料搬运机械行业营业收入增速比较

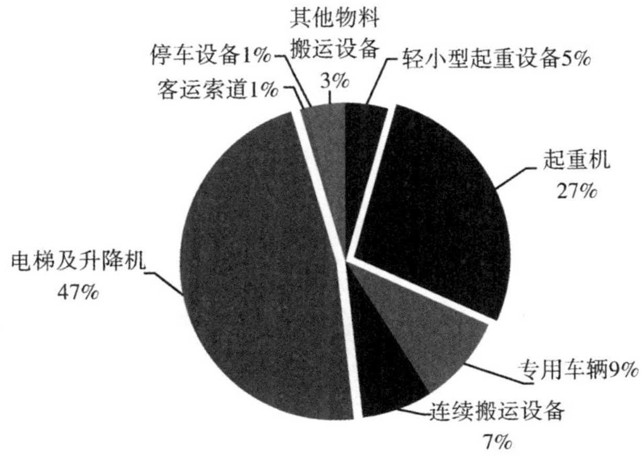

图 14　2019 年物料搬运机械各分行业销售额占比

（2）经济指标情况。2019 年，行业实现利润总额 378.07 亿元，同比增长 15.19%，有 7 个分行业的利润实现了增长，行业经济效益状况有一定改善。

行业流动资产总额为 4 937.85 亿元，同比增长 5.61%；

应收票据及应收账款为 1 730 亿元，同比增长 0.63%；存货为 1 305.42 亿元，同比增长 7.13%。

行业营业成本为 5 054.25 亿元，同比增长 9.90%；销售费用为 226.56 亿元，同比增长 5.99%；管理费用为 301.66 亿元，同比增长 0.88%；财务费用为 46.26 亿元，同比增长 21.90%。2018—2019 年物料搬运机械行业效益质量指标见表 9。与物料搬运机械行业相关制造行业综合效益指标情况见表 10。

表 9　2018—2019 年物料搬运机械行业效益质量指标　（单位：元）

指标名称	2019 年		2018 年	
	重型机械行业	物料搬运机械行业	重型机械行业	物料搬运机械行业
营业收入成本 /100 元	82.74	82.39	83.18	82.48
营业收入费用 /100 元	9.40	9.37	9.98	9.88

表 10　与物料搬运机械行业相关制造行业综合效益指标情况

行业类别	资产负债率（%）		流动资产周转率（次）		成本费用利润率（%）	
	2019 年	2018 年	2019 年	2018 年	2019 年	2018 年
锻件及粉末冶金制品制造	48.33	49.48	1.70	1.73	6.13	6.07
齿轮及齿轮减、变速器制造	46.99	48.08	1.48	1.54	7.88	8.38
模具制造	51.25	52.35	1.57	1.60	6.48	7.04
特殊作业机器人制造	38.71	36.26	0.67	0.89	12.38	23.81
增材制造装备制造	56.20	56.16	1.14	1.26	4.42	5.81
可穿戴智能设备制造	73.65	79.12	2.13	1.78	4.89	4.02
智能无人飞行器制造	39.81	42.14	1.18	1.28	20.07	16.80

（3）主要产品产量情况。2019 年，物料搬运机械行业主要产品保持了增长态势。从实物量指标来看，生产用起重机、输送机和提升机、电动车辆实现了增长，生产用车辆有升有降，内燃叉车下降。从产品的价值量指标来看，物料搬运机械行业所覆盖的 8 个分行业，除生产专用车辆外，均处于增长区间。2019 年行业主要产品产量见表 11。

（4）主要产品进出口情况。2019 年，物料搬运机械进出口总额为 204.01 亿美元，同比下降 2.97%。其中：出口金额 165.03 亿美元，同比下降 1.38%；进口金额 38.98 亿美元，同比下降 9.15%；进出口顺差 126.05 亿美元，同比增长 1.30%。2015—2019 年物料搬运机械进出口总额比较如图 15。

表 11　2019 年行业主要产品产量

产品名称	单位	产量	同比增长（%）
生产用起重机	t	9 216 597	22.58
输送机械（输送机和提升机）	t	1 379 161	4.20
电动车辆（电动叉车）	台	215 662	5.40
内燃叉车	台	343 253	-2.30

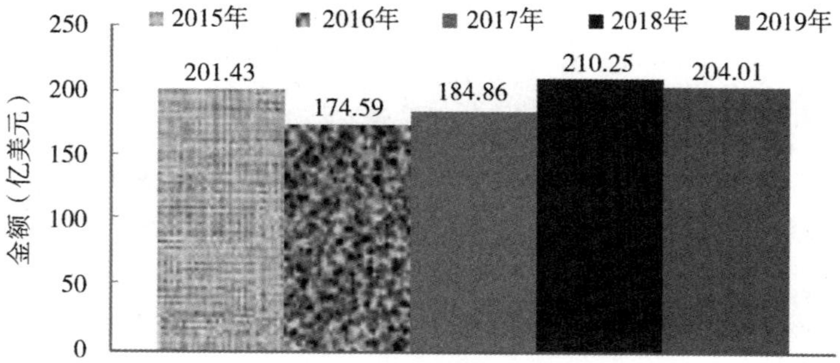

图 15　2015—2019 年物料搬运机械进出口总额比较

物料搬运机械分类产品出口额：轻小型起重设备 22.79 亿美元，占比 13.81%；起重机 36.96 亿美元，占比 22.40%；工业车辆 35.76 亿美元，占比 21.67%；连续搬运设备 18.40 亿美元，占比 11.15%；电梯及自动扶梯 31.15 亿美元，占比 18.88%；其他物料搬运设备 19.42 亿美元，占比 11.77%。

物料搬运机械分类产品进口额：轻小型起重设备 3.20 亿美元，占比 8.21%；起重机 2.00 亿美元，占比 5.13%；工业车辆 3.94 亿美元，占比 10.11%；连续搬运设备 11.62 亿美元，占比 29.81%；电梯及自动扶梯 2.53 亿美元，占比 6.49%；其他物料搬运设备 15.69 亿美元，占比 40.25%。物料搬运机械分类产品进出口额占比如图 16 所示。

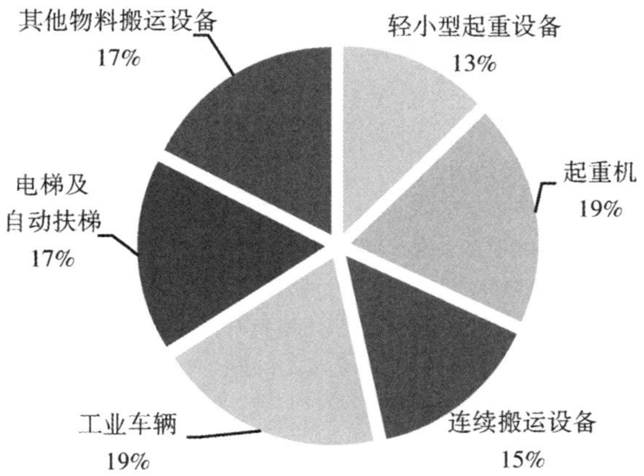

图 16　物料搬运机械分类产品进出口额占比

〔撰稿人：中国重型机械工业协会严祥文　审稿人：中国重型机械工业协会王继生〕

2019 年重型机械行业荣获中国机械工业科学技术奖项目

2019 年重型机械行业科技成果呈现出创新点多、技术含量高、社会效益和经济效益显著等特点，成果涉及矿山机械、冶金机械、起重机械、机械停车设备、大型铸锻件及大型压力容器、配套件等多类产品及关键技术的应用和产业化。在 2019 年度中国机械工业科学技术奖评审活动中，共有 80 多家企业与高校独立或联合报送了 62 项评审项目。

2019 年 7 月 30—31 日，中国重型机械工业协会在太原市召开中国机械工业科学技术奖重型机械专业评审会议，来自行业企业、专业院校的 28 位行业知名专家对申报的 62 项成果进行了严格评审，共推选出 28 项获奖项目，其中：一等奖 4 项，二等奖 11 项，三等奖 13 项。

2019 年 10 月 9 日，中国机械工业联合会、中国机械工程学会以中机联科〔2019〕188 号文通知表彰了这批项目。2019 年度中国机械工业科学技术奖重型机械行业获奖项目见表 1。

表 1　2019 年度中国机械工业科学技术奖重型机械行业获奖项目

序号	项目名称	主要完成单位	主要完成人	获奖等级
1	大跨度柔性吊装技术及应用	北京起重运输机械设计研究院有限公司、武汉武船重型装备工程有限责任公司、中国科学院国家天文台	李光华　黄越峰　王渭龄　宋立强　钟　斌　王启明　赵星宇　王　旭　刘亮成　黄万平　姜　鹏　邢　蕾　张晓佳　姜红旗　吴培均	一等
2	高压变频调速一体机研发及其在矿山装备上的应用	青岛中加特变频电机有限公司、山东科技大学、天地科技股份有限公司、兖矿集团有限公司、淄博矿业集团有限责任公司、烟台杰瑞石油装备技术有限公司、新能矿业有限公司	沈宜敏　孟祥军　刘锡安　张德生　马　英　任怀伟　朱光营　房绪鹏　李玉霞　黄梁松　崔树桢　刘耀海　杨绪峰　宋承林　胡　平	一等
3	AP1000 反应堆压力容器制造技术	中国第一重型机械集团大连加氢反应器制造有限公司	刘恩清　谷　文　高殿宝　沙宝金　李志杰　王　敏　刘立群　郑宝峰　逄淑来　李海波　孙永刚	一等
4	带钢退火关键工艺研究与产品质量综合控制技术及应用	燕山大学、山东科技大学、山东冠洲股份有限公司、江苏九天光电科技有限公司	白振华　刘亚星　钱　承　王　瑞　王云祥　李秀军　王晓雷　张　昭　宋章峰　李国忠　何召龙　许　鹏　董航喆　崔熙颖　翟乾俊	一等

（续）

序号	项目名称	主要完成单位	主要完成人	获奖等级
5	大型高效旋回破碎机关键技术研发与应用	中信重工机械股份有限公司、洛阳矿山机械工程设计研究院有限责任公司、矿山重型装备国家重点实验室	郝　兵　吴佳佳　邵　彬　赵经国　刘慧芳　杨卫亮　沈二强　罗晓强　王跃辉　卜培培　杜晓旭　刁淑芳　郭　庶　黄　匡　杨　菲	二等
6	30t 轴重重载辗钢车轮产品开发及应用	太原重工轨道交通设备有限公司、山西太钢不锈钢股份有限公司、中车青岛四方车辆研究所有限公司、中国铁道科学研究院集团有限公司金属及化学研究所	王群娣　魏华成　闫耀洲　李树林　李　伟　张晓峰　张关震　李秋兰　赵　雷　成生伟　刁克军　吴　毅　侯沛云　王育田　王建国　从　韬　刘果青　张　鹏　张澎湃　张　磊　高　康　贾托胜　刘华堂　徐会文　王　冬　李　岩　张治祺　卫二波	二等
7	工业铝型材高性能低能耗有效摩擦挤压新工艺及其数控装备	中国重型机械研究院股份公司、西南铝业（集团）有限责任公司	张　君　侯永超　刘凡银　黄　胜　杨红娟　吴厚华　薛菲菲　成小乐　焦　悦　李夏峰　苏振华　段丽华　张宗元　柴　星　辛宏斌	二等
8	单机百万千瓦级水电站 1 300t 桥式起重机研制	太原重工股份有限公司	孙彩虹　刘秀苗　顾红泽　岳铁刚　王宏伟　李瑞斌　李永亮　高立程　周海斌　徐　进　岳海豹　申本超　姜鹏飞　刘献峰　贡　力	二等
9	硬岩掘进关键技术及装备研发	山西天地煤机装备有限公司、中国煤炭科工集团太原研究院有限公司	王政宏　王学成　马　昭　白雪峰　王炳效　王传武　贾有生　贾少山　王　帅　王焱金　岳晓虎　张常青　刘子靖　吴晋军　田　原	二等
10	AP1000 核电站环行起重机	大连华锐重工集团股份有限公司	田树海　胡亚东　孙大庆　苏　冬　曹旭阳　肖　伟　张金晶　刘大强　李　勇　申魁选　王丙文　董　航　董明大　杨文通　李　丽	二等
11	煤矿智能控制钻进技术及装备的研究	中煤科工集团重庆研究院有限公司	王清峰　辛德忠　万　军　陈　航　刘小华　陈松林　肖玉清　吕晋军　张始斋　唐　敏　马振纲　蒲　剑　杨　林　杨燕鸽　雷万年	二等
12	核及航空用高端硬铝合金薄壁管材精密矫整理论研究与关键技术装备应用	中国重型机械研究院股份公司、核兴航材（天津）科技有限公司	陈　峰　魏长传　张　超　阙仕明　焦　悦　汪恩辉　魏有旭　黄维勇　常　瑜　左雁冰　丛阳阳　郝　乐　段锦涛　张高亮　滕京顺	二等
13	12 700t/h 矿石装船机	大连华锐重工集团股份有限公司	严如意　车　路　刘世聪　吴铁男　王晓斌　于　平　吴　楠　管迎冬　李　丹　王　聪　刘永生　张加申　毕铁艳　栗程斌　郭胜伟	二等
14	起重运输与工程机械远程智能维护技术研究与应用	同济大学、上海地铁盾构设备工程有限公司、华电重工股份有限公司上海分公司	周奇才　赵　炯　熊肖磊　沈鹤鸿　刘星辰　张　恒　陈传林　叶　阜　周铁梁　史海舟　王春伟　王益飞　韩雄飞　赵科渊　黄袁凯	二等
15	建筑垃圾智能剪压破碎机的研究开发	洛阳理工学院、洛阳大华重工科技股份有限公司	刘建寿　李恒栓　沈俊萍　苏春亚　门清毅　陈智勇　史东才　刘　宁　任海军　晁　源	二等
16	大弯曲度圆钢高性能精密矫直工艺装备及其产业化	中国重型机械研究院股份公司、马鞍山钢铁股份有限公司、重庆大学、重庆理工大学	马　强　王仕杰　曹天明　周文浩　刘　磊　刘志芳　陈　灿　贾尚武　张志娜　尹　平　赵西韩　郝　瑾　樊　萍　高利民　王勇勤	三等
17	高精度、智能化、大型数控卷板成套装备的研发及产业化	泰安华鲁锻压机床有限公司、南京理工大学、太原科技大学、山东农业大学	杨树田　孙　宇　钱建新　李永堂　郑九华　王小建　常　欣　武　凯　程国仁　刘景硕　仉志强　马正伦　阴林林　李文凯　胡雪成	三等
18	新型 PCX 型垂直循环类机械类停车设备	山东九路泊车设备股份有限公司	陈金水　禚昌富　房立宗　郭全志　杨希田　王志同　王　赟　王树东　吴安亮　白忠振	三等
19	升降横移智能停车设备关键技术的研发及产业化	南京工程学院、江苏润邦智能车库股份有限公司	张　雨　谢庆均　经浩方　史焕然　倪佰力　刘大海　李　宁　刘一迪　万　其　丁时凯　王玉国　邹建平　张　弛　吴　聪　林　欢　贺　磊　陈世明	三等
20	基于多组同步抓取智能控制技术的轧辊换辊起重机	河南卫华重型机械股份有限公司	韩红安　俞有飞　聂福全　申长兰　于海洋　陈爱梅　刘永刚　姚　崇　张栋梁　张振强	三等
21	新一代四卷筒抓斗卸船机研发及应用	华电重工股份有限公司	周铁梁　刘文超　张溧栗　梅迎春　叶　阜　任改运　王华贵　张起伟　陈凤香　石峥嵘　李　波　李玉民　文明波	三等

（续）

序号	项目名称	主要完成单位	主要完成人	获奖等级
22	系列过轨起重机及其关键技术研发	河南卫华机械工程研究院有限公司、卫华建工集团有限公司、纽科伦起重机有限公司	龙宏欣 聂福全 张振强 杨海军 马喜朋 金庆好	三等
23	高速大运量脱挂式客运索道规模制造关键技术研究	北京起重运输机械设计研究院有限公司、河北工业大学	黄越峰 潘俊萍 尹世琛 张 玉 汤秀丽 张 毅 李越秀 梁 鑫 王 睿 朱 墨 李 刚 里 鑫 赵海文 张 飞 邢建国	三等
24	起重机车轮复合制造新工艺装备	河南省矿山起重机有限公司	任海涛 胡永堂 高明利 胡胜超 姬宏赟	三等
25	基于板型反馈的智能化中厚板辊式冷矫直机研制	太原重工股份有限公司、北京冶自欧博科技发展有限公司	曹益忠 曹一兵 唐 超 张卫荣 聂建辉 宋小平 伍延平 冯金刚 赵 岽 荆翠妮 许威清 王海滨 武宏伟 吴俊伟 盛 青	三等
26	CC400 单缸液压圆锥破碎机	南昌矿山机械有限公司	姜俊雄 陈文龙 詹春生 彭祖欢 柳逢春	三等
27	自动化高可靠性顺槽带式输送机	中煤科工集团上海有限公司	蒋卫良 侯红伟 刘 冰 张逸群 郭 俊 王兴茹 宋兴元 刘 宁 郭泽海 钱 科 韩君飞 刘 威 郗存根 李 丽 魏振华 丁 昱 吕永庆 夏祥武 李毕胜	三等
28	WC12E 防爆柴油机无轨胶轮车	山西天地煤机装备有限公司	张学荣 赵海兴 田振东 任海兰 赵秀梅 郭培燕 王庆祥 常 凯 石 涛 王彦清 谢 龙 杜亚玲 张光峰 任志勇 桑盛远	三等

〔撰稿人：中国重型机械工业协会王建乐　审稿人：中国重型机械工业协会张维新〕

2020 年 1—6 月重型机械行业运行简况

一、基本运行情况

2020 年 1—6 月，重型机械行业累计实现营业收入 4 474.14 亿元，同比下降 2.89%；实现利润总额 287.12 亿元，同比增长 7.16%；亏损面 26.41%，2019 年同期为 21.45%；应收账款 2 998.03 亿元，同比增长 9.15%；存货 2 378.75 亿元，同比增长 3.38%。2020 年 1—6 月重型机械行业营业收入增速同期对比如图 1 所示。2020 年 1—6 月重型机械行业主要财务指标情况见表 1。

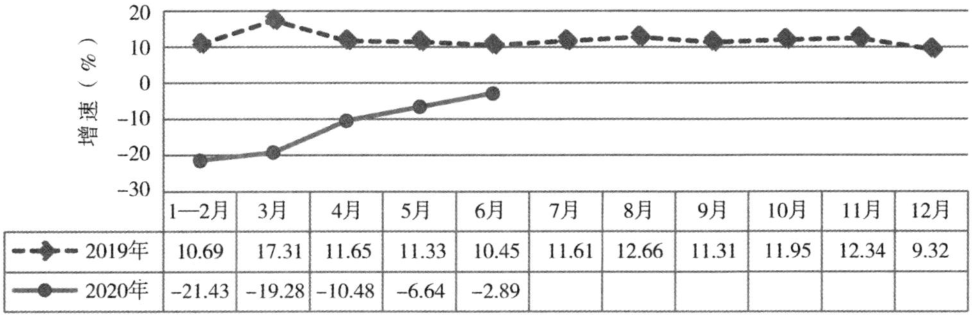

图 1　2020 年 1—6 月重型机械行业营业收入增速同期对比

表1　2020年1—6月重型机械行业主要财务指标情况

行业名称	营业收入（亿元）	同比增长（%）	营业成本（亿元）	同比增长（%）	利润总额（亿元）	同比增长（%）	利润率（%）	上年同期（%）
机械工业	95 507.89	-4.94	80 460.70	-4.82	5 525.20	-7.09	5.79	5.92
重型机械行业	4 474.14	-2.89	3 692.68	-3.52	287.12	7.16	6.42	5.82
1. 矿山机械	1 100.79	-3.51	906.29	-5.15	67.87	12.88	6.17	5.27
2. 冶金机械	582.62	0.06	503.43	0.87	18.92	-26.53	3.25	4.42
3. 物料搬运机械	2 790.71	-3.24	2 282.95	-3.78	200.32	10.02	7.18	6.31

1. 冶金机械行业

2020年1—6月，冶金机械行业统计企业499家，累计实现营业收入582.62亿元，同比增长0.06%；实现利润总额18.92亿元，同比下降26.53%；应收账款491.09亿元，同比下降8.27%；存货391.13亿元，同比增长8.78%；出口交货值16.96亿元，同比下降21.61%。2019年及2020年1—6月冶金机械行业营业收入增速同期对比如图2所示。

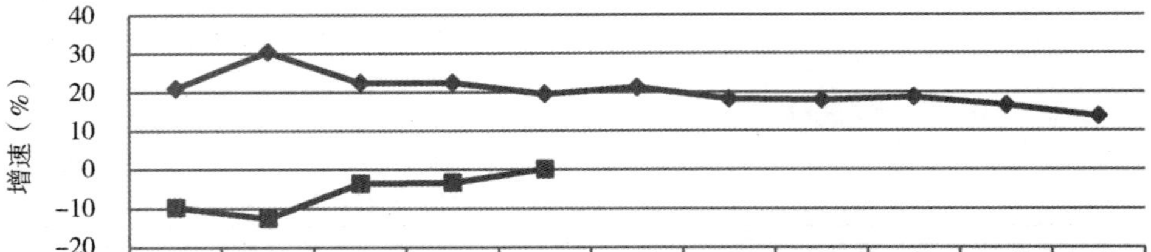

	1—2月	3月	4月	5月	6月	7月	8月	9月	10月	11月	12月
2019年	20.91	30.39	22.37	22.41	19.49	21.21	18.18	17.90	18.62	16.50	13.65
2020年	-9.75	-12.56	-3.66	-3.46	1.06						

图2　2019年及2020年1—6月冶金机械行业营业收入增速同期对比

2. 矿山机械行业

2020年1—6月，矿山机械行业统计企业1 351家，累计实现营业收入1 100.79亿元，同比下降3.51%；实现利润总额67.87亿元，同比增长12.88%；应收账款770.43亿元，同比增长8.04%；存货629.72亿元，同比下降5.19%；出口交货值35.55亿元，同比增长0.55%。2019年及2020年1—6月矿山机械行业营业收入增速同期对比如图3所示。

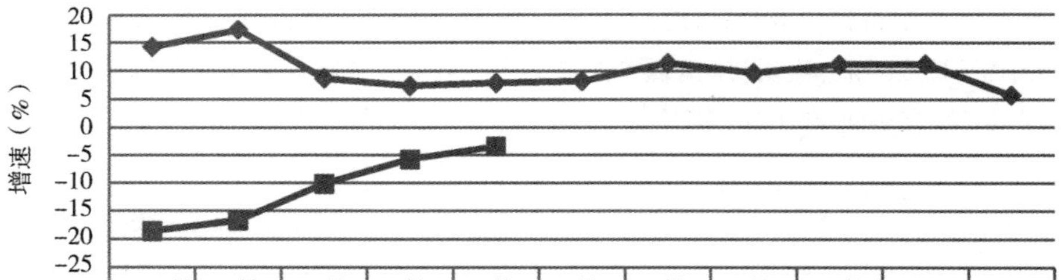

	1—2月	3月	4月	5月	6月	7月	8月	9月	10月	11月	12月
2019年	14.16	17.24	8.65	7.34	7.87	8.19	11.33	9.62	11.10	11.16	5.71
2020年	-18.6	-16.7	-10.2	-5.81	-3.51						

图3　2019年及2020年1—6月矿山机械行业营业收入增速同期对比

3. 物料搬运机械行业

2020年1—6月，物料搬运机械行业统计企业2 467家，累计实现营业收入2 790.71亿元，同比下降3.24%；实现利润总额200.32亿元，同比增长10.02%；应收账款1 736.51亿元，同比增长15.89%；存货1 357.92亿元，同比增长6.31%；出口交货值266.45亿元，同比下降11.41%。2019年及2020年1—6月物料搬运机械行业营业收入增速同期对比如图4所示。

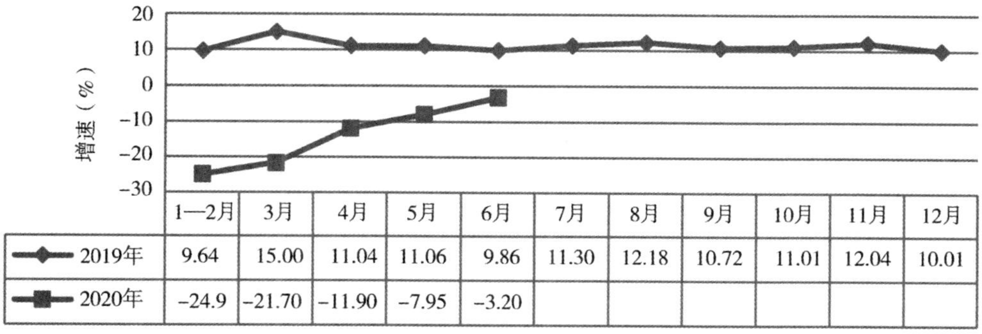

图 4　2020 年 1—6 月物料搬运机械行业营业收入增速同期对比

在物料搬运机械行业分类设备制造行业中：

轻小型起重设备制造统计企业 212 家，累计实现营业收入 113.54 亿元，同比下降 8.08%；利润总额 5.24 亿元，同比下降 19.65%。

起重机制造统计企业 544 家，累计实现营业收入 724.66 亿元，同比下降 2.50%；利润总额 27.37 亿元，同比增长 6.85%。

连续搬运设备制造统计企业 375 家，累计实现营业收入 178.56 亿元，同比下降 6.72%；利润总额 10.24 亿元，同比下降 10.94%。

客运索道制造统计企业 8 家，累计实现营业收入 16.79 亿元，同比下降 7.98%；利润总额 2.26 亿元，同比增长 13%。

机械式停车设备制造统计企业 57 家，累计实现营业收入 22.90 亿元，同比下降 10.34%；利润总额 0.18 亿元，同比下降 77.91%。

二、主要产品完成情况

从 2020 年 1—6 月重型机械行业主要产品的完成情况看，受新冠肺炎疫情影响，冶金机械行业、矿山机械行业仍为负增长，物料搬运机械中的起重机和工业车辆已恢复上升趋势，输送机械仍处于下降通道。2020 年 1—6 月重型机械行业主要产品产量见表 2。

表 2　2020 年 1—6 月重型机械行业主要产品产量

产品名称	企业数（家）	产量单位	产量	同比增长（%）
一、冶金机械行业	499			
1. 金属冶炼设备		万 t	29.62	-10.80
2. 金属轧制设备		万 t	15.85	-40.14
二、矿山机械行业	1 351	万 t	288.06	-4.24
三、物料搬运机械行业				
1. 起重机	544	万 t	483.01	3.38
2. 连续搬运设备（输送机和提升机）	375	万 t	56.61	-23.56
3. 电动叉车		万台	12.10	7.49
4. 内燃叉车		万台	20.41	8.29
四、其他				
1. 炼油化工生产专用设备	436	万 t	50.40	-12.32
2. 减速机		万台	434.88	12.32
3. 水泥设备		万 t	16.33	-7.58
4. 锻件		万 t	423.20	1.12
5. 铸钢件		万 t	422.34	-17.31

三、主要产品进出口情况

根据国家海关总署统计，2020 年 1—6 月重型机械行业产品进出口总额为 99.78 亿美元，同比下降 17.64%。其中：出口额为 79.29 亿美元，同比下降 17.49%；进口额为 20.50 亿美元，同比下降 18.22%；进出口顺差 58.79 亿美元，同比下降 17.23%。近 3 年重型机械行业产品出口额累计增速同期比较如图 5 所示。

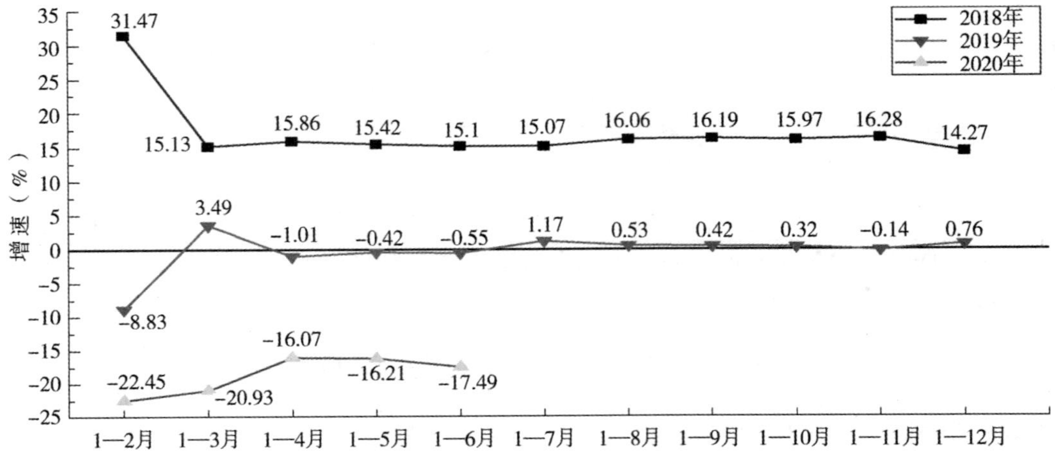

图 5　近 3 年重型机械行业产品出口额累计增速同期比较

1. 冶金机械行业

2020 年 1—6 月冶金机械行业产品进出口总额为 8.96 亿美元，同比下降 22.20%。其中，出口额为 6.46 亿美元，同比下降 28.77%；进口额为 2.50 亿美元，同比增长 2.15%；进出口顺差 3.96 亿美元，同比下降 40.20%。2020 年 1—6 月冶金机械行业产品进出口情况见表 3。近 3 年冶金机械行业产品出口额累计增速同期比较如图 6 所示。

表 3　2020 年 1—6 月冶金机械行业产品进出口情况

产品名称	出口金额（亿美元）	同比增长（%）	进口金额（亿美元）	同比增长（%）	进出口总额（亿美元）	同比增长（%）	进出口顺差（亿美元）	同比增长（%）
冶金机械	6.46	-28.77	2.50	2.15	8.96	-22.20	3.96	-40.20
1. 金属冶炼设备	0.09	-44.84	0.07	67.79	0.15	-22.35	0.02	-82.29
2. 连续铸钢设备	0.15	2.06	0.02	-50.00	0.16	-7.10	0.13	16.18
3. 金属轧制设备	1.28	-32.14	1.01	52.17	2.28	-10.17	0.27	-78.01
4. 冶金设备零件	4.95	-28.13	1.41	-17.73	6.37	-26.06	3.54	-31.58

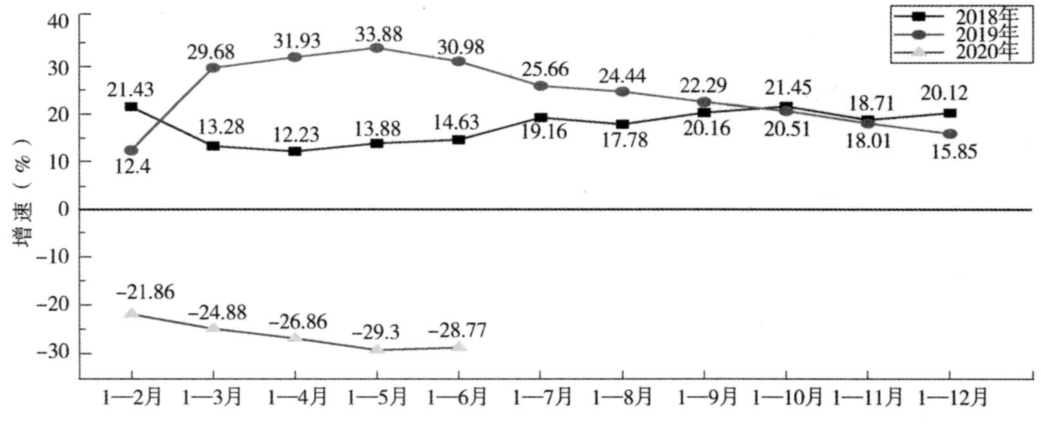

图 6　近 3 年冶金机械行业产品出口额累计增速同期比较

2. 矿山机械行业

2020 年 1—6 月矿山机械行业产品进出口总额为 8.05 亿美元，同比下降 19.71%。其中，出口额为 6.38 亿美元，同比下降 20.65%；进口额为 1.66 亿美元，同比下降 15.91%；进出口顺差 4.72 亿美元，同比下降 22.19%。2020 年 1—6 月矿山机械行业产品进出口情况见表 4。近 3 年矿山机械行业产品出口额累计增速同期比较如图 7 所示。

表 4　2020 年 1—6 月矿山机械行业产品进出口情况

产品名称	出口金额（亿美元）	同比增长（%）	进口金额（亿美元）	同比增长（%）	进出口总额（亿美元）	同比增长（%）	进出口顺差（亿美元）	同比增长（%）
矿山机械	6.38	-20.65	1.66	-15.91	8.05	-19.71	4.72	-22.19
1. 采掘、凿岩设备及钻机	1.83	-35.98	0.64	78.26	2.47	-23.33	1.20	-52.24
2. 破碎、粉磨设备	2.57	-12.08	0.60	-35.86	3.17	-17.84	1.97	-0.90
3. 筛分、洗选设备	1.59	-13.52	0.40	-35.28	1.99	-18.97	1.20	-2.61
4. 矿山提升设备	0.05	-14.52	0.01	-86.32	0.05	-44.78	0.04	178.06
5. 矿山机械零件	0.34	-5.64	0.02	-22.67	0.36	-7.05	0.31	-3.95

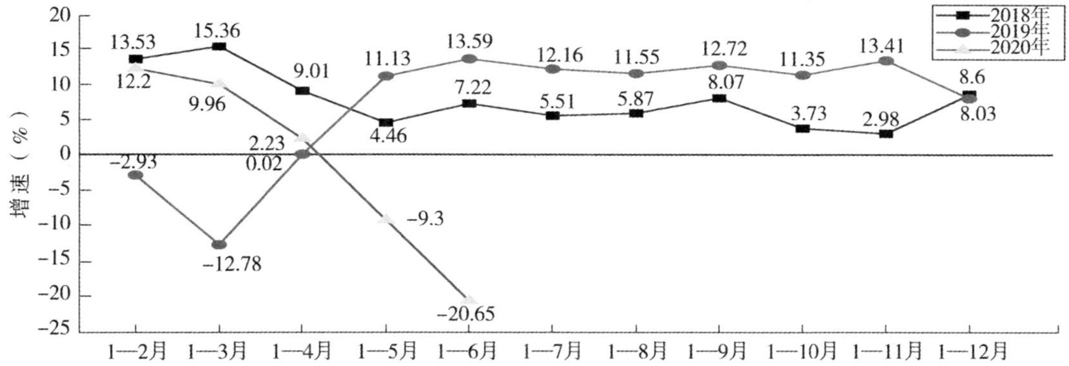

图 7　近 3 年矿山机械行业产品出口额累计增速同期比较

3. 物料搬运机械行业

2020 年 1—6 月物料搬运机械行业产品进出口总额为 82.77 亿美元，同比下降 16.90%。其中，出口额为 66.44 亿美元，同比下降 15.87%；进口额为 16.33 亿美元，同比下降 20.85%；进出口顺差为 50.11 亿美元，同比下降 14.10%。2020 年 1—6 月物料搬运机械行业产品进出口情况见表 5。近 3 年物料搬运机械行业产品出口额累计增速同期比较如图 8 所示。

表 5　2020 年 1—6 月物料搬运机械行业产品进出口情况

产品名称	出口金额（亿美元）	同比增长（%）	进口金额（亿美元）	同比增长（%）	进出口总额（亿美元）	同比增长（%）	进出口顺差（亿美元）	同比增长（%）
物料搬运机械	66.44	-15.87	16.33	-20.85	82.77	-16.90	50.11	-14.10
1. 轻小型起重设备	10.00	-9.87	1.46	-1.96	11.46	-8.94	8.55	-11.10
2. 起重机	12.94	-25.52	0.57	-44.38	13.51	-26.57	12.37	-24.34
3. 工业车辆	14.91	-16.86	1.77	-13.68	16.68	-16.53	13.14	-17.27
4. 电梯、自动梯及升降机	13.45	-8.79	1.07	-9.66	14.52	-8.85	12.38	-8.71
5. 连续搬运设备	7.03	-18.03	5.26	-17.49	12.30	-17.80	1.77	-19.59
6. 其他物料搬运设备	8.11	-12.28	6.19	-27.15	14.30	-19.40	1.91	158.29

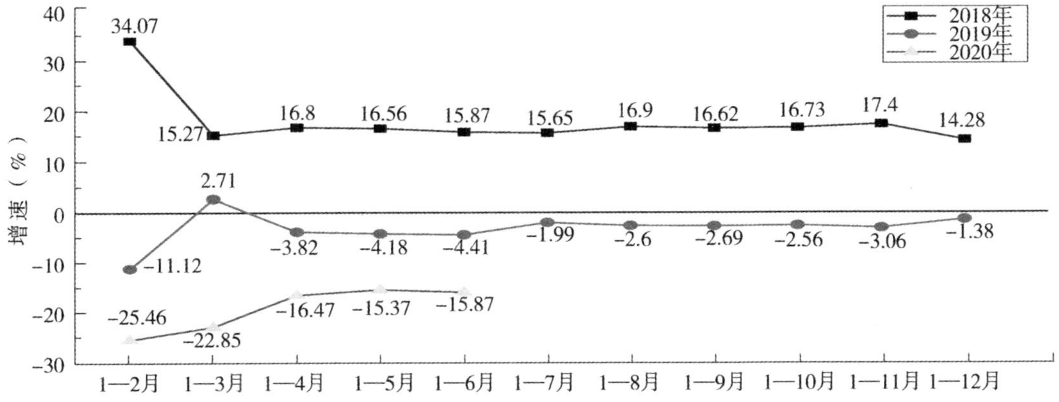

图 8　近 3 年物料搬运机械行业产品出口额累计增速同期比较

〔撰稿人：中国重型机械工业协会严祥文　审稿人：中国重型机械工业协会王继生〕

1949—2019 年重型机械行业主要经济指标

1949—1984 年重型机械全行业基本情况（一）

年份	总产值（万元）	净产值（万元）	机器产品产量（t）	职工人数（人）			工资总额（万元）	实现利润总额（万元）	上缴利润（万元）	上缴税金（万元）	定额流动资金占用数（万元）	基本建设投资（万元）
				合计	其中：工人	其中：技术人员						
1949	1 203	443	4 996	6 458	5 812	408	177	10	9	0	11	1 039
1950	4 212	1 520	12 915	12 642	9 091	701	378	392	235	1	747	1 212
1951	6 990	2 271	20 340	19 362	12 861	958	680	1 089	971	60	866	1 871
1952	11 287	3 828	33 111	32 535	20 656	1 378	1 614	2 136	1 430	190	4 792	3 278
1953	19 587	6 461	55 165	45 301	28 514	2 243	2 778	4 681	4 518	701	7 772	9 948
1954	27 968	9 058	82 271	49 175	30 687	3 376	2 906	7 937	5 047	941	13 869	11 078
1955	34 906	10 929	99 466	51 816	32 133	4 442	5 236	7 395	6 485	1 135	12 754	8 345
1956	57 785	17 576	150 524	69 424	40 557	6 068	4 651	9 545	7 654	1 713	15 077	9 778
1957	52 146	17 687	146 715	77 178	43 663	6 750	5 465	11 347	9 524	1 656	17 985	12 930
1958	103 941	35 193	294 602	149 555	93 712	6 799	8 096	26 122	21 293	3 236	26 131	37 543
1959	153 684	51 742	367 503	178 138	102 488	7 251	10 226	34 987	23 520	4 942	49 775	32 415
1960	222 195	78 807	450 590	201 874	121 472	7 862	11 303	33 848	44 098	7 387	73 355	33 749
1961	88 661	32 033	234 631	170 566	104 867	9 950	11 098	12 066	11 578	3 279	82 465	11 255
1962	53 819	19 099	165 235	130 800	81 180	9 133	9 210	6 388	6 289	3 146	65 396	2 792
1963	61 006	21 903	151 850	121 894	80 494	10 949	8 997	11 018	11 105	2 918	48 957	2 801
1964	77 157	26 067	173 001	126 836	88 118	11 498	9 429	14 095	12 475	3 248	43 234	4 913
1965	106 020	36 072	225 152	143 861	90 245	11 853	10 551	19 417	17 519	3 079	49 521	29 849
1966	136 545	42 685	310 436	147 806	95 336	11 736	10 349	24 592	23 409	4 145	58 399	41 475
1967	92 610	28 819	202 327	157 262	102 319	11 358	10 651	10 251	10 724	2 949	84 133	40 914
1968	79 454	24 985	164 082	166 636	115 528	9 190	11 207	4 847	1 629	2 206	105 623	43 484
1969	126 859	39 575	283 889	182 991	124 148	8 951	12 012	13 964	13 820	3 971	116 437	46 862
1970	203 752	62 015	438 754	228 479	156 563	8 422	13 833	27 867	26 868	7 533	125 125	55 773
1971	168 723	74 050	520 567	256 171	170 708	9 753	15 146	42 410	38 731	10 035	141 271	57 979
1972	233 727	74 323	521 667	278 516	179 682	12 229	16 886	49 681	42 140	11 342	161 746	61 605
1973	255 618	81 340	593 942	284 792	186 316	13 706	18 839	53 194	49 361	11 489	176 757	63 011
1974	243 957	77 912	532 225	288 531	200 851	13 736	18 383	42 126	38 014	10 288	194 587	61 353
1975	273 106	86 658	577 295	298 632	203 708	14 126	19 034	44 541	44 124	11 580	211 607	62 032

（续）

年份	总产值（万元）	净产值（万元）	机器产品产量（t）	职工人数（人）			工资总额（万元）	实现利润总额（万元）	上缴利润（万元）	上缴税金（万元）	定额流动资金占用数（万元）	基本建设投资（万元）
				合计	其中：工人	其中：技术人员						
1976	251 417	81 759	486 438	310 322	201 465	14 591	19 546	38 425	36 157	10 766	221 090	58 331
1977	252 388	78 336	489 660	318 175	217 521	15 232	20 197	33 884	30 279	11 346	233 607	57 971
1978	303 676	99 015	633 916	370 215	217 786	15 937	23 047	47 281	44 890	18 352	236 861	62 297
1979	349 086	114 095	751 816	343 984	234 143	16 158	26 552	58 483	50 358	15 658	248 873	64 246
1980	294 891	97 986	572 106	363 294	223 730	21 115	29 626	42 593	32 672	13 178	229 345	61 783
1981	240 972	69 244	424 546	361 483	226 735	19 231	29 724	21 455	17 640	9 657	230 626	40 758
1982	282 528	78 525	479 021	367 567	229 933	22 168	30 940	24 549	17 346	11 069	216 308	58 330
1983	334 909	102 431	623 438	378 396	237 261	25 553	33 176	39 954	21 869	15 182	226 696	59 050
1984	402 960	129 350	740 633	384 915	246 126	27 678	43 397	55 675	29 356	20 555	254 747	71 481

1949—1984 年重型机械全行业基本情况（二）

年份	固定资产原值（万元）	固定资产净值（万元）	设备数（台）		全员劳动生产率（原值）（元／人）	全员劳动生产率（净值）（元／人）	产值利润率（%）	资金利润率（原值）（%）	资金利润率（净值）（%）	人均利润（元／人）	人均工资（元／人）
			合计	其中：机床							
1949	145	117	927	1 181	1 863	686	1	6	8	15	274
1950	953	1 486	1 105	1 522	3 332	1 202	9	23	18	310	299
1951	1 811	1 281	1 182	1 477	3 610	1 173	16	41	51	562	351
1952	9 294	7 016	2 263	2 351	3 469	1 177	19	15	18	657	496
1953	15 768	12 417	3 330	3 018	4 324	1 426	24	20	23	1 033	613
1954	21 925	14 440	4 688	4 021	5 687	1 842	28	22	28	1 614	591
1955	24 318	18 784	5 113	4 395	6 737	2 109	21	20	23	1 427	1 010
1956	30 547	16 917	5 501	5 096	8 323	2 532	17	21	30	1 375	670
1957	34 264	25 692	6 387	5 677	6 757	2 292	22	22	26	1 470	708
1958	55 973	49 234	8 734	7 239	6 950	2 353	25	32	35	1 747	541
1959	102 421	90 216	11 235	9 091	8 627	2 905	23	23	25	1 964	574
1960	140 419	123 602	14 102	10 921	11 001	3 904	15	15	17	1 627	560
1961	153 288	132 931	14 852	10 490	5 198	1 878	14	5	6	707	651
1962	164 112	138 377	15 250	10 947	4 115	1 460	12	3	3	488	704
1963	160 213	130 693	16 103	11 422	5 005	1 797	18	5	6	904	738
1964	165 729	146 158	15 796	10 676	6 083	2 055	18	7	7	1 111	743
1965	170 902	147 488	16 785	11 611	7 370	2 675	18	9	10	1 350	723
1966	188 339	150 950	15 955	11 177	9 238	2 888	18	10	12	1 664	700
1967	202 452	154 275	16 315	11 231	5 889	1 833	11	4	4	652	677

（续）

年份	固定资产原值（万元）	固定资产净值（万元）	设备数（台）		全员劳动生产率（原值）（元/人）	全员劳动生产率（净值）（元/人）	产值利润率（%）	资金利润率（原值）（%）	资金利润率（净值）（%）	人均利润（元/人）	人均工资（元/人）
			合计	其中：机床							
1968	216 535	161 385	16 651	11 156	4 768	1 499	6	2	2	291	674
1969	226 037	166 652	22 375	12 941	6 933	2 163	11	4	5	763	656
1970	245 447	177 585	22 990	16 451	8 918	2 714	14	8	9	1 220	605
1971	293 165	217 255	24 764	20 049	6 586	2 891	25	10	12	1 656	591
1972	310 962	225 626	32 757	22 273	8 392	2 669	21	11	13	1 784	606
1973	336 793	241 617	42 116	27 039	8 976	2 856	21	10	13	1 868	662
1974	359 118	255 452	43 163	28 761	8 455	2 700	17	8	9	1 460	637
1975	384 826	268 450	48 488	30 293	9 145	2 902	16	8	9	1 492	638
1976	404 912	307 388	52 570	32 465	8 102	2 635	15	6	7	1 238	630
1977	423 310	287 816	56 477	34 043	7 932	2 462	13	5	7	1 065	635
1978	444 794	265 510	59 979	35 600	8 203	2 675	16	7	9	1 277	623
1979	468 548	306 966	65 780	35 570	10 148	3 317	17	8	11	1 700	772
1980	490 849	314 094	65 880	38 086	8 117	2 697	14	6	8	1 172	815
1981	514 173	315 515	70 867	38 989	6 666	1 916	9	3	4	594	822
1982	520 409	324 567	72 879	40 104	7 686	2 136	9	3	5	668	842
1983	545 327	331 045	75 402	41 001	8 851	2 707	12	5	7	1 056	877
1984	581 047	332 273	77 921	43 328	10 469	3 360	14	10	10	1 446	1 127

1949—1984 年冶金机械行业基本情况（一）

年份	总产值（万元）	净产值（万元）	机器产品产量（t）	职工数（人）			工资总额（万元）	实现利润总额（万元）	上缴利润（万元）	上缴税金（万元）	定额流动资金占用数（万元）	基本建设投资（万元）
				合计	其中：工人	其中：技术人员						
1949	382	135	549	1 064	810	74	10	2	2	0	11	0
1950	640	238	753	2 118	1 340	145	65	144	32	1	73	60
1951	1 041	379	3 572	4 135	2 321	311	112	324	239	11	361	695
1952	2 227	801	8 569	9 005	5 823	434	441	395	262	20	1 602	1 456
1953	3 658	1 314	18 342	12 803	7 368	748	830	1 269	1 229	178	1 714	1 257
1954	5 814	2 159	29 819	10 249	6 130	868	658	3 078	867	233	3 241	840
1955	7 169	2 481	40 243	10 702	6 203	1 104	726	747	719	290	2 873	752
1956	11 858	4 135	44 171	15 519	8 542	1 747	1 033	2 107	1 984	362	3 469	1 693
1957	11 634	4 071	44 942	16 380	8 664	1 990	1 216	2 600	2 037	453	4 276	4 488
1958	22 431	7 809	83 354	30 052	25 582	2 868	2 018	5 575	4 509	844	6 997	27 968
1959	40 197	13 590	115 286	52 689	33 302	3 354	3 179	6 217	6 579	1 430	19 205	20 496

（续）

年份	总产值（万元）	净产值（万元）	机器产品产量（t）	职工数（人）			工资总额（万元）	实现利润总额（万元）	上缴利润（万元）	上缴税金（万元）	定额流动资金占用数（万元）	基本建设投资（万元）
				合计	其中：工人	其中：技术人员						
1960	61 609	20 908	106 955	60 860	37 277	3 386	3 696	8 533	7 567	2 356	27 957	20 139
1961	21 615	7 583	42 181	50 867	31 931	4 088	3 690	176	1 461	1 049	34 056	9 477
1962	15 870	5 506	45 379	39 956	25 559	3 821	3 122	405	910	1 239	27 835	1 883
1963	17 980	6 249	41 236	39 107	25 143	4 422	3 039	1 935	2 450	1 043	21 301	1 645
1964	23 044	7 886	38 778	41 005	26 277	4 565	3 242	3 216	2 886	1 008	21 208	2 682
1965	33 920	11 531	58 390	50 573	30 931	5 433	3 701	6 018	5 815	874	22 459	26 697
1966	49 918	14 616	102 327	54 809	34 932	5 800	3 999	7 788	8 761	1 196	26 948	37 936
1967	30 928	9 143	54 877	48 277	31 911	4 395	3 590	3 352	3 912	1 248	37 601	39 046
1968	23 232	6 823	38 374	52 346	34 653	4 104	3 748	-1 551	357	661	43 660	41 419
1969	39 067	11 363	68 426	56 196	40 475	3 929	3 923	3 700	4 469	1 261	48 434	43 595
1970	75 754	20 606	143 949	74 523	53 326	4 236	4 944	9 077	9 685	2 454	54 755	48 877
1971	77 390	24 554	165 893	83 590	58 709	4 728	5 245	13 387	12 493	3 159	60 107	48 318
1972	75 292	21 743	168 116	87 458	61 635	5 778	5 684	15 653	12 759	3 432	69 332	48 534
1973	80 540	23 249	180 409	88 946	59 635	6 147	6 023	13 745	12 269	3 332	74 262	50 107
1974	70 040	20 328	135 286	90 792	65 208	6 195	6 198	9 560	8 927	3 115	80 811	50 719
1975	82 996	23 926	159 092	94 649	66 718	6 217	6 339	8 479	8 460	3 181	85 883	52 075
1976	69 400	20 314	113 404	95 064	67 857	6 519	6 608	5 030	7 836	2 867	90 037	50 749
1977	75 463	21 072	122 893	99 685	70 326	6 099	6 784	5 122	5 049	3 325	90 225	50 957
1978	86 263	25 883	150 722	142 087	69 599	6 015	7 913	8 325	7 803	8 618	92 534	54 363
1979	92 726	28 719	182 510	101 114	69 723	5 676	8 722	11 484	9 498	3 852	91 245	56 127
1980	76 378	27 176	141 707	105 714	69 544	7 100	9 735	9 877	6 102	3 443	83 599	52 690
1981	64 313	19 299	112 849	107 054	68 500	7 086	9 487	5 327	3 399	2 565	78 119	52 436
1982	69 976	18 620	117 938	112 192	69 527	8 292	9 923	3 172	2 610	2 738	79 406	52 874
1983	83 474	23 976	135 332	112 570	70 263	9 472	10 232	5 304	2 745	2 569	80 681	53 313
1984	96 306	29 683	154 973	113 444	70 611	9 928	13 360	8 200	4 586	4 135	84 662	63 846

1949—1984 年冶金机械行业基本情况（二）

年份	固定资产原值（万元）	固定资产净值（万元）	设备数（台）		全员劳动生产率（原值）（元／人）	全员劳动生产率（净值）（元／人）	产值利润率（%）	资金利润率（原值）（%）	资金利润率（净值）（%）	人均利润（元／人）	人均工资（元／人）
			合计	其中：机床							
1949	18	12	277	216	3 590	1 269	0.5	6.9	8.7	18.8	94
1950	144	45	322	263	3 022	1 124	22.5	66.4	122.0	679	307
1951	228	131	361	308	2 518	917	31.1	55	65.9	784	271

（续）

年份	固定资产原值（万元）	固定资产净值（万元）	设备数（台）		全员劳动生产率（原值）（元/人）	全员劳动生产率（净值）（元/人）	产值利润率（%）	资金利润率（原值）（%）	资金利润率（净值）（%）	人均利润（元/人）	人均工资（元/人）
			合计	其中：机床							
1952	2 428	1 761	519	444	2 473	890	17.7	9.8	11.7	439	490
1953	4 316	3 549	642	552	2 857	1 026	34.7	21.0	24.1	991	648
1954	5 886	4 927	988	581	5 673	2 106	52.9	33.7	37.7	3 003	642
1955	6 592	5 405	904	701	6 698	2 318	10.4	7.9	9.0	698	678
1956	7 308	5 859	990	813	7 641	2 665	17.8	19.6	22.6	1 358	666
1957	8 816	6 081	1 053	879	7 103	2 485	22.3	19.9	25.1	1 587	742
1958	28 325	26 130	1 565	1 207	7 464	2 599	24.9	15.8	16.8	1 855	672
1959	55 942	52 289	2 205	1 576	7 629	2 579	15.5	8.3	8.7	1 180	603
1960	76 955	71 754	2 729	1 978	10 123	3 435	13.8	8.1	8.6	1 402	607
1961	82 156	74 903	2 683	1 971	4 261	1 491	0.8	0.2	0.2	35	725
1962	90 460	80 808	2 705	1 970	3 972	1 378	2.5	0.3	0.4	101	781
1963	93 907	82 236	2 671	1 942	4 598	1 598	10.8	1.7	1.9	495	777
1964	96 233	85 953	2 476	1 790	5 620	1 923	13.9	2.7	3.0	784	791
1965	97 278	86 303	2 930	1 788	6 707	2 280	17.7	5.0	5.5	1 190	732
1966	109 801	93 761	3 250	2 002	9 108	2 667	15.6	5.7	6.5	1 421	730
1967	110 359	89 263	3 408	2 172	6 406	1 894	10.8	2.3	2.6	694	744
1968	121 732	97 480	3 447	2 222	4 438	1 303	–	–	–	–	716
1969	125 759	99 547	3 492	2 412	6 952	2 022	9.5	2.1	2.5	658	698
1970	133 994	104 393	4 007	2 961	10 165	2 765	12.0	4.8	5.7	1 218	663
1971	168 949	134 104	4 692	3 326	9 203	2 920	17.3	5.8	6.9	1 602	627
1972	174 087	134 447	5 155	3 089	8 609	2 486	20.8	6.4	7.7	1 790	650
1973	180 465	136 696	8 877	5 090	9 055	2 614	17.1	5.4	6.5	1 545	677
1974	190 357	141 749	8 834	5 738	7 714	2 239	13.6	3.5	4.3	1 053	683
1975	201 003	147 294	9 318	5 353	8 769	2 528	10.2	3.0	3.6	896	670
1976	208 982	149 475	11 264	6 182	7 300	2 137	7.2	1.7	2.1	529	695
1977	214 914	150 415	11 177	6 610	7 570	2 114	6.8	1.7	2.1	514	681
1978	223 268	152 871	13 679	7 122	6 071	1 822	9.7	2.6	3.4	586	557
1979	233 005	157 880	15 902	8 129	9 170	2 840	12.4	3.5	4.6	1 136	863
1980	240 227	159 659	16 694	8 984	7 225	2 571	12.9	3.1	4.1	934	921
1981	246 368	157 939	17 982	9 030	6 008	1 803	8.3	1.6	2.3	498	886
1982	254 375	163 228	18 301	8 974	6 237	1 660	4.5	1.0	1.3	283	884
1983	259 850	160 991	18 252	8 993	7 415	2 130	6.4	1.6	2.2	471	909
1984	265 092	158 418	18 715	9 165	8 489	2 617	8.5	2.3	3.4	723	1 178

1949—1984 年矿山机械行业基本情况（一）

年份	总产值（万元）	净产值（万元）	机器产品产量（t）	职工数（人）			工资总额（万元）	实现利润总额（万元）	上缴利润（万元）	上缴税金（万元）	定额流动资金占用数（万元）	基本建设投资（万元）
				合计	其中：工人	其中：技术人员						
1949	467	161	220	2 279	2 557	142	75	3	3	0	0	972
1950	1 826	660	1 905	5 603	3 844	281	177	204	182	0	0	998
1951	3 341	1 048	1 534	7 852	5 330	335	330	456	397	27	365	1 067
1952	5 298	1 692	11 233	12 048	7 257	481	624	986	798	63	1 599	1 388
1953	9 481	2 752	15 828	18 555	11 689	822	1 067	1 893	1 874	290	3 385	7 896
1954	12 022	3 361	21 368	20 714	13 046	1 452	1 248	2 351	2 205	412	5 646	7 624
1955	14 571	4 273	28 413	21 850	13 940	1 993	1 374	3 099	2 573	491	6 239	7 241
1956	20 759	6 118	52 307	27 475	16 336	2 397	1 982	4 223	2 806	894	6 028	7 274
1957	17 921	6 313	48 288	30 217	17 142	2 738	2 283	3 883	3 167	691	6 857	7 483
1958	35 094	10 989	91 105	56 401	32 067	2 288	3 414	7 304	5 561	1 142	8 020	6 131
1959	46 741	15 360	108 482	55 004	30 774	2 022	3 450	10 268	7 484	1 759	16 183	6 523
1960	67 444	23 990	141 680	63 443	39 932	2 456	3 719	15 866	14 514	2 346	22 807	6 218
1961	27 650	9 554	85 383	54 668	33 354	3 706	3 639	3 088	2 937	1 056	24 879	751
1962	17 828	5 823	54 373	44 869	26 727	3 017	3 082	2 311	1 966	1 020	20 601	569
1963	17 232	5 862	51 280	37 663	26 079	3 417	2 941	3 375	3 092	913	13 788	503
1964	20 817	6 551	57 594	38 918	26 235	3 440	3 005	3 421	2 808	892	10 737	1 254
1965	29 261	9 194	73 415	41 162	27 416	3 456	3 163	5 848	5 232	874	12 672	1 384
1966	32 339	10 267	80 948	35 516	23 673	2 653	2 715	7 459	7 021	1 110	12 600	1 276
1967	23 951	7 611	50 741	44 399	30 212	3 580	3 274	2 791	3 526	642	21 999	587
1968	18 537	5 869	42 924	49 410	34 549	2 386	3 443	−495	−1 471	493	28 942	778
1969	33 993	10 756	78 755	53 894	31 934	2 624	3 782	3 712	3 392	1 040	32 022	1 454
1970	49 235	15 397	118 653	61 132	41 752	1 743	3 917	7 333	6 744	1 877	30 258	3 697
1971	59 226	18 682	149 252	68 295	45 306	2 096	4 268	11 203	10 369	3 071	33 834	4 308
1972	64 151	20 556	139 210	73 552	43 791	2 920	4 638	13 364	12 521	3 795	37 658	5 481
1973	65 241	20 797	161 502	76 334	47 617	3 345	4 877	14 659	14 649	2 964	41 214	5 424
1974	61 235	18 809	144 646	75 189	50 060	3 266	4 926	10 386	10 303	2 463	44 663	3 878
1975	62 710	19 557	151 659	76 703	50 912	3 462	5 188	11 037	10 726	2 795	47 782	3 301
1976	55 270	17 067	121 201	80 262	52 071	3 408	5 147	10 590	7 976	2 410	44 843	3 026
1977	57 340	18 111	122 483	82 073	55 664	4 032	5 276	7 097	6 056	2 427	52 542	2 642
1978	73 299	24 164	168 252	84 080	55 391	3 854	5 964	11 560	12 433	3 268	52 312	3 254
1979	81 259	26 861	187 901	91 013	59 171	4 316	6 965	13 667	11 748	3 508	61 837	3 375
1980	65 867	21 810	144 015	104 149	57 529	4 623	7 607	8 399	6 499	2 999	50 629	4 629
1981	50 359	15 307	102 817	90 874	55 934	4 910	7 572	3 676	3 134	2 211	48 598	1 391
1982	58 932	17 403	115 795	92 854	57 627	5 420	7 915	3 562	2 613	2 288	47 568	1 571
1983	73 903	22 498	146 438	95 100	58 075	6 139	8 339	7 052	4 010	3 139	47 255	1 824
1984	83 460	27 214	172 035	96 272	58 179	6 689	11 062	10 014	5 503	4 586	57 129	2 751

1949—1984 年矿山机械行业基本情况（二）

年份	固定资产原值（万元）	固定资产净值（万元）	设备数（台）		全员劳动生产率（原值）（元／人）	全员劳动生产率（净值）（元／人）	产值利润率（%）	资金利润率（原值）（%）	资金利润率（净值）（%）	人均利润（元／人）	人均工资（元／人）
			合计	其中：机床							
1949	98	82	440	440	2 049	706	0.6	3.1	3.7	13	329
1950	218	958	529	565	3 259	1 178	11.2	93.6	21.3	364	316
1951	862	560	525	577	4 255	1 335	13.6	37.2	49.3	581	420
1952	4 599	3 443	660	676	4 397	1 404	18.6	15.9	19.6	818	518
1953	7 573	6 032	1 525	1 109	5 110	1 483	20.0	17.3	20.1	1 020	575
1954	9 127	6 956	1 733	1 267	5 804	1 623	19.6	15.9	18.7	1 135	602
1955	10 030	7 481	1 949	1 395	6 669	1 956	21.3	19.0	22.6	1 418	629
1956	13 117	9 853	2 275	1 670	7 556	2 227	20.3	22.1	26.6	1 537	721
1957	16 020	12 380	2 419	1 912	5 931	2 089	21.7	17.0	20.2	1 285	756
1958	18 194	13 288	3 469	2 493	6 222	1 948	20.8	27.9	34.3	1 295	605
1959	28 127	23 802	4 206	2 912	8 498	2 793	22.0	23.2	25.7	1 867	627
1960	37 229	30 457	5 322	3 033	10 631	3 781	23.5	26.4	29.8	2 501	586
1961	40 845	33 821	5 640	3 093	5 058	1 748	11.2	4.7	5.3	565	666
1962	43 075	33 620	5 720	3 736	3 973	1 298	13.0	3.6	4.3	515	687
1963	32 818	23 920	5 479	3 654	4 575	1 556	19.6	7.2	9.0	896	781
1964	33 675	33 257	5 667	2 999	5 349	1 683	16.4	7.7	7.8	879	772
1965	35 165	33 548	5 990	3 683	7 109	2 234	20.0	12.2	12.7	1 421	768
1966	36 783	25 882	4 908	3 052	9 105	2 891	23.1	15.1	19.4	2 100	764
1967	49 255	34 210	5 151	3 425	5 394	1 714	11.7	3.9	5.0	629	737
1968	50 279	33 175	5 425	2 971	3 752	1 188					697
1969	52 108	33 419	10 325	3 793	6 307	1 996	10.9	4.4	5.7	689	702
1970	55 267	36 353	7 153	4 487	8 054	2 519	14.9	8.6	11.0	1 200	641
1971	59 995	39 250	7 787	5 302	8 672	2 735	18.9	11.9	15.3	1 640	625
1972	65 043	42 234	10 573	5 905	8 722	2 795	20.8	13.0	16.7	1 817	631
1973	72 423	46 857	12 370	6 795	8 547	2 724	22.5	12.9	16.6	1 920	639
1974	77 425	49 334	12 910	7 140	8 144	2 502	17.0	8.5	11	1 381	655
1975	82 173	51 236	13 430	7 535	8 176	2 550	17.6	8.5	11.1	1 439	676
1976	87 524	53 713	14 170	7 839	6 886	2 126	19.2	8.0	10.7	1 319	641
1977	92 098	59 032	15 378	8 261	6 986	2 207	12.4	4.9	6.4	865	643
1978	97 801	58 196	15 709	8 573	8 718	2 874	15.8	7.7	10.5	1 375	709
1979	103 639	62 642	16 773	8 762	8 928	2 951	16.8	8.3	11.0	1 502	765
1980	114 078	64 150	16 259	8 564	6 324	2 094	12.8	5.1	7.3	806	730
1981	112 240	65 697	17 401	8 935	5 542	1 684	7.3	2.3	3.2	405	833
1982	117 453	67 620	18 654	9 673	6 347	1 874	6.0	2.2	3.1	384	852
1983	120 853	67 689	18 757	9 051	7 771	2 366	9.5	4.2	6.1	742	877
1984	141 736	67 401	18 508	8 858	8 669	2 827	12	5.8	8.5	1 040	1 149

1949—1984 年物料搬运（起重运输）机械行业基本情况（一）

年份	总产值（万元）	净产值（万元）	机器产品产量（t）	职工数（人）			工资总额（万元）	实现利润总额（万元）	上缴利润（万元）	上缴税金（万元）	定额流动资金占用数（万元）	基本建设投资（万元）
				合计	其中：工人	其中：技术人员						
1949	330	139	4 223	2 682	2 065	185	73	1	0	0	0	66
1950	1 254	515	10 229	3 856	3 006	260	105	24	1	0	4	136
1951	1 411	575	15 172	5 598	3 807	284	178	30	12	1	36	15
1952	2 309	945	12 657	8 570	5 553	361	417	482	243	82	1 341	201
1953	3 961	1 592	19 906	9 622	6 782	525	582	1 165	1 215	180	2 083	525
1954	6 440	2 608	30 272	11 512	7 224	690	615	1 821	1 372	271	3 562	471
1955	7 783	2 990	29 623	12 408	7 718	850	680	2 254	1 992	232	3 532	301
1956	15 408	5 572	51 414	17 861	10 915	1 254	1 021	2 029	1 739	339	4 103	624
1957	13 352	5 222	48 518	21 166	12 071	1 384	1 322	3 074	2 681	378	5 293	812
1958	35 460	12 944	110 166	43 600	24 630	1 098	1 831	9 303	7 842	975	8 809	2 216
1959	50 990	17 542	130 730	48 090	27 134	1 251	2 422	13 800	11 232	1 451	11 114	3 259
1960	69 035	26 346	176 789	52 524	30 949	1 302	2 566	20 134	16 439	2 093	16 615	3 774
1961	27 531	10 570	85 638	43 682	26 401	1 300	2 452	6 624	5 210	739	16 380	416
1962	12 308	4 898	52 999	30 430	18 648	1 394	1 918	2 184	1 943	527	11 737	272
1963	16 349	6 217	48 861	29 171	18 207	1 835	1 886	3 613	3 326	579	8 377	241
1964	20 519	7 356	59 172	30 720	25 050	2 163	2 009	4 343	3 795	776	7 062	323
1965	25 305	9 293	70 127	34 113	20 162	1 688	3 028	4 438	3 494	784	9 216	1 307
1966	32 763	10 478	96 980	38 327	24 118	2 175	2 364	5 592	4 130	1 108	12 627	1 433
1967	24 597	7 735	80 057	43 125	26 519	2 108	2 447	3 082	2 379	739	16 896	413
1968	24 621	7 926	70 342	41 614	30 656	1 767	2 597	1 930	1 913	693	22 811	831
1969	36 878	11 903	116 755	48 690	34 625	1 580	2 855	4 964	4 144	1 201	25 782	1 108
1970	53 553	17 655	147 115	60 321	40 546	1 425	3 221	8 348	7 570	2 090	27 586	2 308
1971	61 906	20 697	167 331	68 457	45 375	1 770	3 696	12 310	10 606	2 499	32 220	2 706
1972	63 622	21 429	176 023	78 076	49 533	2 041	4 333	14 134	10 801	2 665	38 010	4 195
1973	75 391	25 379	206 227	78 967	51 765	2 559	4 496	17 196	14 672	3 740	42 309	3 988
1974	78 871	27 117	208 970	81 432	57 961	2 539	4 724	17 457	15 107	3 442	47 556	3 794
1975	90 305	30 783	215 162	84 774	56 991	2 503	4 960	19 188	19 181	4 041	53 910	3 752
1976	89 276	32 383	200 595	89 949	59 876	2 697	5 081	17 882	15 724	4 052	61 085	2 138
1977	82 994	29 073	196 297	91 102	60 709	2 931	5 339	17 814	15 311	4 097	61 680	2 286
1978	99 577	36 457	255 367	98 648	63 121	3 302	6 279	21 962	19 451	4 971	62 910	2 401
1979	121 304	42 933	307 153	104 725	69 124	3 833	7 382	25 877	23 027	5 835	66 352	3 069
1980	104 614	34 213	225 191	105 423	67 581	4 075	8 242	18 354	15 132	4 917	61 761	3 049
1981	71 133	24 155	174 708	110 923	70 605	4 531	8 490	9 542	8 992	3 390	61 270	2 090
1982	111 433	28 965	201 768	113 736	72 486	5 413	8 929	12 427	8 386	3 971	60 640	2 888
1983	119 190	37 208	279 179	118 382	75 731	6 384	9 959	17 952	9 706	6 563	67 300	2 876
1984	151 423	48 289	335 680	122 682	84 079	7 379	13 066	23 814	12 462	7 394	77 413	3 759

1949—1984 年物料搬运（起重运输）机械行业基本情况（二）

年份	固定资产原值（万元）	固定资产净值（万元）	设备数（台）		全员劳动生产率（原值）（元 / 人）	全员劳动生产率（净值）（元 / 人）	产值利润率（%）	资金利润率（原值）（%）	资金利润率（原值）（%）	人均利润（元 / 人）	人均工资（元 / 人）
			合计	其中：机床							
1949	13	12	119	437	1 230	518	0.3	7.7	8.3	3.7	272
1950	93	84	161	608	3 252	1 336	1.9	24.7	27.3	62.2	272
1951	151	125	189	494	2 521	1 027	2.1	16.0	18.6	54	318
1952	1 750	1 250	720	918	2 694	1 103	20.9	15.6	18.6	562	487
1953	2 527	1 857	872	1 103	4 117	1 655	29.4	25.3	29.6	1 211	605
1954	3 034	2 234	984	1 267	5 594	2 265	28.3	27.6	31.4	1 582	534
1955	3 542	2 587	1 216	1 374	6 273	2 410	29.0	31.9	36.8	1 817	548
1956	5 684	2 991	1 428	1 520	8 627	3 120	13.2	20.7	28.6	1 136	572
1957	5 293	3 929	1 816	1 926	6 308	2 467	23.0	29.0	33.3	1 452	625
1958	7 437	5 900	2 310	2 297	8 133	2 969	26.2	57.3	63.2	2 134	420
1959	10 790	8 003	3 191	3 047	10 603	3 648	27.1	63.0	72.2	2 870	504
1960	16 293	13 184	4 183	4 084	13 144	5 016	29.2	61.2	67.6	3 833	489
1961	17 868	14 005	4 613	3 534	6 303	2 420	24.1	19.3	21.8	1 516	561
1962	17 233	13 237	4 932	3 391	4 045	1 610	17.7	7.5	8.7	718	630
1963	18 477	13 767	5 404	3 817	5 605	2 131	22.1	13.5	16.3	1 239	647
1964	20 472	15 032	5 568	3 935	6 679	2 395	21.2	15.8	19.7	1 414	654
1965	21 551	15 761	5 597	3 998	7 418	2 724	17.5	14.4	17.8	1 301	888
1966	23 648	17 073	5 828	4 321	8 548	2 734	17.1	15.4	18.8	1 459	617
1967	24 283	17 052	5 698	3 999	5 704	1 794	12.5	7.5	9.1	715	567
1968	25 196	17 167	6 215	4 342	5 917	1 905	7.8	4.0	4.8	464	624
1969	27 106	18 638	6 627	4 709	7 574	2 445	13.5	9.4	11.2	1 020	586
1970	32 044	19 594	8 630	6 266	8 878	2 927	15.6	14.0	17.7	1 384	534
1971	37 084	24 776	7 959	7 570	9 043	3 023	19.9	17.8	21.6	1 798	540
1972	41 850	27 789	11 467	8 910	8 149	2 745	22.2	17.7	21.5	1 810	555
1973	50 075	34 343	13 617	9 664	9 547	3 214	22.8	18.6	22.4	2 178	569
1974	55 243	38 113	14 579	10 582	9 686	3 330	22.1	17.0	20.4	2 144	580
1975	61 878	42 325	17 260	11 582	10 652	3 631	21.2	16.6	19.9	2 263	585
1976	62 559	43 977	18 780	12 169	9 925	3 600	20.0	14.5	17.0	1 988	565
1977	70 888	46 004	20 625	12 636	9 110	3 191	21.5	13.4	16.5	1 955	586
1978	76 035	50 100	20 138	13 472	10 094	3 696	22.1	15.8	19.4	2 226	637
1979	80 867	51 981	23 327	14 036	11 583	4 100	21.3	17.6	21.9	2 471	705
1980	84 131	53 312	22 590	13 835	9 923	3 245	17.5	12.6	15.9	1 741	782
1981	87 055	54 492	24 580	14 519	6 413	2 178	13.4	6.4	8.2	860	765
1982	91 524	56 193	24 918	14 713	9 798	2 547	11.2	8.2	10.6	1 093	785
1983	98 980	60 280	26 138	15 481	10 068	3 143	15.1	10.8	14.1	1 516	841
1984	105 784	63 612	27 836	15 770	12 343	3 936	15.7	13.0	16.9	1 941	1 065

1985—1998 年重型机械全行业基本情况（一）

年份	总产值（万元）	主营业务收入（亿元）	净产值（万元）	机器产品产量（t）	职工数（人）		
					合计	其中：工人	其中：技术人员
1985	775 437		275 726	709 919	648 752	433 123	41 894
1986	578 986		176 052	746 007	412 307	253 328	29 254
1987	652 025		195 702	797 802	425 124	260 305	31 890
1988	1 071 300	104.37	235 475	931 748	623 700	274 002	35 228
1989	1 215 600	109.48	258 842	806 884	623 300	275 601	36 751
1990	1 276 300	111.35	201 593	1 062 500	630 500	264 060	35 902
1991	1 399 200	138.40	218 988	1 421 000	638 600	209 506	35 903
1992	1 755 500	171.61	313 368	1 517 500	618 700	259 855	35 922
1993	3 890 700	422.20		1 993 000	884 700	271 412	35 111
1994	4 551 400	382.79		2 804 500	838 900	247 495	31 142
1995	4 552 300	447.29		2 792 900	904 500	233 942	29 422
1996	4 703 100	462.79		1 830 000	948 500	222 030	28 158
1997	4 729 500	470.02	521 800	2 518 400	915 400	209 606	27 075
1998	4 472 800	441.44	535 800	943 759	682 300	180 467	23 903

1985—1998 年重型机械全行业基本情况（二）

年份	工资总额（万元）	实现利润总额（万元）	定额流动资金占用数（万元）	基本建设投资（万元）	固定资产原值（万元）	固定资产净值（万元）
1985	77 731	118 430	462 439	9 448	792 186	458 196
1986	57 372	66 820	364 495	16 486	606 123	333 728
1987	66 285	65 042	411 371	8 748	666 407	364 877
1988	86 055	61 188	484 859	16 358	738 241	403 405
1989	95 893	73 600	575 044	24 024	781 337	414 377
1990	100 116	26 400	613 927	15 952	799 189	415 144
1991	108 521	2 300	654 825	15 441	850 245	433 501
1992	129 981	36 300		32 647	921 999	481 530
1993	173 044	153 600		54 378	1 176 128	572 254
1994	197 370	108 300		43 863	1 323 800	631 442
1995	222 107	147 200		42 765	1 773 073	763 425
1996	220 287	43 500		38 390	2 015 541	1 159 099
1997	229 080	91 700		51 811	2 176 838	1 304 376
1998	213 975	−300		55 936	2 291 077	1 355 109

1985—1998 年冶金机械行业基本情况（一）

年份	总产值（万元）	主营业务收入（亿元）	净产值（万元）	机器产品产量（t）	职工人数（人）		
					合计	其中：工人	其中：技术人员
1985				50 600			
1986	221 490		68 294	61 600	178 366	106 968	15 108
1987	250 327		74 194	84 700	180 712	108 772	16 275
1988	256 100	25.25	43 277	89 600	158 600	53 679	8 908
1989	283 600	23.62	56 797	110 100	161 400	58 929	9 476
1990	298 800	25.38	43 353	90 200	162 500	60 009	10 122
1991	306 600	30.49	48 122	92 700	157 700	59 251	10 176
1992	358 700	36.06	61 963	116 800	152 900	59 901	10 326
1993	705 100	75.51	89 200	150 800	184 900	62 824	10 076
1994	876 500	71.70	96 600	103 100	170 200	50 976	8 442
1995	806 100	78.06	100 800	106 900	191 100	49 237	8 053
1996	812 000	74.07	100 800	60 900	179 500	46 363	7 485
1997	721 300	65.95	84 000	173 100	197 900	41 280	6 633
1998	737 300	68.56	97 300	143 528	159 300	35 348	6 002

1985—1998 年冶金机械行业基本情况（二）

年份	工资总额（万元）	实现利润总额（万元）	定额流动资金占用数（万元）	基本建设投资（万元）	固定资产原值（万元）	固定资产净值（万元）
1985				4 006		
1986	26 213	20 877	165 504	7 190	368 413	195 124
1987	30 346	20 204	187 952	2 548	398 056	207 800
1988	19 791	8 392	170 300	8 048	375 300	212 000
1989	23 272	7 670	146 419	17 988	398 000	216 900
1990	26 571	−2 469	163 908	3 943	422 000	224 000
1991	29 017	−12 018	180 702	6 106	433 200	223 600
1992	34 358	−2 685		6 788	452 200	231 800
1993	47 748	5 468	779 100	10 006	601 500	316 500
1994	55 813	2 737		10 005	696 300	321 500
1995	65 208	1 034		12 031	960 300	387 200
1996	64 884	−6 400		8 102	1 085 400	592 900
1997	61 559	−5 852		5 490	1 119 400	719 500
1998	55 265	−10 325		2 966	1 305 200	1 070 200

1985—1998年矿山机械行业基本情况（一）

年份	总产值（万元）	主营业务收入（亿元）	净产值（万元）	机器产品产量（t）	职工数（人）		
					合计	其中：工人	其中：技术人员
1985				314 300			
1986	92 502		26 098	300 600	71 351	43 171	4 542
1987	101 525		31 020	297 200	73 189	43 269	5 029
1988	392 400	37.52	79 056	370 900	268 800	104 815	13 404
1989	484 200	45.24	82 551	325 600	264 600	105 535	13 787
1990	561 300	47.78	73 193	313 800	269 400	102 717	13 795
1991	588 300	54.91	70 156	333 900	278 900	101 375	13 741
1992	667 400	61.87	100 232	372 700	267 800	100 297	13 121
1993	1 098 800	125.95	149 900	511 500	336 600	105 453	12 751
1994	1 275 000	102.87	181 200	481 900	331 000	109 246	12 747
1995	1 174 500	111.96	174 800	869 400	341 800	103 903	11 879
1996	1 212 600	111.14	159 100	496 200	371 800	100 328	11 535
1997	1 229 700	115.29	133 600	532 200	325 700	97 923	11 138
1998	954 500	87.68	109 500	1 902 012	234 600	76 232	8 979

1985—1998年矿山机械行业基本情况（二）

年份	工资总额（万元）	实现利润总额（万元）	定额流动资金占用数（万元）	基本建设投资（万元）	固定资产原值（万元）	固定资产净值（万元）
1985				4 600		
1986	9 528	10 968	56 350	6 968	91 112	50 404
1987	10 981	10 236	60 236	3 900	99 357	54 895
1988	31 580	16 391	253 700	6 786	447 800	251 000
1989	35 555	11 499	192 550	4 966	473 100	258 200
1990	37 908	−280	218 011	7 723	511 900	274 300
1991	40 986	−5 219	236 215	4 614	562 300	301 800
1992	48 415	2 286		11 332	597 500	321 400
1993	62 044	10 193	1 238 700	21 031	813 700	483 400
1994	78 760	3 531		19 387	937 200	487 000
1995	90 488	−240		17 144	1 368 300	610 400
1996	89 066	−28 135		14 987	1 551 000	893 400
1997	88 586	−23 659		17 311	1 617 600	1 195 000
1998	70 790	−34 509		14 138	1 480 200	842 700

1985—1998 年物料搬运（起重运输）机械行业基本情况（一）

年份	总产值（万元）	主营业务收入（亿元）	净产值（万元）	机器产品产量（t）	职工数（人）		
					合计	其中：工人	其中：技术人员
1985	200 320		72 860	337 019	146 274	99 810	8 491
1986	264 994		81 660	383 807	162 590	103 189	9 604
1987	300 173		90 488	415 902	171 223	108 264	10 586
1988	384 000	37.52	113 142	471 248	176 700	115 508	12 916
1989	402 900	36.44	119 494	371 184	178 700	111 137	13 488
1990	373 500	34.18	85 047	658 500	180 600	101 334	11 985
1991	453 200	47.37	100 710	994 400	184 600	98 880	11 986
1992	651 900	65.80	151 173	1 028 000	181 000	99 657	12 475
1993	1 888 400	203.73	202 900	1 330 700	314 200	103 135	12 284
1994	2 237 500	194.46	185 500	2 219 500	303 000	87 273	9 953
1995	2 393 100	241.09	151 300	1 816 600	339 000	80 802	9 490
1996	2 462 800	259.54	148 200	1 272 900	362 500	75 339	9 138
1997	2 551 400	269.16	283 900	1 813 100	356 000	70 403	9 304
1998	2 569 200	265.83	312 800	609 872	261 400	68 887	8 922

1985—1998 年物料搬运（起重运输）机械行业基本情况（二）

年份	工资总额（万元）	实现利润总额（万元）	定额流动资金占用数（万元）	基本建设投资（万元）	固定资产原值（万元）	固定资产净值（万元）
1985	16 901	32 953	108 162	842	123 417	74 114
1986	21 631	34 975	142 641	2 328	146 598	88 210
1987	24 958	34 602	163 183	2 300	168 994	102 182
1988	34 684	36 405	203 200	1 524	255 600	156 100
1989	37 066	27 890	236 075	1 270	281 500	171 000
1990	35 637	3 227	232 008	4 286	303 400	185 300
1991	38 518	2 602	237 908	4 721	346 200	208 300
1992	47 208	19 422		14 527	364 500	227 100
1993	63 252	29 052	1 579 500	23 341	658 400	442 600
1994	62 797	12 982		14 471	811 900	444 800
1995	66 411	3 314		13 590	1 227 400	669 100
1996	66 337	-10 399		15 301	1 547 900	976 600
1997	78 935	75 366		29 010	1 727 500	1 422 100
1998	87 920	81 454		38 832	1 802 300	1 439 700

1999—2012 年重型机械全行业基本情况

年份	工业总产值（万元）	主营业务收入（亿元）	资产总值（亿元）	机器产品产量（t）	从业人员年均人数（人）	工资总额（万元）	实现利润总额（万元）	固定资产（万元）	利润率（%）
1999	4 698 300	447.47			596 500	403 400	32 900		
2000	5 183 300	499.80	1 051.46		573 900		56 700		1.13
2001	6 584 300	634.42	1 144.85		496 500		161 100		2.54
2002	8 374 000	813.18	1 227.06		499 000		294 500		3.62
2003	11 015 100	1 067.13	1 393.64	3 194 600	505 100		406 600		3.81
2004	17 117 600	1 639.51	1 852.25	4 242 500	579 200	904 500	708 700	6 499 300	4.32
2005	21 388 500	2 071.75	2 121.38	5 555 161	588 496	1 060 300	1 084 900	7 237 000	5.24
2006	27 717 800	2 634.46	2 586.78	7 269 120	599 800		1 629 500	8 304 600	6.19
2007	37 118 600	3 535.41	3 345.48	7 776 300	642 878		2 334 900		6.60
2008	51 256 600	4 954.37	4 776.56	9 620 900	779 900	2 512 600	3 450 200	15 154 200	6.96
2009	57 878 900	5 649.58	5 578.13	10 845 800	837 500	3 308 500	4 079 200	16 902 400	7.22
2010	71 118 800	6 966.97	6 800.71	12 038 500	885 286	4 077 400	5 532 100	21 490 300	7.94
2011	89 861 000	8 806.22	8 246.19	15 492 000	923 213		6 531 700	27 932 900	7.42
2012	100 740 000	10 144.63	9 832.94	18 303 800		5 300 900	6 321 700	32 812 400	6.23

1999—2012 年冶金机械行业基本情况

年份	工业总产值（万元）	主营业务收入（亿元）	资产总值（亿元）	机器产品产量（t）	从业人员年均人数（人）	工资总额（万元）	实现利润总额（万元）	固定资产（万元）	利润率（%）
1999	694 200	64.53			136 100	109 300	-17 800		
2000	696 800	67.98	215.90		109 200		-23 400		
2001	872 500	79.81	226.04		103 900		-28 900		
2002	914 000	67.98	244.40		101 315		5 400		
2003	1 473 600	149.22	273.30	358 200	101 200		21 700		
2004	2 110 700	194.06	303.50	494 200	104 900	189 000	37 800	1 551 600	
2005	3 320 200	329.31	468.70	630 361	101 544	207 200	113 000	1 851 100	
2006	4 480 200	415.99	536.27	772 120	103 333		200 000	2 181 500	
2007	5 955 400	526.93	717.85	1 032 700	108 238		425 300		
2008	8 109 400	870.49	1 176.65	1 366 300		500 100	596 200	3 472 700	
2009	9 339 500	924.87	1 340.00	1 183 500			574 200		
2010	10 501 800	1 006.40	1 506.60	1 221 100	146 663	739 900	761 900	4 977 700	7.57
2011	11 892 700	1 139.95	1 793.92	1 568 900	146 121	838 500	625 900	5 814 000	5.49
2012	12 715 500	1 202.39	1 947.80	1 504 100			143 700	6 578 200	0.80

1999—2012 年矿山机械行业基本情况

年份	工业总产值（万元）	主营业务收入（亿元）	资产总值（亿元）	机器产品产量（t）	从业人员年均人数（人）	工资总额（万元）	实现利润总额（万元）	固定资产（万元）	利润率（%）
1999	1 004 200	92.69			211 600	108 600	-41 400		
2000	1 052 400	99.22	280.81	305 000	228 400		-2 800		
2001	1 133 600	107.94		362 900	159 016		-18 300		
2002	1 442 000	137.58	317.10	474 500	164 914		-8 000		
2003	2 037 000	192.59	347.40	790 800	165 900		21 000		
2004	3 030 400	280.91	396.70	1 031 300	182 900	225 300	42 000	1 534 000	
2005	4 521 700	405.41	504.90	1 442 700	182 552	288 200	182 200	1 642 500	
2006	6 506 000	603.44	702.38	1 980 500	198 046		345 100	2 193 000	
2007	9 253 500	858.31	866.44	2 214 000	215 488		578 500		
2008	13 021 800	1 334.02	1 235.27	2 510 800		692 600	930 200	4 508 200	
2009	16 458 500	1 580.46	1 415.84	3 391 400			1 104 500		
2010	21 574 000	2 104.91	1 946.29	3 616 600	306 353	1 278 300	1 735 100	6 044 400	8.24
2011	29 650 200	2 881.07	2 407.05	5 534 900	347 402	1 421 500	2 123 000	9 261 800	7.37
2012		3 395.16	2 911.74	6 885 800			2 191 400	11 242 900	8.39

1999—2012 年物料搬运（起重运输）机械行业基本情况

年份	工业总产值（万元）	主营业务收入（亿元）	资产总值（亿元）	机器产品产量（t）	从业人员年均人数（人）	工资总额（万元）	实现利润总额（万元）	固定资产（万元）	利润率（%）
1999	2 786 900	270.10			227 100	185 500	90 500	1 837 300	
2000	3 174 000	307.16	526.08		215 400		108 800		3.54
2001	4 213 800	411.80	614.61		213 111		204 400		4.96
2002	5 383 000	522.73	630.39		211 934		278 800		5.33
2003	7 290 700	708.23	742.77	2 045 600	223 500		369 200		5.21
2004	11 260 200	1 082.74	899.50	2 717 000	243 600	481 900	581 000	3 348 900	5.37
2005	13 349 800	1 289.04	1 131.61	3 482 100	295 729	553 500	779 100	3 666 800	6.04
2006	16 546 400	1 599.32	1 333.04	4 516 500	298 500		1 089 300	3 862 200	6.81
2007	21 694 300	2 130.35	1 746.57	4 529 600	313 445		1 324 000		6.22
2008	29 211 600	2 853.26	2 364.64	5 743 800	387 600	1 319 900	1 923 800	7 173 300	6.74
2009	32 080 800	3 144.26	2 822.29	6 270 900	405 792	532 700	2 400 400	8 580 700	7.63
2010	39 043 000	3 855.67	3 347.83	7 200 800	432 270	2 059 300	3 035 100	10 468 200	7.87
2011	48 318 100	4 785.20	4 045.22	8 388 200	429 690		3 782 800	12 857 100	7.91
2012	55 460 200	5 547.08	4 973.39	9 913 900		2 585 500	3 986 600	14 991 200	9.28

2013—2019 年重型机械全行业基本情况

年份	主营业务收入（亿元）	主营业务成本（亿元）	应收账款（亿元）	资产总值（亿元）	负债总计（亿元）	资产负债率（%）	利润总额（亿元）	主营业务收入利润总额率（%）	出口交货值（亿元）
2013	11 299.25	9 501.49	2 492.31	11 031.57	6 670.38	60.47	702.86	6.22	
2014	12 331.40	10 393.40	2 715.68	12 029.50	7 105.37	59.07	679.67	5.51	
2015	12 226.22	10 289.38	2 646.47	12 183.89	7 075.11	58.07	764.60	6.25	
2016	12 325.64	9 233.25	2 729.17	12 686.23	7 282.37	57.87	645.85	4.92	763.57
2017	11 883.61	10 039.62	2 690.35	13 116.18	7 661.54	58.36	645.12	5.41	769.36
2018	8 968.62	7 488.98	2 591.59	12 291.10	7 328.64	59.63	477.88	5.33	723.88
2019	9 792.24	8 102.40	3 150.50	12 930.40	7 799.60	60.30	559.19	5.70	

2013—2019 年冶金机械行业基本情况

年份	主营业务收入（亿元）	主营业务成本（亿元）	应收账款（亿元）	资产总值（亿元）	负债总计（亿元）	资产负债率（%）	利润总额（亿元）	主营业务收入利润总额率（%）	出口交货值（亿元）
2013	1 235.89	1 073.58	457.28	2 020.73	1 352.45	66.93	17.37	1.41	
2014	1 285.82	1 132.49	504.88	2 154.53	1 395.07	64.75	-49.37	-3.84	
2015	1 196.63	1 060.96	335.01	1 611.13	1 123.57	69.74	24.24	2.03	
2016	1 217.03	980.28	414.18	1 808.14	1 210.44	66.94	-17.69	-2.53	45.55
2017	1 214.98	1 057.32	358.26	1 896.94	1 302.84	68.68	46.69	3.84	37.67
2018	1 110.09	946.64	384.76	2 075.94	1 363.05	65.66	43.40	3.91	37.59
2019	1 201.17	1 026.60					44.91	3.70	

2013—2019 年矿山机械行业基本情况

年份	主营业务收入（亿元）	主营业务成本（亿元）	应收账款（亿元）	资产总值（亿元）	负债总计（亿元）	资产负债率（%）	利润总额（亿元）	主营业务收入利润总额率（%）	出口交货值（亿元）
2013	3 734.44	3 174.22	774.64	3 183.20	1 824.60	57.32	214.84	5.75	
2014	4 139.12	3 557.56	833.85	3 612.28	2 027.30	56.12	215.75	5.21	
2015	4 173.25	3 602.57	833.63	3 915.65	2 185.02	55.80	202.48	4.85	
2016	4 142.87	3 161.10	830.05	3 875.81	2 229.29	57.52	150.05	3.30	90.07
2017	3 982.84	3 403.79	776.32	4 025.36	2 301.76	57.18	181.88	4.57	87.16
2018	2 414.15	2 024.61	748.48	3 614.96	2 110.83	58.39	114.91	4.76	72.45
2019	2 456.81	2 021.60					136.21	5.50	

2013—2019 年物料搬运（起重运输）机械行业基本情况

年份	主营业务收入（亿元）	主营业务成本（亿元）	应收账款（亿元）	资产总值（亿元）	负债总计（亿元）	资产负债率（%）	利润总额（亿元）	主营业务收入利润总额率（%）	出口交货值（亿元）
2013	6 328.92	5 253.69	1 260.40	5 827.64	3 493.33	59.94	470.66	7.44	
2014	6 906.47	5 703.34	1 376.95	6 260.70	3 683.00	58.83	513.30	7.43	
2015	6 856.61	5 625.85	1 477.82	6 657.11	3 766.51	56.58	537.88	7.84	
2016	6 965.74	5 091.87	1 484.94	6 878.06	3 842.64	55.87	513.49	7.22	620.58
2017	6 685.79	5 578.51	1 555.77	7 193.88	4 056.94	56.39	416.55	6.68	636.60
2018	5 444.38	4 517.72	1 458.35	6 600.20	3 854.76	58.40	319.57	5.87	613.83
2019	6 134.27	5 054.30					378.07	6.20	

说明

1. 编制本汇总表的目的是为了保存下协会老同志收藏的纸质数据资料，同时便于读者查阅历史数据。
2. 由于时间跨度大，不同时期的统计指标不同，因此，本汇总表将 1949 年到 2019 年分为 4 个阶段，目的是尽可能地保留不同时期的数据。
3. 表中 1949—1984 年的数据来源于中国重型机械工业协会原常务副理事长李镜同志收藏的纸质资料。
4. 表中 1985—1998 年的数据来源于《重型机械发展简史》。
5. 表中 1999—2019 年的数据来源于《中国重型机械工业年鉴》。
6. 表中工业总产值优先使用现行价格和当年价格，没有此数据时使用不变价格。
7. 表中矿山机械行业 + 冶金机械行业 + 物料搬运（起重运输）机械行业 = 重型机械全行业。

〔供稿单位：中国重型机械工业协会〕

大事记

记载2019年重型机械行业发生的重大事件

Record major events of the heavy machinery industry in 2019

综述
大事记
行业与市场篇
企业篇
统计资料
标准与质量
附录

大事记

企业大事记

记载企业成长的每一个阶段，解读年度重大活动

中国重型机械研究院股份公司（简称“中国重型院”）2020年大事记

1月

● 2日，国机重装临时党委书记、董事长韩晓军，财务总监鲁德恒一行来中国重型院调研指导，并看望慰问关杰院士。

● 15日，中国重型院“不忘初心、牢记使命”主题教育总结大会在科研楼七楼会议中心召开。

● 15日，中国重型院自主研发的“核级锆材智能化挤压装备”获得2019年陕西省军民融合重点产品认定。

● 17日，中国工程院院士、中国重型院常务副总工程师关杰荣获中共西安市委组织部、中共西安市委宣传部颁发的“最美西迁人”荣誉证书。

● 19日，中国重型院党委理论学习中心组2020年第一次集体学习（扩大）会议在商务中心举行，集中学习习近平总书记在“不忘初心、牢记使命”主题教育总结大会上的讲话精神、中央经济工作会议精神、中国共产党第十九届中央纪律检查委员会第四次全体会议公报。

● 27日，受陕西省委科技工委委托，陕西省科技厅总工程师杨柳，陕西省科技厅办公室主任侯小林莅临中国重型院指导新冠肺炎疫情防控工作，传达上级党委对疫情防控的指示和要求，并对中国重型院疫情防控工作提出具体要求。

2月

● 19日，与山东钢铁股份有限公司莱芜分公司签订莱钢新旧动能转换项目陶家岭区转炉连铸工程EPC总承包项目，包含2台10机10流小方坯连铸机及相关配套设施，年产合格连铸坯357万t。

3月

● 9日，公司自主研发的重大技术装备产品——高品质钢板坯连铸结晶器核心技术及装备，被陕西省工信厅认定为国内首台（套）产品。

● 13日，公司领导干部调整宣布大会在二楼学术报告厅召开。国机重装财务总监鲁德恒，中共陕西省委科技工委委员、陕西省科技厅二级巡视员郭杰，国机重装人力资源部（党委组织部）部长任建国出席会议，任建国宣读了国机重装建议函，建议陈永林为公司财务总监人选；任颖不再担任副总经理、财务总监职务，另有任用。

● 16日，自主研发的“数据驱动的复杂重型装备设计/制造/服务一体化协同创新平台”入选工信部2020年大数据产业发展试点示范项目。

● 25日26日，国机重装临时党委副书记、副董事长、临时纪委书记薛非到中国重型院调研指导工作，并看望慰问中国工程院院士、中国重型院常务副总工程师关杰。

4月

● 6日，2019年度陕西省科学技术奖励的决定公布，中国重型院的高品质钢连铸物理数字系统及在线监控平台、LG-730-HLS伺服控制两辊冷轧管机两项目获得二等奖；深海管线200MPa超高压水压装备研发与应用项目获得三等奖。

● 10日，中国重型院完成的“钢液精炼的高效节能型机械真空系统及其装备技术”和“钢水炉外精炼用高效节能机械真空装备”两项目通过陕西省机械工程学会组织的科技成果新产品鉴定。

● 10日，与宝鸡钛业股份有限公司签订6300t挤压机及配套感应加热系统项目合同，合同金额6696万元。该设备是宝鸡钛业股份有限公司承担的工信部强基工程项目的核心装备，也是国内最大的钛合金挤压生产线。

● 15日，中国重型院4科研项目获2020年度陕西省科技计划项目立项支持，分别是金属塑性成形新工艺及高端数控装备、基于工业互联网的复杂重型装备智能服务平台研究及应用、极薄铝合金带卷高速清洗拉矫机组关键技术与设备研究、恶劣服役工况下的高频作动伺服液压单元研制及应用。

● 15日，中国重型院总承包的湖南华菱涟源钢铁有限公司210转炉厂1#连铸机自动开浇项目热试投产。

● 23—24日，中国重型院通过中国质量认证中心的质量、环境和职业健康安全管理体系监督审核。

● 28 日，中国重型院第二联合团支部被授予“2018—2019 年度国机集团五四红旗团支部”。

5 月

● 13 日，国机集团党委常委、副总经理、中国工程院院士陈学东一行莅临中国重型院调研指导工作。

● 27 日，中国重型院与西安兴航航空科技股份有限公司签订 ZL-1200 纵向蒙皮拉伸机项目，合同金额 1000 万元，西安兴航航空科技股份有限公司总经理徐科出席合同签订仪式。该项目为国家科技重大专项课题，也是国内首台 1200 吨大型纵向蒙皮拉伸机。

6 月

● 2 日，承建的唐山中厚板材有限公司 120tVD 精炼炉 EPC 总承包项目一次性热负荷试车成功。该项目采用国际先进的全干式机械真空泵独立成套，具有能耗低、操作灵活、真空脱气能力强、精炼钢种多等特点，可有效地改善钢液的纯净度，提高成品钢的质量。

● 8 日，国机重装临时党委书记、董事长韩晓军在国机重装技术总监、中国重型院党委书记、董事长王社昌的陪同下，到中国重型院上海西重所重型机械成套有限公司调研指导工作，并与上海公司员工座谈。国机重装财务总监鲁德恒、临时纪委书记陈万隆参加调研。

● 9 日， 总经理办公会批准“2020 年应用类自立科研课题”立项。课题包括：热轧高强钢厚板横切机组模式飞剪国产化研究、航空铝合金薄板镜面研磨生产线、轻量化高性能结构件超高压液胀成形装备与工艺研发、连铸结晶器在线热调宽与液面控制液压伺服控制关键技术研究、高效连铸相关工艺模型升级与智能控制系统开发、烟气增湿灰循环脱硫（NID）技术及装备开发。

● 18 日，子公司陕西冶金设计院有限公司荣获陕西省住房和城乡建设厅、陕西省勘察设计协会颁发的 2020 年度陕西省优秀工程勘察设计奖（工业类）共 3 项，其中陕西盛安矿业开发有限公司宁强县小燕子沟 450t/d 低品位金矿采选工程荣获二等奖，陕西双翼煤化科技实业有限公司 200 万 t/a 煤热解分级分质综合利用项目、青岛特殊钢铁有限公司城市钢厂环保搬迁工程炼钢系统矩形坯连铸机项目荣获三等奖。

● 24 日，中国重型院获“国机重装红旗集体”荣誉称号，惠雪亮获国机重装市场开拓明星，王会玉获国机重装质量工作标兵。

7 月

● 6—7 日，中国重型院党委书记、董事长王社昌，副总经理、纪委书记焦悦一行深入对口帮扶村——安康市紫阳县双安镇白马村实地调研精准扶贫工作，并走访慰问特困户。

● 10 日，国机重装临时纪委书记陈万隆一行来中国重型院调研指导工作，国机重装技术总监、公司党委书记、董事长王社昌，纪委书记、副总经理焦悦热情接待，并于当日下午召开党支部（总支）纪检委员专题培训会，陈万隆出席会议并讲话。

● 25 日，与泰国某钢铁公司签署高拉速板坯连铸项目设计、供货和技术服务与商务合同。该项目是继青山印尼数台连铸项目之后，中国重型院在东南亚冶金市场夺得的又一订单。

8 月

● 6 日，中国重型院召开机构和干部调整宣布会，党委书记、董事长王社昌出席会议并讲话，党委委员、副总经理任玉成主持会议，党委委员、副总经理、纪委书记焦悦宣读机构调整和干部任免文件。成立炼钢工程事业部，轧钢工程事业部，锻压工程事业部，管棒型材工程事业部，电气装备部，智能化研究所，撤销电气与智能技术事业部。

● 12 日，中国重型院承担的“深海管线 200MPa 超高压水压装备研发及应用”项目荣获中国钢铁工业协会与中国金属学会设立的 2020 年度中国冶金科学技术奖三等奖。

● 12 日，中国重型院举办“话创业历程 谋发展新篇”——老专家讲院史活动，纪念国机集团首个“机械工业纪念日”。

● 20 日，中国重型机械工业协会第八届会员代表大会暨理事会在西安召开。中国重型院被中国重型机械工业协会授予“中国重型机械行业卓越企业”称号；院党委书记、董事长王社昌被授予“中国重型机械行业优秀企业家”称号。

● 24 日，在陕西科技系统首届青年创新创效大赛上，中国重型院两个项目“难变形铝基碳化硼核燃料中子吸收板高性能成形工艺装备及应用”“大弯曲度圆钢高性能精密矫直工艺装备及其产业化”分获二、三等奖。

10 月

● 24 日，中国重型院承担的河钢乐亭 2#RH 精炼项目热试成功，

1#RH 精炼项目于 12 月 21 日热试成功。

● 28–29 日，国机集团党委书记、董事长张晓仑一行莅临中国重型院调研指导工作，讲授题为“增强科技创新能力 履行国企职责使命 在构建新发展格局中担当作为”的专题党课，并看望慰问中国工程院院士、中国重型院常务副总工程师关杰。国机重装党委委员、技术总监，中国重型院党委书记、董事长王社昌汇报工作，中国重型院班子成员任玉成、李俊辉、焦悦陪同调研并参加汇报。

11 月

● 3 日，中国重型院子公司西安重型技术有限责任公司与重庆旭盛晟进出口贸易有限公司成功签署攀华菲律宾综合钢厂炼钢连铸机项目。

● 5 日，中国重型院签订山东钢铁股份有限公司莱芜分公司 RH 精炼炉 EPC 总承包项目。

● 9 日，中国重型院 EPC 总承包的河钢集团石家庄钢铁有限责任公司环保搬迁升级改造项目炼钢工程 1# 合金钢连铸机热试成功，2# 合金钢连铸机于 11 月 25 日热试成功。

● 12 日，中国重型院多项科研成果获得中国机械工业集团科学技术奖、优秀专利奖和优秀标准奖。“精整生产线核心装备及产品质量智能综合控制技术开发”项目获得科学技术奖一等奖，“高精度面板智能化冷连轧生产线自主研发与推广应用”项目获得科学技术奖二等奖，“节能环保型兰炭生产工艺及装备的研发应用”项目获得科学技术奖三等奖；“一种三段式铝型材淬火冷却装置和冷却方法”获得优秀专利奖一等奖，“一种极薄带钢精整机组运行参数设计方法”“外变径铝合金无缝管材挤压生产方法”获得优秀专利奖二等奖，“一种电磁开关阀的逻辑油路控制系统及故障自动诊断方法”获得优秀专利奖三等奖；“板坯连铸机系列标准”获得优秀标准二等奖，《单双动反向卧式铝挤压机》获得优秀标准三等奖。

● 12 日，中国重型院承担的“航空万吨级铝合金板材张力拉伸机装备技术研究创新团队项目”通过陕西省科技厅验收。

● 18 日，中国重型院锻压工程事业部锻压所荣获陕西省总工会“陕西省工人先锋号”荣誉称号。

● 20 日，中国重型院 3 项科研成果获得中国机械工业科学技术奖，“高品质低能耗板坯连铸生产线关键装备的研发与应用”获科技进步奖一等奖，《板坯连铸机》系列标准与“节能环保型兰炭生产工艺及装备的研发应用”分获科技进步奖三等奖。

● 30 日，由共青团陕西省委，陕西省委军民融合办、省科技厅、省人社厅、省国资委等共同举办的陕西省首届国有企业青年创新创效大赛圆满落幕。中国重型院“难变形铝基碳化硼核燃料中子吸收板高性能成形工艺装备及应用”项目荣获大赛优秀奖。

12 月

● 1 日，江苏省高邮市人民政府副市长阚道远一行 9 人来中国重型院访问。中国重型院副总经理李俊辉热情接待并座谈交流，综合管理部、市场开发部、资本运营部、科技工作部负责人等参加座谈。

● 1 日，国机重装党委委员、技术总监，中国重型院党委书记、董事长王社昌赴四川省广元市朝天区沙河镇鱼鳞村走访慰问结对帮扶贫困户。

● 4 日，中国重型院总承包的云南昆钢重型装备制造集团有限公司、攀枝花云钛实业有限公司的 16MN 压块机全自动负荷试车成功，并于 12 月 14 日通过验收并顺利投产。该设备是中国重型院成套设计供货的首台海绵钛压块成形装备。

● 17 日，中国重型院管棒型材工程事业部油气所高级工程师马海宽荣获共青团陕西省委“2020 年陕西省优秀青年岗位能手”荣誉称号。

● 18 日，中国重型院炼钢工程事业部冶金所分会荣获陕西省总工会“陕西省模范职工小家”荣誉称号。

● 26 日，国机重装召开 2021 年工作会、党建工作会、党风廉政建设和反腐败工作会、安全生产暨环境保护工作会，并表彰了多个集体和个人。中国重型院广东南方东海钢铁项目团队荣获国机重装“协同突破奖”；炼钢工程事业部冶金装备研究所石钢 1#、2# 连铸机项目组荣获国机重装“抗击新冠肺炎疫情先进集体”；张立波、王仕杰荣获国机重装“抗击新冠肺炎疫情先进个人”；液压技术与装备研究所党支部、科技质量部党支部等 5 个党支部荣获 2018–2020 年度“先进基层党组织”；谷瑞杰、雷刚等 5 人荣获“优秀共产党员”；边舒雯、王维荣获“优秀党务工作者”；炼钢工程事业部石钢 1#、2# 连铸机项目组、锻压工程事业部 63MN 双动钛合金挤压生产线项目组荣获“2020 年度十佳班组（项目组）”；张立波、曾晶等 4 人荣获“十佳科技标兵”。

北京起重运输机械设计研究院有限公司 2020年大事记

5月

● 启动“十四五”发展规划编制工作。

●与安徽省铜陵市人民政府成功签署战略合作协议。

7月

● 1日，四川瓦屋山金花桥脱挂索道顺利通过验收，该索道是北起院建成的所有循环式索道中的跨距之最。

8月

● 11日，董事长、党委副书记、总经理唐超等一行5人走访太原科技大学，双方展开校企合作座谈，并签订了产学研战略合作协议。

● 13日，董事长、党委副书记、总经理唐超带队走访中机六院，双方签订了战略合作协议。

9月

● 23日，公司被成功认定为中国重型机械行业首批信用等级AAA企业。

10月

● 8日，由北起院牵头制定的国际标准ISO 4306-4:2020《起重机—术语—第4部分：臂架起重机》正式发布，实现了中国主导制定起重机械国际标准零的突破。

● 17日，公司成立62周年，当天组织开展了首届“企业开放日”活动。

● 18日，新疆富蕴阿尔泰山可可托海国际滑雪场1号索道正式通过验收。该索道是亚洲海拔最高的滑雪索道，国内落差最大的滑雪索道，国内最长的滑雪索道。

12月

● 2日，公司提级考核大会顺利召开。

● 21日完成股东变更，股东变更为“中工国际工程股份有限公司”。

华电重工股份有限公司 2020年大事记

1月

● 8日，与国核电力院签署战略合作协议。

● 10日，承建的新疆华电吐鲁番2×350MW机组冷热电多联供工程输煤栈桥全线顺利吊装完毕。

● 12日，联合天津大学共建的天津市海上风电结构与施工装备技术工程中心在天津分公司举行揭牌仪式。

2月

● 25日，承建的国家电投滨海南H3#300MW海上风电项目海上升压站上部组块装船工作顺利完成。

3月

● 1日，承建的中铝几内亚系统项目，1号线铝土矿输送系统重载试车圆满成功。

● 4日，承建的印尼中爪哇项目BC-4A带式输送机顺利完成空载调试，标志着印尼中爪哇项目卸煤线实现了整个电厂堆煤区域的全覆盖。

● 22日，承建的三峡新能源阳西沙扒300MW海上风电场首台风机顺利安装到位。

4月

● 1日，承建的华能射阳海上南区H1#30万千瓦风电项目顺利完成全部37根单桩基础的沉桩作业，为后续风机安装施工打下坚实基础。

● 6日，承建的非洲单条最长、单吨能耗世界最低的中铝几内亚长距离铝土矿运输系统重载试车取得了圆满成功。

● 18日，承建的滨海南H3海上风电项目首台风机吊装任务圆满完成。

5月

● 3日，华电重工供货的华电广州增城项目#1燃机首次点火一次成功并定速3000转，标志着广州增城#1燃机项目整体安装及冷态调试的顺利结束。

● 25日，承建的华电灵武大跨度供热煤场项目桩基施工全部顺利完成，该项目是电力行业首个采用高性能劲性复合桩技术项目。

6月

● 5日，承建的唐山港京唐港区煤炭储运堆场工程堆场设备系统EPC总承包项目通过预验收。

● 11日，承建的豫北管带机项目A标段PC1管带机最后一榀桁架吊装完成，系统实现全线贯通。

●月内，参建的“江苏华电句容二期（2×1000MW）扩建工程”被评为“2020年度中国电力优质工程”。

7月

● 30日，EPC总承包的新疆华电哈密发电四期扩建（2×350MW）热电联产工程钢结构空冷塔项目——国内首座超大型双曲线型钢结构空冷塔提前完成主体结构的施工。

8月

● 8日，承建的盐城国能大丰H5#海上风电项目在盐城举行开工仪式，标志着该项目海上主体工程正式拉开了建设序幕

● 12日，承建的印尼TJB5&6项目首条带式输送机BC501A顺利完成空载试车。

● 22日，顺利完成中广核汕尾后湖79#单桩基础沉桩工作，开启了公司在粤东地区海上风电的第一锤。

9月

● 5日，总承包建设的福建华电福清海坛海峡海上风电项目顺利完成首台风机吊装，这是华电集团首台海上风电风机正式矗立在蔚蓝大海。

● 10日，供货的广州增城燃机项目2号燃机首次并网一次成功。

10月

● 2日，承建的新疆华电哈密四期输煤项目圆满完成斗轮机及配套皮带机系统重载调试。

● 10日，承建的广西华谊卸储煤装置EPC总承包工程干煤棚网架起步跨按期吊装完成。

● 12日，承建的国家电投滨海南H3#300MW项目海上升压站一次完成倒送电，并顺利实现了首批风机并网工作。

● 16日，承建的河南投资集团豫北煤炭物流储配基地一期工程EPC总承包项目A标段空载联调顺利完成。

11月

● 1日，承建的华能射阳南H1#30万千瓦风电项目（标段Ⅰ）共37台风机全部吊装完成。

● 6日，华电重工承建的越南沿海二期输煤系统项目，两台卸船机在曹妃甸码头顺利滚装上船。

12月

● 3日，承建的烟台万华氯碱热电EPC工程圆形煤仓堆料系统设备重载调试一次成功。

● 19日，华电重工成套供货的河北华电石家庄热电有限公司九期燃机主机岛设备EP项目1号机组顺利通过168试运。

●月内，国务院国有企业改革领导小组对“双百企业”三项制度改革情况进行了专项评估，华电重工被评为A级“双百企业”。

株洲天桥起重机股份有限公司 2020年大事记

1月

●面对新冠疫情，公司高度重视、快速反应、科学防疫，较早实现全面复工复产。积极彰显国企上市公司社会担当，向地区机构和国内外客户捐献紧缺防疫物资，主动与客户沟通协调项目施工，助力公司上下游厂家实现复工复产。

3月

●公司深耕智能化搬运领域，积极拓展海外市场，完成印尼PT.HALMAHERA JAYA FERONIKEL30万t镍铁冶炼物料全自动搬运项目，公司智能化搬运装备正式进入镍铁行业。

5月

●公司坚持党建工作与生产经营深度融合，《党建引领，天桥起重发展迈向高质量》《做好国有企业党建工作与运营工作深度融合的思考》等文章，被新华社等主流媒体刊登、点赞。

7月

●面对风电抢装市场需求，公司积极创新生产组织模式，突破产能瓶颈，连续多月实现稳产高产。全年风电塔筒产出量达自身产能的3倍，满足了各大电力公司项目的需求，在海洋风电项目表彰大会上被评为“优秀承包商”。

8月

●起动两化融合管理体系贯标项目，获得两化融合管理体系评定证书；与贵阳铝镁设计院签署智能化战略合作协议，与华为公司开展5G技术工业应用合作，在智能化搬运系统、5G工业应用方面打造多个示范项目，在数字化转型等方面进行深度战略合作；入选“湖南省智能制造系统解决方案供应商”，助推“三高四新”战略实施。

9月

●受邀参加上海世博馆“2020华为全联接大会”，展示了应用在华菱湘钢的5G智慧远程操控起重机，树立了“5G+智慧钢铁”应用生态场景行业标杆。

10月

●承办全国起重机械标准化技术委员会桥式和门式起重机分技术委员会三届三次扩大会议。此次会议的召开，对推进桥式和门式起重机的标准体系建设，完善标准体系，提高技术与质量水平具有重大意义。

11月

●公司受邀参加武汉光谷“2020中国5G+工业互联网大会”，展示5G起重机应用成果，实现了起重机操作员从恶劣的工作环境中走出来目标。

12月

●应用于核工业的高精定位（2mm）级超大作业范围重载数控起重机顺利通过厂内测试。公司锚定高端市场，瞄准国际先进标准，取得85t冶金起重机的欧标CE认证，以技术创新展现“中国制造”实力，提升国际竞争力。

●公司的“基于5G技术的无人搬运智能装备与应用场景集成”，入选“2020年湖南省‘5G+制造业’典型应用场景名单”，在5G与制造业深度融合发展方面形成示范引领，为客户提供智能化整体解决方案。

山东山矿机械有限公司 2020年大事记

1月

● 18日，公司2019年度工作总结暨2020年工作动员大会和2020年迎新春晚会成功举办。

2月

● 14日，在全国上下全力以赴抗击新型冠状病毒肺炎疫情阻击战关键阶段，公司实现了复工复产。公司一方面按要求抓好疫情防控，一方面扎实做好各项准备工作，为新的一年开好头、起好步。

● 17日，济宁市任城区委书记岳根才到公司督导企业复工复产、调研指导。

3月

● 14号，公司召开了2019年度营销工作总结表彰暨2020年动员会议，动员全体营销人员全力开拓市场，贯彻落实公司开拓中高端市场战略，确保完成各项经营指标计划任务。

4月

● 23日，济宁市优秀企业家表扬暨双招双引大会召开，公司被评选为“2019年度优秀中小企业”，公司董事长孙善金荣获“2019年度优秀企业家”称号。

5月

● 18日，公司参与、由哈电国际承建的迪拜哈斯彦清洁燃煤电站一期（4×600MW）项目1号机组一次并网成功，机组各系统参数正常，设备运行平稳，运行质量优良。

6月

● 17日，公司在制较大的PCFK1830可逆反击锤式破碎机一次试车成功。

8月

● 20日，中国重型机械工业协会第八届会员代表大会暨理事会议在陕西省西安市召开。公司被推举为第八届理事会副理事长单位，公司党委书记、董事长孙善金当选为第八届理事会副理事长

● 26日，任城区委书记于胜涛带领区有关部门负责人到公司调研，指导企业高质量发展工作。

9月

● 7日，公司举办了2020年度职工子女高考奖学金发放仪式。公司党委书记、董事长、总经理孙善金同志出席会议，为优秀学子们颁发了奖学金及礼品。

● 14日，公司为武汉钢铁集团联合焦化有限公司焦化原料、备煤系统环保综合改造项目生产制造的6台PCFK1618可逆反击锤式破碎机和50条带式输送机等产品整装待发，即将运往项目现场。

● 20日，公司报送的形象宣传片在2020首届中国工业影视创新发展大会暨第二届工业微电影大赛中脱颖而出，荣获“中国工业技改视频库贡献奖”和“最佳宣传片”两个奖项。

10月

● 15日，中国重型机械行业信用体系建设交流会暨首批AAA级企业授牌仪式在河南省长垣市国际会展中心隆重举行。公司荣获中国重型机械行业首批AAA级信用等级企业荣誉称号。

● 23日，中国重型机械工业协会常务副理事长景晓波和副理事长兼秘书长王继生到公司参观，指导企业高质量发展工作。

11月

● 8日，公司承办的济宁市职工职业技能大赛（山矿赛点）焊工技能大赛成功举办，公司职工龙绪康获得冠军。

● 22日，公司第四次股东暨职工持股会会员代表大会在山东山矿机械有限公司召开，并选举产生了新一届公司董事会、监事会和职工持股会理事会。

12月

●公司实验室正式通过CNAS实验室现场评审，成功取得国家CNAS实验室认可证书（证书编号：CNAS L14089），范围包括钢铁材料及制品光谱分析、室温拉伸、洛氏硬度。

山东华特磁电科技股份有限公司 2020年大事记

1月

● 17日，中国人民政治协商会议第十二届山东省委员会第三次会议在山东会堂隆重开幕。山东省政协常委、华特公司董事长兼总裁王兆连出席会议。

● 21日，根据《关于印发〈山东省瞪羚企业认定培育和奖励行动计划(2017-2019)〉的通知》和《关于开展2019年度山东省瞪羚企业、独角兽企业认定和培育工作的通知》，山东省工业和信息化厅发布了拟认定的141家第三批瞪羚企业名单，潍坊市4家企业入围，山东华特磁电科技股份有限公司荣耀上榜！

2月

● 12日，为做好疫情防控工作，调研企业生产经营、复工复产及新上大项目建设情况，现场解决企业生产、防疫工作中遇到的困难和问题，潍坊市委常委、常务副市长刘建国一行莅临华特调研指导工作。华特公司董事长兼总裁王兆连、常务副总裁刘风亮等热情接待。

3月

● 2日，山东省发改委二级巡视员宋伟、成本调查监审处一级调研员田爱菊等领导莅临华特公司调研山东省新旧动能优选项目——年产2000台智能选矿装备项目复工复产情况。华特公司董事长兼总裁王兆连热情接待。

● 18日，华特公司依托由国家“万人计划”领军人才、泰山产业领军人才等多名人才共同开展的“年产2000台（套）智能选矿装备”项目，获批潍坊市首笔“人才贷”。临朐农商行为国家“万人计划”领军人才、华特公司董事长兼总裁王兆连颁发荣誉证书，并发放“人才贷”1000万元。

●华特公司2020年度QHSE管理体系监督审核顺利完成

● 23日，中国船级社质量认证公司审核组莅临华特公司展开QHSE一体化管理体系监督评审工作，包括认证专家、华特公司各中心部门负责人及内审员在内共计20余人参加了监督审核首次会议。经过为期2天的审核工作，3月25日成玉平组长对公司的体系运行给予了充分肯定，审核工作专家组对公司QHSE体系运行的各项工作给予了高度评价，一致同意推荐公司继续保持认证注册。

5月

● 7日，为探索校企合作新模式，拓展人才培养新思路，推进预先达成的战略合作工作落地，山东工业技师学院党委书记孙科顺一行莅临华特公司调研座谈。董事长兼总裁王兆连等领导热情接待。

● 22日，市政协副主席、市“重点工作攻坚年”第三督导评估专班组长赵崇发，市委办公室副县级干部高瑞岭，市政协一级主任科员孙富强等领导一行莅临华特公司督导“重点工作攻坚年”重点项目推进情况。董事长兼总裁王兆连等公司领导热情接待。

6月

● 29日，省政协原副主席、省儒商研究会会长许立全，省委统战部原常务副部长、省儒商研究会副会长孙传宏，山东省儒商研究会副会长、沃尔德集团董事长林擘，省政协办公厅原副主任、省儒商研究会副秘书长曾宪科等领导以及山东省儒商研究会潍坊市会员企业主要负责人，莅临公司调研企业复工复产情况，并组织召开会员企业座谈活动。董事长兼总裁王兆连等热情接待。

8月

● 20日，中国重型机械工业协会第八届会员代表大会暨理事会在陕西省西安市金花大酒店召开。华特公司当选为第八届中国重型机械工业协会副理事长单位。

9月

● 1日，山东省政协十二届常委会第十三次会议在济南召开。山东省政协常委、华特公司董事长兼总裁王兆连出席会议并做交流发言。

11月

● 9日，为深入学习贯彻习近平总书记在企业家座谈会上的重要讲话精神，山东省儒商研究会在华特公司举行“弘扬企业家精神，争做新时代儒商”专题讲座。山东省政协原副主席、省儒商研究会会长许立全做主题宣讲，相关领导以及多家会员企业负责人和高管层负责人共70多人参加活动。

● 21日，2020年度第25期泰山科技论坛暨磁电与低温超导应用产业技术创新战略联盟10周年年会，在山东临朐金成大酒店胜利召开。本届论坛由山东省科学技术协会主办，潍坊市科学技术协会、山东华特磁电科技股份有限公司承办，论坛围绕主题“超导磁共振成像与智能磁电选矿技术”举行了一系列研讨活动。

12月

● 9日，华特公司与国网临朐县供电公司合作研发生产的“电磁淘洗精选机”荣获2020年度潍坊市科技进步奖二等奖。

● 22日，“恒信杯”2020年临朐县职业技能大赛闭幕式在县委大会议室圆满落幕。在本次技能大赛上，车工一等奖获得者——公司机加工车间员工张在波代表获奖选手上台领取荣誉证书和3000元奖金。

2019 年重型机械行业十大新闻

1. 领导关怀

9 月 17 日，习近平总书记到郑州煤矿机械集团股份有限公司视察调研。

2. 评出行业大工匠

4 月 18 日，“中国重型机械行业大工匠和工匠”评选结果揭晓。通过会员企业和分会秘书处推荐、行业专家评审，中国重型机械工业协会常务理事会批准，决定授予王军等 20 名同志“中国重型机械行业大工匠”荣誉称号，授予蔡恒君等 50 名同志“中国重型机械行业工匠”荣誉称号。

3. 企业获得多项国家荣誉

4 月 23 日，2019 年庆祝“五一”国际劳动节暨全国五一劳动奖状和全国工人先锋号表彰大会在北京召开，中国一重集团有限公司荣获全国五一劳动奖状。

6 月 25 日，在全国机械工业先进集体、劳动模范、先进工作者表彰大会上，卫华集团荣获“全国机械工业先进集体”荣誉称号。

4. 科技创新结硕果

1 月 8 日，在国家科技奖励大会上，中国一重集团有限公司一项重大科技成果获得 2018 年度国家科技进步奖特等奖。此项成果是中国一重集团有限公司打破“关键核心技术要不来、买不来、讨不来”困境，几代一重人坚持自力更生、艰苦奋斗、自主创新发展道路的生动实践。

11 月 10 日，在广州市召开的 2019 年中国机械工业科学技术奖颁奖大会上，公布了 126 项一等奖获奖项目，其中重型机械行业有 4 个项目（大跨度柔性吊装技术及应用、高压变频调速一体机研发及其在矿山装备上的应用、AP1000 反应堆压力容器制造技术、带钢退火关键工艺研究与产品质量综合控制技术及应用）获得一等奖。另有 11 个项目获得二等奖，13 个项目获得三等奖。

5. 团标发布

由大锻件分会牵头编制的《大型核电机组汽轮发电机转子锻件技术条件》等 6 项团体标准和停车设备工作委员会牵头编制的《机械式停车设备搬运器》等 2 项团体标准制定完成。根据《中国重型机械工业协会团体标准管理办法》，经协会团体标准技术委员会最终审查通过，并对外发布。这是中国重型机械工业协会对外发布的首批团体标准。

中国重型机械工业协会团体标准

大型核电机组汽轮发电机转子锻件技术条件

中国重型机械工业协会

China Heavy Machinery Industry Association

6. 多方聚焦行业发展

中国重型机械工业协会于 6 月 13 日在成都召开了“中国重型机械行业高质量发展技术论坛”，9 月 5 日在秦皇岛召开了“第三届中国冶金矿山机械行业产业升级发展高峰论坛（CMMF2019）”。论坛汇集了业内外院士、学科带头人、企业代表等 300 多人，为行业高质量发展、

产业转型升级、技术进步和结构调整梳理了思路，为编制“十四五”发展规划提供了方向性指导。这两个论坛的交流论文集已被国家工程技术图书馆收录，供社会公众查阅。

7. 国家“双创”示范基地通过验收

12 月 7 日，中信重工机械股份有限公司承担的国家首批“双创”示范基地通过了国家发改委组织的竣工验收。示范基地包括线上资源共享平台、线下实验与验证平台、众创成果孵化平台 3 个项目，构建了新产品全流程孵化体系，为大型装备制造企业开门办企业，开放搞合作的“双创”活动，提供了良好示范。

8. 重大技术装备再出发

中国重型机械研究院总包的攀钢 500kg 真空精炼炉热负荷成功，该设备生产的产品主要用于航空航天级的合金材料生产。

中国一重集团有限公司突破极限制造，在 150MN 水压机上采用自主研发的体外锻造技术，一次成功锻造出直径 8.8m、重 210t 的石化 EO 反应器超大管板锻件。

由中信重工机械股份有限公司总承包、世界首条单线生产规模最大的 1 200t/d 活性石灰生产线顺利达产，10 月 12 日正式交付河北省武安市火焰山工业有限公司。

二重（德阳）重型装备有限公司自主研制的国内首台（套）100kW 飞轮储能不间断供电系统，3 月 16 日在二重数据中心投入运行，其综合性能指标达到同类产品国际先进水平。

北方重工自主研制的国内首台大直径、大埋深、敞开式煤岩巷全断面掘进机，在新汶新巨龙煤矿地下 980m 深处开始作业，这较以往的各种施工方法工效明显提高，将带动煤岩巷道掘进技术的重大变革。

5 月 6 日，中国首台 320kV 微焦点工业锥束 CT 机在中信重工机械股份有限公司下线。该产品将用于零件的无损、快速、精确检测分析，核心性能指标达到世界先进水平。

5 月 22 日，由卫华集团研制的首台旋转加料起重机交付客户，加料装置可实现 270° 回转，是钢铁加料设备的新突破。

7 月 28 日，上海振华重工（集团）股份有限公司自主研发的 1 500t/h 大型高效环保型螺旋卸船机投入使用。该产品打破了国外垄断，为我国煤炭、水泥、化肥、粮食等高粉尘散料卸船实现无扬灰连续封闭作业提供了技术装备。

11 月，北京起重运输机械设计研究院有限公司研制的单线循环脱挂抱索器八人吊厢式索道通过验收，该索道是国内自主研制的首条设有直通中间站的滑雪脱挂索道。

9. 新技术应用

内蒙古北方重型汽车股份有限公司与北京踏歌智行科技有限公司联合研制的国内首台无人驾驶 120t 电动轮矿用自卸车在包钢白云鄂博矿投入使用，标志着在智慧矿山、绿色矿山发展中，无人驾驶技术已从试验阶段进入推广阶段。

大连重工·起重集团有限公司研制的重型 AGV 运输车开始在有色、钢厂等企业使用。该车辆为混合动力，载重量为 60t、120t 两种规格，具有多驱动单元车辆控制、自身定位和路径规划等功能。

山东力山特智能科技有限公司和山信软件合作在山钢板坯、冷轧库区将“无齿轮传动”桥式起重机升级改造成为无人智能起重机。通过采用 5G 网信通信技术，实现了多台起重机协调作业。

贵州高原矿机股份有限公司自行研发的国内首台永磁电动机内装式矿井提升机经过工业运行，于 6 月份通过技术鉴定。

山东力博重工科技股份有限公司研制的永磁电动机内装式滚筒成功在胶带式输送机上使用，改变了交流电动机—减速器的传动模式。

河南矿山起重有限公司研制的全自动单梁起重机主梁内焊缝机器人焊接流水线投入使用，可以将筋板底部、侧面、板条的焊缝一次完成。

目前已有 70 多个井下煤矿综采工作面实现了无（少）人自动化、智能化开采，部分矿的采煤工人可以在地面远程操作，监控地下综采设备采煤作业。2 月 5 日神东煤矿采高 8.8m 的综采工作面连续工作 323 天，打破世界纪录。

10. 企业组织结构调整

5 月 10 日，北方重工集团有限公司依法完成司法重整程序，辽宁方大集团作为战略投资者成为北方重工第一大股东和实际控制人。

6 月 14 日，江苏国茂减速机股份有限公司在上海证券交易所上市。

8 月 19 日，法兰泰克重工股份有限公司出资收购杭州国电大力机电工程有限公司 75% 的股权。

〔供稿单位：中国重型机械工业协会〕

2019 年重型机械行业大事记

1—2 月

1 月 6 日，大连重工·起重集团有限公司自主研发的国内单台容量最大的 RKEF 镍铁生产线电炉在山东临沂鑫海新材料公司投产。该项目全部投产后，将达到 12.2 万 t/a 纯镍的生产能力。

1 月 8 日，在国家科技奖励大会上，中国一重集团有限公司一项重大科技成果获得 2018 年度国家科技进步奖特等奖。此项成果是中国一重集团有限公司打破“关键核心技术要不来、买不来、讨不来”的困境，几代一重人坚持自力更生、艰苦奋斗、自主创新发展道路的生动实践。

1 月 9 日，太原重工轨道交通设备有限公司“HXD2 型交流传动机车整体碾钢车轮运用”通过了中铁检验认证中心组织的评审会。本次运用考核，不仅能加快该公司取得机车车轮 CRCC 行业认证，更对国家相关产品完全摆脱进口具有重要意义。

1 月 28 日，由华电重工股份有限公司成套供货并提供技术服务的东亚电力（无锡）燃机项目 2[#] 机组首次点火一次成功，各项运行数据显示正常。

2 月 5 日，神东煤矿采高 8.8m 的综采工作面连续工作 323 天，打破了世界纪录。目前我国已有 70 多个井下煤矿综采工作面实现了无（少）人自动化、智能化开采，部分矿的采煤工人可以在地面进行远程操作，监控地下综采设备采煤作业情况。

2 月 24 日，由中国一重集团有限公司承制的中石化茂名石化年产 260 万 t 渣油加氢装置 3 台 2 270t 锻焊浆态床反应器完成现场组装焊接，并全部吊装就位交付用户。

2 月 27 日，卫华集团有限公司为舞阳钢铁有限责任公司研制的支承辊运输列车顺利通过验收。该列车的支承辊运输挂车是卫华集团有限公司车辆创新的杰作。

3—4 月

3 月 5 日，太原重型机械集团有限公司为浙江石化制造的 800t 二氧化碳吸收塔设备在天津滨海码头整体装船发运。该吸收塔塔筒内径 8.2m，总长 54.15m，总重量 800t，堪称“巨无霸”。

3 月 15 日，由中国重型机械工业协会停车设备工作委员会和中国城市公共交通协会联合主办的“2019 中国城市停车大会暨中国停车设备行业年会”在广东省珠海市举行，600 余人出席了大会。

3 月 16 日，二重（德阳）重型装备有限公司自主研制的国内首台（套）100kW 飞轮储能不间断供电系统在二重（德阳）重型装备有限公司投入运行，其综合性能指标达到同类产品国际先进水平。

3 月 25 日，北京起重运输机械设计研究院有限公司与中美物流联合会签订战略合作协议，旨在共同搭建国际性活动平台，推动中美物流业的区域性合作。

4 月 13 日，由太原重型机械集团有限公司制造的 4 000t 海上风电施工船开工仪式在江苏省扬州市举行。该海上风电施工船将在太原重型机械集团有限公司（天津）滨海基地和江苏扬州舜天两个场地同时开工，建造周期为 18 个月。4 000t 海上风电施工船主要服务于海上风电单桩基础的吊装和打桩作业。

4 月 18 日，“中国重型机械行业大工匠和工匠”评选结果揭晓。通过会员企业和分会秘书处推荐、行业专家评审，常务理事会批准，决定授予王军等 20 名同志“中国重型机械行业大工匠”荣誉称号，授予蔡恒君等 50 名同志“中国重型机械行业工匠”荣誉称号。

4 月 18—20 日，中国重型机械工业协会七届四次会员代表大会暨七届五次理事会在北京市召开，170 家单位的 265 名代表参加了会议。大会通过了七届理事会常务副理事长李镜同志做的工作报告、副理事长兼秘书长王继生同志做的财务工作报告。七届会员代表大会监事会监事长王顺亭同志在大会上做了监事会 2018 年度工作报告。

4 月 23 日，2019 年庆祝“五一”国际劳动节暨全国五一劳动奖状和全国工人先锋号表彰大会在北京召开，中国一重集团有限公司荣获全国五一劳动奖状。

4 月 25 日，由中冶陕压重工设备有限公司总承包的河北美富溢冶金材料有限公司 1 780mm 热平整分卷机组竣工投产，并举行了隆重的投产仪式。

4 月 25 日，在第二届“一带一路”国际合作高峰论坛企业家大会期间，上海振华重工（集团）股份有限公司与新加坡 PSA 大士码头和以色列 TIL 码头签订供货协议，协议总金额 5.8 亿美元。新加坡项目涉及 28 台岸边集装箱装卸桥、78 台集装箱门式起重机，总金额约 5 亿美元；以色列 TIL 码头包括 8 台岸边集装箱装卸桥，总金额 8 000 万美元。

4 月 26 日，上海振华重工（集团）股份有限公司建造的两艘耙吸挖泥船“航浚 6008”和“航浚 6009”在江苏启东正式交付。“航浚 6008”和“航浚 6009”为一对姊妹船，配备了当前世界自动化程度最高的疏浚控制系统，填补了我国设计建造“智能型”自航耙吸挖泥船的空白。

4 月 26—28 日，由长垣市起重装备制造行业协会、中国重型机械工业协会、河南省矿山起重机有限公司共同主办的“2019 长垣国际起重装备博览交易会”在河南长垣国际会展中心成功举办。来自国内外 340 余家企业参加了展会。展会同期还举办了中国重型机械工业协会散料装卸机械与搬运车辆分会 2019 年年会、物料搬运与智能制造高峰论坛等活动。

5—6 月

5 月 6 日，我国首台 320kV 微焦点工业锥束 CT 机在中信重工机械股份有限公司下线。该产品将用于零件的无损、快速、精确检测分析，核心性能指标达到世界先进水平。

5 月 10 日，北方重工集团有限公司依法完成司法重整程序，辽宁方大集团作为战略投资者成为北方重工第一大股东和实际控制人。

5 月 17 日，广西桂平市大藤峡水利枢纽船闸下闸首人字闸门起动安装。中信重工机械股份有限公司为该工程制造出 2 个门轴底枢“蘑菇头”毛坯。船闸闸门单扇门重 1 295t，门轴“蘑菇头”直径 1.2m，采用高碳高铬不锈钢材质，尺寸大，制造难度极高，在国内乃至国际均属首次。

5 月 22 日，由卫华集团有限公司研制的首台旋转加料起重机交付客户，加料装置可实现 270° 回转，是钢铁加料设备的新突破。

5 月，株洲天桥起重机股份有限公司与意大利商户签订出口 12 台铝电解多功能起重机协议，金额共计 1 200 万美元。这是该公司产品首次出口海外。

6 月 4 日，雄安振华有限公司揭幕仪式在河北雄安新区隆重举行。雄安振华的成立，是上海振华重工（集团）股份有限公司积极响应国家战略，倾力支持雄安新区开发建设的重要部署。

6 月 13 日，由中国重型机械工业协会主办的“中国重型机械行业高质量发展技术论坛”在成都市召开。论坛汇集了业内外院士、学科带头人和企业代表等约 170 人。论坛的论文集已被国家工程技术图书馆收录，供社会公众查阅。

6 月 13 日，太原重型机械集团有限公司为南京迪威尔公司制造的目前世界最大的 350MN 多向复合挤压机立柱，用一辆具有 400 多个车轮、长达百米的特种重型载货汽车运往太重天津滨海锻压分公司组装，待运往南京。

6 月 14 日，江苏国茂减速机股份有限公司在上海证券交易所上市。

6 月 25 日，在全国机械工业先进集体、劳动模范、先进工作者表彰大会上，卫华集团有限公司荣获“全国机械工业先进集体”荣誉称号。

6 月，贵州高原矿机有限公司自行研发的国内首台永磁电动机内装式矿井提升机经过工业运行，通过技术鉴定。

6 月，华电重工股份有限公司总承包的“华电内蒙古能源有限公司包头发电分公司煤场封闭钢结构工程”获得中国钢结构行业最高奖“中国钢结构金奖”。

7—8 月

7 月 18 日，厄瓜多尔铜矿 2 000 万 t/a 采选项目正式投产。中信重工机械股份有限公司为该项目提供的两组直径 19.97m×5.4m 半自磨机、直径 7.9 m×3.6m 球磨机现场带料运行成功，它不仅助力中信重工机械股份有限公司海外矿业开发，也在南美大陆树立起中信重工的品牌。

7 月 28 日，上海振华重工（集团）股份有限公司自主研发的 1 500t/h 大型高效环保型螺旋卸船机投入使用。该产品打破了国外垄断，为我国煤炭、水泥、化肥和粮食等高粉尘散料卸船实现无扬灰连续封闭作业提供了技术装备。

7 月，华电重工股份有限公司与滨海智慧风力发电有限公司签署了国家电投滨海南区 H3# 300MW 海上风电工程主体施工一标段和二标段施工合同，两个标段施工合同总金额 16.56 亿元。

8 月 19 日，法兰泰克重工股份有限公司出资收购杭州国电大力机电工程有限公司 75% 的股权。

8 月 20 日，太原重型机械集团有限公司与中国机械工业集团有限公司举行战略合作签字仪式。双方将在产业发展、科研创新、资本运作、国际化经营等方面开展深入合作。

8 月 30 日，山东华特磁电科技股份有限公司研发的新力超导 1.5t 超导磁共振机在山东省潍坊市人民医院投入临床应用。

9—10 月

9 月 5—7 日，第三届中国冶金矿山机械行业产业升级发展高峰论坛（CMMF2019）在河北省秦皇岛市召开，会议由中国重型机械工业协会主办。来自全国的 153 位代表出席了会议。44 篇论文被收录到《第三届中国冶金矿山机械行业产业升级发展高峰论坛（CMMF2019）交流论文集》中，并被国家工程技术图书馆收录，可供社会公众查阅。

9 月 11 日，二重（德阳）重型装备有限公司召开了长龙山转子中心体项目生产起动大会，开启了“国之重器”抽水蓄能水电设备高端部件制造的新征程。该转子中心体是水电设备的核心部件。

9 月 11 日，由上海振华重工（集团）股份有限公司为德国汉堡制造的 3 台岸边集装箱装卸桥启程驶往德国汉堡 CTB 码头。迄今为止，上海振华重工（集团）股份有限公司已经为德国 CTA、CTB 和 CTT 码头提供了 37 台岸边集装箱装卸桥。

9 月 16 日，教育部办公厅公布了 2019 年度省部共建协同创新中心认定名单，太原科技大学牵头建设的“重型机械装备协同创新中心”被认定为省部共建协同创新中心。该中心是面向国家战略需求的高端重型机械装备研发平台。

9 月 17 日，习近平总书记到郑州煤矿机械集团股份有限公司视察调研。

9 月 17 日，大连重工·起重集团有限公司举行了国内首台自主研制的单机容量最大 8 ～ 10MW 海上风机铸件交付仪式。该铸件的研制成功，突破了大型海上风机核心铸件研制的瓶颈。

9 月 19 日，由江苏国茂减速机股份有限公司和中国重型机械工业协会联合主办的以推动港口设备发展、加强港口行业技术交流为主题的“2019 年港口起重机械技术交流会”，在江苏省常州市举行。重型机械行业的 70 余位专家出席了会议。

9 月 19 日，中信重工机械股份有限公司为海拔 4 600m 的西藏玉龙铜矿研发制造的直径 8.8m×4.8m 半自磨机和直径 6.2m×10.5m 溢流型球磨机完成试车并交付用户。该设备代表了目前国际高端矿业装备的先进水平。

9 月 25 日，上海振华重工（集团）股份有限公司与广州港集团有限公司签订“广州港南沙四期工程集装箱码头自动化装卸系统采购”总承包合同，其中上海振华重工自主研发的“单小车自动化岸桥 + 智能引导车（IGV）+ 堆场平行布置”的作业模式为全球首创。

9 月 27 日，中国重型机械工业协会大型企业运输联合服务分会成立。至此，中国重型机械工业协会由 19 个分会变为 20 个分会。

10 月 1 日，经国家市场监督管理总局、国家标准化管理委员会批准并公告，由北方重工集团有限公司主持编写的国家标准 GB/T 37400.13—2019《重型机械通用技术条件　第 13 部分：包装》正式实施。

10 月 12 日，由中信重工机械股份有限公司总承包、世界首条单线生产规模最大的 1 200t/d 活性石灰生产线顺利达产，正式交付河北省武安市火焰山工业有限公司。该项目指标先进，主机及工艺均由中信重工自主完成，达到了高产、降本和稳定生产的效果。

10 月 17 日，中国一重集团有限公司突破极限制造，在 15 000t 水压机上采用自主研发的体外锻造技术，一次成功锻造出直径 8.8m、重 210t 的石化 EO 反应器超大管板锻件。

10 月 22 日，巴基斯坦“中电胡布燃煤电站项目”投入商业运营，山东山矿机械有限公司为该项目提供了高质量的带式输送机设备。

10 月 26—29 日，由中国重型机械工业协会、中国机械工业联合会和汉诺威米兰展览（上海）有限公司共同主办的“2019 中国（上海）国际重型机械装备博览会”在上海新国际博览中心成功举办。

10 月 28—31 日，国家起重机械标准化委员会停车设备分技术委员会（SAC/TC227/SC5）成立大会在深圳市召开。该分技术委员会由国家标准化管理委员会 2019 第 9 号文公告批准成立。

10 月 30 日，中国一重集团有限公司在大连市召开了“锦州、锦西加氢反应器过渡段与筒节一体化锻件技术创新及工程应用”成果鉴定会。该成果鉴定结果为世界首创。一体化锻件是将原来独立的过渡段和筒节两个锻件变成一个锻件。

11—12 月

11 月 6 日，在第二届中国国际进口博览会上，中央企业交易团成员中国一重集团有限公司在博览会主场分别与印度尼西亚 PT.Adiperkasa Ekabakti Industry 公司、德国巨浪公司、上海五矿（香港）公司等企业签订采购协议。

11 月 10 日，在广州召开的 2019 年中国机械工业科学技术奖颁奖大会上公布的 126 项一等奖中，重型机械行业有 4 个项目获得一等奖，分别是：大跨度柔性吊装技术及应用（北京起重运输机械设计研究院有限公司等）、高压变频调速一体机研发及其在矿山装备上的应用（青岛中加特变频电机有限公司等）、AP1000 反应堆压力容器制造技术（中国一重集团有限公司）、带钢退火关键工艺研究与产品质量综合控制技术及应用（燕山大学等）。另有11个项目获得二等奖，13个项目获得三等奖。

11月12日，中国二重万航模锻厂为法国赛峰起落架系统公司生产的第100件超大超重的波音B787前起落架外筒锻件发运。

11月15日，太原重型机械集团有限公司与中国核工业集团有限公司签署订货合同，太原重型机械集团有限公司将向位于江苏省连云港市的“田湾核电站7、8号机组工程”提供两台百万千瓦级核电站用环形起重机。

11月16日，由大连重工·起重集团有限公司制造并指导调试的罗伊山尾矿项目2单元、4单元和6单元模块整体安装完毕进入调试阶段。该项目是大连重工·起重集团有限公司具有完全知识产权、出口澳大利亚的首个工程总承包项目，也是世界首个赤铁尾矿工业化回收项目。

11月25日，停靠在太原重型机械集团有限公司（天津）重件码头的“海壹联”货轮完成装货顺利起航，标志着国内首条重大件班轮航线正式投入使用，开启了重大件运输的新模式。

11月27日，中信重工机械股份有限公司与中铁资源集团华刚矿业签署刚果（金）SICOMINES铜钴矿二期工程用磨机设备采购合同，合同设备包括直径8.5m×4.3m和直径7.5m×3.6m湿式半自磨机各1台、直径6.2m×10.2m和直径5.03m×6.4m湿式球磨机各1台、湿式半自磨机机械手成套设备2台以及刚果（金）绿纱矿业直径3.8m×5.8m球磨机一台。

11月，北京起重运输机械设计研究院有限公司研制的单线循环脱挂抱索器8人吊厢式索道通过验收，该索道是国内自主研制的首条设有直通中间站的滑雪脱挂索道。

12月7日，工业和信息化部发布《关于公布2019年度国家中小企业公共服务示范平台名单的通知》，北京起重运输机械设计研究院有限公司被认定为2019年度国家中小企业公共服务示范平台。

12月7日，墨西哥总统Andrés Manuel登上正在墨西哥湾作业的由上海振华重工（集团）股份有限公司建造的“振海二号”钻井平台参观，他高度赞扬“振海二号”性能和中国工作人员的出色表现。

12月7日，中信重工机械股份有限公司承担的国家首批“双创”示范基地通过了国家发展改革委组织的竣工验收。基地包括线上资源共享平台、线下实验与验证平台和众创成果孵化平台3个项目，构建了新产品全流程孵化体系。为大型装备制造企业开门办企业，开放搞合作的“双创”活动提供了良好示范。

12月8日，上海振华重工（集团）股份有限公司为克罗地亚佩列沙茨大桥制造的钢箱梁完成总拼装，该桥是迄今为止我国和克罗地亚之间最大的合同项目。佩列沙茨大桥总长2 404m，上海振华重工（集团）股份有限公司制造大桥中17 000t钢结构。

12月12日，由中国重型机械工业协会常务理事单位四川川润液压润滑设备有限公司牵头制定的GB/T 38274—2019《润滑系统能效评定方法》、GB/T 38275—2019《润滑系统术语和图形符号》和GB/T 38276—2019《润滑系统检验规范》3项国家标准正式颁布，这是重型机械行业制定的首批润滑系统基础国家标准。

12月15日，中央广播电视总台举办“2019中国品牌强国盛典”活动，发布了2019中国品牌强国盛典榜样100品牌。中国一重集团有限公司入选。

12月19日，江西华伍制动器股份有限公司与瑞士福尔卡摩擦片有限公司股东塞尔艾尔尼先生签署“股东购买协议”，江西华伍以63万欧元（约合491.16万元人民币）购买福尔卡公司90%的股权。

12月25日，《上海振华重工（集团）股份有限公司》总承包的大唐滨海300MW海上风电系统全部风机并网发电。该项目有45台3.3MW风机、50台3MW风机以及1座220kV海上升压站。

12月25日，《中国重型机械行业“十四五”发展规划》编制起动会在北京市召开。

12月25日，北方重工集团有限公司举行“新煤1号”煤矿半煤岩全断面掘进机工厂验收仪式，并通过山东新矿集团的验收。这是北方重工集团有限公司进行混合所有制改革后签订的首个盾构机制造合同。

12月25日，上海振华重工（集团）股份有限公司为美国佛罗里达州生产制造的3台新一代低姿态岸边集装箱装卸桥全部总装完成。

12月26日，上海振华重工（集团）股份有限公司为中交三航局建造的另一艘海上风电施工船“三航风和”号1 200t自升式风电安装船正式交付使用。

12月，山东山矿机械有限公司供货的印尼爪哇7号电厂煤码头2×1 050MW燃煤发电工程1号机组正式投产。

年内

● 内蒙古北方重型汽车股份有限公司与踏歌智行联合研制的国内首台无人驾驶120t电动轮矿用自卸车在包钢白云鄂博矿投入使用，标志着无人驾驶技术在智慧矿山、绿色矿山发展中，已从试验阶段进入推广阶段。

● 大连重工·起重集团有限公司研制的重型AGV运输车开始在有色、钢厂等企业使用。重型AGV运输车为混合动力，有载重量为60t、120t两种规格，具有多驱动单元车辆控制、自身定位和路径规划等功能。

● 山东力山特智能科技有限公司和山信软件合作在山钢板坯、冷轧库区将“无齿轮传动”桥式起重机升级改造成为无人智能起重机，该智能起重机采用5G网络通信技术，实现了多台起重机协调作业。

● 北方重工集团有限公司自主研制的国内首台大直径、大埋深、敞开式煤岩巷全断面掘进机在新汶新巨龙煤矿地下980m深处开始作业，这较以往的各种施工方法工效明显提高，将带动煤岩巷道掘进技术的重大变革。

● 河南省矿山起重机有限公司研制的全自动单梁起重机主梁内焊缝机器人焊接流水线投入使用，该生产线可一次完成筋板底部、侧面和板条的焊缝焊接。

● 山东力博重工科技股份有限公司研制的永磁电动机内装式滚筒成功在胶带式输送机上使用，这改变了交流电动机—减速器的传动模式。

● 在中国机械工业联合会组织的机械工业改革开放40周年系列庆祝活动中，评选出改革开放40周年机械工业杰出产品194项，其中，重型机械产品有11项入选。

● 卫华集团有限公司为埃及ELSEWEDY公司提供的4台大跨度门式起重机完成安装调试，通过三方联合验收并交付客户。

● 中国重型机械研究院股份公司的精炼、连铸、轧制和精整等设备新签供货合同金额达10亿元，是2018年同期的3倍。

● 大连重工·起重集团有限公司举行大型智能化焦炉设备供货集体签约仪式。一次性签订16套7m以上大型焦炉供货合同，显示了该公司在大型焦炉机械研发方面的实力和能力。

● 二重(德阳)重型装备有限公司中标两套“华龙一号”核反应堆一回路主设备压力容器中的锻件合同。

● 北方重工集团有限公司承建的湖南花垣县天源矿业4 000t/d铅锌矿选矿厂EP项目顺利达产达标。该项目设备总数82台（套），合同总金额2 600万元。

● 中国葛洲坝股份有限公司制造的嘉陵江亭子口2×500级升船机顺利将广元市港航局5条河道清理船升船过坝。该升船机主提升制动系统、液压和电控系统均由江西华伍制动器股份有限公司提供，制动系统性能均满足主机方的设计要求。

● 由中信重工机械股份有限公司牵头承担的“液压重载机械臂关键技术研究与应用验证”项目完成试验样机检验测试。该项目属于国家重点研发计划“智能机器人”重点专项，代表了国家工业重载机器人领域科学研究的最高水平。

● 由北方重工集团有限公司和中国科学院沈阳自动化研究所等单位共同研发的国内首个重型装备智能云服务专家管理系统正式上线。智能云服务专家管理系统是实现传统工业向服务经济转型进程中的重要一步，也是未来开展个性化服务的基础。

● 上海振华重工（集团）股份有限公司成功研发出轮胎起重机大车轮毂电机驱动机构。该机构的研发颠覆了传统技术，解决了轮胎起重机长达半个世纪的部件多、维护繁琐的“臃肿”状态，是具有完全自主知识产权、国际领先水平的新型嵌入式轮毂电机驱动机构。

● 上海振华重工（集团）股份有限公司研制的2台岸边集装箱装卸桥、5台场地集装箱装卸桥顺利交付印度Adani公司并受到用户的好评。

● 二重（德阳）重型装备有限公司研制的CAP1000稳压器项目通过了由中国核工业勘察设计协会等单位的12位专家组成的评审组的评审。

● 中国重型机械研究院股份公司总承包的攀钢集团攀枝花钒制品厂500kg真空精炼炉在真空状态下一次性热负荷试车成功。该真空精炼炉是中国重型机械研究院股份公司自主研发的首台钒铝合金精炼设备。采用真空法进行精炼的钒铝合金杂质含量低，成分均匀致密。该真空精炼炉生产的产品主要用于航空航天合金材料生产。

● 河南黎明重工科技股份有限公司的立式辊磨机清洁煤粉制备成套设备和单缸液压圆锥破碎机两项科技成果通过了由中国机械工程学会组织的鉴定。两项成果均被评为“达到国际先进水平”。

● 上海振华重工（集团）股份有限公司签订了首个民生项目——既有住宅楼加装电梯项目。为响应国家号召，该公司近年来将制造业和民生产业相结合，用其先进的制造技术服务百姓，打造公司民生品牌。

● 河南省矿山起重机有限公司为兰州国际港务局制造的2台CMJ40.5t—35m A8轨道式集装箱门式起重机正式投入使用。该集装箱起重机工作级别为A8，1h吊运30个标准集装箱，相比普通U型门式起重机，吊运效率提高50%。

● 二重（德阳）重型装备有限公司研制的7 500t卧式环轧机成功投入使用，它是目前世界最大的卧式环轧机。该设备用于生产石油化工容器及核电压力容器、稳压器等的筒节，生产能力为300～400件/年，大型筒体锻件产量在30 000t以上。

● 卫华集团有限公司成功研制出320t大型起重机用减速机并交付使用。该减速机长10m、高2.2m、宽1.3m，采用硬齿面齿轮传动技术，达到国内先进水平。

● 由二重（德阳）重型装备有限公司制造的两台低温钢制锻焊容器抵达大连港，完成整体组装后发往巴西。该产品制造按照ASME标准和BV海工规范执行，同时还接受法国船级社（BV）、大连中远海运（CHI）和巴西石油公司（TUPIBV）三方监督检查。

● 大连重工·起重集团有限公司中标某石化公司2台40m大跨度半门式刮板取料机和4台卸料车项目。该项目的2台取料机通过增大跨度，成功将料场储量由原来的16万t提升到26.6万t。

● 中国重型机械研究院股份公司研制的16MN反向铜挤压机一次性热负荷试车成功并正式投产，首次在国产设备上实现了三孔流盘卷坯稳定连续生产，突破了“大压机生产小线材”国产化的技术瓶颈。

● 大连华锐重工集团股份有限公司成功中标世界最大口径球面射电望远镜（FAST）柔性馈源索驱动系统后期服务合同。FAST工程2016年启用，大连华锐为FAST研制的馈源支撑索驱动系统，经过几年运行后，进入维修保养阶段，国家天文台最终选择大连华锐承担该项目后期服务。

● 中国一重集团有限公司研制的“海洋4号1 000兆瓦级核电机组常规岛整锻低压转子锻件”通过了由黑龙江省机械工程学会组织的产品鉴定。该转子锻件是核电常规岛设备的核心部件，产品各项指标均达到HD100.12标准要求，是代表热加工综合技术最高水平的产品之一。

● 卫华集团有限公司为安赛乐米塔尔钢铁集团乌克兰分公司制造的 14 台“高配置”起重机完成安装调试，全部投入运营。

● 二重（德阳）重型装备有限公司制造的国内最大单相 125 吨级大型电渣重熔炉冶炼出重达 110t 的核电主管道钢锭，标志着 125 吨级电渣炉正式投产。核电主管道钢锭生产难度大，对设备稳定性要求高，该公司特意将 110t 核电主管道钢锭作为 125 吨级电渣炉设备全面正常运行的考验，经过 80 多个小时运行，重达 110t 的钢锭顺利完成脱模。

● 由北方重工集团有限公司牵头起草的国家标准《全断面掘进机远程监控系统》召开第 4 次编制会议，会议主要规定了全断面隧道掘进机远程监控系统的名词术语、系统构造、系统功能和调试验收等内容。

● 由太原重型机械集团有限公司矿山分公司研发生产的 6 400t 大型排土机通过验收并从天津港启程运往厄瓜多尔。

● 由四川矿山机器（集团）有限责任公司制造的俄罗斯 10 万 t/a 纯碱生产线项目的核心设备——直径 2.5m×30m 自身返碱蒸汽煅烧炉，经出厂检验、试车以及海关现场检查后正式发运俄罗斯。该煅烧炉总重 200t，长 30m。

● 上海振华重工（集团）股份有限公司研制的水下机器人系统（ROV 系统）圆满完成作业任务，标志着该公司拥有自主知识产权的水下机器人系统正式商用。

● 在内蒙古阿拉善左旗大红风场，太原重型机械集团有限公司生产的 TZL750 全地面桁架臂起重机顺利将 20 台 120-2.0 风电整机全部吊装到 90m 高度的安装位置。

● 河南黎明重工科技股份有限公司研制的 HPT800 多缸大型液压圆锥破碎机一次性试车成功。该破碎机总重量达 90t，装机功率 630kW，通过能力 1 200t/h，用于铁矿石、花岗岩、玄武岩和河卵石等硬岩破碎。

● 北方重工集团有限公司自主研发的 EQC6330 大直径煤矿岩巷全断面掘进机在地质复杂的 1 000m 地表下完成 200m 试掘进。该设备是国内首台应用于煤矿岩巷施工的全断面掘进机。

● 上海振华重工（集团）股份有限公司中标南极科考站——泰山站的应急救援系统采购项目，将向中国极地研究中心提供一套应急救援系统和一套低温储存系统。该应急救援系统用于在考察站发生故障的情况下，作为备用生命保障。

● 大连重工·起重集团有限公司研制改造的长征 7 号甲运载火箭发射移动平台——脐带塔，在海南省文昌航天发射场吊装成功。

● 太原重型机械集团有限公司为湖北三宁化工 60 万 t/a 乙二醇项目研制的 DMO 反应器（共 6 台）从太重滨海重件码头发运。该反应器每台重 266t，通体由不锈钢材质制造。

● 大连重工·起重集团有限公司为宝武集团滩涂项目研制的 8 台 40～45t 智能起重机经过 1 年试运行正式投入使用。该批设备运行期间搬运物流成本同比降低约 20%，人员减少约 60%，库容利用率同比提高约 30%。

● 二重（德阳）重型装备有限公司为广东省雷州市乌石镇提供的临时应急生活垃圾处理生产线完成制造发往用户。该生产线日处理垃圾 100t，采用热解熔融处理技术，生活垃圾实现不分类、不分选，这在国内外尚属首例。

● 太原重型机械集团有限公司研制的新一代智能采煤机在展览会上亮相。该智能化采煤机壳体采用微量元素低碳合金调质钢，齿轮毛坯采用电渣重熔微量元素低合金钢，传动系统采用长寿命、无螺栓设计和三段式预应力结构机身，32 位 DSP+FPGA 并行运算的分布式控制系统，变频器参数“一键配置”和负载敏感 PID 比例调高独立控制的双泵站调高系统。

● 由太原重型机械集团有限公司制造的 2 台出口印度的亚洲最大的 550t 冶金铸造起重机通过用户验收，发往印度。

● 太原重型机械集团有限公司与山西焦化集团有限公司举行“焦炉烟尘治理及机焦侧除尘技术合作开发框架协议”签订仪式。太重集团将对山西焦化现有的 6m 顶装焦炉推焦车进行改造，新增车载除尘设施，使排放烟尘指标小于 10mg/m^3；同时，合作开发适用于 6m 顶装焦炉的新型推焦车。

● 中国重型机械工业协会由小规模纳税人变更为一般纳税人。

● 南非瓦达塔锌业公司 Gamsberg 矿山 400 万 t/a 选矿厂竣工投产，南非总统拉马福萨率矿业资源部长出席竣工投产庆典。中信重工机械股份有限公司为该项目制造的直径 8.5m×5.5m 半自磨机和直径 6.2m×10.4m 球磨机是该选矿厂的关键设备，因试运行平稳、性能状态良好，获得业主和当地政府部门的高度评价。

● 中国重型机械工业协会发布 8 项团体标准：T/CHMIA0401—2019《大型核电机组汽轮发电机转子锻件　技术条件》，T/CHMIA0402—2019《核电站主管道锻件酸洗钝化　工艺规范》，T/CHMIA0403—2019《钢质大型铸锻件中残余奥氏体定量测定 X 射线衍射法》，T/CHMIA0404—2019《大型预硬化塑料模具钢模块　技术条件》，T/CHMIA0405—2019《除砂器锻件　技术条件》，T/CHMIA0406—2019《盾构机主轴轴承环锻件　技术条件》，T/CHMIA0801—2019《机械式停车设备搬运器》，T/CHMIA0802—2019《商用车辆机械式停车设备》。

● 豫飞重工集团有限公司研制的 30 多米超大型双向门式启闭机完成组装。该产品用于西藏自治区雅鲁藏布江加查水电站，适应高海拔、大风、强日照、低温和多雷等特殊地理环境。

● 由上海振华重工（集团）股份有限公司与中交上海装备工程有限公司承担的澳大利亚 T-ports 公司 87m 运粮船改造签约仪式在上海市长兴岛举行。该船交付后将用于澳大利亚近海的谷物转运。

〔撰稿人：中国重型机械工业协会梁锐　审稿人：中国重型机械工业协会王继生〕

行业与市场篇

从生产发展情况、市场及销售、产品进出口、科技成果及新产品等方面记述重型机械各分行业2019年的发展情况，阐述了矿山机械智能化发展概况

Elaborate on development in 2019 of various sectors in the heavy machinery industry regarding aspects such as development of production, market and sales, product import and export, technological achievements, and new products, general situation of inteuigent developmenf of mining machinery

行业与市场篇

冶金矿山机械

行业简况 冶金矿山机械行业是以提供炼焦、烧结、冶炼、轧制、矿山开采、矿井提升、破碎粉磨、煤矿采掘、筛分洗选、竖井及隧道挖掘、水泥、重型锻压等大型成套设备及相关产品，并为能源、原材料、化工、造船、军工、机械等部门提供以大型铸锻件为主导产品的机械制造行业。该行业的主要产品多为重大基本建设项目所需的核心设备，因此该行业不仅在国民经济建设中占有十分重要的地位，而且是体现国家制造实力的重要表征。2017—2019年冶金矿山机械行业主要经济指标占重型机械行业比重见表1。

行业经济运行情况

1. 主要经济指标完成情况

2018—2019年冶金矿山机械行业主要经济指标完成情况见表2。

表1 2017—2019年冶金矿山机械行业主要经济指标占重型机械行业比重

年份	行业名称	企业数（家）	占比（%）	资产总值（亿元）	占比（%）	主营业务收入（亿元）	占比（%）	利润总额（亿元）	占比（%）
2017	重型机械行业	4 547	100.00	13 239	100.00	12 100	100.00	654.01	100.00
	冶金矿山机械	2 198	48.34	5 979	45.16	5 198	42.96	228.57	34.95
2018	重型机械行业	4 418	100.00	12 291	100.00	8 968	100.00	477.88	100.00
	冶金矿山机械	2 074	46.94	5 690	46.29	3 524	39.30	158.31	33.13
2019	重型机械行业	4 209	100.00	12 930	100.00	9 792	100.00	599.19	100.00
	冶金矿山机械	1 921	45.64	5 647	43.67	3 658	37.56	181.12	30.23

表2 2018—2019年冶金矿山机械行业主要经济指标完成情况

指标名称	企业数（家）	主营业务收入（亿元）			主营业务成本（亿元）		
		2019年	2018年	同比增长（%）	2019年	2018年	同比增长（%）
冶金矿山机械行业	1 921	3 657.98	3 381.09	8.19	3 048.15	2 851.3	6.90
矿山机械制造	1 460	2 456.81	2 324.21	5.71	2 021.60	1 953.29	3.50
冶金专用设备制造	461	1 201.17	1 056.88	13.65	1 026.55	898.01	14.31

指标名称	流动资产合计（亿元）			应收账款（亿元）		
	2019年	2018年	同比增长（%）	2019年	2018年	同比增长（%）
冶金矿山机械行业	3 699.74	3 639.74	1.65	1 420.46	1 367.66	3.86
矿山机械制造	2 330.00	2 274.39	2.45	876.05	865.13	1.26
冶金专用设备制造	1 369.74	1 365.35	0.32	544.41	502.53	8.33

指标名称	存货（亿元）			产成品（亿元）		
	2019年	2018年	同比增长（%）	2019年	2018年	同比增长（%）
冶金矿山机械行业	935.92	991.12	−5.57	328.95	293.11	12.23
矿山机械制造	645.03	701.21	-8.01	239.83	217.59	10.22
冶金专用设备制造	290.89	289.91	0.34	89.12	75.52	18.00

（续）

指标名称	资产总计（亿元）			负债总计（亿元）		
	2019 年	2018 年	同比增长（%）	2019 年	2018 年	同比增长（%）
冶金矿山机械行业	5 646.52	5 548.97	1.76	3 425.23	3 416.62	0.25
矿山机械制造	3 664.40	3 569.21	2.67	2 175.85	2 145.03	1.44
冶金专用设备制造	1 982.12	1 979.76	0.12	1 249.38	1 271.59	-1.75

指标名称	销售费用（亿元）			管理费用（亿元）		
	2019 年	2018 年	同比增长（%）	2019 年	2018 年	同比增长（%）
冶金矿山机械行业	114.65	104.85	9.35	176.36	185.20	-4.77
矿山机械制造	87.84	79.14	11.00	121.43	125.08	-2.91
冶金专用设备制造	26.81	25.71	4.27	54.93	60.12	-8.63

指标名称	财务费用（亿元）			利息支出（亿元）		
	2019 年	2018 年	同比增长（%）	2019 年	2018 年	同比增长（%）
冶金矿山机械行业	55.12	52.71	2.41	54.37	54.36	0.02
矿山机械制造	41.06	38.77	5.90	38.45	38.30	0.40
冶金专用设备制造	14.06	13.94	0.90	15.92	16.06	-0.85

指标名称	利润总额（亿元）			亏损额（亿元）		
	2019 年	2018 年	同比增长（%）	2019 年	2018 年	同比增长（%）
冶金矿山机械行业	181.12	131.46	37.76	46.82	44.77	4.58
矿山机械制造	136.21	92.90	46.61	27.99	32.66	-14.30
冶金专用设备制造	44.91	38.56	16.48	18.83	12.11	55.50

指标名称	亏损企业数（家）		亏损面（%）		利润率（%）	
	2019 年	2018 年	2019 年	2018 年	2019 年	2018 年
冶金矿山机械行业	248	279	12.91	13.45	4.95	3.88
矿山机械制造	190	218	13.01	14.93	5.54	4.00
冶金专用设备制造	58	61	12.58	13.23	3.74	3.65

指标名称	资产负债率（%）		流动资产周转率（次）		成本费用利润率（%）	
	2019 年	2018 年	2019 年	2018 年	2019 年	2018 年
冶金矿山机械行业	60.66	61.57	1.01	1.08	5.33	4.12
矿山机械制造	59.38	60.10	1.08	1.08	6.00	4.23
冶金专用设备制造	63.03	64.23	0.91	0.85	4.00	3.86

2. 主要产品产量完成情况

从 2019 年行业生产情况看，冶金矿山机械行业主要产品均保持了一定的增长。2019 年冶金矿山机械行业重点产品产量完成情况见表 3。

表 3　2019 年冶金矿山机械行业重点产品产量完成情况

产品名称	企业数（家）	产量（万 t）	同比增长（%）	产品名称	企业数（家）	产量（万 t）	同比增长（%）
一、冶金机械	461			二、矿山机械	1 460	673.11	5.17
1. 金属冶炼设备		61.11	-22.84	其中：水泥设备		38.65	3.69
2. 金属轧制设备		50.69	-15.17				

3. 主要产品进出口情况

2019 年，冶金矿山机械行业产品进出口总额为 44.50 亿美元，其中：出口金额 35.71 亿美元，进口金额 8.79 亿美元。冶金机械进出口总额 23.58 亿美元，其中：出口金额 18.84 亿美元，进口金额 4.74 亿美元。矿山机械进出口总额 20.93 亿美元，其中：出口金额 16.88 亿美元，进口金额 4.05 亿美元。2019 年冶金矿山机械行业主要产品进出口情况见表 4。2015—2019 年冶金矿山机械行业产品进出口额变化趋势如图 1 所示。

表 4　2019 年冶金矿山机械行业主要产品进出口情况

产品名称	出口额（亿美元）	同比增长（%）	进口额（亿美元）	同比增长（%）	进出口总额（亿美元）	同比增长（%）	进出口顺差（亿美元）	同比增长（%）
冶金矿山机械	35.71	12.02	8.79	11.66	44.50	11.95	26.92	12.14
冶金机械	18.84	15.85	4.74	11.19	23.58	14.88	14.09	17.51
1. 金属冶炼设备	0.33	13.11	0.06	1.43	0.39	11.15	0.27	16.05
2. 连铸设备	0.23	-23.72	0.03	-55.63	0.26	-29.72	0.20	-14.12
3. 金属轧制设备	3.84	-0.51	1.60	28.39	5.43	6.54	2.24	-14.29
4. 冶金设备零件	14.45	22.25	3.05	5.57	17.50	18.97	11.39	27.66
矿山机械	16.88	8.03	4.05	12.21	20.92	8.82	12.83	6.78
1. 采掘设备及钻机	5.50	7.48	0.96	-15.25	6.46	3.37	4.54	13.91
2. 破碎粉磨设备	6.25	2.31	1.82	16.62	8.07	5.22	4.44	-2.57
3. 筛分洗选设备	4.20	16.58	1.12	29.52	5.32	19.08	3.08	12.48
4. 矿山卷扬设备	0.14	132.05	0.08	1096	0.22	230.05	0.06	9.06
5. 矿山机械零件	0.79	7.48	0.07	49.92	0.86	10.10	0.72	4.50

注：由于 4 舍 5 入数据有微小出入。

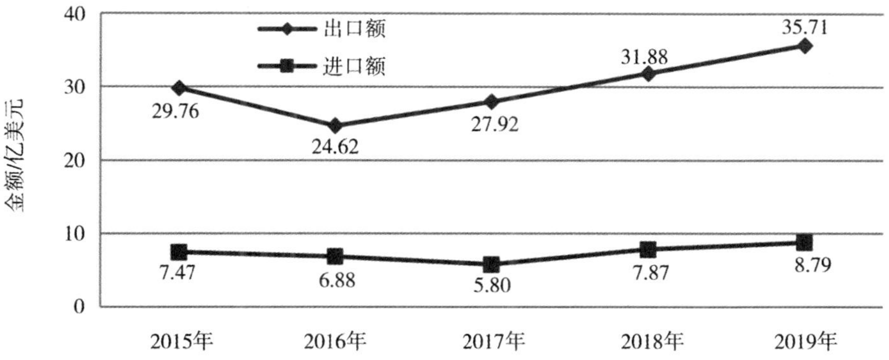

图 1　2015—2019 年冶金矿山机械行业产品进出口额变化趋势

4. 行业运行的基本特征

2019 年，冶金矿山机械行业受上下游产业链波动的影响，走势呈现分化现象，其中冶金机械产品的冶炼、轧制、备件等主要产品均开始回落，但矿山设备产品仍有部分增幅，行业运行质量基本稳定，合同订单略有下滑。从重点企业的情况看，企业运行质量仍在上升期间；从企业类型看，大型企业增速稳定、小型企业略有波动。

行业规模以上企业年末数由 2 074 家减为 1 921 家。其中：冶金设备制造企业 461 家，比 2018 年增加 15 家；矿山设备制造企业 1 460 家，比 2018 年减少 168 家。

行业主要产品产量完成情况：金属冶炼设备同比下降 22.84%，金属轧制设备同比下降 15.17%，矿山专用设备同比增长 5.17%。

行业营业收入完成情况：冶金专用设备制造增速为 13.65%，比 2018 年下降了 14.34 个百分点；矿山设备制造增速为 5.17%，比 2018 年下降了 4.24 个百分点。

2019 年，行业经济效益状况有明显改善，实现利润呈上升趋势。

冶金专用设备制造实现利润 44.91 亿元，同比增长 16.48%；亏损面 12.58%，2018 年为 13.23%。资产负债率 63.03%，2018 年为 64.23%；流动资产周转率 0.91 次，2018 年为 0.85 次；成本费用利润率 4.00%，2018 年为 3.86%。

矿山设备制造实现利润136.21亿元，同比增长46.61%；亏损面13.01%，2018年为14.93%。资产负债率59.38%，2018年为60.10%；流动资产周转率1.08次，与上年持平；成本费用利润率6.00%，2018年为4.23%。

〔撰稿人：中国重型机械工业协会严祥文　审稿人：中国重型机械工业协会李镜〕

冶金设备

生产发展情况　冶金设备行业是为冶金工业提供重大成套技术装备的行业。冶金设备是指用于金属冶炼、铸造、轧制和深加工等生产流程中的专用成套工艺设备，也被称作工业母机，是冶金工业发展所需的重要基础装备。

大型冶金成套设备是集连续、高效和自动化、智能化控制技术于一身的技术密集型工艺设备集合，多属于高精尖的重型成套设备，已呈系列化分布并具有传统经典特征。主要包括金属冶炼设备（高炉、烧结机、炼焦炉、电炉、转炉、炉外精炼设备、矿渣钢渣处理设备）、金属铸造设备（方、圆坯连铸机，板坯连铸机，铸造机）、金属轧制设备（板带材热、冷轧机，管轧机，型钢轧机，线材轧机，有色金属轧机）、金属精整及后处理设备（酸洗机组，热镀锌机组，热镀锡机组，热镀铝机组，冷、热平整机组，连续退火机组）等。

冶金设备制造业与冶金工业关系密切、互为市场，冶金设备制造业通过技术创新和提升服务来不断满足钢铁和有色金属等原材料工业“创生”的新需求。

2019年，冶金装备行业所服务的产业总体形势是，国内外钢铁和有色金属冶金市场产能过剩、供大于求的状况依然没有改变。随着环保标准的提高、人工成本的增加、市场竞争的日趋激烈，板带生产利润仍在持续下滑。中国钢铁产业已由“数量扩张”为主线的规模增长转向以“高质量”为主线的创新发展，产业发展呈现了新的变局，主要体现在：

（1）禁止新增产能，实施产能置换，强化调整存量。

（2）绿色发展上升到国家战略，钢铁企业面临超低排放改造、低碳发展的繁重任务。

（3）在去产能、减量置换、环保治理、新旧动能转换等一系列政策的推动下，一批钢铁企业启动搬迁。钢铁产业布局由产能密集的环境防治重点区域向其他区域转移的态势仍将持续。

（4）以中国宝武钢铁集团的组建为标志，在钢铁产业掀起了新一轮的兼并重组热潮，此轮重组必将重塑未来一个时期钢铁产业竞争的新格局。

（5）随着产业国际分工的变化发展和“一带一路”倡议的推进实施，钢铁企业集团加快国际化步伐，产能、资本、研发、运营全球布局是大势所趋。冶金工程技术、成套装备、配套设施、标准规范等迎来国际化发展机遇期。

从国内看，随着钢铁行业产能置换、绿色发展、布局调整、重组兼并、经营方式转变以及国际化进程的不断深入，大型冶炼装备市场增量明显，大型轧制装备有少量潜在新增市场。随着钢铁行业装备大型化、绿色化、智能化的发展，在役设备的更新改造、维护成为需求中的重要部分。

从国际上看，欧美发达国家冶金装备市场基本已经饱和，再难有明显的数量增长，以存量提升类的设备需求为主；发展中国家的基础建设和工业等行业有较大的发展空间，钢铁工业发展潜力较大，钢铁技术、装备和服务市场广阔。

与此相应，冶金装备市场已由增量需求逐渐转为存量需求，冶金设备制造业已步入由单一的冶金设备制造向冶金设备制造与技术改造加服务多管齐下的深度转型期，只有通过结构调整和技术创新，适时推出新技术、新产品、新模式，才能使中高端国产冶金成套设备在国内外市场的占有率不断提高。

市场与销售　国家为适当扩大内需，采取了积极的财政政策，冶金、化工、能源等行业接受国家贴息贷款，在一定程度上维持了技术升级改造的规模。但近年来，受国内外经济新常态的影响，冶金设备行业市场低价无序竞争激烈，冶金设备订单满足不了需求，冶金设备企业主营业务收入和销售利润下降十分明显，形势仍不容乐观，冶金设备市场仍将长期处在小幅波动下行状态，市场前景令人关注与期待。

2019年，冶金压延设备主要生产企业有中国一重集团有限公司（简称中国一重）、中国机械工业集团有限公司（下属中国第二重型机械集团有限公司，简称中国二重）、太原重型机械集团有限公司（简称太重集团）、上海电气上重碾磨特装设备有限公司（简称上重碾磨公司）、中钢集团邢台机械轧辊有限公司（简称中钢邢台）、衡阳有色冶金机械总厂、中信重工机械股份有限公司（简称中信重工）、常州宝钢冶金机械有限公司、陕西压延实业有限公司等。

2019年，冶金设备行业实现主营业务收入1 201.17亿元，同比增长13.65%；实现利润总额44.91亿元，同比增长16.48%。2019年冶金设备行业主要产品产量见表1。2019年冶金设备行业产品进出口额见表2。

表1　2019年冶金设备行业主要产品产量

产品名称	产量（万t）	同比增长（%）
冶炼设备	61.11	-22.84
金属轧制设备	50.69	-15.17

表 2　2019 年冶金设备行业产品进出口额　　（单位：亿美元）

产品名称	进口额	出口额	进出口差额
冶金设备	18.85	4.74	14.11
其中：金属冶炼设备	0.33	0.06	0.27
连续铸钢设备	0.23	0.03	0.20
金属轧制设备	3.84	1.60	2.24
冶金设备零件	14.45	3.05	11.40

科技成果、新产品　冶金设备行业主要生产企业在引进、消化、吸收发达国家同类产品先进技术的基础上，围绕冶金市场新需求持续进行开拓创新，自主设计开发出了多项具有自主知识产权的重大装备新产品，使我国冶金装备的多项新产品和工艺技术水平不断接近或达到国际先进水平，许多项目获得了科学技术奖。2019 年冶金设备行业获中国机械工业科学技术奖情况见表 3。

表 3　2019 年冶金设备行业获中国机械工业科学技术奖情况

项目名称	完成单位	获奖等级
带钢退火关键工艺研究与产品质量综合控制技术及应用	燕山大学、山东科技大学、山东冠洲股份有限公司、江苏九天光电科技有限公司	一等奖
30t 轴重重载辗钢车轮产品开发及应用	太原重工轨道交通设备有限公司、山西太钢不锈钢股份有限公司、中车青岛四方车辆研究所有限公司、中国铁道科学研究院集团有限公司金属及化学研究所	二等奖
工业铝型材高性能低能耗有效摩擦挤压新工艺及其数控装备	中国重型机械研究院股份公司、西南铝业（集团）有限责任公司	二等奖
核及航空用高端硬铝合金薄壁管材精密矫整理论研究与关键技术装备应用	中国重型机械研究院股份公司、核兴航材（天津）科技有限公司	二等奖
大弯曲度圆钢高性能精密矫直工艺装备及其产业化	中国重型机械研究院股份公司、马鞍山钢铁股份有限公司、重庆大学、重庆理工大学	三等奖
高精度、智能化、大型数控卷板成套装备的研发及产业化	泰安华鲁锻压机床有限公司、南京理工大学、太原科技大学、山东农业大学	三等奖
基于板型反馈的智能化中厚板辊式冷矫直机研制	太原重工股份有限公司、北京冶自欧博科技发展有限公司	三等奖

作为冶金成套设备核心供应商的中国一重、中国二重、中国重型院、太重集团和上重碾磨公司等，在重大冶金成套设备自动化和智能化高端技术研发方面取得了丰硕成果。

（1）大型热、冷带钢连轧机工艺设备及自动化、智能化技术。大型热、冷带钢连轧机工艺设备及控制已基本达到了二、三级自动化、智能化控制水平，自主设计、集成、制造的成套设备已达到系列化程度，综合装机水平达到了国际先进水平，并持续开发研制出满足我国冶金行业不断发展所需的高端产品。

中国一重设计开发的冷连轧机成套工艺设备已形成系列化产品，覆盖 750 ～ 2 130mm 五机架（酸洗）冷连轧机组全系列，已广泛应用于鞍钢、宝武等大型国企钢铁集团及沙钢、河北中金、中铁、兆建等民营钢铁公司，总体装机水平达到了国际先进，突破了国产冷连轧工艺设备成套及生产自动化、智能化控制两大核心技术，实现了我国冷连轧机组的更新换代。其中，自主开发的大型工作辊和中间辊可移动的六辊轧机具有卓越的板形控制能力，提高了带钢的平直度，减少了边部减薄和裂边发生，提高了成材率。自主开发的转盘式双筒卷取机实现了高效卷取，滚筒式飞剪实现了高速剪切。

中国二重也实现 1 420mm、1 550mm 等冷连轧机组的自主设计制造业绩，具备了较强的市场竞争能力。

中国一重设计开发的大型热连轧成套工艺设备形成的系列化产品更加全面，覆盖 850 ～ 2 550mm 热带钢连轧机组，已广泛应用于鞍钢、宝武等大型国企钢铁集团及北海诚德、河北普阳、青山控股及重庆万达等民营钢铁公司。特别是开发的北海诚德“1+8”1 680mm 不锈钢热连轧工艺设备和自动化、智能化技术在鼎信 1 780mm 不锈钢热连轧项目的应用，实现了国产热不锈钢连轧机工艺设备及自动化、智能化技术的总集成，实现了不锈钢热连轧生产线的更新换代。自主设计的世界最宽的 2 550mm 不锈钢热连轧机生产线在节能降耗、产品规格及各项技术指标方面均处于世界领先水平。在热轧装备中不断研发出新一代技术，其中，新一代的串辊技术提高了产品精度和生产效率，减少了设备故障率；高压水除鳞技术保证了产品的表面质量；立辊轧机具有宽度自动控制和短行程自动控制功能；粗轧机采用电动加液压压下后，保证了位置、速度和精度；

定宽压力机实现了大压力下减宽和成材率的改善；热卷取箱实现了多钢种节能轧制并缩短了轧线长度；超强转鼓式飞剪进一步提高了剪切能力和头尾剪切优化功能；高刚度四辊全液压精轧机的液压自动厚度和板形控制技术，保证了产品板形及尺寸精度；空冷控制技术保证了中高牌号带钢的性能要求；全液压三助卷辊式地下卷取机采用了自动踏步控制技术，保证了钢卷的卷形质量等。

中国二重自主设计制造的 1 450mm、1 580mm、1 780mm 等热连轧机组也实现了全面国产化，具备了较强的市场竞争能力。

近年来，国产大型冷、热连轧机成套设备出口的项目逐渐增多，包括尼日利亚 900mm 全连续冷连轧机组、印度尼西亚 1 100mm 酸洗冷连轧机组、印度尼西亚“1+7”1 780mm 不锈钢热连轧机组等。这些项目标志着我国冶金板带轧制工艺装备技术已步入世界先进行列。

（2）大型多辊冷轧机工艺设备及自动化技术。我国大型多辊高强超薄带轧制成套设备已实现了重大突破：中国一重自主设计制造的北海诚德、江苏德龙 1 450mm 十八辊双机架不锈钢冷轧机组相继投产达效。单机架 1 250mm 碳钢廿辊可逆冷轧机组的轧制速度达到了 1 000m/min，生产出了 0.12mm×1 200mm 薄带材，单机架不锈钢 1 450mm 廿辊可逆冷轧机组的轧制速度达到了 800m/min，可以生产 0.2mm×1 320mm 薄带材。中国重型院的廿辊系列轧机在铜带、钛合金、不锈钢轧制领域得到了广泛应用。标志着国产大型多辊冷轧机工艺设备及自动化技术向国际先进行列迈出了一步。

（3）短流程节能轧制及绿色节能工艺设备。近年来，我国在冶金设备领域节能减排工艺设备的开发应用上取得了长足的进步。中国一重继鞍山钢铁公司“1+6”2 150mm 短流程热连轧机研制成功后，又与意大利阿维迪公司合作研发了一套 1 700mm 连铸连轧短流程试验生产线，其后，相继承担了 4 套西门子日照 1 700mm 短流程热轧生产线设备的合作制造；自主设计制造了唐山全丰 1 500mm 薄板无头轧制生产线，福建吴航 2 250mm 不锈钢多功能板卷热轧机组，山东泰钢 1 780mm 炉卷轧机 +3 机架热连轧机生产线，云南师宗 1 780mm 不锈钢炉卷轧机。自主开发研制的 3 700mm“自由锻造 + 筒节成形轧制”大型筒件锻轧工艺设备已成功应用并获得了黑龙江省科技进步奖一等奖。

（4）宽厚板轧机工艺设备及自动化技术。国内自主设计制造的宽厚板轧机成套设备集成已实现了二级自动化控制，基本满足了国内用户需求，呈现出合作制造与自主设计制造兼容的局面。

合作制造的典型宽厚板轧机有：鞍钢的 5 500mm 和 5 000mm 宽厚板轧机，宝钢的 5 000mm 宽厚板轧机，湘钢的 5 000mm 宽厚板轧机，以及包钢的 4 100mm 宽厚板轧机。

自主设计制造的典型宽厚板轧机有：济钢的 4 300mm 宽厚板轧机，沙钢的 3 500mm 宽厚板轧机，以及汉冶的 4 300mm 和 3 800mm 宽厚板轧机。

中国一重自主设计制造的 3 300mm 宽厚板轧机出口到越南、泰国各 1 套；合作制造并出口的宽厚板轧机有：韩国浦项的 5 500mm 宽厚板轧机，韩国现代的 5 000mm 宽厚板轧机，以及泰国钢铁公司的 5 000mm 宽厚板轧机。

（5）大型成套有色板带轧机工艺设备。国内有色金属行业对大型铝板带轧机生产线成套设备的需求有所上升，中国一重、中国二重等冶金设备企业都承担了一批大型铝板带轧制成套设备的合作制造项目，并已形成自主设计、制造能力。

中国一重承担的项目有：东北轻合金 3 950mm 和 2 100mm（1+1）铝板热轧机组，赣州铝业 2 300mm（1+1）铝板热轧机组，青海鲁丰 2400 单机架铝板热轧机组、2 350mm 单机架铝板六辊冷轧机组、2 350mm 双机架铝板四辊冷轧机组，天津忠旺 2 650mm（1+5）和 3 350mm（1+1+3）铝板带热连轧机组，南山铝业 4 100mm+3 000mm（1+5）铝板热连轧机组、4 500mm 热轧机组，宝武铝业 4 500mm+3 300mm（1+3）铝板热轧机组，山东魏桥 2 350mm（1+4）铝板热连轧机组，南南铝业 4 100mm+3 100mm（1+1）铝板热轧机组，泰国古河 2 500mm（1+4）铝板热连轧机组，吉林麦达斯 2 350mm 单机架铝板冷轧机组，营口忠旺 2 400mm（1+1+5）铝板热连轧机组和 4 套 2 300mm 单机架铝板冷轧机组，西南铝业 2 800mm 铝板冷轧机组，重庆金世利 2 600mm 钛合金四辊热轧机组，以及宝钛 1850 钛合金四辊热轧机组。

中国二重承担的项目有：巨科锦宁和浙江永杰 1 850mm（1+4）铝板带热连轧机组及柳州银海 3 300mm+2 850mm（1+4）铝板热连轧机组。

（6）大型连铸机成套工艺设备。我国大型连铸机成套设备已经全面实现了自主化设计、制造和技术集成，基本能满足冶金行业用户的需求。目前，以中国重型院和中国一重为代表的冶金设备企业仍在进行工艺设备技术提升方面的研发。近年来投产的重大成套设备有：舞阳钢铁公司的 2 500mm 大型板坯连铸成套设备，诚德钢铁公司的 1 600mm 大型板坯连铸成套设备，敬业钢铁公司的 1 100mm 板坯连铸机，攀枝花钢铁公司的五流 360mm×450mm、邢台钢铁公司的六流 380mm×450mm 两个大型方坯连铸成套设备，以及 700mm 特厚板连铸机和垂直铸造机等。

（7）大型平整机成套设备及精整设备。我国大型先进的冷、热平整工艺设备已经实现了自主设计、集成的国产化，中国一重自主设计集成的大型平整机成套设备已被广泛应用。冷轧板平整机成套设备有：宝钢的 2 030mm、1 850mm 连退在线单机架六辊平整机，宝钢的 2 030mm 热镀锌在线单机架四辊光整机，柳钢的 1 450mm、1 250mm 单机架四辊平整机组，邯郸日鑫的 1 450mm 单机架六辊平整机组、烟台东海网格的 1 250mm 连退在线双机架平整机；鞍钢的 1 780mm、1 450mm 单机架四辊平整机组，河钢衡水的 1 250mm 双机架六辊平整兼二次冷轧机组，邯郸卓立的 1 250mm 双机架六辊平整兼二次冷轧机组（升级版机型），首钢京唐的 1 380mm 双机架四辊平整机组

（合作制造），以及鹤山华美的 1 250mm 双机架六辊平整兼二次冷轧机组。其中，河钢衡水、邯郸卓立和鹤山华美的 1 250mm 双机架平整兼二次冷轧机组具有干、湿平整和二次冷轧等多种功能，是深受钢铁用户青睐的一种机型。热轧板平整机成套设备有：鞍钢的 1 780mm、本溪北营的 1 780mm、河钢承德的 1 780mm、首钢京唐的 1 580mm、河北纵横的 1 780mm、河钢乐亭的 2 050mm 及柳钢的 1 780mm 平整机组。

（8）大型冶金环保设备开发应用。钢铁冶金行业用户加大了对绿色生产、节能减排的技改投入，促进了我国冶金环保技术和工艺装备的开发和应用的提速。一些国内冶金设备企业已建立了环保板块、完成了资源整合，并适时开展环保工艺技术和设备研制。继热轧生产线烟尘抑制技术应用和连铸生产线排气排烟工艺技术应用后，正在全面开展冶炼焦化环节的脱硫、脱硝、除二噁英等工艺技术和设备的研发和应用，烟尘和余热处理与利用技术装备的进步，促进了冶金企业的绿色发展。中信重工机械股份有限公司的 5 700mm 和 4 000mm 立磨已在兴澄特钢、新冶金和安徽贵航特钢矿渣和钢渣粉磨中应用。中国一重为新宝泰公司研制的 3 800mm 卧式辊磨已应用于钢渣、水渣微粉处理生产线，将打开环保和微粉利用市场的新局面。一些企业继续推进新研发的垃圾处理技术和工艺设备的市场应用。

目前，我国自主设计、集成制造并投产运行的中高端大型冷热连轧成套设备的数量已超过 170 套。在改善产品性能质量、降低能耗、改善环境及先进工艺、高速、自动化、智能化方面的技术稳步提升后，以近终形连铸连轧为基本特征的直接轧制与无头轧制、冷轧无头轧制、酸轧联合高速轧制为标志的短流程和绿色轧制工艺技术正成为未来发展的主流；不锈钢、高强度钢的轧制和有色金属板带轧制工艺装备的自主研发能力也在持续提升。

行业标准　冶金行业标准在冶金设备行业企业的产品经营生产活动中越来越被重视，国内一些主要冶金设备企业积极踊跃地参加行业标准的编制和宣传贯彻工作，现行冶金机械的国家标准和行业标准有 86 项。标准工作由机械工业冶金设备标准化技术委员会归口管理、组织编制和实施。另外，联合企业标准（简称《标重》）已由中国重型机械工业协会批准发布和执行。

冶金机械最新版的《重型机械标准》共四卷。该标准已经四次修订，其中产品标准 85% 以上等效采用了国外先进标准（主要是德国西马克公司标准）。中国重型机械工业协会已将《重型机械标准》全面发行。

中国重型院正在组织大型冶金设备制造骨干企业继续开展新一轮冶金设备行业标准的编制工作，已完成了多项新行业标准的编制评审工作，几十项新增的重型冶金机械设备部分冶金设备标准正在编制中。

〔撰稿人：中国重型机械工业协会冶金压延机械分会孟文华　审稿人：中国重型机械工业协会王继生〕

矿山机械

矿山机械行业是为固体原料、材料和燃料的开采和加工提供装备的重要基础行业，也是国家建立独立工业体系的基础。除服务于黑色和有色冶金、煤炭、建材、化工、核工业等重要基础工业部门，其产品也被广泛应用于交通、铁道、建筑、水利水电等基础部门的基本建设中。

矿山机械装备的先进性决定了矿山资源科学开发和综合利用的水平，从而成为衡量一个国家工业实力的重要标志。矿山机械产品包括采掘，凿岩设备及钻，破碎、粉磨设备，筛分、洗选设备，矿山提升设备和矿山机械零件等。

2019 年，矿山机械行业服务的煤炭、冶金、矿山等传统行业仍处于结构调整期，其中，采矿业产能利用率为 74.4%，比 2018 年上升 2.5 个百分点；煤炭开采和洗选业产能利用率为 70.6%，与上年持平。各传统行业增量需求依然不足，市场需求不旺、订货不足，产销形势趋紧，行业固定资产投资呈弱增长。相较于矿山机械行业前期积累的产能而言，矿山机械销售市场仍然没有根本好转。但是国家推行采用人工建筑砂石和资源再利用的政策，扩大了矿山机械的市场需求。

2019 年，国内各主要矿山机械制造企业主动顺应矿山、煤炭、冶金、砂石、建材等行业的发展趋势，紧紧围绕客户需求，通过原始创新、集成创新和引进消化吸收再创新，积极向智能化、大型化、绿色化升级，向制造服务业转型。一些行业内优秀企业不断增强自主研发创新能力，继续保持技术领先优势，加快搭建科技成果转化平台，构建新型产业体系，实现了产业结构的优化和产品的升级换代。相继开发出 EQC6330 大直径煤矿岩巷全断面掘进机、PE1500×2000 颚式破碎机、C900 多缸液压圆锥破碎机、8.8m 超大采高智能化采煤机、MG1100/2985-WD 大采高采煤机、MG480/1162-WD 薄煤层采煤机、MT 系列履带式移动破碎筛分站、2HFS/V1857 液压高频筛、智能井筒监控机器人、井下运输安全预警机器人、IDS 智能干法分选机等新品，推动企业实现更好更快地发展。

行业运行情况 根据中国重型机械工业协会统计，2019 年我国矿山机械行业营业收入达 2 456.81 亿元，比上年增长 5.71%，占当年重型机械行业营业收入的 25.09%；实现利润 136.21 亿元，比上年增长 46.61%，占当年重型机械行业利润总额的 24.33%；利润率为 5.54%，上年同期为 4.00%。

1. 基本运行情况

2019 年，行业规模以上企业（年主营业务收入在 2 000 万元及以上的法人工业企业）1 460 家，比 2018 年减少 168 家。营业收入同比增长 5.71%，比 2018 年的 9.42% 下降了 3.71 个百分点。流动资产总额为 2 330.00 亿元，同比增长 2.45%；应收票据及应收账款为 876.05 亿元，同比增长 1.26%；存货为 645.03 亿元，同比下降 8.01%；营业成本为 2 021.60 亿元，同比增长 3.50%；销售费用为 87.84 亿元，同比增长 11.00%；管理费用为 121.43 亿元，同比下降 2.91%；财务费用为 41.06 亿元，同比增长 5.90%。2018—2019 年矿山机械行业效益质量指标见表 2。

表 2 2018—2019 年矿山机械行业效益质量指标

（单位：元）

指标名称	2019 年		2018 年	
	重型机械行业	矿山机械行业	重型机械行业	矿山机械行业
营业收入成本 /100 元	82.74	82.29	83.18	84.04
营业收入费用 /100 元	9.40	10.19	9.98	10.45

注：数据来源于中国重型机械工业协会《2019 年重型机械行业运行报告》（2020 年 3 月）。

2. 综合效益情况

2019 年，行业经济效益状况明显改善，行业企业亏损面和亏损额均有减少，行业运行质量有所提高。实现利润 136.21 亿元，同比增长 46.61%。亏损面 13.01%，比上年的 14.93% 下降 1.92 个百分点。资产负债率 59.38%，比上年下降 0.72 个百分点；流动资产周转率 1.08 次，与上年持平；成本费用利润率 6.00%，比上年增加 1.77 个百分点。

3. 主要产品产量完成情况

2019 年，矿山专用设备主要产品产量完成情况仍处于上涨区间，全年完成产量总计 673.11 万 t，同比增长 5.17%。

4. 主要产品进出口概况

2019 年，我国矿山机械主要产品进出口保持增长，进出口总额为 20.92 亿美元，同比增长 8.82%，其中：出口金额 16.88 亿美元，同比增长 8.03%；进口金额 4.05 亿美元，同比增长 12.21%；进出口顺差 12.83 亿美元，同比增长 6.78%。

在出口设备中，采掘、凿岩设备出口额为 5.50 亿美元，占比 32.58%；破碎、粉磨设备出口额为 6.25 亿美元，占比 37.06%；筛分、洗选设备出口额为 4.20 亿美元，占比 24.86%；提升设备出口额为 0.14 亿美元，占比 0.83%；其他设备出口额为 0.79 亿美元，占比 4.76%。

在进口设备中，采掘、凿岩设备进口额为 0.96 亿美元，占比 23.66%；破碎、粉磨设备进口额为 1.82 亿美元，占比 44.87%；筛分、洗选设备进口额为 1.12 亿美元，占比 27.68%；提升设备进口额为 0.08 亿美元，占比 2.01%；其他进口额为 0.07 亿美元，占比 1.79%。

5. 国内市场占有率概况

根据2019 年度我国矿山机械行业营业收入和产品进、出口额等，按 2019 年 12 月 12 日人民币对美元的平均汇率 7.03 计算，本年度矿山机械国内市场总容量（即：营业收入 - 出口金额 + 进口金额）为 2 366.61 亿元，其中，国内供应量为 2 338.14 亿元，进口量约 28.47 亿元。

2019 年，国产装备在国内市场的占有率达 98.8%，依然占据了绝对的市场优势，这客观地反映出国内市场多年以来对国产装备的依存度相当高，也说明国内客户在采购时，产品的价格和性价比仍是其优先关注的重要因素。

科技成果及新产品 2019 年，行业各主要装备制造企业进一步加大科研开发和人才培养力度，进一步整合科技资源，不断提高自主开发能力和技术创新能力；加强科技成果转化，加快推进产品结构转型升级，不断拓宽产品领域，积极应对市场挑战。通过自主研发、产学研用结合等多种方式，突破了一系列核心和关键技术，相继研发出一大批技术先进、具有自主知识产权的重大技术装备，部分科研成果填补了领域空白，获国家、省或行业的奖励。

1. 科技成果及行业获奖情况

带式输送是煤炭、金属与非金属等矿山物料运输的主要方式。但传统带式输送系统难以适应复杂地形下的长距离大运力物料输送的要求，多采用接力运输方式，转载次数多、故障点多，污染大；在大坡度、大转弯地形条件下甚至采用车辆运输方式，增加了运输距离和道路建设投资，生态环境遭到破坏严重，安全问题频出，不能满足国家发展大型现代化矿山的战略需求。由中国矿业大学、山东科技大学、力博重工科技股份有限公司、山东欧瑞安电气有限公司、湖南科技大学和泰安英迪利机电科技有限公司等单位共同开发的“复杂地形下长距离大运力带式输送系统关键技术”项目，突破了长距离大运力带式输送系统永磁电机直驱、沿线张力控制、空间转弯和安全保障等共性关键技术难题，实现了我国复杂地形下长距离大运力带式输送系统的跨越式发展。其主要技术创新包括：①发明了长距离大运力带式输送系统永磁电机直驱、分布式张力调节、空间转弯等本体关键技术，解决了传统大型带式输送系统起动力矩小、冲击大、张力波动大等问题，增强了对复杂地形的适应能力；②研发了长距离大运力带式输送系统控制与监测技术，实现了带式输送系统的自适应控制、实时自主巡检和事故超前预警，输送带张力波动幅度显著减小，提高了带式输送系统运行的可靠性；③发明了长距离大运力带式输送系统安全保障技术，解决了输送带反弹控制、物料防滚滑、断带抓捕保护等难题，为带式输送系统的重载高速运行提供了安全保障。

大型矿物粉磨系统是矿山、建材等国民经济支柱产业的重大装备，该系统在产业链中占据核心环节，其投资和能耗占矿物加工工程的70%以上，长期存在着以下共性难题：复杂工况下核心装备结构难以优化设计与精确计算、不同物料的研磨特性与装备结构关联机理不明、粉磨系统缺乏智能优化控制、系统智能运维与云服务平台存在功能性缺陷等。针对以上亟待解决的难题，由国内矿山重型装备制造骨干企业中信重工机械股份有限公司（简称中信重工）、郑州轻工业大学、北京航空航天大学、浙江大学和洛阳矿山机械工程设计研究院有限责任公司等单位合作完成的“大型矿物粉磨系统智能化关键技术及其应用”项目，取得了以下创新：①国际首次创造性地提出并构建了大型矿物粉磨系统三平台融合一体化研发体系与装备研制方法。开发了奇异积分自适应分块技术，提高了边界积分方程法求解微缺陷的力学性能参数的精度，计算误差最大为1.5%。采用动态虚拟样机与气、固两相流仿真设计相结合的方法，揭示了结构布局与气、固混合物流体场形态的关联机理；矿物粉磨系统核心装备采用面向服务的模块化设计方法，兼容远程在线监测与控制系统。LGMS5725矿渣立磨的生产能力、最大喂料量、综合电耗等指标达到国际先进水平。②研制了矿物粉磨系统试验平台，建立了特性智能分析系统，确定了我国干法立式物料粉磨试验体系与标准，填补了该行业试验测评的空白。③提出了“生产工况预测－调稳方案生成－节能方案筛选”的模型，实现矿物粉磨系统的状态预测与节能调控；采用物料前端水分和后端成品粒度在线检测技术，实现了矿物粉磨系统运行过程闭环控制。④构建了矿物粉磨系统远程状态监测、故障诊断方法与系统，提出了云计算环境下制造资源优化选择与配置方法，并应用于物联网云服务平台。该项目成果有效地推动了大型矿物粉磨系统及装备的智能化升级，三平台融合一体化研发体系与装备研制方法减少了系统及装备20%的设计制造成本；智能化控制与运维技术的应用，减少了对人员的依赖，使设备故障率降低约50%，综合运维成本降低20%～30%。同时，研究成果也极大地推动了矿渣和钢渣等废弃物的循环利用，提高了矿物资源和能源利用效率和生产效率。该项目的完成，一举打破了国外产品的垄断，产品出口到俄罗斯、澳大利亚等20多个国家，创造了显著的社会、经济与环境效益。中信重工重视研究成果的推广与应用，2019年5月，主持编写的JB/T 13662—2019《矿用高压辊磨机　行星齿轮减速器》、JB/T 13667—2019《立式搅拌磨》等行业标准经工业和信息化部公告发布。

北方重工集团有限公司（简称北方重工）自主研制的EQC6330大直径煤矿岩巷全断面掘进机，是国内首台应用于煤矿岩巷施工的、具有自主知识产权的敞开式全断面掘进机，也是我国第一次引领世界煤矿岩巷施工重大技术变革的技术装备。该设备的研制实现了我国煤矿岩巷掘进机在大直径、大埋深、复杂地层施工的新突破，其创新点包括：特殊的主梁设计，解决了支护锚杆必须通过隧道截面中心线的施工难题，此项技术在国内以往的地下硬岩工程中从未做到过；解决了支护速度跟不上掘进速度的老难题，设计掘进速度500～800m/月。较普通悬臂式掘进机效率提高了5～7倍；采用盘形滚刀破岩机理，利用全断面刀盘一次破岩成洞，将水平梁敞开式TBM掘进机与煤矿运输、支护等特殊施工要求相结合，集掘进、出渣、支护、除尘、通风、导向、防爆技术于一体，是高度机械化、自动化的煤矿岩巷施工设备。该装备为解决我国煤矿发展的岩巷施工瓶颈问题奠定了坚实基础，是我国煤矿采掘装备发展一个重要的里程碑，将给我国煤炭企业带来新的技术革命，引领世界煤矿岩巷掘进工程进入新的时代，成为整个煤炭施工领域的下一个发展方向。此外，由北方重工主持编写的国家标准GB/T 37400.13—2019《重型机械通用技术条件　第13部分：包装》于2019年10月1日起实施。该项标准的实施，将推动我国重型机械制造行业整体工艺技术的进步，为企业开拓国内外市场，参与国际竞争，支撑和服务“一带一路”发展发挥重要作用。

南昌矿山机械有限公司（简称南昌矿机）通过技术攻关，研制的CC400单缸液压圆锥破碎机一举打破国外圆锥破碎机垄断市场的局面。该装备具有以下创新点：①根据物料层压破碎原理和磨损特性设计了曲线破碎腔型，其动锥衬板及定锥衬板的表面均采用了曲面设计，可使破碎腔不因磨损而变化，确保破碎机产量大、产品粒型好，磨损成本低。一种机型可配7种不同的腔型。②传动齿轮采用弧齿锥齿轮，实现大转矩和高效传动。③齿轮采用锻造优质合金钢，使用寿命高，传动效率高且平稳，噪声低；机体坚固，通过有限元分析设计，确保运行出现过载、过铁时，机体不出现开裂等问题。④AUTO R-1自运行系统，可实现破碎作业过载、过铁保护，衬板磨损自动补偿功能。⑤先进的液压润滑系统，单向节流阀各自独立运行，可实现油温、流量等保护。⑥上推力轴承采用三段不同的球面设计，下推力轴承采用一段不同曲面的设计。⑦臂架衬套的结构形式为上下锥面形状，可减少臂架衬套与主轴的间隙，防止主轴过早损坏。此外，南昌矿机制造的CC600单缸液压圆锥破碎机和CC800单缸液压圆锥破碎机通过国家首台（套）项目认定，获得国家政策支持；MT系列履带式移动破碎筛分站既可依据不同的工艺要求与其他设备进行组合以适应不同的生产流程，也可单独运行，从而满足不同客户的使用需求。

目前，国产采煤机技术已形成了适应不同开采条件的系列煤机产品，基本上可满足我国煤矿安全生产和高效集约化矿井建设的需要。但与德国Eick－hoff、美国JOY为代表的国际高端采煤机相比，仍显落后。2016年以来，我国井下开始普及4G网络，人工智能科研成果向生产转化的过程进入了高速发展期，数字化智慧矿山建设对新一代智能化采煤机的研发提出了新的更高要求。为此，太重煤机煤矿装备成套有限公司（简称太重煤机）在国家“十二五”智能制造装备发展专项——MG1100/3000-WD智能化电牵引采煤机在井下成功应用6年的基础上，从设计理念、机身结构、生产工艺等方面入手，重点在高可靠性和高智能化方面进行创新突破，研发的“新一代智能化采煤机”整机技术水平最少提高了 30% 以上。在高可靠性方面，该机壳体采用微量元素低碳合金调质钢，齿轮毛坯采用电渣重熔微量元素低合金钢，传动系统采用长寿命、无螺栓设计和三段式预应力结构机身，首创 32 位 DSP+FPGA 并行运算的分布式控制系统，首创变频器参数变量模型“一键配置”，负载敏感 PID 比例调高独立控制的双泵站调高系统。经试验，整机可在高速度牵引状态下长期稳定无故障运行。在高智能化方面，新一代采煤机采用煤岩分界技术，首创采区截割煤层地质构造的 GIS 数字平台，实现截割轨迹的规划和导航。同时，采用高清“天眼”，应用超视距雷达、纳米涂层技术，首创星光级嵌入式音视频和本安高清摄像系统，全断面实时监视设备工作状态。此外，在人机交互方面，采用 4G + /5G 通信技术，创建了采煤机物联网和云端远程运维平台，实现了采煤机的高带宽、常态化、实时监测和移动终端访问，以及设备的智能故障诊断、数据分析与决策管理等。

伴随着煤炭采掘机械化率的提高和煤机行业的发展，综采成套化设备在采购成本、装备协调效率等方面的优势日益凸显，成为越来越多煤炭企业的第一选择。但煤矿主要生产设备“两机一架”中的采煤机一直没有完全实现国产化替代，而进口采煤机存在价格昂贵、供货周期长、设备维护困难、维修费用高等诸多现实性问题，直接制约了矿井的生产和发展。为加快我国综采高端成套化设备的发展，为煤矿企业提供综采装备一站式解决方案，郑州煤矿机械集团股份有限公司（简称郑煤机）历经 4 年的科研攻坚，完成 MG1100/2985-WD 大采高采煤机和 MG480/1162-WD 薄煤层采煤机等高端采煤机的研发工作。MG1100/2985-WD 大采高采煤机最大采高可达 8.8m，装机总功率 2 985kW，生产能力≥ 4 600t/h，摇臂材料和结构完全自主研发。该装备创新了齿轮材料和热处理工艺，解决了采煤机整体机构和传动的关键技术问题；开发了电机内置传感器技术，保证传感器的稳定性和可靠性。该系列采煤机所用摇臂、破碎机以及电控系统已完成工业性试验验证。MG480/1162-WD 薄煤层采煤机最低采高低至 1.4m，总装机功率 1 162kW，生产能力≥ 1 250t/h，配置 5G 无线传输自动化系统。该装备开发了遥控器无线充电技术，电控系统可与进口及国产采煤机完全替代；在液压方面，自主研发设计采用国产化、功能化替代，减少接头和胶管，降低故障率，冷却水流量和压力可以实时监测。以上装备的成功研发极大地提升了我国煤机综采装备制造水平，标志着郑煤机拥有了完全自主研发生产薄煤层和大采高全系列高端采煤机能力，成为国内集智能、高端、成套、全生命周期服务为一体的煤机企业，对于加快我国煤炭重大技术装备升级换代、提高煤炭工业整体技术水平具有重大意义。

我国隧道施工水平与国外差距显著。国内隧道 95% 以上采用钻爆法施工，其中最普遍的是采用人工风钻凿岩机施工，这种方法存在人员需求多、劳动强度高、施工效率低、安全性低、质量差等问题。即使少数采用全液压凿岩台车进行施工，仍存在地质风险高、施工精度低、质量控制差等一系列难题，尤其是面向川藏铁路等一批国家重大实施难度大工程建设，世界尚无装备能满足施工需求。针对上述难题，中国铁建重工集团股份有限公司联合中南大学历时多年技术攻关，突破核心技术，研制出具有数字化控制、多重感知、自主分析决策能力的智能型凿岩台车，促进了隧道建设方式向动态优化设计、自主精准施工、质量在线评价的重大转变，推动我国从隧道建设大国向隧道建设强国迈进。其主要创新成果包括：①提出了多源信息融合的围岩智能分级技术，颠覆了以传统人工经验为主的围岩分级方式，避免盲目施工，极大地提高了施工安全，解决了工程围岩亚分级和隧道动态设计难题；②提出了隧道三维空间整机快速自主定位技术，实现了基于机载扫描仪和导向激光的快速自主定位技术，解决了隧道施工装备三维空间定位的难题；③突破了大惯量柔性臂架高精度控制技术，实现了臂架末端位姿精确控制，比现有技术水平提高 50% 以上；④突破了隧道三维扫描与轮廓重建技术，实现了隧道施工质量的在线评价，提高了施工装备对外界环境的感知能力，颠覆了以往依靠目视判断和人工填报的评价方式。该装备已实现产业化，并在郑万高铁、玉磨铁路等重点工程成功应用。

加强工业固体废物资源的综合利用，既可以减少对天然资源的开发使用，又是治理固体废物造成环境污染和安全隐患的重要途径，是资源高效利用的重要内容。太原重型机械集团有限公司积极拓宽产品领域，在“固体废物”无害化处理新领域中，创出了一块全新的天地。时下，环境保护日益成为全社会关注的热点。河道疏浚挖掘、管道清理疏通、城市污水处理等环保治理举措在创造优雅环境的同时，也随之产生了大量的污泥。若进行污泥填埋，不仅侵占大量良田绿地，污染水源，还会对空气造成污染；若进行污泥焚烧，不仅会产生二噁英污染，废渣燃烧不尽还会造成环境的二次污染。太原重型机械集团有限公司核电容器分公司研制的国内首台“污泥气化炉”成功破解了这一难题，并将昔日的污染物变废为宝。该装置主要利用物料气化原理处理城市污水经沉淀形成的有机物质，这些物质经干化成型作为气化原料，空气作为主要气化剂，在污泥气化装置内发生物理化学反应，通过控制气化炉炉底与炉出口温度，使得污泥中的挥发物与沉渣在炉内高温下发生反应，产生可燃气体与无害废渣。气化炉出口燃气经旋风除尘后，送后续系统热风干燥窑燃烧，产生的热量对污泥进行初步干燥，从而进行系统循环作业。通过排渣系统排出的废渣经化验合格后，可用作新型建筑材料。

中煤科工集团上海有限公司针对 7 ～ 9m 特厚煤层一次采全高开采要求，自主开发了 MG1100/3050-WD 系列采煤机。该系列采煤机总装机功率范围 2 750 ～ 3 450kW、重量为 200 ～ 230t，具有自动注脂润滑、故障诊断、高精度调高、智能记忆截割、语音操控等先进功能。主要与

SGZ1400 系列刮板输送机配套使用，能满足 1 500 万 t 以上的工作面高效生产需求。该装备的研制成功，是我国采煤机研制技术一次质的提升，将引领大功率采煤机的发展方向，推动采煤机整体研制技术进步。此外，该公司完成的“MG2×200/890-WD 系列大功率薄煤层电牵引采煤机”和“1.1m 坚硬煤层高效自动化开采采煤机 -1050 采煤机”两项科研项目于 2019 年 12 月通过中国煤炭学会组织的科研鉴定，项目成果分别达到国际先进水平和国际领先水平。

为了扭转高端煤机装备市场长期掌控在国外厂商手中的不利局面，国家能源投资集团神东煤炭集团有限责任公司（简称神东煤炭集团）和陕煤重装西安煤矿机械有限公司（简称西安煤机公司）等单位针对超大采高采煤机的可靠性、多腔润滑、数字化设计、关键零部件制造、智能化等关键技术进行了深入研究，采用现代多软件环境下虚拟数字化样机分析手段，运用设计数学计算方法，对多腔润滑摇臂、零部件轻量化设计、整机刚性连接和计算机控制的智能化采煤机技术进行了创新攻关，自主研发了世界首台 8.8m 超大采高智能化采煤机。该机装机功率达到 3 030kW，设计年产能 1 800 万 t 以上，具有记忆截割、自动调高、自适应调速、三维定位、工作面导航、远程监控、干涉预警、自然语言与语音远程控制、云模式故障监控等功能，提高了采煤机的智能化水平。此外，西煤机公司自主研发的 EML340 连采机、MG2×200/920-AWD 系列交流电牵引采煤机、MG500-FD 系列薄煤层采煤机等三款智能产品正式下线，标志着西煤机公司在快速智能掘进技术应用方面实现新突破的同时，产品从薄煤层、中厚煤层到厚煤层多种不同煤层精准有效开采的全覆盖。

我国高端重型圆锥破碎机技术长期被国外公司垄断。洛阳百力克矿山机械有限公司通过技术创新，研制的新一代 HPS8000 重型圆锥破碎机突破了这一技术瓶颈。其创新点包括：①采用目前世界上最先进的破碎原理，即层压破碎原理，破碎效率高，能耗及磨耗低，节约成本；②主要部件及关键运行磨耗部件采用重型工况及特殊设计，坚固可靠；③产品粒型优良；④多种偏心距可选，适应不同的工况要求；⑤自动化的液压调整及保护，操作简单、安全可靠、维修方便。该装备现已成功替代进口产品，广泛应用于电力、建材、冶金等行业，受到客户的高度评价。

为提高煤矿巷道掘进速度，解决综掘机与锚杆支护分体操作的不足，冀中装备集团石家庄煤矿机械有限责任公司研制了集截割、装运、行走和锚护于一体的 EBZ200M-2 型掘锚机。该装备结构设计独特，悬臂式掘进机机身两侧的机载锚杆作业装置采用双向长行程设计，能实现不同高度、不同角度的顶板及侧帮锚杆（索）的机械化锚护，锚杆孔可一次性钻打成型，省去了钻杆的二次接续作业，并且整机结构紧凑、锚杆作业和截割作业互不干涉，操作台也一改以往位于一侧的布局，移至机身中部，操作者视野更加开阔。该掘锚机可实现掘进和锚杆支护的连续作业，显著降低了工人的劳动强度，提高了掘进效率和安全性。

浙江双金机械集团股份有限公司经过多年自主创新和攻关，在机制砂绿色高效生产成套设备及应用关键技术方面取得重大突破，有效解决了生产线设备选型不合理、生产工艺落后导致的生产机制砂质量大打折扣，生产线效率低、耗能高、容易产生粉尘污染等问题。公司研发和实施的“机制砂绿色高效生产成套设备及应用关键技术”项目达到了国内先进水平，可满足国内外石料厂及国家核电工程项目对机制砂生产设备的需求，显著推动了机制砂行业的科技进步，也为振兴我国矿山机械行业发展做出了新贡献。此外，该公司在圆锥破碎机技术领域取得了新的进展，其自主研发的 SK.Y.1800 单缸液压圆锥破碎机广泛用于冶金、建筑及筑路行业中原料的破碎作业，可以破碎中等和中等硬度以上的各种矿石和岩石。其创新点包括：优化了整机的结构设计，设备的安装、维护更加方便，且更加坚固耐用；对滑动轴承进行改进以适应更高转速，增加主轴摆速度，使产品粒度、粒形更加均匀，产量更高；采用弧齿锥齿传动，运转平稳，噪声低，承载能力强；采用液压系统调节排料口，且有自动补偿功能，省时省力；带无线遥控器，可远程调节排料口；配有远程控制系统，自动化程度高，可远程监视破碎运行参数；液压系统含清腔部、调整部和安全卸荷回路三部分，使机器清腔更高效平稳，过载保护响应时间更短，反应速度更灵敏，从而使主机得到更加安全的保护。

随着煤矿产业升级的需要，对高效绿色采掘装备的需求将不断增加。由山西天地煤机装备有限公司和中国煤炭科工集团太原研究院有限公司联合完成的“硬岩掘进关键技术及装备研发”项目填补了国内硬岩掘进和干式除尘技术的空白，提高了我国岩巷掘进机的掘进效率及智能化水平，推动了我国煤炭掘采技术的进步，增强了我国综掘装备的核心竞争力。该项目的主要创新点有：①提出横轴式截割滚筒设计方法，开发了截割滚筒三维交互式设计系统，研制出镐型刀具截割试验台；②发明了掘进机动载荷识别方法，采用变频调速技术，机身位置姿态调整技术，研制出智能化控制系统，实现了掘进机自适应截割；③通过掘进机刮板输送机动态调速技术自动张紧技术的研究，研制出防卡链高效装运机构及刮板输送机链条自动张紧装置，降低了掘进机卡链故障率，提高了岩巷掘进的装运效率；④首次采用菱形空心体滤袋结构，研制出煤矿掘进工作面干式除尘系统，除尘能力提高了 2.5 倍。

建筑垃圾是一种可再生资源，处理后的建筑垃圾可用于道路铺设或制成透水砖，这对于缓解国内很多城市垃圾“围城”的困境具有重要的意义。在现用的建筑垃圾破碎机中，颚式破碎机不具备剥离混凝土中骨料和剪断钢筋功能，反击式破碎机因废钢筋缠绕转子等问题而无法有效运转，造成大部分建筑垃圾目前只能运往郊外或城市周边进行填埋处理或露天堆放，既浪费了资源，又污染了环境。为此，洛阳理工学院和洛阳大华重工科技股份有限公司共同研制了“建筑垃圾智能剪压破碎机”，创新开发了具有劈裂、剪切、压碎、剥离等多重功能的建筑垃圾破碎新技术。通过剪压辊上的剪切齿与耐磨环带配合劈裂大块混凝土，实现粗碎及长钢筋剪断；通过挤压齿与耐磨环带配合压碎剥离短钢筋，实现中碎；采用两辊速度差技术实现钢筋高效剥离；通过电机电流智能判断设备的工作状态，控制设备正反转防止钢筋缠绕及吐出不可破碎物，提高了设备运转安全可靠性；采用了螺旋布置的剪压齿，降低了破碎载荷和装机功率；采用高低布置的双速剪压辊，实现大块物料的快速咬入，提高了破碎效率。该破碎机已实现规模化批量生产，成功应用于北京、深圳等城市的建筑垃圾处理项目，获得了使用单位的认可和欢迎。

伴随着国家环保战略的实施，煤炭的清洁环保、高效化利用已成为未来发展的必然趋势，这其中，煤粉的清洁利用尤为关键。河南黎明重工科技股份有限公司（简称黎明重工）针对传统煤粉制备时存在的研磨耗能高、安全性能差、物联网程度低、运行成本高等问题，开发出达到国际先进水平的“立式辊磨机清洁煤粉制备成套设备”，实现了煤粉的安全、绿色、高效集约化生产与储存。其创新点包括：①集成设计了立式辊磨、封闭输送、脉冲除尘、在线收尘、CO_2 灭火、智能防爆、远程监控等为一体的成套设备，实现了煤粉的清洁安全智能制备；②创新设计了压料导入、低阻力流转、层流选粉等磨碎选分系统，降低了煤粉制备的能耗；③优化了磨煤流程、选粉导流壳体结构和煤灰颗粒处理系统，开发出给料调控、在线烘干、热风循环装置，提高了磨煤效率和煤粉品质。此外，黎明重工研发的“单缸液压圆锥破碎机”，创新性强，达到国际先进水平，其创新成果包括：发明了中摩擦盘限位装置，解决了中摩擦盘安装偏差、维护掉落等问题；开发出了一种无衬板胶安装技术和便捷式机架拆合装置，显著缩减了机架拆装和衬板更换时间；研发的无压力油流流量计，可准确监控润滑油路的流量；设计出了一种正压防尘新型结构，可有效延长润滑油使用寿命等。2019 年，黎明重工还通过对以往破碎设备进行优化、改良，自主研发了“K 系列移动破碎站”，可快速、专业地解决建筑垃圾问题，使建筑垃圾通过处理变身成再生骨料。

盾构机是隧道挖掘的专用工程机械，可以在挖掘隧道的同时，构筑支撑硐壁的衬砌，从而实现隧道的一次成形，具有施工安全、效率高等特点，因此，盾构机也被誉为“工程机械之王”。但其在煤矿的应用还处在探索、积累经验和改进完善的起步阶段。江苏神盾工程机械有限公司组织研发团队，突破多项核心技术，潜心研发出世界首套“大倾角矿用盾构机”。该设备集掘进、出渣、支护、除尘、导向等功能于一体，通过集成传感、遥控、远距离通信、智能控制等技术，可以实现设备的集中控制、远程监控和远程操作。其工作效率是传统炮掘的 6 倍、掘进机的 3 ～ 4 倍，有利于煤矿安全生产和工人作业环境的改善，为解决岩巷快速掘进趟出了一条新路。该设备的成功研制将引领煤矿岩巷掘进方式的革命，对我国煤矿发展产生深远影响。

近年来，随着我国基建工程如火如荼地开展，建筑用砂需求进入爆发期。预拌砂浆用砂是普通预拌砂浆不可缺少的组分，占整个砂浆组分的 76% 以上，骨料质量的优劣直接影响着砂浆的性能。机制砂石楼站式生产系统应运而生，其生产不仅较普通的制砂设备更为绿色环保，而且能通过独特的技术、稳定的性能生产出颗粒形状好、级配合理的高品质机制砂。上海山美环保装备股份有限公司（原上海山美重型矿山机械有限公司，简称山美股份）研制的 SGL、SSL 系列制砂楼由 VC7 系列新型制砂机、TES 系列三轴椭圆振动筛和 SMFX 系列高效复合式砂石选粉机等高品质主机组成，所生产的高品质机制砂不仅能满足商品混凝土用砂要求，也能满足更高标准的预拌砂浆用砂要求。同时，山美股份运用颗粒级配调整技术解决了传统机制砂颗粒级配两头大中间小的问题，控制了各级粒径的分配，使各级累计筛余符合国家标准要求，满足了各种混凝土和干混砂浆的用砂需求。此外，山美股份独创的“建筑固废轻物质分离带式水浮选技术”入选自然资源部《矿产资源节约和综合利用先进适用技术目录（2019 版）》；实用新型专利“一种新型水洗浮选机”（专利号：ZL201620706234.2）2019 年荣获国家知识产权局“第二十一届中国专利优秀奖”。

传统制砂机在处理细料时效果差、能耗高、循环量大、产能低，已无法满足当前生产线发展大型化的趋势。特别是在骨料生产当中产生的石屑占比往往达 30% 以上，既浪费了大量资源，又污染了环境。北京百旺环境科技股份有限公司和东阿县公路建设有限公司共同完成的“楼站式高品质机制砂石生产系统关键技术及规模应用”项目，采用了优化设计技术和计算机仿真分析，对传统的立轴式冲击制砂机进行优化设计，开发出新型的制砂设备——RV 制砂机；创新工艺路线和系统布局形式，开发出高效集约楼站式生产线，解决了传统机制砂石粒型差、级配不合理、石粉含量多和传统生产线环保差、占地面积大、不节能的缺陷；砂石同出楼站生产粗骨料和机制砂达 500t/h，机制砂楼站生产纯高品质机制砂达 350t/h。该项目具有两大创新点：①新型制砂设备 RV 制砂机，创新采用冲击 + 滚动碾压复合破碎原理，对物料进行冲击和碾压，区别于传统立轴破碎机将物料加速以达到破碎的目的，实现对石屑细小颗粒的高效破碎，并具备对机制砂颗粒的整形效果，成品砂能耗仅为 1.5 ～ 1.8kW • h/t，比立轴破碎机节约能耗 50%。②结构创新——高层重载荷楼站式模块结构设计。在相同工艺流程中，楼站式结构的占地面积仅为平面式结构的 1/5，模块化钢结构与全混凝土结构相比，无养护时间，钢结构楼能快速制造和安装。楼站内各工艺模块高度集成，结构紧凑，环保性能优良，外形美观。项目成果为我国的绿色矿山建设提供了强大的技术和装备支撑，具有广阔的应用前景，经济效益和社会效益明显。

中煤张家口煤矿机械有限责任公司（简称张煤机公司）承担的河北省重大科技成果转化专项“超大采高成套智能输送系统开发与应用”项目，通过河北省科学技术厅组织、河北省科技评估中心主持的项目验收。该项目以其自主研发的 3×1 600kW 型成套输送设备为基础，在关键部件优化改进、智能化核心技术开发应用、可靠性稳定性提升等方面开展了进一步创新攻关，推动实现成套设备的规模化示范应用。该项目的验收成功为张煤机公司进一步扩大成果产业化规模、打造领先市场竞争优势、提升产业核心竞争力奠定了坚实的基础。

随着被广泛应用于化工、冶金、矿业、建材、日化、食品、医药、农业、环保和航空航天等诸多领域，超微粉碎技术已成为现代高新技术的原点。但是如何有效控制深加工微粉制备中产生的粉尘、实现清洁生产，是一个亟待解决的难题。浙江力普粉碎设备有限公司针对现阶段市场上销售设备所存在的种种不足而无法满足市场需求的契机，组织科技力量，吸纳国内外先进技术，在已有生产设备的基础上加以创新，研制出“HWM1000 型气密封旋风磨”。其创新点包括：设计了气密封原位清扫装置，转子与固定装置间隙采用压缩空气密封结构，可有效阻止粉尘的进入，提高了设备持续运转时间；定子与转子采用锥型结构设计，物料粉碎过程中线速度不断变化，实现了由粗到细逐级加强的粉碎效果。相关技术处于国内同类产品领先水平，市场前景广阔。该产品 2019 年度通过了浙江省新产品鉴定。

山东华特磁电科技股份有限公司（简称山东华特）在光机电一体化技术领域取得了新的突破，其自主研发的全自动化智能控制选矿设备——电磁淘洗精选机，可用于磁铁矿的精矿提纯，从而获得高品位精选矿，解决了普通淘洗机难以提高品位以及尾矿品位偏高不易控制的技术难题。经鉴定，研究成果属国内首创，达到国际领先水平，该设备入围“2019 山东制造 · 硬科技Top50 品牌榜”。同时，山东华特充分发挥其在磁力应用领域的技术优势，不断拓宽产品服务领域，在国内率先将双 PWM 变频电源技术应用于有色冶金电磁搅拌器上，其自主研发的“双 PWM 交直交电磁搅拌器”获第三届山东省科技工作者创新大赛一等奖。

近年来，“一带一路”建设、京津冀协同发展、城镇化建设等，为砂石骨料行业带来了巨大的市场发展空间。许多企业纷纷拓展骨料板块，高效、节能、环保成为发展趋势。枣庄鑫金山智能装备有限公司以“绿色发展”理念引领企业科研创新能力，通过市场查证、潜心钻研、不断优化结构，开发出“新型高效节能单段锤式破碎机”。该设备采用“铁打石、石打铁、石打石”三元组合破碎方式，骨料一次成形，达到国家 I 类标准，且在“高效节能、石粉控制”方面优势突出；破碎耗电量仅为 0.5kW • h/t，最高单机产能可达 5 000t/h，270° 筛板全包围和重型锤头错位布置，减少了石粉产生，其中，2 000t/h、3 000t/h、3 500t/h 破碎机通过国内技术装备首台（套）认证。

大型圆锥破碎机、旋回破碎机等高效重型矿山装备直接影响着矿山开采效率的提高和稀有高品位矿山资源的有效开发。目前，这类特大型高端装备制造技术被芬兰美卓奥图泰公司、丹麦福勒史密斯矿业公司等国外企业所掌握。由共享装备股份有限公司、共享铸钢有限公司联合完成的“大型矿山破碎/研磨设备关键零部件研制及产业化”项目，围绕包括世界最大的旋回破碎机 60110E/60113（破碎能力 9 000t/h，设备重量 553t）、世界最大的圆锥破碎机 MP2500（破碎能力 5 000 ～ 7 000t/h，设备重量 450t）等大型旋回破碎设备、圆锥破碎设备和研磨设备中的主机架、上端支架、上机架、下机架、调节环、锥体、端盖、中空轴、齿圈等关键零部件开展研制及产业化，从铸造、热处理、精加工、部件装配等方面进行攻关研究，解决了大型铸件生产过程中存在的缩松缩孔、裂纹、变形、加工精度不易保证等一系列技术难题，所生产的 90% 以上的零部件产品直接供巴西淡水河谷、澳大利亚必和必拓、中国铝业、紫金矿业、云南铜矿等国内外矿山企业开采现场装配使用。

当前，对清洁煤炭的需求普遍增加，对煤炭洗选技术和设备的要求不断提升。天津美腾科技有限公司自主研发的“TCS 智能粗煤泥分选机”，依据不同物料干扰沉降速度的差异，使其在上升水流与智能干扰器的共同作用下，实现智能分选。该产品是煤炭洗选加工行业粗煤泥分选环节的创新，实现了由间歇排料到连续稳定排料的技术突破，分选密度稳定可调，生产过程全部实现了智能化、数字化和无人值守。既适用于低密度分选，又适用于高密度排矸，性能优于传统的 TBS、RC 分选机和水介质旋流器。

唐山市神州机械有限公司致力于干法选煤技术开发应用和推广，其实施的“环保节能型全粒级干法选煤装备系统开发”项目，在国内外首次实现了煤炭企业井口 0 ～ 300mm 混煤全粒级一次分选，解决了煤炭企业对煤炭综合加工处理的迫切需求，且选煤不用水、工艺简化、耗电量低、煤炭回收率高，同时避免了湿法分选中煤粉参与分选而引起的水资源浪费和煤泥造成的环境污染，为我国煤炭洗选加工提供了一条环保高效的技术途径。该项目 2019 年获第九届绿色制造科学技术进步奖绿色制造优秀奖。此外，该公司研发的“干法矿物高效分离技术”入选了自然资源部《矿产资源节约和综合利用先进适用技术目录（2019 年版）》。

河南科技大学和洛阳洛北重工机械有限公司在矿山机械配套耐磨件领域进行了创新性研究，其合作完成的“冶金矿山用复合耐磨件关键技术及应用”项目，以冶金、矿山、水泥等行业机械装备对高性能耐磨材料的需求为牵引，针对单一耐磨材料强韧性难以兼顾的缺点，开发了镶铸复合化、铸渗表面合金化、双金属液 - 液复合化技术，经过多年系统的研发和工艺创新，突破了复合化成分设计、全界面冶金结合、组织性能调控等关键技术，解决了制约耐磨件发展的关键问题，实现了复合耐磨件低成本、高性价产业化。该成果取得了多项原创性发明，主要创新成果如下：①首创了耐磨钢基体镶铸陶瓷棒增强耐磨性新技术，突破了镶嵌铸造复合工艺技术难点，实现了全界面冶金结合。开发出性能优异的大型复合轧臼壁、衬板、齿板等零件，其使用寿命较原耐磨钢铸件提高了 2 倍以上。②开发了一种无箱组芯造型双液铸造复合锤头工艺；对板锤率先采用了双液三次复合浇注工艺，突破了板锤难以复合的技术难题，提高了板锤的韧性。提出了双金属材质选择原则，创新了锤头的双液浇注工艺，异种金属实现了良好的冶金结合，界面结合抗剪强度达到 382MPa，是液 - 固复合工艺的 1.35 ～ 2.35 倍。③针对异型耐磨件局部磨损导致产品失效的问题，根据磨损部位和形状特点，结合热物性参数、散热条件，建立了铸渗预制块厚度与体积的定模数比法则，开发了局部自熔铸渗复合一体化技术。④研制了一种以硅酸盐为主体系的、适用于大型耐磨钢铸件用的新型保温冒口覆盖剂材料，铸件工艺出品率提高了 5% ～ 8%。

2019 年矿山机械行业获奖情况见表 3。

表 3　2019 年矿山机械行业获奖情况

序号	项目名称	奖励类别	获奖等级	主要完成单位
1	复杂地形下长距离大运力带式输送系统关键技术	国家科学技术进步奖	二等奖	中国矿业大学、山东科技大学、力博重工科技股份有限公司、山东欧瑞安电气有限公司、湖南科技大学、泰安英迪利机电科技有限公司
2	煤矿智能控制钻进技术及装备研究	中国机械工业科学技术奖（技术发明类）	二等奖	中煤科工集团重庆研究院有限公司
3	大型高效旋回破碎机关键技术研发与应用	中国机械工业科学技术奖（科技进步类）	二等奖	中信重工机械股份有限公司、洛阳矿山机械工程设计研究院有限责任公司、矿山重型装备国家重点实验室
4	建筑垃圾智能剪压破碎机的研究开发	中国机械工业科学技术奖（科技进步类）	二等奖	洛阳理工学院、洛阳大华重工科技股份有限公司
5	硬岩掘进关键技术及装备研发	中国机械工业科学技术奖（科技进步类）	二等奖	山西天地煤机装备有限公司、中国煤炭科工集团太原研究院有限公司
6	智能型凿岩台车关键技术研究及应用	中国机械工业科学技术奖（科技进步类）	二等奖	中国铁建重工集团股份有限公司、中南大学
7	自动化高可靠性顺槽带式输送机	中国机械工业科学技术奖（科技进步类）	三等奖	中煤科工集团上海有限公司
8	WC12E 防爆柴油机无轨胶轮车	中国机械工业科学技术奖（科技进步类）	三等奖	山西天地煤机装备有限公司
9	CC400 单缸液压圆锥破碎机	中国机械工业科学技术奖（科技进步类）	三等奖	南昌矿山机械有限公司
10	大型矿山提升设备齿轮传动装置轻量化及降噪技术研究	中国机械工业科学技术奖（科技进步类）	三等奖	中信重工机械股份有限公司、洛阳矿山机械工程设计研究院有限责任公司、重庆大学、洛阳理工学院
11	冶金矿山用复合耐磨件关键技术及应用	中国机械工业科学技术奖（科技进步类）	三等奖	河南科技大学、洛阳洛北重工机械有限公司
12	大型矿山破碎 / 研磨设备关键零部件研制及产业化	中国机械工业科学技术奖（科技进步类）	三等奖	共享装备股份有限公司、共享铸钢有限公司
13	VSI6X 立轴冲击破碎机	中国机械工业科学技术奖（科技进步类）	三等奖	河南黎明重工科技股份有限公司、郑州机械研究所有限公司、哈尔滨工业大学、安徽工业大学
14	大型矿物粉磨系统智能化关键技术及其应用	河南省科技进步奖	一等奖	中信重工机械股份有限公司、郑州轻工业大学、北京航空航天大学、浙江大学、洛阳矿山机械工程设计研究院有限责任公司
15	大升程水力驱动式垂直升船机核心装备研制与工程应用	河南省科技进步奖	二等奖	洛阳矿山机械工程设计研究院有限责任公司、中信重工机械股份有限公司、华能澜沧江水电股份有限公司
16	高性能复合型耐磨材料关键技术及应用	河南省科技进步奖	二等奖	洛阳洛北重工机械有限公司、河南科技大学
17	高效节能大型棒磨机装备	河南省科技进步奖	三等奖	洛阳矿山机械工程设计研究院有限责任公司、中信重工机械股份有限公司
18	矿井提升机级联高压变频调速装置关键技术及应用	河南省科技进步奖	三等奖	河南理工大学、焦作华飞电子电器股份有限公司
19	一种新型水洗浮选机	国家知识产权局“第二十一届中国专利奖”	优秀奖	上海山美环保装备股份有限公司
20	掘支运一体化快速掘进关键技术与装备	中国煤炭工业协会科学技术奖	特等奖	中国煤炭科工集团太原研究院有限公司、山西天地煤机装备有限公司、中国煤炭科工集团有限公司、天地科技股份有限公司
21	大型矿山进口提升机变频智能化系统改造	中国煤炭工业协会科学技术奖	一等奖	开滦（集团）有限责任公司、中国矿业大学、开滦（集团）有限责任公司东欢坨矿业分公司、徐州中矿大传动与自动化有限公司

（续）

序号	项目名称	奖励类别	获奖等级	主要完成单位
22	主提升机械装置状态监测及故障诊断系统研究与应用	中国煤炭工业协会科学技术奖	二等奖	霍州煤电集团有限责任公司庞庞塔煤矿、中国矿业大学、徐州大恒测控技术有限公司
23	高效节能型带式输送机关键技术与应用	中国煤炭工业协会科学技术奖	二等奖	天地科技股份有限公司、辽宁工程技术大学
24	薄煤层智能化综采关键技术与装备开发	中国煤炭工业协会科学技术奖	二等奖	阳泉煤业集团华越机械有限公司、天地科技股份有限公司、北京天地玛珂电液控制系统有限公司、阳煤忻州通用机械有限责任公司、阳泉华越创力采掘机械制造有限公司、阳泉煤业华鼎机械有限公司
25	大运距重型带式输送机永磁智能驱动与张紧成套技术	中国煤炭工业协会科学技术奖	二等奖	北京百正创源科技有限公司、中国矿业大学、鄂尔多斯市昊华精煤有限责任公司
26	综采工作面大采高全系列采煤机高效截割及智能制造技术	中国煤炭工业协会科学技术奖	三等奖	天地科技股份有限公司、辽宁工程技术大学、西安煤矿机械有限公司、中国煤矿机械装备有限责任公司
27	WC55E 铲板式搬运车	中国煤炭工业协会科学技术奖	三等奖	中国煤炭科工集团太原研究院有限公司、山西天地煤机装备有限公司
28	双 PWM 交直交电磁搅拌器	第三届山东省科技工作者创新大赛	一等奖	山东华特磁电科技股份有限公司
29	EBZ320A 悬臂式掘进机	河北省煤炭工业科学技术奖	二等奖	冀中装备集团石家庄煤矿机械有限责任公司
30	楼站式高品质机制砂系统	建材机械行业科技奖（科技进步类）	一等奖	北京百旺环境科技股份有限公司、东阿县公路建设有限公司
31	一种用于盘式过滤机的中心轴	河南省第二届专利奖	一等奖	中信重工机械股份有限公司
32	机制砂绿色高效生产成套设备	浙江机械工业科学技术奖	二等奖	浙江双金机械集团股份有限公司
33	CC400 单缸液压圆锥破碎机	第九届绿色制造科学技术进步奖	绿色制造优秀奖	南昌矿山机械有限公司
34	环保节能型全粒级干法选煤装备系统开发	第九届绿色制造科学技术进步奖	绿色制造优秀奖	唐山市神州机械有限公司

注：数据来源于 2019 年度国家科学技术进步奖获奖项目目录、2019 年度中国机械工业科学技术奖授奖项目目录、2019 年度河南省科学技术奖获奖项目目录、2019 年中国煤炭工业协会科学技术奖获奖目录、第二十一届中国专利奖预获奖项目目录、第三届山东省科技工作者创新大赛获奖名单、2019 年度河北省煤炭学会科学技术奖获奖项目目录、2019 年建材机械行业科技奖获奖目录、河南省第二届专利奖参评项目目录、2019 年度浙江机械工业科学技术奖奖励项目、第九届绿色制造科学技术进步奖目录。

2. 主要新产品

2019 年，矿山机械行业开发的主要新产品有：

中信重工机械股份有限公司研制的 PE1500×2000 颚式破碎机、智能井筒监控机器人和井下运输安全预警机器人。

北方重工集团有限公司研发的 EQC6330 煤巷全断面掘进机、C900 多缸液压圆锥破碎机。

中国铁建重工集团股份有限公司研制的煤矿大断面快速掘锚成套装备。

力博重工科技股份有限公司生产的矿山复杂地形长距离大运力带式输送系统。

太原重型机械集团有限公司制造的污泥气化炉。

国家能源投资集团神东煤炭集团有限责任公司和陕煤重装西安煤矿机械有限公司合作研发的 8.8m 超大采高智能化采煤机。

中煤张家口煤矿机械有限责任公司制造的综采放顶煤成套输送设备，包括：SGZ1000/2 ×1000 型前、后部输送机，SZZ1200/700 型转载机，PCM400 型破碎机，ZY2700 型带式输送机自移机尾。

太重煤机煤矿装备成套有限公司研发的新一代智能化采煤机。

陕煤重装西安煤矿机械有限公司开发的 EML340 连采机、MG2×200/920-AWD 系列交流电牵引采煤机和 MG500-FD 系列薄煤层采煤机。

冀中装备集团石家庄煤矿机械有限责任公司研制的 EBZ200M-2 型掘锚机。

郑州煤矿机械集团股份有限公司研发的 MG1100/2985-WD 大采高采煤机和 MG480/1162-WD 薄煤层采煤机。

中煤科工集团上海有限公司开发的 MG1100/3050-WD 系列采煤机。

江苏神盾工程机械有限公司制造的大倾角快速掘进盾

构机。

上海山美环保装备股份有限公司研制的 SGL 系列制砂楼。

南昌矿山机械有限公司生产的 2HFS/V1857 液压高频筛、MC500 多缸圆锥破碎机、2MOS3075 自同步椭圆筛、MT1150JC 移动颚式破碎站、MT300CC 移动圆锥破碎站和 MT1860SR 移动筛分站。

浙江双金机械集团股份有限公司制造的 SK.Y.1800 单缸液压圆锥破碎机、SJ.V.950 颚式破碎机。

河南黎明重工科技股份有限公司研发的立式辊磨机清洁煤粉制备成套设备、HPT800 多缸液压圆锥破碎机、单缸液压圆锥破碎机和 K 系列移动破碎站。

杭州海兴机械有限公司制造的履带式移动破碎站。

无锡华瀚能源装备科技有限公司研发的 EBZ280C 小断面超级岩巷掘进机。

沈阳龙信重工（原沈阳冶矿重型设备有限公司）生产的 MB 棒磨机和 YGP300 高能单缸液压圆锥破碎机。

洛阳大华重工科技股份有限公司制造的 CMC 系列履带式移动破碎筛分站和建筑垃圾智能剪压破碎机。

浙江力普粉碎设备有限公司研制的 HWM1000 型气密封旋风磨。

沈阳隆基电磁科技股份有限公司制造的 LPPC 系列智能分选机。

云南凯瑞特重工科技有限公司研发的 KSZ682 履带移动重型筛分站。

洛阳百力克矿山机械有限公司生产的 HPS8000 重型圆锥破碎机。

枣庄鑫金山智能装备有限公司开发的单段锤式破碎机。

山东华特磁电科技股份有限公司生产的电磁淘洗精选机。

天津美腾科技有限公司研制的 XRT 射线智能选矿机。

唐山市神州机械有限公司研发的 IDS 智能干法分选机和 ZM 矿物高效分离机。

北京百旺环境科技股份有限公司开发的 RV 制砂机。

河南红星矿山机器有限公司制造的 Wotetrack WT1213S 履带移动破碎站。

产品进出口 2019 年，我国矿山机械产品对外贸易逆势增长。同时，也是自 2008 年结束的我国矿山机械进出口逆差的第 12 个顺差年。2014—2019 年我国矿山机械进出口贸易额见表 4。

表 4 2014—2019 年我国矿山机械进出口贸易额

年份	出口额（亿美元）	进口额（亿美元）	进出口总额（亿美元）	进出口顺差额（亿美元）
2014	16.77	5.15	21.92	11.62
2015	14.69	3.20	17.88	11.50
2016	12.68	2.24	14.92	10.44
2017	14.38	2.12	16.51	12.26
2018	15.62	3.61	19.23	12.02
2019	16.88	4.05	20.92	12.83

注：数据来源于《中国重型机械工业年鉴》和中国重型机械工业协会提供的 2019 年 1—12 月重机行业有关产品进出口情况表。由于 4 舍 5 入，数据有微小出入。

1. 产品进出口情况

2019 年，我国矿山机械出口总额为 16.88 亿美元，比上年增长 8.03%；进口总额为 4.05 亿美元，比上年增长 12.21%；进出口总额 20.92 亿美元，比上年增长 8.82%；实现进出口顺差 12.83 亿美元，同比增长 6.78%。2019 年我国矿山机械各类产品进出口情况见表 5。

表 5 2019 年我国矿山机械各类产品进出口情况 （单位：万美元）

商品名称	出口金额	进口金额	进出口总额	进出口顺差额
矿山机械	168 774	40 456	209 230	128 319
1. 采掘、凿岩设备及钻机	54 992	9 570	64 562	45 421
（1）采煤、凿岩机及隧道掘进机	44 542	8 279	52 822	36 263
自推进的采（截）煤机	265	281	546	-16
自推进的凿岩机	2 670	563	3 233	2 106
自推进的隧道掘进机	39 797	2 455	42 252	37 342
非自推进的采煤、凿岩机及隧道掘进机	1 811	4 980	6 791	-3 169
（2）矿用电铲	4 930	0	4 930	4 930
（3）采矿钻机	1 307	9	1 316	1 298
牙轮直径在 380mm 及以上的采矿钻机	570	0	570	570
其他采矿钻机	736	9	745	727

（续）

商品名称	出口金额	进口金额	进出口总额	进出口顺差额
（4）工程钻机	4 212	1 282	5 494	2 930
钻筒直径在 3m 以上的非自推进工程钻机	38	767	805	-729
其他非自推进工程钻机	4 174	515	4 689	3 659
2. 破碎、粉磨设备	62 545	18 151	80 695	44 394
（1）齿辊式破碎设备	8 417	2 511	10 928	5 905
（2）球磨式粉磨设备	11 109	550	11 660	10 559
（3）其他破碎或粉磨设备	43 018	15 089	58 107	27 930
3. 筛分、洗选设备	41 958	11 199	53 157	30 759
4. 矿山提升设备	1 395	813	2 208	581
（1）电动矿山提升设备	1 294	12	1 306	1 282
（2）非电动矿山提升设备	100	801	902	-701
5. 矿山机械零件	7 885	722	8 608	7 163

注：数据来源于中国重型机械工业协会提供的 2019 年 1—12 月重型机械行业有关产品进出口情况表。由于 4 舍 5 入，数据有微小出入。

分析表 5 可以发现，2019 年，破碎、粉磨设备，采掘、凿岩设备及钻机和筛分、洗选设备等 3 类装备仍然是我国矿山机械产品进出口的重点，三者占当年矿山机械全部产品出口贸易额的 94.50%，占当年矿山机械全部产品进口贸易额的 96.21%。

其中，破碎、粉磨设备依然是进出口的重中之重，其出口贸易额占当年矿山机械全部产品出口贸易额的 37.06%，而进口贸易额则占当年矿山机械全部产品进口贸易额的 44.87%。

2．典型装备进出口情况分析

从进出口装备的结构看，多年以来，破碎、粉磨设备中的其他破碎或粉磨设备（所属税号 84742090）、采掘、凿岩设备及钻机中的采煤、凿岩机及隧道掘进机以及筛分、洗选设备（所属税号 84741000）一直是我国矿山机械产品中的出口重点，同时也是进口的重点。2014—2019 年采煤、凿岩机及隧道掘进机进出口情况见表 6。2014—2019 年其他破碎或粉磨设备进出口情况见表 7。2014—2019 年筛分、洗选设备进出口情况见表 8。

表 6　2014—2019 年采煤、凿岩机及隧道掘进机进出口情况

年份	出口			进口		
	数量（台）	金额（万美元）	平均单价（万美元）	数量（台）	金额（万美元）	平均单价（万美元）
2014	27 423	25 428	0.93	126	16 801	133.34
2015	29 842	33 821	1.13	1 121	11 128	9.93
2016	20 279	28 189	1.39	216	5 157	23.88
2017	22 423	31 868	1.42	336	4 289	12.76
2018	36 854	40 872	1.11	408	10 074	24.69
2019	39 965	44 542	1.11	441	8 279	18.77

注：数据来源于《中国重型机械工业年鉴》和中国重型机械工业协会提供的 2019 年 1—12 月重机行业有关产品进出口情况表。由于 4 舍 5 入，数据有微小出入。

表 7　2014—2019 年其他破碎或粉磨设备进出口情况

年份	出口			进口		
	数量（台）	金额（万美元）	平均单价（万美元）	数量（台）	金额（万美元）	平均单价（万美元）
2014	25 234	50 900	2.02	865	11 216	12.97
2015	41 443	46 730	1.13	490	5 806	11.85

（续）

年份	出口			进口		
	数量（台）	金额（万美元）	平均单价（万美元）	数量（台）	金额（万美元）	平均单价（万美元）
2016	31 723	40 005	1.26	857	6 051	7.06
2017	32 136	39 872	1.24	1 047	6 421	6.13
2018	36 942	42 179	1.14	1 087	12 656	11.64
2019	45 972	43 018	0.94	1 733	15 089	8.71

注：数据来源于《中国重型机械工业年鉴》和中国重型机械工业协会提供的 2019 年 1—12 月重机行业有关产品进出口情况表。由于 4 舍 5 入，数据有微小出入。

表 8　2014—2019 年筛分、洗选设备进出口情况

年份	出口			进口		
	数量（台）	金额（万美元）	平均单价（万美元）	数量（台）	金额（万美元）	平均单价（万美元）
2014	27 278	40 265	1.48	2 414	13 382	5.54
2015	35 754	25 007	0.70	1 704	9 441	5.54
2016	31 812	23 155	0.73	1 569	6 326	4.03
2017	49 920	30 338	0.61	1 541	7 163	4.65
2018	92 967	35 991	0.39	1 947	8 647	4.44
2019	266 253	41 958	0.16	2 409	11 199	4.65

注：数据来源于中国重型机械协会的《全国冶金矿山机械行业进出口统计年报 2014》《全国冶金矿山机械行业进出口统计年报 2015》《全国冶金矿山机械行业进出口统计年报 2016》《全国冶金矿山机械行业进出口统计年报 2017》，2018 年 1—12 月重型机械行业有关产品进出口情况表和 2019 年 1—12 月重型机械行业有关产品进出口情况表。由于 4 舍 5 入，数据有微小出入。

综合分析表 6、表 7 和表 8，可以看出，自 2014 年以来，采煤、凿岩机及隧道掘进机、其他破碎或粉磨设备和筛分、洗选设备的年出口数量呈逐年递增趋势，且每年出口数量和出口额均远远超过了当年的进口数量和进口额，实现进出口顺差；同时，以上三类装备的进口平均单价总体上呈下降趋势。但这三类国产装备的出口平均单价多年来一直处于低位，远低于进口平均单价。仅以 2019 年为例，采煤、凿岩机及隧道掘进机、其他破碎或粉磨设备和筛分、洗选设备其进口装备平均单价分别约是国产装备出口平均单价的 16.91 倍、9.27 倍和 29.06 倍。这也间接地说明了国产装备在中低端市场具有成本优势，中低端装备不仅实现了国产化替代，而且还逐步打开了出口市场，竞争优势明显。

以我国矿山机械进出口重点产品之一的采煤、凿岩机及隧道掘进机为例，对其名录下所含的自推进的隧道掘进机（所属税号：84303130）和非自推进的采煤、凿岩机及隧道掘进机（所属税号：84303900）等两类装备 2014 年以来的进出口情况进行分析。

2014—2019 年自推进的隧道掘进机进出口情况见表 9。2014—2019 年非自推进的采煤、凿岩机及隧道掘进机进出口情况见表 10。

表 9　2014—2019 年自推进的隧道掘进机进出口情况

年份	进出口差额（万美元）	出口			进口		
		数量（台）	金额（万美元）	平均单价（万美元）	数量（台）	金额（万美元）	平均单价（万美元）
2014	16 829	59	21 942	371.90	13	5 113	393.31
2015	26 538	58	30 390	523.97	11	3 852	350.18
2016	23 126	66	24 468	370.73	4	1 342	335.50
2017	29 513	133	29 694	223.26	5	180	36.00

（续）

年份	进出口差额（万美元）	出口			进口		
		数量（台）	金额（万美元）	平均单价（万美元）	数量（台）	金额（万美元）	平均单价（万美元）
2018	34 793	127	36 874	290.35	9	2 081	231.22
2019	37 342	160	39 797	248.74	22	2 455	111.59

注：数据来源于《中国重型机械工业年鉴》和中国重型机械工业协会提供的 2019 年 1—12 月重型机械行业有关产品进出口情况表。由于 4 舍 5 入，数据有微小出入。

表 10　2014—2019 年非自推进的采煤、凿岩机及隧道掘进机进出口情况

年份	进出口差额（万美元）	出口			进口		
		数量（台）	金额（万美元）	平均单价（万美元）	数量（台）	金额（万美元）	平均单价（万美元）
2014	−3 678	24 998	2 476	0.10	69	6 154	81.19
2015	−1 857	27 617	1 810	0.07	1 059	3 667	3.46
2016	−1 017	18 302	1 178	0.06	173	2 195	12.69
2017	−1 939	19 983	853	0.04	313	2 792	8.92
2018	−4 057	34 538	1 741	0.05	382	5 798	15.18
2019	−3 169	37 421	1 811	0.05	407	4 980	12.24

注：数据来源于《中国重型机械工业年鉴》和中国重型机械工业协会提供的 2019 年 1-12 月重型机械行业有关产品进出口情况表。由于 4 舍 5 入，数据有微小出入。

分析表 9 和表 10，可以看出：

（1）近年来，国产自推进的隧道掘进机年平均出口数量呈逐年增长趋势，但出口数量始终处于低位，2019 年出口量最多，也仅有 160 台，仅占采煤、凿岩机及隧道掘进机当年出口总量的0.4%。但出口平均单价始终处于高位，其年出口贸易额对采煤、凿岩机及隧道掘进机年出口贸易额的贡献率高达 85% 以上，成为采煤、凿岩机及隧道掘进机实现年进出口贸易顺差的重要支撑。

（2）国产非自推进的采煤、凿岩机及隧道掘进机自 2014 年以来，每年出口量巨大，占采煤、凿岩机及隧道掘进机年出口总量的 90% 以上，且远远超过了同类装备当年的进口量，2019 年出口数量高达 37 421 台，是同类装备进口数量的 91.94 倍，2018 年则是 90.41 倍。但非自推进的采煤、凿岩机及隧道掘进机历年来的进出口贸易额却始终处于逆差，究其原因，装备的进口价格和出口价格差距显著。进口装备的平均单价虽然呈明显下降趋势，但国产装备的出口平均单价多年来一直处于超低价状态，远远低于进口平均单价。2016 年非自推进的采煤、凿岩机及隧道掘进机进口装备平均单价约是国产装备出口平均单价的 211.5 倍，2017 年达到 223 倍，2018 年高达 303.6 倍，2019 年达到244.8 倍。可见，国产装备的升级之路还相当长，另一方面也说明非自推进的采煤、凿岩机及隧道掘进机的国产化还有很大的潜力。

自推进的采（截）煤机、自推进的凿岩机等其他两类装备与非自推进的采煤、凿岩机及隧道掘进机情况类似，不再逐一分析。

综上所述，随着我国矿山机械行业近年来的显著进步，进口装备的价格总体上呈明显下降趋势；在中低端装备领域，国产装备依靠成本优势实现了国产化替代，且逐步打开了国际市场，竞争优势明显；而在高端装备领域，虽然我国矿山机械品种多、产量大，但从整体上看，大而不强，仍处于弱势地位。科技创新仍然不足，缺乏自主研发的原创设备；整机的可靠性低，故障率高，寿命短，与国外先进装备差距明显；个别装备虽然具备了一定的市场竞争能力，但由于对海外市场缺乏系统布局，造成品牌知名度不够、市场影响力不足。目前，全球矿山机械高端装备市场被美卓奥图泰、阿特拉斯·科普柯、山特维克、福勒史密斯等欧美企业所占据。所以，国产矿山机械装备的高端制造还有很长的路要走。

固定资产投资　相关数据显示，2019 年 1—12 月，全国固定资产投资（不含农户）551 478 亿元，比上年增长 5.4%。工业投资比上年增长 4.3%。其中，采矿业投资增长 24.1%，增速回落 1.2 个百分点；制造业固定资产投资比上年增长 3.1%，增速加快 0.7 个百分点，其中，专用设备制造业比上年增长 9.7%。2015—2019 年全国采矿和煤炭采选业固定资产投资增速见表 11。

表 11　2015—2019 年全国采矿和煤炭采选业固定资产投资增速　（单位：%）

年份	采矿业	煤炭采选业
2019	24.1	29.6
2018	4.1	5.9
2017	-10.0	-12.3
2016	-20.4	-24.2
2015	-8.8	-14.4

注：数据来源于国家统计局官方网站和中国煤炭工业协会《2019 煤炭行业发展年度报告》。

分析表 11，可以看出，2015—2017 年，全国采矿业、全国煤炭采选业的固定资产投资始终处于收缩、低迷的状态，自 2018 年起，其固定资产投资情况出现好转。可以预见，随着煤炭、冶金、矿山、建材等传统行业结构的进一步调整，将会对矿山机械行业未来几年的固定资产投资产生较大的影响。

行业管理

1. 行业标准工作

2019 年，全国矿山机械标准化技术委员会（SAC/TC88）组织完成 3 项国家标准外文版和 30 余项行业标准项目的制修订工作。参与国际标准化活动，参加“司机驾驶室—空气质量控制系统”工作组，跟进 ISO/TC 82/SC 8（先进的自动采矿系统）分标委关于拟制定无人运矿车方面的标准。

2019 年，GB/T 37923—2019《露天矿用无轨运矿车安全要求》、GB/T 38064—2019《球磨粉磨系统　矿物料易磨性试验方法》等 4 项国家标准经国家市场监督管理总局、国家标准化管理委员会公告发布；JB/T 13654—2019《反击式破碎机　铸造板锤　技术条件》、JB/T 10996—2019《石料矿山开采设备　圆盘式锯切机》等 32 项行业标准经工业和信息化部公告发布。

2019 年，按照《全国专业标准化技术委员会管理办法》的规定，SAC/TC88 完成换届工作，组成第六届标委会；同时根据工作需要，组建了外文版标准审定专家工作组和耐磨材料标准化工作组等新领域的工作机构。

2. 行业检测工作

2019 年，国家矿山机械质量监督检测中心通过了由国家认证认可监督管理委员会组织的“三合一”复评审及检验项目扩项等认证审评。本年度，国家矿山机械质量监督检测中心完成了 59 台（套）大型煤炭装卸设备检验和 3 台大型矿用自卸汽车产品性能测试；完成 9 台盾构机性能检验；完成相关矿山在用设备检验工作，包括：煤矿提升系统检验 305 台（套）、钢丝绳检验 118 条、提升系统主轴及连接装置探伤 88 套、罐笼检验 10 台（套）、防坠器检验 42 台（套）、摩擦衬垫检验 20 份；完成安全标准检验 28 家 185 台产品。国家发展改革委项目“矿山提升设备安全准入分析验证实验室”按照计划建设、验收。

3. 行业学术期刊

2019 年，《矿山机械》杂志社完成了全年 12 期杂志的编辑、出版工作，刊登论文 220 余篇，约 223 万字；杂志网站点击率达 30 万次；依托中国知网的系统平台和技术支持建立的稿件网络采编平台（http://ksjx.cbpt.cnki.net/wkd/webpublication/index.aspx?mid=ksjx），极大地方便了作者、专家及编辑进行投稿、查询、审阅、修改、编辑等活动，提高了工作效率，缩短了出刊周期；杂志社微信公众号（ksjxbjb）及时向广大读者推送杂志最新内容和行业前沿动态，分享优秀科技文章，受到作者、读者的广泛好评。

4. 行业交流工作

为提高和规范矿井提升设备的设计制造水平和检测技术，传播先进的科学技术成果，推动行业的技术进步，提高矿山企业生产效率和设备管理水平，降低操作维护成本，交流使用维护经验，2019 年 7 月，由矿山重型装备国家重点实验室、国家矿山机械质量监督检验中心、全国矿山机械标准化技术委员会、国家安全生产洛阳矿山机械检测检验中心和中国矿业大学（北京）科学技术研究院等单位主办，洛阳矿山机械工程设计研究院有限责任公司、中国重型机械工业协会矿山机械分会和《矿山机械》杂志社等单位承办的“2019 年矿井提升设备技术研修班”在河南省洛阳市举办。来自山东黄金集团、郑煤集团、首钢集团有限公司、冀中能源股份有限公司、安徽铜冠（庐江）矿业公司、安徽开发矿业、枣庄矿业集团、紫金矿业紫金山金银矿、唐山首钢马兰庄铁矿有限责任公司、新疆德泉矿山机械制造有限公司、大冶有色金属有限责任公司铜山口铜矿、山西煤矿设备安全技术检测中心、煤炭工业太原设计研究院集团有限公司、南昌航空大学等矿山企业、高校和科研院所的 50 余家单位的 180 余名代表参加了本次会议。参会人员围绕国内外提升设备发展现状，矿井提升设备选型技术，单、多绳矿井提升机运维及常见故障处理，矿井提升机减速器失效分析与预防措施，提升系统安全保障关键技术及应用，矿井提升机电控系统新技术应用及展望，矿井提升机液压控制系统及高性能智能闸控系统，工程塑料在矿井提升机上的研究及应用，矿井提升机油品的选择与检测，矿井提升机安全检测检验技术，矿井提升机轴承的在线监测，矿井提升机钢丝绳全生命周期检测与维护，提升设备典型改造案例分析等多个议题进行了深入交流。

矿山机械智能化概况

当前，全球矿业正经历着一场新的革命，大数据、人工智能、物联网等新技术和矿山的结合日益紧密。矿山生产模式不断更新，采矿工业向规范化、集约化、协同化方向发展，采矿工程迈入遥控化、智能化乃至无人化阶段，选冶过程全面实现自动化，逐步拓展到智能化阶段。智慧矿山、绿色开发、智能开采已成为全球矿业领域的技术热点和发展方向。

自20世纪90年代，矿业发达国家就开始投入力量，开展矿山自动化、智能化的研究，并取得进展。2010年，智慧矿山的理念从发达国家传入我国，随即在我国矿业界引起极大震动。但受装备水平、管理模式、技术条件的限制，我国矿山智能化水平明显落后于矿业发达国家。

近年来，国家先后出台了一系列政策和措施，加快推进国内智能矿山的建设。2016年，国务院印发了《“十三五”国家科技创新规划》，提出了围绕“安全、绿色、智能”的目标，开展煤炭绿色资源勘探、大型矿井快速建井、安全绿色开采、煤机装备智能化等理论与技术攻关，推动生态矿山、智慧矿山以及煤炭清洁加工与综合利用重大科技示范工程建设，促进煤炭集约化开发，为煤炭产业转变发展方式、提质增效提供强大的科技支撑。同年，国家发展改革委、国家能源局联合下发《能源技术革命创新行动计划（2016—2030年）》，明确提出到2020年，基本实现智能开采，机械装备及智能化控制系统在煤炭生产上全覆盖，重点煤矿区采煤工作面人数减少50%以上；到2030年，实现智能化开采，重点煤矿区基本实现工作面无人化、顺槽集中控制。原国土资源部及有关部委联合发布了《全国矿产资源规划（2016—2020年）》，提出未来5年要大力推进矿业领域科技创新，加快建设数字化、智能化、自动化矿山，大力发展“互联网+”矿业。2018年2月，国家安全监管总局在2018年规划科技工作要点中提出，实施好千人矿井科技减人工作，提出《高危行业机械化、自动化、智能化、无人化指导意见》，制定《高危行业科技减人技术指南（煤矿篇）》等相关行业标准，推广自动化、智能化技术装备。2018年5月，国家标准GB/T 34679—2017《智慧矿山信息系统通用技术规范》正式实施。这是我国第一部以“智慧矿山”命名的标准规范，标志着我国智能化矿山建设开始以国家标准的形式落地推广；2018年9月，国家标准GB/T 51272—2018《煤炭工业智能化矿井设计标准》开始实施。《标准》明确规定了矿井生产系统的工艺和装备应按照实现智能化要求进行设计；智能化矿井各系统的装备应具备故障诊断功能，并应实现综合预警预报；主要生产系统应实现自动化，且应实现无人值守，等等。2018年10月开始实施的《非金属行业绿色矿山建设规范》《煤炭行业绿色矿山建设规范》等9项推荐性行业标准，分别从科技创新与数字化矿山、矿区环境、资源开发方式、资源综合利用、节能减排、企业管理与企业形象6个方面对绿色矿山建设作出规范要求，提出采用计算机和智能控制等技术建设智能化矿山，实现信息化和工业化的深度融合。2019年1月，国家能源局煤炭司委托中国煤炭工业协会开展煤矿智能化发展研究，编制起草《关于推进煤矿智能化发展的指导意见（草稿）》。编制过程中，多次组织召开煤炭行业智能化发展座谈会，广泛征求煤炭企业、煤机装备企业、高校及科研院所的意见。同年8月，形成《关于推进煤矿智能化发展的指导意见（征求意见稿）》。随后，国家能源局煤炭司相继征求了国家发展改革委及相关部委、有关企业、行业协会、地方能源主管部门的意见，对《意见》予以完善。同年10月，国家发展改革委修订发布《产业结构调整指导目录（2019年本）》，鼓励开展煤矿智能化开采技术研究。同年11月，工业和信息化部与国家发展改革委、自然资源部、生态环境部等十部门联合发布《关于推进机制砂石行业高质量发展的若干意见》，提出推动大数据、人工智能、工业互联网等在机制砂石行业应用，提升自动化、智能化、网络化水平。建设集矿石破碎、粉尘收集、废水处理、物料储运、智能监控、环境检测等于一体的数字化、柔性化智能工厂；同时，以矿山三维仿真、矿石在线监测、生产自动配矿和车辆智能调度为重点，着力打造数字矿山；开发和推广适合砂石骨料行业智能设备、控制系统、检测设备，利用信息化手段提高对砂石产品粒形、级配、产出率的控制能力；到2025年，培育100家以上智能化、绿色化、质量高、管理好的企业。国家还相继立项开展了数字化采矿关键技术与软件开发、地下无人采矿设备高精度定位技术和智能化无人操纵铲运机的模型技术研究、井下（无人工作面）采矿遥控关键技术与装备的开发和深部危险煤层无人采掘装备关键基础研究等多项与智能化采矿相关的重点或专项科技攻关项目，为全面开展智能矿山的建设奠定了良好基础。2019年12月，“智能化无人开采技术”入围自然资源部《矿产资源节约和综合利用先进适用技术目录（2019年）》，旨在利用先进的网络技术、自动化控制技术、通信技术、计算机技术、视频技术，通过监控一体化软件平台来实现采煤作业的自动化控制及远程遥控。

河南、山东、湖南、贵州等地陆续出台智能化建设实施方案，积极推进本省智能化矿山的建设。2019年9月，河南省发布了《河南省煤矿智能化建设实施方案》，旨在推动煤炭产业转型升级，促进河南省煤炭行业安全、高效、绿色和高质量发展。该方案明确，到2019年年底，建成8～10个智能化采煤工作面、3～5个智能化掘进工作面。到2020年年底，建成5～10个省级智能化示范煤矿，力争创建3～5个国家级智能化示范煤矿。冲击地压、采深超千米的煤与瓦斯突出矿井所有采煤和掘进工作面要实现智能化，生产能力120万t/a及以上煤矿的采煤和掘进工作面要基本实现自动化或智能化，生产能力60万～120万t/a的煤矿，具备条件的采煤和掘进工作面实现自动化或智能化，生产能力60万t/a以下煤矿的装备水平大幅提升。2021年年底，生产能力60万t/a及以上煤矿基本完成智能化建设，生产能力60万t/a以下煤矿全面实现机械化生产。湖南省在《关于全面推动矿业绿色发展的若干意见》中提出，加快湖南省矿山数字化、智能化建设，推进矿业产业升级改造。2019年12月，山东省印发了《山东省煤矿智能化建设实施方案》，提出加快推进煤炭行业供给侧结构性改革，以推动煤炭产业转型升级为主线，推广应用先进装备和技术，加快煤炭生产技术变革，全面提升煤矿智能化水平，实现生产过程少人化、无人化，促进全省煤炭行业安全、高效、绿色和高质量发展。该方案明确，利用1～2年时间，全省冲击地压煤矿和大型煤矿实现智能化开采，建设一批智能化示范矿井，在全国煤炭行业树立智能化建设的“山东标杆”；到 2020 年年底，全省煤矿智能化开采煤炭产量达到 40% 以上；到 2025 年，全省煤矿基本实现智能化，基本形成完整配套的智能化生产、管理体系，智能化开采煤炭产量达到 90% 以上；到 2030 年，全面建成智能化煤矿。贵州省是全国首个建立煤矿智能化建设、验收、管理体系的省份。2018 年，贵州省就编制了《2018 年煤矿智能机械化升级改造工作安排》，并出台《贵州省煤矿智能机械化升级改造建设与验收暂行办法》，开展智能化升级改造项目验收。2019 年 5 月，贵州省科技厅和贵州省能源局签署战略合作协议，携手推动贵州省煤炭开采智能化和机械化水平。按照协议，贵州将从工法、规程上进行改进，以技术创新和制度创新推动煤炭产业变革，在 2030 年左右实现“井下无人、地面无煤”。2019 年 10 月，贵州省印发《深入推进贵州省煤矿智能化、机械化升级改造攻坚方案（2019—2020 年）》，提出用“五步工作法”抓实煤矿智能化、机械化升级改造工作，加快建设具有贵州特色的现代化矿井，实现煤炭产业转型升级高质量发展。截至 2019 年 11 月，贵州省已有 326 处煤矿实施辅助系统智能化升级，129 处煤矿实施综合机械化改造，22 处煤矿实施采、掘工作面智能化升级。为深入贯彻中办国办《关于在山西开展能源革命综合改革试点的意见》，2019 年 9 月，山西省推出了 15 项变革性、牵引性、标志性重大举措，其中，将“变革煤炭开采方式，向绿色智能时代迈进”列在首位，提出全力推进煤矿智能化改造，以 5G 通信、先进控制技术为牵引推进智能煤矿建设，实现煤炭开采“无（少）人化、减损化”变革。2019 年 10 月，山西省人民政府与中国煤炭科工集团有限公司（简称中国煤科）签署了全面合作框架协议，加快推进山西与中国煤科在智慧煤矿建设、智能制造、煤炭清洁利用等领域深度合作，共同推进山西高端装备制造产业发展，并着力推动山西智慧煤矿建设。宁夏回族自治区则依靠科技进步，积极探索试点煤矿智能化建设，部分煤矿已开始探索使用巡检机器人。

行业协会、骨干矿业企业、科研院所等积极采取行动，谋定智能化发展之路。2019 年 1 月，兖矿集团有限公司（简称兖矿集团）组建了国内首家“煤矿智能开采试验中心”，将“重装备、高可靠性、自动化、用人少”确定为智能矿山建设的主攻方向，加快搭建集智能开采关键技术与装备研发、测试、试验、培养于一体的综合性服务平台。2019 年 5 月，山东能源集团所属“山东省煤矿智能开采工程实验室”获山东省发改委批准建设。该实验室将开展煤矿智能开采、智能掘进、智能洗选、井下辅助运输及安全管控信息平台等关键技术研究，为煤矿的安全高效、持续发展提供技术支撑和研发保障。2019 年 6 月，在上海 2019 世界移动大会上，洛阳栾川钼业集团股份有限公司展示了其联合河南移动、华为技术有限公司、河南跃薪智能机械公司等研发的“5G 无人智慧矿山”项目。项目针对露天矿区，利用 5G 网络超高速率、超低时延的特性，在国内率先实现了基于 5G 网络的钻、铲、装超远程精准控制和纯电动矿用货车智能编队运行。在有效节省成本的同时，大幅提升了矿区安全生产的保障能力和作业效率。该项目荣获 2019 年中国有色金属工业科技进步奖一等奖。2019 年 7 月，由国家能源局、国家煤监局、中国煤炭工业协会指导，中国煤炭学会、中国煤科发起，联合大型煤炭生产企业、高等院校、高技术企业等 27 家单位组建了“煤矿智能化技术创新联盟”。联盟以煤矿智能化共性技术需求为基础，突破煤矿智能化关键核心技术，搭建共性技术研发平台，培育煤矿智能化人才，加快规划编制、生态构建、标准制定、技术研发、专利培育、设备制造、推广应用和产业化等进程，为行业转型升级和科学发展提供支撑。中国煤科举行了中央研究院及所属机构智能矿山研究院、矿山大数据研究院等的揭牌仪式。其中，智能矿山研究院将围绕有关智能化在煤炭行业内应用的基础理论、核心算法以及关键模块、重大装备与系统、基础元器件、软件与接口等方面进行深入研究，重点突破矿山智能感知和认知问题相关的共性、关键性、前瞻性技术难题；矿山大数据研究院旨在探索研究世界最先进的数据科学，利用大数据、人工智能技术推动矿业领域技术革命，开发基于工业互联网的矿山复杂系统大数据平台，引领智慧矿山工业大脑生态系统建设。2019 年 8 月，兖矿集团与山东联通、中兴通讯股份有限公司签署战略合作框架协议，并成立了“5G+ 智慧矿业联合实验室”。依托三方技术、资金、人才等优势，加快 5G 矿业应用进程，打造强强联合、协同发展的典范，力争成为全球矿业 5G 应用的开拓者和引领者。2019 年 9 月，中国煤炭工业协会和煤炭科学研究总院联合承担国家能源局煤炭行业研究课题“促进煤矿智能化发展研究”，继续对煤矿智能化的标准体系、技术与装备和发展路线图等内容进行深入研究，为后续制定推进煤矿智能化具体措施提供建议和支撑。为此，中国煤炭工业协会制定了智能化建设三个阶段的发展目标：到 2021 年，建成多种类型、不同模式的智能化示范矿井，初步形成煤炭开拓设计、地质保障、生产等主要环节的信息化传输、自动化运行技术体系，基本实现掘进工作面减人提效、综采工作面少人或无人操作、井下和露天煤矿固定岗位的无人值守与远程监控。到 2025 年，大型煤矿和灾害严重煤矿基本实现智能化，形成煤矿智能化建设技术规范与标准体系，实现开拓设计、运输、洗选物流等系统的智能化决策和自动化协同运行，井下重点岗位机器人作业，露天煤矿实现智能连续作业和无人化运输。到 2035 年，各类煤矿基本实现智能化，构建多产业链、多系统集成的煤矿智能化系统，建成智能感知、智能决策、自动执行的煤矿智能化体系。2019 年 9 月，中国工程院学术活动“煤矿智能化发展论坛”在北京市召开，与会专家学者以及企业代表共同探讨、交流煤矿智能化发展战略和煤矿智能化基础理论、关键技术研究成果及发展思路。2019 年 10 月，在北京第十八届中国国际煤炭采矿技术交流及设备展览会上，中国煤科提出了智慧矿山建设一体化解决方案。该方案基于泛在网、移动互联、云计算、大数据、人工智能、区块链、虚拟现实等前沿技术，具有主动感知、自动分析、深度学习的功能，可形成智慧矿山建设的最优决策模型，能够实现对煤矿设计、生产、运营等各个环节的安全、高效、智能化控制。2019 年 11 月，中国煤科、中国矿业大学（北京）（简称中国矿大（北京））和中国联通成立“5G 地下空间创新实验室”，着力打造国家煤炭行业 5G 及创新 ICT 技术的科研领军平台，实现多项关键技术突破，提升煤矿“机械化、自动化、信息化和智能化”水平，促进煤矿“两化”深度融合和智能化的发展。由中国联通主导的 5G 技术煤矿井下应用实验通过国家安全生产矿用设备检测中心认证，获得全国第一张矿用隔爆兼本安型无线基站井下防爆证，标志着 5G 技术可以在煤矿井下安全使用。2019 年 12 月，由国内骨干矿业企业、设备研发与制造企业、信息通信技术企业、科研院所、高校及服务机构等 96 家单位发起成立的“中国矿业联合会智能矿山工作委员会”在北京成立。该工作委员会将组织开展我国矿业领域智能化发展战略研究，牵头制定国家、行业及团体标准，发布智能矿山建设实施指南，组织开展国家重大科技攻关和企业重大技术难题攻关项目，加快新产品新技术的试点示范，推动“一带一路”沿线国家合作与交流，搭建智能矿山领域技术交流及产业服务平台，全面推进我国智能矿山领域技术进步和矿业行业的高质量发展。

矿山机械的发展与矿产资源开发以及基础设施建设息息相关。分析国内外智能采矿的成功案例，其成功之处得益于合理高效的开采工艺、智能化的凿岩设备、智能化的出矿设备、自动化的提升及运输设备和先进的生产管控模式。建设智能矿山，首先就要有智能装备。

近年来，国内各矿山机械制造企业主动顺应矿山智能、绿色的发展方向，积极向智能化、绿色化、大型化转型。

中信重工致力于对磨机、破碎机等核心产品进行智能化技术升级，“大型矿山粉磨系统智能化关键技术与装备”项目通过科技成果鉴定；自主研发的代表目前国际高端矿业装备先进水平的直径 8.8m×4.8m 半自磨机、直径 6.2m×10.5m 溢流型球磨机等新品，先后完成了矿石粒度在线检测、磨机负荷在线检测、衬板磨损在线检测、磨机衬板异常状态检测、破碎筛分智能控制系统、半自磨机智能控制系统、球磨分级智能控制系统等多项技术的应用验证，取得了良好的效果；建成的客户服务平台，可全天开展大型及关键设备的在线数据采集、运行分析、故障诊断、系统维护和设备升级，为客户提供装备全生命周期服务。2019 年 12 月，中信重工凭借矿用磨机产品再次夺得“制造业单项冠军示范企业”称号。北方重工着力打造“行业深耕把握市场趋势、技术进步驱动成套开发、装备成套延伸工程承包、成套发展推动单机订货”的发展路径，全面加大成套项目关键技术的研发投入，推出了我国首次引领世界煤矿岩巷施工重大技术变革并已成功现场试机的技术装备——EQC6330 型全断面掘进机和目前国产设备中最大的多缸液压 C900 圆锥破碎机等一系列新装备。南昌矿机积极助力绿色矿山建设，开发出具有自主知识产权的 2HFS/V1857 液压高频筛、MC500 多缸圆锥破碎机、2MOS3075 自同步椭圆筛等新品，这些设备高效、节能、环保、运行成本低、使用维护方便。太重煤机对标国际先进的采煤机技术，从设计理念、机身结构、生产工艺等方面着手，在高可靠性和高智能化方面取得创新突破，研发出新一代智能化采煤机。神东煤炭集团和西安煤机公司等单位针对超大采高采煤机的可靠性、多腔润滑、数字化设计、关键零部件制造、智能化等关键技术进行了深入研究，自主研发了世界首台 8.8m 超大采高智能化采煤机。天津美腾科技有限公司研制的 TCS 智能粗煤泥分选机实现了由间歇排料到连续稳定排料的技术突破，既可用于低密度分选，又适用于高密度排矸，分选密度稳定可调，生产过程全部实现了智能化、数字化。

虽然我国矿山机械装备在智能化建设方面取得了一定的进步，但和国外先进的智能装备相比，仍存在较大的差距。主要表现在：一是国内基础装备的技术水平相对落后，尤其是自动化及信息化水平尚不能满足智能开采要求。虽然一部分开采设备具备智能开采系统，但系统主要是针对开采装备本身设计的，缺乏全面、有效的矿层及地质环境信息，且未与工作面智能控制系统发生关联，难以实现工作面智能自适应开采；二是自主创新仍然不足。原创技术及基础研究较少，具有完全自主知识产权的井下综合通信、定位导航等实现智能开采的核心支撑技术与软件平台稀缺，关键技术不得不依赖进口，对外依存度较高；三是矿山机械行业的市场集中度较低，国内各主机厂尚不具备采、碎、磨、选、运全流程系统的成套装备保障能力，仍处于分散的单机制造阶段，而不同厂家生产的各子系统之间、各关联产品设备之间的兼容性和互通性以及与用户数据系统的交互能力，极大地制约着智能化水平的提升；四是一些优势企业虽然在装备的整体技术与集成能力上有所突破，但由于国内配套企业整体实力较弱，轴承、密封、机电、电气元件等国产核心部件在性能稳定性、质量可靠性和使用寿命等方面与国外企业存在着相当的差距，无法形成对行业发展强有力的配套支撑，相关核心部件的制造仍受制于国外企业，影响着行业发展和整体水平的提高；五是相关技术标准仍在起步阶段，有待健全完善。

同时，我们更应清醒地看到，一方面，我国矿山建设水平差异很大，矿山装备的技术水平不均衡，大多数中小矿山企业的生产工艺和设备仍然相当落后，集约化开发程度低。比如，我国煤炭资源中先天条件占优的露天煤矿比重不到 10%，开采相对困难的井工矿占绝大多数；另一方面，与国外矿山相比，我国矿山更为复杂，矿山规模和产品结构不合理，小矿山众多而且分散，“大矿少、小矿多”的格局仍未发生根本性改善。以非煤矿山为例，全国现约有 3 万多座，其中小型非煤矿山占 95%。这就使得我国矿山的智能化建设不能完全照搬国外模式，不同矿山要采取不同的建设策略。因此，如何根据不同矿山的智能化建设、绿色开采的需求，针对每一个矿业企业研发个性化的、定制的、成套的、与整个矿山智能控制系统可融为一体的智能、绿色矿山装备，实现向综合解决方案供应商的转变，是正在转型之中的国内各矿山机械制造企业需要高度重视的问题。

煤矿机器人发展概况

在传统矿山机械向智能化、绿色化转型的同时，机器人技术进入矿山领域。目前，矿用机器人正朝着多元化、高端化、智能化的主流趋势加速发展。

2017 年，工信部将机器人分为工业机器人、特种机器人和服务机器人三大类。矿用机器人则归入特种机器人类。

根据 2019 年国家煤矿安监局公布的《煤矿机器人重点研发目录》，其在煤矿生产运营中的应用主要分为掘进、采煤、运输、安全控制和救援共 5 类、38 种。煤矿机器人是能依靠随身动力和自主控制能力来实现某种特定采矿功能的一种机器，可以通过受人指挥、预先编程、人工智能规划的方式，协助或替代人的采矿作业劳动或危险岗位的操作。相比一般的特种机器人而言，由于煤炭开采条件的多样性和复杂性，煤矿机器人既要满足井下防尘、防潮、耐侵蚀等特殊要求，又要适应井下空间苛刻的作业需求，还要实现自主路径规划、自动避障、自动平衡、自主行走、自主复位等控制要求，并具备精准感知、自学习、自决策和自适应等能力。因此，煤矿机器人的研发应用已成为特种机器人领域技术难度最大的种类之一。

下面聚焦于煤矿机器人技术，粗略地梳理出国内外煤矿机器人近年来的发展轨迹。

国外煤矿机器人的研究起步较早。美国自 20 世纪 80 年代就开始将基于计算机远程遥控加局部自治式控制作为非结构化采煤工作环境下机器人的重点发展方向，研制出了计算机控制采煤作业系统及多种特种机器人，如支护机器人、凿岩机器人、装载机器人、采煤机器人、煤矿救灾机器人等。澳大利亚等国从煤矿机器人传感器系统、导航系统、通信系统等方面，进行了针对煤矿露天开采的拉铲挖掘机、轮斗挖掘机等设备的机器人化工作。

截至目前，美国、澳大利亚、南非等早期涉足煤矿机器人研发的国家基本都已实现了普及应用，而它们对于煤矿机器人的应用主要体现在生产作业、矿难事故处理救援和煤矿日常监测与维护三个方面。应用于生产作业的煤矿机器人包括凿岩、掘进、喷浆、采煤、运输等机器人，主要用于煤矿巷道掘进、巷道支护、采煤运煤等工作；矿难处理与救援机器人主要负责矿难发生后，进入事故现场进行缓解探测、人员搜救、事故善后等工作；日常监测与维护机器人则对井下环境、设备进行监测，协助处理管道清淤等工作，保障开采工程的正常运维。

我国一直是世界第一大煤炭生产国和消费国，煤炭资源在我国一次能源消费中的比重维持在 60% ～ 70%，对我国经济发展起着举足轻重的作用。

我国煤炭开采条件极其复杂，90% 以上的煤炭资源仅适合井工开采，平均开采深度 600m，全国 50% 以上煤炭储量处于高瓦斯地区；在全国 249 万煤矿从业人员中，从事采煤、掘进、运输、安全控制等危险繁重岗位的人员占 60% 以上。同时，煤矿生产系统庞大复杂，作业环境恶劣，水、火、煤尘、瓦斯和顶板等灾害多，其非机构化环境使得传统自动化机械的使用受到局限。受安全管理规程以及地质条件、开采环境、作业条件等开采工况的限制，国外各类机器人技术及装备无法直接应用于国内大多数煤矿企业。

面对煤矿灾害重、风险大、下井人员多、危险岗位多等情况，我国早在“七五”期间就开始组织专家、学者对国际先进机器人技术进行全面跟踪、研究和探索，在国家“863”计划等资助项目的支持下，对包括钻孔机器人、喷浆机器人、凿岩机器人、救灾机器人、采煤机器人、机器人矿车等在内的多种煤矿机器人进行了研究开发。

1997 年，中国矿业大学（简称中国矿大）和哈尔滨工业大学（简称哈工大）联合研制了用于在具有瓦斯突出与爆炸危险的井下环境中进行安全钻孔的“钻孔机器人”。该机器人具有自动输送、接续与拆卸钻杆，以及自动推进与退出作业功能；配有工业电视、瓦斯与温度传感器，能对钻场环境以及钻机工况进行远距离监视与监控。2000 年，山东科技大学机器人与智能技术实验室实现了拥有完全自主知识产权的“喷浆机器人”的产品化和系列化，填补了我国地下恶劣环境中作业机器人的空白。同年，中南大学开发出的国内第一台计算机控制凿岩钻车样机（凿岩机器人），具有计算机导向、自动防卡钎功能，在简单工况下，可以实现孔位自动导引与自动钻孔功能。2004 年，中国矿大组建了我国首支煤矿救灾机器人研发团队，并于 2006 年 7 月研制出国内第一台煤矿搜救机器人——CUMT-I 型矿山救援机器人。该装置采用自主避障和遥控引导相结合的行走控制方式，履带式结构，装备有低照度摄像机、气体传感器和温度传感器等设备，具备了基本的遥控移动、视频传输、危险气体探测以及物品移动能力。2009 年，中国矿大在国家安全生产监督管理总局立项起草了《矿用救灾探测机器人通用技术条件》《矿用救灾探测机器人综合移动性能测试方法》《矿用救灾探测机器人通讯系统测试方法》等 4 部测试标准草案，这些标准虽然一直没有正式发布，但对不同煤矿机器人标准的制定具有一定的参考价值。2019 年 6 月，国内首台“矿用抢险探测机器人”在河北唐山开诚电控设备集团有限公司（简称唐山开诚）研制成功，使我国成为继美国之后第二个掌握该项技术的国家。该机器人具有防爆、越障、涉水、自定位、采集识别和传输各种数据等多种功能，能够代替抢险人员进入 1 000m 范围内的事故现场采集、传输影像和数据信息，为救援工作提供重要参考。2019 年 12 月，山东省科学院成功研制出具有生命探测功能的“井下探测救援机器人”。该装备首次结合本安防爆和正压防爆等多种防爆技术，具备了井下防爆抗水、生命探测等功能，可以将采集到的各种信息以图像、声音和数据等形式传送到主控制中心。2010 年

9月，在第九届中国国际装备制造业博览会上，由中科院沈阳自动化研究所研制的“煤矿井下探测机器人”荣获唯一一个“特别奖”。该机器人在把井下影像传送到地面的同时，通过传感器向地面传送甲烷、一氧化碳、氧气等各种气体数据。2010年10月，由唐山开诚、哈工大、开滦救护大队、徐州矿业集团救护大队等单位共同承担的重大科技项目“KRZ-Ⅰ型矿井灾害空间环境探测机器人装置”通过国家鉴定。所研发的“井下探测机器人”既有防爆、越障、涉水、自定位、采集识别和传输各种数据的功能，还能进入事故现场采集影像、数据信息，为及时抢险救人提供重要依据和参考。该项目成果填补了国内空白，达到国际先进水平，标志着我国煤炭安全生产装备研发水平实现了新的重大突破。2011年10月，由唐山市质监局、唐山开诚组织编写的我国第一个关于矿用井下机器人的省级地方标准——《矿用井下机器人技术规范》为提高矿用井下机器人产品质量，减少煤矿灾害人员伤亡和财产损失、提高应急抢险能力发挥了重要的作用，填补了国内空白。2011年，唐山开诚研发设计了“KQR48矿用灾区侦测机器人”，防爆级别为Exd+ib Ma级，主要应用于对煤矿具有潜在危险区域或人员无法进入区域的探测（该装备业已通过煤矿安全资格认证，获得了进入矿井开展救援的许可）。2014年5月，唐山开诚研制出国内首台“矿用潜水机器人”，主要应用于矿山水灾救援、水下目标侦查等领域，能在水中任意深度航行，可采集水中和水面的影像并实时传回防爆计算机。2015年5月，唐山开诚矿用机器人技术工程实验室被国家发展改革委列为国家地方联合实验室。该实验室可模拟煤矿井下环境，研究多模网络通信技术和水下机器人技术，研究井下信号的传输及存储技术，进行矿用机器人实验。2016年，经过对“煤矿井下环境探测与搜救机器人系统”和“矿灾救援机器人研究开发与应用”等两项国家“863”计划重点项目课题的深入研发，中国矿大与常州科研试制中心有限公司合作制造的、集环境探测、给养运输、灭火、救运伤员于一体的“CUMT-V型煤矿救灾机器人”取得了煤矿安全资格认证，并于当年8月在山西同煤集团塔山煤矿等矿区完成了示范应用，取得了较好的效果。

为加快开展煤矿机器人的研发，自2018年4月开始，国家煤矿安全监察局（简称国家煤矿安监局）一直在谋划、部署和推动煤矿机器人的研究和应用工作，大力推动顶层设计、协调争取政策支持、搭建平台协同推进、扎实做好服务支撑，为提升煤矿本质安全水平发挥了积极的作用。2018年7月，应急管理部、国家煤矿安监局召开全国煤矿安全基础建设推进大会。会议要求，各地区、各部门、各煤矿企业要坚持“管理、装备、素质、系统”并重，抓关键、补短板、强弱项，大力推进“机械化、自动化、信息化、智能化”建设及机器人研发应用建设。2018年9月，国家发展改革委办公厅印发了《关于组织申报2019年煤矿安全改造中央预算内投资计划的通知》（发改办能源〔2018〕1035号），将煤矿智能装备推广应用纳入30亿元国债资金支持范围，支持煤矿推广应用智能装备，推进机械化换人、自动化减人和智能装备替代高危岗位作业。同月，应急管理部、国家煤矿安监局组织相关企业和科研机构研究煤矿机器人急需解决的技术问题，向科技部申报了4项煤矿机器人“卡脖子”项目，争取在关键技术上有所突破。2018年9月，应急管理部煤炭信息研究院组建了“煤矿机器人协同推进中心”，按照国家煤矿安监局的统一部署，全方位协调推进煤矿机器人研发应用，开展煤矿机器人研发应用及需求的调研工作，组织研究制定煤矿机器人重点研发目录，服务煤矿安全基础建设和煤矿本质安全水平提升。2019年1月，全国煤矿安全生产工作会议明确提出，以机器人研发应用引领煤矿“机械化、安全质量标准化和自动化、信息化”的建设。2019年1月，国家煤矿安监局公布《煤矿机器人重点研发目录》，率先在全世界构建了煤矿机器人技术体系。《目录》聚焦关键岗位、危险岗位，将重点研发的煤矿机器人分为掘进、采煤、运输、安控和救援共5类、38种，对每种机器人的功能提出了具体要求，对煤矿机器人的研发应用具有重要的指导作用。2019年3月，全国两会期间，全国政协委员、应急管理部副部长、国家煤矿安监局局长黄玉治提交了《关于大力推进煤矿智能装备和机器人研发应用的提案》，建议制定煤矿智能装备、机器人研发应用专题规划，并列入国家《机器人产业发展规划（2016—2020）》，建立健全煤矿机器人产业标准和认证体系；将煤矿智能装备、机器人研发应用纳入国家科技创新重大工程、国家科技重大专项、国家重点研发计划和国家自然科学基金重大研究计划等。2019年7月，国家煤矿安监局发布《关于开展煤矿安全生产先进适用技术装备遴选工作的通知》（煤安监司函办〔2019〕73号），将煤矿机器人纳入遴选范围。2019年8月，国家煤矿安监局与中国航天科技集团有限公司在京签订战略合作框架协议，鼓励支持中国航天科技集团发挥航天科技优势，与煤炭行业开展“天地合作”，推广先进适用智能化和机器人技术装备。同月，经应急管理部批准，由国家煤矿安监局主办的以“跨界合作，大力推进煤矿机器人研发应用”为主题的世界机器人大会煤矿机器人专题论坛在北京召开，倡导全社会参与煤矿机器人跨界合作、研发应用，实现煤炭行业的安全高效发展。2019年10月，科技部对国家重点研发计划高新领域“智能机器人”等9个重点专项2020年度项目申报指南建议向社会征求意见，在2020年度“智能机器人”重点专项中，首次将“大型高产矿井综合掘进机器人”“复杂地质条件煤矿辅助运输机器人”和“面向冲击地压矿井防冲钻孔机器人”等3种煤矿机器人列入申报范围。2019年10月，工信部、国家发展改革委等十三部门印发《制造业设计能力提升专项行动计划（2019—2022年）》，明确了争取用4年左右的时间，在工业机器人等行业，以及节能环保、人工智能等领域实现原创设计突破，在机器人领域，重点突破多功能工业机器人、服务机器人和特种机器人设计等。同月，国家发展改革委修订发布《产业结构调整指导目录（2019年本）》，聚焦危险开采区等重点领域，鼓励煤矿机器人等专用机器人的发展。同年 11 月，经国家煤矿安监局批准，由辽宁工程技术大学牵头组建国家煤矿机器人协同创新中心，旨在推进我国煤矿机器人研发应用与煤炭开发的智能化水平，全面提升煤矿机器人技术能力，引领煤矿装备智能化与机器人技术发展，支撑起我国煤矿机器人产业集群发展，探索出我国科技体制改革的新模式和新思路。

自国家煤矿安监局大力推动煤矿机器人研发应用工作以来，中国煤科、山东能源新汶矿业集团有限责任公司（简称新矿集团）、开滦（集团）有限责任公司（简称开滦集团）、兖矿集团有限公司、安标国家矿用产品安全标志中心（简称安标国家中心）、上海交通大学、中国矿大（北京）、太原理工大学、新松机器人自动化股份有限公司（简称新松公司）、冀中装备集团石家庄煤矿机械有限责任公司（简称石煤机公司）、哈工大机器人（合肥）国际创新研究院等国有大型煤炭企业、煤机制造企业、机器人制造企业、高校、科研院所等基本形成了研发应用煤矿机器人、加快发展智能装备的共识，积极围绕人才培养、团队建设、研究方向、安全要求等开展工作，研发应用的自觉性进一步增强，相继在巡检类机器人、煤矸智能分选机器人、掘进机器人、探测机器人等领域投入科研经费，取得了阶段性成果。

新矿集团与国内机器人第一品牌新松公司合作，联合成立了“新松矿业机器人研究院”，积极推进无人掘进工作面、智能巡检机器人等项目的落地，探索机器人替代人工，加速企业由机械化换人、自动化减人向“智能化无人”迈进。新松公司研制的“5G 智能型全自动巡检机器人”将 5G 大带宽（eMBB）、低延时（uRLLC）的传输能力和智能机器人安防巡检需求充分结合，可以对作业区域执行巡逻、检查、警示等作业，实时传输、保留现场信息。开滦集团等单位合作研发的“人工智能（AI）煤矸分选机器人”可完全代替人工选矸，使员工摆脱了恶劣的工作环境，其识别率和执行机构抓取率均达到了 95% 以上，是人工手选效率的 3 倍。安标国家中心为加快推进煤矿机器人的产品化及在井下的试用推广，专门召开了煤矿机器人安全技术要求研讨会，组织专家对其根据《煤矿安全规程》、相关标准规范对矿用设备基本安全要求，梳理的《煤矿机器人基本安全要求（讨论稿）》进行了认真讨论，对煤矿机器人使用的锂离子蓄电池、井下充电安全性及相关安全要求、井下安全充电方式等重点问题进行了深入研讨，会议所形成的专家意见将作为煤矿机器人产品安全标志审核发放的依据之一。中国矿大（北京）成立了“智慧矿山与机器人研究院”，以研发系列煤矿机器人为目标，围绕煤矿机器人的难点和痛点，开展创新研究；此外，经教育部批准（教高函〔2019〕7 号），中国矿大（北京）新增“机器人工程”专业。专业立足于煤矿行业特色，以矿山特种机器人为对象，培养机器人工程及相关领域的复合型人才。上海交通大学提出“六足步行机器人”概念，该机器人具有视觉、力觉、识别地形、主动避障、自动感知、自主平衡等功能。相比轮式和履带式机器人，步行机器人可以更好地适应崎岖地形，强而有力的机械臂可以在井下实施有效的维护作业，将特殊环境下作业的步行机器人的实际应用向前推进了一大步。太原理工大学研制的“智能煤矿井下巡检机器人”可以 24h 实时监测巡检井下区域环境，大大提高了工作效率，减轻了工人劳动强度。石煤机公司与中国矿大（北京）签订了掘进机器人群、重载多功能作业机器人、电动胶轮车无人驾驶等三项技术合作协议，成立了项目课题组，开启了煤矿机器人技术攻关的新征程。哈工大机器人（合肥）国际创新研究院自主研发的“HRG 侦测灭火机器人”参与了川煤集团杉木树煤矿透水事故救援，为救援工作提供了强有力的保障。

在国内众多的煤矿机器人研发院校、制造企业中，中信重工 2015 年 12 月通过收购唐山开诚电控设备集团有限公司布局特种机器人产业领域，依托其在井下防爆变频和矿山自动化领域的技术优势，以矿用机器人为切入点，拓展高危环境下和特殊工况下的特种机器人应用。2018 年 12 月，由中信重工开诚智能装备有限公司（简称中信重工开诚智能）研制的“矿用一般型轨道式巡检机器人”“矿用防爆固定值守机器人”“矿用防爆轮式巡检机器人”“矿用防爆轨道式巡检机器人”等新一代系列装备在河北省唐山市正式亮相，以上装备成功地将人工智能（AI）技术运用到煤矿，具备了听觉、视觉和热感检测分析等功能。2019 年 10 月，中信重工开诚智能在第十八届中国国际煤炭采矿技术交流及设备展览会上又推出了最新研制的“智能井筒监控机器人”和“井下运输安全预警机器人”等装备。

目前，由中国煤科、开滦集团、中国煤矿机械装备有限责任公司、中信重工开诚智能等企业研发的井下巡检机器人、智能选矸机器人等 11 种机器人已在煤矿井下现场应用，掘进机器人、喷浆机器人、搬运机器人等 19 种机器人已立项研发，煤矿机器人发展势头迅猛。

但就总体而言，由于我国煤炭开采条件复杂、研发起步晚、限制多、人才匮乏，国内煤矿机器人的研发应用仍处于初级发展阶段，存在着诸多“瓶颈”。目前，国内尚未研发出成熟的煤矿机器人成套技术与装备，无法真正实现井下多工种、全安全岗位的无人（少人）化总体目标。现有井下机器人普遍存在着灵活性差、智能性欠缺、功能较少、环境适应能力差、续航能力低等问题，亟需开展煤矿井下智能机器人系统集成、设计、制造、试验检测等核心技术研究，攻克煤矿重载机器人运动和执行机构、井下机器人群协同管控平台等一系列技术难题；由于煤矿井下环境的复杂性和特殊性，轻质防爆材料、能源动力、导航与路径规划、无线通信与精准定位、智能传感等关键技术还需进一步集中力量研发攻关，相关科研成果距离现场大面积推广应用还有一段距离，成套装备性能及其运行可靠性还需依托产、学、研、用协同创新机制的努力进一步提升；侧重于集成创新，弱化了对控制器、传感器、末端执行器以及高性能驱动器等关键核心基础件的研发，而忽视了关键基础件原始技术的研究、创新，就将难以在品质和品牌等方面实现突破，无法做强我国的煤矿机器人产业。除了以上技术难点，煤矿机器人作为井下新型装备，尚无完整的井下机器人关键技术标准和重点应用标准等产业标准体系和煤矿安全认证系统；此外，煤矿机器人前期的开发设计、生产制造、测试评估以及后期使用中的操作、维护、保养等工作都需要专业的技术团队，我国现有人才储备明显不足，人才缺口较大；而建立、培养这样一支专业队伍，投入相对较高。最后，多数制造企业目前对煤矿机器人产业的整体认识不够，缺乏对客户需求的敬畏以及对产品技术的坚守，企业之间简单模仿，产品存在同质化、低质量和低价格竞争，进步空间被压缩。

为进一步推动煤矿机器人高质量的发展，国家有关部门未来将从以下5个方面着手：一是要面向未来，坚定发展信心。科研院所和制造企业要看到煤矿机器人应用的广阔前景，积极投身研发制造，占领科技制高点。地方政府和有关部门要为煤矿机器人的研发应用创造有利条件。二是要统筹协调，加强顶层设计。要加强部际协调沟通，明确煤矿机器人研发应用的主要目标、总体任务和保障措施。三是要突出重点，加快推广应用。山东、河北、河南、黑龙江、贵州、安徽等省区，要先行先试。山西、内蒙古、陕西、宁夏等省区要率先建成一批100人以下、50人以下无人（少人）智能化矿井。四是要汇集众智，攻克技术瓶颈。要加快科技立项，将煤矿机器人研发应用纳入国家重点研发计划。五是要紧盯需求，加快人才培养。高等院校要开展煤矿智能化和煤矿机器人专业教育，实施校企联合培养，落实定向委培、在职深造、学生就业等政策，保障煤矿智能化发展的人才需求。

〔撰稿人：洛阳矿山机械工程设计研究院有限责任公司沈剑峰　审稿人：洛阳矿山机械工程设计研究院有限公司杜波〕

破碎粉磨设备

生产发展情况　随着我国破碎粉磨设备行业的飞速发展，破碎粉磨行业产业结构得到了快速优化，产业集中度不断提高。砂石企业的规模化、大型化、集团化、绿色化、生态化已成趋势，带动破碎设备也迅速向大型化、集成化、多样化发展，以前主要生产破碎设备，现在涉及物流运输、环保、给排水全产业链。

2019年破碎粉磨分行业部分企业经济指标完成情况见表1。2019年破碎粉磨设备行业主要企业产品出口情况见表2。2019年破碎粉磨设备行业主要企业分类产品国内销售收入见表3。

表1　2019年破碎粉磨分行业部分企业经济指标完成情况

序号	企业名称	工业总产值		工业增加值（万元）	产品销售收入（万元）	产品销售税金及附加（万元）	利润总额（万元）
		当年价（万元）	比上年增长（%）				
1	四川矿山机器（集团）有限责任公司	22 461	3.9		29 277	187	
2	山东山矿机械有限公司	41 921	10.9	9 566	42 023	844	1 619
3	浙江矿山机械有限公司	9 260	3.0	1 783	9 243	103	571
4	唐山市矿山机械厂	5 800	10.0	580	5 800	85	340
5	上海电气上重碾磨特装设备有限公司	89 844	47.0	28 779	85 273	307	613
6	山东大通机械科技有限公司	8 100	5.0	400	7 800	370	348
7	湖北枝江峡江矿山机械有限责任公司	37 768	20.0		37 743	2 058	1 715
8	松滋市金津矿山机械股份有限公司	4 500	12.5	880	4 000	20	200
9	溧阳中材重型机器有限公司	44 086	-30.2	22 905	49 479	192	746
10	河南龙佰智能装备制造有限公司	5 333	12.0	210	6 028	105	35
11	桂林矿山机械有限公司	24 975	14.9	3 235	5 457	237	110
12	哈尔滨和泰电力设备有限公司	4 540	10.5	216	4 483	310	-50
13	河北万矿机械厂	5 626	9.5	1 689	5 647	67	491
14	双流金石机械制造有限公司	1 264	5.0	20	909	28	11
15	四川国鼎机械设备制造有限公司	2 100	10.0	—	1 995	28	217

（续）

序号	企业名称	工业总产值		工业增加值（万元）	产品销售收入（万元）	产品销售税金及附加（万元）	利润总额（万元）
		当年价（万元）	比上年增长（%）				
16	浙江海马传动科技股份有限公司	6 885	19.3	1 572	6 325	296	724
17	哈尔滨国海星轮传动有限公司	620	9.7	535	587	2	-149
18	上海嘉庆轴承制造有限公司	7 010	15.0	350	5 170	9	113

表 2　2019 年破碎粉磨设备行业主要企业产品出口情况

序号	企业名称	出口国家（地区）	出口量（台）	出口额（万美元）
1	四川矿山机器（集团）有限责任公司	印度尼西亚、赞比亚	28	751.00
2	山东山矿机械有限公司	巴基斯坦、俄罗斯、印度尼西亚、印度、阿拉伯联合酋长国、老挝	66	970.80
3	松滋市金津矿山机械股份有限公司	—	7	50.05
4	浙江矿山机械有限公司	印度尼西亚、柬埔寨、安哥拉、尼日利亚、喀麦隆、蒙古	94	311.00
5	溧阳中材重型机器有限公司	越南、柬埔寨、爱尔兰、白俄罗斯、蒙古、也门		152.71
6	桂林矿山机械有限公司	摩洛哥	1	11.74

表 3　2019 年破碎粉磨设备行业主要企业分类产品国内销售收入　（单位：万元）

序号	企业名称	国内销售收入	其中：破碎机械	其中：粉磨机类
1	四川矿山机器（集团）有限责任公司	24 293	2 267	15 515
2	山东山矿机械有限公司	36 198	4 365	5 341
3	浙江矿山机械有限公司	9 260	9 260	
4	上海电气上重碾磨特装设备有限公司	85 273	0	33 358
5	唐山市矿山机械厂	5 800	2 320	3 480
6	湖北枝江峡江矿山机械有限责任公司	37 743	31 195	
7	松滋市金津矿山机械股份有限公司	3 540	3 540	
8	山东大通机械科技有限公司	7 800	7 400	400
9	溧阳中材重型机器有限公司	48 654	20 463	27 564
10	河南龙佰智能装备制造有限公司	6 028	1 284	1 100
11	河北万矿机械厂	5 647	5 647	
12	桂林矿山机械有限公司	5 384	5	5 379
13	双流金石机械制造有限公司	909	909	
14	四川国鼎机械设备制造有限公司	2 100	1 900	200
15	浙江海马传动科技股份有限公司	3 360	2 520	840
16	哈尔滨国海星轮传动有限公司	587		

主要企业经营情况　四川矿山机器（集团）有限责任公司（简称川矿集团）位于四川省江油市，始建于 1958 年，是国内主要重型装备制造商，我国西部冶金矿山设备、水泥建材设备领域的领军企业，被誉为中国客、货运架空索道的“摇篮”，2014 年由昆吾九鼎投资管理有限公司（股票代码：430719）全资控股。川矿集团为四川省企业技术中心、高新技术企业，集研发、设计、制造、安装调试于一体，连续多年入选中国机械工业 500 强以及中国专用设备制造业 100 强企业、中国建材机械制造 20 强企业，现为中国重型机械工业协会常务理事、中国重机协会破碎粉磨设备专业委员会（简称破磨专委会）理事长单位、中国煤炭工业劳动保护科学技术学会副主任委员、中国建材机

械工业协会副会长单位，被授予“国家级重合同守信用企业”称号，“川矿”牌商标为四川省著名商标。川矿集团拥有国内领先、国际一流的生产线，涉及产品研发、设计、工艺、制造、质量管控、运输、安装调试、工程总承包（EPC）及维护保养、备品备件、售后服务等全部机械装备制造业业务流程，主要为国内外旅游、交通、冶金、矿山、水泥建材、电力、石油化工、起重运输等行业提供重大成套技术装备、高新产品和技术服务。产品包括空中客、货运架空索道，冶金矿山装备，矿井提升机，成套水泥装备，各种破碎筛分设备，化工压力容器，各种备品备件以及安装调试和维保服务等，远销欧美及东南亚等近 40 个国家和地区。

山东山矿机械有限公司始建于 1970 年，最初为济宁矿山机械厂，是破磨专委会副理事长单位。2001 年 3 月由国有企业改制为民营企业。企业现有总资产 7 亿元，注册资金 2 亿元。2019 年生产了 4PG1200×1000、PCFK1825、PCFK1612、HCSC10、HCSC12 等型号 62 台大型破碎机。

南昌矿山机械有限公司（简称南昌矿机）成立于 1970 年，坐落于江西省南昌市，其前身为南昌矿山机械厂，是国内技术领先，江西省唯一一家能自主研发、生产、销售及提供破碎筛分成套系统解决方案的高新技术企业，是破磨专委会副理事长单位。2019 年，南昌矿机主要设备销售量为 735 台（套），其中，给料筛分设备 552 台（套），破碎设备 183 台（套）。2019 年共申请专利 46 项，编制行业标准 5 项，起草行业标准 1 项。2019 年南昌矿机投入科研开发经费近 1 792 万元，取得了多项创新成果。CC600 和 CC800 破碎机产品成功取得国家首台（套）重大技术装备保险补偿；CC400 单缸液压圆锥破碎机分别获中国机械工程学会的“绿色制造科学技术奖”优秀奖、中国重型机械工业协会科学技术奖三等奖，并获得江西省科学技术奖提名奖。

上海电气上重碾磨特装设备有限公司（简称上重碾磨公司）成立于 2015 年 10 月，是按照深化国资国企改革和结构调整要求，由上海电气集团股份有限公司出资，整合上海重型机器厂有限公司原有碾磨、特装、通用业务优势资源组建的新公司。2019 年，上重碾磨公司共实现销售收入 85 273 万元，其中，粉磨机类产品销售收入 33 358 万元，实现盈利 613 万元。上重碾磨公司与上海电气中央研究院进行产学研合作，进行了 VR 技术与磨煤机技术改造融合应用研制，在完成磨煤机产品改进设计的同时，合作开发了一套虚拟现实交互逻辑程序，对磨煤机改造前后的结构变化及其装配工艺进行 VR 展示，实现 VR 技术与磨煤机产品的融合应用。截至 2019 年 12 月，已完成了全部研究工作。2019 年，上重碾磨公司完成国家/行业标准 9 项；编制并发布了年度企业技术标准目录，将 65 项国家标准、16 项行业标准以及 20 项企业标准的最新版本作为受控技术标准列入了目录，完成了受控技术标准的发放与回收工作。上重碾磨公司积极响应政府环境保护政策的要求，继续追加环保设备的投资购置，2019 年投入技改费用 234.05 万元。同时，上重碾磨公司进一步加强了与上海电机学院、上海电气中央研究院等高校、科研院所的技术合作，通过项目委托研发模式，深入开展技术研发和人才队伍建设等合作业务，形成了完善的产学研合作机制，有力地支撑了企业技术创新工作的开展和能力提升。

河北万矿机械厂（简称河北万矿）始建于 1965 年 3 月，属国有集体企业，是河北省重点生产矿山破碎设备的专业厂家，生产规模及产品品种在省内居领先地位，被中国市场监测中心评为“中国矿山机械工业 50 强企业”。2019 年实现工业总产值 5 625.7 万元，完成计划的 94%，同比增长 9.5%；实现营业收入 5 647.1 万元，完成计划的 94%，同比增长 31.2%；上缴税金 333.2 万元，同比增长 1%；实现人均工资 4.5 万元的经营目标；实现利润 491.3 万元，实现扭亏增赢的目标。2019 年年底，河北万矿资产总额为 8 393.5 万元，同比增长 20%；实现销售总回款 5 842.37 万元，完成目标任务的 97.3%，比 2018 年增长 5.9%；签订合同金额 6 797.17 万元，比 2018 年增长 43.8%。高新技术企业获得市政府 20 万元的奖励资金。申报完成 2 项新型实用专利，现有的 9 项新型实用专利获得补贴资金 9 000 元。全年开发生产出 600 型除杂机、PCS-1116 锤式破碎机、3YK3080 圆振动筛、XL3224 轮式洗砂机、PCL2000-5 研磨制浆破碎机和 PE-1500X1800 颚式破碎机。全年生产总工时较 2018 年增长 11.7%。全年生产各种设备 220 台，其中破碎机 119 台、给料机 36 台、振动筛 58 台、洗砂机 7 台；生产输送机 21 架 416.2m；生产各种钢架附件 39 套。对外维修机器设备 66 台。完成总产值 5 619.6 万元，其中，产品产值 4 756.6 万元、附件产值 400.6 万元、配件产值 181.8 万元、修机产值 280.6 万元。2019 年 7 月完成了质量管理体系外部审核工作，为产品质量提升提供了新的管理方法和新思路。全年机工、钳工两大车间质量指标均达标，机加工废品率 0.16%，产品装配一次交验合格率 98.2%，均满足指标要求。

湖北枝江峡江矿山机械有限责任公司成立于 2003 年 3 月，位于枝江市白洋镇沿江街 1 号，注册资本 3 000 万元，是宜昌市一家专门从事矿山机械设计、制造、安装及销售的高新技术企业。截至 2019 年年底，公司总资产达到 14 141.66 万元，总负债 2 604.04 万元，资产负债率 18.41%；实现主营业务收入 13 872.36 万元，同比增长 21.98%。现有有效专利 26 项，其中发明专利 1 项、实用新型专利 25 项。公司现有研发人员 48 人，其中专职人员 14 人、高级工程师 3 人，专职研发人员占比 13.33%。同时，通过与三峡大学紧密合作，拥有外部研发人员 6 人，其中教授 1 人、副教授 2 人。

桂林矿山机械有限公司始建于 1973 年，属国有企业，是广西机械工业骨干企业、广西首批优秀科技型企业，是原机电部定点生产磨粉机专业生产厂家和生产基地，是行业标准 JB/T 4084—2017《摆式磨粉机》主要编写单位（排名第 1）。现有职工 140 人，其中研发人员 13 人；研究生 1 人，大学本科 19 人；高级职称 3 人，中级职称 2 人。GK1620A、GK1720A、GK2150、GK2500 摆式磨粉机和 GKXF5R 选粉机等成套设备的市场占有率居行业前列，技术水平为国内领先。2019 年实现销售收入 5 457 万元，同比增长 6.45%；利润 110.2 万元，同比增长 46.24%；上缴税费 236.62 万元。主导产品销售收入 4 770 万元，占比 87%。研发费用投入 280.01 万元，占销售收入的 5.13%。2018 年资产总额 21 740.44 万元，2019 年资产总额 24 975.49 万元，同比增长 14.88%；资产负债率 93.59%。公司资产负债率高的主要原因是企业整体搬迁。2019 年财务审计报告数据显示，公司短期借款 1 524 万元，长期借款 3 400 万元，合计 4 924 万元。如果负债合计额减去 4 924 万元，公司资产负债率为 73.87%。申请专利 20 项，其中发明专利 5 项、实用新型专利 13 项、外观设计专利 2 项，获授权有效实用新型专利 13 项、外观设计专利 2 项。

唐山市矿山机械厂是生产“金马”牌冶金、矿山、建材、环保成套设备的专业化厂家，始建于 1971 年，坐落于河北省遵化市，注册资金 1 531.3 万元，占地面积逾 3.3 万 m^2，现有职工 70 余人，拥有 8m、5m、4m 立式车床，8m、5m、4m、3.15m 滚齿机，6m、4m 龙门刨床，精密镗床、铣床、车床、刨床、钻床、自动下料、自动焊接等大型先进生产加工设备。

四川国鼎机械设备制造有限公司始创于 2011 年，主要生产及销售砂石生产成套设备。公司从成立之初仅有 6 名职工，发展到现在的 27 人，有 6 名中高级技术人员；资产从 100 余万元，发展到现在的 3 000 余万元；销售收入从 180 余万元，发展到现在的 2 100 余万元。客户分布在四川、陕西、广东、西藏等地区，产品远销印度、越南等国家。2019 上缴税金 28 万元。公司现有车、镗、刨、铣、钻、焊、装配生产流水线，在雅安、达州、云南、广元设销售及售后服务办事处。现已取得一种立式反击破碎机、一种具有减震机构复摆颚式破碎机等 3 项实用新型专利授权。

哈尔滨和泰电力设备有限公司始建于 1993 年，是一家提供散状物料处理系统解决方案和相关设备的企业，是“中国中小企业创新 100 强”企业。散料卸车、给料、采样、筛分和破碎系列设备在全国处于领先水平，主要产品叶轮给煤机、立式破碎粉磨机、可逆反击锤式破碎机、螺旋卸车采样一体机等分别获得国家和省市科技创新奖。2019 年，面对经济形势给企业生产和销售带来的巨大影响，公司紧紧抓住市场需求，把产品创新和质量创新作为工作重点，企业经营稳步回升，实现销售收入 4 482.63 万元，连续 3 年实现销售收入增长。公司已获发明专利、实用新型专利 30 余项，2019 年提出专利申请 10 余项，企业技术创新始终充满激情与活力。

深圳市德颐姆科技有限公司成立于 2007 年，是一家专业从事计算机辅助工程 CAE（Computer Aided Engineering）为主，以全球具有领先地位的离散元（DEM）仿真软件（EDEM 系列）的销售服务为核心，集散料输送、搬运、破碎、研磨、筛分等设备的仿真、优化、分析为一体的高科技企业。2013 年，德颐姆科技依托世界上最大的离散元（DEM）软件开发商 —— 英国 DEM Solutions 公司正式开展 EDEM 系列软件在中国区的商用销售工作，目前 EDEM 系列软件已经成为国内众多相关企业研发过程中最具代表性、实用性、可靠性的离散元仿真软件，占据国内 90% 以上的商用市场份额。2019 年破碎粉磨设备行业新产品和新技术开发项目见表 3。

表 3　2019 年破碎粉磨设备行业新产品和新技术开发项目

序号	企业名称	项目名称	主要技术性能	技术水平	专利情况
1	四川矿山机器（集团）有限责任公司	货运索道	最高 2 000t/h、高 1 000m、长 7km		
2	山东山矿机械有限公司	自动控制大型颚式破碎机	①动颚颚板设计成齿型，有效避免了磨料滑动，防止大块物料蹦出；排料口采用快速液压式调整技术，实现了无级调整；破碎腔采用对称 V 形腔结构，设备拥有更深的破碎腔，无死区，破碎效率更高；②在入料口、出料口和破碎腔装备喷水装置，有效减少粉尘的产生；在出料口和破碎腔动颚后检修口装备吸尘设备控制粉尘的扩散；③组合式机架采用模块式、无焊接框架结构，可将设备部件拆分，到现场另行组装。在机架进行大修时，只需更换损坏的零件；④设计了专用高强度减振装置，无需事先制作尺寸精确的地脚螺栓孔，也无需地脚螺栓，节省了安装时间；电动机机座安装于破碎机机体上，电机架与破碎机为一体式，结构紧凑，安装布置简单，减少了安装空间；⑤采用一体式电动机安装技术，消除了运转中主机振动对 V 形带的损坏，延长了 V 形带寿命；组装式无焊接机架，消除了焊接的应力集中现象，使设备具有良好的耐久性；专用高强度减振装置，有效吸收了设备运行产生的振动，同时允许破碎机垂直和纵向的位移，从而降低了对基础的冲击；采用比同规格其他破碎机更大的轴承，有效延长了更换轴承的周期；电动机支座具有扭转弹性减振功能，保护皮带不打滑，同时具备缓冲作用，免维护	国内领先	有

（续）

序号	企业名称	项目名称	主要技术性能	技术水平	专利情况
2	山东山矿机械有限公司	自动润滑双转子锤式破碎机	①优化破碎腔曲线结构，出料粒度均匀，降低能耗，粉尘少，运行平稳、噪声低；②采用 Cr26 高铬复合材料的耐磨锤头，减少了锤头的更换频次，提高了设备使用效率；③破碎机机壳设有液压开启装置，减轻了检修人员的劳动强度，缩短了检修时间，大大降低了成本；④开发了破碎机和给料溜管之间使用的新型柔性耐磨防尘软连接，密封卡管固定防尘罩稳定可靠，不会松动；衬板保护周密，确保防尘罩的完整性不被破坏；⑤在原刚性电机支座的基础上增加弹性体组件。弹性体组件由钢制的外部与内部组件中间为高弹性橡胶体构成，在不同的应用范围内使用，具有弹簧、减振器、涨紧器和减振支撑座等功能；⑥采用破碎机轴承自动润滑系统，能够实现轴承在运行过程中自动、定时、定量润滑，而且自动润滑系统储油腔能够智能检测是否缺油并自动报警	国内领先	有
	山东山矿机械有限公司	环保型炼化一体化储煤与输送系统	①开发了 SKXXTPZZ 调偏装置，从源头上避免了带式输送机在运行过程中跑偏的现象；使用了免滤波变频驱动系统，具有软起动功能，满足高带速圆管带式输送机大转矩慢速启动、高速运行的需要；②开发了带缓冲挡板导料槽受料段，能够减小从高处落下的物料对胶带的冲击力，降低皮带磨损率，有效防止皮带撕裂，减少物料扬尘，更利于环保；使用微米级干雾抑尘装置，使 1 ～ 10 μm 粉尘受重力作用而沉降，从而起到抑尘的作用；③开发了双向卸料移动式卸料器，相较传统卸料器占用空间小、效率高、能耗低、制造成本低，同时可双向移动；配备了快速拆装型专用托辊，运行稳定，维护方便，节约成本；采用无动力除尘导料槽，无电能动力作功、无维护和检修成本，大大降低了成本；采取先进的 PKPM 建模计算分析软件和自编程序使大跨度钢结构件桁架和超高度支架达到优化和最佳组合，最大化优化材料，保证支架刚度，降低成本；④开发了新型缓冲料仓固定缓冲技术用于物料储存，解决了物料被摔碎问题，提高了仓体寿命，减小了物料对仓体的压力，降低了仓体成本，增大了物料间的蓬松度，使出料工艺更流畅，避免了扬尘和噪声污染；落料管采用流线型多边形技术，取代传统的四边直角落料管及曲线落料管技术，提升带式输送机的额定输送量，延长带式输送机的使用寿命；减少胶带与托辊之间的摩擦系数，增加输送带的耐磨性，提高托辊的性能	国内领先	有
		长距离下运水平转弯带式输送机	①研发了带式机集中控制系统，实现了带式运输生产系统的综合自动化，提高生产效率，降低事故率，减少故障处理时间，减少现场操作人员，提高经济效益；设计了大中型钢管柱的非金属对接工艺，既保证了对接钢管口的原有形状，也保证了钢管连接强度，外观圆滑美观，现场施工容易，有效地降低了人工成本和材料成本；采用连续可调转弯段托辊组，便于安装调试时对托辊组的安装支撑角和内曲线台高角的连续可调，在节省人工成本的同时使设备得到最佳运行效果；②开发了带式输送机水洗装置，有效避免了物料粘在胶带上导致卸料困难，甚至发生堵料的情况，确保了设备的安全运行；采用复合式重型缓冲床，以减缓大流量、高落差物料对设备的冲击，提高设备使用寿命；采用“料磨料”溜槽装置，进一步避免了物料直砸溜槽和下方设备等情况的发生，延长了溜槽的使用寿命；③在各落料点位置设置无动力除尘及干雾抑尘装置，有效起到了除尘、抑尘的作用，环保效果良好，可满足各行业对环保性能的高要求；④采用智能馈电变频变压控制系统，能够将设备下运工矿运行产生的馈电并入供电系统，改变了传统的电阻发热消耗馈电的处理方式，节能效果显著；采用了多点多驱动变频控制技术，保证电动机功率有效利用的同时减小电动机的备用系数，既节约投资成本又降低能耗损失	国内领先	有
6	上海电气上重碾磨特装设备有限公司	VR 技术与磨煤机技术改造融合应用研制	①磨煤机产品改进设计、样机制造及现场安装调试，性能试验结果达到了预期的设计目标。②综合技术已达到国际先进水平		

（续）

序号	企业名称	项目名称	主要技术性能	技术水平	专利情况
7	湖北枝江峡江矿山机械有限责任公司	节能环保型人工砂清洗不落地系统的研究与开发	新型人工砂加工设备主要用于批量生产人工砂，主要研究内容包括高效无堵可逆式制砂机结构优化设计，节能环保型人工砂清洗不落地系统整体结构研发，节能环保型人工砂清洗不落地系统生产线设计及应用		5个实用新型专利
8	溧阳中材重型机器有限公司	LPCN1818可逆锤式破碎制砂机	用途：制砂；出料粒度：5mm（100%）；产量＞200t/h；装机功率：560kW		
9	河南龙佰智能装备制造有限公司	煅烧钛精矿回转窑	直径5m×95m		实用新型专利
10	桂林矿山机械有限公司	节能环保高效选粉机	一种节能选粉机，包括进料口、进风管、分离筒、导向板、内筒、转子、排气管、一号出渣口、二号出渣口		实用新型专利
		节能旋风除尘器	一种节能旋风除尘器，包括进气管、下行排气管、二次分离筒、分离筒、出粉口以及防二次扬尘板		实用新型专利
		GK1620A型摆式磨粉机	磨辐装置与梅花架间采用新型缓冲减振结构连接，提高了设备运行的平稳性和安全性；磨辐装置轴承采用新型润滑系统，减少了润滑油的消耗和加油次数，提高了生产效率；中心轴与骨架油封之间增加保护轴套，降低了维修成本与难度；采用并联双筒旋风收集器，粉体收集效率比原机型提高10%～15%	国内领先水平	
		GK1720A型摆式磨粉机	研磨腔采用新型结构，提高了单机产能；磨辊装置与梅花架间采用新型缓冲减振结构连接，提高了设备运行的平稳性和安全性；罩筒与主机采用软接，提高了粒度分级精度；磨辐装置轴承采用新型润滑系统，减少了润滑油的消耗和加油次数，提高了生产效率；中心轴与骨架油封之间增加保护轴套，降低了维修成本与难度；采用并联双筒旋风收集器，粉体收集效率比原机型提高10%～15%	国内领先水平	
11	四川国鼎机械设备制造有限公司	一种改进型反击式破碎机			2019.04.10授权公告
		一种过滤机磁性矿粒度取样爪			2019.11.29授权公告
		一种往复式圆振动筛			2019.12.10授权公告
12	浙江海马传动科技股份有限公司	MC铸型尼龙耐磨盘			ZL201820012931.7
		机车增速器用钢包铜滑动轴承			ZL201620020379.7
		电梯升降机用铜包钢蜗轮			ZL201620020381.4
		注塑机矿用自润滑导杆轴套			ZL201822146836.9
		MC铸型尼龙耐磨盘总成			ZL201820012934.0
		矿用设备自润滑铸铁轴套			ZL201820012914.3

（续）

序号	企业名称	项目名称	主要技术性能	技术水平	专利情况
13	浙江海马传动科技股份有限公司	MC铸型尼龙耐磨轴套			ZL201820012456.3
		高强度铝基合金轴套			ZL201820012459.7
		MC铸型尼龙耐磨盘的底座总成			ZL201820013331.2
		铜包钢轴套			ZL201820012460.X
		MC铸型尼龙耐磨上盘			ZL2010820012468.6
14	深圳市德颐姆科技有限公司	一种矿用破碎机	第二伺服电动机带动清洁刷反复对筛板的筛眼进行清理，有效地防止筛板内部的筛眼发生堵塞；第三伺服电动机带动第二传动轴旋转，让搅拌辊将原料从装置的内部拨出，避免因为装置被原料卡住而造成的损害，有效地延长了装置的使用寿命		ZL202021397879.5
		一种耐磨损的立轴破碎机	通过设置第一筛板和拨动轮能够自动对破碎后的原料进行分挑筛选，装置的效率；被大大地提高通过设置第二筛板能够将灰尘和破碎后的原料进行分离，破碎后的原料更加干净		ZL202021398542.6
		一种效率较高的砂石筛分装置	通过水泵、输送水管、第一电机和清洁板之间的相互配合，装置在筛分完成后更加方便对装置进行清洗，且通过第二电机、第一转动杆与滚刀之间的相互配合，装置在遇到颗粒较大的石块时，可对石块进行粉碎，不会造成过滤板的堵塞		ZL202021399467.5
		一种新型排矿口的圆锥破碎机	通过设置搅拌辊和涡轮片，原料被匀速送入装置的内部，从而有效地避免进料时发生堵塞现象，通过设置升降筛板能够有效地将破碎好的原料和粉尘进行分离，为使用者提供了极大的便利		ZL202021399023.1

〔撰稿人：中国重型机械工业协会破碎粉磨设备专业委员会王斌　审稿人：中国重型机械工业协会破碎粉磨设备专业委员会李志〕

洗选设备

2019年，中国矿山机械行业进入新的发展时期，随着国家经济由高速增长向高质量发展的转变，洗选设备行业加快了产业升级的步伐，创新发展、绿色发展、科学发展和高质量发展已成为主要发展方向。洗选行业企业的高附加值品牌产品在市场上的占有率进一步提升，技术创新的产品在市场竞争中彰显优势。2019年洗选设备行业在统计的企业完成工业总产值1 269 792万元，实现工业增加值256 224万元。洗选设备行业骨干企业加快了技术进步和产品升级，进一步提升向高质量和绿色化方向发展。同时，行业企业加快国际化标准的进程，使企业管理得到进一步提升。行业内企业紧紧围绕“可靠、增值、便利”的经营方针，按照“国际化、精益化、补短板、可持续”的经营理念，抓住行业复苏契机，抢先布局，占领制高点。2019年洗选设备行业主要企业经济指标见表1。

表1　2019年洗选设备行业主要企业经济指标

序号	企业名称	所有制	工业总产值		工业增加值（万元）	产品销售收入（万元）	产品销售税金及附加（万元）	年末固定资产	
			当年价（万元）	比上年增长（%）				原价（万元）	净值（万元）
1	中信重工机械股份有限公司矿山机器厂	股份制	87 500	1.80	9 653	75 321	2 435	126 350	73 456
2	沈阳隆基电磁科技股份有限公司	股份制	34 420	-7.90	11 550	38 970	640	14 890	7 470

（续）

序号	企业名称	所有制	工业总产值		工业增加值（万元）	产品销售收入（万元）	产品销售税金及附加（万元）	年末固定资产	
			当年价（万元）	比上年增长（%）				原价（万元）	净值（万元）
3	山东华特磁电科技股份有限公司	股份制	30 279	13.00	8 693	28 397	314	17 012	10 377
4	鞍山重型矿山机器股份有限公司	股份制	20 792	25.83	4 895	20 792	453	22 347	11 237
5	淮北矿山机器制造有限公司	股份制	8 950	2.30	105	7 956	132	3 560	2 916
6	镇江电磁设备厂有限责任公司	股份制	5 503	-	1 107	5 622	382	5 602	3 308
7	南昌矿山机械有限公司	民营	30 850	1.60	6 548	23 850	253	10 560	6 643
8	河南威猛振动设备股份有限公司	股份制	55 307	13.00	11 485	48 505	2850	13 258	9 057
9	河南群英机械制造有限责任公司	民营	5 125	1.50	235	4 735	15	7 532	1 585
10	赣州金环磁选设备有限公司	国有	24 650	6.21	9 208	23 409	547	20 708	12 165
11	海安县万力振动机械有限公司	民营	21 000	1.00	5 000	20 000	200	6 000	1 200
12	淮北市中芬矿山机械有限责任公司	民营	16 604	8.80	5 005	15 274	977	4 383	2 452
13	山东科力华电磁设备有限公司	民营	2 780	1.10	520	2 200	85	1 028	680
14	北矿机电科技有限责任公司	国有控股	25 230	4.20	11 320	22 430	205	6 350	3 895
15	上海盾牌矿筛有限公司	民营	6 600	15.00	1 200	6 520	600	1 838	905
16	唐山陆凯科技有限公司	民营	5 125	3.00	1 980	4 350	8.5	685	595
17	唐山汇力工程技术有限公司	民营	4 600	2.20	1 855	4 180	5.5	690	598
18	上海山美环保装备股份有限公司	股份有限	20 530	8.50	6 210	18 560	715	13 500	8 670
19	钟祥新宇机电制造股份有限公司	股份制	13 085	12.00	4 998	10 865	52	6 524	3 437

序号	企业名称	所有制	流动资产（万元）		流动负债（万元）		利润总额（万元）	所有者权益（万元）	全员劳动生产率（万元/人）
			合计	平均余额	合计	平均余额			
1	中信重工机械股份有限公司矿山机器厂	股份制	57 680	49 850	130 550	10 190	810	—	16.50
2	沈阳隆基电磁科技股份有限公司	股份制	58 860	55 570	16 930	16 840	8 210	50 820	17.24
3	山东华特磁电科技股份有限公司	股份制	31 462	33 312	12 729	14 330	884	35 037	17.49
4	鞍山重型矿山机器股份有限公司	股份制	63 183	63 044	12 572	13 070	1 616	78 345	8.41
5	淮北矿山机器制造有限公司	股份制	6 286	5 930	4 120	3 915	495	1 298	13.50
6	镇江电磁设备厂有限责任公司	股份制	4 250	4 265	3 450	3 250	55	3 395	30.20
7	南昌矿山机械有限公司	民营	35 780	30 550	20 120	18 150	650	15 780	18.00
8	河南威猛振动设备股份有限公司	股份制	39 576	37 957	10 177	9 886	4 580	38 465	86.00
9	河南群英机械制造有限责任公司	民营	13 500	13 750	9 010	8 450	35	5 680	20.50
10	赣州金环磁选设备有限公司	国有	23 508	22 775	8 144	7 838	1 797	29 542	20.12
11	海安县万力振动机械有限公司	股份制	5 000	4 500	4 000	3 800	440	1 200	70.00
12	淮北市中芬矿山机械有限责任公司	民营	18 245	19 860	11 440	14 250	545	9 529	80.00
13	山东科力华电磁设备有限公司	民营	2 750	2 510	2 320	2 175	135	1 568	28.50
14	北矿机电科技有限责任公司	国有控股	30 200	34 520	12 353	12 456	5 495	22 740	45.00
15	上海盾牌矿筛有限公司	民营	4 200	4 100	1 000	1 050	850	4 100	50.00
16	唐山陆凯科技有限公司	民营	24 155	22 465	15 120	14 750	585	9 125	15.00
17	唐山汇力工程技术有限公司	民营	1 720	1 685	815	806	590	1 240	45.50
18	上海山美环保装备股份有限公司	股份有限	22 350	19 985	21 955	20 580	345	11 056	44.30
19	钟祥新宇机电制造股份有限公司	股份制	10 612	10 612	9 474	9 474	30	5 863	16.66

生产发展情况 通过行业内企业间、科研院校间的合作，行业企业产品的市场竞争力得到明显提升，企业逐步迈向良性发展轨道。2019年洗选设备行业主要企业洗选设备产量、产值及其增长情况见表2。

表2 2019年洗选设备行业主要企业洗选设备产量、产值及其增长情况

序号	企业及产品名称	产量（台）	产值（万元）	产值比上年增长（%）
1	北方重工集团有限公司			
	分级机械	6	1 145	-40
	磁选机械	30	624	18
	过滤设备	15	536	-43
	浓缩机械	10	1 850	-9
2	沈阳隆基电磁科技股份有限公司			
	磁选机	342	10 374	-22
	除铁器	2763	10 478	23
	磁力起重设备	137	287	-72
	非铁分选提纯设备	79	2 537	-19
	其他磁力设备	118	1 801	-21
3	山东华特磁电科技股份有限公司			
	磁选机械	352	10 560	15
	除铁器	883	7 707	8
	有色设备	32	1 889	7
	立环高梯度磁选机	74	14 028	49
4	鞍山重型矿山机器股份有限公司			
	筛分机械	467	10 333	11.66
5	淮北矿山机器制造有限公司			
	浓缩机械	95	9 856	15.3
6	镇江电磁设备厂有限责任公司			
	磁选机械	1 150	5 500	-17.5
7	南昌矿山机械有限公司			
	棒条给料机	31	28	31
	筛分机械	215	202	12
8	河南威猛振动设备股份有限公司			
	筛分机械	7 372	44 246	11
9	河南群英机械制造有限责任公司			
	分级机械	8	195	15
	浓缩机械	3	95	-6
	筛分机械	5	52	25
10	赣州金环磁选设备有限公司			
	磁选机械	300	24 650	6.21
11	海安县万力振动机械有限公司			
	筛分机械	6 000	20 000	1.2

（续）

序号	企业及产品名称	产量（台）	产值（万元）	产值比上年增长（%）
12	淮北市中芬矿山机械有限责任公司			
	浓缩机械	202	16 604	8.8
13	山东科力华电磁设备有限公司			
	磁选机械	55	825	3
14	北矿机电科技有限责任公司			
	浮选机械	675	18 450	5.4
	磁选机械	102	3 432	-5.8
15	唐山陆凯科技有限公司			
	筛分机械	625	1 350	11.6
16	上海盾牌矿筛有限公司			
	筛分机械	6 805	6 600	15
17	上海山美环保装备股份有限公司			
	回收设备	22	425	11.8
18	钟祥新宇机电制造股份有限公司			
	振动机械	2 536	4 003	-16.34
合计		31 509	230 662	

产品出口情况 2019年我国洗选设备出口大幅上升，据对洗选设备行业内13家企业的统计，2019年我国洗选设备行业出口额为17 466万美元。2019年洗选设备行业部分企业洗选设备出口情况见表3。

表3 2019年洗选设备行业部分企业洗选设备出口情况

序号	企业及产品名称	出口量（台）	出口额（万美元）
1	北方重工集团有限公司		
	浓缩机械	3	102
	磁选机械	2	19
2	沈阳隆基电磁科技股份有限公司		
	磁选机	24	6 507
	除铁器	41	331
	磁力起重设备	6	50
	非铁分选提纯设备	4	145
	其他磁力设备	2	107
3	山东华特磁电科技股份有限公司		
	除铁器	54	42
	磁选机	37	315
	有色设备	8	155
	立环高梯度磁选机	5	56
4	淮北矿山机器制造有限公司		
	浓缩机械	6	465

（续）

序号	企业及产品名称	出口量（台）	出口额（万美元）
5	镇江电磁设备厂有限责任公司		
	除铁器	475	189
6	赣州金环磁选设备有限公司		
	磁选机械	42	396
7	河南威猛振动设备股份有限公司		
	复频筛	127	4 255
	高幅筛	32	1 884
8	南昌矿山机械有限公司		
	振动筛	17	102
	给料机械	45	89
9	海安县万力振动机械有限公司		
	振动筛	60	90
	振动给料机	360	120
10	淮北市中芬矿山机械有限责任公司		
	浓缩机械	42	782
11	山东科力华电磁设备有限公司		
	磁选机械	2	14
12	北矿机电科技有限责任公司		
	浮选机械	45	193
13	上海山美环保装备股份有限公司		
	破碎筛分设备	154	1059
合计		1 593	17 467

科研成果与新产品研制　洗选设备行业企业坚持走科技创新之路，共研发或改进了 7 项产品，其中，鞍山重型矿山机器股份有限公司研发的 2 项新产品，都达到国际领先水平。山东华特磁电科技股份有限公司研发的 2 项产品，荣获潍坊市专利一等奖、山东省科技进步奖二等奖、省节能奖和中国专利优秀奖。沈阳隆基电磁科技股份有限公司研发的 2 项产品，荣获“2019 全国石英大会绿色智造大奖 —— 晶球奖”。北方重工集团有限公司研发的 1 项产品达到国际领先水平。2019 年洗选设备行业部分企业新产品新技术开发项目见表 4。

表 4　2019 年洗选设备行业部分企业新产品新技术开发项目

序号	项目名称	主要技术性能	研制单位
1	大型、高效、弹性圆振动筛	该项目研发了筛面二次振动筛分方法和阻尼可调减振弹簧的大型圆振动筛，实现了大型圆振动筛高效率筛分及起停“共振区”快速平稳通过；提出了“筛面二次振动筛分方法”和“振动筛阻尼可调的减振弹簧”新技术，筛分效率达 88% 以上；振动强度超过 4g，实现了设备的大型化和高效筛分。该产品具有自主知识产权，获授权发明专利 1 项，实用新型专利 1 项。经过第三方评价，该项目成果达到国际先进水平	鞍山重型矿山机器股份有限公司
2	高效自清分级筛	该项目研发了高效自清分级筛新技术，实现了振动筛的自清理功能，解决了粘湿细颗粒煤炭（含水量 7% ～ 14%；分级粒度 3 ～ 13mm）干法深度筛分作业中物料堵孔、糊孔、透筛率低的国际性难题；提出了“弹性悬臂杆筛板”和“可张紧式线性筛板”新技术，筛板随主机筛框振动的同时，产生二次振动，实现了自清理功能，筛分效率达 88% 以上；筛机振动强度（5.2 ～ 6.3g），提高了运行的可靠性和单位面积处理能力。成果具有自主知识产权，获授权发明专利 1 项、实用新型专利 2 项，制定企业标准 1 项。经过第三方评价，该项目成果达到国际先进水平	鞍山重型矿山机器股份有限公司

（续）

序号	项目名称	主要技术性能	研制单位
3	立式转环感应式湿法强磁选机改进	适用于赤铁矿、假象赤铁矿、褐铁矿、钒钛磁铁矿、锰矿、黑钨矿等弱磁性矿物的湿法富集及石英、长石、高岭土、氟石、硅线石等非磁性矿物的除杂铁提纯	沈阳隆基电磁科技股份有限公司
4	全自动磁悬浮精选机改进	在大幅度提高精矿品位的同时实现尾矿品位最低，具有自动化程度高、可靠性高、处理量大、节能节水等优点	沈阳隆基电磁科技股份有限公司
5	油水复合冷却电磁浆料磁选机	该项目适用于非金属矿，包括石英、长石、高岭土等矿物的除铁提纯，也可用于钢铁矿、发电厂的废水处理、清晰被污染了的化工原料等。该系列产品背景场强 0.8 ～ 1.7T 可调，分选腔直径 150 ～ 2 000mm，最大处理量 60t/h，适应物料粒度 0 ～ 1mm，多种分选介质可供选用	山东华特磁电科技股份有限公司
6	高端智能传感分选装备	该项目研发能分选各种类型的块状矿石和原料，能够将废石、夹石与矿石分离，或低品位矿石与高品位矿石分离的新型智能分选技术。分选粒度范围为 5 ～ 300mm，最大处理量可达到 300t/h，为干法分选，适合各种类型成因矿床。其中包括金、银、铁、镍、铜、锌钨、钼以及重晶石、氟石、硅灰石等多种金属与非金属矿物	山东华特磁电科技股份有限公司
7	一种削弱磁效应损耗的细粒干选机	该设备有效屏蔽部分磁力线，切断筒体产生的涡流，防止筒体因磁效应温升过快、过高，降低磁效应引起的损耗，延长磁系的使用寿命，结构简单，便于维护、检修，节约能源，可延长设备使用寿命，选别效果好。	北方重工集团有限公司

固定资产投资情况 2019 年行业内 19 家企业固定资产投资总金额为 27 101.5 万元。2019 年洗选设备行业部分企业固定资产投资额见表5。

表 5 2019 年洗选设备行业部分企业固定资产投资额 （单位：万元）

序号	企业名称	固定资产投资		
		金额	其中：基本建设投资	其中：技术更新改造投资
1	北方重工集团有限公司	1 530	310	1 240
2	中信重工机械股份有限公司矿山机械厂	453	-	453
3	沈阳隆基电磁科技股份有限公司	14 490	-	-
4	山东华特磁电科技股份有限公司	417	0	417
5	鞍山重型矿山机器股份有限公司	350	-	-
6	淮北矿山机器制造有限公司	234	176	58
7	镇江电磁设备厂有限责任公司	32	16	16
8	南昌矿山机械有限公司	1 138	980	158
9	河南威猛振动设备股份有限公司	1 104	537	567
10	河南群英机械制造有限责任公司	15	-	15
11	赣州金环磁选设备有限公司	1 236	800	436
12	海安县万力振动机械有限公司	500	300	200
13	淮北市中芬矿山机械有限责任公司	3 636	3100	536
14	山东科力华电磁设备有限公司	315	104	211
15	上海盾牌矿筛有限公司	368	103	265
16	唐山陆凯科技有限公司	510	-	510
17	唐山汇力工程技术有限公司	325	205	120
18	上海山美环保装备股份有限公司	42	8	34
19	钟祥新宇机电制造股份有限公司	400	180	220

行业标准化工作情况 2019年洗选设备行业坚持“品质至上”的质量目标，基于ISO9001、ISO14001和OHSAS18001体系，组织行业内骨干企业制修订了JB/T 10345—2019《块偏心式自同步水平筛》等5项标准，引导行业有序化、规范化、标准化与创新化发展。标准的制定，使整个行业从产品质量到服务质量都提升到一个全新水平，让企业从中受益。2019年共完成了5项洗选设备标准的修订，已讨论申报。2019年行业标准化工作情况见表6。

表6 2019年行业标准化工作情况

序号	标准名称	标准编号	修订情况
1	块偏心式自同步水平筛	JB/T 10345—2019	修订、已实施
2	块偏心式倾斜筛	JB/T 10346—2019	修订、已实施
3	大型强迫同步圆振动筛	代替JB/T 10729	修订、完成报批
4	宽筛面强迫同步直线振动筛	代替JB/T 10657	修订、完成报批
5	高幅振动筛	DL/T 1963—2019	修订、已实施

〔撰稿人：中国重型机械工业协会洗选设备专业委员会刘贞　审稿人：中国重型机械工业协会洗选设备专业委员会杨涛〕

物料搬运（起重运输）机械

物料搬运（起重运输）机械行业包含8个分行业：轻小型起重设备、起重机、生产专用车辆、连续搬运设备、电梯自动扶梯及升降机、机械式停车设备、客运索道和其他物料搬运设备。

行业运行情况 2019年物料搬运（起重运输）机械各分行业销售额占比情况见表1。2016—2019年物料搬运（起重运输）机械行业主要财务指标完成情况见表2。2019年物料搬运（起重运输）机械行业主要经济指标完成情况见表3。2019年物料搬运（起重运输）机械行业主要资产指标见表4。2019年物料搬运（起重运输）机械行业成本费用指标见表5。2019年物料搬运（起重运输）机械行业主要产品产量见表6。2019年物料搬运（起重运输）机械产品进出口情况见表7。

表1 2019年物料搬运（起重运输）机械各分行业销售额占比情况

序号	行业名称	销售额占比（%）	序号	行业名称	销售额占比（%）
1	物料搬运（起重运输）机械	100.00	6	电梯自动扶梯及升降级	47.00
2	其中：轻小型起重设备	5.00	7	机械式停车设备	1.00
3	起重机	27.00	8	客运索道	1.00
4	生产专用车辆	9.00	9	其他物料搬运设备	3.00
5	连续搬运设备	7.00			

注：数据来源于中国重型机械工业协会《2019年重型机械行业运行报告》。

表2 2016—2019年物料搬运（起重运输）机械行业主要财务指标完成情况

指标名称	2016年	2017年	2018年	2019年
主营业务收入（亿元）	6 965.74	6 685.79	5 444.38	6 134.27
利润总额（亿元）	513.49	416.55	319.57	378.07
主营业务利润总额率（%）	7.37	6.23	5.87	6.16

注：数据来源于中国重型机械工业协会《2019年重型机械行业运行报告》。

表 3　2019 年物料搬运（起重运输）机械行业主要经济指标完成情况

行业分类	主营业务收入		利润总额		资产负债率（%）		流动资产周转率（次）		成本费用利润率（%）		企业数（家）
	金额（亿元）	同比增长（%）	金额（亿元）	同比增长（%）	当年	上年同期	当年	上年同期	当年	上年同期	
物料搬运（起重运输）机械	6 134.27	10.01	378.07	15.19							2 288
其中：轻小型起重设备	252.36	4.62	11.18	−11.02	50.94	56.33	1.92	1.96	4.76	5.54	204
起重机	1 548.32	18.49	68.44	34.38	62.54	61.71	1.22	1.09	4.74	4.15	532
连续搬运设备	415.45	10.26	27.15	22.68	52.80	52.57	1.32	1.35	7.12	6.35	328
电梯自动扶梯及升降机	2 675.66	8.73	182.60	17.06	60.70	57.62	1.36	1.34	7.45	6.87	758
客运索道	39.67	12.79	3.56	11.93	58.25	56.42	1.34	1.41	10.19	10.25	7
机械式停车设备	48.20	21.96	1.21	41.84	65.44	58.60	0.94	0.87	2.64	2.24	50
生产专用车辆	526.91	−0.23	29.64	2.10	49.46	49.20	2.05	2.07	6.09	5.93	157
其他物料搬运设备	184.50	5.93	9.38	2.82	56.78	53.96	1.25	1.34	5.52	5.61	104

注：数据来源于中国重型机械工业协会《2019 年重型机械行业运行报告》。因 4 舍 5 入，数据会有微小误差。

表 4　2019 年物料搬运（起重运输）机械行业主要资产指标

行业分类	流动资产总额（亿元）	同比增长（%）	应收账款（亿元）	同比增长（%）	存货（亿元）	同比增长（%）
物料搬运（起重运输）机械	4 937.85	5.61	1 730.00	0.63	1 305.42	7.13
其中：轻小型起重设备	139.57	8.03	47.77	−10.85	34.11	0.11
起重机	1 349.67	1.56	447.99	−8.40	462.00	1.50
连续搬运设备	349.96	10.81	136.25	2.04	87.71	2.54
客运索道	33.88	28.18	20.18	32.68	9.24	39.49
电梯自动扶梯及升降机	2 127.60	10.25	756.30	7.49	416.10	18.26
机械式停车设备	55.83	8.10	17.78	−4.17	19.78	12.68
生产专用车辆	253.61	−0.12	83.58	4.83	67.15	−5.06
其他物料搬运设备	150.33	14.60	50.83	−1.89	56.14	33.37

注：数据来源于中国重型机械工业协会《2019 年重型机械行业运行报告》。

表 5　2019 年物料搬运（起重运输）机械行业成本费用指标

行业分类	主营业务成本（亿元）	同比增长（%）	销售费用（亿元）	同比增长（%）	管理费用（亿元）	同比增长（%）	财务费用（亿元）	同比增长（%）
物料搬运（起重运输）机械	5 054.25	9.90	226.56	5.99	301.66	0.88	42.26	21.90
其中：轻小型起重设备	210.09	3.08	7.44	5.90	15.20	6.72	1.97	26.26
起重机	1 305.82	18.82	44.04	17.93	64.09	4.24	28.56	1.74
连续搬运设备	338.54	9.68	14.77	5.54	24.23	7.04	3.81	15.90
客运索道	31.77	12.85	1.27	10.59	1.71	9.75	0.18	5.23
电梯自动扶梯及升降机	2 184.66	8.60	118.00	3.40	146.05	−1.26	1.38	168.41
机械式停车设备	38.22	21.34	3.69	30.20	3.23	0.22	0.60	13.24

（续）

行业分类	主营业务成本（亿元）	同比增长（%）	销售费用（亿元）	同比增长（%）	管理费用（亿元）	同比增长（%）	财务费用（亿元）	同比增长（%）
生产专用车辆	450.82	-0.35	16.60	-10.68	17.76	0.72	1.51	149.88
其他物料搬运设备	152.96	5.56	6.29	-5.22	9.05	-12.03	1.77	153.59

注：数据来源于中国重型机械工业协会《2019 年重型机械行业运行报告》。

表 6　2019 年物料搬运（起重运输）机械行业主要产品产量

产品名称	产量	同比增长（%）	产品名称	产量	同比增长（%）
起重机	921.66 万 t	22.58	内燃叉车	34.33 万台	-2.30
输送机械和提升机	137.92 万 t	4.20	电动叉车	21.57 万台	5.40

注：数据来源于中国重型机械工业协会《2019 年重型机械行业运行报告》。

表 7　2019 年物料搬运（起重运输）机械产品进出口情况

产品名称	出口额（亿美元）	同比增长（%）	进口额（亿美元）	同比增长（%）	进出口总额（亿美元）	同比增长（%）	进出口差额（亿美元）	同比增长（%）
物料搬运（起重运输）机械	165.03	-1.38	38.98	-9.15	204.01	-2.97	126.05	1.30
其中：轻小型起重设备	22.79	-4.97	3.20	-17.39	25.99	-6.70	19.59	-2.58
起重机	36.96	-6.90	2.00	-22.45	38.96	-7.85	34.97	-5.82
生产专用车辆	35.76	-6.61	3.94	-11.11	39.70	-7.07	31.82	-6.02
电梯自动扶梯及升降机	31.15	-0.96	2.53	-4.79	33.68	-1.26	28.63	-0.60
连续搬运设备	18.40	9.59	11.62	-5.13	30.01	3.38	6.78	49.31
其他物料搬运设备	19.97	16.58	15.69	-8.34	35.66	4.12	4.27	—

注：数据来源于中国重型机械工业协会《2019 年重型机械行业运行报告》。因 4 舍 5 入，数据会有微小的误差。

1. 行业运行情况

2019 年，物料搬运（起重运输）机械行业统计企业数为 2 288 家，实现主营业务收入 6 134.27 亿元，其中，电梯自动扶梯及升降机行业主营业务收入占整个物料搬运（起重运输）机械行业的比重最大，为 43.62%；其他依次为：起重机行业占比 25.24%、生产专用车辆行业占比 8.59%、连续搬运设备行业占比 6.77%、轻小型起重设备行业占比 4.11%、其他物料搬运设备行业占比 3.01%、机械式停车设备行业占比 0.79%、客运索道行业占比最小，为 0.65%。

2019 年，物料搬运（起重运输）机械行业完成利润总额 378.07 亿元，其中，电梯自动扶梯及升降行业利润所占比重最大，为 48.30%，其他依次为起重机行业占比 18.09%、生产专用车辆行业占比 7.84%、连续搬运设备行业占比 7.18%、轻小型起重设备行业占比 2.96%、其他物料搬运设备行业占比 2.48%、客运索道行业占比 0.94%、机械式停车设备行业占比为 0.32%。8 个分行业中，有 7 个分行业利润总额实现增长，1 个分行业下降；其中，5 个分行业实现 2 位数增长，2 个分行业实现 1 位数增长。

2019 年，起重机产品产量增幅最大，同比增长 22.58%；其余依次是电动叉车同比增长 5.40%，输送机械（输送机和提升机）同比增长 4.20%；内燃叉车产量同比下降了 2.30%。

2. 进出口情况

2019 年物料搬运（起重运输）机械行业产品出口额为 165.03 亿美元，其中，起重机出口额所占比重最大，为 22.40%；其他依次为：生产专用车辆占比 21.79%、电梯自动梯及升降机占比 18.81%、轻小型起重设备占比 13.81%、其他物料搬运设备占比 12.10%、连续搬运设备占比 11.15%。

2019 年物料搬运（起重运输）机械行业产品进口额为 38.98 亿美元，其中，其他物料搬运设备进口额所占比重最大，为 40.25%；其他依次为：连续搬运设备占比 29.81%、生产专用车辆占比 10.11%、轻小型起重设备占比 8.21%、电梯自动梯及升降机占比 6.49%，起重机占比最小，为 5.13%。

2019 年物料搬运（起重运输）机械行业产品进出口总额为 204.01 亿美元，其中，生产专用车辆所占比例最大，为 19.46%；其他依次为：起重机占比 19.10%、其他物料搬运设备占比 17.48%、电梯自动扶梯及升降机占比 16.51%、连续搬运设备占比 14.71%，轻小型起重设备占比最小，为12.74%。

2019年物料搬运（起重运输）机械行业产品进出口差额为126.05亿美元，6个分行业产品（未含机械式停车设备行业和客运索道行业）全部为顺差，其中，起重机的进出口差额占比最大，为27.74%；其他依次为：生产专用车辆占比25.24%、电梯自动扶梯及升降机占比22.63%、轻小型起重设备占比15.54%、连续搬运设备占比5.36%，其他物料搬运设备占比最小，为3.39%。

轻小型起重设备行业 轻小型起重设备行业的主要产品包括电动葫芦、手动葫芦及滑车、卷扬机及绞盘、千斤顶、汽车举升机等搬运设备。2019年轻小型起重设备行业规模以上企业204家，比上年减少了15家，行业亏损面15.69%。2019年轻小型起重设备行业部分企业主要经济指标见表8。2019年轻小型起重设备行业产品进出口情况见表9。

表8 2019年轻小型起重设备行业部分企业主要经济指标

序号	企业名称	主营业务收入（亿元）	同比增长（%）
1	常熟通润汽车零部件股份有限公司	24.35	1.33
2	科尼起重机设备制造（江苏）有限公司	5.34	9.61
3	凯澄起重机械有限公司	4.09	12.36
4	浙江双鸟机械有限公司	2.28	1.19
5	八达机电有限公司	1.10	1.07

注：数据来源于中国重型机械工业协会《2019年重型机械行业运行报告》。

表9 2019年轻小型起重设备行业产品进出口情况

产品名称	出口额（亿美元）	同比增长（%）	进口额（亿美元）	同比增长（%）	进出口总额（亿美元）	同比增长（%）	进出口差额（亿美元）	同比增长（%）
轻小型起重设备	22.79	-4.97	3.20	-17.39	25.99	-6.70	19.59	-2.58
电动葫芦	1.70	6.92	0.48	-12.73	2.18	1.40	1.22	1.04
滑车及手动葫芦	1.59	-4.22	0.15	-6.25	1.74	-4.40	1.45	1.50
卷扬机及绞盘	5.28	-10.05	1.98	-20.80	7.26	-13.37	3.30	3.37
千斤顶	7.88	-3.08	0.27	3.85	8.14	-2.98	7.61	7.88
汽车举升机	4.58	-6.91	0.08	-11.11	4.66	-6.99	4.50	4.83
轻小型起重设备零件	1.76	-2.22	0.25	-19.35	2.01	-4.74	1.51	1.49

注：数据来源于中国重型机械工业协会《2019年重型机械行业运行报告》。由于4舍5入，表中数据会有微小出入。

起重机制造行业 起重机行业产品主要包括桥式起重机、门式起重机、桥架类起重机、塔式起重机、门座起重机、未列名起重机等起重设备。2019年起重机行业规模以上企业532家，比上年减少了86家，行业亏损面15.98%。2019年起重机行业部分企业主要经济指标情况见表10。2019年起重机行业产品进出口情况见表11。

表10 2019年起重机行业部分企业主要经济指标情况

序号	企业名称	主营业务收入（亿元）	同比增长（%）	序号	企业名称	主营业务收入（亿元）	同比增长（%）
1	卫华集团有限公司	137.41	12.25	7	中国电建集团长春发电设备有限公司	8.16	2.63
2	河南省矿山起重机有限公司	121.98	48.14	8	四川自贡运输机械集团股份有限公司	8.07	5.10
3	常熟通润汽车零部件股份有限公司	24.35	1.33	9	焦作科瑞森重装股份有限公司	7.28	21.41
4	衡阳运输机械有限公司	9.20	52.49	10	株洲天桥起重机股份有限公司	6.58	9.41
5	江西起重机械总厂有限公司	8.82	1.31	11	安徽攀登重工股份有限公司	6.33	-11.04
6	上海科大重工集团有限公司	8.27	30.91	12	科尼起重机设备制造（江苏）有限公司	5.34	9.61

注：数据来源于中国重型机械工业协会《2019年重型机械行业运行报告》。

表 11　2019 年起重机行业产品进出口情况

产品名称	出口额（亿美元）	同比增长（%）	进口额（亿美元）	同比增长（%）	进出口总额（亿美元）	同比增长（%）	进出口差额（亿美元）	同比增长（%）
起重机	36.96	-6.90	2.00	-22.48	38.96	-7.85	34.97	-5.82
桥式起重机	2.50	-11.97	0.33	65.00	2.83	-6.91	2.17	-18.11
门式起重机	4.17	-20.57	0.01	-87.50	4.19	-21.39	4.16	-19.54
装卸桥及其他桥架类起重机	12.17	-12.32	0.17	750.00	12.34	-11.22	12.00	-13.42
塔式起重机	3.83	19.31	0.01	0.00	3.85	19.57	3.82	19.38
门座起重机	1.16	-56.72	0.61	-51.20	1.77	-54.96	0.55	-61.54
流动式起重机	10.95	15.51	0.40	5.26	11.35	15.11	10.55	16.06
未列名起重机	0.40	-34.43	0.25	-40.48	0.65	-37.50	0.15	-21.05
起重机零件	1.77	1.14	0.21	0.00	1.98	1.02	1.57	1.95

注：数据来源于中国重型机械工业协会《2019 年重型机械行业运行报告》。由于 4 舍 5 入，表中数据会有微小出入。

连续搬运设备行业　连续搬运设备行业产品包括：输送机、提升及、装卸机械等。2019 年连续搬运设备行业有规模以上企业 328 家，比上年增加了 28 家。行业亏损面 11.59%。2019 年连续搬运设备行业部分企业主要经济指标情况见表 12。2019 年连续搬运设备行业部分产品进出口情况见表 13。

表 12　2019 年连续搬运设备行业部分企业主要经济指标情况

序号	企业名称	主营业务收入（亿元）	同比增长（%）	序号	企业名称	主营业务收入（亿元）	同比增长（%）
1	衡阳起重运输机械有限公司	9.20	52.49	8	铜陵天奇蓝天机械设备有限公司	2.56	14.40
2	上海科大重工集团有限公司	8.27	30.91	9	北京约基工业股份有限公司	1.57	-38.62
3	四川省自贡运输机械集团股份有限公司	8.07	5.10	10	吉林省佳信通用机械股份有限公司	1.41	64.84
4	焦作科瑞森重装股份有限公司	7.28	21.41	11	湖州电动滚筒有限公司	1.14	34.92
5	安徽攀登重工股份有限公司	6.33	-11.04	12	芜湖起重运输机器股份有限公司	0.65	7.28
6	中国电建集团武汉重工装备有限公司	3.85	7.00	13	包头市万里机械有限责任公司	0.53	14.70
7	河南天隆输送装备有限公司	3.05	15.69				

注：数据来源于中国重型机械工业协会《2019 年重型机械行业运行报告》。

表 13　2019 年连续搬运设备行业部分产品进出口情况

产品名称	出口额（亿美元）	同比增长（%）	进口额（亿美元）	同比增长（%）	进出口总额（亿美元）	同比增长（%）	进出口差额（亿美元）	同比增长（%）
连续搬运设备	18.40	9.59	11.62	-5.14	30.01	3.38	6.78	49.34
输送机械	16.78	8.61	10.62	-6.18	27.40	2.35	6.15	48.91
装卸机械	1.62	21.80	1.00	7.53	2.61	15.49	0.64	56.10

注：数据来源于中国重型机械工业协会《2019 年重型机械行业运行报告》。因 4 舍 5 入，表中数据可能会有微小出入。

机械式停车设备行业　2019 年机械式停车设备行业有规模以上企业 50 家，比上年增加了 12 家，行业亏损面 32.00%。2019 年机械式停车设备行业产品出口额为 0.55 亿元，同比同比增长 5.84%；进口额 0.04 亿美元，同比增长 72.45%，进出口总额 0.59 亿美元，同比增长 8.89%，进出口差额 0.50 亿美元，同比增长 2.48%。

电梯自动扶梯及升降机行业　电梯自动扶梯及升降机行业产品包括：载客电梯、自动扶梯及自动人行道及升降机。2019 年电梯自动扶梯及升降机行业有规模以上企业 758 家，比上年增加 7 家，行业亏损面 16.23%。2019 年电梯自动扶梯及升降机行业产品进出口情况见表 14。

表 14　2019 年电梯自动扶梯及升降机行业产品进出口情况

产品名称	出口额（亿美元）	同比增长（%）	进口额（亿美元）	同比增长（%）	进出口总额（亿美元）	同比增长（%）	进出口差额（亿美元）	同比增长（%）
电梯自动扶梯及升降机	31.15	-0.99	2.53	-4.89	33.68	-1.26	28.63	-0.59
载客电梯	14.24	-0.28	1.09	4.81	15.33	0.00	13.15	-0.68
升降机及倒卸式起重机	0.96	-2.04	0.32	0.00	1.28	-1.54	0.64	-3.03
自动扶梯及自动人行道	5.03	-16.58	0.002	-80.00	5.03	-16.72	5.03	-16.45
电梯扶梯及升降机零件	10.93	7.58	1.12	-12.50	12.04	5.24	9.81	10.47

注：数据来源于中国重型机械工业协会《2019 年重型机械行业运行报告》。因 4 舍 5 入，表中数据可能会有微小出入。

生产专用车辆行业　生产专用车辆行业产品包括：电动叉车、内燃叉车、短距离牵引车和固定平台搬运车等搬运设备。2019 年生产专用车辆行业有规模以上企业 157 家，比上年增加 5 家。行业亏损面 18.47%。2019 年生产专用车辆行业产品进出口情况见表 15。

表 15　2019 年生产专用车辆行业产品进出口情况

产品名称	出口额（亿美元）	同比增长（%）	进口额（亿美元）	同比增长（%）	进出口总额（亿美元）	同比增长（%）	进出口差额（亿美元）	同比增长（%）
生产专用车辆	35.76	-6.61	3.94	-11.26	39.70	-7.07	31.82	-6.00
电动叉车	8.68	-0.23	1.39	-13.66	10.07	-2.33	7.29	2.82
内燃叉车	14.08	-10.89	0.57	7.55	14.65	-10.29	13.50	-11.65
短距离牵引车	0.55	14.58	0.12	-36.84	0.67	1.52	0.43	48.28
固定平台搬运车	0.37	0.00	0.06	20.00	0.43	2.38	0.31	-3.13
手动起升搬运车辆	3.48	-7.94	0.15	-28.57	3.63	-9.02	3.33	-6.72
生产专用车辆零部件	8.60	-6.11	1.65	-10.81	10.25	-6.90	6.95	-4.79

注：数据来源于中国重型机械工业协会《2019 年重型机械行业运行报告》。因 4 舍 5 入，表中数据可能会有微小出入。

其他物料搬运设备行业　其他物料搬运设备行业产品包括：立体仓库设备、机场专用搬运设备、搬运机器人及未列名的搬运装卸机械设备等。2019 年其他物料搬运设备行业有规模以上企业 104 家，比上年增加 1 家。行业亏损面 14.42%。2019 年其他物料搬运设备行业产品进出口情况见表 16。

表 16　2019 年其他物料搬运设备行业产品进出口情况

产品名称	出口额（亿美元）	同比增长（%）	进口额（亿美元）	同比增长（%）	进出口总额（亿美元）	同比增长（%）	进出口差额（亿美元）	上年同期差额（亿美元）
其他物料搬运设备	19.97	16.58	15.67	-8.47	35.66	4.12	4.27	-2.80
自动化立体仓储	0.50	72.41	1.69	26.12	2.19	34.36	-1.19	0
机械式停车设备	0.55	5.77	0.04	100.00	0.59	9.26	0.50	0.32
机场专用搬运设备	0.65	16.07	0.00	-100.00	0.65	14.04	0.65	0.52
矿车推进机、转车台、货车倾卸机	0.06	-55.00	0.02	—	0.08	-42.86	0.05	0.08
搬运机器人	0.97	21.25	2.89	27.88	3.86	25.73	-1.92	-2.15
未列名提升、搬运、装卸机械	9.57	23.48	10.43	-11.76	20.00	2.25	-0.86	-4.39
税号 84.28 所列其他机械零件	8.64	9.78	3.51	-10.46	12.15	3.05	5.12	3.21

注：数据来源于中国重型机械工业协会《2019 年重型机械行业运行报告》。因 4 舍 5 入，表中数据可能会有微小出入。

1998—2019 年物料搬运（起重运输）机械行业经济增长走势 1998—2019 年物料搬运（起重运输）机械行业主营业务收入及增长率走势如图 1 所示。1998—2019 年物料搬运（起重运输）机械行业利润总额及增长率走势如图 2 所示。1998—2019 年物料搬运（起重运输）机械行业进出口额走势如图 3 所示。1998—2019 年物料搬运（起重运输）机械行业进出口额增长率走势如图 4 所示。

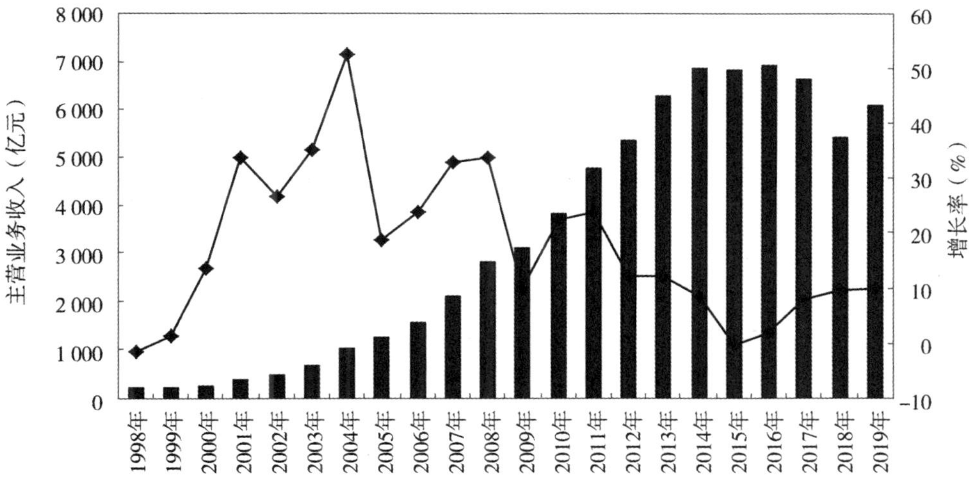

图 1 1998—2019 年物料搬运（起重运输）机械行业主营业务收入及增长率走势

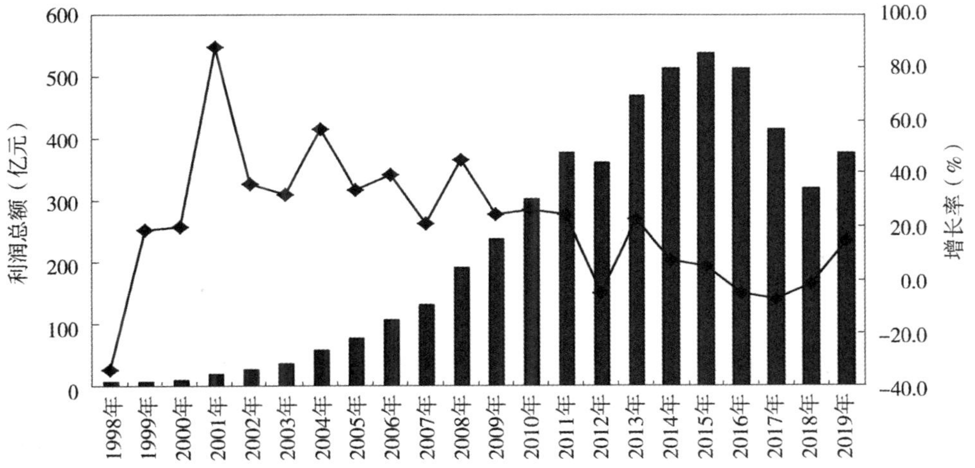

图 2 1998—2019 年物料搬运（起重运输）机械行业利润总额及增长率走势

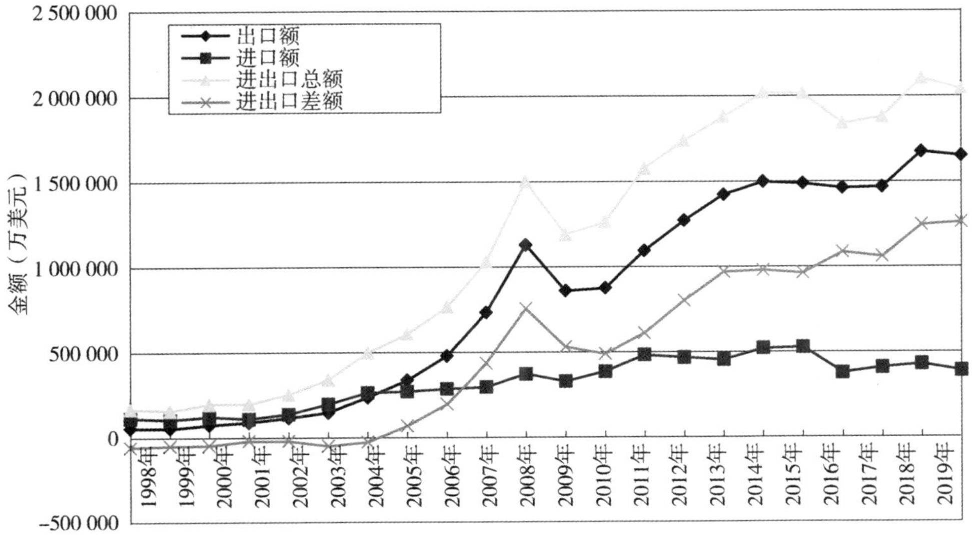

图 3 1998—2019 年物料搬运（起重运输）机械行业进出口额走势

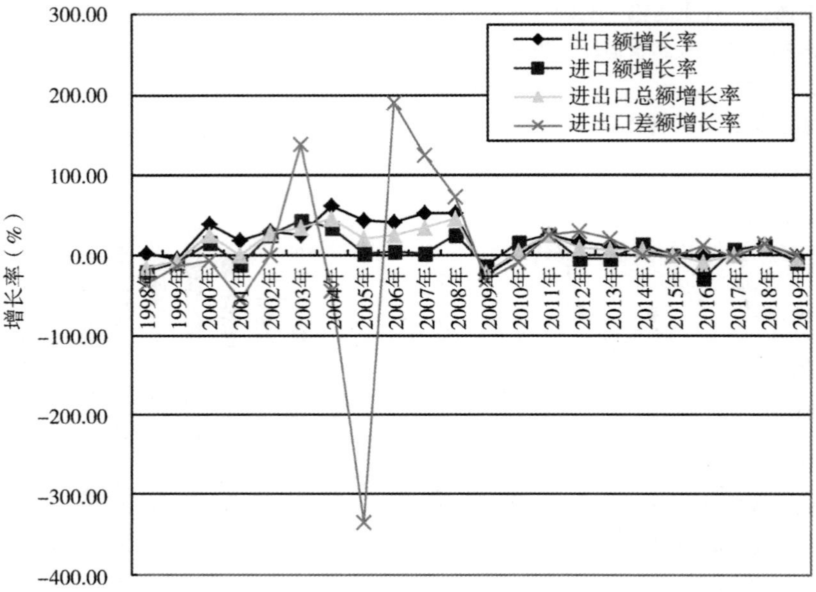

图 4　1998—2019 年物料搬运（起重运输）机械行业进出口额增长率走势

获得中国机械工业科学技术奖情况　2019 年物料搬运（起重运输）机械行业共有 13 个项目获中国机械工业科学技术奖，其中：中国机械工业科学技术发明奖 1 项（三等奖），中国机械工业科学技术进步奖 12 项（一等奖 1 项，二等奖 4 项，三等奖 7 项）。

〔撰稿人：中国重型机械工业协会梁锐　审稿人：中国重型机械工业协会王继生〕

轻小型起重设备

千 斤 顶

生产发展情况　千斤顶产品按工作原理主要分为液压千斤顶和机械千斤顶。

我国千斤顶产业发展较晚，改革开放之前，我国千斤顶的需求主要以工业为主。改革开放后，随着国民经济的快速发展，人民生活水平的显著提高，汽车逐步进入家庭，拉动了千斤顶的需求。20 世纪八九十年代，外资不断注入国内千斤顶行业，部分境外千斤顶生产企业转移到国内，我国千斤顶产业进入快速发展期，千斤顶需求的增速远高于全球平均水平，千斤顶产业得到快速持续发展，成为全球千斤顶生产和消耗量最大的国家之一。

为了满足不断增长的新的需求，生产企业特别是行业内的骨干企业投入较大的人力、财力、物力开发设计出大量新产品，改变了原来比较单一的产品结构、改进了加工工艺、提高了产品安全性和操作的便利性。目前超过 500 种不同规格、不同型号的千斤顶产品极大地丰富了市场，满足了顾客需求。特种千斤顶是传统千斤顶产品的扩展和延伸，在道路桥梁建设、应急救援等方面应用较广，为千斤顶行业创造了新的发展空间。

市场及销售　千斤顶产品以其科学的设计、可靠的结构性、较大的起重能量、小巧便携等特点，被广泛地应用于国民经济的各个领域，特别是流动性起重作业和汽车行业把它作为随车与维修场所必备的起重装备，用于起重、支撑、调整水平等作业，千斤顶制造行业在我国国民经济中有着重要的作用。在大型救援设备无法到达灾难现场的救援工作中，千斤顶特别是分离式千斤顶可发挥积极的作用。

国内较具规模的千斤顶生产企业有 70 多家，主要分布在浙江、江苏、上海、安徽、山东等沿海地区，这五个省（市）的千斤顶产量占国内千斤顶总产量的 90% 左右。

千斤顶行业继续向产品质量高、规模效益好、管理成本低、国际竞争能力强的东南沿海经济发达地区的大、中型企业集中。这些地区行业内专业化分工更加细化，千斤顶绝大部分零部件由配套企业生产，因此千斤顶质量的提升与配套企业密切相关，配套企业更应该提高生产和质量保证能力，提高规模化协作能力。但随着这些地区劳动力成本和土地成本的持续推高，以及与千斤顶生产相关的铸造、电镀加工受到逐渐趋紧的能源、环保政策制约，这种集中的趋势有可能延缓，甚至产业区域结构有可能发生变化，中西部等相对迟发达地区业内企业应看到承接千斤顶产业转移的机会。

千斤顶产品按用途可大致分为商用千斤顶、汽车配套千斤顶、汽车维修保养用千斤顶及特种用途千斤顶。我国作为最大的汽车市场，汽车已连续第二年出现销量下跌，导致2019年国内汽车配套用千斤顶产量再次出现下滑，2019年度我国汽车产量下降了7.5%至2 572万辆，全球汽车产量下降了3.8%至9 178万辆，一定程度上影响了汽车配套千斤顶的产量。2019年常熟通润汽车零部件股份有限公司生产销售汽车配套千斤顶1 460.6万台，占汽车配套市场的23%。另外随着国内汽车保有量的快速上升，截至2019年年底，我国的汽车保有量已经达到2.6亿辆，进一步缩小了与保有量第一的美国的差距，浙江杭州、嘉兴地区汽车维修保养设备增速明显，浙江省成为国内千斤顶生产、出口最大省份。当前的美国对华贸易政策对我国的千斤顶出口造成严重影响，千斤顶产品被加征25%的关税，导致2019年千斤顶对美国的出口量出现明显的下滑，终端市场价格相应有15%～20%的涨幅，从而一定程度上制约了市场需求，美国市场总体出口量下滑幅度达到10%。

国内千斤顶生产企业面临的风险和挑战：①发达国家对千斤顶产品的知识产权保护，应引起国内生产企业的重视；②千斤顶生产企业是劳动密集型，随着工资成本、财务成本等的上升，千斤顶产品在国际市场的价格竞争力将逐步减弱，利润空间被不断压缩；③为了规避美国对中国出口的千斤顶加征25%的关税，生产基地转向东南亚、印度等国家成为潜在可能。

技术、质量及标准 千斤顶标准工作组将着力研究国外先进国家的千斤顶标准体系，不断进行我国千斤顶行业调查，并与上级标委会密切联系，充分及时地了解国内外千斤顶行业和相关行业的标准制修订和技术发展情况，并进行分析研究消化，结合实际情况，研究我国千斤顶行业的标准结构，适时开展标准的制修订工作，逐步完善我国的千斤顶标准体系，从而提高整个千斤顶行业的整体水平，促进千斤顶行业的健康发展。

千斤顶的发展与汽车行业的发展是最密切相关的，所以千斤顶的产品设计需紧紧跟随汽车行业的动态，未来3～5年，新能源汽车将逐渐替代燃油车成为主流，千斤顶产品及标准也须为之作出改变。

〔撰稿人：中国重型机械工业协会千斤顶分会陈江 审稿人：中国重型机械工业协会王继生〕

起重葫芦

起重葫芦主要产品包括钢丝绳电动葫芦、环链电动葫芦、微型电动葫芦、气动葫芦、手拉葫芦、手扳葫芦和滑车等提升机械设备，是比较常用的起重工具，广泛用于工厂、矿山、农业、电力、建筑、码头、船舶、仓库的机器安装和货物起吊等方面，是量大面广的通用起重产品。

国内市场与销售 2019年是起重葫芦行业转型升级的关键一年，市场竞争较为激烈，行业各项经济指标相对稳定。

根据中国重型机械工业协会统计网的统计数据，2019年网员企业年产20.9万台电动葫芦（不包括单相电动葫芦），比2018年（相同网员企业数）增长6.5%。

其中，电动葫芦产量排在前5位的企业分别是卫华集团有限公司、河南省矿山起重机有限公司、浙江冠林机械有限公司、凯澄起重机械有限公司和八达机电有限公司，5家企业产量合计同比增长6.51%。

单相微型电动葫芦是主要供应国际市场的电动葫芦产品，其中八达机电有限公司2019年产量同比增长8.01%。

手动葫芦产量最大的国内3家企业分别是浙江双鸟机械有限公司、浙江冠林机械有限公司和重庆维大力起重设备有限公司，3家公司的总产量同比下降0.6%。

进出口情况 根据海关进出口统计数据，2019年我国起重葫芦进出口总量535.77万台，同比下降3.81%。进出口总额3.91亿美元，同比下降1.5%。

电动葫芦（海关税号84251100）进出口总量113.06万台，同比增长10.22%。其中，进口量2.41万台，同比增长12.61%；出口量110.65万台，同比增长10.17%。进出口总额2.18亿美元，同比增长1.4%。其中，进口额0.48亿美元，同比下降12.7%；出口额1.70亿美元，同比增长6.92%；贸易顺差1.22亿美元，同比增长17.31%。

手动葫芦及滑车（海关税号84251900）进出口总量422.71万台，同比下降6.97%。其中，进口量2.29万台，同比增长0.07%；出口量420.42万台，同比下降7.01%。进出口总额1.74亿美元，同比下降4.4%。其中，进口额0.15亿美元，同比下降6.25%；出口额1.59亿美元，同比增长-4.22%；贸易顺差1.44亿美元，同比下降4.00%。

主要企业主要经济指标情况 2019年我国起重葫芦行业主要企业主要经济指标情况见表1。

表1 2019年我国起重葫芦行业主要企业主要经济指标情况 （单位：万元）

企业名称	起重葫芦销售收入	其他产品销售收入	工业总产值	利税总额	人均产值
凯澄起重机械有限公司	33 426	6 916	38 290	7 540	89
浙江双鸟机械有限公司	30 636	14 054	45 550	6 220	70

（续）

企业名称	起重葫芦销售收入	其他产品销售收入	工业总产值	利税总额	人均产值
浙江冠林机械有限公司	27 849	65	29 939	3 893	125
浙江五一机械有限公司	11 893	157	12 350	349	89
江苏三马起重机械制造有限公司	9 216	54	9 426	503	78
八达机电有限公司	13 048	4 026	17 074	1 383	92
诺威起重设备（苏州）有限公司	16 000	5 000	25 000	2 600	250
重庆凯荣机械有限责任公司	3 792	—	4 283	180	34
慈溪市勤丰机械有限公司	—	1 600	1 600	90	26
河南恒达机电设备有限公司	—	5 000	5 000	600	61
华德起重机（天津）股份有限公司	12 545	6 619	19 164	1 348	107
重庆维大力起重设备有限公司	15 000	2 000	17 000	960	80
铜陵市神雕机械制造有限公司	3 650	170	3 820	280	98

主要企业主营产品产量产值情况 2019年我国起重葫芦行业主要企业主机产品产量产值情况见表2。2019年我国起重葫芦行业主要企业配件产品产量产值情况见表3。

表2　2019年我国起重葫芦行业主要企业主机产品产量产值情况

企业名称	主营产品	产量（台）	产值（万元）
凯澄起重机械有限公司	钢丝绳电动葫芦	32 076	32 088
卫华集团有限公司	电动葫芦	68 758	—
河南省矿山起重机有限公司	电动葫芦	54 200	—
浙江双鸟机械有限公司	钢丝绳电动葫芦	1 179	2 919
	环链电动葫芦	9 511	5 316
	手动葫芦	382 957	15 502
浙江冠林机械有限公司	环链电动葫芦	39 175	11 971
	手动葫芦	328 110	17 875
浙江五一机械有限公司	环链提升机	2 215	588
	电动葫芦	2 017	401
	手板葫芦	20 865	1 316
	手拉葫芦	220 115	9 635
江苏三马起重机械制造有限公司	钢丝绳电动葫芦	11 000	9 426
江西起重机械总厂有限公司	钢丝绳电动葫芦	2 523	—
八达机电有限公司	单相钢丝绳电动葫芦	232 230	13 548
	环链电动葫芦	8 152	1 009
	手动葫芦	5 132	91
诺威起重设备（苏州）有限公司	钢丝绳电动葫芦	5 300	16 000
	环链电动葫芦	1 500	1 800
重庆凯荣机械有限责任公司	手动葫芦	195 800	4 283
华德起重机（天津）股份有限公司	钢丝绳电动葫芦	3 950	12 545

（续）

企业名称	主营产品	产量（台）	产值（万元）
重庆维大力起重设备有限公司	环链电动葫芦	1 000	1 000
	手动葫芦	280 000	14 000
铜陵市神雕机械制造有限公司	环链电动葫芦	7 500	1 860
	手动葫芦	42 000	1 790

表 3　2019 年我国起重葫芦行业主要企业配件产品产量产值情况

企业名称	配件产品名称	产量	产值（万元）
凯澄起重机械有限公司	电机	7 790（台）	1 503
浙江双鸟机械有限公司	单轨小车	66 690（台）	2 710
	链条	16 589（t）	11 974
	葫芦配件	2 350（t）	2 295
浙江冠林机械有限公司	单轨小车	1 968（台）	93
浙江五一机械有限公司	单轨小车	2 106（台）	86
	吊索具	–	158
	起重链条	–	66
诺威起重设备（苏州）有限公司	起重机配件	1 000（套）	5 500
慈溪市勤丰机械有限公司	手动葫芦配件	–	1 000
河南恒达机电设备有限公司	钢丝绳电动葫芦配件	30 000（t）	1 200
重庆维大力起重设备有限公司	起重链条及配套产品	–	2 000

主要企业产品出口情况　2019 年起重葫芦行业主机及配件产品主要企业产品出口情况见表 4。

表 4　2019 年起重葫芦行业主机及配件产品主要企业产品出口情况

企业名称	出口国家（地区）	出口数量（台）	出口金额（万美元）
凯澄起重机械有限公司	美国	208	160
	日本	56	25
	东南亚	57	23
	巴西	5	2
浙江双鸟机械有限公司	德国	39 260	212
	荷兰	37 950	186
	南非	17 520	91
	美国	16 432	82
	印度	15 685	80
浙江冠林机械有限公司	美国	88 916	975
	法国	38 106	418
	意大利	31 757	347

（续）

企业名称	出口国家（地区）	出口数量（台）	出口金额（万美元）
浙江五一机械有限公司	印度尼西亚	21 115	183
	越南	21 080	170
	土耳其	5 875	46
	德国	5 211	39
	泰国	6 012	41
江苏三马起重机械制造有限公司	东南亚	320	59
八达机电有限公司	欧洲	110 000	704
	美洲	80 000	512
	其他	50 000	314
诺威起重设备（苏州）有限公司	欧洲	210	126
	非洲	120	60
	亚洲	400	160
	大洋洲	80	48
	美洲	70	47
重庆凯荣机械有限责任公司	美国	80 000	300
	瑞典	12 000	36
	法国	7 000	20
	秘鲁	5 300	24
	泰国	3 500	16
华德起重机（天津）股份有限公司	巴西	49	58
	立陶宛	29	38
	智利	29	106
	南非	15	48
重庆维大力起重设备有限公司	北美洲	150 000	1 136
	欧洲	50 000	379
	亚洲	30 000	227
铜陵市神雕机械制造有限公司	印度	4 900	31
	俄罗斯	4 800	30
	新加坡	5 700	34
	巴西	3 500	25
	匈牙利	2 500	18

主要企业专利情况　起重葫芦行业主要企业在中国的专利情况见表 5。

表 4　起重葫芦行业主要企业在中国的专利情况

企业名称	发明授权	发明申请	实用新型	外观设计
凯澄起重机械有限公司	3	1	23	1
纽科伦（新乡）起重机有限公司	24	47	234	3
北京起重运输机械设计研究院有限公司	5	41	47	2

（续）

企业名称	发明授权	发明申请	实用新型	外观设计
河南省矿山起重机有限公司	18	41	319	—
浙江双鸟机械有限公司	8	26	57	8
浙江冠林机械有限公司	12	42	41	2
浙江五一机械有限公司	1	3	20	8
江苏三马起重机械制造有限公司	—	—	19	—
新乡市起重设备厂有限责任公司	1	9	74	1
八达机电有限公司	2	9	54	12
南阳起重机械厂有限公司	1	1	7	—
象王重工股份有限公司	4	26	33	—
科尼起重机设备（上海）有限公司	—	—	40	—
诺威起重设备（苏州）有限公司	3	12	68	8
江阴市鼎力起重机械有限公司	5	14	40	30
聊城五环机械有限公司	1	1	—	—
重庆凯荣机械有限责任公司	—	—	—	7
河南省飞马起重机械有限公司	—	—	47	—
常州市常欣电子衡器有限公司	4	6	24	1
河南恒达机电设备有限公司	2	6	51	9
南京特种电机厂有限公司	1	1	8	—
南京起重电机总厂	2	2	28	1
南京开关厂有限公司	3	16	38	—
江苏佳力起重机械制造有限公司	—	8	17	2
安徽九华机械股份有限公司	—	14	5	—
华德起重机（天津）股份有限公司	—	3	21	1
江西工埠机械有限责任公司	11	19	36	20
浙江东海减速机有限公司	—	1	34	—
重庆维大力起重设备有限公司	4	10	21	4
湖北三六重工有限公司	1	4	31	1
南京禄口起重机械有限公司	—	13	7	—
北京双泰气动设备有限公司	4	5	18	—
常熟海鸥起重机械有限公司	3	6	19	—
浙江手牌起重葫芦有限公司	—	2	8	—
南京神天起重机械设备有限公司	—	2	9	—
上海万铂起重机械有限公司	—	2	1	—
浙江凯勋机电有限公司	2	3	22	15
科美（杭州）机械有限公司	1	2	10	1
星都起重设备（辽宁）有限公司	1	1	4	—
四川合能起重设备有限公司	1	2	27	—
湖北蒲圻起重机械有限公司	—	—	6	—

（续）

企业名称	发明授权	发明申请	实用新型	外观设计
赤壁市蒲圻起重运输机械有限责任公司	—	33	19	—
江阴市兴科起重机械有限公司	—	—	9	—
河北怀鸽起重机械集团有限公司	—	3	18	5
天津永恒泰科技有限公司	3	9	9	—
武汉合康电驱动技术有限公司	4	7	14	1
扬戈科技股份有限公司	1	6	11	3
杭州四达机械电子有限公司	—	—	8	—
江苏宇泰电器有限公司	—	19	—	—
浙江中富电气有限公司	5	5	22	3
江西飞达电气设备有限公司	—	20	41	—
辽宁国辰电子技术有限公司	—	1	1	1
南通合兴铁链有限责任公司	1	1	3	—
上海精浦机电有限公司	2	4	12	—
临安华龙摩擦材料有限公司	10	16	15	—
江苏欧玛机械有限公司	—	25	1	60
郑州市泰德尔电机厂	—	—	3	1
河北神力索具集团有限公司	—	—	3	1
上海宏欣电线电缆有限公司	1	1	44	—
重庆美和机电有限公司	—	3	12	2
铜陵市神雕机械制造有限公司	1	1	23	—
河北辰力吊索具集团有限公司	1	1	7	1
湖北华博三六电机有限公司	—	—	10	—
浙江维大茵特起重设备有限公司	6	10	33	—
丹东市起重机械有限公司	—	1	21	—
池州市华安起重机械有限公司	—	2	14	—
湖北恒欣传动设备有限公司	1	1	1	—
东莞市台冠起重机械设备有限公司	—	3	27	1
南通瑞金制链科技有限公司	1	2	14	—
湖南泰尔汀起重科技有限公司	1	1	8	—
浙江凯岛起重机械有限公司	2	2	10	7
太仓普兰尼特起重有限公司	—	—	1	—
广东韶铸锻造有限公司	—	1	11	—
杭州契卡拉起重机械有限公司	—	3	12	7
安徽杰特电气有限公司	—	49	13	—
河南锐思特科技有限公司	—	2	18	—
维多利科技（江苏）有限公司	5	7	16	6
如东宏信机械制造有限公司	4	6	10	—
上海托菲机电科技有限公司	1	4	12	1

（续）

企业名称	发明授权	发明申请	实用新型	外观设计
安徽创新电磁离合器有限公司	8	27	35	—
苏州库力铁重工有限公司	—	22	31	—
昆山维夏机电科技有限公司	1	1	—	—
宁波红卓塑业科技有限公司	—	1	4	—
河南蒲瑞精密机械有限公司	7	18	35	—
绍兴恒辉机器人科技有限公司	—	—	3	2

注：数据截止日期为2020年12月5日，数据来源于incoPat。

新产品研发及获奖等情况 2019年起重葫芦行业部分企业根据行业、企业自身的特点，将市场需求和企业的技术能力相匹配，通过自主创新或合作创新，研发出不少新产品，获得不少奖项及荣誉。

凯澄起重机械有限公司，2019年开发了RY型10t钢丝绳电动葫芦，实现了RY型电动葫芦的系列化设计。其特点为：①全系列采用低净空型结构，外观轻巧、自重轻，用于新建厂房可以降低房屋建造成本；②工作级别达到M5，防护等级为IP54，绝缘等级为F级，产品分为单速型和变频双速型两种。

浙江双鸟机械有限公司，其所属的浙江省双鸟轻小型起重机械研究院被浙江省科学技术厅认定为浙江省省级企业研究院。

浙江五一机械有限公司，董事长苏光耀荣获2019年度衢州市衢江区人民政府质量奖。

科尼起重机设备（上海）有限公司，获得2018年度中国重型机械工业协会桥式起重机专业委员会“优秀桥、门式起重机生产企业”荣誉称号；yourKONECRANES系统在2018年度MM现代物流技术与装备创新大奖评选活动中荣获“创新产品奖”。

八达机电有限公司，2019年度完成“遥控环链葫芦的研发”等10项新产品研发项目，其成果已全部转化为新产品。2019年12月被浙江省经济和信息化厅评定为浙江省“隐形冠军”企业。

重庆维大力起重设备有限公司，2019年度电动葫芦进入批量生产阶段，新产品VI系列2t和5t的产品实现批量生产、10t小批量试生产并完成设计定型，完成8620链条材料的试制及生产，完成工字夹钳YC1-5T常规款及客户改进定制款等。

行业工作 中国重型机械工业协会起重葫芦分会三届三次会员大会于2019年10月21—23日在江苏省苏州市召开。

会议通过了苏州库力铁重工有限公司、昆山维夏机电科技有限公司、江苏蓝威起重机械有限公司、斯泰尔起重设备（上海）有限公司、宁波红卓塑业科技有限公司、河南蒲瑞精密机械有限公司、英质钢缆（上海）有限公司、绍兴恒辉机器人科技有限公司和杭州麦克起重设备有限公司9家新会员单位入会。

会议表彰了19家起重葫芦优秀配套件企业，分别是：浙江东海减速机有限公司、上海宏欣电线电缆有限公司、南京特种电机厂有限公司、南京起重电机总厂、河南蒲瑞精密机械有限公司、山东聊城科顺机械有限公司、聊城五环机械有限公司、河北神力索具集团有限公司、河北辰力吊索具集团有限公司、慈溪市勤丰机械有限公司、山东冠锐链轮科技有限公司、常州市常欣电子衡器有限公司、河南恒达机电设备有限公司、浙江浩全电器科技有限公司、天津永恒泰科技有限公司、安徽创新电磁离合器有限公司、衡水贝瑞起重机械有限公司、常州市武进起重电器有限公司、华德起重机（天津）股份有限公司。

质量、认证和标准

1. 国际标准

国际标准化组织起重机技术委员会（ISO/TC96）2019年系列会议于2019年5月30日至6月7日在英国伦敦召开，会议由英国标准协会（BSI）主办。2019年6月3日上午，召开了SC4/WG2“电动葫芦能效测试方法工作组”会议，来自中国、法国、芬兰、德国、日本、波兰、美国共7个国家的18名专家参加了会议。会议由工作组召集人、北京起重运输机械设计研究院有限公司的张毅主持。会议首先一致通过了会议议程，任命了由工作组召集人及美国、德国、法国、中国的4位专家共同组成的建议起草委员会。会上依次由芬兰、德国、中国的专家分别对电动葫芦能效测试方面的技术观点进行了阐述，会议讨论确定了ISO 21279标准的名称和范围，将标准名称由“电动葫芦能效测试方法”改为“起重机—确定电动葫芦能效的方法”，会议同意将能效测试的范围确定在电动葫芦的“使用阶段”，而不是整个“生命周期”。会议建议由工作组查看ISO 25745《电梯、扶梯和自动人行道的能量性能》的内容，以确定是否有助于该标准及各部分标准的起草。同时，会议同意SC4分技术委员会启动新的预工作项目，以便在当前的工作项目ISO/PWI

21279 到期后继续起草标准。会议建议工作组召集人按照新的标准名称和范围更新目前的草案，并在工作组专家内征求意见，这些意见将在 2020 年工作组会议上进行研究讨论。

2. 行业标准

国家市场监督管理总局根据《中华人民共和国特种设备安全法》《特种设备安全监察条例》规定，结合起重机械安全技术规范实施情况，对《起重机械型式试验规程（试行）》（国质检锅〔2003〕305 号）、《桥式起重机型式试验细则》（TSG Q7002—2007）等 13 个起重机械相关型式试验细则进行整合修订，形成《起重机械型式试验规则》（TSG Q7002—2019），并于 2019 年 12 月 25 日批准发布，自 2020 年 3 月 1 日起实施。

2019 年 8 月 20—22 日，全国起重机械标准化技术委员会桥式和门式起重机分技术委员会在上海市组织召开了机械行业标准《洁净环境用电动葫芦》和《洁净环境用桥式起重机（初稿）》讨论会。

3. 企业产品认证

2019 年八达机电有限公司完成 4 项产品认证：

ETL（C+US）认证产品：PA100BC-PA1000BC、PA200B1C-PA1000B1C、A500B2C-PA1000B2C、PA200B3C、PA400B3C；

ETL（US）认证产品：PA100B-PA1000B、PA200B1-PA1000B1、PA500B2-PA1000B2；

GS 认证产品：PA100D-PA300D、PA1000D；

CE 认证产品：PA200D-PA1000D、HH200D-HH600D。

重庆维大力起重设备有限公司 VI 0.25 ～ 3t 共 6 种规格新产品取得了 CE 证书，起重链条（3 ～ 9mm，共 9 个规格）通过莱茵实验室 EN818-7-T 测试，单轨小车（0.5 ～ 10t，共 6 个规格）取得了 CE 证书，两款手动葫芦（VB20T、VP9T）取得了 CCS 认证证书，手动葫芦通过了中国电力科学研究院测试。

〔撰稿人：中国重型机械工业协会起重葫芦分会张敏　审稿人：中国重型机械工业协会起重葫芦分会张维新〕

桥式、门式起重机

生产发展现状　2019 年我国起重机设备及其零部件保持着较为稳定的增长态势。国家陆续颁布的市场保障、财税支持和金融支持等利好政策，为起重机行业释放出潜在的市场需求，为起重机行业结构调整、转型升级带来了新的机遇，从目前的销量数据看，起重机有望延续强劲的复苏势头，行业整体发展前景广阔。但各企业间的增速不均衡，资源优势集中的龙头企业保持着较高的增长态势，中小企业增速较缓，部分单一产品小微企业出现负增长。

虽然起重机制造业取得了长足进步，但通过实地调研发现，中国重型机械工业协会桥式、门式起重机专业委员会（简称桥机专委会）大部分会员企业仍处于较低水平的发展阶段。起重机制造企业在研发、制造、营销等环节的数字化指标值较高，而集成互联、智能协同指标值较低，说明数字化改造进展较快，但在网络化、智能化方面的转型进展依然较慢。

随着国内外运营环境的不断改变，5G、物联网理念的不断深入，传统的制造营销模式无法满足越来越多的个性化的需求。私人化定制、全生命周期管理都将是未来发展的趋势。同时行业新的战略规划的实施，也将激发行业潜能，企业可将高端智能制造作为发展方向，不断提高技术创新，倾力打造高端物料搬运系统解决方案，从而形成新的经济增长点。

市场与销售　2019 年我国起重机制造业有规模以上企业 532 家，比上年减少 86 家。全年生产用起重机（桥式、门式、桥架类、塔式、门座式及未列名起重机等）实现营业收入 1 548.3 亿元，同比增长 18.5%；行业利润总额为 68.4 亿元，同比增长 34.4%；行业亏损面为 16.0%。2015—2019 年起重机行业营业收入增速如图 1 所示。

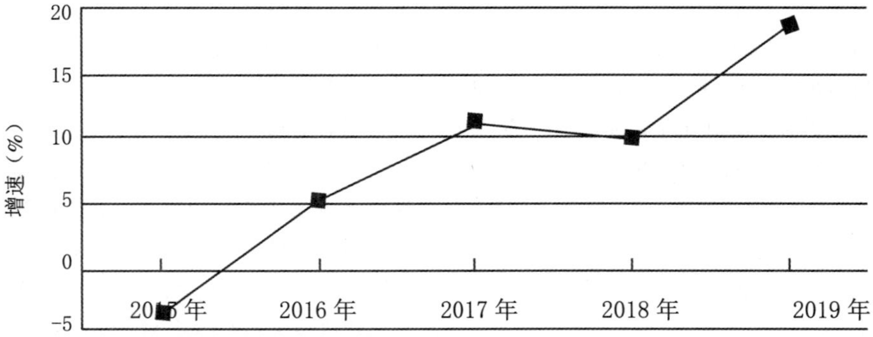

图 1　2015—2019 年起重机行业营业收入增速

注：数据来源《2019 年重型机械行业运行报告》。

桥机专委会归口管理的桥式、门式起重机销售走势与整个行业基本相同。2015—2019 年桥式、门式起重机的销售量、销售产值见表 1。

表 1 2015—2019 年桥式、门式起重机的销售量、销售产值

年份	2015	2016	2017	2018	2019
销售量（万台）	8.0	8.0	8.6	8.9	9.8
销售产值（亿元）	315	305	360	393	432

2019 年，起重机网员企业的流动资产总额为 1 349.67 亿元，同比增长 1.56%；应收票据及应收账款为 447.99 亿元，同比下降 8.40%；存货 462.00 亿元，同比增长 1.50%；营业成本为 1 305.82 亿元，同比增长 18.82%；销售费用为 44.04 亿元，同比增长 17.93%；管理费用为 64.09 亿元，同比增长 4.24%；财务费用为 28.56 亿元，同比增长 1.74%。2019 年生产用起重机制造企业主要效益质量指标见表 2。

表 2 2019 年生产用起重机制造企业主要效益质量指标 （单位：元）

指标名称	2019 年	2018 年
营业收入成本 /100 元	84.34	84.10
营业收入费用 /100 元	8.83	9.71

由上表可以看出，企业的成本费用有所增加，因此，除了控制原材料、厂房用地、人工等固定成本的增加外，企业更要树立成本管理的新观念，建立合理化成本管理组织以确保成本管理系统的持续有效运行，同时确保成本信息的时效性、准确性和真实性。

2019 年，在复杂的国际贸易形势下，中美贸易摩擦加剧，使得外贸环境严重恶化，对我国起重机进出口产生了不小的影响。除桥式起重机进口量增长外，其他起重机产品进出口量均出现下滑。2019 年起重机产品进出口增速见表 3。

表 3 2019 年起重机产品进出口增速

产品名称	出口增速（%）	进口增速（%）
桥式起重机	−12.02	67.97
门式起重机	−20.49	−85.87
门座式起重机	−56.80	−51.40
起重机零件	1.32	−1.56

注：数据来源于《2019 年重型机械行业运行报告》。

2019 年桥机专委会会员企业生产经营稳中有升，增长点基本围绕欧式起重机、智能起重机、无人操作起重机、定制化起重机等新型物联网数字化起重机。桥式、门式起重机行业销售产值排名前 12 位企业的起重机产品销售总值达 306.85 亿元，约占整个国内市场 73.28% 的份额。2019 年桥机专委会销售产值排名前 12 位企业的主要经济指标见表 4。

表 4 2019 年桥机专委会销售产值排名前 12 位企业的主要经济指标 （单位：亿元）

序号	企业名称	工业总产值	起重机销售产值
1	卫华集团有限公司	140.73	112.41
2	河南省矿山起重机有限公司	125.52	100.98
3	河南豫飞重工集团有限公司	58.80	40.20
4	太原重工股份有限公司	70.38	11.26
5	江西起重机械总厂	9.45	8.93
6	法兰泰克重工股份有限公司	11.06	6.98
7	大连华锐重工集团股份有限公司	72.10	6.02
8	株洲天桥起重机股份有限公司	13.34	5.57
9	科尼起重机设备制造（江苏）有限公司	5.45	5.07
10	山起重型机械股份公司	4.88	4.11
11	广州起重机械有限公司	3.12	3.12
12	河南豫中起重集团有限公司	2.70	2.20
合计		571.53	306.85

注：按起重机销售产值排序。

新产品和科技成果 2019 年，桥机专委会会员企业在重大技术装备的自主研发中不断取得突破，创新成果正逐步投入使用。

大连华锐重工起重机有限公司面对国内外复杂严峻的市场经济形势，紧紧围绕年初制定的经营计划，持续推进智能制造、服务型制造、国际化战略和改革创新等各项举措，突出抓好订货回款、合同履约、风险防控、技术创新等重点工作，较好完成了年度目标任务。公司注重新产品、新技术的研发和投入，有计划地研发、储备关键的核心技术，优化产品生产工艺，进一步巩固和提升公司的产品优势，增强公司的技术创新和核心竞争力，为公司的可持续发展奠定基础。2019 年，公司重点围绕产品智能化升级、环保产业拓展、主导产品升级换代和全新产品拓展 4 个方面，组织开展了 70 余项技术攻关，投入研发费用 5.15 亿元，成功研制出国内首套智能铸造起重机并投入使用。2019 年公司申报专利 99 项，6 项科技成果荣获行业和省（市）科技奖励（其中中国机械工业科技进步奖 2 项，辽宁省科技进步奖等省级科技奖励 2 项和大连市科技进步奖 2 项）。

卫华集团有限公司（简称卫华集团）2019 年获得授权专利 139 项；参与制修订国家、行业和团体标准 9 项。获省部级科技进步奖 3 项，河南省国防科学技术进步奖 3 项，河南省机械工业科学技术奖 2 项，河南省装备制造业科学技术奖 8 项，9 个科技项目经过鉴定达到国内领先水平。2019 年卫华集团从以下几个方面开展科研开发工作：

绿色化。卫华集团承担了 2 项国家科技支撑计划：轻量化桥式起重机推广应用技术研究和桥式起重机轻量化共性技术研究；1 项国家火炬计划：起重机轻量化技术研究。2019 年，卫华集团轻量化桥式起重机关键产业化技术列入《国家工业节能技术装备推荐目录（2019）》，组建的“河南省智能起重装备关键技术工程研究中心”成功入选国家级绿色工厂名单。

智能化。卫华集团自主研发的智能无人起重机，首次入驻国内建筑行业“无人工厂”；实现了由制造“起重设备”向制造“起重机器人”的转变。卫华轻量化起重装备系统集成智能制造车间、工程专用汽车智能制造车间入选 2019 年河南省智能车间，入围 2 项河南省创新示范专项，促进了我国起重装备行业技术进步。

定制化。卫华集团采取差异化发展战略，针对不同行业、不同领域客户的多样化需求进行有针对性地研发，以企业自身的技术改进拓展新的需求，在技术上打造核心竞争力。

网络化。卫华集团利用大数据中心建立工业互联网平台，实现了起重设备产品设计优化、远程监控、故障诊断、预测性维护等应用，打通技术研发和产业化链条，实现了起重装备的全生命周期管理，成为起重机行业全球第一家应用 5G 技术的企业。

2019 年，建设完成卫华起重机工业互联网大数据平台，“基于工业互联网平台的起重机智能化升级实践”入选全国智慧企业建设创新实践案例。目前，卫华大数据中心累计投接入的各类设备已覆盖国内 29 个省级行政区域及东南亚用户，涉及机电、石油化工等 13 个行业的 121 家企业单位。先后荣获“国家首批两化融合管理体系贯标试点企业”“国家制造业与互联网融合发展试点示范企业”等荣誉称号。

株洲天桥起重机股份有限公司联合子公司全面推广智能化物料搬运设备，在起重设备、物料搬运等工业领域实现多项技术突破，并在全国建成多个智能化应用示范工程。在稳固国内市场领先地位的同时，竭力拓展国际市场，成功打开意大利、马来西亚等海外市场。公司未来将继续以高端智能制造为发展方向，不断提高技术创新，倾力打造高端物料搬运系统解决方案供应商。

2019 年，多个智能搬运作业系统项目完成了示范应用，如华菱湘钢废钢搬运无人化，渣钢处理操作远程化，形成了钢厂零散物料远程搬运智能化解决方案；赤峰云铜“渣处理集群调度作业系统”验证了起重机自动化调度关键技术；株洲天桥起重机牵头的“面向有色金属浇铸机器人作业系统”被批准为国家重点研发项目，并已组织实施。战略新兴专项通过省级验收，进入推广阶段。通过立项引领，掌握硬核科技，促进了公司转型升级的技术研发步伐，完善了研发组织，明确了研发路线，增强了研发力量，助推科技成果产业化。

太原重工股份有限公司 2019 年不断增加技改投入，陆续新建了滨海重型装备研制出口基地、高速列车关键零部件国产化基地、风力发电机组关键零部件智能化工厂。其中，滨海重型装备研制出口基地拥有 1 000m 的码头岸线，是具备完全自制、自主经营码头的企业之一；风力发电智能化工厂项目引入核心工艺设备，打造数字化智能控制系统，建成后将成为国内自动化、智能化、信息化程度最高的风电装备制造基地，为生产制造高端风电装备提供硬件保障。

2019 年太原重工股份有限公司起重机械、矿山机械、工程机械远程监控终端上线 20 台；铸造起重机整机和锻压管线三维参数化、标准化设计加快推广应用，设计效率提升 25% ～ 30%。

法兰泰克重工股份有限公司（简称法兰泰克）生产的欧式起重机产品重量轻、轮压小、设备高度低，在满足同等需求的情况下，可以降低厂房高度，减小承轨梁截面尺寸，减小牛腿及桩基承载能力，降低对轨道、供电滑线的要求，使得用户在厂房及起重设备方面的综合投资降低；公司起重机产品起升运行稳定、吊钩摇摆幅度小和定位精准等特性可以大大节省操作人员的等待时间，进而提升生产效率。公司设备品质高，维护量小，使得停机的可能性大大降低，确保客户免于停机所带来的运营损失。

法兰泰克起重机装备有智能控制系统，集成了精确定位、防摇摆、3D 扫描等功能，可以实现起重机的少人化、无人化和长时间自动运行，为客户创造更人性化、更安全的物流和生产环境，保障客户生产安全、提升客户组织效率、提高客户生产效率。

法兰泰克基于工业物联网的远程监控平台集数据采集、分析于一体，通过采集完善的起重机运行数据，并从运行记录、故障报警、设备寿命、综合能耗等多维度进行统计分析，分析结果可使系统自动优化运行时间、降低能耗、提示安全隐患、提出维护建议，从而有利于保障设备的安全运行，降低客户起重机使用过程中的维护费用，优化客户使用体验，有利于客户提升运营水平。

河南省矿山起重机有限公司（简称河南矿山）2019 年把发展“智能化”作为科技创新和产品研发的战略方向。

（1）智能管理。以大数据运营为基础，实施从产品定购、设计、制造到市场、服务的产品全生命周期智能化管理。基于物联网 + 生产协同创新，通过生产现场的硬件管控和软件管控的协同，实现生产作业的数字化管理和先进设备集成应用；建立生产现场的软件管控系统，制造过程中，通过对人员信息、物料信息、设备信息、设计信息、制造数据、库存信息等数据进行采集、分析与处理，将数据上传到生产执行系统，为生产系统提供制造数据管理、计划排程管理、生产调度管理等管理模块，打造一个制造协同管理平台；依托物联网，形成面向云平台服务的起重机远程服务模式，对于进入市场的智能起重机配备有专用“黑匣子”，可对各个部位故障快速诊断，能以最直观的方式让操作者了解起重机的“健康情况”，实现了起重机远程实时智能监控。

（2）智能装备。公司拥有单梁起重机柔性化生产线，单双梁主梁、端梁内外缝机器人焊接生产线、葫芦电动三角板机器人焊接工作站、卷筒外罩机器人焊接工作站、车轮锻造碾压复合工艺智能化流水线等20余条自动化生产线。有智能车间、数字化加工设备和机器人500余台，可以满足各类起重机主要零部件的精加工制作。河南矿山同北起院、哈工大、太原科技大学、西南交大、上海交大的高级专家长期合作，加大科研力度，逐步破解、实现非标产品的智能化生产。河南矿山自主研发的主端梁U槽一次成形工艺、LD轮锻造工艺等10余项核心技术，使自主生产能力达到85%以上，增强了企业的核心竞争力。

（3）智能产品。河南矿山以智能、绿色、安全为产品主导方向，以模块化设计理论为指导，不断加大投资研发力度。代表产品轻量化、通用化、节能环保的新型起重机，自动化吊具抓放和码垛、自动定位、电气防摇、远程监控、智能管理等多功能智能仓储起重机，以及中国首台洁净防爆全自动型起重机等，均得到了客户的高度评价。

在创新和标准方面，累计参与制修订国家、行业、地方和团体标准42项，获国家授权专利323项，其中发明专利18项；荣获河南省2019年智能工厂荣誉称号，获各类科技进步奖、成果奖30余项。

北京起重运输机械设计研究院有限公司（简称北起院）2019年在重大技术项目攻关方面共组织完成8个项目验收，其中，完成北京市重大专项课题验收1项，完成中国机械工业集团有限公司（简称国机集团）技术开发专项1项，完成公司级科研项目验收6项。组织实施重点科研项目24项，其中，国机集团技术开发专项2项，质检公益专项2项，公司技术开发专项20项。组织完成2个质检公益专项的申报工作。

国机集团技术开发专项“智能起重机（搬运机器人）关键技术与成套装备研究”顺利开展。该课题借助工业4.0智能化制造理念与平台，结合数字化车间的生产流程管理与调度、智能制造加工工艺、自动化生产线，为适应新兴的市场需求，研发适合起重板块生存发展的必备技术和产品，即数字化、网络化、智能化的起重机新技术、新产品。完成了起重机的智能化关键技术的研究，对起吊物品进行信息识别、校验并实现三维空间精准定位，同时采用差异化的自动取物装置，结合自动控制、监控与管理软件，研制成可承接冶金、造纸、物流等各种工位转运、工艺流程搬运的智能化起重机。该课题共获得授权专利13项，登记软件著作权3项，制修订标准1项，发表论文18篇，研发成果已应用于北起院承接的数百台起重机上，产生了良好的经济效益。

2019年北起院完成的重大科技成果和新产品情况：

（1）获得“北京市设计创新中心”证书。“北京市设计创新中心”于2018年4月开始申报，2018年7月通过北京市科委认定，2019年3月获得证书。该中心主要围绕物料搬运机械领域的工业设计，开展相关实验研究和基础设施建设，承担设计任务，并提供设计服务，以响应国家号召，贯彻落实全国科技创新中心建设规划。

（2）获得BICES庆祝新中国成立70周年工程机械行业系列奖项。经过评比，北起院荣获“品牌企业”称号；同时，自动化物流装备及系统、全自动控制垃圾搬运起重机被评为“杰出产品”。

（3）组织申报并获得上级科技奖励3项，其中，中国机械工业科学技术奖一等奖1项，三等奖1项；中国机械工业集团科学技术奖三等奖1项。

（4）申请专利30项，其中，发明专利20项；获授权专利23项，其中，获发明专利3项；登记软件著作权7项。

2019年6月，经过中国机械工业联合会推荐，北起院获得“工业企业知识产权运用试点企业”荣誉称号（工信厅科函〔2019〕134号），为公司知识产权管理水平的提高奠定了基础。

2019年桥式、门式起重机行业科研项目获奖情况见表5。

表5　2019年桥式、门式起重机行业科研项目获奖情况

序号	项目名称	获奖类别	获奖等级	主要完成单位
1	大跨度柔性吊装技术及应用	中国机械工业科学技术奖	一等奖	北京起重运输机械设计研究院有限公司、武汉武船重型装备工程有限责任公司、中国科学院国家天文台
2	大型水电站新型桥式起重机研制	中国机械工业科学技术奖	二等奖	太原重工股份有限公司
3	重大装备传动系统无键连接关键技术研发与应用	中国机械工业科学技术奖	二等奖	太原科技大学、太原重工股份有限公司、山西大新传动技术有限公司
4	12 700t/h 矿石装船机	中国机械工业科学技术奖	二等奖	大连华锐重工集团股份有限公司
5	AP1000 核电站环行起重机	中国机械工业科学技术奖	二等奖	大连华锐重工集团股份有限公司
6	系列过轨起重机及其关键技术研发	中国机械工业科学技术奖	三等奖	河南卫华重型机械股份有限公司
7	基于多组同步抓取智能控制技术的压辊换辊起重机	中国机械工业科学技术奖	三等奖	河南卫华重型机械股份有限公司
8	生物质发电厂燃料自动化、智能化储运系统关键技术研究与应用	中国机械工业集团科学技术奖	三等奖	北京起重运输机械设计研究院有限公司

质量与标准　桥机专委会组织会员单位积极参加标准的制修订，根据《中华人民共和国特种设备安全法》《特种设备安全监察条例》《中华人民共和国标准化法》的规定，2019 年批准发布的与桥机专委员会会员单位相关的部分标准见表 6。

表 6　2019 年批准发布的与桥机专委会会员单位相关的部分标准

序号	标准编号	标准名称	发布日期	实施日期
1	GB/T 5031—2019	塔式起重机	2019-08-30	2020-03-01
2	GB/T 37366—2019	塔式起重机安全监控系统及数据传输规范	2019-03-25	2019-10-01
3	GB/T 5082—2019	起重机 手势信号	2019-12-10	2020-07-01

行业发展应重点关注的问题

1. 正确认识疫情对行业的持续影响

此次新冠肺炎疫情持续时间长、影响面广，虽然国内防疫工作已经取得阶段性的胜利，但全球疫情未来发展不明朗，企业在做好常态化防控的同时，应及时调整产业链，重构发展规划。

出口业务占比较大的企业，应针对每笔订单进行风险分析并采取相应措施。尤其是出口业务主要在欧美市场的企业，受疫情影响的可能性增大，必须重新调整方向，审慎接单。

部分欧美配套件的短缺，成为影响、制约我国企业正常生产的短板。疫情的持续蔓延再次提示企业家们，应加大自主科研投入，加快关键核心技术攻关，研制出高质量、能替代进口的关键零配件，如减速机、变频器等。

2. 打造服务型制造企业

随着国内外环境的不断改变，传统的制造模式无法满足越来越多个性化的需求。私人化定制、全生命周期管理都将是未来发展的趋势。

过去起重机制造企业专注于生产环节，以把产品卖出去为目标。企业向服务型制造的转型，将产业链向上延伸到定制化研发设计，向下延展到独特品牌服务，可不断提高生产效率和产品附加值。这不仅有利于起重机企业降本增效，更有助于企业形成新增长点。

3. 推进智能制造和制造业数字化转型

疫情改变了传统的营销环境，加大了企业对物联网的依赖。因此加速推进制造业高质量发展要以新基建为抓手，以 5G 和物联网为依托，从而实现整个起重制造业价值链的智能化。

企业可以凭借自身在核心技术领域的实力，加大人才培养和引进，快速搭建智慧物联平台。购置智能化生产设备、组建智能化流水线，着力提升产品智能化生产水平、制造质量和整体运营效率，逐步实现"机器换人""软件换人""智能运营"阶段目标，推动企业转型升级，也可以缓解现阶段人才储备和人员成本不断增长的难题。

4. 账款回收难、资金周转率下降

应收票据及应收账款数额大、回收难是当前影响机械企业生产经营最为突出的问题之一。起重机行业因为运营周期长、利润低，流动资金周转率连续几年降至 1.5 以下，运行效率明显下降。企业应根据自身特点建立一套科学的、行之有效的应收账款管理体系，有效规避风险，实现利润最大化。同时，建立客户的风险等级评价、管理及预警机制，根据客户的等级情况制定收款规则，真正将优质客户沉淀下来，促使企业持续良好运转。

5. 如何应对招工难

目前，在起重机行业招工难是最为突出的问题，随着"90 后""00"后逐渐参加工作，他们对老旧厂房、机械重复的体力工作产生很大的抵触，他们追求更自由的工作时间，更具挑战性的工作性质，导致车间最基层的机械工人出现断层、断代、用工荒。

企业家们在改善机械行业这种传统刻板印象的同时，也应大力发展自动化和信息化，力争从业者能坐在窗明几净的房间里指挥机器人干活，从而吸引新一代的年轻人投身起重机制造行业。

〔撰稿人：中国重型机械工业协会桥式起重机专业委员会夏雯　审稿人：中国重型机械工业协会王继生〕

带式输送机

生产发展情况　带式输送机行业 50 余家骨干企业的统计数据显示，带式输送机行业完成工业总产值 125 亿元，同比增长 1.7%；实现利润总额 9.5 亿元，行业利润率同比增长 1.1 个百分点。通过对带式输送机行业的相关数据分析可见，国内市场需求增长缓慢，工业总产值保持平稳，产品利润率有所提高。2019 年带式输送机行业骨干企业生产经营情况见表 1。

表 1　2019 年带式输送机行业骨干企业生产经营情况

序号	单位名称	产值（万元）	利润（万元）	出口产值（万元）	产量	
					按吨计（t）	按米计（m）
1	衡阳运输机械有限公司	83 275	2 940	1 702	74 493	220 435
2	湖州电动滚筒有限公司	22 276	716	0	0	0
3	象山光明输送机有限公司	20 285	1 579	0	730	0
4	吉林省佳信通用机械股份有限公司	12 809	485	0	8 012	8 140
5	广东中兴液力传动有限公司	11 158	106	0	0	6 361
6	安徽攀登重工股份有限公司	68 463	5 244	812	38 785	129 793
7	原平市宇峰起重运输机械有限公司	6 888	152	0	3 862	25 360
8	安徽马钢输送设备制造有限公司	11 680	500	400	8 985	29 650
9	宝鸡杭叉工程机械有限责任公司	12 630	850	0	10 050	60 450
10	大连骅洋液力偶合器有限公司	1 050	90	0	0	0
11	江苏环宇起重运输机械有限责任公司	16 109	1 165		420	42 930
12	焦作鑫恒重工机械有限公司	19 000	1 893	0	15 380	0
13	日照港机工程有限公司	31 002	1 077	73	18 660	52 514
14	山东山矿机械有限公司	41 921	1 619	5 825	50 286	59 501
15	绍兴华运输送设备有限公司	2 350	180	0	0	0
16	沈阳鸿之韵科技有限公司	3 000	0.15	0	0	0
17	沈阳沈起技术工程有限责任公司	1 480	210	12	0	0
18	沈阳制动电磁铁厂（有限公司）	320	59	22	825	0
19	安徽盛运重工机械有限责任公司	38 620	1 685	0	0	0
20	四川东林矿山运输机械有限公司	15 157	1 046	0	15 083	0
21	四川省自贡运输机械集团股份有限公司	73 711	12 064	28 387	42 990	93 489
22	桐乡机械厂有限公司	1 250	10	0	0	0
23	铜陵天奇蓝天机械设备有限公司	24 975	320	0	20 898	80 196
24	武汉洪源机械制造有限公司	344	36	0	463	1 320
25	浙江双箭橡胶股份有限公司	142 876	30 667	30 358	4 443	
26	中发电气（铜陵）海德精密工业有限公司	3 000	300	2 100	0	0
27	中平能化集团机械制造有限公司	16 896	-13 155	0	5 580	0
28	自贡市倍特逆止器制造有限公司	5 500	350	0	0	0
29	杭州雄鹰机械有限公司	5 100	300	0	0	0
30	青岛胶六橡特胶带有限公司	11 000	0	0	0	0
31	东莞市奥能实业有限公司	1 569	23	0	0	0
32	广西正源电机有限公司	2 000	80	0	0	0
33	徐州光环钢管（集团）有限公司	32 000	14 540	0	80 000	582 891
34	阳泉煤业（集团）有限责任公司奥伦胶带分公司	47 524	1 591	0	0	972.7 万 m^2
35	福建龙净环保股份有限公司	50 000	5 800	0	77 263	88 800
36	衡水金太阳输送机械工程有限公司	18 547	356	11 130	16 860	0

（续）

序号	单位名称	产值（万元）	利润（万元）	出口产值（万元）	产量	
					按吨计（t）	按米计（m）
37	宁夏天地西北煤机有限公司	55 349	1 164	0	24 302	103 762
38	山西东昌实业有限公司	13 157	748	0		
39	芜湖市爱德运输机械有限公司	9 270	1 364	0	0	0
40	宁波华臣输送设备制造有限公司	7 000	450	0	1 200	5 500
41	艾克玛（惠州）输送设备有限公司	4 500	100	1 500	0	0
42	安徽永生机械股份有限公司	15 977	489	3 556	9 016	0
43	唐山开元自动焊接装备有限公司	1 500		62	0	0
44	山西晋煤集团金鼎煤机矿业有限责任公司皮带机分公司	17 069	2 010	0	0	65 000
45	包头市万里机械有限责任公司	7 112	-14	0	4 132	36 500
46	泰星减速机股份有限公司	35 000	5 958	0		0
47	太原向明智能装备股份有限公司	21 910	1 675	0	9 450	589 750
48	芜湖起重运输机器股份有限公司	8 907	609	704	112 000	90 000
49	山东鑫开特轴承有限公司	4 319	70	1 595	1 500	0

市场与营销　全球范围的新冠肺炎疫情使带式输送机企业的生产经营受到较大冲击，使产业链循环受到阻碍，对带式输送机市场产生负面影响，但随着疫情防控形势向好和复工复产的有序推动，带式输送机市场呈现出稳步恢复的态势。

国内市场方面，在经济发展新常态下，行业经济总体增速减慢，国内市场竞争更趋激烈，同时，还存在资金紧张、合同质量低等情况。但由于带式输送机市场总量基数较大、服务面广，在“长江经济带”和“京津冀一体化”经济战略规划带动下，国内市场形势逐渐向好，行业未来发展仍有较大空间。

国际市场方面，我国带式输送机产品出口地区主要以亚洲、非洲和拉丁美洲等国家和地区为主，出口量较小，主要优势体现在我国制造成本相对低廉，产品价格为世界知名企业的 30% ～ 50%。行业企业积极响应“一带一路”倡议，不断提升企业自身技术水平、产品质量，使我国带式输送机品牌被越来越多国际知名矿业公司、电力公司甚至国外带式输送机制造公司所认可。

近两年来，国内带式输送机年总产值均在 120 亿元左右，其中，国内市场份额逐年降低，约占 70%，国外约占 30%。按照中国重型机械工业协会带式输送机分会的统计数据估算，2018—2019 年我国带式输送机年市场需求约为 100 ～ 150 亿元，国际市场需求保持在 120 ～ 150 亿元。

科技成果与新产品　带式输送机行业内骨干企业坚定贯彻创新发展理念，落实创新驱动发展战略，持续增加研发投入，创新活力竞相迸发，重大成果不断涌现。

北方重工集团有限公司设计制造的国内最长的湖州南方物流码头“空中运输走廊”输送机，全长 22km，年运输能力 1 050 万 t，穿过群山、航道与水运码头无缝衔接，使水泥熟料运输实现了“空水联运”。2019 年该项目已申报辽宁省首台（套）重大技术装备。2019 年北方重工集团有限公司共申报 14 项专利，其中发明专利 10 项，实用新型专利 4 项。

四川省自贡运输机械集团股份有限公司（简称自贡运机）在瞄准世界先进技术、结合国内外市场以及符合国家节能环保产业要求研发新产品的同时，倾力搭建技术创新平台，引进技术、引进人才，公司技术研发中心对 DG 型管状带式输送机、DTⅡ（A）型带式输送机、全架空索道带式输送机等节能环保系列产品进行不断创新和改进。与此同时，公司更加注重产学研结合，先后与重庆大学合作研发的“管状带式输送机智能巡检机器人”、与浙江大学合作研发的“恶劣工况下带式输送设备轻量化研究”等项目都实现了创新突破并申请了国家科技计划专项。“超长全封闭空间转弯曲线带式输送机在最高海拔高度的应用”“长距离大运量管状带式输送机系列产品研制及应用产业链技术创新”“曲线带式输送机五托辊组（ZL 2013 1 0287741.8）应用及实施”“管状带式输送机可调窗式托辊组（ZL201320408066.5）应用及实施”等项目通过省市科技项目验收。2019 年，自贡运机学术技术带头人龚欣荣获得国务院特殊津贴以及全国机械工业劳动模范称号；电气部牟宗魁荣获自贡市杰出创新人才；板焊车间铆工一组荣获全国工人先锋号称号；“智能环保输送装备工程技术研究中心”获得四川省“工人先锋号”称号；“日照岚山港区矿石输送总包服务”项目获得自贡市科技进步奖二等奖，企业发展硕果累累。

衡阳运输机械有限公司 2019 年获得国家发明专利 1 项。该公司研发的 TM1000-800 超长距离隧道掘进带式输送机，单机 25 000m、储带 800m、上运 + 下运 + 立体空间转弯 + 智能化自动联控一体化输送设计，整体性能和技术达到了国际先进水平，可完全替代进口。该产品是目前国内在超长隧道快速掘进出碴技术和与隧道掘进同步跟进装备开发上的首次重大突破，获 2019 年湖南省首台（套）重大装备认定证书。该产品具有出碴效率高、成本低、无污染、自动化控制程度高等优势，是地下工程、TBM 隧道工程、斜井掘进等工程实现连续、高效、绿色、智能和安全作业最理想的输送设备，也是我国隧道掘进装备成套化的关键设备。随着未来国内外地下工程、轨道交通、煤矿建井等工程的大规模建设和发展，该产品具有十分广阔的市场前景，该产品获得了 2019—2020 年“创客中国”衡阳市中小微企业创新创业大赛二等奖。

宁夏天地西北煤机有限公司 2019 年申报 16 项专利，取得授权实用新型专利 4 项。该公司研发的多点分散式受理装置、分散式多点受料移置带式输送机开采工艺是国内首次提出，目前国内外还没有厂家研发设计，这种开采模式颠覆了传统的开采工艺，最大限度地提高了露天矿连续开采运输效率、降低了工人劳动强度，且操作简便、施工快捷。2018 年 7 月宁夏天地西北煤机有限公司与汇能集团签订分散式多点受料移置、半移置带式输送机技术协议，并销售 5 套产品，销售总额为 11 817.62 万元。该项目被宁夏回族自治区科技厅列为重点研发项目，并给予资金补助。此项目于 2019 年 11 月完成项目验收，并取得了成果登记证书。该项目还获得 2019 年自治区首台（套）技术装备销售奖励。2019 年 7 月研发成功的高效拆装式无基础可伸缩带式输送机，已与陕煤集团孙家岔龙华矿、国家能源青龙寺煤矿、国家能源枣泉煤矿、梅花井矿、神木狼窝渠等多家单位签订了整机订货合同，合同额合计 5 674.54 万元。目前，该产品已形成带宽 1.2 ～ 1.8m、功率 315kW ～ 8×800kW 的系列。可根据用户需求提供整机订制，也可针对原有普通可伸缩带式输送机进行无基础升级改造，最大限度利用原有带式输送机部件。该项目已获批为中国煤炭科工集团重点面向上项目和宁夏回族自治区重点研发计划（地市管理）项目。

浙江双箭橡胶股份有限公司 2019 年取得国家授权专利 5 项，其中，发明专利 1 项，实用新型专利 4 项。《环保型耐高温织物芯橡胶输送带》获得浙江省化学工业科学技术奖三等奖。

太原向明智能装备股份有限公司 2019 年获得国家授权实用新型专利 6 项。

沈阳鸿之韵科技有限公司 2019 年获得国家授权实用新型专利 4 项，公司研发的全能密封轴承及轴承座总成，降低了托辊总重量，减小了惯性，大大降低带式输送机能耗并提高了托辊的润滑性能和防水、防污染能力。该产品通过国家起重运输机械质量监督检验中心检验，所有项目质量参数指标均符合 GB/T10595—2017《带式输送机》标准要求。通过试验托辊总体阻尼系数降低 40% 左右，运行噪声降低 20% ～ 30%，润滑性能提高 20%。

衡水金太阳输送机械工程有限公司 2019 年通过持续深化技术创新，在产品开发、设计改进方面不断推进，开发了多种新产品、新结构。重点开发了防尘型环保可逆布料机、全密封型环保卸料车、超高分子聚乙烯落料缓冲体、整体注胶成型缓冲托辊、双层负压密封导料槽 5 项新产品，申报 4 项实用新型专利，并将全部科技成果转化为现实生产力，为企业创造效益。

山东鑫开特轴承有限公司 2019 年获得国家授权实用新型专利 11 项并通过了国家级高新技术企业认证。

福建龙净环保股份有限公司 2019 年获得国家授权实用新型专利 2 项。

质量与标准　产品的质量是企业生存和发展的根本，2019 年会员单位不断提高质量意识、强化质量管理，通过相互对标行业内先进企业优质产品，不断提高产品质量，各主机厂也加大对外配套厂家的质量监管力度，互相监督、共同提高，推进整个行业的质量管理水平提高，做到心中有质量，手中有精品，实现产品质量“零缺陷”，使行业内产品实物质量有了新的提升和突破。

2019 年新发布两项标准：

JB/T 13730—2019《带式输送机　液压拉紧装置》。该标准规定了带式输送机用液压拉紧装置的术语和定义、型式与基本参数、技术要求、试验方法、检验规则及标志、包装、运输和贮存，适用于带式输送机用液压拉紧装置。

JB/T 7679—2019《螺旋输送机》，替代 JB/T 7679—2008《螺旋输送机》。该标准规定了螺旋输送机的型式、基本参数、计算基本原则、技术要求、安全防护、试验方法、检验规则、标志、包装和贮存，适用于水平和微倾斜（20°以下）连续输送散状物料的输送机。输送物料温度不应高于 100℃，有特殊要求和特殊形式的输送机，通用部分亦可参照使用。

〔撰稿人：中国重型机械工业协会带式输送机分会高勇　审稿人：北方重工集团有限公司杨涛〕

仓储机械

面对国内外风险挑战明显上升的复杂局面，2019 年我国装备制造业增加值增长 6.7%，占规模以上工业增加值的比重为 32.5%；全年高技术产业投资比上年增长 17.3%，工业技术改造投资增长 9.8%。2019 年全年网上零售额约 10.63 万亿元，按可比口径计算，比 2018 年增长 16.5%；2019 年的快递业务量为 635.2 亿件，同比增长 25.3%。

受到“双十一”电商平台集中促销的影响，2019 年 11 月 11—16 日的快递业务量达到全年的高峰，6 天内共处理邮（快）件 23.09 亿件，同比增长 22.69%。

同时，受到我国经济下行压力加大、中美贸易摩擦等因素的影响，2019 年企业物流系统的建设投资趋于谨慎，一些计划中的项目被迫延期，从而导致了我国物流装备市场的增幅与 2018 年同期相比呈现了下降趋势。《2019 年度中国物流科技行业数据报告》显示，2019 年物流科技融资数量为 66 起，同比下降 21.4%；融资额为 568.66 亿元，同比下降 13.97%。

2019 年，随着物联网、云计算、大数据等新一代信息技术在物流领域应用的加快，物流业务实现全供应链在线化和数字化，为企业的智能化转型奠定了重要基础；无人机、无人车、无人仓、无人驾驶和无人码头等智能装备的使用场景增多，人工智能技术在物流领域逐步落地，为物流装备业的创新发展提供了难得机遇。

在经济政策方面，2019 年 2 月，国家发展改革委、交通运输部联合印发了《关于开展物流降本增效综合改革试点》的通知，开展为期两年的物流降本增效综合改革试点。2019 年 3 月，国家发展改革委颁发了《关于推动物流高质量发展促进形成强大国内市场的意见》，鼓励物流和供应链企业在依法合规的前提下开发面向加工制造企业的物流大数据、云计算产品，提高数据服务能力，协助制造企业及时感知市场变化，增强制造企业对市场需求的捕捉能力、响应能力和敏捷调整能力。

继 2018 年 12 月 24 日，国家发展改革委和交通运输部联合发布《国家物流枢纽布局和建设规划》后，2019 年 9 月，国家发展改革委、交通运输部再次联合印发《关于做好 2019 年国家物流枢纽建设工作的通知》，共有 23 个物流枢纽入选首批国家物流枢纽建设名单。2019 年国家物流枢纽建设名单见表 1。

表 1　2019 年国家物流枢纽建设名单（排名不分先后）

所在地	国家物流枢纽名称
天津市	天津港口型国家物流枢纽
山西省	太原陆港型（生产服务型）国家物流枢纽
内蒙古自治区	乌兰察布—二连浩特陆港型（陆上边境口岸型）国家物流枢纽
辽宁省	营口港口型国家物流枢纽
上海市	上海商贸服务型国家物流枢纽
江苏省	南京港口型（生产服务型）国家物流枢纽
浙江省	金华（义乌）商贸服务型国家物流枢纽
江西省	赣州商贸服务型国家物流枢纽
山东省	临沂商贸服务型国家物流枢纽
河南省	郑州空港型国家物流枢纽
湖北省	宜昌港口型国家物流枢纽
湖南省	长沙陆港型国家物流枢纽
广东省	广州港口型国家物流枢纽
广西壮族自治区	南宁陆港型国家物流枢纽
重庆市	重庆港口型国家物流枢纽
四川省	成都陆港型国家物流枢纽
陕西省	西安陆港型国家物流枢纽
甘肃省	兰州陆港型国家物流枢纽
新疆维吾尔自治区	乌鲁木齐陆港型国家物流枢纽
宁波市、舟山市	宁波—舟山港口型国家物流枢纽
厦门市	厦门港口型国家物流枢纽
青岛市	青岛生产服务型（港口型）国家物流枢纽
深圳市	深圳商贸服务型国家物流枢纽

国家物流枢纽建设是国家战略级的长期发展规划，入选项目在全国物流网络中的关键节点发挥出重要平台和骨干枢纽的作用。2019年首批入选国家物流枢纽建设名单的23个物流枢纽涵盖了陆港型、空港型、港口型、生产服务型、商贸服务型、陆上边境口岸型6种类型，区域、类型分布相对均衡，有利于支撑“一带一路”建设、京津冀协同发展、长江经济带发展、粤港澳大湾区建设、长三角区域一体化发展、西部陆海新通道等重大战略实施和促进形成强大的国内市场。

2019年8月，国家市场监督管理总局、国家标准化管理委员会正式发布了501项国家标准，其中包括《冷藏、冷冻食品物流包装、标志、运输和储存》（GB/T 24616—2019）和《托盘单元化物流系统 通用技术条件》（GB/T 37922—2019）两项国家标准，这两项标准于2020年3月1日正式实施。同月，国家发展改革委印发了《2019年推荐性物流行业标准项目计划》，其中包括轻型穿梭车货架标准、阁楼式货架标准、模压平托盘；植物纤维类标准，塑料箱式托盘标准，箱式、立柱式托盘标准和组合式塑料托盘标准，将于2020年完成标准的制定。

2019年12月，由国家市场监督管理总局、国家标准化管理委员会批准发布，全国物流标准化技术委员会提出并归口管理了《食品低温配送中心规划设计指南》（GB/T 38375—2019）国家标准。此项国家标准将于2020年7月1日实施。

2019年5月，由中国机械工程学会物流工程分会和上海天睿物流咨询有限公司组织编写的《中国战略性新兴产业研究与发展·智能供应链》正式出版发行。该书在注重智能供应链理论框架的同时，以智能供应链在相关行业和企业的典型案例分析和解决方案为背景，结合了智能供应链规划领域和供应链模式创新、技术创新、人才培养等实践经验，具有一定的指导意义和参考价值。

2019年国内自动仓储系统市场的增长速度放缓，但总体仍保持增长态势。在高质量发展目标的驱动下，规模较大的企业开始磨炼内功，实现转型升级。在“机器换人”的大趋势下，移动机器人（AGV）行业虽然市场需求增速减缓，但未来市场仍是一片蓝海，并且行业细分化愈加明显；在人力成本不断上升的情况下，各种“货到人”的解决方案应运而生，以穿梭车为核心的箱式多穿系统在2019年受到市场的青睐，相关项目的数量大幅增长；在物流需求的带动下，我国的托盘市场总体仍呈现上升趋势，托盘保有量和托盘年产量均以较高速度增长。2019年我国电子商务与新零售继续保持高速增长，电商快递全面进军智慧物流；服装行业的商业模式变革倒逼服装生产企业加速推进全渠道物流系统变革；家电行业加速进行工厂智能物流系统建设；家居卖场、家具制造企业加快向定制化、电商化发展；制造业的产业升级推动智能制造全面发展，特别是汽车制造企业，积极打造全新的上下游智能供应链；人口红利的消失和劳动力成本的不断上升，让机器换人以减少人工成本成为制造行业共识。种种因素推动着物流机械化、自动化、智能化快速发展，带动了物流技术装备市场需求的快速增长。物流装备行业作为支撑国民经济发展的基础性、战略性、先导性产业，发展前景依然看好。

自动化立体库

1. 总体发展状况

2019年国内自动仓储系统市场需求依然处于增长态势，但与上一年度相比，增速放缓，行业发展质量总体向好。在供给侧结构性改革政策的推动下，用户成熟度逐渐提高，其对自身实际需求的认识更加清晰，欠缺理性或片面追求快速、低成本的项目大幅度减少。同时，用户也逐渐意识到物流项目的高质量规划建设会对自身的高质量发展带来促进作用，直接导致物流项目逐渐聚集在综合实力较强的大中型系统集成商手里。

从需求市场来看，锂电行业随政策逐渐退潮，市场需求预计逐渐减少；智能制造领域的市场需求增速超过了行业的总体需求增速；快递电商行业通过供应链整合，需求规模增大，增长趋势更加理性；食品冷链及粮油等民生行业引起更多的国有资本关注，为增强抗风险能力，会刺激一些食品储备项目的快速落地；家居、服装行业的市场客户逐渐成熟，项目需求更清晰，部分项目调整后，行业整体投资规模略有下降。

此外，随着国家“一带一路”倡议的实施，海外市场投资项目逐渐增多。特别是在东南亚、南亚等地区，如泰国、印度、越南等国家在人力资源、土地资源等方面相对占有优势，在代工厂大量涌入后，自动仓储系统项目机会增多，市场需求有较大增长。

随着市场需求的不断升级，2019年国内自动仓储系统供应商总体保持增长态势，但增长速度放缓。在高质量发展目标驱动下，大多数供应商都更加理性地选择了各自更加擅长的技术和产品在应用行业领域进行横向及纵向深耕。一些行业领军企业开始在一些新技术应用领域积极尝试和探索，如5G技术在自动化物流行业的工业化应用等。

2. 技术研发情况

目前，先进适用的物流技术与设备仍是市场的需求主体，技术的创新点主要体现在物流系统集成解决方案的规划设计上。随着国内人口红利逐渐消失、人力成本不断上升，在对出入库能力、智能化程度有较高要求的自动仓储系统中，越来越多的自动化、智能化设备将用来替代人工作业，AI、5G等先进技术未来几年将在物流领域获得推广应用。

自动仓储系统呈现出无人化、高密集存储、高柔性自动化和多场景应用的发展趋势。无人化仓储技术将在多品种、作业程序复杂的电商物流领域得到更广泛应用。由轻型高速堆垛机、高速往复式升降输送机、自动分拣系统、智能穿梭车和密集型货架组成的智能密集存储分拣系统，在医药、电商（B2B、B2C）等行业将充分发挥其高效率、高柔性自动化的优势。随着运行速度、供电技术、智能程度等难题逐渐被突破，子母车、四向穿梭车、多层穿梭车等密集存储系统设备带来的降本增效效果将越来越明显，设备的高稳定性、设备间良好的匹配性和高效性、整个系统的高投入产出比，促使密集存储系统在托盘和料箱甚至纸箱存储领域，具有绝对空间优势，成为市场竞争的焦点。随着人们消费方式的改变，个性化和定制化的需求增加，B2C 业务的出现，订单呈现多品种、小批量的特点，针对箱类、盒类等小件物品，新的存储模式和装备，如小件物品储存库（MINLOAD）、旋转货架库、多穿密集库、AUTOSTORE 库、机器人 + 货架拣选库、密集货柜等不断涌现。

2019 年，5G 技术开始在物流领域落地应用。如昆船物流率先打造了“智能制造 5G 应用创新实验基地”，通过 5G 小型化基站，为穿梭车、堆垛机、AGV 等移动化物流设备提供深覆盖、无切换、低时延和高可靠的无线连接，可进一步提升自动仓储系统的稳定性和可靠性。

随着智能仓储、智能制造、智慧物流技术的发展，融合 VR 以及 3D 技术的可视化调度监控系统将会在行业内实现推广应用。运用全新一代 MR/VR 虚拟现实人机交互技术搭建的物流实训实验虚拟仿真教学平台，将为智能物流系统用户提供沉浸式体验，实现不同岗位、不同阶段的自学与实训考核需求，提高用户操作培训效率，降低企业员工培训成本。

输送分拣设备

1. 总体发展状况

得益于全球制造业重心向我国转移以及国内电商快递行业的快速崛起，我国自动分拣设备行业在 2012 年以后进入了快速增长阶段，行业利润率始终处于高位水平。根据相关机构统计，自 2012 年以来自动分拣设备市场近 7 年的复合增长率达到 29.2%，明显高于行业 26.7% 的增速。（数据来源：智研咨询、中国产业信息网）

2. 市场需求情况

随着物流装备行业的快速发展，制造业及电商、快递行业等均对自动化物流装备需求旺盛。其中，电商快递等商业配送型自动化物流随着自动分拣设备系统的引入表现出明显的规模效应。据统计，我国快递行业业务量从 2012 年的 56.9 亿件增至 2019 年的 635.2 亿件，行业年复合增长率高达 38%，而自动分拣设备系统的引入有效地推动了快递行业的效率提升，降低了成本。因此，2019 年各大快递公司自动化分拣设备的数量普遍增加 50% 以上，并完成了全网自动化设备联调。数据显示，我国快递业已累计建成超过 5 000km 自动化流水线，与中国地铁总里程相当。

自动分拣设备应用的主要领域除电商快递业外，还包括烟草、医药、汽车、服装、食品、家居等制造加工行业。这些领域内输送分拣设备的市场需求量仍然占据总需求的大部分，且需求增长比较稳定。此外，随着“中国制造 2025”以及智能工厂的不断推进，制造企业的生产环节和仓储环节对输送分拣系统的需求也逐步上升，使得越来越多的物流装备企业研发并提供服务于制造业的输送分拣解决方案。另外，随着家电家具等行业物流服务的升级，大件货物的自动化输送分拣技术升级也提上日程，已有一些企业在此领域展开探索。

3. 行业区域分布

我国自动分拣设备市场的区域分布情况与电商快递数量分布情况呈高度的正相关，以江浙沪为代表的华东区域及以广东为代表的华南区域的市场份额巨大，自动分拣设备市场的规模也更大、技术发展更快，其中华东地区以超过 35% 的市场份额位稳居首位，区域市场规模效应明显。

4. 行业存在的问题

我国自动分拣设备行业从发展阶段来看，也存在着一定的问题与不足。在自动化程度方面，我国与发达国家还存在着比较明显的差距，电子标签、射频技术等辅助分拣系统的匹配度依然不高，同时受限于物流标准化，除快递企业呈现了比较明显的规模效应外，其他细分行业领域内的大型企业往往倾向于研发更加适合自己企业特征的自动分拣设备系统，造成成本上升，也直接导致行业内的中小企业无法大面积应用先进的分拣设备，进一步加大了其普及的障碍。

由于快递行业龙头企业的规模效应优势加大，并且持续降低了运营成本，这些快递企业也纷纷成立自动化设备公司，以满足其自身对部分自动化设备的需求，从而造成自动分拣设备行业竞争更加激烈，行业毛利率整体降低，且快递企业之间的价格战也必然会波及自动分拣设备行业，促使行业优胜劣汰。

自动导引车（AGV）

1. 总体发展状况

2019 年国内 AGV 行业整体增速放缓。中国移动机器人产业联盟发布的统计数据显示，经过前些年的高速发展，2019 年国内 AGV 的市场规模已达 60 亿元，2019 年国内 AGV 市场新增 33 400 台，但同比增长已由 2018 年的 35% 降至 12.8%。

占据 AGV 应用市场半壁江山的汽车行业，在经历了 20 多年的快速发展后销量持续下滑。受此影响，汽车行业的投资减少，新车型、新产线的开工急速缩减，直接导致了国内 AGV 市场的萎缩。与此同时，2019 年汽车行业“强者恒强”的格局凸显，高端品牌投资力度不减，特别是德系高端车型和日系“双田”车系需求旺盛，AGV 的生产企业普遍加大了对行业重点客户市场的开发力度。

以智能手机制造为代表的 3C 制造业增速减缓，以及电商企业对仓储物流 AGV 需求意愿的降低，也是导致 AGV 行业增速放缓的重要原因。

随着经济增速放缓以及行业需求不明朗，受资本青睐数年的移动机器人创业潮，也开始走入低谷。

行业内少数企业为获得短期业绩，不惜通过低价竞争来提升市场占有率，其产品质量和稳定性较差，导致项目难以完成验收，企业缺少资金投入研发，逐渐进入恶性循环。

尽管增长速度有所降低，但 AGV 的应用将继续向各行各业渗透，其市场规模仍将保持较快发展的态势。

2. 技术发展特点

从依赖于固定标记物的传统导航方式向无标记物的“自然导航”方式过渡，相关的导航技术越来越成熟，产品更加工具化，更为智能，更加便于部署及维护。

AGV 将具有自动感知和决策能力，多台系统将实现自主规划并与人和谐互动，实现高效的智能群控。

随着自动驾驶及 AI 技术的成熟，AGV 的应用场景从传统的户内应用扩展到大批量的户外应用。

市场需求的暂时放缓更加促使 AGV 企业发展自己的核心技术。能够深耕细分行业、具有核心技术研发和创新能力、避免产品同质化竞争、注重做好产品质量和成本控制的企业，其发展空间将越来越大。

3. 多种商业模式并存

目前 AGV 市场上主要存在两种商业模式：产品供应商以及产品与集成商。一部分选择只做产品的企业通过不断的技术创新，为集成商提供优秀的解决方案和产品部件。由于其产品可以快速复制，无需深入了解具体客户工艺细节，减轻了其人员及资金成本压力，通过做精做强，取得了一定的成功。另外，一些实力相对雄厚的企业坚持产品和集成同步发展，通过对应用领域的深入研究，全面掌握了应用工艺，在 AGV 的集成应用方面也取得了很好的成绩。此外，行业内还出现了基于互联网思维的 AGV 租赁和共享的尝试，但由于受到 AGV 技术在智能程度和快速部署能力方面的限制，尚未取得很好的成绩。

4. 行业标准有待完善和提高

近几年，我国的 AGV 产业发展势头向好，但安全设计、机械设计、电气设计、软件构架等相关技术标准和规范的制定明显落后于行业发展，进而导致产品的检测检验没有规范，通用性及标准性难以实现，不少产品的安全性难以得到保障，严重影响了市场对国产 AGV 的选择和行业未来的发展。

针对这些问题，国家和行业组织已经积极展开了相关的标准化制修订工作。2019 年 8 月启动了《自动导引车通用技术条件》国家标准修订工作，对原有的标准中不再适用或有所缺失的部分进行修订和补充，目前此项标准正在送审过程当中。中国移动机器人产业联盟也在制定相关的行业标准，包括《术语》《通用技术条件》《设计通则》《通用安全规范》《检测规范》《相关接口规范》。

货架行业

1. 市场总体情况

与 2018 年相比，2019 年国内货架市场整体平稳，电商类货架需求持续走低，制造业领域应用的货架需求相对较好，整体市场规模略有下降，预计市场规模保持在 100 亿元左右。

2. 市场需求分析

继 2018 年电商类货架的需求大幅下跌之后，2019 年继续走低，并进入了低价竞争模式；同时，自动化高位货架在 2019 年因其适应性强，存取效率出色，通过增设深度可以实现更高的存储密度，而且能够更好地利用土地资源，是各类企业新建仓库的更好选择，因此在市场上的占比越来越高。

智能密集式货架的市场需求在 2019 年也保持了平稳增长，并向更高、更智能、更自动化的方向发展。高层四向穿梭车及“穿梭车 + 堆垛机”等也逐渐得到市场青睐。同时，随着穿梭车货架的不断发展，其他类型的密集式货架，如压入式、驶入式、重力式货架等在市场上已经基本被淘汰。

传统的横梁式、搁板式货架，以其结构简单、组合多样、成本低廉、维护方便及对仓库要求较低等特点，仍然是各大企业在不采用自动化情况下的首选方案，但此类货架进入门槛低，价格竞争极为激烈。

3. 货架市场的行业及地域分布状况

多年来，医药化工、商业物流、食品饮料行业等一直是货架的主要应用行业。在地域上，长三角、珠三角等经济发达地区也是货架需求最旺盛的地区，且处于遥遥领先的地位。东南亚、中东等海外市场近年来均有较强的货架需求。

4. 行业企业发展情况

2019 年的市场情况稍逊于 2018 年，各大货架生产企业的新工厂又陆续开工，产能大增，供需矛盾凸显。在这一背景之下，2019 年行业价格战的激烈程度明显提升，在部分重大项目的竞争中，部分企业通过超低价来获取订单，过去几年略有好转的价格体系再次崩坏。

货架行业利润率偏低，需要高附加值的产品来支撑利润，较大型的货架企业在过去几年中，都在谋求多元化的业务发展。由于货架与穿梭车类产品具备天然的契合性，多数货架企业基本都能提供多种穿梭车类设备，并与货架进行捆绑式销售。更有一些货架企业直接进入系统集成领域，虽然取得了一定成绩，但发展仍较为缓慢。

5. 新技术与新产品

“库架合一”形式的货架尽管在国外流行已久，但受到相关法规的制约，该形式的货架在我国一直没有得到广泛的推广和应用。2019 年已有相当多的国内业主开始关注这一仓储形式，包括几家实力强大、影响力显著的跨国公司在内的业主都有在国内建设“库架合一”项目的意愿。因此，一旦国内出现按照合规流程成功突破的案例，“库架合一”这种先进的货架形式必将迅速成为市场的新宠。

工业车辆

1. 行业总体情况

2019 年我国工业车辆的销量再创历史新高，机动工业车辆的总销售量突破 60 万台大关。参加中国工程机械工业协会工业车辆分会统计的企业 2019 年机动工业车辆的总销售量（含出口）达到了 608 341 台，与 2018 年同期的 597 152 台相比，增长了 1.87%。

世界工业车辆统计报告数据显示，2019 年全世界叉车市场的总销售量达到 1 493 271 台，与 2018 年的 1 489 523 台相比，增长了 0.25%；2019 年亚洲叉车市场的销售量达到 647 229 台，与 2018 年的销售量 630 310 台相比，增长了 2.68%；而我国国内叉车市场全年共销售机动工业车辆 456 885 台，与 2018 年的 431 207 台相比，增长了 5.95%。

2019 年我国叉车市场的销售量占亚洲销售量的 70.59%，比 2018 年增长了 2.18%，仍列亚洲第一位；占世界总销售量的 30.60%，比 2018 年增长了 1.65%，继续位列世界第一位。

2.2019 年各类机动工业车辆销售情况

（1）内燃叉车销售情况（含出口）。2019 年国内共销售内燃平衡重乘驾式叉车 309 704 台，与 2018 年同期的 316 056 台相比，下降了 2.01%。其中柴油叉车的销售量为 288 585 台，汽油叉车（含双燃料）销量为 21 119 台。

（2）电动叉车销售情况（含出口）。2019 年电动叉车（包括电动平衡重乘驾式叉车和各类电动仓储叉车）的销售量为 298 637 台，与 2018 年同期的 281 096 台相比，增长了 6.24%。其中，2019 年国内共销售电动平衡重乘驾式叉车 63 462 台，与 2018 年同期的 63 054 相比，增长了 0.65%；国内共销售电动仓储叉车 235 175 台，与 2018 年同期的 218 042 台相比，增长了 7.86%。

2019 年锂电池叉车（1-3 类）总销售量为 74 737 台比 2018 年同期的 26 181 台相比，增长了 185.46%。其中锂电池叉车在国内的销售量为 44 264 台，出口销售量为 30 473 台。

3.2019 年各类非机动工业车辆销售情况

（1）轻小型搬运车辆销售情况。2019 年中国工程机械工业协会工业车辆分会会员单位报告的非机动工业车辆销售量为 1 028 375 台，与 2018 年同期的 1 597 977 台相比，下降了 35.65%。

（2）固定平台搬运车销售情况。2019 年国内固定平台搬运车销售量为 465 台，与 2018 年同期的 562 台相比，下降了 17.26%。

4. 2019 年全国牵引车销售情况

2019 年全国牵引车的销售量为 3 053 台（其中电动牵引车为 1 931 台，内燃牵引车为 1 122 台），与 2018 年同期的 1 669 台相比，增长了 82.92%。

综合来看，2019 年我国工业车辆行业不仅面临前几年高速发展后需要调整的压力，还受到了中美贸易摩擦、环保要求提高等因素的影响。在全行业企业共同努力下，2019 年的总销售量保持了平稳略有增长的局面，国产工业车辆的产品质量进一步稳定，销售和服务网络也进一步完善，品牌知名度得到进一步增强，整体竞争力在不断提高，产品的出口也保持了较好的水平。

从统计数据看，市场呈现出以下新的特点和趋势：

（1）在总销售量中，内燃叉车在世界总销售量的占比继续下降，2019 年为 50.91%；国内市场内燃叉车占比为 56.23%。

（2）从 2019 年 9 月开始，电动叉车单月销售总量已经超过内燃叉车，而电动步行式仓储叉车在总销售量和电动叉车销售量中的比重继续提高，是目前是除内燃叉车外出口销量最大的车型，预计将会成为机动工业车辆销量第一的车型。

（3）2019 年新能源锂电池叉车共销售 74 102 台，在电动叉车中的占比从 2018 年的 9.31% 上升到了 2019 年的 25.03%。近年来，新能源工业车辆尤其是以锂电池为动力源的工业车辆的市场接受度更好、配套企业更多、相关技术研究更深入，市场销量增长显著，已成为新产品开发的亮点。

托盘行业

2019 年我国托盘市场总体是向上发展的趋势，托盘的保有量和年产量均以较高的速度增长。目前，托盘年产量约为 3 亿片，托盘市场保有量达到 14.5 亿片左右。

近年来，随着政府部门相关政策的出台，以及国内企业普遍面临着人工费用上涨、企业生产成本上升，更多企业选择了使用托盘来承载货物。而伴随着电商和实体店促销活动的参加，加快了托盘租赁市场的发展。目前，我国租赁市场上的托盘以 1 200mm×1 000mm 规格的为主，也存在着部分特殊规格的托盘，比如化工产品使用的托盘为 1 300mm×1 100mm，一些饮用水企业使用的托盘为 1 200mm×1 100mm，日韩的企业和压缩机企业使用的托盘为 1 100mm×1 100mm 等。

随着用工成本上涨，以及客户提出的更高要求，托盘生产企业在生产管理和生产设备的提高上有了全新的认识和投入，并在寻求生产设备的半自动化和自动化改造。在企业管理方面，很多托盘生产企业根据需要配备了 ERP、WMS 等软件系统，以提高企业的管理水平。同时，国内多家企业也根据托盘生产企业的特殊要求，纷纷开发了托盘及包装箱专用的管理系统，在托盘强度、三维图形、生产图纸、成本、料单、领料数量、原料耗费等基本功能基础上，添加了集装箱装货、货车装货、报关清单等功能，解决了企业技术人员不足的问题，大大提高了企业的技术力量。

在新材料、新产品的推广方面，除了最常用的木托盘和塑料托盘以外，铝托盘、镁合金托盘、聚氨酯复合材料加玻璃纤维甚至以粉煤灰为原料等新材料和绿色环保型托盘近年来也逐步出现在国内市场中。

〔撰稿人：中国重型机械工业协会物流与仓储机械分会纪凯　审稿人：中国重型机械工业协会王继生〕

机械式停车设备

停车难是民生问题的关注焦点之一，自2015年起，我国停车产业相关政策红利集中爆发，尤其是在2019年7月30日的中央政治局工作会议上，将“城市停车场”作为三大补短板工程之一、新型基础设施建设的重要内容，首次被提及。10月8—28日，自然资源部公布《关于城镇住宅小区地下车位（库）确权登记若干问题的意见（征求意见稿）》，面向社会各界征求意见，其中对城镇住宅小区地下车位（库）确权登记有关问题予以明确。

随着中央政治局工作会议的定调及城镇住宅小区地下车位(库)确权登记有望破冰，长期困扰民众的停车难问题，必将在这一轮新基建中逐步得到解决。

以智慧停车为主要方向的城市停车场建设，不仅能缓解城市停车难的燃眉之急，改善居民出行，推动城市交通良性循环，还能刺激消费、稳定投资，带动相关产业发展，并将成为前景可观的消费投资新热点。

生产发展情况 截至2019年年底，我国建设机械式停车库的城市（包括县级城市）共有622个，建设泊位580万个，已经成为机械式停车设备制造大国、使用大国和出口大国，机械式停车设备对解决城市停车难和缓解城市交通拥堵发挥了重要作用。

2019年，国内新增车库项目2 552个（包括汽车专用升降机），同比减少1.9%；新增泊位893 479个，同比增长3.2%；国内销售总额（包括汽车专用升降机）1 634 800.83万元，同比增长1.0%；出口泊位31 953个，同比增长22.8%；出口总额（包括汽车专用升降机）96 003.29万元，同比增长8.8%。

行业技术进步 2019年，机械式立体车库技术进步和产品更新加快，停车机器人、AGV、SSP等技术的发展，使得行业进入“无人”时代，也使机械式停车库存取速度更快，存车量更大。车牌识别系统、计时收费系统、刷脸技术、无感支付、扫码支付、ETC支付等技术的应用，使公共停车和住宅停车都变得更容易、更方便。

截至2019年年底，全国新增和停车设备相关的专利共540项，其中，获授权发明专利81项，实用新型专利366项，外观设计专利12项。

产品分类产量 2019年全国新增机械式停车库的城市（包括县级城市）有319个，比2018年少9个城市；在319个城市中，有34个城市是首次建设机械式停车库。首次建设的机械式停车泊位达到11 223个，占到全国新增泊位总数的1.3%。新增泊位建设量排名前10位的省（自治区、直辖市），泊位数共计640 164个，占新增泊位总数的71.6%。新增泊位建设量排名前10位的城市泊位数共计371 086个，占新增泊位总数的41.5%。

2019年新增机械式停车泊位排名前10位的省（自治区、直辖市）分布情况见表1。2019年新增机械式停车泊位排名前10位的城市分布情况见表2。2019年新增机械式停车设备类别及占比见表3。

表1 2019年新增机械式停车泊位排名前10位的省（自治区、直辖市）分布情况

省（自治区、直辖市）	新增泊位（个）	占全部新增泊位比例（%）
江苏	135 651	15.2
广东	79 385	8.9
陕西	72 648	8.1
山东	57 898	6.5
浙江	57 695	6.5
上海	55 753	6.2
河南	53 543	5.9
湖北	52 484	5.9
河北	41 238	4.6
贵州	33 869	3.8
合计	640 164	71.6

表2 2019年新增机械式停车泊位排名前10位的城市分布情况

城市	新增泊位（个）	占全部新增泊位比例（%）
南京	62 618	7.0
西安	61 092	6.8
上海	55 753	6.2
武汉	35 347	4.0
郑州	33 857	3.9
北京	29 815	3.3
广州	26 629	3.0
杭州	25 224	2.8
贵阳	25 209	2.8
太原	15 542	1.7
合计	371 086	41.5

表 3　2019 年新增机械式停车设备类别及占比

设备类别	新增泊位（个）	占全部新增泊位比例（%）
升降横移（PSH）	682 423	76.4
简易升降（PJS）	112 097	12.5
平面移动（PPY）	45 353	5.1
垂直升降（PCS）	39 209	4.4
垂直循环（PCX）	9 111	1.0
巷道堆垛（PXD）	4 807	0.5
多层循环（PDX）	303	0.03
箱式循环（PSX）	176	0.01
合计	893 479	

市场及销售　机械式停车设备用户分为三大类：住宅小区、公共配套和单位自用。在国内全部新增泊位中：

住宅小区配建车库新建泊位 573 564 个，占新增泊位总数的 64.2%。住宅小区配建车库采用最多的库型是升降横移类，共有 477 911 个泊位，占小区车库总数的 83.3%；其次是简易升降类，共有 79 529 个泊位，占小区车库总数的 13.9%。

公共配套车库新建泊位 186 265 个，占新增泊位总数的 20.8%。公共配套车库采用最多的库型是升降横移类，共有 122 197 个泊位，占公共配套总数的 65.6%；其次是垂直升降类，共有 24 007 个泊位，占公共配套总数的 12.9%。

单位自用车库新建泊位 133 650 个，占新增泊位总数的 15.0%。单位自用车库采用最多的库型是升降横移类，共有 82 315 个泊位，占自用车库总数的 61.6%；其次是简易升降类，共有 20 658 个泊位，占自用车库总数的 15.5%。2019 年机械式停车设备用户新增泊位情况见表 4。

表 4　2019 年机械式停车设备用户新增泊位情况

用户类型	新增泊位（个）	占全部新增泊位比例（%）
住宅小区	573 564	64.2
公共配套	186 265	20.8
单位自用	133 650	15.0
合计	893 479	100.0

1. 国内生产情况

2019 年，国内销售额排名前 30 位企业的销售额为 1 291 506.78 万元，占上报企业销售总额的 79.1%，其安装泊位数为 683 924 个，占国内新增泊位的 76.5%。

销售额排名前 30 位的企业（按公司名称字母排序）是：安徽鸿杰威尔停车设备有限公司、安徽华星智能停车设备有限公司、北京大兆新元停车设备有限公司、北京航天汇信科技有限公司、北京鑫华源机械制造有限责任公司、大洋泊车股份有限公司、广东明和智能设备有限公司、广东三浦车库股份有限公司、杭州大中泊奥科技股份有限公司、杭州西子智能停车股份有限公司、杭州友佳精密机械有限公司、河北衡水奇佳停车设备有限公司、河南省盛茂永代机械制造有限责任公司、江苏金冠停车产业股份有限公司、江苏普腾停车设备有限公司、江苏中泰停车产业有限公司、青岛德盛利立体停车设备有限公司、青岛茂源停车设备制造有限公司、山东莱钢泰达车库有限公司、山东天辰智能停车有限公司、山西东杰智能物流装备股份有限公司、陕西隆翔停车设备集团有限公司、上海赐宝停车设备制造有限公司、上海禾通涌源停车设备有限公司、上海天地岛川停车设备制造有限公司、深圳精智机器有限公司、深圳市伟创自动化设备有限公司、深圳怡丰自动化科技有限公司、深圳中集天达空港设备有限公司、唐山通宝停车设备有限公司。

2. 产品出口情况

2019 年，机械式停车设备共出口到 44 个国家和地区，出口项目 202 个，出口泊位总数为 31 953 个，出口金额（包括汽车专用升降机）为 96 003.29 万元，其中，汽车专用升降机出口金额 1 280 万元，出口项目 1 个。2019 年各类型设备出口情况见表 5。2019 年设备出口区域见表 6。

表 5　2019 年各类型设备出口情况

设备类别	出口项目（个）	出口泊位（个）	占全部出口泊位比例（%）
升降横移类	78	10 885	34.1
平面移动类	38	7 636	23.9
简易升降类	29	6 851	21.4
垂直升降类	34	4 147	13.0
巷道堆垛类	3	1 246	3.9
垂直循环类	19	1 188	3.7

表 6　2019 年设备出口区域

出口区域	出口泊位（个）	占全部出口泊位比例（%）
亚洲	16 028	50.2
美洲	11 201	35.1
欧洲	2 522	7.9
大洋洲	1 587	5.0
非洲	615	1.9
总计	31 953	

〔撰稿人：中国重型机械工业协会停车设备工作委员会李仲军　审稿人：中国重型机械工业协会停车设备工作委员会明艳华〕

大型铸锻件

生产发展情况 2019年七大重型机械企业营业收入、利润总额和新增订货额完成情况分别见表1、表2、表3。

表1 2019年七大重型机械企业营业收入完成情况

序号	公司名称	2019年（亿元）	2018年（亿元）	同比增长（%）
1	中国一重集团有限公司	267.48	139.32	91.98
2	太原重型机械集团有限公司	121.60	128.56	-5.41
3	大连华锐重工集团股份有限公司	72.10	65.71	9.72
4	中信重工机械股份有限公司	52.40	52.01	0.76
5	二重（德阳）重型装备有限公司	36.26	38.20	-5.08
6	北方重工集团有限公司	12.42	—	—
7	上海电气上重铸锻有限公司	5.12	5.80	-11.72

表2 2019年七大重型机械企业利润总额完成情况

序号	公司名称	2019年（万元）	2018年（万元）	序号	公司名称	2019年（万元）	2018年（万元）
1	中国一重集团有限公司	80 102	30 800	5	太原重型机械集团有限公司	-94 861	5 013
2	中信重工机械股份有限公司	11 690	20 200	6	北方重工集团有限公司	—	—
3	大连华锐重工集团股份有限公司	5 097	1 349	7	上海电气上重铸锻有限公司	-6 346	103
4	二重（德阳）重型装备有限公司	2 646	20 973				

表3 2019年七大重型机械企业新增订货额完成情况

序号	公司名称	2019年（亿元）	2018年（亿元）	同比增长（%）
1	中国一重集团有限公司	150.52	130.30	15.52
2	太原重型机械集团有限公司	139.41	171.60	-18.76
3	大连华锐重工集团股份有限公司	101.97	86.00	18.57
4	中信重工机械股份有限公司	95.45	95.23	0.23
5	二重（德阳）重型装备有限公司	49.35	48.91	0.90
6	北方重工集团有限公司	18.57	12.96	43.28
7	上海电气上重铸锻有限公司	5.30	3.60	47.20

产品产量 2019年我国铸钢件产量保持平稳增长，锻件产量有小幅增长。2019年我国铸锻件产品产量完成情况见表4。

表 4　2019 年我国铸锻件产品产量完成情况

产品名称	2019 年（万 t）	2018 年（万 t）	同比增长（%）
锻件[①]	1 269.00	1 208.11	5.04
铸钢件[②]	590.00	575.00	2.61

①数据来源于中国锻压协会。

②数据来源于中国铸造协会。

2019 年，中国一重集团有限公司完成锻钢支承辊 476 件、1.73 万 t，石化锻件 2.13 万 t；大型锻件批量化成效显著，完成汽轮机转子 271 件，核岛锻件 2 400t。二重（德阳）重型装备有限公司锻件发出量 7.7 万 t，铸件发出量 2.0 万 t，均同比小幅增长；支承辊订货保持 1 亿元水平；铰链梁、矿卡铸件等批量化产品订货 3 亿元，批量化转型稳步推进。太原重型机械集团有限公司实现火车轮对营业收入 17.32 亿元，铸锻件营业收入 2.48 亿元，锻件产量 3.5 万 t，铸件产量 1 万 t，锻造风机轴单月最高产出 79 支，风电主轴锻件生产销售量增加较大，是铸锻件产量增加的主要贡献。中信重工机械股份有限公司实现铸件产量 3.09 万 t，产值 3.81 亿元；锻件产量 5.30 万 t，产值 8.67 亿元。其中，矿山铸件产量 2.51 万 t，矿山锻件产量 3.65 万 t，呈现专业化特点，锻钢轧辊产量 1.16 万 t。上海电气上重铸锻有限公司火电铸件产量 2 456t，火电锻件产量 3 265t，核岛锻件产量 846t，石化锻件产量 1 680t，产品主要集中在能源石化领域。

科技成果及新产品　2019 年大型铸锻件行业部分项目获奖情况见表 5。

表 5　2019 年大型铸锻件行业部分项目获奖情况

项目名称	奖项名称	获奖等级	主要完成单位
AP1000 反应堆压力容器制造技术	中国机械工业科学技术奖	一等奖	中国第一重型集团大连加氢反应器制造有限公司（主持）
加氢过渡段自由锻造近净成型技术产业化研究	中国机械工业科学技术奖	二等奖	中国一重集团有限公司（主持）
CAP1400 核岛主设备锻件制造技术与应用	中国机械工业科学技术奖	三等奖	中国第一重型机械股份公司（主持）
大型深孔钻机床加工水轮机主轴内孔优质高效加工技术研究及应用	中国机械工业科学技术奖	三等奖	中国一重集团有限公司（主持）
核电站辐照环境下智能装备与机器人关键技术研究及应用	中国机械工业科学技术奖	二等奖	中国第一重型集团大连加氢反应器制造有限公司（参与）
620℃超超临界火电机组大型关键铸件研制及产业化	四川省科技进步奖	三等奖	二重（德阳）重型装备有限公司
时速 350km 中国标准动车组轮轴关键制造技术	中国机械工业科学技术奖	二等奖	太原重工轨道交通设备有限公司（主持）
30t 轴重重载辗钢车轮产品开发及应用	中国机械工业科学技术奖	二等奖	太原重工轨道交通设备有限公司（主持）
电渣熔铸超超临界高压阀体	中国机械工业科学技术奖	三等奖	沈阳铸造研究所有限公司（主持）

中国一重集团有限公司实施创新驱动战略，开展科技创新体系改革，初步搭建了“企业为主体、市场为导向、产学研相结合”的开放式科技创新体系，组织推进科研项目责任制、项目负责人竞聘、项目总包制等机制建设，进一步下放项目管理权力给研发团队。全面建立并落实科技人才的激励机制，逐步激发科技研发系统内生动力和广大科技人员创造活力，以科技创新为引擎，助推企业高质量发展。2019 年，承担省部级以上科研项目 8 项，完成验收 2 项，其中包括由一重集团牵头，联合钢铁研究总院、上海核工程研究设计院等单位共同实施的大型先进压水堆及高温气冷堆核电站重大专项“核电设备用超大型锻件关键工艺优化与标准化研究”、完成黑龙江省应用技术研究与开发计划重大项目“大型回转件自动化超声波探伤装备研制”。“新一代核压力容器用钢（508- Ⅳ钢）工程化研究”项目全面完成研究任务，达到国际先进水平，首件 200 吨级锻件全解剖位置性能合格，通过中核集团中期技术评审，解决核电关键材料技术瓶颈问题；“700℃超超临界机组汽轮机转子锻件”项目，在国内首次采用“闭式镦粗 + 挤压”方式完成 7 吨级锻件的锻造，并完成性能热处理，获得直径超过 830mm 的组织与性能均匀性良好的大直径锻件，攻克了镍基合金转子锻件关键制造技术，填补了国内重机行业的技术空白；“压力容器带接管用 508- Ⅲ钢整体筒节锻件研制”项目，成功完成了世界首创高集成一体化超大型复杂结构异形锻件锻造，攻克了多项技术难题，有效提升了核电大锻件制造水平。2019 年，研制新产品、新技术共 11 项。其中，成功研制 284 压力筒锻件，首制件性能全部合格；研制出加氢反应器过渡段与筒节一体化锻件创新技术，与传统收口筒节锻件相比较，锻件尺寸更精确、表面质量好，同时兼具全流线仿形锻造的优点，锻造余量更小，成果为世界首创；成功研制华龙一号紧固件锻件、AP1000 百万千瓦核电常规岛高压外缸、海南昌江小堆示范工程 RPV 关键锻件；成功研制大型船用全纤维仿形锻造吊钩，应用全纤维仿形锻造技术，研制出 5 000 吨级四爪吊钩锻件；成功研制锻造高速钢、半高速钢冷轧辊，攻克冶炼、锻造、热处理等一系列难题，完成 2 支 YW-40 材质冷轧辊毛坯试制和产品对接转化；成功研制中宽带离

心复合铸钢支承辊，与泰钢950热轧厂签订试用协议及商务合同，首件供货试制件性能满足要求；成功研制铝板轧机工作辊，为东北轻合金供货2支3 950mm铝板轧机工作辊，已上机使用，成功替代进口。2019年，获国家知识产权优势企业称号，获省部级以上科技成果奖励项目5项。共申报专利90项，其中发明专利62项；获授权专利23项，其中授权发明专利15项。主持和参与制修订国家标准15项，其中主持制修订国家标准4项，参与制修订国家标准11项。获软件著作权8项。

二重（德阳）重型装备有限公司进一步完善技术创新机制，布局经营“123+C”技术品牌资源，搭建科技数字化管理平台，提升研发队伍效能。按照“传统领域转型升级，新型领域开拓创新”的发展思路，开展以“强力推进产品开发，提升持续发展动力”为主题的“产品开发年”活动，13项重点产品技术与市场获得突破，2项重大新产品具备市场推广条件，完成新产品订货5.2亿元。产品开发成果丰硕，传统领域产品技术升级稳步推进，新产品市场开拓效果明显。成台套装备板块，积极开展关键设备及集成工艺技术研究，步进梁智能化热模锻压机生产线技术日趋成熟，签订了63MN新型热模锻压机项目合同；高端大型铸锻件板块按照“高端极限＋批量化”的发展思路，重点研发燃气轮机铸锻件、核岛堆内构件、核电常规岛汽轮机焊接转子、火电超超临界高中压转子锻件等高端产品，成功签订F级燃机压气机锻件合同，成为国内目前唯一具备大型燃机全套锻件供应能力的企业，承制的长龙山转子中心体，代表当今世界抽水蓄能电站的极限制造水平，首次承制新型抽水蓄能叶片并研制成功，加快研制高品质热作模具钢H13大锻件并完成小批量产品成形和热处理，加快矿卡、耐磨、轧辊等批量化铸锻件工艺技术开发，已具备批量生产技术能力并实现批量业绩，实施多项前瞻性科研项目，包括700℃超超临界机组汽轮机转子锻件和630～650℃超超临界机组汽轮机转子锻件研制；核电设备板块，稳压器产品研发已通过专家评审鉴定并已具备订货条件，签订ACPR50S海上浮动堆蒸发器和主泵泵壳锻件，已招标的小堆主设备锻件全部中标；石化装备板块，高含硫气田开采用撬装装置取得市场订单。新兴领域产品研发取得较大突破，为市场拓展创造了条件。200kW UPS飞轮储能装置通过了第三方检验机构检验及中国机械联组织的产品鉴定，纳入《2019年绿色数据中心先进适用技术产品目录》，并与大型粉煤热解回转反应炉一起入选《2019年版国家首台（套）重大技术装备推广应用指导目录》；年产60万t粉煤热解装置已成功运行，并获得2019年中国好设计奖银奖，完成年产120万t粉煤热解装置设计开发；油气污染物处理装备完成了设备空负荷试车；垃圾熔融裂解处理装备研制完成，并与广东雷州市政府签订了临时应急生活垃圾处理服务合同。2019年，承担省部级以上科研项目26项，完成强基工程等重点项目验收3项。2019年，获得国家科技创新示范企业称号。年度申请国家专利65项，获得国家专利授权57项，其中发明专利12项，实用新型专利45项；主持和参与制修订国家/行业标准22项，其中主持制修订国家标准5项，参与制修订国家标准17项。

中信重工机械股份有限公司围绕双创示范基地三大众创平台项目的建设，构建了新产品全流程孵化体系，可以为创客提供信息搜集、创意挖掘、研发设计、仿真分析、中试试验、样机试制等各个环节的相关软硬件资源，以及中信重工双创示范基地的品牌资源、资金资源、管理资源和场地资源，形成了全方位、立体化的创新架构，可以为公司内外部的创客团队、高等院校、研究院所、企业单位等提供全方位立体化的创新平台和创业空间。2019年，被国务院确定为全国首批双创示范基地，被科技部确定为“先进矿山装备国家专业化众创空间”。2019年12月，中信重工双创示范基地三大众创平台项目顺利通过河南省发展改革委组织的竣工验收。2019年，围绕做精做优主机关键件，做强做大核心铸锻件，拓市场、强研发、保生产，保持了稳中向好的发展态势。瞄准高附加值新产品及批量易耗件，加强与同行业企业及国内重点高校合作，强化基础研发，进一步提高技术竞争优势。成功研制广西大藤峡水利枢纽工程关键部件门轴底枢“蘑菇头”；顺利完成华龙一号蒸汽发生器锻件制造，浇铸世界最大海工砧铁430t钢锭，实现百吨级不锈钢首炼等生产任务。全年共申报专利86项，其中发明专利42项；获授权专利50项，其中授权发明专利16项；主持制修订国家/行业标准4项，其中国家标准2项；获行业标准2项；获软件著作权3项。

太原重型机械集团有限公司以“提质增效、改革创新”为目标，强化创新能力建设，加快产品转型升级，新产品订货增幅明显，全年完成新产品开发68项，完成新产品试制39项。太原重工先后签订鞍钢鲅鱼圈5 500mm宽厚板预矫直机、冠盛船务4 600t海上风电施工船、海上风电300MW升压站、山东中车4MW增速器等合同，公司全年首台（套）新产品及推广订货11.76亿元，实现对西门子、歌美飒风机主轴的持续出口，成功研制南京迪威尔350MN压机铸件，时速160km和谐D3D客运机车车轮通过首检，时速250km“复兴号”动车组齿轮箱完成型式试验，1 900kJ液压打桩锤投入使用，3 600kJ液压打桩锤完成施工设计。以智能化为发展方向，对现有产品性能、功能、工艺进行了优化提升。7m顶装焦炉成套设备智能化完成开发；冶金铸造起重机和钢卷库起重机完成远程集控智能运行和无人车间自动运行的方案设计；TZM500全地面起重机实现了故障智能诊断、远程数据管理等功能；无人操作大型矿用机械正铲式挖掘机研制被列为山西省科技重大专项；无缝钢管热连轧机组智能制造系统完成了开发，具备了热连轧生产线的生产计划管理、全流程物料跟踪等功能；铝挤压机具备了智能供锭、智能换模功能；碳素挤压机具备了智能受料、智能定尺等功能。创新平台建设取得新进展，被认定为国家知识产权示范企业，为山西省首批入选企业；通过了工业和信息化部制造业单项冠军示范企业的复核；被中国机械工业联合会认定为轨道交通关键部件重点实验室。全年获授权专利101项；获省部级以上科技成果奖 17 项，其中科学技术奖 14 项；获山西省首届专利奖 3 项。

大连华锐重工集团股份有限公司重点围绕产品智能化升级、环保产业拓展、主导产品升级换代和全新产品拓展 4 个方面，加速推进传统产品高端升级和新产品研发，组织开展了 70 余项技术攻关项目，研发投入 5.15 亿元。新产品研发取得积极成果。提升型新产品方面，研制世界首套铁路集装箱敞车两用翻车机，国内首套容量最大 8 ～ 10MW 海上风机铸件成功出产，大型海上风电核心铸件制造能力竞争优势显著；环保型新产品方面，国内首台 3 000t/h 全门架式刮板取料机产成发运，进一步抢占大型环保料场设备高端市场。在智能化方面，“有人值守、无人操作”焦炉机械成功引领行业发展趋势，7m 以上智能焦炉设备市场占有率达 95%；国内首台智能铸造起重机成功投入使用；中标国内首个全域智能化料场运营系统项目。全年申报专利 99 项，获省部级以上科技成果奖 4 项。

北方重工集团有限公司于 2019 年 4 月，在辽宁方大集团参与其司法重整和混合所有制改革并依法成为企业第一大股东后，成为一家由辽宁方大集团和金融普通债权人共同持股的混合所有制公司。实施重整后，北方重工重建产、供、销、技、财架构，全面梳理优化工作流程，密集出台 130 余项规章制度，实施工作督办制，不断提升精细化管理水平。积极探索“产品 + 服务”业务模式，开展全员营销，人人肩扛指标，围绕重点用户和重点区域设立办事处，为用户提供技术、商务、服务一体化的服务。

上海电气上重铸锻有限公司承担省部级以上科研项目 10 项，完成验收 3 项，完成国家科技重大专项高档数控机床与基础制造装备子课题“金属挤压/模锻设备与工艺创新能力平台建设”和“重大零部件加工制造及整机装配技术”验收。研制新产品 2 项，其中，成功研制华龙一号核电反应堆蒸汽发生器、堆内构件成套大锻件属于国内首次，达到国际先进水平。掌握关键新技术 2 项，其中 CAP1000 反应堆压力容器过渡段与底封头一体成形锻件、特大型整体顶盖锻件制造技术达到国际先进水平。全年共申报专利 22 项，其中发明专利 18 项；获授权专利 5 项，其中授权发明专利 3 项；主持和参与制修订国家/行业标准 11 项，其中主持制修订国家标准 2 项，行业标准 7 项，参与制修订国家标准 2 项。

行业工作　行业会议和交流。2019 年 11 月，举办大型铸锻件分会七届二次会员代表大会、行业发展 30 年经验成就和高质量发展论坛并形成系列报告，与国家重型燃气轮机材料研发及产业联盟、国家智能铸造创新中心及联盟等开展了交流合作。

行业学术期刊工作。2019 年《大型铸锻件》杂志和《中国重型装备》杂志分别完成全年 6 期和全年 4 期的出版工作，共刊登并发布技术论文 191 篇，约 110 万字，受到作者和读者的广泛好评。

标准工作　2019 年在研的国家和行业标准项目共计 23 项，国家标准外文版翻译项目 10 项。申报国标立项 3 项，获批国家标准计划 2 项，行业标准立项 6 项，行业标准计划 5 项；执行国家标准项目 9 项，其中 7 项已获批发布；执行行业标准 14 项。对 GB/T 37681—2019《大型铸钢件通用技术规范》和 GB/T 37775—2019《大型钢质自由锻件通用技术规范》2 项大型铸锻件重要国家标准进行宣贯。

对外合作与企业发展　中国一重集团有限公司 2019 年设立一重集团（天津）隧道工程有限公司和一重集团（天津）科技研发有限公司。对外合作方面，积极推动装备制造业从单纯技术引进和设备供应商向人才引进、对外联合开发转变。一是与上海核工程设计研究院合作，成功研制海洋核动力紧凑式直连结构小堆接管段锻件，掌握了 CAP 系列小堆一体化锻件的制造方法；二是积极与热加工技术发达国家从事热加工制造工艺技术研发方面的专家洽谈合作；三是与乌克兰罗尔公司在高合金、大直径大壁厚、小直径大壁厚等空心钢锭制造方面开展技术合作和装备开发，在人才、工艺、质量认证、设备制造等全体系范围开展国际合作。技术改造方面，完成固定资产投资 5.35 亿元，其中继续重点投资大型铸锻件洁净钢平台建设项目投资 2.10 亿元，主体工程全部完成；大型石化容器制造基地项目投资 1.19 亿元，完成进口 7 000t 三辊卷板机合同签订、双带极、托辊等焊接设备安装调试。创名牌产品方面，专注于核电产品、石化装备、冶金工程与装备以及铸锻件及新材料领域，业务规模和质量水平稳步提升，实现了我国三代核电核岛及常规岛大型锻件全部自主化，反应堆压力容器、锻焊结构主泵泵壳产品市场占有率优势明显，世界首台 3 000 吨级浆态床锻焊加氢反应器研制成功，已为国内外用户交付 1 300 余台容器设备，拥有 40 多万 t 的压力容器制造业绩，实现 1 000MWe 核电机组常规岛整锻低压转子锻件国产化，试制成功首支国产调相机转子，完成 700℃超超临界汽轮机用镍基合金转子试制件挤压成型锻造，签订并完成铝板热轧工作辊制造。

二重（德阳）重型装备有限公司 2019 年新设一家分公司和飞轮储能智能工厂，积极推动传统领域业务模式创新和新兴领域产业化。推进公司业务体系的专业化板块运行模式，构建“5+X”业务板块，形成有利于传统领域专业化发展和新兴领域快速产业化的运营模式。对外合作方面，分别与中核四川环保工程有限责任公司、临沂临港经济开发区管委会和临沂钢铁投资集团有限公司、德阳市人民政府和中国电信股份有限公司四川分公司等签订战略合作协议。在核电设备、煤化工装备、环保设备等领域加强与外部资源合作，大型粉煤热解回转反应炉、垃圾熔融裂解处理装备等新兴领域的产品研发取得重要进展。技术改造方面，以“两机一炉”为代表的重点技改项目成效显现，完成固定资产投资额 2.03 亿元，125t 大型电渣重熔炉项目正式投用，累计完成了合计重量 1 458t 的核电主管，火电超超临界 Cr12 转子和轮盘，H13、FB2 等高端电渣锭的重熔生产，满足了对新材料、新工艺研究的需求，解决了高端锻件材料研发卡脖子的难题；750t • m 操作机建成投产，实现了操作机与160MN水压机联动操作，锻造效率提高15%，材料利用率提高4.66%，锻件表观质量大幅提升；7 500t筒节轧机试生产运行，完成了总质量超过12 000t锻件的锻造，钢液节约率达到13%，筒节的最大锻造直径从原来的6 200mm提升到了8 000mm；小件线转型升级项目——造型线全面进入试生产阶段，已形成年产1万t铸件产品的生产能力；完善支承辊生产线项目及80MN快锻压机生产线项目并投入试生产；积极推进节能减排、安全、环保、降成本方面的项目投资，炼钢废渣翻渣作业场改造项目交付使用，提高模型制作质量及检测能力、炉窑改良等项目完工验收并投入生产。质量方面，产品质量稳中有升，以持续打好“锻件内部质量提升、成台产品外包质量控制、容器焊接质量提升”三大攻坚战为工作重点，开展39个质量提升项目，不断强化体系建设和质量监督，建立了核安全文化建设管理体系，通过ASME核证联检以及五个船级社的换证审核。

中信重工机械股份有限公司全面落实“三大工程”。创新工程方面，围绕做实技术中心，做强矿研院，持续完善技术创新体系，形成自主创新、合作创新、工匠创新的立体创新体系。人才工程方面，实施新型学徒制，制定人才内部流动办法，创新中高管激励机制，激发干事创业积极性。机制创新方面，发布激励创新、推动高质量发展指导意见及实施细则，推动实施升级推广类、工程项目创新类、创新孵化类、成果转化类、小事业部类、专项激励类六种激励机制，进一步激发创新活力和动力。强化“小总部、强总部”核心职能，进一步优化职能部门结构和业务，向“战略管控＋板块化经营”管控方式转变，进一步强化主体责任落实。加大环保和节能设备技改进度，技改投资接近1亿元，完成重大技改项目十余项，其中新上设备投资3 800万元，节能设备改造投资3 246万元，环保设备改造投资2 667.8万元，智能化设备改造37.38万元。

太原重型机械集团有限公司技术改造方面，继续推动天津滨海海工装备和重型装备项目、大型铸锻件国产化项目——万吨锻造热处理和万吨新炼铸钢工程、风电装备智能化产业园建设项目土建工程基本完工，园区建设进入设备安装、调试阶段，新轮线项目完成竣工验收，天津滨海综合楼项目完工投入使用。质量方面，持续完善质量管理体系，完成压力容器设计许可证、起重机械特种设备制造许可证换证工作，海洋核动力平台项目通过国家核安全局的技术审核，轨道交通公司完成大功率机车轮装车考核及认证，冶铸分公司的钢轮钢锭取得CL65/70生产资质证书。

大连华锐重工集团股份有限公司持续导入卓越绩效管理模式，重点推进经营单位绩效考评、薪酬分配、精益管理创新，破除内生活力制约因素。技改方面，继续推进高端球铁件产能完善项目等铸锻件技改项目，投入3 000余万元用于污水处理等工作。质量方面，强化质量基础管理，全面实施工序自检，积极推行班组免检，28个一线班组符合免检条件；推进精益工艺管理体系建设和技术革新，完成201个典型工艺问题整改，产品制造效率和质量有效提升。

上海电气上重铸锻有限公司2019年完成投资511万元，涉及产品生产、产品检测、试样加工和试验能力提升、生产车间环保设备的完善等方面的日常改造更新，主要项目包括添置数台持久试验机和更新改造冶铸车间的除尘设备。质量方面，完成武器装备质量管理体系认证证书范围的变更。

内蒙古北方重工业集团有限公司获津巴布韦电力公司旺吉电厂三期四大管道项目等7项海外订单；被评为全面质量管理推进40周年杰出推进单位。鞍钢重型机械有限责任公司2019年12月22日启动公司深化改革工作。河南中原特钢装备制造有限公司2019年被认定为高新技术企业；与河南省西保冶材集团有限公司签订战略合作协议，在炼钢用辅料、耐材、合金、锻材锻件等方面深入合作；“大规格合金钢圆坯立式连铸技术及产业化”“超（超）临界高压锅炉管用连铸坯产品开发”“沉淀硬化型不锈钢阀箱产品开发”通过省级科技成果评价。中钢集团邢台机械轧辊有限公司大力实施科技先导、创新引领发展战略，构建了灵活高效、充满活力的科技创新体系和运行机制，建设形成了以国家轧辊研究所、国家轧辊技术中心、国家轧辊复合材料重点实验室为核心的3C科研平台，进行新材料、新技术和新产品研发。完善科技创新体制机制，出台《明星员工长效激励办法》；自主设计研发的3D增材制造中心正式投入使用，推动大型、超大型支承辊再制造；研制生产国内最大规格（最大直径960mm）连轧辊。中国第二重型机械集团德阳万航模锻有限责任公司承担的大型船用大尺寸环形钛合金模锻件研制方案通过中船重工等评审，标志着该公司首次进军航海产品领域，大型船用大尺寸环形钛合金模锻件尺寸大、重量大（重达4t）。无锡宏达重工股份有限公司6 300t数控液压自动化生产线试车启动，是国内首台采用板焊结构的双柱上压式大型快锻液压机组。伊莱特能源装备股份有限公司成功轧制直径15.8m、单体重150t的奥氏体不锈钢环形大锻件，实现了200吨级金属坯分级构筑和增材制造（50余块板坯分组多次构筑），创造了奥氏体不锈钢锻件单体重量和环锻件直径新纪录；海上锻件新产品开发取得多项成果，为海上平台项目提供桩腿连接法兰，获西门子歌美飒8MW海上风机塔筒法兰订单，获GE 12MW Haliade-X塔筒法兰订单；完成蒂森克虏伯170吨级超大轮带轧制，该轮带直径超过8m、高度1m、边宽1.5m，总坯重170t。

〔撰稿人：中国重型机械工业协会大型铸锻件分会董涛、徐文金、杜敏　审稿人：中国重型机械工业协会大型铸锻件分会沈国劬〕

重型锻压机械

行业现状 2019年，重型锻压机械行业主要制造企业的重型锻压设备营业收入如下：二重（德阳）重型装备有限公司（简称二重装备）实现营业收入23 994万元，太原重工股份有限公司（简称太原重工）生产的350MN和235MN挤压机实现营业收入36 775万元，中国第一重型机械股份公司（简称中国一重）重型锻压设备实现营业收入34 082万元。2019年部分企业和科研单位重型锻压机械主要产品产量见表1。

科技创新及企业发展 据不完全统计，2019年重型锻压机械行业部分获奖项目见表2。

表1 2019年部分企业和科研单位重型锻压机械主要产品产量

锻压机械分类	订货企业	数量（台）	规格	制造商
1. 机械压力机	一汽模具制造有限公司	5	12MN压力机	中国一重
	特斯拉（上海）有限公司	5	20MN压力机1台、11MN压力机1台、12MN压力机1台、8MN压力机2台	中国一重
	陕西秦星汽车有限责任公司	9	24MN压力机1台、12MN压力机1台、10MN压力机3台，16MN压力机1台、8MN压力机1台、6.3MN压力机2台	中国一重
	东风汽车集团股份有限公司乘用车公司	1	24MN调试压力机	中国一重
	北京博萨汽车配件有限公司	1	25MN多工位压力机	中国一重
1.1 曲柄压力机	山东金马工业集团股份有限公司	1	新型EMY31.5MN热模锻压力机	二重装备
	重庆大江杰信锻造有限公司	1	63MN热模锻压力机	二重装备
	南京汽车锻造有限公司	1	31.5MN热模锻压力机	中国一重
1.2 平锻机	中地装备探矿工程机械有限公司	1	EPD900平锻机自动化生产线	二重装备
2. 液压机	广东凤铝铝业有限公司	2	125MN、160MN正向单动卧式铝挤压机	中国重型院、二重装备
	忠旺集团	6	75MN挤压机	中国重型院、二重装备
	唐山东日新能源材料有限公司	2	唐山东日40/37MN及25/23MN电极挤压机	中国一重
	乌兰察布市旭峰炭素科技有限公司	1	乌兰察布旭峰35/30MN立卧电极挤压机	中国一重

表2 2019年重型锻压机械行业部分获奖项目

项目名称	奖项名称	获奖等级	主要完成单位
工业铝型材高性能低能耗有效摩擦挤压新工艺及其数控装备	中国机械工程学会	二等奖	中国重型机械研究院股份公司
120MN工业铝材高效节能挤压装备关键技术与应用	陕西省科学技术奖	二等奖	中国重型机械研究院股份公司
工业铝型材高性能低能耗有效摩擦挤压新工艺及其数控装备	第九届绿色制造科学技术进步奖	二等奖	中国重型机械研究院股份公司
汽车超高强钢板热冲压控形控性关键工艺及装备研究	天津市科学技术进步奖	二等奖	天津重型装备工程研究有限公司（参与）

2019年，二重装备完成30多项科研项目申报，14个项目获得批复；全年共申报专利65项，获得国家专利授权68项，申请量和授权量均创历史新高。其中，重型锻压设备领域获授权专利4项，申报专利3项，有效地推动了传统热模锻压力机的升级换代。签订了63MN新型热模锻压机项目合同，步进梁智能化热模锻压力机生产线技术逐渐成熟。二重装备荣获国家科技创新示范企业称号。

中国重型机械研究院股份公司承担省部级以上科研项目5项，完成验收1项，承担的“高档数控机床与基础制造装备”科技重大专项、“2万t难变形合金卧式挤压机”课题通过任务、财务最终验收。研制开发新产品2项，其中，中铝萨帕40MN铝型材挤压生产线是国内首个高端铝合金材料挤压智能制造项目。该项目应用的新技术、开发的新产品主要包括海绵钛压力成形装备技术（16MN压块机）

和液力挤压装备技术。全年获省部级以上科技成果奖励项目3项；共申报专利20项，其中，发明专利6项；获授权专利11项，其中，授权发明专利1项。

中国一重2019年研制开发新产品、新技术共9项，“66 000kN连续模式冲压自动线”成功开发出“同步技术和新型八连杆”创新机构。全年获省部级以上科技成果奖励项目5项；共申报专利90项，其中，发明专利62项；获授权专利23项，其中授权发明专利15项；主持和参与制修订国家标准15项，其中主持制修订国家标准4项，参与制修订国家标准11项；获软件著作权8项。

航空工业所属中航重机200MN大型电动螺旋压力机建成，该设备最大打击力为365MN，位移重复精度达到±0.6mm，其锻造能力可以覆盖80%以上的飞机结构件。

由中机锻压江苏股份有限公司研制的全球最大的450kJ程控全液压模锻锤在中国重汽顺利投产。450kJ程控全液压模锻锤应用了缸阀一体控制技术、液压系统集成技术、液压油安全防漏技术、打击能量的数字化控制技术、直接隔振技术，实现了大型程控锻锤打击能量的精确控制与高可靠运行，以及在工作状态下磕锤、压锤、短行程连续打击动作的任意切换与数字控制。

行业工作 2019年，完成《中国重型装备》杂志全年4期的出版工作。2019年11月13—15日在四川省德阳市召开了中国重型机械工业协会重型锻压机械分会会员代表大会，会上漆小虎秘书长介绍了行业工作开展情况及工作安排，审议并通过了分会工作条例，审议了新会员入会和会员代表调整报告，并做了专项技术交流；与会代表还共商如何更好地做好分会工作，服务行业和会员单位。

〔撰稿人：中国重型机械工业协会重型锻压机械分会徐源琳、李韦萤、杜俊雷　审稿人：中国重型机械工业协会锻压机械分会漆小虎〕

基 础 件

减 速 器

行业发展的政策环境 减速器作为机械传动的重要基础部件，是国民经济发展及装备制造业的重要组成部分和重要部件。随着我国制造业的全面升级，减速器行业发生了巨大的变化，减速器技术发展迅速，重大装备的设计、制造和系统集成能力都得到大幅提高，产品向重载、高硬度、高精度、高速度、高可靠性、高效率方向迈进。随着数控化制造技术和模块化设计制造方式的成功运用，减速器产品制造水平进一步提升，生产效率与产品质量明显提高。

“十三五”以来，我国减速器行业以“中国制造2025”为统领，围绕工业强基工程，抓住时机补短板、调结构、提质量、去产能，坚持创新驱动，持续推进供给侧改革，践行高质量发展理念，行业经济运行稳中有升，技术创新取得丰硕成果，行业发展达到预期目标。

行业内上市公司业绩 2019年减速器行业的主要上市公司经营业绩如下：

中国高速传动设备集团有限公司（简称中国传动）实现营业收入97.23亿元，同比增长18.5%；拥有应占年度溢利4.38亿元，同比增长110.3%；每股基本及摊薄盈利0.268元，拟派发末期股息每股0.2港元。公司销售收入增长主要是风电传动设备产品的需求增加导致的交付量增多。

杭齿前进齿轮箱集团股份有限公司实现营业收入约16.5亿元，同比增长1.09%；净利润1 973万元，较2018年同期增长36.03%。期间费用为38 085.98万元，同比下降5.64%。风电及工业传动产品销售实现增长的原因是公司积极开拓工业传动市场及风电市场回暖。

秦川机床工具集团实现营业收入31.65亿元，比2018年下降0.72个百分点；实现归属于母公司净利润-2.97亿元，亏损额比2018年同期增加1 778万元，加权平均净资产收益率为-12.59%，比2018年同期下降2.19个百分点；总资产报酬率为-2.11%，比2018年上升1.04个百分点。

浙江双环传动机械股份有限公司实现营业收入322 489.49万元，同比增长2.35%；营业利润为10 965.90万元，同比下降50.03%；利润总额为10 203.07万元，同比下降54.04%；归属于上市公司股东的净利润为8 267.87万元，同比下降7.64%；基本每股收益0.12元，同比下降58.62%。2019年公司营业收入较上年稳步增长，但利润下降，主要原因：①受宏观经济波动、汽车行业景气度下降等因素影响，部分项目的订单达不到预期，导致产能未正常发挥，折旧成本增加；目前公司正在陆续转产，确保产能可有效发挥；②随着建设工程的陆续完工，借款利息费用增加；③受汇率波动影响，汇兑收益下降；④上期确认政府征收南大岙老厂区土地及房屋建筑物资产处置收益3 175.92 万元。

重庆蓝黛动力传动机械股份有限公司2019年营业收入较2018年增加30.16%，营业利润、利润总额分别较2018年下降1 725.27%、2 018.83%，归属于上市公司股东的净利润较2018年同期下降4 974.44%，主要原因：① 2019年度公司通过重大资产重组收购深圳市台冠科技有限公司，自6月起深圳市台冠科技有限公司纳入公司合并报表范围，公司新增触摸屏及触控显示一体化业务，虽然该主营业务给公司带来良好业绩，但受下游汽车销售市场持续下滑、部分客户需求下降以及动力传动产品外销业务下滑等因素影响，公司主营业务中动力传动产品的业务规模较2018年同期下降，开发的新产品处于逐步上产量阶段，业绩贡献尚未显现；②原主要客户众泰汽车、力帆股份等经营困难，陷入不良状态，为更加客观公正地反映公司资产价值和财务状况，根据《企业会计准则》等相关规定，并基于谨慎性原则，公司对相关应收账款、存货等计提坏账准备及存货跌价准备约9 000万元（最终资产减值损失金额以审计机构审计结果为准）。

宁波东力传动设备股份有限公司实现营业收入10.20亿元，比2018年下降91.32%；实现营业利润1.06亿元，比2018年增长104.42%；实现归属于上市公司股东的净利润0.22亿元，比上年增长100.78%。业绩变化的主要原因：①深圳市年富供应链有限公司不再纳入公司合并报表范围；②公司积极开发高新产品，开拓新兴市场，净利润有所提高，装备制造业保持良好的发展趋势；③基于谨慎性原则，继续计提担保损失6 900万元。

中大力德智能传动股份有限公司实现营业总收入6.815亿元，同比增长13.76%；实现营业利润5 992.58万元，同比下降17.8%；实现利润总额5 972.42万元，同比下降28.44%；实现归属于上市公司股东的净利润5 328.927万元，同比下降26.88%。业绩下降的主要原因是受上下游市场的影响，为拓展市场空间，提升设备利用率，积极抢占市场份额，公司对产品结构及售价进行调整，主要产品市场毛利率低于上年同期，造成公司整体盈利较2018年有所下滑。预计2019年影响净利润的非经常性损益金额较2018年同期减少约918.01万元。2019年公司每股基本收益0.67元，较2018年下降26.37%，主要是归属于上市公司股东的净利润下降所致。2019年公司总资产10.177亿元，较期初增长8.66%；归属于上市公司股东的所有者权益6.315亿元，较期初增长7.00%；归属于上市公司股东的每股净资产7.89元，较期初增长6.91%。

聚龙科技股份有限公司实现营业收入6.69亿元，同比增长7.43%；归属于上市公司股东的净利润3 789.69万元，2018年同期亏损1.33亿元；归属于上市公司股东的扣除非经常性损益的净亏损4 290.48万元，2018年同期亏损1.36亿元；基本每股收益0.069元，拟向全体股东每10股派发现金红利0.8元（含税）。

行业发展与技术创新 2019年纵观国际市场，世界经济整体保持增长，但复苏势头分化，各类风险加快积聚。因脱欧疑虑影响，英国经济增幅降至6年来最低；欧洲经济增长亦呈放缓趋势。作为新兴市场中的代表，我国紧紧围绕创新发展、高质量发展，坚持以供给侧结构性改革为主线，加快转变经济发展方式，促进经济结构优化，经济运行保持了总体平稳。2019年行业主要企业科技进步及发展情况如下：

杭州前进齿轮箱集团股份有限公司生产和销售的主要产品有：船用齿轮箱及船舶推进系统、工程机械变速器、风电增速箱及工业齿轮箱、汽车变速器、农业机械变速器和驱动桥、摩擦材料及摩擦片、弹性联轴器，以及上述产品铸件、锻件和配件零件。主要经营模式：①采购模式。由于子公司较多且各子公司在采购货品上有一定程度的重叠，公司采用集中采购和子公司自行采购相结合的管理架构，为增加议价能力，对于钢材、轴承、煤炭等大宗货品，大多采用集中采购的方式，其中招标采购是主要模式；对于标准件、自制零部件、铸件、锻件等子公司间共享程度较低的物料组，大多由子公司自行采购，其中定向询价订单式采购是主要模式；②生产模式。公司生产主要集中在本部，基本采用订单式、多品种和小批量的生产方式，即生产部门按照市场部门的订单，分别按照船用齿轮箱、工程机械变速器、农机产品、风电及工业传动产品等安排生产。2019年根据同类别产品的不同生产周期、加工难度、制造数量和要货时间等，制定细化的生产作业计划，采购配套部门根据制造部门的计划进行毛坯、标准件、配套件采购，分厂根据制造部门的计划进行各项生产准备及加工；③销售模式。产品销售模式分为直接销售和间接销售。由于船用齿轮箱客户分散，公司通过销售性子公司，管理遍布全国的30多家经销商，采取经销商间接销售的模式。大功率船用齿轮箱一般采用定制模式，均需签订合同；对于常规品种的中小功率船用齿轮箱，则部分采取事先备货供用户现场直接提货的形式。工程机械、风电及农机相关产品采取直接销售的模式，并与客户建立长期合作关系，双方一般签订框架协议，每月根据客户具体要货计划进行生产销售。对于国外市场，采取直接出口或通过代理出口的模式，将产品销售给国外的最终用户或中间商。公司在全国近30个省、自治区、直辖市及香港特别行政区，建立了船用齿轮箱维修中心及特约工作站、工程机械变速器技术服务站，并且在泰国、马来西亚、俄罗斯、孟加拉和越南等国设立了船用齿轮箱维修服务中心及特约工作站。

2019年杭州前进齿轮箱集团股份有限公司的主要经营工作：（1）提升营销质量。公司积极主动地分析市场形势，采取针对性营销措施，不断提升销售业务的质量。公司紧抓远洋运输市场行情转好的机遇，以及远洋渔船市场、沙船市场、内河航运发展良好的形势，充分发挥公司品牌的影响力，船用产品销售同比微增，市场占有率进一步得到提升；受装载机、路面机械行业销售下滑较大的影响，工程机械产品销售出现下滑，公司积极开拓新产品、新市场，努力为后续发展打下基础；2019 年我国风电市场看好，公司风电产品销售出现较大幅度增长；公司利用技术和加工优势，在特种工业传动产品市场获得明显增长；但是受东南亚国家近年来日益严格的捕捞政策影响，境外销售出现小幅下降。公司充分发挥粉冶摩擦产品领域自身竞争优势，新开拓了苏里南和瓦努阿图等新市场、新客户，保持了经营效益的稳定。（2）推进创新驱动。公司根据市场发展趋势，强化技术创新的前瞻性，深入推进基础共性技术研究工作，完成浙江省制造标准《工程机械电液控制动力换挡变速器》发布，修订完成《产品策划控制程序》和《产品设计开发控制程序》。当年共申报专利和软件著作权 52 项，新增授权专利和软件著作权共 31 项、其中发明专利 3 项。同时加强了新工艺、新技术的推广应用，对部分工艺进行优化改进，有效提高了生产效率，降低了生产成本。（3）推动企业改革。公司不断优化内部机构设置，组建成立工程传动事业部，设立杭齿传动（安徽）公司、杭州前进推进器公司，吸收合并杭州前进重型机械有限公司，进一步优化了公司管理结构。（4）提升企业创效能力。公司持续深入推进信息化建设工作，提升产品设计、供应商关系管理等环节的信息化水平，实施 PLM 产品全生命周期管理系统项目建设。加强资金管控力度，优化融资结构，有效减少了财务成本支出；从生产管理多方面入手，深入开展降本增效活动，切实加强费用管控，提升了企业运营效率。

中国传动借着强大的研究、设计和开发能力，产品已覆盖 750kW、1.5MW、2MW、3MW 及 5MW 风电传动设备，技术达到国际先进水平，已大批量供应国内外客户。这不仅为客户提供了多元化的大型风力发电齿轮箱，而且亦成功累积了生产 6MW 和 7MW 风力发电齿轮箱的能力和技术，产品技术水准已与国际竞争对手同步。目前，中国传动的风电客户包括国内的主要风机成套商及国际知名的风机成套商，例如 GE Renewable Energy、Siemens Gamesa Renewable Energy 及 Vestas 等。中国传动凭借优质的产品及良好的服务得到了海内外客户的广泛认可及信赖。通过在美国、德国、新加坡、加拿大和印度的全资子公司，以及可持续发展的策略，中国传动力求与潜在海外客户保持紧密的联系，为全球客户提供多元化服务。2019 年，风力发电齿轮传动设备业务的销售收入为 81.79 亿元，较 2018 年上升约 18.6%。

在工业齿轮传动设备方面，中国传动通过改变产品策略及销售策略来提升市场竞争力。近两年，受我国装备行业产能过剩的影响，公司调整了传统工业齿轮传动设备的发展策略。首先以节能环保为主线，凭借技术优势对重型产品进行技术升级，同时自主开发研制出具有国际竞争力的标准化产品、模块化产品及智能化产品，以品类齐全、层次清晰和细分精准的产品定位和市场定位来推动销售策略的转变，大力开发新市场，拓展新行业，特别是全面推进标准齿轮箱和工业行星齿轮箱等产品研发和市场开拓；与此同时，亦加强向客户提供相关产品零部件和系统解决方案，协助客户在不增加费用的同时，提升现有生产效率，以保持企业在传统工业传动产品市场上的主要供货商地位。

在高铁、地铁、市域列车及有轨电车的传动设备业务方面，公司产品已获得国际铁路行业质量管理体系 ISO/TS 22163 认证证书，为轨道交通产品进一步拓展国际铁路高端市场奠定了坚实的基础。目前轨道交通产品已成功应用在北京、上海、深圳、南京和香港等城市的轨道交通传动设备上，同时亦成功应用在新加坡、巴西、荷兰、印度、墨西哥、突尼斯、澳大利亚及加拿大等多个国家和地区的轨道交通传动设备上。

应用在上海、香港及墨尔本的地铁齿轮箱为 PDM385 型双级地铁齿轮箱，是公司在消化国内外标准及客户规范基础上，结合多年设计生产制造经验，成功开发研制出的地铁用齿轮箱。该型齿轮箱具有结构紧密、噪声低、易维护等特点，其无检修寿命满足 120 万 km 或 10 年，关键部件的设计寿命约为 35 年。2019 年工业齿轮业务板块实现销售收入约 14.87 亿元，比 2018 年上升了 14.5%。

2019 年中国传动海外销售额约为 28.76 亿元，比 2018 年上升了 2.6%，海外销售额占企业销售总额的 29.6%，较 2018 年下降 4.6 个百分点。产品主要出口到美国、印度、巴西及欧洲等。

中国传动以新产品、新技术推进企业发展，产品、技术不断创新，多项产品填补国内空白，先后百余次获得国家和省市科技进步奖、优秀新产品奖、新产品证书、高新技术产品认定证书、高新技术企业认定证书等荣誉。截至 2019 年 12 月 31 日，共获授权专利 345 项，已提交申请专利 304 项。中国传动是国内率先采用 ISO1328 和 ISO06336 国际标准的生产商，被科技部列为国家“863”计划和计算机集成制造系统（CIMS）示范企业。目前，公司先后通过了 ISO9001∶2015 质量管理体系、ISO14001∶2015 环境管理体系、OHSAS18001∶2007 职业健康安全管理体系和江苏省质量信用 AA 的认证；风电齿轮传动设备产品通过了中国船级社（CCS）、北京鉴衡认证中心（CGC）、中国质量认证中心（CQC）、德国技术监督协会（TÜV）、DNV GL、UL、欧盟 CE 及 ETL 的认证；工业齿轮传动设备产品通过了欧盟 CE、美国石油化工协会（API）规范 IIE 及安标国定矿用产品安全标志中心（MA）的认证；轨道交通产品通过了国际铁路行业质量管理体系 ISO/TS 22163 的认证。

秦川机床工具集团主要创新产品：

（1）数字制造工艺装备链板块。

1）智能主机—齿轮加工机床 YK7263/7363 和 YK72150 两个新产品均实现首台销售。2019 年 6 月重大专项产品 YKG73100、YK73400、YK73400T 完成第三方检测。先后成立了 3 个“双创”团队，其中“YK7340A 成形砂轮磨齿机工艺单元推进”项目，在技术攻关、工艺优化、装配质量方面成绩显著。

2）智能主机—车床及通用数控加工中心类、专机类机床 2019 年上半年完成新产品设计 7 项，新投入新产品试制 3 项，完成新产品试制 4 项，完成了一大批特殊订货和产品改制任务。在 4 月举办的北京国际机床博览会上，展出的 8 台全新防护、全新液晶显示的机床及“宝机云”服务平台，吸引了大批航天、航空、军工、汽车和职业院校等国内外客商参观。自主研发的 BJTL16 高压油泵驱动单元凸轮轴智能生产线被中国机床工具工业协会评为“2018年度自主创新十佳”，企业荣获“2018年度先进会员”。完成 BL5 － C、BM8 － H 两台智能机床工业样机的试制。汽车零件智能制造生产线完成了机器人视觉系统、自动测量系统的并线运行。

3）智能主机—螺纹磨床及外圆磨床系列：螺纹磨床在新领域、新市场抢抓合同，有效弥补了常规产品订单不足，如机床的大修和数控化升级改造业务；出口印度的成线成套数控丝杠磨床、数控内螺纹磨床系列。外圆磨床突出大型普通机床、全功能数控机床与专机、普及型数控机床等 3 大类产品销售，数控磨床订货增加明显，而且大规格磨床销售稳中有增。

4）刀具 / 工夹具业务。刀具业务全面推动德标 AA 标准、产品水平国际化、生产流程全节点强化考核与快速反应机制。2018 年开发的双联双工位高效滚刀、超薄叉形叶根组合铣刀、焊合金刀片杆式叶根铣刀、整体硬质合金叶根铣刀、硬质合金车（刮）齿刀、装配式硬质合金渐开线拉刀、键槽组合推刀、焊接式硬质合金高效滚刀等新产品，2019 年上半年完成产值 3 590 万元，主要应用于“三航两机”、军工、汽车、轿车、新能源装备、变速传动、工程机械等领域。在山东青岛建立了刀具配送修磨服务中心。工装夹具业务主要在液压夹具的可靠性方面做了大量的攻关工作，粘接胀套的工艺改进已全部完成任务。

（2）关键零部件板块。

1）功能部件产品。在提高导轨品质、缩短交货期的同时，与西安交通大学联合申报实施“智能导轨”项目，向高质量发展迈出实质性步伐。精密齿轮市场 2019 年有所回暖，德莱塞齿轮、伦茨齿轮上半年订货量有一定增量，蜗杆副需求较旺。汉德电动车桥齿轮及货车车桥内齿圈项目，目前部分设备已投入到位，批量化生产正在有序推进。

2）机器人关节减速器产品。通过持续设备技改，进一步优化、完善工艺，理顺生产流程，提升管理水平，生产能力得到大幅度提升。通过不断强化市场开拓，着重对战略客户的培育，BX 减速器销售量持续增长，2019 年 1 － 6 月，累计销售量同比增长 79%。

3）铸件产品，上半年在原材料价格仍处于高位的情况下，通过加强市场开拓，原有风电铸件市场订单增多，开发的重点新客户的部分产品已进入批量生产，部分完成样件供货。持续优化铸造工艺，加强质量不良率考核，控制关键产品的工序质量，铸件废品率同比下降 3.4 个百分点。

（3）服务型制造业板块。

1）中空吹塑模具业务，200L 以上大型吹塑模具上半年订货量大幅增长，同比增长近 45%。

2）设计、制造 3 台机器人关节减速器综合试验台。该设备可以测试精密减速器的传动链误差、回差、空载启动转矩、传动效率、刚性和齿隙、增速启动转矩。

3）客户定制的 SC800A 数控刷床已经通过预验收。该机床以 KUKA 360KG 机器人为核心控制单元，将检测、抛光、清洗融为一起，可实现自动诊断、自动补偿、来料检测等高端功能。

重庆蓝黛动力传动机械股份有限公司 2019 年收购台冠科技 89.68% 的股权，本次交易后，公司持有台冠科技 99.68% 的股权，台冠科技成为公司控股子公司。公司从现有的动力传动业务转变成动力传动业务和触摸屏及触控显示模组业务双主业协同发展模式。动力传动方面的主要产品为汽车手动变速器总成、自动变速器总成、新能源减速器、纺织机械传动总成和汽车变速器齿轮、轴、同步器等零部件、汽车发动机齿轮及轴等零部件、纺织机械关键零部件、汽车发动机缸体、变速器壳体、汽车转向器壳体以及机械压铸零部件等产品，公司动力传动总成装配所需的主要零部件齿轮、轴、同步器及壳体等均由公司自主研发与生产。产品主要应用于各汽车主机市场、纺织机械及通用机械领域。经过多年深耕，公司在动力传动业务方面拥有较强的核心竞争力，已经确立了在动力传动领域中的市场地位，是吉利汽车、丰田汽车、小康股份、赛帕汽车、南京邦奇、东安动力、云内动力、卓朗纺织机械有限公司等多家国内外知名企业的动力传动部件供应商。部分产品出口到中东地区，形成了内外销同步发展的业务格局。

触摸屏及触控显示模组业务方面主要从事触摸屏及触控显示一体化相关产品的研发、生产和销售，产品主要为电容触摸屏及其相关组件，包括电容触摸屏、触控显示模组、盖板玻璃、触控感应器等产品，产品主要应用于平板电脑、笔记本电脑、工控终端、汽车电子、物联网智能设备等信息终端领域，为其提供触控操作输入界面。台冠科技一直将全球领先厂商作为重点开拓客户，现已成为广达电脑、仁宝工业、京东方、华勤通讯、GIS 等行业内知名企业的供应商，产品最终应用于国际知名品牌的电子产品，如亚马逊、联想平板、宏基笔记本等。

安徽泰尔重工股份有限公司（简称安徽泰尔重工）经过近 20 年的发展，不论从规模还是实力都成为细分行业内的龙头企业。在做好核心备件、核心设备业务的同时，安徽泰尔重工加快成套设备、再制造、表面技术、总包服务业务的培育和发展，实现从备件到修复，从修复到技改，从技改到总包，从提供产品到提供产品加服务的商业模式转型。

公司拥有现代化的先进厂房设施，形成了稳定的供应商管理体系，积累了丰富的客户资源，搭建了一流的技术服务平台，公司企业技术中心被认定为国家级企业技术中心，公司研发生产的万向轴荣获“中国机械工业名牌产品”，

“泰尔 TAIER 及图”商标被认定为中国驰名商标，品牌形象稳步提升，自主创新能力不断加强。

公司拥有国家级博士后工作站、CNAS 认证实验室；获得了中国驰名商标、国家级绿色工厂、国家技术创新示范企业、国家级知识产权示范企业、高新技术企业等荣誉称号。同时，在 38 个协会（联合会）分别担任会长/理事等职务，其中，在中国钢铁工业协会冶金设备分会任副会长、在中国金属学会冶金设备分会任副主任委员、在中国机械通用零部件工业协会任副会长、在中国机械通用零部件传动联结件分会任理事长。

另外，公司坚持以“客户为中心、以市场为导向”，确立了战略 + 技术 + 方案 + 服务 + 金融五位一体的营销模式，建立了客户—生产线—工艺路线—产品的客户档案，掌握客户需求，为客户提供精准服务。在客户群体中建立起了良好的口碑，促使公司在行业内具备了较强的竞争能力和先发优势。

2019 年，公司实现了与邯钢、包钢和山钢等 14 家客户的战略合作及产线服务，产品覆盖全球 18 个国家和地区、1 700 多条生产线，荣获宝武集团等国有大型企业“优秀供应商”荣誉称号，持续为客户提供更为优质的产品和服务。

2019 年，公司技术研发硕果累累。承担了科技部“固废资源化”重点专项子课题“废旧重型装备表面无损激光清洗与主动柔性控制的研究”和安徽省科技重大专项“具有自监测的带载大伸缩重型鼓形齿联轴器研发及产业化”等项目，集成我国首套千瓦级高功率智能激光清洗成套装备；工业和信息化部绿色制造系统集成项目“高端装备关键零部件绿色设计平台建设及示范”按照计划稳步推进中；公司新型的磁性联轴器等 9 个研发项目已完成产品试制，大型冶金零部件绿色高效热处理（调质）关键技术研发项目，正在进行工艺优化设计及现场验证工作；公司“热轧内水冷卷筒”助力沙钢集团建设中国首条超薄带工业化生产线。

2019 年，公司制定国家标准 2 项，申报专利 57 项（其中发明专利 13 项），获授权专利 25 项（其中发明专利 2 项），取得软件著作权 4 项。累计制定国家及行业标准 18 项，累计获授权专利 144 项（其中发明专利 30 项），取得软件著作权 15 项。

2019 年，公司院士工作站在安徽省科技厅组织的评价中获“优秀”；省级企业技术中心在安徽省经信厅组织的评价中获“优秀”；博士后工作站引进 2 名博士进站，开展了磁力传动研发、轴承座式关节的高强度螺栓的研发、棒线材长寿命热飞剪的研发、复合滑板新型喷涂技术的研发、高性能十字轴的研发、大型冶金零部件绿色高效热处理（调质）关键技术开发、新型磁性联轴器研发、ESP 高性能鼓形齿接轴的研发、高端装备关键零部件绿色设计研究、废旧重型装备表面无损激光清洗与主动柔性控制的研究、全无头超薄带钢轧制卷取机卷筒的研发、大张力（40t 以上）冷轧卷筒研发和冷轧稀油润滑鼓形齿接轴的研发。

聚龙科技股份有限公司 2019 年继续发挥在银行业金融机构多年来积累的渠道口碑和品牌优势，坚持由高端金融机电产品制造商向金融一体化服务商转型，为人民银行、商业银行提供基于商业银行网点、后台金库、自助银行等金融机构业务需求的信息化、智能化金融服务解决方案。公司贯彻实施《人民币现金机具鉴别能力技术规范》金融行业标准（“金标”），积极应对各类商业银行招标及批量采购工作，完成工商银行、农业银行、中国人民银行、建设银行、交通银行等 11 家国有商业银行及股份制银行核心产品的全线中标入围。以及北京农商银行、晋商银行、南京银行、汇丰银行等 188 家城商银行、农商农信、外资银行总行或二级分行的中标入围，中标率位居行业榜首。在中国人民银行的政策引导下，积极推进数字化金融服务平台、现钞冠字号大数据管理系统、智能化金库改造、硬币调剂平台等金融科技创新、金融服务创新项目在全国范围内的推广落地。公司结合冠字号大数据管理经验，加深区块链相关技术的应用结合，升级完善人民币流通管理解决方案，使其具有并行触发和不可篡改性，保证金融流通安全。此外，公司以股权投资杭州云象网络技术有限公司，并于杭州溪塔科技有限公司签订了战略合作协议，充分发挥两个团队在区块链技术领域的研发优势，共同拓展包含数字货币、区块链产品和支付结算等相关应用领域的紧密合作。

标准化与科技奖励 2019 年一批行业标准通过审查并发布，包括：GB/T 37718—2019《机器人用精密行星摆线减速器》、JB/T 13605—2019《重载行星减速器通用技术要求》、JB/T 13662—2019《矿用高压辊磨机行星齿轮减速器》、GB/T 11365—2019《锥齿轮精度制》、GB/T 3480.1—2019《直齿轮和斜齿轮承载能力计算》、GB/T 37465—2019《海洋平台电驱动齿轮齿条升降装置》、JB/T 6347.3—2019《齿轮倒角机》、GB/T 38192—2019《注塑成型塑料圆柱齿轮精度制》、GB/T 37683—2019《大型齿轮齿圈锻件技术条件》、GB/T 37682—2019《大型开式齿轮铸钢件技术条件》。

2019 年行业一批科研项目获得了不同层次的奖励：

由重庆机床集团与重庆大学等 9 家单位合作完成的“高速干切滚齿关键技术、工艺装备及自动生产线”项目荣获中国机械工业科技进步奖一等奖。

由河南科技大学完成的“高速精密轴承用微小圆柱滚子动平衡检测技术”项目荣获中国机械工业技术发明奖三等奖。

由浙江双环传动机械股份有限公司、北京工业大学等单位共同完成的“机器人高精密减速器关键技术研究及应用”项目荣获中国机械工业科技进步奖二等奖。

由郑州机械研究所有限公司、郑州中机轨道交通装备科技有限公司共同完成的“地铁齿轮传动系统关键技术及工程应用”项目荣获中国机械工业科技进步奖二等奖。

由太原科技大学、太原重工股份有限公司和山西大新传动技术有限公司共同完成的“重大装备传动系统无键联结关键技术研究与应用”项目荣获中国机械工业科技进步奖二等奖。

由重庆大学、西南交通大学、北京科技大学共同完成的“机械传动内激励机理及接触界面动力学理论”荣获重庆市自然科学奖一等奖。

〔撰稿人：中国重型机械研究院股份公司王宇航　审稿人：中国重型机械研究院股份公司赵玉良〕

油膜轴承

油膜轴承是以润滑油为介质的全液体润滑轴承，广泛应用于电力、冶金、矿山等领域。轧机油膜轴承主要应用于各类热轧带钢、冷轧带钢、中厚板轧机上，承受轧制压力，保证轧机的高精度、低能耗运行。

生产发展情况　2019 年，我国钢铁行业继续深入推进供给侧结构性改革，巩固去产能成果，加快结构调整、转型升级，推动全行业高质量发展，行业运行总体平稳，钢材产量较 2018 年有较大增长。由于钢铁产量增长加快，钢材价格呈窄幅波动下行走势，同时，受铁矿石等原燃材料价格上涨等因素影响，钢铁企业经济效益大幅回落。

受上述钢铁经济形势影响，油膜轴承行业新建、改建项目较 2018 年减少约 50%，增长速度有所放缓；但是油膜轴承行业市场运行情况受下游行业波动的影响一般有半年到一年左右的滞后期，故油膜轴承行业 2019 年的发展情况良好，产量同比增长近 50%。截至 2019 年年底，全国已建成的使用油膜轴承的轧机机架数新增 45 个达到 776 个；其中热轧宽带轧机新增 41 个机架，累计在运行 574 个；中宽厚板轧机新增 4 个机架，累计运行 135 个；冷轧带钢轧机无新增，累计运行 67 个机架。2019 年我国在建轧线油膜轴承规格参数见表 1。2019 年我国新建投产轧线油膜轴承规格参数见表 2。

表 1　2019 年我国在建轧线油膜轴承规格参数

项目名称	主要规格参数
宝钢湛江 1780 热连轧机	油膜轴承直径 955mm、1 127mm；额定载荷为 38 080 kN、53 320 kN
柳钢（防城港）1780 热连轧机	油膜轴承直径 985mm、1 115mm；额定载荷为 35 720 kN、45 720 kN
宝钢德盛 1780 热连轧机	油膜轴承直径 955mm、1 115mm；额定载荷为 38 080 kN、45 720 kN
唐山瑞丰 1580 热连轧机	油膜轴承直径 955mm、875mm；额定载荷为 38 080 kN、31 960 kN
重庆攀华 1580 热连轧机	油膜轴承直径 875mm；额定载荷为 31 960 kN
日照钢铁 5#ESP 生产线轧机	油膜轴承直径 988mm；额定载荷为 35 540 kN
鼎盛钢铁 ESP 轧机	油膜轴承直径 988mm；额定载荷为 35 540 kN

表 2　2019 年我国新建投产轧线油膜轴承规格参数

项目名称	主要规格参数
首钢京唐 MCCR 轧机	油膜轴承直径 1 030mm；额定载荷为 44 300 kN
广东广青科技 1450 热连轧机	油膜轴承直径 1 065mm；额定载荷为 44 300 kN
辽宁鞍钢 2150 热连轧机 F7 机架	油膜轴承直径 1 195mm；额定载荷为 52 500 kN
辽宁鞍钢 1700 热连轧机 R2 机架	油膜轴承直径 1 115mm；额定载荷为 45 720 kN、
河南舞钢 4300 宽厚板轧机 F 机架	油膜轴承直径 1 520mm；额定载荷为 109 160 kN
云南师宗沃莱迪 1780 炉卷轧机	油膜轴承直径 1 127mm；额定载荷为 53 320 kN
广西盛隆 1780 热连轧机	油膜轴承直径 875mm、1 090mm；额定载荷为 31 960 kN、49 600 kN
营口京华 3800 中板轧机	油膜轴承直径 1 520mm；额定载荷为 109 160 kN
新疆湘晟 2450 中板轧机	油膜轴承直径 1 340mm；额定载荷为 70 000 kN
日照钢铁 4#ESP 生产线轧机	油膜轴承直径 988mm；额定载荷为 35 540 kN

市场及销售 国内制造轧机油膜轴承的企业主要有：太原重型机械集团有限公司（简称太重集团）、中国有色（沈阳）冶金机械有限公司（简称沈冶机械）、普瑞特冶金公司（长兴公司）、达涅利冶金设备（常熟公司）有限公司（简称达涅利常州公司）4 家。太重集团产品的国内市场占有率超过 85%，其他 3 家的国内市场占有率不到 10%。

板带钢按照轧钢工艺可分为热轧钢板和冷轧钢板。热轧钢板按照产品的宽度可分为窄带钢、中宽带钢及宽带钢；按照厚度可分为：厚板、薄板及超薄带钢 3 大类。轧机油膜轴承一般应用在中宽带钢轧机、宽带钢轧机、中板轧机及厚板轧机上。通过近 5 年的油膜轴承新建、改建项目数据分析，热轧带钢轧机油膜轴承占比 80% 左右、厚板轧机油膜轴承占比 15% 左右、中板轧机油膜轴承占比不足 5%。

太重集团是从事高端油膜轴承研发、设计、制造和服务的专业化企业，是我国目前唯一能够独立开发、成套设计制造各类现代化大型轧机油膜轴承的生产基地。太重集团于 1958 年开始研制油膜轴承，经过持续的技术创新、设备升级，形成雄厚的技术研发能力。其生产的 TZ 型油膜轴承具有承载能力大、运行精度高、结构紧凑、使用寿命长等优越性能。同时太重集团还开展其他行业高端滑动轴承（如能源电力、海洋船舶等）的材料研究及产品开发。太重集团在轧机油膜轴承基础理论、动 - 静压润滑技术、密封技术、轴承材料、巴氏合金结合技术、轴承智能监控、轴承试验及技术标准等方面保持领先地位。2019 年太重集团轧机油膜轴承主要产品产量和出口额见表 3。

表 3 2019 年太重集团轧机油膜轴承主要产品产量和出口额

产品名称	产量		出口额	
	数量（t）	比上年增长（%）	数量（万元）	比上年增长（%）
油膜轴承	4 084	49.54	2 526	24.62

2019 年普瑞特冶金公司将油膜轴承生产线由上海搬迁至浙江省湖州市长兴县经济技术开发区。

行业交流 为进一步加强协会与会员单位的联系，了解行业发展变化情况，深入了解会员单位油膜轴承运行维护的难点和破解困难的经验，收集会员单位有关信息，中国重型机械工业协会油膜轴承分会（简称油膜轴承分会）秘书处坚持开展会员单位走访活动，2019 年走访了多家会员单位。通过沟通了解，听取会员单位对分会工作的意见和建议，增强了分会与会员单位的联系。

2019 年 9 月油膜轴承分会与太重集团在太原联合举办了“中国重型机械工业协会油膜轴承分会 2019 年度会员大会”暨“第十四届轧机油膜轴承技术研讨会”。来自中国重型机械工业协会、国内钢铁企业、油膜轴承制造企业和科研院校等 61 家单位的 138 名代表参加了会议。参会代表由国内研究油膜轴承的知名专家学者、轧机油膜轴承用户、轧机油膜轴承制造企业人员等组成。大会就轧机油膜轴承的理论、新技术、现场使用维护经验等方面进行了深入交流。

行业创新及技术发展

1. 薄板坯无头连续铸轧机油膜轴承应用

2019 年 4 月，首钢京唐 MCCR 轧机的投产使用，标志着国产油膜轴承第一次成功应用在薄板无头连续铸轧生产线上。薄板无头连续铸轧生产线是节能降耗的环境友好型生产线的代表，在未来钢铁行业不断向节能环保、生产高效低耗、产品高品质方向发展的进程中，具有较强的竞争优势。为其配套的油膜轴承要求在低速下（0.1m/s）承受高达 25MPa 以上的压力，且持续工作时间要达到 10h。国外技术以 ESP、MCCR 等为代表，目前日照钢铁控股集团有限公司已引进投产 4 条 ESP 生产线，油膜轴承均由国外企生产制造。

首钢京唐 MCCR 轧机油膜轴承由太重集团独立设计制造，打破了国外对该技术的垄断。该生产线前 H0-H2、F1 机架采用静动压油膜轴承、F2-F5 机架采用动压油膜轴承。太重集团以满足薄板坯全连续轧机轧制工况为目标，开展了轧机轴承承载性能计算及试验、轴承结构设计及样机制造、轴承静压系统等方面的研究，对静 - 动压油膜轴承承载性能和油腔拓扑结构进行了研究。

同时，太重集团对这种极高偏心率工况下的油膜轴承进行了 CFD 仿真分析计算。现有相关文献仿真得出的油膜流体域最大偏心率为 0.8，而太重集团通过分析研究得到的网格划分方法，可以仿真得出偏心率为 0.998 下的油膜压力分布。通过 CFD 仿真分析计算，得到油膜轴承各个转速和油膜厚度下的压力分布和承载能力，实现了油膜轴承整个工作过程中油膜压力分布的可视化；通过引入能量方程可得到油膜轴承不同工况下的温度场分布，为油膜轴承设计提供更精确的理论计算支撑。

2. 制定油膜轴承衬套巴氏合金无损检测标准

目前，国内能够进行巴氏合金厚度在 3 ~ 5mm 以上的各类轴瓦钢基体与合金结合质量的无损检测。但对于合金厚度在 0.5 ~ 3mm 的轧机油膜轴承领域，由于合金层很薄，输入信号与结合层反射波在显示屏上区分不开，故尚未有可行的检测手段和方法。太重集团通过定制多种双晶探头、研制校准试块和多次试验，最终实现了油膜轴承衬套的无损检测，并编制了《衬套巴氏合金超声波无损检测规范》，能更好地把控衬套的焊接情况，以提高产品质量、提高油膜轴承产品竞争力。

〔撰稿人：中国重型机械工业协会油膜轴承分会孙鹏程　审稿人：中国重型机械工业协会油膜轴承分会杨汇荣〕

润滑液压设备

生产发展情况 2019年，从润滑液压行业总体情况看，润滑液压设备行业的经济指标已经从前几年的谷底逐步走出，正在向前期经济指标高点挺进，预计近1～2年经济指标将再创新高。2019年，润滑液压设备行业市场竞争激烈，虽然合同数量大幅增加，但是合同金额有所下降，致使企业生产成本上涨，应收账款增加，企业的盈利能力下降，造成企业自身发展能力严重不足。

润滑液压设备行业各会员单位积极响应“一带一路”倡议，积极开拓墨西哥、伊朗、印度尼西亚、马来西亚和越南等国外市场，在国内市场加强新的行业开发，以市场为导向，在原有市场的基础上积极细分现有市场，对非冶金行业市场加大开拓力度。在技术方面，增强企业内部科技创新能力的建设，提升企业核心竞争力，加大科技和新产品开发的投入力度，加快产业结构调整和产业转型升级的步伐，扩大润滑产品的应用领域，提高产品的技术含量，扩大企业的市场占有率。2019年，润滑液压设备行业骨干企业依据企业自身发展、产品发展和行业发展的情况，加大基本建设和技术改造投入，启动了一批技改项目。这批技改项目完工后，润滑液压行业的整体技术水平、装备水平将有明显提高，企业创新能力及抗市场风险能力将有所加强。

润滑液压产品经过多年的发展，现在已成为机械产品，特别是大型机械产品不可缺少的主要配套产品。主要机械设备对润滑效果和润滑液压功能的要求不断提高，这就促进了各主要生产企业的技术进步和发展，各生产企业必须增加必要的精密加工设备、检测设备、试验设备和辅助设备，使润滑液压产品向智能控制、数字控制、专业化生产方向快速发展。

2019年，润滑液压设备行业完成工业总产值27.56亿元，较2018年增长22.16%，完成产品销售收入26.94亿元，较2018年增长27.13%，完成产品出口额1 119万美元，较2018年增加4.77%。2019年润滑液压设备行业39家主要生产企业经济指标完成情况见表1。

表1 2019年润滑液压设备行业39家主要生产企业经济指标完成情况

指标名称	单位	完成情况	指标名称	单位	完成情况
企业数	家	39	年末固定资产净值	万元	66 315
工业总产值（当年价）	万元	275 633	流动资产合计	万元	168 705
同比增长	%	22.16	流动资产平均余额	万元	149 258
工业增加值	万元	63 396	流动负债合计	万元	136 765
产品销售收入	万元	269 424	流动负债平均余额	万元	117 976
产品销售税金及附加	万元	17 390	所有者权益	万元	104 369
利润总额	万元	12 620	全员劳动生产率	元/人	164 238
年末固定资产原价	万元	90 749			

注：表中全员劳动生产率（元/人）是按当年工业增加值和企业人数计算的。

润滑液压设备行业主要生产企业有：太原矿山机器润滑液压设备有限公司、四川川润液压润滑设备有限公司、常州市华立液压润滑设备有限公司、启东润滑设备有限公司、上海澳瑞特润滑设备有限公司、南通市南方润滑液压设备有限公司、江苏南方润滑股份有限公司、上海润滑设备厂有限公司、四平维克斯换热设备有限公司、启东中冶润滑设备有限公司、启东安升润滑设备有限公司、启东丰汇润滑设备有限公司、温州市三丰润滑设备制造有限公司、江苏澳瑞思液压润滑设备有限公司、沈阳市北方润华冷却设备有限公司、温州市龙湾润滑液压设备厂、北京中冶华润科技发展有限公司、大连华锐股份有限公司液压装备厂、沈阳市北方润滑设备制造有限公司、淄博九洲润滑科技有限公司、温州中合润滑设备制造有限公司、沈阳市大金润滑设备厂、苏州宝宇液压设备制造有限公司、四平市隆百洲机电科技有限公司、沈阳三丰液压润滑设备有限公司、江苏恒泰自动化润滑设备有限公司、美润思（北京）科技有限公司、浙江镇南精工机械有限公司、宁波盛发液压有限公司、黄山工业泵制造有限公司、陕西中润液压设备有限公司、淄博市博山润丰油泵厂、南通市博南润滑液压设备有限公司、泰州市远望换热设备有限公司、重庆安特瑞润滑设备有限公司、新乡市胜达过滤净化技术有限公司、三众过滤技术南通有限公司、海林柯液压技术（北京）有限责任公司、沈阳澳信重型设备有限公司。

2019年，润滑液压设备行业有39家主要生产企业，按企业所有制性质划分，国有企业 2 家，占全行业企业总数的 5.12%；上市公司企业 1 家，占全行业企业总数的 2.56%；外资控股企业 1 家，占全行业企业总数的 2.56%；私人控股企业 35 家，占全行业企业总数的 89.74%。

产品分类产量 按照使用领域的不同，润滑液压设备分为润滑产品和液压产品两大类。润滑产品又根据使用介质的不同和润滑部位的不同分为稀油润滑、干油润滑、油气润滑、工艺润滑和喷射润滑产品五大部分。液压产品主要有斜轴式轴向柱塞泵、径向柱塞马达、乳化液泵装置、冶金设备液压系统、综合采煤机液压元件和系统及液压缸等。各主要生产企业在面对市场的同时，积极提高企业的核心竞争力，增强企业的科技创新能力，以市场为导向，积极开拓市场，企业的主导产品产量较 2018 年有一定幅度的增长，小部分产品有一定幅度的下滑。2019 年润滑液压设备行业主要产品产量及销量见表 2。

表 2　2019 年润滑液压设备行业主要产品产量及销量

产品名称	单位	产量	同比增长（%）	销量	同比增长（%）
稀油站（系统）	台、套	5 696	6.32	5 466	7.38
干油站（系统）	台、套	15 796	5.87	13 750	6.26
冷却器	台	14 080	9.36	13 368	10.15
干油分配器	块	164 857	4.66	151 570	4.89
油气润滑系统	台、套	364	-4.75	353	-5.16
工艺润滑站（系统）	台、套	38	-5.36	30	-10.13
液压站（系统）	台、套	1 153	5.87	1 133	6.56
液压柱塞泵	台	9 059	7.79	6 708	8.36
螺杆泵	台	29 500		32 000	
其他润滑液压产品	台、套	11 745	4.43	11 575	5.32
液压缸	套	2 373	6.36	2 154	5.46
风电润滑	套	1 998	11.38	1 751	12.25
合计		256 659		239 858	

市场及销售 2019 年，润滑液压设备生产企业积极主动迎接市场的挑战，开拓市场，积极提高企业核心竞争力，增强企业的科技创新能力，加大新产品的开发力度，加快产品结构调整，扩大产品的应用领域，提高产品的技术含量，扩大企业的市场占有率。主营业务向相关产业延伸，积极开拓国外市场，使企业转型升级能力进一步加强。润滑液压产品的订货量较 2018 年大幅增长，生产量较 2018 年有所增加，其生产量较 2018 年增长 18.73%，销售量较 2018 年增长 21.80%，各类润滑产品较上年均有一定幅度的增长，保证了润滑液压设备行业的健康长期发展。润滑液压行业生产规模超亿元的企业有 7 家，其销售收入总计 197 138 万元，占整个行业销售收入 269 425 万元的 73.17%，工业总产值总计 199 380 万元，占整个行业工业总产值 275 633 万元的 72.33%。2019 年润滑液压行业生产集中度较 2018 年有一定程度的提高。2019 年润滑液压设备行业销售收入超亿元企业见表 3。

表 3　2019 年润滑液压设备行业销售收入超亿元企业

序号	企业名称	销售收入（万元）
1	四川川润液压润滑设备有限公司	63 108
2	常州市华立液压润滑设备有限公司	42 000
3	南通市南方润滑液压设备有限公司	26 600
4	启东润滑设备有限公司	19 500
5	江苏南方润滑股份有限公司	18 850
6	新乡市胜达过滤净化技术有限公司	16 080
7	黄山工业泵制造有限公司	11 000
合计		197 138

润滑液压设备进出口 2019 年，由于国际市场整体疲软，润滑液压设备行业随主机配套的出口量略有增加，零部件出口有所下降，总体出口量同比增长 4.77%，进口额同比增长 1.21%。2019 年度进出口额呈现逆差。2019 年润滑液压设备进出情况见表 4。

表 4 2019 年润滑液压设备进出口情况

产品名称	进口量		进口额（万美元）	产品名称	出口量		出口额（万美元）
	单位	数量			单位	数量	
过滤器、净油机	件	175	181.3	稀油站	套	86	753.6
冷却器	台	56	122.7	液压系统	套	14	126.8
润滑泵	台	157	182.6	干油系统	套	38	33.5
控制阀	台	2 688	554.7	冷却器	台	48	34.7
仪器仪表	套	12 285	827.7	润滑泵	台	113	31.1
				其他	件	7 036	139.3
合计		15 361	1 869.0	合计		7 335	1 119.0

基本建设和技术改造 2019 年，润滑液压设备生产企业依据企业自身发展、产品发展和行业发展的情况，纷纷加大了基本建设和技术改造投入。2019 年润滑液压设备行业固定资产投资情况见表 5。

表 5 2019 年润滑液压设备行业固定资产投资情况 （单位：万元）

企业名称	固定资产投资	其中：基本建设投资	其中：技术更新改造投资
启东润滑设备有限公司	8 000	8 000	
常州市华立液压润滑设备有限公司	1 500	1 000	500
启东中冶润滑设备有限公司	3 000	2 200	800
新乡胜达过滤净化技术有限公司	460		460
黄山工业泵制造有限公司	150		150
陕西中润液压设备有限公司	350		350
海林柯液压技术（北京）有限责任公司	500	200	300
江苏南方润滑股份有限公司	972	824	148
合计	14 932	12 224	2 708

〔撰稿人：中国重型机械工业协会润滑液压设备分会徐郁琳 审稿人：中国重型机械工业协会润滑液压设备分会郝尚清〕

企业篇

2019 年重型机械行业主要企业运行情况，重点企业经营理念、文化建设及发展规划

Business operations of major enterprises in the heavy machinery industry in 2019 and business philosophies, cultural development and development planning of important enterprises

企业篇

企业介绍

国机重型装备集团股份有限公司

2019年，国机重型装备集团股份有限公司（简称国机重装）积极应对各种风险挑战，坚持稳中求进，以习近平新时代中国特色社会主义思想为指导，树牢“四个意识”，坚定“四个自信”，坚决做到“两个维护”，持续推动深化改革，着力提升运营质量，继续保持稳中向好发展势头。

一、生产经营情况

2019年，国机重装实现营业收入92.6亿元，同比下降2.7%；实现利润总额6.4亿元，同比增长4%。其中，装备制造业务收入同比下降11%，出产机器产品9.2万t，与上年持平。冶金设备产量同比增长27%；大型铸锻件产量同比增长46%；钢液产量同比增长12%；锻件产量同比增长7%；铸件产量同比增长16%。

国机重装发挥极限制造技术优势，承接了一批有影响力的重大技术装备订单，提升了国机重装在国内外市场的影响力。在成台（套）方面，签订的唐山瑞丰1 580mm热轧高水平生产线，填补了公司在1 380mm规格热连轧产品上的业绩空白，为今后国内新建类似规格的生产线起到较强的示范作用；与普锐特签订的PTA-ESP2100mm热轧设备属公司首次承接ESP合作制造项目，对公司今后在ESP项目的国产化设计及国内市场开发上有重要的技术储备作用。在铸锻件方面，成功签订F级燃气轮机压气机锻件合同，成为国内目前唯一具备大型燃气轮机全套锻件供应能力的企业；承制的长龙山转子中心体，是践行习近平总书记“绿水青山就是金山银山”绿色发展理念的长龙山项目中最核心的部件，代表当今世界抽水蓄能电站的极限制造水平，属世界顶级项目，国内首次制造。在核电方面，成功签订东方重机ACPR50S蒸发器和主泵泵壳锻件，实现已招标的小堆主设备锻件全部中标，为后续小堆项目的市场拓展打下了坚实基础；昌江3/4号机组堆内构件锻件项目的成功签订，实现了公司核岛锻件全覆盖目标，增强了公司在核电领域的影响力。在石化容器方面，已实现交付的中化泉州项目获用户“特殊贡献奖”；新签订的盛虹项目实现了5批次22台设备全部中标，是公司在单一千万吨大炼油项目上中标设备种类最多、数量最多、金额最大的项目。其中，2 600吨级蜡油反应器创公司同类产品重量之最，极大提高了公司超大、超重型反应器的业绩。2019年主要业务类别产量见表1。

表1　2019年主要业务类别产量

业务类别	产量（万t）	增幅（%）
冶金成套设备及备件	5.08	12.98
清洁能源发电设备	1.81	13.14
重型石油化工容器	1.05	-51.55
锻压及其他设备	1.29	41.59
合计	9.23	0.61

二、重大技术装备研制

传统产品领域技术升级稳步推进、新产品市场开拓效果明显。成台套装备板块按照“集成服务+运营”的发展思路，积极开展关键设备及集成工艺技术研究。高端大型铸锻件板块按照“高端极限+批量化”的发展思路，重点研发燃气轮机铸锻件、常规岛汽轮机焊接转子、超超临界高中压转子锻件等高端产品，加快矿卡铸件、铰链梁锻件批量化铸锻件等市场开拓。核电设备板块按照“产品全覆盖+后处理开拓”的发展思路，重点开发反应堆压力容器和高放废料/乏燃料后处理特种设备。稳压器产品研发已通过专家评审鉴定并已具备订货条件。石化装备板块按照“稳固技术+市场外拓”的发展思路，重点对高端换热器等新兴领域进行拓展，研制开发的高端换热器计划于2019年年底进行产品鉴定，并具备了市场推广条件；积极开发高含硫气田开采用撬装装置市场，2019年实现订货额4 800万元。

2019年，装备制造业务“300MW级超纯净钢压气机轮盘锻件试制”“二重装备产业园区建设项目”等14个项目获得批复，争取到国拨项目资金5 717万元。二重装备获得国家科技创新示范企业称号；年度申请国家专利65项，其中发明25项，实用新型40项，获得国家专利授权57项，其中发明12项，实用新型45项，年度专利申请量和授权量均创历史新高。“复杂孔系大型球体原位制造中主动测量与精准引导关键技术”“620℃超超临界火电机组大型关键铸件研制及产业化”分别获得四川省科技进步奖二等奖和三等奖。

三、新兴产业发展

近年来，公司在做好传统产业转型升级的同时，积极布局新兴产业，重点关注和跟进近、中期国家高端装备制造领域“10 个领域，4 个方向”的发展，以及全球新一轮科技革命和产业变革，聚焦海洋工程装备、先进化工成套装备、储能与分布式能源装备、节能环保设备、电力设备、军民融合及能源开发装备等领域，在储能、粉煤热解、环保产业等方面取得进展。

2019 年，飞轮储能装置研制进展顺利，继 100kW UPS 飞轮储能装置通过中国机械联组织的产品鉴定后，200kW UPS 飞轮储能装置在 10 月通过了第三方检验机构检验及中国机械联组织的产品鉴定，并同步推进 UPS 飞轮储能相关行业标准和国家标准草案的制定，目前正积极跟踪用户信息。同时，飞轮储能装置被工业和信息化部纳入《绿色数据中心先进适用技术产品目录（2019 年版）》和《首台（套）重大技术装备推广应用指导目录（2019 年版）》。

开发的年产 60 万 t 粉煤热解项目已成功运行，并获得 2019 年中国好设计奖银奖。目前正在进行 120 万 t 粉煤热解项目的设计开发。大型粉煤热解回转反应炉也入选《首台（套）重大技术装备推广应用指导目录（2019 年版）》。

油气污染物处理装备研制项目完成了设备空负荷试车，正全力推进试验场地建设。垃圾熔融裂解处理装备研制项目完成了设备研制，正在示范现场进行安装。

高放废液玻璃固化容器研制项目完成了容器试制件试制等工作，签订了冷装试验用玻璃固化罐的供货合同，获得了国家科研项目支持，这是国机重装也是国机集团承担的首个核退役治理科研项目。同时，公司紧跟乏燃料后处理特种装备发展方向，开展了乏燃料运输容器、超级压缩机等关键设备的市场调研和研发，为开拓乏燃料后处理特种装备领域奠定了基础。

四、质量管控

总部三标管理体系顺利通过首年度外部监督审核，基本形成了有效的系统管控格局。各企业质量风险管控总体有效，质量提升系列活动持续开展。

装备制造业务以持续打好“锻件内部质量提升、成台产品外包质量控制、容器焊接质量提升”三大攻坚战为工作重点，创新质量管理思路，不断强化体系建设和质量监督，顺利实现年度质量目标。全年无重大责任质量事故；责任废品损失率低于 0.35% 的控制目标；实物质量专项提升项目完成率为 100%，质量管理专项提升项目完成率为 100%，均达到预定目标；成台套联检一次合格率为 99.88%，外包（协作）产品入厂验收合格率为 98.7%，均高于 98% 的控制目标；各项公司级取（换）证工作一次通过。

五、重点投资项目

2019 年，公司重点项目投资围绕新兴产业开发、装备制造瓶颈和节能环保方面的改造，成效显现。飞轮储能装置智能工厂建设项目评审、决策、报批和 EPC 总包招标工作完成，于 7 月 1 日破土动工，计划 2020 年建成投产，形成年产 1 000 套飞轮储能装置的生产能力。推进实施了小件线转型升级、炼钢废渣翻渣作业场改造等项目，实现了锻造操作机、电渣重熔炉、筒节轧机等项目的投产，对提升企业效率、降低成本起到重要作用。

一批技改投资项目的建成投产。750t · m 操作机的投产，实现了操作机与 160MN 水压机联动操作，锻造效率提高 15%，材料利用率提高 4.66%，锻件表观质量大幅提升。125t 大型电渣重熔炉的建成，实现了核电主管道、Cr12、H13 为代表的大吨位电渣重熔锭国产化，解决了二重装备高端锻件材料研发“卡脖子”的难题和国家“有与无”的问题。7 500t 筒节轧机的投入使用，使筒节的锻造直径提升到了 8 000mm，钢液节约率达到 13%，对降低大型锻件筒节的制造成本，提升制造能力和质量，进军加氢石化市场具有突出的促进作用。铸造厂小件线转型升级投资项目的造型线已进入小批量试生产阶段，初步形成了年产 1 万 t 铸件产品的批量生产能力。

〔撰稿人：国机重装经营发展部杨毓银　审稿人：国机重装经营发展部倪德重〕

太原重型机械集团有限公司

2019 年，面对稳中有变的经济形势，太原重型机械集团有限公司（简称太重集团）坚持“再接再厉，改革创新”这条主线，大力推进体制机制创新和产品结构调整，总体保持了稳定发展的态势。太重集团紧跟市场发展趋势，及时进行产品结构调整和转型，在保持重型机械行业传统优势的同时，积极向轨道交通、新能源装备、工程机械、海洋工程装备等领域延伸，不断增强公司的竞争能力。2019 年太重集团完成工业总产值 117 亿元，工业销售产值 109 亿元，实现营业收入 125.5 亿，产品出口额为 1.75 亿美元。

一、企业发展情况

1. 改革改制情况

太重集团深入贯彻国有企业改革精神，编制了《落实 2019 年山西省深化国资国企改革 42 项重点工作任务分解表》，制订下发了“深化改革、提升运行质量任务责任清单”，扎实稳健推进各项改革工作，有效地促进了公司“转机制、增活力、提效益”。

在公司治理方面，外部董事进驻企业并发挥作用，企业法人治理结构逐步完善，董事会运作更加规范高效；同时，贯彻落实山西省属企业监察体制改革精神，成立了山西省监委驻太重集团监察专员办公室，实现了对所有行使公权力的公职人员监察全覆盖；进一步完善了经销项目经理责任制、合同终身负责制、重大新产品承包责任制等制度，以效益为中心的激励与约束机制逐步建立；以机企作为试点，签订了《任期经营业绩考核目标责任书》。

在厂办大集体改革方面，太重集团所属46家厂办大集体企业分户改革方案均已确定，11家完成注销手续，人员安置率达95.4%。

在剥离企业办社会职能方面，太重集团本部道路及照明、环卫、绿化全部完成移交，太重煤机“三供一业”移交正按太原市统一进度推进，太重榆液晋中、长治地区基本完成。公司积极配合有关部门开展退休人员社会化管理移交工作，并入选太原市试点企业，助力广大退休人员搭上政策红利快车，共享改革发展成果。

在分类改革方面，按照年初制定下发的《下属子公司分类改革意见》，有序推进了各项分类改革工作，太重派尔等11家已取得明显进展。在“压减”方面，华北重矿等3家企业进入清算或退出程序。

在混合所有制改革方面，太重集团与国机集团签署了战略合作协议，为双方下一步合作奠定了坚实基础；太重榆液增资扩股方案经山西省国资委批准，已在产权交易中心挂牌。

2. 生产发展情况

2019年，在国内外风险挑战明显上升的背景下，我国经济保持了稳中向好的发展态势，但“三期叠加”影响持续深化，经济下行压力加大。重型机械行业市场需求虽有所好转，但复苏缓慢，资金压力非常突出。

一年来，太重集团以习近平新时代中国特色社会主义思想为指导，深入贯彻落实党的十九大精神和习近平总书记视察山西重要讲话精神，在省委、省政府的正确领导下，以开展“不忘初心，牢记使命”主题教育活动为契机，坚定高质量发展理念，紧紧围绕“提质增效”这一主题，锐意进取、攻坚克难。通过创新驱动推动产品结构调整，通过深化改革激发企业活力，通过“三降一清”畅通资金循环，通过资本运作降低企业负债，通过扩大出口拓展市场空间，有力推动了公司高质量发展。2019年太重集团主要产品类别总产值见表1。2019年太重集团主要产品产量见表2。

表1　2019年太重集团主要产品类别总产值

产品类别	总产值（万元）
钢压延加工	11 368.4
金属压力容器制造	41 068.0
金属表面处理及热处理加工	125.1
黑色金属铸造	14 884.9
金属成型机床制造	69 793.9
生产专用起重机制造	107 004.7
液压动力机械及元件制造	52 030.5
烘炉、熔炉及电炉制造	50 000.0
矿山机械制造	234 883.0
深海石油钻探设备制造	5 258.0
冶金专用设备制造	65 859.2
窄轨机车车辆制造	348 006.0
发电机及发电机组制造	50 238.4

表2　2019年太重集团主要产品产量

产品名称	单位	产量
粗钢	t	56 383
起重机	t	30 538
减速机	台	636
铸钢件	t	10 003
锻件	t	16 048
矿山专用设备	t	53 852
炼焦设备	t	25 682
金属轧制设备	t	18 609
铁路机车车辆配件及零件	t	184 809
发电机组、内燃发电机组及旋转式变流机	kW	66 000

3. 市场经营及销售情况

2019年太重集团实现产品销售收入124.6亿元，产品出口额为1.75亿美元。公司客户主要为冶金、矿山、电力、铁路等企业，经过长期的合作，建立了一批以国内著名大型企业为主体的优质客户群。公司一贯重视国际化发展，先后在中国香港和印度成立公司，收购德国CEC起重机工程与咨询有限公司，产品已出口到50多个国家和地区；利用“一带一路”倡议发展机遇，设立哈萨克斯坦、印度尼西亚和土耳其3个海外公司，为下一步国际化开拓奠定了坚实基础。

出口订货方面，公司积极应对中美贸易摩擦、国际金融动荡等不利因素影响，轨道交通设备全年出口订货额同比增长10%，在俄罗斯及相关市场实现订货5.2亿元，矿山设备分公司与俄罗斯金属投资签订2台35m^{3}挖掘机，滨海化工设备分公司硝酸吸收塔在俄罗斯市场实现突破，锻造分公司在西门子、歌美飒风机主轴上实现持续出口，为公司国际市场的巩固和开拓作出了积极贡献。2019年太重集团分类业务营业收入见表3。

表3　2019年太重集团分类业务营业收入

业务名称	营业收入（亿元）
轧锻设备	11.01
起重机设备	9.73
挖掘焦化设备	10.44
火车轮轴及轮对	32.58
油膜轴承	1.98
铸锻件	2.45
齿轮传动机械	3.18
煤化工设备	3.61
煤矿机械产品	27.84
风电设备	1.72
液压元件及系统	4.82
矿山、煤炭等贸易业务	7.77
合计	124.60

4. 科技成果及新产品情况

2019 年，太重集团获得科技奖 9 项，“单机百万千瓦级水电站 1 300t 桥式起重机研制”项目获山西省科技进步奖一等奖；“低风速长叶片双馈风力发电机组关键技术研究与应用”项目获山西省科技进步奖二等奖；“30t 轴重重载辗钢车轮产品开发及应用”项目获山西省科技进步奖二等奖，同时荣获中国机械工业科学技术奖二等奖；“时速 350km 中国标准动车组轮轴关键制造技术”项目获中国机械工业科学技术奖二等奖；“大型水电站新型桥式起重机研制”项目获中国机械工业科学技术奖二等奖；“硅钙合金中硅钙元素高效系统测定技术”项目获山西省技术发明奖三等奖；“基于板型反馈的智能化中厚板辊式冷矫直机研制”项目获中国机械工业科技奖三等奖；“超大起升高度桥式起重机的研制”项目获山西省科技进步奖三等奖。2019 年企业重大科技成果及获省市以上科技（进步）奖项目见表 4。

表 4　2019 年企业重大科技成果及获省市以上科技（进步）奖项目

序号	项目名称	完成时间	主要性能参数及技术内容	成果水平评价	负责单位参与单位
1	单机百万千瓦级水电站 1 300t 桥式起重机研制	2015	主要性能参数：最大起重量 1 300t，跨度 30m，最大起升高度 38m，起升速度 0.4～8m/min（起重量≤ 50t），0.4 ～ 4m/min（起重量＞ 50 ～ 160t），0.15 ～ 3m/min（起重量≥ 160 ～ 400t），0.15 ～ 1.5m/min（起重量≥ 400t），运行速度 2.2 ～ 22m/min。 技术内容：该设备是目前世界上起重量最大的单吊点桥式起重机。创新提出了承载三主梁铰接端梁桥架、主副两小车各自独立运行、钢丝绳多层双折线缠绕的超大型桥机总体方案。首次研发了多卷筒双折线多层缠绕起升机构，建立了导向环的轨迹数学模型，研发了基于新型导向环轨迹模型的双折线多层缠绕技术，研制了锻焊组合式超大型铰横梁。开发了大型桥式起重机数字样机，实现了超大型桥式起重机的虚拟制造与虚拟装配，降低了研发成本，提升了设计质量。研发了超大型起重机智能控制系统，实现了传动系统位能回馈及精准定位、自动纠偏、安全监控、主动维护等功能，提升了整机自动化、信息化水平及安全可靠性、维护便捷性	达到国际先进水平	太原重工股份有限公司
2	基于板型反馈的智能化中厚板辊式冷矫直机研制	2016	主要性能参数：矫直机型式：四重九辊，液压辊缝调节；工作方式：往复矫直（可逆）；最大矫直力：26 000kN。 技术内容：通过高强度中厚板冷矫直机结构优化、矫直数学模型优化、构建平直度、残余应力约束模型，开发了平直度和残余应力双重约束智能控制系统。该系统利用数据库知识储备，结合板型和力能反馈，利用建 Hessen 矩阵和逆矩阵变尺度 BFGS 算法，根据来料情况和过程反馈，实时调整矫直工艺参数（压下量、辊系倾动量、弯辊量、矫直速度与各辊转矩等），提高加工精度、可靠性，用于替代技术操作工人，快速适应，实现高效、优质矫直。具有控制精度高、运行稳定可靠等特点	达到国际先进水平	太原重工股份有限公司，北京冶自欧博科技发展有限公司
3	时速 350km 中国标准动车组轮轴关键制造技术	2015	主要性能参数：轮辋拉伸 ReH ≥ 580MPa；Rm：900 ～ 1 050MPa；A5 ≥ 13%；断面硬度：255 ～ 300HB；表面硬度：255 ～ 310HB。车轴强度 Rm：680 ～ 850MPa；ReH ≥ 450MPa；A ≥ 18%。车轴韧性（纵向）+20℃ KU2 （J）Min ≥ 35，Avg ≥ 50。 技术内容：该项目创建了适宜我国多地域、多气候环境下的高铁轮轴技术体系，制定的技术标准国际领先。研发了高铁轮轴新材料的冶炼控制技术，实现了材料高纯净、夹杂物弥散细化和韧性化控制。发明了高安全性、高可靠性要求下的轮轴制造技术，研制的高铁轮轴产品国际先进	填补了国内空白，性能指标均达到国外同类产品水平，强度、韧性和磨耗等技术指标优于国外产品	太原重工轨道交通设备有限公司，中国铁道科学研究院金属及化学研究所，山西太钢不锈钢股份有限公司
4	30t 轴重重载辗钢车轮产品开发及应用	2014	主要性能参数：CL70 钢车轮性能 ReH ≥ 650MPa；Rm ≥ 1 050MPa；A ≥ 10%；Z ≥ 14%；断面硬度≥ 300HB；表面硬度≥ 320HB；+20℃ KU2 ≥ 18J。 技术内容简介：该项目提出机械载荷 + 热负荷车轮设计综合评价方法，成功设计出 ϕ915mm 的 S 型低应力结构 30t 轴重车轮；开发了多元微合金化 CL70 钢成分体系；开发了高纯净、低碳偏析和夹杂物改性冶炼控制技术，材料成分一致性、纯净度大幅提高，夹杂物形态明显改善；开发了大变形量、高精尺寸控制辗压工艺技术，材料利用率由 66% 提高到 73%；首创了变水量控冷速淬火技术，车轮截面硬度均匀性≤ 15HB。研制的车轮综合性能大幅提升，在塑韧性指标相当的前提下，硬度平均提高 47HB，强度提高 168MPa，产品耐磨性提升 20% 以上，抗接触疲劳剥离性能提升 11.7%，提升了产品运用安全性	国际先进水平	太原重工轨道交通设备有限公司，山西太钢不锈钢股份有限公司，中车青岛四方车辆研究所有限公司，中国铁道科学研究院集团有限公司金属及化学研究所

（续）

序号	项目名称	完成时间	主要性能参数及技术内容	成果水平评价	负责单位参与单位
6	低风速长叶片双馈风力发电机组关键技术研究与应用	2018	主要性能参数：风轮直径116m，叶片根部接口2 110mm，主传动系统效率≥93%（双馈），载荷控制策略：基于风速评估的实时载荷跟踪控制技术＋独自变桨技术。 技术内容：该项目提出了适应我国低风速风资源特点的长叶片双馈风力发电机组技术路线，研发了提升低风速区风向紊乱风能利用率控制技术，研发了实时载荷跟踪及降载控制技术，建立了复杂变载荷作用下关键零部件可靠度评估模型，开发了具备完全自主知识产权的2MW/110/116/120/131、2.5MW/122/133/140、3MW/140、3.X MW/133/146/155系列低风速风电机组，解决了低风速长叶片风电机组发电量提升与载荷增大、可靠性降低、成本上升的矛盾，显著提高了低风速区风资源利用率，使具备开发价值的风速由6m/s下探到4.8m/s，有效支持了我国低风速风能开发，整机技术指标达到国际先进水平	国际先进水平	太原重工股份有限公司，大连理工大学，太原科技大学
7	硅钙合金中硅钙元素高效系统测定技术	2016	主要性能参数：称取试样：一次称取试样；钙试验预先处理：碱熔法；硅钙溶解效果：溶样彻底；测定终点：突变明显；环保性：减少了对检验人员、环境的污染；钙元素测定范围20%～70%；硅元素测定范围＞30.00%；测定效果：钙回收率98.9%～100.9%，硅99.5%～100.4%；硅含量平均偏差0.15%；钙含量平均偏差0.21%；分析周期1天。 技术内容：该项目属于冶炼原材料硅钙合金测定技术领域，涉及硅钙合金中硅钙元素含量系统测定法，采用碱熔法，溶解试样彻底，简化了分析程序，减少了污染。该项目建立了一种新型的高效系统测定法，能够很好地掩蔽各种杂质，滴定法滴定终点突变明显，解决了传统方法测定结果偏离大等问题，分析效果准确、可靠，有较好的准确度和精密度		太原重工股份有限公司
8	超大起升高度桥式起重机的研制	2014	主要性能参数：起重量20t；起升高度240m、280m；起升速度1～12m/min；小车运行速度0.5～5m/min；起重机跨度14.4m；工作级别A5。 技术内容：该项目发明了一种具有双向对称布置的多套驱动起升机构布置型式以及双联多层缠绕折线卷筒，既解决了在整个起升高度范围内±1mm超高精度定位的难题，又极大地降低了起重机高度和宽度尺寸，解决了安装空间狭小难题；首次在两套起升卷筒中采用共用两根钢丝绳缠绕技术，极大地提高了起重机工作的安全性和使用性能；首次采用起升机械悬停锁定装置与联合控制系统保证了长期悬挂重物的稳定性和安全性；研制出一种平面四连杆新型吊具，解决了超大起升高度起重机吊具平衡难题	整体性能达到国内先进水平，部分性能达到国际领先水平	太原重工股份有限公司

完成新产品开发67项，新产品试制39项。550t铸造起重机出口印度；8MW/182型海上风力发电机组完成设计开发，3.X MW系列风机完成设计认证开始试制，变桨系统完成自主开发；160km/h和谐D3D客运机车轮通过首检，250km/h“复兴号”动车组齿轮箱完成型式试验；1 900kJ液压打桩锤投入使用，3 600kJ液压打桩锤完成施工设计；4 600t风电安装船进行了船级社认证，进入建造阶段；7.5m顶装焦炉成套设备完成设计开发，焦炉设备完成清洁除尘设备开发。

公司依托具体项目开展主机产品智能化研究，共3项，分别为：无缝钢管热连轧生产线智能制造系统、立恒钢铁焦炉成套设备智能化操作系统、单臂堆料机多机构协调控制及故障自诊断系统。

5. 产品质量及标准工作情况

质量考核指标顺利完成。2019年，各单位产品监督抽查合格率≥98%，监督抽查合格率为99.38%；冶铸钢轮钢锭试制废品率为0.97%；风机轴探伤合格率达100%；废品损失率为0.35%；外部质量损失率为0.01%。各子、分公司结合产品特征和实际情况分别建立了与质量相关的绩效指标体系，通过对各项指标完成情况进行监测，所有质量考核指标全部实现预期目标。

大力开展质量改进活动。组织开展工艺质量攻关劳动竞赛，对于按期完成并取得较好效果的项目进行了奖励。针对产品在设计、工艺、制造及使用过程中出现的问题，制定质量改进计划并逐项落实，产品改进效果明显，主要包括冶铸CL-60钢轮钢锭质量改进、挖掘机履带板热处理工艺改进、TZ1900液压打桩锤悬挂系统的改进、TZL750全地面起重机车架的设计改进、电气屏柜工艺的改进等。

公司积极开展标准制（修）订工作，完成了19项国家标准、57项公司标准的制（修）订，全年组织重点技术标准宣贯3次。《冶金起重机技术条件》系列标准获得了山西省首届标准创新贡献奖一等奖。太重集团荣获太原市万柏林区推进标准化改革荣誉单位。

6. 技术改造情况

2019 年，太重集团续建了风电装备智能化产业园建设项目，土建工程厂房、办公楼、园区道路、厂房工艺管线基本完工，园区建设进入到了设备安装、调试阶段，全年投资完成 2.93 亿元。

公司优化了内部资源配置，实施了多项内部资源整合项目，完成了原锻压厂厂房、风电厂房改造，工程机械搬迁投产，全年完成投资 2 787 万元。焦化厂厂房改造项目完成，计划 2020 年 8 月完成搬迁，全年完成投资 626 万元。

公司重点实施了大型喷漆房、包装储运新购运输车辆、冶铸燃气锅炉改造、锅炉烟囱改造、木模粉尘治理等一大批环保类改造项目。组织实施了西四路西段、三焊东侧、成品库出入口道路改造工程，完成公司煤场拆除工作以及公共区域修缮工作，完成西四路能源管线的入地改造工作，改善了厂内环境。

太重集团持续深入开展能耗指标考核和节能工作检查评价，各用能单位节能管理体系持续完善，主要用能单位进一步细化了能耗定额考核奖罚，有效地促进了节能管理水平不断提升。2019 年产品单耗目标为 226.83kg/t 标准煤，实际完成 161.44 kg/t 标准煤，降低能耗 28.8%，比 2018 年的 181.27kg/t 标准煤下降 10.9%，实现单位产品产量节能量 13 188t 标准煤。

7. 对外合作情况

太重集团与韩国洁宜特株式会社在车载式脱硫脱硝一体化旋风布袋除尘器关键核心技术方面，继续开展合作。双方以现有除烟降尘理论及炉口集尘技术为基础，以模拟计算为前提，以现场检验为标准，建立焦炉出焦过程烟尘综合治理基础理论体系，完成焦炉机侧出焦烟尘的车载脱硫脱硝一体化除尘器研制，实现机侧烟尘无逸散，排放烟尘达到或高于环保标准，同时达到或高于氮氧化物及硫化物的环保要求，对国内外整个焦炉产业的烟尘治理起到工程示范作用。

太重新能源与英国 Garrad Hassan and Partners Ltd（简称 GH）在 3.6MW 机型上开展国际技术合作。通过技术合作，太重集团可以掌握 3.6MW 机组总体设计、载荷计算、电气控制等各方面的核心技术。随着陆上风电机组机型向大型化发展，3.6MW 风力发电机组将替代 2MW 和 2.5MW，逐步成为陆上风电主力机型。

二、企业发展存在的主要问题

（1）经过持续深入转型，太重集团已形成较为稳定的产品格局，但转型产品尚未对公司效益规模形成重要支撑，传统产品拓展工业服务市场深度不足，需进一步优化资源配置，聚焦核心能力建设。

（2）公司已初步搭建起全球化营销网络布局，生产、研发、销售、资本运作全面迈出了国际化步伐，但国际化整体协同性不足，需要进一步明确重点主攻市场及拓展方案。

（3）公司采用分公司模拟子公司运行的管控方式，有效提升了分公司的自主性和积极性，但集团化管控体系尚未完全建立，需进一步增强集团化管控能力，强化战略执行力。

〔撰稿人：太原重型机械集团有限公司张江伟　审核人：太原重型机械集团有限公司陈鹏〕

大连重工·起重集团有限公司

2019 年，大连重工·起重集团有限公司（简称大连重工）深入学习贯彻习近平新时代中国特色社会主义思想，充分发挥党委领导核心和政治核心作用，严格落实董事会确定的目标任务，攻坚克难、砥砺奋进，超额完成年度经营目标，推动高质量发展取得明显成效。全年销售收入超过 72 亿元，同比增长 10%，新增收入同比增长 16.5%，企业规模继 2017 年筑底企稳、2018 年小幅上涨后，2019 年实现了较大幅度增长；产品质量和服务水平得到有效改进，满足顾客需求的能力明显增强；经营现金净流入持续增加，重大国际贸易仲裁项目取得胜利，经营风险得到有效控制，运行质量明显改善；主导产品智能、环保高端升级步伐加快，存量市场、“三新”市场快速增长，产品结构、市场结构调整稳步推进，新发展动能加速集聚。企业“稳中有进”“稳中向好”经营态势进一步呈现。

一、改革改制情况

优化阶梯式管控评价，突出重奖励强约束，经营单位“自我生存、自我发展”主体责任得到较好落实，运行质量均有不同程度改善。制定政策引导员工立足岗位积极创效。积极推进精益管理，由浅到深、由显性到隐性推进运行质量改善，以限期“销号”方式开展问题账款、暂停项目等 8 个专项清理，加速存货周转，最大化减少计提和资金占用。开展工艺整顿、规范和提升专项行动，推进精益工艺管理体系建设和技术革新，完成 201 个典型工艺问题整改，产品制造效率和质量得到有效提升。加强公司市值管理。深化投资者关系管理，聘请具有资源优势的中介咨询机构，推行“承销式”投资者关系管理，不断探索新路径。规范信息披露，加强重大事项管控，规范关联交易和债务重组业务管理，提升公司治理水平；依法合规向资本市场传递重要信息，公司信息披露工作获最高级别“A 级”评价。

二、生产发展情况

2019 年，大连重工实现工业总产值 977 833 万元，工业销售产值 1 063 485 万元，工业增加值 158 302 元。2019 年大连重工工业总产值及主要产品产量完成情况见表 1。

表 1　2019 年大连重工工业总产值及主要产品产量完成情况

序号	产品类别	工业总产值（万元）	产量	
			按台计	按吨计
1	起重机械	74 505	180	30 368
2	装卸机械	81 409	282	34 604
3	港口机械	56 678	45	38 620
4	冶金机械	218 119	327	93 422
5	风电设备	111 372		61 204
6	船用设备	19 903		10 370
7	工程机械	332		208
8	工矿配件	233 404		51 481
9	其他	182 161		7 115

2019 年，大连重工强化生产计划编制的科学性和执行严肃性，大力提升履约保障能力，宝钢马迹山卸船机、迁安九江翻车机等 209 项重点产品高效出产。起重机公司创下 160t 铸造起重机 70 天完工的最短制造纪录，得到顾客充分肯定。加速产品销售，强化系统协调联动，发挥高管的牵头推动作用，专项下达安装现场和报商未销售限期清理指令，最大化释放销售资源，印度 JSW 卸船机、内蒙古黑猫焦炉机械等难点项目顺利实现销售。

三、市场经营及销售情况

2019 年各类产品营业收入见表 2。

表 2　2019 年各类产品营业收入

序号	产品类别	营业收入（万元）
1	冶金机械	182 469.32
2	装卸机械	89 122.08
3	港口机械	55 379.81
4	起重机械	60 228.98
5	综合类机械	144 631.24
6	船用设备	19 881.80
7	数控切割设备	1 372.73
8	配件	132 786.45
9	其他	35 167.11
10	合计	721 039.52

2019 年大连重工实现出口订货额 3.05 亿美元，持续保持增长。加快向发达国家市场进军，成功签订瑞士地中海航运集团岸桥、澳大利亚 FMG 堆取料机等高端项目；加快向高附加值领域进军，圆满交付澳大利亚首个赤铁尾矿综合利用成套设备。“三新”市场拓展稳步推进，订货额同比增长 31.1%，其中智能化产品订货额同比增长 57%，环保产品订货额同比增长 20%。新拓展国内风电行业排名前十位的高端顾客 4 家；控制系统成功进入服务领域市场，开辟新增长点。存量市场拓展效果明显，订货额同比增长 21.7%，其中技术改造订货额同比增长 132.6%，后服务订货额同比增长 8.7%。安装业务存量市场订货额占自身订货总额的 92%；港机产品存量市场订货额同比增长 130.5%。

四、科技成果及新产品情况

大连重工紧跟市场需求，加速推进传统产品高端升级和新产品研发，为企业长远发展积蓄新动能。

1. 主导产品优势稳步提升

在智能化方面，获专利授权 15 项、著作权授权 4 项；“有人值守、无人操作”焦炉机械成功引领行业发展趋势，7m 以上智能焦炉设备市场占有率达 95%；智能框架平板运输车通过宝钢验收，成功实现批量供货；国内首台智能铸造起重机成功投入使用；中标国内首个全域智能化料场运营系统项目，引领行业发展趋势；依托卸船机单机智能化控制技术，成功承揽 3 600t/h“无人化”连续卸船机。在轻量化方面，加速推进模块化、参数化设计，通桥起重机实现定制产品和标准产品分别减重 25% 和 40%；加速推进结构优化设计，取料机平均减重 10%，为提升产品竞争力奠定技术基础。在节能升级方面，节能型铬铁冶炼工艺技术实现综合能耗降低 11%。

2. 新产品研发取得积极成果

在提升型新产品方面，研制成功世界首套铁路集装箱敞车两用翻车机，牢牢占据市场领头羊位置；国内首套容量最大的 8～10MW 海上风机铸件成功出产，大型海上风电核心铸件制造能力达到世界领先水平。在环保型新产品方面，国内首台 3 000t/h 全门架式刮板取料机产成发运，进一步抢占大型环保料场设备高端市场；首个焦化废水提升改造项目通过验收，主要性能指标优于国家标准。

3. 技术优化改进不断深入

科技计划管理得到强化，计划编制强调远近兼顾，成果评价突出价值导向，70 余个项目达到预期研发目标。设计优化不断加强，大力提升驾驶室、电气室人性化设计水平，顾客使用体验明显提升；部分港机产品推行主辅同步设计，设计效率提升 20%，差错率降低 6%；2MW 和 3MW 系列风电齿轮箱平台零部件通用率达到 70%。设计质量持续提升，坚持技术人员深入产品现场，开展设计“顽症”专项攻关，港机臂架俯仰机构应力集中等 17 项典型设计问题得到有效解决。

2019 年，大连重工共荣获市级以上科技奖励 5 项，其中，中国机械工业科学技术奖 2 项、辽宁省科技进步奖 1 项、大连市科技进步奖 1 项。2019 年企业重大科技成果及获得省市以上科技（进步）奖项目见表 3。

表 3　2019 年企业重大科技成果及获得省市以上科技（进步）奖项目

序号	项目名称	主要性能参数及技术内容	成果水平评价	完成时间	负责（参与）单位
1	AP1000 核电站环行起重机	AP1000 环行起重机是当前世界上最先进、最安全的三代百万千瓦核电技术——AP1000 核电站十大核心设备之一，位于核岛反应堆厂房上部，主要吊运核主泵、蒸汽发生器、压力容器、堆内构件等核级设备，属于安全性最高的起重设备。 大连重工作为国家发展改革委确定的三代核电关键设备研制基地，依托国家核电重大专项课题，突破并掌握了 AP1000 环行起重机国产化研制核心技术，成功研制出国内首台 AP1000 环行起重机，形成了自主知识产权，达到国际先进水平，打破了国外技术垄断。同时获得专利授权 4 项（发明 3 项），主持制定国家标准 1 项	填补了国内空白，主要性能指标达到国际先进水平，荣获 2019 年中国机械工业科技进步奖二等奖	2015 年	大连华锐重工集团股份有限公司
2	12 700t/h 装船机	12 700t/h 矿石装船机用于澳大利亚 Roy Hill 铁矿项目，最大能力 15 300t/h，年装船矿石 5 500 万 t，是世界上最高效的超大型港口散料装船设备（此前世界上最高效装船机的能力为 4 500 万 t/a）。 该装船机采用最严苛的澳大利亚散料装卸设备规范，引入风险评估与 HAZOP、RAMBO 评估等先进设计理念和方法。以人的安全为第一宗旨，研制了设有载人司机室上部整体俯仰双冗余安全结构系统；研发了 5.5 ～ 7.0m/s 超高变速臂架带式输送机系统，利用带式输送机高速抛料以解决固定长度臂架在有限回转范围内同时满足装载最小 7 万 t 和最大 32 万 t 船型的难题，整机轻，可节能降耗 10%；开发了等寿命、可整体快速更换的模块化设计方法，保证装船机在 95% 的日历时间内高效工作，可靠度高于 98%。该装船机具有超大型、安全性高、环保、高效、可维护性好等特点，整体技术水平达到国际领先	中科合创（北京）科技成果评价中心组织的专家组的评价为：该产品综合性能指标达到国际先进水平，填补了国内空白。荣获 2019 年中国机械工业科学技术奖二等奖和 2019 年辽宁省科技进步奖三等奖	2015 年	大连华锐重工集团股份有限公司
3	运载火箭活动发射平台脐带塔	该项目成功研制了新一代运载火箭活动发射平台脐带塔，用于承载目前中国推力最大的长五、长七运载火箭发射。首次实现了火箭从测试场地直接转场到发射阵地且所有连接状态不变直接加注发射，形成了垂直总装、垂直测试、垂直转场的“新三垂”发射模式，优化了运载火箭发射测试流程，缩短了发射阵地测试时间，提升了发射场发射能力，标志着我国运载火箭活动发射平台技术水平得到跨越式发展。 主要技术指标：高 63.75m，底部最大截面积 5 500mm×7 000mm，顶部尺寸 2 500mm×4 800mm；直线度公差 20mm；垂直度公差 15mm	该成果填补了该形式脐带塔国内空白，综合性能达到国际先进水平，并荣获 2019 年大连市科技进步奖二等奖	2016 年	大连华锐重工集团股份有限公司 北京航天发射技术研究所
4	DBK14500. 50 型堆料机	设备额定能力 14 500t/h，总长 132m，是目前国内外最大的堆料设备，能力远超国际现役最大堆料设备能力（12 000t/h）。采用国际公认最严格的 AS 标准，首创性开发了多项国际创新技术，取得 6 项专利，真正实现自主创新。该设备通过国际第三方独立机构审核，并取得用户认证以及在澳大利亚市场的运行许可。 该设备不设驾驶室，可实现 24h 无人化不间断自动运行，可靠性和可利用率分别达到 98% 和 95%。采用 2D 和 3D 料堆扫描成像技术、各类检测（包括激光和微波）技术、安全保障与可靠运行技术、高精度 GPS 卫星定位技术等手段，可在数千公里外对设备进行运行监控和应急处置。设备的关键部件带振动、温度、压力、拉力等传感器，可预警和故障诊断	技术成果达到国际先进水平，荣获 2019 年大连市科技进步奖三等奖	2015 年	大连华锐重工集团股份有限公司
5	6.78m 捣固装煤推焦 SCP 一体机	该设备是目前焦炉一体机设备规格型号、环保性能和智能化程度的最高水平。通过“车载＋炉体”可实现运行全过程除尘，烟尘捕集率可达 95% 以上。通过智能化系统可以实现焦炉机械“四大车”的有人值守无人操作、车上一键全自动运行，大幅提高了设备的安全性、可靠性、高效性。同时可实现在中控室对各大车进行故障监控、诊断，并实时对操作记录、推焦、装煤、捣固等重要数据进行自动归档，时刻保障设备的正常运行	国际领先	2019 年	大连华锐重工集团股份有限公司

（续）

序号	项目名称	主要性能参数及技术内容	成果水平评价	完成时间	负责（参与）单位
6	48MV·A 全密闭镍铁生产线	采用国际先进的 RKEF 冶炼工艺，单台电炉设计产量较国内市场常规设备提高 50%，能耗降低 5%，各项主要技术指标大幅度优化，成为目前国内新一代容量最大、技术优势明显的标志性镍铁电炉产品	国际先进	2019 年	大连华锐重工集团股份有限公司
7	QLGM 2500.38 型半门式刮板取料机	该设备为国内取料能力最大的半门式刮板取料机，2019 年在用户现场重载取料联动试运行成功。C 形封闭料场比普通条形料场的储料能力更大，环保性更强，与之匹配的半门式刮板取料机在冶金市场前景广阔，填补了国内大型半门式刮板取料机的空白	国际先进	2019 年	大连华锐重工集团股份有限公司

五、产品质量及标准工作情况

贯彻落实“3C+PDCA”质量管理模式，不断通过与自己比、与竞争对手比、与行业标杆比，多维度寻找差距和不足，持续改进提升，践行“一次做对、一次做好、追求极致”的企业质量文化。2019 年，以顾客反映突出的问题为导向，确定并实施了 249 项质量改进措施，有效解决典型问题 61 项。实施重点产品质量动态监管，运用基于风险的思维规避问题发生，提前研判各重点项目的质量风险。强化过程监管，严格执行产品接收准则，确保所有产品制造全过程质量受控、合格放行，多米尼加 55t 岸桥、罗伊山选矿项目等出口产品通过了外方高标准联检。强化质量基础管理，全面实施工序自检，积极推行班组免检，28 个一线班组符合免检条件，2 个班组获大连市“质量信得过”班组称号，2019 年先后荣获大连市市长质量奖和辽宁省省长质量奖金奖。参加辽宁省品牌价值评估，股份公司以品牌强度 909.7 分、品牌价值 40.08 亿元高居机械设备制造类前列。

主持起草的《重型机械通用技术条件　第 2 部分：火焰切割件》《重型机械通用技术条件　第 12 部分：涂装》2 项国家标准发布实施；完成新承担的《臂式斗轮堆取料机形式和基本参数》等 2 项国家标准初稿；完成《臂式斗轮堆取料机》等 2 项行业标准送审稿；同时制修订 21 项企业标准，进一步完善了企业标准化体系。

六、技术改造情况

2019 年，大连重工投资计划根据“四定”原则，按项目制定了详细的月份分解计划，并实行月例会制度，对各投资项目计划进度进行逐一落实，及时纠偏，确保投资计划按期执行。全年固定资产投资 3 666.19 万元。投资项目主要为智能化制造项目、机器设备及信息化管理等项目。其中，新投资的起重机智能焊接生产线，使公司的智能制造水平再上新台阶。

七、对外合作情况

大连重工长期坚持多种核心技术来源，充分借鉴“外脑”开展关键技术研发。特别是在智能化方面，与大连理工大学、大连九州创智、上海应用技术大学等多个高校和企业开展合作，对焦炉智能决策分析系统、卸船机扫描识别系统、堆取料机软件防撞系统等焦炉机械、港口机械和散料机械的智能化核心技术进行合作攻关，取得了较好的技术成果，并对品牌塑造、产品销售和用户满意度起到了有力的助推作用。通过将社会优势资源和集团公司技术创新资源进行有效地整合与互补，为公司技术创新和高质量发展提供强大助力。

〔撰稿人：大连华锐重工集团股份有限公司韩成军　审核人：大连华锐重工集团股份有限公司王晓斌〕

中信重工机械股份有限公司

2019 年，面对内外部风险挑战明显上升的复杂局面，中信重工机械股份有限公司（简称中信重工）以习近平新时代中国特色社会主义思想为指导，全面贯彻党的十九大和十九届二中、三中、四中全会以及中央经济工作会议精神，落实中信集团工作会议要求，以产业经营为核心，以“三大工程”为抓手，聚焦产业提质增效，持续深化改革，坚持对外合作，加快发展智能制造，打造创新驱动新引擎，着力推动党建和经济建设两方面高质量发展，企业整体经营效益取得了阶段性新成果。

一、改革改制情况

中信重工以“改革落实年、科技创新年、效益提升年”为引领，加快推动“三大工程”全面落实。

创新工程方面，围绕做实技术中心，做强矿研院，持续完善技术创新体系，形成自主创新、合作创新、工匠创新的立体创新体系。推出创新课题资金使用、人才配置、容错机制等一系列制度办法。

人才工程方面，实施新型学徒制，制订人才内部流动办法，创新中高管理人员激励机制，激发干事创业积极性。以“晨光计划”和 Mini-MBA 项目为依托，提升中、基层管理人员履职能力。

机制创新方面，发布激励创新、推动高质量发展指导意见及实施细则，推动实施“升级推广类、工程项目创新类、创新孵化类、成果转化类、小事业部类、专项激励类”六种激励机制，进一步激发创新活力和动力。

强化“小总部、强总部”核心职能。调整财务系统机构及业务，强化财务核心职能发挥。调整16家子公司法人、董事、监事和高层管理人员，优化备件技术服务公司组织架构，进一步强化主体责任落实。顺利召开高质量发展研讨会，梳理高质量发展关键改革事项，研究制定“不忘初心、牢记使命”暨高质量发展专项推进计划，全面推进高质量发展。

二、生产发展情况

2019年中信重工实现工业总产值179.65亿元，同比增长17.27%；完成销售总产值176.42亿元，同比增长17.28%。2019年企业各类产品工业总产值见表1。2019年企业主要产品产量按产品分类统计见表2。

表1　2019年企业各类产品工业总产值

产品类别	工业总产值（万元）
黑色金属铸造	719 246
锻件及粉末冶金制品制造	667 824
汽轮机及辅机制造	145 947
齿轮及齿轮减、变速器制造	251 367
机械零部件加工	188 109
特殊作业机器人制造	190 436
矿山机械制造	7 462 696
建筑材料生产专用机械制造	6 392 052
冶金专用设备制造	875 682
发电机及发电机组制造	60 684
电阻电容电感元件制造	65 430
工业自动控制系统装置制造	784 978
其他未列明的制造业	160 627

表2　2019年企业主要产品产量按产品分类统计

产品类别	按台计（台）	按吨计（t）
回转窑	27	19 576.8
大型磨机	98	34 627.5
提升机	67	4 299.2
辊压产品	14	3 518.7
矿辅设备	24	436.4
破碎设备	10	1 292.9
减速机	62	765.0
冶金设备	22	6 560.1
工矿配件	—	60 984.1
工业机器人	314	—

2019年，中信重工多项产品实现高速增长。传统产业提质增效效果明显，全年机器产品产量达13.56万t，同比增长4.21%，稳住了公司高质量发展的基础，有效发挥了“稳定器”“压舱石”的作用；新兴产业蓬勃发展，市场份额持续扩大。总体来说，2019年企业经济运行质量得到进一步改善，发展持续向好。

三、市场经营及销售情况

2019年，中信重工市场营销呈现出主机订货成套化、成套订货国际化、铸锻市场多元化和备件市场扩大化的局面。

批量签订内蒙古华拓矿业、中泰矿业等主机成套项目，实现了从粗碎、中碎、细碎到粉磨的矿业高端装备主机全套和批量订货。签订常州盘固轧石高品质骨料生产线全套主机破碎设备，首次实现公司在骨料行业全流程破碎设备的全套订货。不锈钢、海工、冶金三大领域铸锻件市场增幅明显，签订亚洲贵金属、韩国三洋水泥以及越南和发钢铁等成套项目。在备件批量订货上与澳矿、淡水河谷等大客户继续保持良好合作关系。高速高效汽轮机实现批量订货，逐渐成为支撑节能环保产业发展的拳头产品。

全面加强“一带一路”沿线国家市场开拓，签订塞尔维亚、刚果（金）、巴西淡水河谷、印尼华越等30余台（套）核心主机设备合同，订货结构持续优化，产业链进一步延伸。签订首钢秘铁维保服务合同，首钢秘铁维保基地成为公司海外备件维保基地的标杆。海外机构管理、业绩和经营得到有效改善。

四、科技成果及新产品情况

2019年，公司签订了马城项目3台JKM-5.5×6P Ⅳ提升机合同，填补国内大型提升机空白；国内生产能力最大、具有自主知识产权的“1 200t/d大型活性石灰生产线”总包项目顺利达标达产，该设备被认定为河南省“十大标志性高端装备”；签订了国内最大500t/h全移动履带破碎站的设计合同，其中PXZ42-65旋回破碎机和CCS890单缸圆锥破碎机成功实现厂内试车；公司物联网平台接入设备130多台（套），覆盖六大核心产品，基本实现公司在线运行破碎机的全部数据“上云”，并已接入部分国外同规格破碎机数据。

中信重工持续推进技术创新，掘进装备领域不断推出新产品，主要包括牡丹号地铁盾构机和嵌岩桩钻机等，分别应用于地铁隧道、海洋工程领域。新开发的大直径竖井掘进机，可用于城市井筒式地下车库施工、地铁竖井施工、海绵城市蓄水竖井施工等。关键基础件领域，公司研发的海上风电液压打桩锤可用于海上风电基础施工。工业CT领域，具备年产200台（套）人工智能安检设备、10台（套）工业锥束CT设备的生产能力。开发的高速高效汽轮机主要应用于热电联产方向，可有效提高能源利用率；承担的国家重点研发计划重载机械臂已实现批量订货。

此外，中信重工国家级技术创新示范企业、国家级企业技术中心、国家级重点实验室、国家级工业设计中心、国家级单项冠军示范企业等创新平台及荣誉于 2019 年先后通过国家各部委复核，再次彰显了中信重工技术创新能力及行业龙头地位。

2019 年，公司“全国首批国家双创示范基地项目”“智能化工厂项目”经过专家组评审，顺利通过验收；下属子公司开诚智能装备有限公司牵头申报的国家重点研发计划“智能机器人”重点专项正式起动；“大型矿山粉磨系统智能化关键技术与装备”项目经中国机械工程学会组织鉴定，整体技术水平达到国际先进，部分技术达到国际领先。多项成果获得国家、省、市科技奖项。2019 年企业获得的科技奖项目见表 3。

表 3　2019 年企业获得的科技奖项目

成果名称	所获奖项	等级
大型矿物粉磨系统智能化关键技术及其应用	河南省科技进步奖	一等
大升程水力驱动式垂直升船机核心装备研制与工程应用	河南省科技进步奖	二等
大型高效旋回破碎机关键技术研发与应用	中国机械工业科学技术奖	二等
大型矿山提升设备齿轮传动装置轻量化及降噪技术研究	中国机械工业科学技术奖	三等
高效节能大型棒磨机装备	河南省科技进步奖	三等

五、产品质量及标准工作情况

2019 年，为加强质量风险管理，中信重工实施新的以“质量风险管控”为核心的“155”质量管理体系，通过采用以质量风险管控为核心的方法，对产品质量实现的全过程可能存在的风险采取管控措施，控制或消除不利影响，实现品质提升和持续改进。

2019 年公司制定《大齿轮品质提升推进计划》，组织各单位在对标与研究、冷热工艺优化、强化过程质量控制、加强设备和工艺纪律管理、大齿轮失效分析等方面开展研究工作，取得了一定成效。

六、技术改造情况

2019 年，中信重工完成投资 3.7 亿元。完成的技术改造项目主要包括购置高温热处理炉、除尘改造、车间监控设备更新改造等，有效提高了公司生产加工水平。

七、对外合作情况

2019 年，储变电公司成立，实现当年建设、当年投产、当年交付。公司机器人及智能装备科创园开园投用，青年人才公寓交付使用。中信兴邦先进制造产业基金正式成立。运输公司合资合作正式挂牌。中信重工对外合作的指导意见及实施细则下发，加速推进公司对外合作项目落地，助力公司对外合作开启新篇章。

八、问题及经验总结

2019 年，公司经营状况持续向好，发展步伐明显加快，改革经营亮点频现。但在总结成绩的同时，应该清醒地认识到自身还存在一些问题和不足：一是收入及利润尚未实现大的突破；二是技术创新成果产业化还不足以支撑公司发展；三是各产业发展不均衡；四是体制机制及人才支撑作用发挥不够。

总体研判，公司正处在高质量发展的关键阶段，将面临前所未有的大变局、大机遇。必须要看到公司在面临经济下行压力加大、增速放缓局面的同时，政策红利逐渐释放，传统动能、新动能活力更加彰显，干部员工干事创业的激情得到有效激发。因此，企业要充分发挥深化改革形成的体制机制优势，聚主业、强合作、补短板、防风险、扩规模、提效益，推动公司发展迈上新台阶，奋力开创先进制造业高质量发展新局面。

〔撰稿人：中信重工机械股份有限公司马凌波　审核人：中信重工机械股份有限公司苏伟〕

北方重工集团有限公司

一、改革改制情况

2019 年 4 月 30 日，按照党中央、国务院关于推进东北振兴和深化国企改革的有关精神，在辽宁省委、省政府和沈阳市委、市政府的正确领导和大力推动下，辽宁方大集团积极参与北方重工集团有限公司（简称北方重工）司法重整和混合所有制改革，依法成为企业第一大股东。北方重工由此成为一家由方大集团和金融普通债权人共同持股的混合所有制公司，一举甩掉了沉重的历史包袱和巨额债务负担，进入崭新的发展阶段。

混改后，方大集团为北方重工带来完全市场化的体制机制、雄厚的资本资源优势和全新的经营发展理念。企业产、供、销、技、财架构重建，彻底解决各自为战、管控缺失问题；全面梳理优化工作流程，大力整治各环节“跑冒滴漏”，以刚性要求强化合同执行和项目履约；130 余项规章制度密集出台，不断完善依法依规、公平公正、公开透明的制度体系，持续提升精细化管理水平，实施工作督办制，安排任务件件有落实，干部员工从改革变化中看到了企业发展的希望。

方大集团坚持“党建为魂”的企业文化和“经营企业一定要对政府有利，对企业有利，对职工有利”的价值观，严格按照党的方针政策指导企业发展，并以企业发展成果回报社会和员工。在党建文化的引领下，广大员工既是推动企业改革发展的奋斗者、贡献者，更是最大的受益者，中层以下员工基本工资增长 50%，落实免费工作餐福利、重大节日福利等政策。建立“创造分享、多劳多得、干到给到”的分配激励机制，一大批一线员工实现了月工资收入超过万元。2019年年底，为在岗员工和离退休员工发放现金大红包，激励全员紧密团结、共同努力推动企业发展。一系列举措让广大员工分享到混改带来的实惠，使他们对企业的未来充满了无限憧憬。

二、生产发展情况

2019年，北方重工经历了司法重整和混合所有制改革，企业的生产经营受到了一定影响，全年实现工业总产值16.4亿元，工业销售产值16.2亿元，工业增加值3.6亿元。2019年主要产品产值见表1。

表1　2019年主要产品产值

产品名称	产值（万元）
矿山设备	54 426
冶金设备	15 208
散料设备	53 149
其他通用设备	24 811
汽车零部件	6 514
建材机械	8 343

1. 市场经营及销售情况

2019年，公司实现产品订货额16.95亿元，出口订单金额2.699亿元，出口产品主要集中在散料设备、冶金设备和矿山设备。2019年主要产品订货额见表2。

表2　2019年主要产品订货额

序号	产品类别	订货额（万元）
1	矿山设备	33 300.92
2	冶金球团设备	21 277.61
3	水泥设备	11 637.80
4	电站设备	2 292.11
5	轧钢锻压设备	113.44
6	散料设备	55 205.18
7	隧道工程装备	21 375.21
8	煤炭采掘装备	269.00
9	石油工程装备	12 615.12
10	传动装备	184.09
11	其他	11 276.10
合计		169 546.58

2. 科技成果及新产品情况

2019年，公司根据产品结构及各领域产品未来的市场前景，以“快速进入市场，持续提高效益”为指导思想，开发新产品27项，产品优化升级19项。2019年企业重大科技成果及获省市以上科技（进步）奖项目见表3。

表3　2019年企业重大科技成果及获省市以上科技（进步）奖项目

序号	项目名称	主要性能参数及技术内容简介	成果水平评价	完成时间
1	100t超高功率电炉成套装备	完成100t超高功率电弧炉成套装备开发，包含超高功率电弧炉、废钢水平连续预热加料设备和LF钢包精炼炉，具有连续加料、连续预热、连续冶炼的工艺特点。主要参数：平均出钢量100t；冶炼周期≤40min（全废钢）；冶炼电耗≤340kW·h/t钢液；电极消耗1.2～1.3kg/t钢液；氧气消耗35～40Nm^3/t钢液	技术指标处于国内领先水平	2019.12
2	550m^{2}带式烧结机技术升级	优化产品结构、材质选用、加工及装配要求，并提高烧结机自动化控制水平，实现布料无人值守。 主要参数：原料处理量1 350 t/h；有效烧结长度110 m；台车规格1.5m×5（外扩5.5）m×0.85m；台车装机数量173台；台车运行速度1.5～4.5m/min	技术指标处于国内先进水平	2019.12
3	环冷机密封装置节能改造技术	为降低传统环冷机的运行成本、降低粉尘污染、提高余热回收效率，特开发环冷机密封装置节能改造技术，主要包括环冷机台车动、静密封及轴端密封装置。兼顾老旧环冷机的少量跑偏、防止台车掉轮损坏摩擦板、防止轴端密封积料、长效的弹性补偿机构等。 主要参数：动密封板厚度≥16mm；静密封板厚度≥20mm；漏风率10%～20%；密封摩擦板使用寿命2年以上；装机功率降低10%～20%	技术指标处于国内先进水平	2019.12
4	直径4.5m全断面半煤岩巷道掘进机开发研制	主要性能参数：开挖直径4.53 m；总装机功率2000 kV·A；驱动装机功率1 000 kW；刀盘转速0～8.95 r/min；额定转矩1 996 kN·m @4.79 r/min；最大推力9 180 kN @34.5 MPa；掘进行程1 100 mm；掘进速度100 mm/min。 主要技术内容：研发了独特的主梁结构；实现掘进和锚网支护同时进行，提高了掘进效率；研发了换步机构，解决了巷道底板破碎时台车下陷的问题；采用分块模块化设计，可实现快速拆装运输条件要求	实现我国煤矿岩巷掘进机在大埋深、长距离、松散破碎半煤岩巷道施工方面的新突破，在国际范围内为煤矿半煤岩巷道的开挖掘进开发了新的施工设备，开创了新的施工工法，提高施工效率6～10倍，填补国际空白	2019.12

（续）

序号	项目名称	主要性能参数及技术内容简介	成果水平评价	完成时间
5	滦平伟源矿业1417旋回破碎机半移动破碎站	1417旋回破碎机用半移动破碎站替代传统水泥基础。主体结构采用螺栓连接，具有可拆卸、可移动功能。破碎站重710t，满足3 000t/h处理量要求，双侧栈桥给料，单侧满足150t自卸车使用	填补国内空白	2019.8
6	九州矿业PXF 5065旋回破碎机	处理量：2 760t/h；给料口宽度：1 270mm；排矿口宽度：150mm；最大给料粒度：1 100mm；动锥直径：1 651mm；动锥行程：40mm；动锥摆动次数：181次/min；电动机功率：400kW；电动机转速：591r/min	国内先进	2019.3

3. 产品质量及标准工作情况

2019年，公司开展了供方业绩评价，完善了供应商管理。最终通过评价的供应商有662家；针对制造过程出现的不合格和顾客现场反馈信息，共制定了15项纠正措施，提高产品实物质量；跟踪过程质量，实施重点项目质量监控；加强质量责任追查，加大质量考核力度。2019年，公司产品内外部质量故障损失率为0.12%，产品一次交检合格率99.38%，顾客满意度96.5。公司顺利通过了宝钢股份设备资材备件供应商现场审核。

2019年，北方重工主持起草了《重型机械通用技术条件　第13部分：包装》《全断面隧道掘进机　泥水平衡盾构机》2项国家标准，参与起草了《全断面隧道掘进机　单护盾－土压平衡双模式掘进机》国家标准；制定的《敞开式岩石隧道掘进机　专用技术条件》企业标准，达到国内先进水平，填补了国内空白；制定PC预制构件生产线设备企业标准2项，填补了国内空白；修订了《全断面隧道掘进机刀盘　通用技术条件》《全断面隧道掘进机刀盘　通用技术条件》2项企业标准。

4. 技术改造情况

2019年，北方重工共计实施10项技改项目。其中，已完成7项，投资金额1 857.48万元；3项结转至2020年执行，计划投资285.64万元。在节能减排方面，2019年公司光伏发电总量为8 776 952kW·h。2019年北方重工已完技术改造项目及其效果见表4。

表4　2019年北方重工已完技术改造项目及其效果

序号	已完成项目	完成后效果
1	设计研发总公司、工艺研究部和质量保障部计算机软件硬件升级项目	提高设计效率，对现有资源进行合理配置，降低技术成本
2	钢筋弯曲机	提高企业产品所用螺栓的自制率，减少采购资金占用
3	中频炉	
4	缩径机	
5	汽车转向系统能力提升项目	提高产品自制率，降低产品加工成本，提升企业竞争力
6	绝对激光跟踪仪及绝对关节臂测量机采购	提高产品的检验精度，保障产品按质交付
7	烧结机台车及类似箱体件柔性制造加工能力提升改造	提高台车的加工效率，保证产品的交付及时率

三、企业发展存在的主要问题

（1）高层次人才不足，尤其缺乏高端研发和跨专业复合型人才，人力资源结构需进一步优化。

（2）传统产品亟需升级换代，提高产品市场竞争力。

（3）新产品市场突破进度缓慢。

（4）产品售后服务质量、服务人员素质等方面存在薄弱环节。

〔撰稿人：北方重工集团有限公司祁建　审核人：北方重工集团有限公司王首斌〕

中国重型机械有限公司

一、企业发展情况

1. 改革改制情况

中国重型机械有限公司（简称中国重机）成立于1980年9月，隶属国机重型装备集团股份有限公司，是以工程总承包、带资运营、贸易和服务为主营业务的工程总承包综合服务企业。2011年12月30日完成改制工作。

2. 生产发展情况

截至2019年年底，中国重机全年实现营业收入302 227万元，经济增加值（EVA）20 151万元。

2019年，中国重机紧跟国家战略，大力开拓国内市场，不断提升 BOT 运营水平，持续强化项目管理，抢抓机遇，砥砺奋进，在逆势中实现了经营的持续强劲增长，经营业绩再创新高，全面超额完成考核指标，实现利润总额 4.78 亿元。

3. 市场经营及销售情况

2019 年，中国重机继续加大市场开发力度，围绕“一带一路”倡议，积极开拓传统市场，跟踪新市场，不断调整优化布局。

（1）市场签约取得收获。中国重机在新兴市场伊拉克签订了苏莱曼尼亚日产 6 000t 熟料水泥生产线项目 EPC 合同；签订了塔铝冰晶石、氟化铝工厂项目系列运维合同。中国重机利用在柬埔寨市场的品牌优势，继续深度开发柬埔寨电力市场，签订了重柴油/天然气双燃料电厂项目 EPC 合同。该项目建成以后，将极大地缓解柬埔寨首都金边电力供应紧张的局面。

（2）合同生效稳步推进。2019 年孟加拉阿曼立磨粉磨站扩建工程顺利生效，重柴油/天然气双燃料电厂项目 EPC 合同顺利生效。此外，中国重机还积极推进签约合同生效，推进柬埔寨 500kV 主网及域网输变电 EPC 工程项目合同、柬埔寨农村电网扩建七期项目合同、印度尼西亚东加里曼丹煤炭加工运输及专用码头等项目合同生效。

（3）积极开拓国内市场。大力开拓国内市场，在国内市场签订了北海铁山港起重机项目合同。

（4）项目执行进展顺利。2019 年中国重机正在执行的老挝南俄 4 水电站项目、柬埔寨 200MW 重柴油/天然气双燃料电厂项目、柬埔寨东环一期项目、柬埔寨东环二期项目、孟加拉七环达卡粉磨站项目、孟加拉顺承吉大港粉磨站项目、香港顺承集团迪拜矿渣粉磨站项目、埃塞年产 15 万 t 棒线材轧钢项目等总体进展顺利。

（5）持续开展出口贸易。2019 年，中国重机克服环保压力，全力以赴，积极应对，克服困难，全年向意大利、韩国等国家出口铸件 4 600t。

4. 产品质量及标准工作情况

2019 年，中国重机柬埔寨农网五六期项目提前竣工，老挝 230kV 纳邦一南俄 1- 欣赫输变电项目获得履约证书，塔铝冰晶石、氟化铝和硫酸工厂项目通过塔吉克斯坦国家验收，巴基斯坦 500kV 输电线路项目顺利通过质保期。

5. 技术改造情况

中国重机建立了环境管理体系，制定实施了节能减排工作管理暂行办法、办公楼管理办法和公务用车管理暂行办法，分别对节能减排的管理机构和人员职责、对办公楼用电管理和公务用车使用管理做出了明确规定，保障了公司节能减排工作的正常进行。以节能宣传周等活动为契机开展环境保护、节能减排相关宣传活动，增强职工的环保意识。各工程项目按照体系要求，对环境因素进行辨识、评价，并采取相应控制措施，结合项目实际情况编制应急预案并按规定进行备案和演练。

2019 年中国重机未发生环境污染事故，废水、废气、废渣、噪声均达标排放，符合国家法规规定。2019 年中国重机节能、环保资金投入 16.81 万元，投资建设的柬埔寨达岱水电站项目实现碳减排 60 余万吨。2019 年万元营业收入能耗（可比价）0.000 3t 标准煤 /万元，优于 0.000 541t 标准煤 /万元的年度节能减排工作考核目标值。2019 年能源消费总量为 0.009 1 万 t 标准煤，比 2018 年增加 6%，主要原因是新办公楼 M 层和 13 层投入使用增加了用电量；2019 年经营用车消耗汽油 13.67t，比 2018 年减少 5.5%。

6. 对外合作情况

2019 年，中国重机集中优势资源，完善团队建设，强化项目管理，促生效，强执行，使海外工程承包业务呈现了较好的发展势头，全年合同签约额达到 25.88 亿元。

在业务拓展方面，继续巩固传统市场，响应“一带一路”倡议，充分利用公司的品牌优势，深度开发，取得新进展。签约了柬埔寨 200MW 急建重油电厂 EPC 项目，并实现当年生效；开拓了伊拉克新兴市场，签署了伊拉克苏莱曼尼亚日产 6 000t 水泥熟料生产线项目。在促进项目生效的工作中，推进了柬埔寨孟加拉 AMAN 立磨粉磨站扩建工程的生效。

二、企业发展存在的主要问题

1. 成熟的国际市场仍然偏少

中国重机在柬埔寨和老挝这两个传统市场实现了“区域滚动”发展。但柬埔寨市场的容量有限，老挝市场目前已有几个合同在手，从化解风险的角度，为了中国重机持续健康稳定发展，在巩固老市场的同时，要更加注重新市场的开拓。

2. 项目储备不多，人员配置需要加强

中国重机的项目储备不多，发展后劲不足。下一步将加强市场开发力度，加大市场开发工作。

随着中国重机业务的快速发展，人才配置不能完全满足经营发展需要，缺乏市场开发的领军人才和项目执行的骨干人才。中国重机要继续加大工作力度，做好人才培养，尤其做好对年轻人的培养使用，在工作中压担子，在实际岗位上增强锻炼，让优秀人才脱颖而出。

〔撰稿人：中国重型机械有限公司郭春玲〕

中国重型机械研究院股份公司

一、总体发展情况

中国重型机械研究院股份公司（简称中国重型院）创建于 1956 年，1999 年转制为科技型企业，加入中国机械工业集团有限公司（简称国机集团）。2018 年 3 月，按照国务院国资委、国机集团安排，中国重型院加入国机重型装备集团股份有限公司（简称国机重装）。公司主营业务涵盖钢铁、有色金属冶炼、二次精炼、连续铸造、板（带箔）管（棒）型材轧制、精整处理、金属锻造/挤压、拉伸塑性成形、工业烟气净化回收、页岩油开采与油气输送等所需各种大型、高端工艺装备研发设计、成套和工程承包，并承担规划、信息、质检和工程监理等行业技术工作。

2019 年，面对复杂的市场经济形势和激烈的市场竞争，中国重型院认真贯彻落实国机重装年度工作会等系列会议精神，科学谋划，锐意进取，以党建工作为指引，健全科研创新体系，努力开拓国际国内市场，强化风险管控，不断夯实管理基础，提高管理效率，各项工作稳中有进、持续健康发展。2019 年中国重型院被国家发改委等五部门认定为“国家企业技术中心”；被工信部认定为“国家技术创新示范企业”；荣获陕西省“创新方法应用优秀单位”荣誉称号。此外，中国重型院还分别荣获国机集团 2019 年度工会先进集体、国机重装 2019 年度财务信息管理先进单位、西安市经开区 2018 年度“突出贡献企业”等荣誉。

2019 年，为了使业务更加顺畅，有利于人力资源的充分利用，有利于员工自身更好地发展，有利于公司管理，中国重型院对 5 个部门进行了机构整合，对新整合部门重新进行职能职责划分和业务定位。设立信息中心、机械传动与基础件研究所，战略规划和冶金行业标准职能划归科技工作部管理。

二、市场经营情况

2019 年，中国重型院突出战略引领，强化创新驱动，创新供应商管理模式，推进与国机集团“科工贸”协同，实施大营销策略，在行业需求下降和市场竞争加剧的形势下全力开拓市场，经营情况总体运行平稳。全年签订出口项目 13 项，投产成套项目 64 项。

各专业经营稳中有进。2019 年中国重型院加大对国有企业用户市场的开拓力度，炼钢、连铸、轧钢专业在国企大型项目竞标中均有斩获，全年大型成套装备签约项目共 10 项。在巩固传统优势专业的基础上，深耕有色金属领域市场，在产品转型升级过程中迈出了坚实的一步。

1. 大型成套装备签约

中国重型院以争取大型成套装备签约为市场经营核心，2019 年先后与广西盛隆、河钢集团、本钢集团、忠旺（营口）高精铝业有限公司、佛山市三水凤铝铝业有限公司等客户签订重大技术装备合同。大型成套装备项目合同额在年度合同总额中的占比近 50%。

2. 重大项目执行和投产情况

2019 年持续强化项目全生命周期管理，加强重大项目执行力度，着力做好项目管理、采购和客户维护，确保项目顺利履约。石家庄钢铁连铸项目，忠旺拉矫清洗机组、薄板横切机组、单机架六辊铝带冷轧项目，宝武铝业拉伸机项目，佛山三水凤铝铝挤压机项目，广西盛隆精炼项目等一系列重大项目进展顺利。

唐山燕钢、潍坊特钢、福建吴航、广西盛龙等多个连铸机项目，安徽楚江新材、江西贵溪奥泰等多个铜轧机项目，山钢日照 3 台 RH 精炼炉项目，山东南山铝业拉伸机项目，营口忠旺挤压机项目，天津忠旺铝带精整机组及圆盘锯项目等一批重大、重点工程项目顺利投产，得到了用户的高度肯定与赞扬。

3. 拓展海外市场情况

中国重型院利用原有海外市场基础，积极跟进新项目，拓展新区域。充分利用集团内各种平台资源，加强同集团内部兄弟单位的海外协同，在沙特炼钢连铸项目与中国重机进行产品海外销售协同，全面参与国机重装柬埔寨钢厂项目的大项目协同，拓展海外销售渠道。积极参加海外重点展会，扩大中国重型院在海外目标市场的影响力。建立海外市场开拓激励机制，着力培养市场开拓人员和项目管理人员，促使海外市场多开花多结果。

4. 技术改造项目完成情况

随着国家环保政策的进一步收紧，制造业向高质量发展，整体扩建和增产能的项目很少，技改项目增多。中国重型院紧抓这一市场机遇，为新余钢铁一钢厂设计、制造、供货、调试的 4# 板坯连铸机结晶器振动装置改造工程成功投产，此铸机原由国外著名公司达涅利提供，振动装置无法满足用户的需求，改造后铸坯表面质量良好，振痕规则清晰，获得用户认可和好评。

西南铝 100MN 多向模锻压机“水改油”项目投产，该设备已服役 40 余年，由于是水压驱动，液压系统泄漏点多，能耗高，设备故障率逐年加大，可靠性降低。改造后不仅恢复了压机的精度，同时在保留水平模锻功能的前提下，增加水平模锻独立和联动控制功能，并重新设计电气控制系统，完全满足目前高效、节能、绿色生产的发展趋势和市场的需求。

湖南衡阳华菱钢管公司 1# 热处理改造钢管淬火机组，是在中国重型院自主研发的内喷 + 外淋 + 半浸式 + 旋转式淬火装置获得很好的市场使用效果后，用户委托我院对其原有设备进行升级改造，改造后机组能较好地提高钢管的淬火效果并减少钢管淬火软带。该机组的成功应用为客户提升产品质量，提高经济效益做出了贡献，同时也巩固了中国重型院在钢管淬火装备研发领域的技术优势。

三、科技创新情况

2019 年，中国重型院获批国家、省市区、集团科技计划项目 15 项；承担国家、行业、地方及国机集团各类科研计划项目 65 项；科技成果获奖 11 项，完成科技成果鉴定 7 项、科技项目验收 5 项。

创新平台建设。金属挤压与锻造装备技术国家重点实验室学术委员会完成换届，选举产生了以院士为主任的第二届学术委员会，审议通过了实验室未来 5 年研究发展规划。2019 年度立项“带钢表面缺陷智能检测关键技术与系统研发”等 3 个开放课题。2019 年获批的“陕西省工业产品质量控制和技术评价实验室”“陕西省大型工业铝型材挤压技术与装备工程技术研究中心”“高端钢板精整生产装备工程技术研究中心”分别通过陕西省科技厅、西安市科技局评估考核。“轻合金工业型材加工装备工程技术研究中心”获陕西省批复建设。

知识产权管理情况。2019 年中国重型院知识产权管理体系通过国家初次认证审核。依据《企业知识产权管理规范》的要求，建立了中国重型院知识产权工作的规范体系，发布了知识产权管理体系文件，梳理了知识产权管理存在的漏洞。加强知识产权创造、运用、管理和保护工作。建立了专利申请预审机制，定期对所拥有专利情况进行评估筛选。全年获授权专利 108 项，其中，发明专利 25 项，外观设计专利 3 项；获得软件著作权 1 项。

新技术新产品研发情况。2019 年中国重型院在解决 “卡脖子”关键核心技术难题方面取得了丰硕成果。自主研发了高品质特殊钢生产成形装备技术、工业铝型材高性能低能耗有效摩擦挤压新工艺及其数控装备以及 LG-40-GHLL 高速铝合金管材冷轧装备，开发了国内首套煤气除尘脱水一体化技术装备、2 000MPa 超高强度线材在线盐浴热处理生产线关键技术，打破了国外垄断，填补了国内空白。

炼钢用大型机械真空泵系统的智能监测与诊断技术，实现了设备远程运行监控、故障诊断和预警与工艺数据采集分析。高钢级大规格钢管淬火核心技术装备，为我国高钢级大规格钢管加工产业技术的发展提供了最先进的装备。LF 精炼炉智能化升级改造项目，是国内首套以智能化为目标的 LF 炉 EPC 项目。浙江久立钢管技术改造项目是“智能制造 2025”和“互联网 +”在钢管冷轧厂的具体实践，实现了产品生产的管理与过程控制高级化。

科技成果获奖。2019 年中国重型院获得各级科技成果奖励共有 11 项。其中：《直弧形板坯连铸设备》（专著）、核用硬铝合金薄壁管材高效精密矫整理论及其工艺装备技术荣获中国机械工业科学技术奖（技术进步类）二等奖；高性能精密工业铝材有效摩擦挤压成形关键技术与装备荣获中国机械工业科学技术奖（技术发明类）二等奖、绿色制造科学技术进步奖二等奖。2019 年重大科技成果及获省部以上科技（进步）奖项目见表 1。

表 1　2019 年重大科技成果及获省部以上科技（进步）奖项目

序号	项目名称	完成时间	主要性能参数及技术内容简介	成果水平评价	负责单位 参与单位
1	直弧形板坯连铸设备（专著）	2017.4	该专著作为国家 2012 智能制造装备发展专项“高品质钢特厚大型板坯连铸生产线”的基础性研究内容，为连铸装备向数字化、智能化发展奠定基础。是一部总结板坯连铸装备最新技术成果的大型原创性专著，完整总结了国内外连续铸钢发展历史，涵盖 11 项理论创新，5 项核心技术创新，以及机械设备、自动化设备等多项理念创新和科技创新。可供连铸理论研究，技术创新，工程设计，生产操作，设备制造、维护和管理等人员，大专院校相关专业的师生与科研人员学习、研究、借鉴和参考	中国机械工业科学技术奖（技术进步类）二等奖	中国重型机械研究院股份公司、湖南中科电气股份有限公司、冶金工业出版社
2	高性能精密工业铝材有效摩擦挤压成形关键技术与装备	2018.1	该项目采用有效摩擦挤压新工艺生产高性能工业铝材，可以改进铝锭坯变形的一致性，提高挤压产品沿长度方向机械和组织性能的均匀性，消除粗晶环，并节省挤压力和能耗。关键技术包括：①研制挤压筒与挤压杆独立数控运动的铝型材有效摩擦挤压新工艺和装备，显著改善了挤压过程中金属流动性，消除了工业铝型材产品粗晶环，提高了产品的组织均匀性；②建立了工业实际中典型铝型材有效摩擦挤压工艺数据库，确保了该工艺装备在工业实际中的推广应用；③提出了挤压筒与挤压杆同向运动的双闭环数控方法，研制出了适用于有效摩擦挤压装备的自动控制策略及其计算机控制系统，实现了有效摩擦挤压力按照工艺要求无级可调	中国机械工业科学技术奖（技术发明类）二等奖、绿色制造科学技术进步奖二等奖 整体技术水平达到国际先进水平，部分技术达到国际领先水平	中国重型机械研究院股份公司、西南铝业（集团）有限责任公司

（续）

序号	项目名称	完成时间	主要性能参数及技术内容简介	成果水平评价	负责单位 参与单位
3	核用硬铝合金薄壁管材高效精密矫整理论及其工艺装备技术	2016.6	该项目的主要创新点为：①矫整理论是对现有管材矫整理论的补充；②建立了以压扁量、管辊接触线性度、反弯辊变动量为主要影响因素的管材高精度矫整数学模型，为管材高精度矫整工艺和设备提供设计依据；③提出了矫整辊形曲线新的设计方法，提高了成品管材直径尺寸的精度。 关键技术还包括：①通过辊端曲线急速收敛技术解决反弯带来的弯曲突变以及管材沿全长周期性直径公差等级突变的问题；②在平均辊距的基础上做经验修正，解决管材沿全长范围内直径公差等级偏差的问题；③开发了矫整辊角度精准调整机构、管端防压扁机构等保障矫整精度的机构	中国机械工业科学技术奖（技术进步类）二等奖 总体技术水平达到国际先进水平	中国重型机械研究院股份公司、核兴航材（天津）科技有限公司
4	大弯曲度圆钢高性能精密矫直工艺装备及其产业化	2017.12	该设备在世界上首次通过多辊矫直机对最大原始弯曲度50mm/m、最大直径250mm的特殊钢圆钢进行快速精密矫直。主要创新技术：①研发了新型组合辊系布置与多道次矫直的新工艺和装备，实现了大弯曲度圆钢的一次高效精密矫直，矫直精度达到0.5mm/m；②优化了反弯量逐步递减的矫直工艺参数，实现了圆钢残余应力的消减，解决了大弯曲度的圆钢矫直残余应力大的难题；③研制出平衡压下螺纹间隙机构、压下预紧装置、液压动态保持恒压力等装置，确保了大弯曲度圆钢精密高性能矫直过程的稳定性和一次成材率	中国机械工业科学技术奖（技术进步类）三等奖 总体技术水平达到国际先进水平	中国重型机械研究院股份公司、马鞍山钢铁股份有限公司、重庆大学、重庆理工大学

四、质量管理及标准化工作

1. 质量管理工作

2019年中国重型院继续抓好质量管理工作，严格落实质量管理体系的运行，首次建立质量评价奖惩机制。为推动质量品牌建设，提高设计、制造及服务质量，设立质量奖，奖励完成质量较高的工程项目。同时严格落实质量、安全、环境责任制，对出现重大质量、安全及环境事故的要进行问责和处罚。

2. 标准化工作

2019年，中国重型院根据全国冶金设备标准化委员会工作安排，积极承担国家标准、行业标准的制（修）订工作。完成2项行业标准的修订，开展了百千万对标达标工作和先进制造业标准化试点等工作。

中国重型院还承担着全国冶金设备标准化技术委员会秘书处工作。2019年按上级主管部门的统一部署，完成了全国冶金设备标准化技术委员会换届工作。秘书处共组织完成19项行业标准的立项准备，11项标准的立项申报，13项国家标准英文版通稿，14项标准的报批。

〔撰稿人：中国重型机械研究院股份公司孟春　审稿人：中国重型机械研究院股份公司 陈峰〕

华电重工股份有限公司

2019年，华电重工股份有限公司（以下简称公司）以“改革创新、固本强基”为主线，以“双百行动”为契机，狠抓市场营销、科技创新、安全质量、项目管理、提质增效、管理提升、党建与党风廉政建设7项重点工作，取得积极成效。

一、生产经营完成情况

2019年，公司系统各单位在“迎挑战、抓机遇、勇担当、善作为”的市场工作思路引领下，积极挖潜增效、开拓进取，超额完成年度市场开拓目标，全年投标306个项目，中标179个项目，中标率达到58.50%。物料输送系统工程业务方面，立足电力行业市场，签订华电新疆吐鲁番、哈密项目以及天津南港项目；从化工、钢铁等非电行业市场寻求机会，签订广西华谊项目、八钢炼铁原料场封闭项目。热能工程业务方面，巩固在国内超超临界机组高温高压管道领域的市场地位，签订神华胜利电厂、深能河源电厂四大管道项目。高端钢结构工程业务方面，签订国内首座大型双曲线钢结构间冷塔项目——哈密电厂主机钢结构间冷塔合同；继续开拓中国华电集团外煤场封闭市场，签订大唐七台河电厂煤场封闭项目。海洋与环境工程方面，与华能集团首次合作，签订华能射阳南区30万kW海上风电施工合同；深化与国家电投的合作关系，签订国家电投滨海南H3#300MW海上风电项目、揭阳神泉EPC总承包合同。在海外业务方面，为华电科工越南沿海二期项目和华电香港公司印尼玻雅电厂项目提供输煤系统、管道系统以及主厂房钢结构等产品及服务，签订中铝几内亚 Boffa 项目，迈出走向非洲的第一步。

2019 年，公司新签合同 101.78 亿元，已中标暂未签订合同 2.75 亿元；实现营业收入 71.76 亿元，同比增长 22.97%；实现利润总额 0.85 亿元，同比增长 17.77%；实现净利润 0.84 亿元，同比增长 43.11%。从具体业务来看，物料输送系统工程业务实现营业收入 22.21 亿元，同比增长 64.19%；热能工程业务实现营业收入 11.12 亿元，同比减少 13.06%；高端钢结构业务实现营业收入 20.79 亿元，同比增长 30.35%；海洋与环境工程业务实现营业收入 16.54 亿元，同比增长 7.72%。

二、科技创新

2019 年公司执行企业科技项目、技术标准共 51 项，其中，中国华电集团重点项目 8 项，中国华电集团技术标准 1 项，中国华电集团一般项目 30 项。2019 年公司结题完成企业科技项目 20 项。

2019 年，公司新增授权专利 103 项，其中，授权发明专利 10 项。截至 2019 年年底，公司及下属子公司拥有专利 533 项，其中，发明专利 91 项，实用新型专利 442 项。

公司荣获 2019 年度中国电力科学技术进步奖 2 项，其中“海上风电超大直径单桩基础施工关键技术与应用”项目获得一等奖。荣获 2019 年中国机械工业科学技术奖 2 项，其中“起重运输与工程机械远程智能维护技术研究与应用”项目获二等奖。

2019 年，公司自主研制的“海上风电 10 米级直径单桩基础施工关键技术与工程应用”“胶带机栈桥标准化、系列化设计”“卧式余热锅炉宽频噪声控制关键技术研究与应用”3 项科技成果通过技术鉴定，整体技术达到国际先进水平。依托华电哈密电厂、曹妃甸煤三期项目等重点项目，推进高大型钢结构空冷塔、无人值守系统等关键技术科技攻关和成果转化。

2019 年，公司主编中国工程建设标准《封闭煤场技术规程》《榫卯连接网格结构技术规程》两项标准，参编《铝合金空间网格结构技术规程》《火力发电厂输油输气管道施工技术规范》两项标准。

2019 年公司与天津大学合作共建天津市海上风电结构与施工装备技术工程中心，控股子公司河南华电金源管道有限公司获批成为“河南省电站管道预制工程技术研究中心”“河南省企业技术中心”。2019 年企业重大科技成果及获省市以上科技（进步）奖项目见表 1。

表 1　2019 年企业重大科技成果及获省市以上科技（进步）奖项目

序号	项目名称	完成时间	主要性能参数及技术内容	成果水平	负责单位、参与单位
1	海上风电 10 米级直径单桩基础施工关键技术与工程应用	2017 年	该项目面向我国海上风电超大直径单桩基础施工全过程的技术挑战和控制难题，聚焦动力沉桩施工中的桩 - 土复杂相互作用及风电单桩基础 - 波浪 - 底流耦合作用，通过建立海上风电超大直径单桩基础沉桩全过程桩 - 土耦合精细模拟理论方法及高含水量淤泥固化的防冲刷方法，实现了动力沉桩全过程垂直度精准控制成套技术、溜桩超前预判与防控技术、单桩基础高效防冲刷技术、复杂海况下沉桩施工船舶性态控制技术等，形成了系统专用施工工法	部分达到国际领先水平，总体上达到了国际先进水平。2019 年中国电力科学技术奖一等奖	华电重工股份有限公司
2	胶带机栈桥标准化、系列化设计	2018 年	该项目在胶带机栈桥风荷载关键参数研究、风荷载计算方法、栈桥结构新型节点、空间曲线胶带机栈桥结构设计软件、胶带机栈桥及风荷载在美国规范体系下的应用等方面取得了应用创新和技术突破	整体技术达到国际先进水平	华电重工股份有限公司
3	卧式余热锅炉宽频噪声控制关键技术研究与应用	2018 年	为解决卧式余热锅炉噪声产生机理、低频噪声钝化、噪声控制设计、验收及运行中存在的噪声问题，有效降低卧式余热锅炉整体噪声水平，该项目对燃气电厂 9E、9F 等大型卧式余热锅炉进行了噪声测试分析，根源上发现噪声传播变化规律，辨识噪声产生原因，突破传统“吻合效应”的技术瓶颈，形成适用性强的卧式余热锅炉噪声控制技术	整体技术达到国际先进水平	华电重工股份有限公司
5	新一代四卷筒抓斗卸船机研发与应用	2015 年	为了满足电厂及港口对卸船机高效、节能、环保的要求，项目研制的新一代四卷筒抓斗卸船机克服了传统自行小车式、绳索牵引式，以及机械差动行星齿轮式的诸多缺点，采用了四套规格型号完全一致的电动机、变频器、齿轮箱、制动器和卷筒；开发了具有自主知识产权的智能差动控制系统，用现代电气技术取代机械原理，通过可靠精确的电气调速来达到控制目的	2019 年中国机械工业科学技术奖三等奖	华电重工股份有限公司

三、安全生产及质量管理

以落实安全生产责任、创建本质安全型企业为主线，以风险分级管控和本质安全单元建设为抓手，认真开展“安全制度落实年”“安全生产月”“质量月”等活动，积极组织开展多种形式的质量安全环境检查，加强监督，坚守红线，公司质量安全环境态势稳定。组织开展安全监督管理人员培训、安全保证体系人员培训、新员工安全培训以及“三类人员”安全资格培训，提升安全监督和保证体系人员管理能力。建成集“多媒体安全教育 +VR 安全体验 + 实物实操体验”为一体，融合制造子公司、EPC 项目风险管理的安全教育培训基地，提升公司安全生产教育培训工作科学化、规范化水平。制定《质量提升行动实施细则》，从产品、工程建设、服务和设计 4 个方面制定切实可行的质量提升计划，细化任务分工，压实工作责任。荣获 2019 年中电建协电力建设 QC 成果奖 24 项，其中，一等奖 3 项。获得华电科工 QC 成果奖 12 项，其中一等奖 2 项。成立生态环境保护领导小组，明确环境保护主管部门，细化管理职责，加强环境管理力度。通过改进设施、优化工艺，促进生产和环保协调发展。加大环保设施投入，降低主要废气浓度，实现废气达标排放，废水中氨氮、总磷、pH 酸碱度等指标均符合排放要求。公司全资子公司曹妃甸重工被评为河北省新兴战略型企业。

四、项目管理

2019 年，公司加强了横向对标，推广标杆工程、样板工程，打造项目管理品牌，全年收到业主表扬信、感谢信三十余件。加强工程项目投标概算、合同预算、执行预算管理，控制工程项目成本。完善项目管理信息系统成本管理模块，增加销售项目“四算”线上评审流程。加强重大项目投标概算、执行预算评审，严格控制工程建设成本，提高项目履约能力和盈利能力。

五、提质增效工作

制定并实施《2019 年度提质增效工作方案》，把提质增效、增收节支工作与年度目标有机结合，确保关键任务落实到位。成立“两金”压降工作组，实行周例会机制，强化统筹协调，持续跟踪重点项目及专项清理工作进展，提高风险防控意识和防范措施，公司整体两金周转率同比提高 26%，成果显著。成立合规管理委员会，印发《合规管理体系建设实施方案》，逐步将合规管理融入公司内部控制管理、全面风险管理、三体系管理、监察审计管理，形成外部监管与内部约束有机统一并能够自我完善的长效机制。开展重大法律风险排查，成立专项工作组，防范与应对法律风险。

六、“双百行动”方案

自开展“双百行动”以来，公司法人治理结构日趋科学完善，市场化经营机制更加灵活，发展质量得到稳步提升，经营业绩也逆势上扬。公司制定授权事项清单，并据此修订公司《章程》《总经理工作细则》等 30 余项规章制度，完善行权体系建设，确保各项授权“接得住、用得好、行得稳”。重新梳理 48 项“三重一大”事项决策权限清单，明确党委会、总经理办公会、董事会、监事会、股东大会相应权责。根据战略发展需要，优化组织机构设置。规范和完善干部管理，修订《领导人员管理办法》和《绩效管理办法》。简化用人审批流程，修订《招聘管理办法》，加大市场化招聘力度，引入行业专家、国际化人才、博士后等高端人才。建立与利润总额、全员劳动生产率“两挂钩”的工效联动机制，修订《工资总额管理办法》，从“管数”转为“管机制”。加大“两金”指标考核力度、市场营销销售奖励激励力度和“技术创新”指标考核权重，对项目经理实施评级管理，推行项目经营目标责任制。

七、党建及党风廉政建设

2019 年，公司深入学习贯彻习近平新时代中国特色社会主义思想和党的十九届四中全会精神，以理论学习中心组为抓手，以支部主题党日活动为载体，用好“学习强国”平台，持续推进“两学一做”学习教育常态化、制度化；扎实开展“不忘初心、牢记使命”主题教育，把学习教育、调查研究、检视问题、整改落实贯穿主题教育全过程；稳步开展“三清”企业创建，组织反腐倡廉宣传教育月系列活动，促进党员干部明法理、守规矩。

〔撰稿人：华电重工股份有限公司肖立群　审稿人：华电重工股份有限公司袁新勇〕

芜湖起重运输机器股份有限公司

芜湖起重运输机器股份有限公司（简称芜湖起重）的前身是原国营芜湖起重运输机器厂，创建于 1956 年，是原国家机械工业部定点生产散装物料输送机械和起重设备的专业厂家，多年来，公司从小到大，从弱到强，一直专业致力于散装物料搬运事业的发展，为我国基础工业装备制造做出了积极贡献。公司的产品主要有斗式提升机、螺旋输送机、带式输送机、链式输送机、板式给料机、单（双）梁桥式起重机 6 大类，24 个系列，150 余种规格。“奇威”品牌产品在市场上有较高知名度和竞争力。

2005 年 6 月芜湖起重改制为民营股份制企业，公司的发展掀开了崭新的一页。2006 年公司按照芜湖市政府“退市进园”的要求，在三山经济开发区官河路征地 120 亩（1 亩 ≈ 666.6m^2），新建 4 个标准厂房、一幢三层办公大楼、一幢五层综合大楼，总建筑面积达 9 万 m^2，并于 2010 年整体搬迁至新厂址。芜湖起重现有员工 160 多人，具有大专以上学历的各类专业技术人员 40 多人，其中，高级职称 8 人，中级职称 10 余人。公司通过不断改进产品质量，掌握核心技术，现已拥有 50 多项专利，其中，授权发明专利 1 项，10 项发明专利进入实审阶段。2009 年芜湖起重被认定为安徽省高新技术企业，公司技术中心被认定为安徽省省级企业技术中心和安徽省输送机械工程技术研究中心。公司先后主持起草了 JB/T 7679—2008《螺旋输送机》

和 JB/T 3926—2014《垂直斗式提升机》，参与起草了 JB/T 3666—2015《吊式圆盘给料机》3 个行业标准。

2006 年公司取得质量管理体系认证证书。2007 年以来“奇威”牌板链斗式提升机等 3 款产品获“安徽省名牌产品”荣誉称号。2009 年以来公司“TDS 系列钢丝胶带斗式提升机”等 8 款产品被认定为安徽省高新技术产品，“NES1000 板链斗式提升机”等 4 款产品通过安徽科学技术研究成果认证，2010 年获安徽省产学研联合示范企业证书，2012 年通过环境管理体系、职业健康管理体系、质量管理体系三合一认证。2014 年公司通过“安全生产标准化三级”体系认证。2014 年 8 月 14 日芜湖起重在全国中小企业股份转让系统正式挂牌（证券名称：芜起股份，证券代码：831042）。2015 年公司被芜湖市科技局列为“科技小巨人培育企业”，2015 年公司荣获“安徽省创新型试点企业”荣誉称号。2016 年，由公司承担的“智能环保型 FU 链式输送机”被芜湖市科技局列为“2016 年度芜湖市科技计划项目”，并获得“安徽省质量奖”荣誉称号，2016 年获得“安徽省两化融合示范企业”荣誉称号，荣获“2017 年安徽省省级两化融合管理体系贯标试点企业”荣誉称号，2017 年入选“芜湖市第五批 5111 产业创新团队”。2018 年 10 月，通过工信部“两化融合贯标体系”认证，同时，获得“安徽省知识产权管理规范贯标试点企业”荣誉称号，2019 年 6 月公司承担的安徽省科技攻关计划项目“高效公铁联运智能门式起重机关键技术研究及产业化”顺利通过安徽省科技厅组织的专家验收。公司通过挂牌新三板，进一步提高了企业规范治理水平和企业形象，更加有利于市场拓展，汇集优秀人才，为公司“创一流品牌，建百年芜起”的愿景奠定了坚实的基础。2019 年企业重大科技成果及获省市以上科技（进步）奖项目见表 1。

表 1 2019 年企业重大科技成果及获省市以上科技（进步）奖项目

序号	项目名称	完成时间	主要性能参数及技术内容	成果水平评价	负责单位参与单位
1	高效公铁联运智能门式起重机关键技术研究及产业化	2019.6	在结构设计上改变了传动机构的形式，减轻了装卸门机和吊具的自重，采用门机结构设计形式，整个起重机的结构紧凑，运行平稳，自重减轻，大大降低了起重机运行费用，提高了起重机的整机品质和运行性能，符合现场的施工要求，跨度 18.06m，高度 6m 以上	国内领先水平	芜湖起重运输机器股份有限公司
2	DT Ⅱ 1200 带式输送机	2019.8	带式输送机的输送带连接成封闭环形，用张紧装置将它们张紧，在电动机的驱动下，靠输送带与驱动滚筒之间的摩擦力，使输送带连续运转，从而达到将货载由装载端运到卸载端的目的。装机功率 2×500kW，运输能力 3 000t/h 以上，最大输送带宽度 1.2m，带速 3.15m/s 以上，最大输送长度 10 km	国内领先水平	芜湖起重运输机器股份有限公司
3	TDS500 斗式提升机	2019.8	采用挖取式进料、离心式卸料的方式，广泛应用于建材、化工、钢铁等行业的物料输送系统中。具有输送量大，提升高度高，运行平稳，使用寿命长等特点。装机功率四级 30kW，最大提升高度 100m，最大输送量 400m^3/h，运行速度 100m/min	国内领先水平	芜湖起重运输机器股份有限公司

〔供稿单位：芜湖起重运输机器股份有限公司〕

凯澄起重机械有限公司

凯澄起重机械有限公司（简称凯澄）是一家中外合资企业。公司占地面积 255 亩（1 亩 ≈ 666.6m^2），总投资 4 500 万美元，拥有员工 500 多名，主要从事电动葫芦、起重机及其出口零部件的制造、加工及销售。

一、生产发展情况

2019 年通过狠抓内部管理，加强与供应商的合作，并与公安部门、市场监督、新闻媒体等部门联手打击假冒产品，进一步开拓国内、国外两个市场，使公司的各项指标稳步上升，超额完成各项经营指标。2019 年凯澄完成工业总产值 38 290 万元，同比增长 2.6%；完成工业销售产值 38 605 万元，同比增长 9.1%。2019 年主要产品产量、产值完成情况见表 1。

表 1 2019 年主要产品产量、产值完成情况

序号	产品	产量单位	产量	工业总产值（万元）
1	电动葫芦（含核电）	台	32 076	32 088
2	起重机（含核电）	台 / 套	367	1 824
3	电机	台	8 186	1 405
4	出口环链葫芦零件	万件	367	1 343
5	其他			1 998
	合计			38 290

二、市场经营及销售情况

凯澄牌钢丝绳电动葫芦在国内起重行业享有很高的声誉，客户遍布钢铁、汽车、电力、新能源、机械、电子等行业。电动葫芦销售实行代理制，在江苏、浙江、上海、广东、福建、山东、河南、北京、河北、辽宁等省（市）设有销售服务网点，并出口到印度、印度尼西亚、泰国和越南等国家及拉美地区。凯澄牌起重机国内客户主要为中高档制造型企业，重点为钢铁、汽车、新能源、机械、电子等行业，特别为国内大型电子屏生产企业开发生产了无尘起重机。

凯澄为国内多家核电站提供40t以下轻小型起重设备，客户有中核集团（福清、田湾、方家山、秦山、昌江等核电站）、中广核集团（阳江、宁德、红沿河、防城港、台山、陆丰等核电站）。目前国内采用三代核电技术“华龙一号”的两家核电站所采用的轻小型起重机均由公司提供。

GM电机及机械零件出口到开道公司日本总部。新开发的欧式电动葫芦RY电动葫芦主要出口日本、美国、东南亚、巴西等国家和地区。2019年主要产品销售情况见表2。

表2　2019年主要产品销售情况

序号	产品名称	数量单位	销售量	销售额（万元）
1	电动葫芦（含核电）	台	32 575	33 426
2	起重机（含核电）	台／套	1 620	1 997
3	电机	台	7 790	1 503
4	出口环链葫芦零件	万件	362	1 480
5	其他			1 936
	合计			40 342

三、科技成果及新产品情况

1. 开发设计RY（中国销售型）10t电动葫芦

公司秉着“更加轻巧、绿色环保、安全可靠、智能化、价格适中”等设计理念开发了RY（中国销售型）3～5t电动葫芦，2019年在此基础上开发了起重量更大的RY（中国销售型）10t电动葫芦，实现了RY型电动葫芦的系列化设计。RY型电动葫芦的主要特点：①整体结构设计更加合理，采用低净空型结构，外观轻巧、自重轻，在比较低矮的厂房也能适用，可以降低新建厂房建造成本；②主要技术参数高于市场现有的主要产品，工作级别高，达到M5，防护等级达到IP54，绝缘等级F级。产品种类包括功能简单可靠的单速型和性能更加优异的变频双速型两种。产品使用寿命更长，可靠性更高，能够满足各种使用场合；③清洁生产，节能环保。从设计、生产、包装、运输等各个环节贯彻环保要求、节能理念。

2. 完成了5～32t欧式葫双起重机端梁结构（车轮组）的模块化设计

通过对5～32t欧式葫双起重机端梁结构（车轮组）的模块化设计改进，为起重机产品逐步实现标准化、通用化积累了技术数据。小车结构优化为刚柔结合的三梁小车架结构，降低了小车高度，避免小车车轮“三条腿”、车轮打滑、啃轨现象；大车车轮采用月牙形车轮组，方便安装与更换；桥架采用偏轨箱形梁，主梁与端梁用可拆卸式螺栓联接。起重机自重轻、结构轻巧、体积小、成组性好、轮压小、经济耐用。

3. 常规产品的设计改进和升级换代

通过新材料新工艺（如尼龙件、高强度钢丝绳等）的应用，在保证产品性能和安全可靠性的前提下有效地控制了生产成本。

4. 2019年获取“电动葫芦的钢丝绳下滑量报警装置”等15项实用新型专利。

四、产品质量及标准化工作情况

2019年企业产品质量稳中有升，通过质量保证体系的有效运转，保证产品质量的稳步提高。通过提高工艺、设备水平，保证了零部件的制造质量。特别是自动化设备的投入，如5t箱体、箱盖自动加工设备等，采用机器人装、卸料，既提高了生产效率，降低了工人的劳动强度，同时确保了零部件的一致性。2019年接受了江苏省电机产品质量监督检验中心对电机的专项监督抽查，抽查结果合格。

五、技术改造情况

为保证产品质量，降低劳动强度，提高生产效能，保证绿色环保，2019年公司共完成设备技改项目12项，包括RY电动葫芦生产技改项目7项、自动化设备改造项目1项、老设备更新项目3项和环保技改项目1项。

其中，5t箱体、箱盖自动线项目使得工件从毛坯到成品完成，只需要在料仓区域上下料一次，大大降低了工人的劳动强度、减少了作业次数和物料周转次数，实现了无人值守自动加工。通过可视化系统，工人完全可以实时掌握目前的加工进度和设备运行状况。

葫芦车间油漆废气处理项目实现了油漆废气的集中收集，集中处理。经过处理后的有机废气变为二氧化碳和水，实现无公害排放。

2019年，耗电量为87.87kW·h/万元，2018年为88.58kW·h/万元，单耗下降0.8%。2019年用气量为0.014t/万元，2018年为0.015t/万元，单耗下降6.67%。

六、对外合作情况

引进国外相关技术，不断拓展面向发达国家市场的RY钢丝绳电动葫芦的研发、生产，配套零部件国产化率达到了90%以上，2019年批量出口美国、巴西等市场，出口额大幅增加。

〔撰稿人：凯澄起重机械有限公司王鹏　审稿人：凯澄起重机械有限公司周民宪〕

山东山矿机械有限公司

2019 年是山东山矿机械有限公司（简称山东山矿）综合实力进一步提升的一年。面对国内外风险挑战明显上升的复杂局面，面对国家经济下行压力和环保治理力度越来越大，山东山矿按照高质量发展的要求，认真贯彻落实“创新、质量、管理、效益”的总方针，努力推进以技术创新、新产品开发、设备设施更新改造为核心的企业新旧动能转换，组织开展了强化管理整顿活动，突出抓好管理突出点的实施，强化管理程序的运行，努力推动各管理要素的落地和方针目标计划的实施，主要经济技术指标取得了新突破，提前 1 个月完成了年度计划。一年来，在公司董事会正确领导和全体干部员工的共同努力下，各项工作取得了较好成效，展现出了不少亮点，主要体现在以下方面。

随着企业持续稳定地发展，业内同行和用户对企业的评价和认可度越来越高，企业的影响力不断增强。2019 年山东山矿成功入选“山东省高端装备制造业领军（培育）企业”，公司拥有的济宁市矿山设备研发中心获得济宁市首批制造业企业 A 级研发机构称号，山矿重工有限公司成功通过了“国家级高新技术企业”认定。

公司参与承建的“一带一路”沿线国家重点项目喜讯频传，多个项目承包单位给公司发来了感谢信和贺信。公司参与承建的巴西 PAMPA 燃煤电站项目可靠性试验一次成功、印度尼西亚德信项目顺利完工交货、印度尼西亚爪哇 7 号 2×1 050MW 燃煤发电工程正式投产运行、中电胡布燃煤电站项目举行了商业运行典礼（CCTV-1 和 CCTV 新闻频道专门进行了报道）等，这些项目的成功，使“山矿”品牌在国际市场上更加响亮。

企业创新能力不断增强。山东山矿持续深化创新驱动，矢志不移地推进技术创新和产品质量提档升级。完成了年度创新项目计划，开发了 30 余项新产品。这些新产品大部分都已成功应用到公司合同项目中去，或者作为技术研究储备项目。2019 年山东山矿申报发明专利 4 项、实用新型专利 9 项，主持制定了 JB/T 11116—2020《四辊破碎机》、JB/T 11110—2020《煤用重型环锤式破碎机》两项行业标准，其中，《四齿辊破碎机》行业标准已由矿山机械标委会立项。同时，还申报了山东省技术创新项目 4 项，其中，“环保智能回转式输送装船系统”项目荣获济南市任城区科技进步奖一等奖。2019 年企业重大科技成果及获省市以上科技（进步）奖项目见表 1。

表 1　2019 年企业重大科技成果及获省市以上科技（进步）奖项目

序号	项目名称	完成时间	主要技术性能	成果水平及评价
1	自动控制大型颚式破碎机	2020 年 6 月	①动颚颚板设计成齿型，有效避免了磨料滑动，防止了大块物料蹦出；排料口调整方式采用快速液压式调整技术，实现了无级调整，便于自动化控制，提高了设备的效率和智能性；破碎腔采用对称 V 形腔结构，设备拥有更深的破碎腔，无死区，破碎效率更高；②在入料口、出料口和破碎腔装备喷水装置，有效减少粉尘的产生；在出料口和破碎腔动颚后检修口装备吸尘设备控制粉尘的扩散；③组合式机架采用了模块式、无焊接框架结构，可将设备部件拆分，到现场另行组装，从而大幅降低运输安装成本。在机架进行大修时，只需更换损坏的零件，大修费用大大降低；④设计了专用高强度减震装置，无需事先制作尺寸精确的地脚螺栓孔，也无需地脚螺栓，节省了安装时间；电动机机座安装于破碎机机体上，电机架与破碎机为一体式，结构紧凑，安装布置简单，减小了安装空间；⑤采用一体式电机安装技术，消除了运转中主机振动对 V 形带的损坏，延长了 V 形带寿命；设计了组装式无焊接机架，消除了焊接带来的应力集中，从而使设备具有了良好的耐久性；设计了专用高强度减震装置，有效吸收了设备运行产生的振动，同时允许破碎机垂直和纵向的位移，从而降低了对基础的冲击；采用比同规格其他破碎机更大轴承，有效延长了更换轴承的周期；电动机支座具有扭转弹性减震功能，保护皮带不打滑，同时具备缓冲作用，免维护	国内领先
2	自动润滑双转子锤式破碎机	2021 年 6 月	①优化破碎腔曲线结构，出料粒度均匀、能耗低、粉尘少，运行平稳、噪声低；②采用 Cr26 高铬复合材料的耐磨锤头，减少了锤头的更换频次，提高了设备使用效率；③破碎机机壳设有液压开启装置，减轻了检修人员的劳动强度，缩短了检修时间，大大降低了成本；④开发了破碎机和给料溜管之间的新型柔性耐磨防尘软连接，密封卡管固定防尘罩稳定可靠，不会松动；衬板保护周密，确保防尘罩的完整性不被破坏；⑤在原刚性电动机支座的基础上，增加弹性体组件。弹性体组件是由钢制的外部与内部组件之间的高弹性橡胶体构成。该组件在不同的应用范围内使用，具有“弹簧”“减振器”“涨紧器”和“减振支撑座”等功能；⑥采用了破碎机轴承自动润滑系统，能够实现轴承在运行过程中自动、定时、定量润滑。而且自动润滑系统储油腔能够智能检测是否缺油并自动报警	国内领先

（续）

序号	项目名称	完成时间	主要技术性能	成果水平及评价
3	环保型炼化一体化储煤与输送系统	2020年12月	①开发了SKXXTPZZ调偏装置，从源头上避免了带式输送机在运行过程中跑偏的现象；使用了免滤波变频驱动系统，具有软起动功能，满足高带速圆管带式输送机大转矩慢速启动、高速运行的需要；②开发了带缓冲挡板导料槽受料段，能够减小从高处落下的物料对胶带的冲击力，降低皮带磨损率，有效防止皮带撕裂，减少物料扬尘，更利于环保；使用微米级干雾抑尘装置，使1～10μm粉尘受重力作用而沉降，从而起到抑尘的作用；③开发了双向卸料移动式卸料器，比传统卸料器占用空间小、效率高、能耗低、制造成本低，同时可双向移动；配备了快速拆装型专用托辊，运行稳定，维护方便，节约成本；采用无动力除尘导料槽，无电能动力作功、无维护和检修成本，大大降低了成本；采取先进的PKPM建模计算分析软件和自编程序使大跨度钢结构构件桁架和超高度支架达到优化和最佳组合，最大化优化材料，保证支架刚度，降低成本；④开发了新型缓冲料仓固定缓冲技术用于物料储存，解决了物料被摔碎问题，提高了仓体寿命，减少了物料对仓体的压力，降低了仓体成本，增大了物料间的蓬松度，使出料工艺更流畅，避免了扬尘和噪声污染；落料管以流线型多边形技术，取代传统的四边直角落料管及曲线落料管技术，提升带式输送机的额定输送量、延长使用寿命；减少胶带与托辊之间的摩擦系数，增加输送带的耐磨性，提高托辊的性能	国内领先
4	长距离下运水平转弯带式输送机	2021年7月	①研发了集中控制系统，实现了皮带运输生产系统的综合自动化，提高了生产效率，降低了事故率，减少了故障处理时间和现场操作人员，提高了经济效益；设计了大中型钢管柱的非金属对接工艺，既保证了对接钢管口的原有形状，也保证了钢管连接强度，外观圆滑美观，现场施工容易，有效地降低了人工成本和材料成本；采用了连续可调转弯段托辊组，便于安装调试时对托辊组的安装支撑角和内曲线台高角的连续可调，在节省人工成本的同时使设备达到最佳运行效果；②开发了带式输送机水洗装置，有效避免了物料粘在胶带上，导致卸料困难，甚至发生堵料的情况，确保了设备的安全运行；采用复合式重型缓冲床，以满足大流量、高落差物料对设备的冲击，提高设备的使用寿命；采用“料磨料”溜槽装置，通过“料磨料”的方式，进一步避免了物料直砸溜槽和下方设备等情况的发生，延长了溜槽的使用寿命；③在各落料点位置设置无动力除尘及干雾抑尘装置，有效地起到了除尘、抑尘的作用，环保效果良好，可满足各行业对环保性能的高要求；④采用了智能馈电变频变压控制系统，能够将设备下运工矿运行产生的馈电并入供电系统，改变了传统的电阻发热消耗馈电的处理方式，节能效果显著；采用了多点多驱动变频控制技术，保证电动机功率有效利用的同时减少了其备用系数，既节约投资成本又降低能耗损失	国内领先

山东山矿全年投入300余万元生产设备及环保设施更新改造资金，加大了设备更新改造力度，尤其在环保设施更新改造方面成效更为突出。经过公司反复论证、比较，制定的滚筒焊接设备方案，滚筒纵缝、环缝焊接系统已投入使用，现已建成国内同行业较为先进的滚筒生产线。完成了板材库龙门起重机驾驶室改造，机二车间T6216A落地镗床电气改造，先后购置了8台较先进的数字气保焊机，满足了相关工序的生产需要。为涂装车间更新了一台空压机，满足了车间全年高负荷运行需求。根据公司破碎机锤头质量提升要求，铸造车间购置了一台射芯机，设备投产后大大提升了锤头生产质量。上述改造项目不仅提升了设备制造能力，改善了生产条件和相关工序的现场环境，也提升了企业形象。

质量管理和提升有了新突破。山东山矿继续完善以关键控制点为核心的考核体系，贯彻预防为主、过程控制的管理思想，进一步强化了质量责任制考核，产品质量整体稳中有升。积极推进了公司CNAS试验室认证工作，按试验项目类别和要求，改善了试验及工作环境，并按CNAS要求更新了光谱分析仪、制样设备、标样等部分试验设备，安排多人次参加了不确定度、拉伸试验、光谱分析试验等外部培训。

协同计划执行更加顺畅高效。2019年公司各生产单元全线繁忙，供货时间紧的项目较多，交货期较为集中，再加上各级环保部门经常性的督查，以及限停产措施的实施，2019年因环保要求限停产88天。各部门、车间、分支机构及外协单位通力协作，以全面落实生产计划为目标，以保合同按时履约为要求开展工作，生产车间及时调整生产班次和人员安排，提前做好准备，积极应对，努力提高生产效率，生产组织保持了顺畅高效，将各种不利和影响因素降到了最低，保证了生产进度。全年完成产值4.19亿元，完成大型破碎机85台，带式输送机290台，球磨机23台等。业务部门、生产车间都比较重视配件项目生产，每月完成40项左右配件项目。尤其是组织广西盛隆4 000万元的项目，全公司通力合作、精心安排，在40多天的时间里突击组织完成了自制件。山矿重工生产了目前公司最大规格的32130磨机和3 690磨机。

2020年山东山矿将遵循新发展理念和中高端发展战略，秉持“优、新、快、信”的经营理念，深入落实“创新、质量、管理、效益”的方针，努力打好“创新驱动、质量提升、效益提高”三大战役，强化企业规范管理，实现强基固本，提高企业运行效率和效益，持续推动企业高质量发展，不断增强职工获得感、幸福感，以优异成绩向公司成立 50 周年献礼。

〔撰稿人：山东山矿机械有限公司高涵　审稿人：山东山矿机械有限公司胡秀万〕

上海科大重工集团有限公司

一、基本情况

上海科大重工集团有限公司（简称上海科大重工）成立于 1993 年，是一家集设计研发、生产制造于一体的科技型民营企业，一直致力于散料输送系统高端设备研发和重大装备制造。总部坐落于上海青浦工业园区华青路 815 号，注册资本 1.6 亿元，是全球规模大、装备先进的带式输送机专业制造企业之一。企业总占地面积 345 800m^2，厂房建筑面积 172 400m^2（其中上海青浦工业园区拥有三个厂区，总占地面积 106 400m^2，建筑面积 84 500m^2；上海科大重工郎溪工厂占地面积 239 400m^2，建筑面积 87 900m^2）。

公司现有员工 662 人，其中，中高级技术人员 116 人，拥有 32 项具有自主知识产权的带式输送机专有设计技术和大量的带式输送机设计、制造、运行和维护经验，技术开发能力及生产制造实力雄厚，产品多次获得国家、省、市科技进步奖和重点新产品奖，累计获得实用新型和发明专利 161 项。

上海科大重工相继通过 ISO9001 质量管理体系、ISO45001 职业健康安全管理体系、ISO14001 环境管理体系和欧盟 EN1090 认证。严格执行欧标、美标、澳标等国际标准。企业荣获国家、上海市“重合同守信用”企业、高新技术企业、上海市认定技术中心、上海市科技小巨人企业、上海名牌、上海著名商标等百余项荣誉。

二、生产发展情况

2019 年企业主要经济指标完成情况见表 1。2019 年工业总产值按用户行业划分见表 2。

表 1　2019 年企业主要经济指标完成情况

产品名称	销售收入（万元）	工业增加值（万元）	利润（万元）	出口产值（万元）	新产品产值（万元）	产量	
						按吨计（t）	按长度计（km）
带式输送机	106 618.35	27 981.77	6 346.58	—	—	93 163.51	106.57
部件（滚筒、托辊）	15 395.44	20 918.10	718.71	—	—	14 709.48	
合计	122 013.79	48 899.87	7 065.29	29 721.66	23 578.82	107 872.99	106.57

表 2　2019 年工业总产值按用户行业划分

序号	用户行业	产值（万元）
1	煤炭行业	45 145.10
2	矿山行业	10 981.24
3	冶金行业	25 622.90
4	港口行业	20 742.34
5	隧道行业	4 721.94
6	电力行业	12 567.42
7	建材行业	1 586.18
8	化工行业	497.73

三、科技成果及新产品情况

为实现可持续发展，上海科大重工确立以技术创新并建立自主知识产权为目标，持续加大研发投入，不断开发具有市场前景和竞争力的新技术、新工艺、新产品，2019 年共申报带式输送机槽型支架机器人智能焊接系统、带式输送机支腿机器人智能焊接系统、带式输送机滚筒内壁机器人数控智能焊接系统、一种用于带式输送机中间架全自动生产的工艺方法等 10 项发明专利及 4 项实用新型专利，同时“粘性渣土连续输送关键技术及系统”项目荣获安徽省科学技术进步奖三等奖。

目前，城市隧道施工的盾构（或TBM）技术被广泛应用，但是由于施工产生的大量渣土含水量大，黏性高，造成了输渣困难，使盾构机运行效率降低。黏性渣土的高效环保连续输送是限制盾构机运行效率的瓶颈技术。国内连续带式输送机技术虽已日趋成熟，但由于渣土特有的黏性，目前国内外现有的垂直提升带式输送机技术尚不能满足提升或不能满足清渣的要求。在输送黏度大、含水量高的渣土时，会出现漏渣、粘渣、掉渣的现象。既降低了输送效率，又污染了施工环境，施工单位的经济效益也不同程度地受到影响。从某种意义上说，提升输送技术已经远远落后于挖掘技术。

机车配套龙门起重机输渣方式，曾经作为盾构法施工的主要输渣方式被应用多年，有着成熟的工艺和设备，至今依然被广泛使用。随着盾构机被越来越多地应用到城市隧道施工中，极大地提高了隧道掘进的效率。但传统的机车配套龙门起重机输渣方式却制约了隧道施工的整体效率。因此，探讨与盾构机配套的连续带式输送机和垂直提升机组成的出渣方式也成为国内外工程领域研究的热点。上海科大重工针对此问题展开研究，通过开发研制复合式提升机与连续输送机相结合来连续输送黏性散料。其中复合式提升机从原理上、结构上进行了创新，既能保证渣土的可靠提升，又能让渣土不粘附胶带，是一种新型的渣土提升设备。连续输送机水平输送距离可达 25km，运量在 100 ～ 2 000t/h 之间，带速 0 ～ 4m/s。垂直提升机垂直提升距离可达 150m，提升角度可达到 90° 。

黏性渣料输送项目主要包括黏性散料输送设备，上下料、除渣清扫等机械设备，电控系统和就地保护系统组成。该项目的实施，在垂直提升机机械设备、控制系统及其产品领域持续创新，并应用于地铁隧道、引水隧道、城市管廊等地下隧道工程，累计获得国家专利 15 项（其中发明专利 2 项），并通过安徽省科学技术情报研究所的鉴定。

黏性渣料输送的应用推广市场广阔，所开发的技术与装备广泛应用于地下隧道工程行业，在国内处于领先地位。近年来已在中铁十九局集团广州轨道交通 22 号线，中铁十四局集团轨道工程有限公司成都管廊项目等诸多隧道掘进项目上应用，提高了地下隧道工程的生产效率，降低了生产成本取得可观的经济效益与良好的社会效益，为国家节能环保项目的实施做出了贡献。

针对国内盾构法施工带来的黏性渣料输送效率低，以及输渣过程全自动化水平低的问题，自主研制了黏性渣料连续输送系统，将自主研制的复合式提升机、连续输送机、带式输送机同步清洗装置、带式输送机控制器等设备应用于输渣系统中；经在多项重点工程应用，黏性散料输送装备与系统达到国内领先水平，相关技术达到国外先进水平，其主要技术创新点：

（1）采用牵引带式输送机与支撑带式输送机的复合式结构，使得黏性渣土既能连续垂直输送，又可以顺畅倾卸。比传统机车配合龙门起重机的不连续的输送方式，效率提升 150%。

（2）采用一种磁吸原理的成仓技术，牵引带式输送机的输送带构成了框斗的四个侧面，而支撑带式输送机的输送带构成了框斗的底面，从而形成若干个容纳渣土的框斗。在框斗底面（平带）的下面，设置磁钢装置，其作用是通过磁钢的磁场力将牵引带式输送机输送带（基带）与支撑带式输送机的输送带紧密吸合在一起，使形成的框斗不漏渣、漏水。

（3）采用镂空式卸渣与高效清渣技术。采用牵引式带式输送机与支撑带式输送机在卸渣区段自然分离的方式，将带式输送机留渣率降到 0.5% 以下。

（4）多电机位置同步协同算法及控制系统，将复合式输送机进行理论建模，并对运渣过程采取基于任务的最优控制系统设计和多电机位置协同优化控制，以及鲁棒性分析，提高传动电机之间的协作性和系统工作效率。

（5）连续带式输送机的高效输送，采用双头硫化、不停机安装以及自动响应变频张紧技术。随着城市轨道交通、城市改建等基础工程的建设，输渣装备和系统必将在更大的领域得到推广和应用，并朝着高速、低能耗、复杂环境无人监督等方向发展。

四、产品质量及标准工作情况

自贯彻 ISO9001 质量体系标准以来，上海科大重工全部生产过程均实现程序化、规范化、有记录可查；公司内部严格开展内审和管理评审，及时整改不足之处。每年顺利通过 ISO 体系和安全标准审核，以及各家供应商评审，从管理和流程上杜绝产品不良现象，确保成品出厂合格率 100%。

公司不断加强基础设施，完善现场生产、质检设备，并通过标准化的生产、质检流程，严格执行国际标准，在根本上管控产品质量。同时，常年科技研发投入也逐步转化为高经济效益。现今，上海科大重工已经成为许多国有大中型企业的长期供应商。不断创新的技术水准和品质也让企业在海外市场也占有了一席之地，2011 年与交付的全球最大铁矿石巴西淡水河谷 CLN 项目供应商，保持了 10 年的合作，同时也逐渐具备了与克虏伯、雷伊等国际品牌一较高下的实力和经验。截至 2020 年 6 月销售订单总额已达 100 618 万元，其中约 30% 为海外项目所贡献，为出口创汇也做出了贡献。

五、对外合作情况

公司一直与各类高校保持良好的沟通，与上海第二工业大学确立“城市隧道工程粘性渣土高效运输技术的研发和产业化”的开发合作，牵头起草申请“连续伸展带式输送机行业标准”；与东北大学合作编著了《隧道连续带式输送机设计与应用》一书，在隧道行业的连续带式输送机方面起到了标杆的作用。又与上海交通大学建立产学研合作关系，共同开发研制超大运量高带速连续带式输送机。

〔撰稿人：上海科大重工集团有限公司芮莲　审稿人：上海科大重工集团有限公司张荣建〕

浙江双鸟机械有限公司

一、企业基本情况

浙江双鸟机械有限公司（简称浙江双鸟）创办于1984年，是一家专注于轻小型起重设备产品研究、开发、生产及销售的高新科技企业，总部及研发基地位于浙江省嵊州市，浙江双鸟是中国重型机械工业协会常务理事单位、起重葫芦分会副理事长单位。30多年来专注于手动葫芦、电动葫芦等起重设备研发生产，产品远销欧美等100多个国家及国内大部分地区。2018年浙江双鸟被中国重型机械工业协会评为“自主创新先进企业”，被浙江省经信委评为浙江省“隐形冠军”企业，2019年被评为工信部首批专精特新“小巨人”企业。

“双鸟”商标被评为浙江省著名商标，公司获得了国家重点高新技术企业、浙江省文明单位、浙江省商标品牌示范企业、浙江出口名牌、浙江名牌产品、浙江省知名商号、浙江省创新型示范企业、浙江省专利示范企业、浙江省劳动关系和谐企业、浙江省AAA级守合同重信用单位、浙江省AAA级纳税信用企业、浙江省安全生产标准化达标企业、嵊州市市长质量奖、标准创新一等奖等荣誉，通过ISO9001质量管理体系、ISO14001环境管理体系和OHSAS职业健康安全管理体系认证。

2019年，浙江双鸟完成工业总产值45 550万元，实现利税6 220万元。2019年企业主要经济指标完成情况见表1。2019年起重葫芦产品及常规产品产量、产值完成情况见表2。2019年起重葫芦产品出口情况见表3。

表1　2019年企业主要经济指标完成情况

指标名称	金额（万元）	指标名称	金额（万元）
起重葫芦产品销售收入	30 636	利税总额	6 220
其他产品销售收入	14 054	人均产值	70
工业总产值	45 550		

表2　2019年起重葫芦产品及常规产品产量、产值完成情况

产品名称	产量单位	产量	产值（万元）
钢丝绳电动葫芦	台	1 179	2 919
环链电动葫芦	台	9 511	5 316
手动葫芦	台	382 957	15 502
单轨起重机	台	66 690	2 710
葫芦配件	t	2 350	2 295
链条	t	16 589	11 974

表3　2019年起重葫芦产品出口情况

国家和地区	出口量（台）	出口额（万美元）
德国	39 260	212
荷兰	37 950	186
南非	17 520	91
美国	16 432	82
印度	15 685	80

二、新产品研发、科技成果和专利情况

浙江双鸟技术中心被认定为“浙江省省级企业研究院”“浙江省企业技术中心”和“浙江省高新技术研发中心”。列入省级以上新产品计划项目的有50项，近3年列入省级新产品计划的有23项，其中2019年有6项。

公司累计获授权国家专利140项，其中，发明专利15项，包括两项美国发明专利。近3年来通过自主研发共获得授权国际发明专利2项，国内发明专利6项，实用新型专利42项，外观专利7项。

目前公司主导产品专利实施率达到90%以上，含专利技术的产品年销售额占公司年总销售额的近80%。发明专利已基本实现产业化，科技成果显著。

三、质量和标准

浙江双鸟是手动葫芦产品行业标准主要起草单位。目前，公司已作为第一起草人主持起草了《8级钢制锻造起重部件》等国家标准3项、行业标准4项，参与起草国家标准10项、行业标准3项。其中，近3年，主持起草国家标准1项、行业标准4项，参与起草国家标准1项、行业标准1项。手拉葫芦、手扳葫芦、钢丝绳葫芦、环链葫芦、单轨起重机、起重链条等产品全部通过欧盟CE、GS认证。

四、对外合作和交流

浙江双鸟设有浙江省级外国专家工作站，定期组织国外行业专家来公司进行技术指导和培训，解决技术难题，参与研发工作。

五、重大投资和技改

近年来，浙江双鸟相继从德国引进两条链条自动编焊生产线，以提高起重链条的产能和质量水平。

〔供稿单位：浙江双鸟机械有限公司〕

衡阳运输机械有限公司

一、基本概况

衡阳运输机械有限公司（简称衡阳运机）是由1954年建厂的原国营衡阳运输机械总厂改制组建的民营企业。是我国机械工业的“老字号”，70年专注于散装物料输送装备的开发和制造。是中国重型机械工业协会常务理事单位，带式输送机分会副理事长单位，国家专精特新小巨人企业，行业自主创新领军企业，全国标准化建设委员会委员，全国工业品牌示范企业。设有湖南省企业技术中心、湖南省工程技术研究中心。多年来为国家能源、电力、港口、矿山、建材等领域的央企及国家大型项目提供优质的配套产品和服务。

长期以来，衡阳重机坚持“精品运机，智能运机，绿色运机，百年运机”的总方向，实施“主攻高端，夯实基础，创新驱动，人才强企”战略，着力把衡阳运机打造成行业强企。公司旗下现有21个子公司，包括1个技术公司、11个销售公司、9个生产分厂，现有员工568人。实行现代化集团经营管理模式，并着力塑造优秀的企业文化，在公司内部实现价值观统一、目标统一、行为统一，为企业持续快速发展提供了有力的支撑和保障。

二、生产发展情况

2019年，公司带式输送机产品完成工业总产值83 300万元、出口产值1 700万元、新产品产值28 000万元，实现销售收入83 300万元。产品产量按吨计为74 493t，按米计为220 836m。2019年工业总产值按用户行业划分完成情况分别为：煤炭行业15 189万元，建材行业22 188万元，港口行业11 654万元，电力行业8 440万元，钢铁行业20 531万元，海外5 299万元。

三、科技成果及新产品情况

1. 技术创新情况

2019年，企业坚持以技术创新为核心任务，在技术研发、技术攻关上狠下功夫，开发了长距离、大带宽、大运量、大功率、高带速、高带强、大倾角等的大型特种智能带式输送设备。以新产品促进企业产品结构调整升级，实现经济增长。开发的主要新产品有：

（1）超长距离骨料输送设备安全控制系统。该项目主要解决超长距离大型输送机（单机长度＞15km）运行过程中的安全控制技术，包括电动机变频控制技术、设备软启（制）动技术、输送带自动纠偏技术及温度自动报警等安全控制技术系统。主要应用于建材轻化、矿山、冶炼等行业。目前该技术已成功在河南锦荣水泥、泾阳水泥等项目应用。

（2）隧道掘进带式输送系统。该产品是国内在隧道TBM掘进工程出碴技术上的首次重大突破。综合利用多维度空间输送、桁架和支架自动延伸、胶带快速硫化以及在线检测、故障诊断等多项技术，产品整体性能和技术达到了先进水平。该产品广泛应用于隧道掘进、矿山巷道开采等地下工程。目前，该技术已在中铁二十局佛莞城际铁路等项目上成功应用。

2. 研发经费保障机制情况

为维持技术研发机构的平稳持续发展，公司内部建立了研发准备金制度，给各技术研发机构提供财力支撑。该制度为有计划、持续地增加研发投入提供了保障，且规范了公司的研发费用的预算、使用及管理，有效保证了公司每年的研发投入占销售收入的3%以上。公司每年开展“小改小革”“技术创新”等技术竞赛活动，对新产品研发有显著效益的员工予以奖励，如设立技术发明奖、技术突出贡献奖。对申请专利和技术秘密的员工予以奖励，设立专利申请奖，专利技术分红。销售订单凡牵涉到的专利及技术秘密的，提取合同额的3‰对专利和技术秘密发明人给予奖励，还设立专利终身成就奖。

目前，公司通过自主创新技术先后申请了177项国家专利，其中发明专利60项，实用新型专利117项。成果转化率100%，全部运用到实际产品设计中，并创造了良好的经济效益。

四、产品质量及标准情况

2019年，公司质量检验部围绕产品质量提升，抓源头、重过程、强细节，多措并举助推产品质量提升。要求各车间以自查为主，消除低标准。车间严格执行首检、交检、专检制度，规范质量管理，质检专员制订工件检验实施操作细则，突出强化现场监督检查，不断增强质量管理的掌控能力，及早发现隐患并采取措施，通过质量验收确保质检效果。同时加大对关键问题和重点环节的严格质量监督管理力度，坚持专项监督不断线。突出隐患排查治理，加强隐患前瞻性分析，加强隐患排查、分析和治理。规范加工操作，狠抓薄弱区域和薄弱环节的质量管理。2019年，公司质量检验部开展了近三年客户满意度深度回访工作，对需要解决的问题和要求详细记录，及时反馈给相关部门处理，并汇总形成记录保存。经回访统计，2019年客户质量满意度达95.4%，总体评价良好。公司每年都顺利通过质量体系审核，及时整改不足之处，保证质量管理体系在公司内有效运行。

公司积极参与国家标准、行业标准的制（修）订工作，促进带式输送机行业规范性发展。2019年，参加起草了国家标准GB/T 36698—2018《带式输送机设计计算方法》。

五、对外合作情况

公司注重与产业链上下游的国内外企业和高校建立合作关系，先后与上海宝钢、华电、东北大学、湖南工学院等单位签订了产学研合作协议，通过“平等互利、优势互补”的原则，共建伙伴合作关系，实现合作共赢和协同发展。另外，响应国家“一带一路”和“走出去”倡议，依托国内多家重点骨干企业，参与其在海外的重点投资项目，借船出海，进一步拓展了巴基斯坦、菲律宾、刚果金、乌兹别克斯坦等国家的大型散装物料输送设备等海外业务。

〔供稿单位：衡阳运输机械有限公司〕

沈阳隆基电磁科技股份有限公司

一、基本情况

1993 年，沈阳隆基电磁科技股份有限公司（简称沈阳隆基）正式成立，秉承“可靠、增值、便利”的经营方针，沈阳隆基始终保持中国磁性装备制造行业排头兵的地位，是中国磁性装备制造行业规模最大、产品品种与系列齐全、独具竞争力和影响力的大型企业。

凭借突出的技术研发优势、优质且稳定的服务质量，沈阳隆基赢得了客户的信赖和认可，产品销往全国各地，并出口美国、俄罗斯、西班牙、德国、加拿大、荷兰、意大利、巴西、澳大利亚、马来西亚、赞比亚、印度、乌克兰和日本等 30 多个国家和地区。

沈阳隆基是中国重型机械工业协会常务理事单位、中国重型机械工业协会洗选分会副理事长单位，国家级机械工业磁选工程技术研究中心、辽宁省省级企业技术中心，高新技术企业，国家标准、行业标准起草单位，拥有数百项国家专利和多项创造性技术成果。

二、生产经营发展情况

2019 年，沈阳隆基凝心聚力，奋力开创高质量发展局面。在“以客户为中心”的经营思维及全面发力高端产品创新、全面强化国际化市场开拓的支撑下，在市场环境分析应对、瓶颈短板突破方面投入了大量精力，运营质量、资产效率、规模结构指标全面压实，筑牢了高质量发展根基。2019 年实现营业收入 38 970 万元，完成工业总产值 34 420 万元、工业增加值 11 550 万元。2019 年企业主要产品产量见表 1。

表 1　2019 年企业主要产品产量

产品名称	产量（台）	产品名称	产量（台）
磁选机	342	非铁分选提纯设备	79
除铁器	2 763	其他磁力设备	118
磁力起重设备	137		

2019 年公司围绕既定发展战略与经营计划，抓机遇，谋发展，稳中求变，通过持续深化各项改革，不断强化管理体系建设，在研发创新、智能制造、营销服务等方面的核心竞争力持续增强，产品国内外市场份额保持稳定，主导产品具备全球竞争力。

以技术营销为龙头，公司全面提升国际化布局，不断扩大全球市场份额，加快海外服务能力提升，聚焦海外重点区域市场适应性产品的研发，强化对全球顶级创新资源的整合利用，占据并突破国际高端市场一定的份额。

三、科技成果及新产品情况

多年来，沈阳隆基高度重视技术创新工作，持续加大研发投入，聚力核心技术突破，以技术创新推动产业升级。有效整合内外部研发资源，共同发力，与北京矿业研究院、湖南有色研究院、兰州大学、东北大学、中国矿业大学等多个科研机构、高校紧密合作，促进了创新要素的集聚发展，形成了行业领先的技术实力。

2019 年，沈阳隆基围绕市场、客户需求，瞄准产业高端，持续保持研发投入，整合行业资源、引导重点新产品新技术研发创新，推出两项极具竞争力的开发项目：立式转环感法强磁选机改进和全自动磁悬浮精选机改进，成果水平均被评价为国际领先；“有色矿精选机”获得辽宁省企业技术创新重点项目。公司顺利通过辽宁省省级企业技术中心复审，国家知识产权示范企业复核，被授予辽宁省专业技术创新中心，研发创新能力再升级。2019 年企业新产品新技术开发项目见表 2。

表 2　2019 年企业新产品新技术开发项目

序号	项目名称	完成时间	主要性能参数及技术内容	成果水平评价
1	立式转环感应式湿法强磁选机改进	2019.6.26	适用于赤铁矿、假象赤铁矿、褐铁矿、钒钛磁铁矿、锰矿、黑钨矿等弱磁性矿物的湿法富集及石英、长石、高岭土、氟石、硅线石等非磁性矿物的除杂铁提纯	国际领先
2	全自动磁悬浮精选机改进	2019.10.15	大幅度提高精矿品位的同时尾矿品位最低，具有自动化程度高、可靠性高、处理量大、节能节水等优点	国际领先

四、产品质量情况

为加强企业建设，增强企业核心竞争力，2019 年沈阳隆基开展了以增强质量意识、提高工作质量、提高产品质量为核心的质量提升工作。通过对车间质量管理和产品质量管理两方面工作的不断深入，全面提升产品质量。

为此，公司成立了质量提升工作领导小组，制定质量提升相关工作方案，确定了质量提升工作的具体目标，在现场管理完善、工艺技术提升、质检能力增强、质量文化建设等方面形成领导重视、全员参与、齐抓共管、分工协作、共达目标的氛围。

为创造良好的工作环境，公司从加强车间现场管理入手，加大清理、整顿力度，完善考核制度，促进效率的提高和环境的改善。

公司持续完善了对每一个工艺岗位操作规程和工作标准的制定，组织员工进行理论知识、实操学习、考试测评等多方面的培训，通过制度上墙、作业指导书、操作规程的落实，强化工艺能力，树立良好的工艺意识。

产品质量管理上，加强生产过程控制，严格执行生产过程检查标准，前移产品检验步骤，加强每日巡检，以解决问题为导向，梳理重点质量问题，有针对性制订解决方案，形成“查找问题—整改落实—检验成果”的闭环，推动质量的跃升。

通过质量提升行动，沈阳隆基构筑起一道道严密的质量防线，将匠心坚守融入从原材料进厂到出厂检验的每一个环节，将中国磁性装备产品质量水平推向新高度。

五、对外合作

公司在自主研发创新的同时，积极开展对外合作，注重自身技术人才的培养并建立有效的研发激励机制，从而形成了高效的研发创新体系，建立了以企业为主导的产学研合作研发平台，提高了新产品的开发效率，提升了企业的自主创新能力。

公司通过联合开发、人才培养、共建实验室等多种产学研合作模式，与东北大学、辽宁大学、辽宁工业大学、沈阳农业大学、北京矿业研究院、湖南有色研究院系等高校及科研机构进行了一系列的合作，结合高校及科研机构的人才优势、技术优势及丰富的科研资源，实现了技术、人才、资金和经营管理等要素的最佳组合。

2019 年，沈阳隆基正式与兰州大学合作，通过实施深化产教融合，以共建共享、优势互补、共同发展、互利双赢，构建“产学研”校企平台，在教育、人才、科研等方面加强交流，共同为资源的高效利用做出贡献。

六、发展战略

作为中国磁性装备制造龙头企业，沈阳隆基秉承“可靠、增值、便利”的核心企业文化，以创新驱动发展，以技术创新、发展壮大为发展目标，努力实现高质量发展。

强化产品竞争优势。继续巩固并增强产品的行业竞争力，通过挖掘内部潜力和优化提升，保持产品在高端市场的竞争优势和品牌影响力。

提升海外市场规模。推进国际化拓展，通过深挖产品优势，因形而为，因势利导，充分抓住利好形势，打赢一场海外市场争夺战。

推动产品智能化发展。抓住产品智能化发展机遇，利用独有技术优势，提升产品智能化程度和研发设计、生产制造智能化水平，打造智慧高端产品，占据产业制高点。

〔供稿单位：沈阳隆基电磁科技股份有限公司〕

南昌矿山机械有限公司

一、企业基本情况

南昌矿山机械有限公司（简称南昌矿机）成立于 1970 年，坐落于江西省南昌市，其前身为南昌矿山机械厂，是国内技术领先，江西省唯一一家能自主研发、生产、销售及提供破碎筛分成套系统解决方案的高新技术企业。

南昌矿机秉持“专业领先，诚信至上”的经营理念，成为全球高端破碎筛分设备系统卓越制造商和矿山处理总承包的全产业链运营商，在全球化经济竞争日趋激烈的情况下，南昌矿机积极开拓海外市场，并在南非、马来西亚、俄罗斯、澳大利亚、印度设立及筹备海外分公司，终端用户遍布海内外的矿山、水电、核电、石料、建材、化工等行业，设备出口到 60 多个国家和地区，服务多家全球 500 强企业。

公司已通过 ISO9001 认证、CE 认证和环境管理体系认证，入选国家高新技术企业、江西省省级工程技术中心、江西省矿物加工工程装备技术研究中心，是科技部创新基金项目承担单位。公司现有员工 530 多人，其中，技术研发人员 60 人，包括高级工程师 15 人，工程师 20 人。为了满足公司发展对人才的需求，公司每年投入 100 多万元用于员工培训，并且逐年引进高校毕业生，充实到研发、销售及管理等重要岗位。

南昌矿机厂房面积为 16 000m^2，成立了破磨、洗选、成套系统、液压、移动及后市场开发设计小组，专门从事破磨、筛分、成套系统、耐磨件等技术的开发和研究，为破磨、筛分、成套系统制造提供了强有力的技术支持，产品向机、电、液、职能化方向发展。

2019 年，南昌矿机以技术创新为主线，全面实施企业再创业工程；以市场需求为导向，全面完善产品结构和营销策略；以企业流程再造为手段，加强企业内外部资源的重新整合和配置，提高企业核心资产竞争能力。分阶段调整并逐步过渡，实现了企业在创新中发展、在发展中创新的良性循环。

二、生产发展情况

南昌矿机拥有下料、金属结构、金属加工、总装及热处理等车间，以及配套的胶带式运输机、筛网及电控等。公司设备齐全，加工能力强，拥有埋弧焊机、等离子切割机、液压折弯机、数显镗床、数控立式车床、数控卧式车床以及液压研磨机等，建立了自己的实验室、退火调质炉。

近年来，南昌矿机在技术研发、新产品开发方面投入了大量人力、物力，取得了很好的经济效益和社会效益。2017—2019 年，共投入研发资金 4 218.36 万元，新产品订单超过 68 645 万元。公司生产的产品已由过去的筛分给料设备发展为旋回破碎机、颚破、圆锥、反击破、立轴冲击破及履带、轮胎移动站、工程等成套设备，目前公司正从单一的矿山机械设备提供商转型为包括矿山处理耐磨件、矿山机械成套设备及矿山处理总承包的全产业链运营商。

三、市场及销售

公司积极响应“一带一路”倡议，实施“走出去”战略，抢占海外市场份额。2019 年，破碎机等产品出口南非、刚果金、美国、俄罗斯、赞比亚、肯尼亚、塞尔维亚、印度尼西亚、老挝、塔吉克斯坦等国家和地区，销售额总计 720 万美元。公司已成为巴西淡水河谷公司、南非安格鲁阿山帝黄金公司、智利国家铜业公司等国际知名大公司的战略合作伙伴，并已在南非约翰内斯堡、马来西亚吉隆坡、俄罗斯莫斯科、澳大利亚帕斯等地区设立了海外销售（合资）子公司，将产品销售辐射到南美、北美、非洲以及东南亚市场，努力打造成为国际知名企业。2018—2019 年主要产品销售量见表 1。

表 1 2018—2019 年主要产品销售量 （单位：台）

产品名称	2018 年	2019 年
给料机械	79	95
矿物破碎机械	141	183
矿物粉磨机械	1	1
矿物筛分、洗选设备	412	457

四、科技成果及新产品

南昌矿机的振动筛是江西省名牌产品。YKR/ZKR 系列振动筛和破碎机，是引进吸收西德公司技术开发的具有国内领先技术的拳头产品。该系列产品多次荣获部、省科技进步奖。YKR/ZKR 系列振动筛自开发至今，已为水利、煤炭、冶金、交通、化工等行业提供了 1 000 余台（套），产品遍布全国各地。

南昌矿机建立了完善的科技创新体系，充分利用国际先进的破碎筛分技术和理念，成功研发出一系列国内领先、国际先进的设备。近几年，自主研发了 VS 系列立轴破碎机、HS 系列反击式破碎机、JC 系列颚式破碎机、CC 系列圆锥破碎机、GC 系列旋回式破碎机、惯性圆锥破碎机、HF 系列高频筛分机、BS 系列香蕉筛分机、MP/MT 系列移动破碎筛分站等产品，产品的各项技术性能通过了国家检测中心的检测，多项技术达到国内领先或国际同等水平。多项新产品被评为江西省重点新产品，并荣获江西省科技进步奖、南昌市科技进步奖。

2019 年南昌矿机申请专利 46 项，编制行业标准 5 项，起草行业标准 1 项。公司每年投入大量的科技研发费用，2019 年投入近 1 792 万元，取得了多项创新成果。

2019 年，南昌矿机生产的 CC600 和 CC800 成功申报国家首台套重大技术装备保险补偿；CC400 单缸液压圆锥破碎机获得中国机械工程学会的“绿色制造科学技术奖”优秀奖；CC400 单缸液压圆锥破碎机成功入选中国重型机械工业协会科学技术奖项目，并获得三等奖；CC400 单缸液压圆锥破碎机通过江西省科技厅成果登记，并获得了江西省科学技术奖提名。

2019 年，南昌矿山被国家科学技术部、财政部、国家税务总局组成的全国高新技术企业认定管理工作领导小组认定为国家高新技术企业，被南昌市工商业联合会评为“三风进民企”榜样企业。

五、产学研和对外合作交流

南昌矿机非常注重走产学研的结合之路，借助社会资源，以弥补自身技术力量和能量的不足，并充分发挥自身作为技术创新主体的优势，达到企业与高等院校、科研机构多方共赢的局面。

南昌矿机与南昌矿山机械研究所开展了广泛的产学研合作，积极的开展产学研科技项目。同时，南昌矿机与江西理工大学长期合作，设置了南矿奖学金，建立了就业实习基地；与中南大学合作，设置了南矿奖学金，为南昌矿机人才储备奠定了基础。此外南昌矿山机械有限公司博士科研创新中心正式获批。2019 年南昌矿机还在瑞典成立了“瑞典技术研究中心”。

〔供稿：南昌矿山机械有限公司〕

统计资料

公布2019年重型机械行业主要经济指标及产品进出口等方面的统计数据

Released major economic indicators of the heavy machinery industry and statistical data on import and export of products in 2019

统计资料

2019 年重型机械行业主要经济指标

行业分类	企业数（家）	营业收入		营业成本		销售费用	
		金额（亿元）	同比增长（%）	金额（亿元）	同比增长（%）	金额（亿元）	同比增长（%）
全国机械工业	**89 116**	**217 550.99**	**2.46**	**182 057.40**	**2.40**	**6 823.83**	**2.87**
重型矿山行业	**4 209**	**9 792.24**	**9.32**	**8 102.41**	**8.75**	**341.22**	**7.11**
轻小型起重设备制造	204	252.36	4.62	210.09	3.08	7.44	5.90
生产专用起重机制造	532	1 548.32	18.49	1 305.82	18.82	44.04	17.93
生产专用车辆制造	157	526.91	-0.23	450.82	-0.35	16.60	-10.68
连续搬运设备制造	328	415.45	10.26	338.54	9.68	14.77	5.54
电梯、自动扶梯及升降机制造	758	2 675.66	8.73	2 184.66	8.60	118.00	3.40
客运索道制造	7	39.67	12.79	31.77	12.85	1.27	10.59
机械式停车设备制造	50	48.20	21.96	38.22	21.34	3.69	30.20
隧道施工专用机械制造	47	290.61	4.95	224.06	5.61	7.56	23.94
其他非金属加工专用设备制造	81	77.30	15.13	63.18	15.26	3.08	16.40
窄轨机车车辆制造	20	75.29	8.52	54.13	3.83	3.82	15.84
其他物料搬运设备制造	104	184.50	5.93	152.96	5.56	6.29	-5.22
矿山机械制造	1 460	2 456.81	5.71	2 021.60	3.50	87.84	11.00
冶金专用设备制造	461	1 201.17	13.65	1 026.55	14.31	26.81	4.27

行业分类	管理费用		财务费用		利润总额		资产总计	
	金额（亿元）	同比增长（%）	金额（亿元）	同比增长（%）	金额（亿元）	同比增长（%）	金额（亿元）	同比增长（%）
全国机械工业	**9 531.04**	**-1.63**	**1 481.14**	**3.88**	**13 219.22**	**-4.53**	**245 035.78**	**5.68**
重型矿山行业	**478.05**	**-1.28**	**101.39**	**11.83**	**559.19**	**21.65**	**12 930.37**	**3.80**
轻小型起重设备制造	15.20	6.72	1.97	26.26	11.18	-11.02	212.69	7.46
生产专用起重机制造	64.09	4.24	28.56	1.74	68.44	34.38	2 276.91	3.02
生产专用车辆制造	17.76	0.72	1.51	149.88	29.64	2.10	411.35	5.58
连续搬运设备制造	24.23	7.04	3.81	15.90	27.15	22.68	517.80	8.42
电梯、自动扶梯及升降机制造	146.05	-1.26	1.38	168.41	182.60	17.06	2 823.75	7.74
客运索道制造	1.71	9.75	0.18	5.23	3.56	11.93	47.12	21.31
机械式停车设备制造	3.23	0.22	0.60	13.24	1.21	41.84	78.52	-7.61
隧道施工专用机械制造	10.65	-7.86	5.01	22.39	32.27	-6.10	512.29	0.41
其他非金属加工专用设备制造	4.88	18.17	0.67	15.48	4.19	6.60	70.24	8.06
窄轨机车车辆制造	4.81	10.94	0.80	111.47	8.45	37.86	140.99	0.90
其他物料搬运设备制造	9.05	-12.03	1.77	153.59	9.38	2.82	192.22	10.84
矿山机械制造	121.43	-2.91	41.06	5.90	136.21	46.61	3 664.40	2.67
冶金专用设备制造	54.93	-8.63	14.06	0.90	44.91	16.48	1 982.12	0.12

（续）

行业分类	流动资产合计		应收账款		存货		其中：产成品	
	金额（亿元）	同比增长（%）	金额（亿元）	同比增长（%）	金额（亿元）	同比增长（%）	金额（亿元）	同比增长（%）
全国机械工业	**153 710.43**	**5.62**	**57 419.48**	**2.26**	**29 852.62**	**1.89**	**11 760.26**	**5.98**
重型矿山行业	**8 637.59**	**3.88**	**3 150.46**	**2.06**	**2 241.34**	**1.43**	**769.24**	**14.37**
轻小型起重设备制造	139.57	8.03	47.77	-10.85	34.11	0.11	9.43	4.10
生产专用起重机制造	1 349.67	1.56	447.99	-8.40	462.00	1.50	94.73	8.20
生产专用车辆制造	253.61	-0.12	83.58	4.83	67.15	-5.06	25.08	-10.25
连续搬运设备制造	349.96	10.81	136.25	2.04	87.71	2.54	27.07	2.95
电梯、自动扶梯及升降机制造	2 127.60	10.25	756.30	7.49	416.10	18.26	206.70	20.26
客运索道制造	33.88	28.18	20.18	32.68	9.24	39.49	7.24	73.15
机械式停车设备制造	55.83	8.10	17.78	-4.17	19.78	12.68	6.00	36.63
隧道施工专用机械制造	342.97	-4.89	128.10	-0.29	109.58	-7.85	38.08	31.61
其他非金属加工专用设备制造	44.70	7.11	13.44	-8.45	16.41	20.58	4.92	46.28
窄轨机车车辆制造	89.73	-15.43	27.78	-10.07	27.20	21.48	8.74	-6.55
其他物料搬运设备制造	150.33	14.60	50.83	-1.89	56.14	33.37	12.31	88.36
矿山机械制造	2 330.00	2.45	876.05	1.26	645.03	-8.01	239.83	10.22
冶金专用设备制造	1 369.74	0.32	544.41	8.33	290.89	0.34	89.12	18.00

行业分类	负债总计		出口交货值		资产负债率		流动资产周转率	
	金额（亿元）	同比增长（%）	金额（亿元）	同比增长（%）	当年（%）	同比增长（%）	次数（次）	同比增长（%）
全国机械工业	**138 131.22**	**5.65**	**22 690.61**	**3.37**	**56.37**	**56.39**	**1.48**	**1.53**
重型矿山行业	**7 799.56**	**4.43**	**747.13**	**1.04**	**60.32**	**60.32**	**1.19**	**1.19**
轻小型起重设备制造	108.34	-2.83	61.84	-5.01	50.94	56.33	1.92	1.96
生产专用起重机制造	1 423.99	4.41	179.41	11.34	62.54	61.71	1.22	1.09
生产专用车辆制造	203.45	6.13	107.05	2.30	49.46	49.20	2.05	2.07
连续搬运设备制造	273.38	8.88	18.64	0.41	52.80	52.57	1.32	1.35
电梯、自动扶梯及升降机制造	1 714.12	13.50	186.37	-5.91	60.70	57.62	1.36	1.34
客运索道制造	27.44	25.25	0.16	53.02	58.25	56.42	1.34	1.41
机械式停车设备制造	51.38	3.19	1.69	7.71	65.44	58.60	0.94	0.87
隧道施工专用机械制造	347.14	4.36	15.72	0.55	67.76	65.20	0.84	0.81
其他非金属加工专用设备制造	37.67	7.07	11.36	11.36	53.63	54.12	1.45	1.35
窄轨机车车辆制造	78.26	-13.47	9.81	68.98	55.51	64.73	1.01	0.81
其他物料搬运设备制造	109.14	16.63	36.01	-32.27	56.78	53.96	1.25	1.34
矿山机械制造	2 175.85	1.44	74.92	1.50	59.38	60.10	1.08	1.08
冶金专用设备制造	1 249.38	-1.75	44.16	39.49	63.03	64.23	0.91	0.85

（续）

行业分类	成本费用利润率（%）		利润率（%）		总资产利润率（%）	
	当年	同比增长	当年	同比增长	当年	同比增长
全国机械工业	**6.61**	**7.08**	**6.08**	**6.52**	**5.64**	**6.26**
重型矿山行业	**6.20**	**6.20**	**5.71**	**5.71**	**4.52**	**4.52**
轻小型起重设备制造	4.76	5.54	4.43	5.21	5.57	6.55
生产专用起重机制造	4.74	4.15	4.42	3.90	3.21	2.51
生产专用车辆制造	6.09	5.93	5.62	5.50	7.30	7.50
连续搬运设备制造	7.12	6.35	6.54	5.87	5.82	5.21
电梯、自动扶梯及升降机制造	7.45	6.87	6.82	6.34	6.89	6.19
客运索道制造	10.19	10.25	8.97	9.04	8.49	8.90
机械式停车设备制造	2.64	2.24	2.51	2.16	1.63	1.16
隧道施工专用机械制造	13.05	14.69	11.11	12.41	6.39	7.23
其他非金属加工专用设备制造	5.83	6.32	5.42	5.85	5.04	5.04
窄轨机车车辆制造	13.30	10.20	11.23	8.84	7.51	5.45
其他物料搬运设备制造	5.52	5.61	5.09	5.24	4.70	5.10
矿山机械制造	6.00	4.23	5.54	4.00	3.81	2.75
冶金专用设备制造	4.00	3.86	3.74	3.65	2.34	2.13

〔撰稿人：中国重型机械工业协会严祥文　审稿人：中国重型机械工业协会王继生〕

2019 年冶金机械进出口额统计

货品名称	出口数量（台/吨）	出口金额（万美元）	进口数量（台/吨）	进口金额（万美元）	进出口总额（万美元）	进出口差额（万美元）
冶金设备合计		**188 087**		**47 496**	**235 583**	**140 590**
一、金属冶炼设备	**3 813**	**3 279**	**11**	**592**	**3 871**	**2 687**
1. 炼焦炉	10	387			387	387
2. 转炉	3 400	1 953	5	265	2 218	1 688
3. 炉外精炼设备	403	939	6	327	1 265	612
二、连续铸钢设备	**353**	**2 265**	**5**	**305**	**2 570**	**1 960**
1. 方坯连铸机	54	1 417			1 417	1 417
2. 板坯连铸机	20	51	1	293	344	-242
3. 其他钢坯连铸机	279	797	4	12	809	785
三、金属轧制设备	**31 995**	**38 287**	**418**	**15 980**	**54 267**	**22 307**
1. 板材轧机	4 536	11 406	33	1 678	13 085	9 728
板材热轧机	85	1 108	5	1 334	2 443	-226
板材冷轧机	4 451	10 298	28	344	10 642	9 954

（续）

货品名称	出口数量（台 / 吨）	出口金额（万美元）	进口数量（台 / 吨）	进口金额（万美元）	进出口总额（万美元）	进出口差额（万美元）
2. 管轧机	1 402	3 798	9	382	4 180	3 416
热轧管机	45	179	1	45	223	134
冷轧管机	574	2 737	6	333	4 765	2 403
减径轧管机	141	283			318	283
其他金属管轧机	642	600	2	4	902	596
3. 型材轧机	202	2 929	1	1	2 930	2 927
4. 线材轧机	540	3 059	12	831	3 890	2 227
5. 其他金属轧机	3 695	8 311	61	5 828	14 139	2 482
其他金属热轧机或冷热联轧机	251	1 025	7	2 301	3 326	-1 276
其他金属冷轧机	3 444	7 286	54	3 527	10 814	3 759
6. 拉拔机	19 886	8 602	292	4 591	13 192	4 011
300t 及以下的冷拔管机	105	115	8	228	344	-113
其他冷拔管机	7	11	1	7	19	4
7. 拔丝机	19 382	7 130	222	3 924	11 054	3 206
金属杆、管、型材、异型材等拉拔机	392	1 345	61	431	1 776	914
四、冶金设备零件		**144 255**		**30 619**	**174 875**	**5 224**
1. 金属冶炼设备零件		33 891		4 845	38 736	1 664
海绵铁回转窑的零件	2 074	797	7	7	804	16 271
焦炉零件	24 566	5 122	8	25	5 146	16 803
锭模及浇包	69 693	6 506	229	1 282	7 788	2 183
炉外精炼设备的零件	4 264	1 882	74	217	2 099	244
其他金属冶炼设备零件	62 451	19 585	972	3 314	22 898	14 376
2. 连铸机零件	40 122	19 673	612	2 869	22 542	67 787
钢坯连铸机用结晶器	2 372	2 838	129	655	3 492	34 487
钢坯连铸机用振动装置	715	387	60	143	530	33 301
其他钢坯连铸机用零件	37 035	16 448	423	2 072	18 519	14 376
3. 金属轧制设备零件	368 466	90 692	19 553	22 905	113 596	67 787
金属轧机用轧辊（个）	256 336	45 089	15 125	10 603	55 692	34 487
其他金属轧机零件	112 130	45 602	4 428	12 302	57 904	33 301

〔撰稿人：中国重型机械工业协会严祥文　　审稿人：中国重型机械工业协会王继生〕

2019 年矿山机械进出口额统计

货品名称	出口数量（台）	出口金额（万美元）	进口数量（台）	进口金额（万美元）	进出口总额（万美元）	进出口差额（万美元）
矿山设备		**168 537**		**40 388**	**208 924**	**128 149**
一、采掘、凿岩设备及钻机	**78 219**	**54 944**	**503**	**9 565**	**64 509**	**45 380**

（续）

货品名称	出口数量（台）	出口金额（万美元）	进口数量（台）	进口金额（万美元）	进出口总额（万美元）	进出口差额（万美元）
1. 采煤、凿岩及隧道掘进机	39 906	44 507	440	8 274	52 781	36 234
自推进的采（截）煤机	4	265	1	281	546	-16
自推进的凿岩机	2 515	2 675	11	563	3 239	2 112
自推进的隧道掘进机	164	39 795	21	2 449	42 244	37 346
非自推进的采煤、凿岩机	37 223	1 772	407	4 980	6 752	-3 208
矿用电铲	8	4 930			4 930	4 930
2. 采矿钻机	393	1 302	4	9	1 311	1 294
牙轮直径≥ 380mm	19	566			566	566
其他采矿钻机	374	736	4	9	745	727
3. 工程钻机	37 912	4 204	59	1 282	3 968	3 290
钻筒直径≥ 3m	338	38	5	767	191	59
其他非自推进工程钻机	37 574	4 166	54	515	3 776	3 231
二、破碎、粉磨设备	**60 735**	**62 477**	**1 910**	**18 098**	**80 575**	**44 380**
1. 齿辊式破碎设备	9 747	8 414	79	2 511	10 925	5 902
2. 球磨式粉磨设备	5 225	11 106	104	550	11 656	10 555
3. 其他破碎或粉磨设备	45 763	42 958	1 727	15 036	57 993	27 922
三、筛分、洗选设备	**266 079**	**41 837**	**2 405**	**11 190**	**53 027**	**30 648**
四、矿山提升设备	**9 688**	**1 392**	**36**	**813**	**2 205**	**579**
1. 电动矿山提升设备	6 791	1 292	9	12	1 304	1 280
2. 非电动矿山提升设备	2 897	100	27	801	902	-701
五、矿山机械零件（t）	**19 580**	**7 885**	**295**	**722**	**8 608**	**7 163**

〔撰稿人：中国重型机械工业协会严祥文　　审稿人：中国重型机械工业协会王继生〕

2019 年物料搬运机械进出口额统计

货品名称	出口数量（台 / 吨）	出口金额（万美元）	进口数量（台 / 吨）	进口金额（万美元）	进出口总额（万美元）	进出口差额（万美元）
一、轻小型起重设备		**227 702**		**31 996**	**259 699**	**195 706**
1. 电动葫芦	1 105 467	16 987	24 133	4 811	21 798	12 176
2. 滑车及手动葫芦	4 180 174	15 932	22 837	1 452	17 384	14 480
3. 卷扬机及绞盘	7 509 029	52 766	29 847	19 785	72 550	32 981
电动的卷扬机及绞盘	2 108 013	41 340	15 647	14 453	55 793	26 887
非电动卷扬机及绞盘	5 401 016	11 425	14 200	5 332	16 757	6 094
4. 千斤顶	43 085 789	78 750	196 532	2 654	81 405	76 096

（续）

货品名称	出口数量（台／吨）	出口金额（万美元）	进口数量（台／吨）	进口金额（万美元）	进出口总额（万美元）	进出口差额（万美元）
车库中使用的固定千斤顶系统	13 079	1 341	46	25	1 366	1 317
其他液压千斤顶	23 600 625	54 265	71 705	1 757	56 022	52 508
其他千斤顶	19 472 085	23 144	124 781	873	24 017	22 271
5. 车辆举升机	2 569 208	45 767	2 110	768	46 535	44 999
液压举升机	682 636	40 243	1 544	669	40 912	39 574
其他举升机	1 886 572	5 524	566	99	5 623	5 425
6. 轻小型起重零件	59 290	17 500	1 496	2 527	20 026	14 973
二、起重机		**369 439**		**20 158**	**389 597**	**349 281**
1. 桥式起重机	7 708	24 987	190	3 326	28 313	21 660
通用桥式起重机	5 743	21 379	113	779	22 158	20 600
其他桥式起重机	1 965	3 607	77	2 547	6 155	1 060
2. 门式起重机	1 891	41 727	28	255	41 982	41 472
3. 装卸桥及其他桥架型起重机	15 194	121 712	65	1 711	123 423	120 000
装卸桥	392	118 741	7	1 477	120 218	117 264
其他桥架型起重机	14 802	2 971	58	234	3 205	2 737
4. 塔式起重机	9 514	38 320	26	146	38 466	38 174
5. 门座起重机	1 255	11 574	173	6 088	17 662	5 486
6. 流动式起重机	5 912	109 407	476	4 017	113 423	105 390
轮式起重机	3 968	78 276	41	463	78 739	77 812
履带式起重机	923	29 103	32	2 490	31 592	26 613
其他流动式起重机	22	417	4	271	687	146
公路车辆随车起重机	999	1 612	399	793	2 404	819
7. 未列名起重机	58 363	4 000	499	2 506	6 506	1 494
8. 起重机零件	76 612	17 714	2 636	2 108	19 821	15 606
三、工业车辆		**357 489**		**39 679**	**397 168**	**317 810**
1. 电动车辆（叉车）	210 024	86 832	10 584	13 914	100 746	72 919
乘驾式高起升堆垛叉车	1 199	565	380	1 130		
其他电动车辆	208 825	86 267	10 204	12 783		
2. 内燃叉车	95 475	140 667	943	5 827	146 494	134 840
其他内燃叉车	95 141	136 544	84 272 090	941	5 804	
集装箱叉车	334	4 123	84 272 010	2	23	
3. 短距离牵引车	3 335	5 516	666	1 229	6 745	4 286
电动牵引车	2 028	2 219	87 091 110	654	1 134	
其他机动牵引车	1 307	3 297	87 091 910	12	95	
4. 固定平台搬运车	36 015	3 672	316	580	4 251	3 092
电动固定平台搬运车	20 578	2 402	232	324		

（续）

货品名称	出口数量（台 / 吨）	出口金额（万美元）	进口数量（台 / 吨）	进口金额（万美元）	进出口总额（万美元）	进出口差额（万美元）
其他固定平台搬运车	15 437	1 270	84	256		
5. 手动起升搬运车辆	1 785 625	34 804	2 553	1 557	36 361	33 248
工业车辆零件	583 444	85 998	19 280	16 573	102 570	69 425
品目 8427 所列零件	579 985	84 610	19 126	16 314		
税号 8709 搬运车牵引车零件	3 459	1 388	154	259		
四、电梯、自动扶梯及升降机		**311 034**		**25 269**	**336 304**	**285 765**
1. 载客电梯	68 856	142 154	2 575	10 880	153 034	131 274
2. 其他升降机及倒卸式起重机	16 632	9 551	1 325	3 188	12 739	6 363
3. 自动梯及自动人行道	18 464	50 269	3	15	50 284	50 255
4. 电梯、自动梯及升降机零件	511 289	109 060	9 701	11 187	120 247	97 874
五、连续搬运设备	**387 573**	**184 055**	**50 358**	**122 072**	**306 128**	**61 983**
1. 输送机械	381 374	167 876	49 373	112 103	279 980	55 773
气力输送机	22 265	4 874	3 326	6 773	11 647	−1 900
地下专用的输送机	5 080	815	114	1 655	2 470	−841
斗式提升输送机	16 739	12 881	3 521	5 082	17 963	7 799
带式输送机	122 934	70 396	21 440	26 569	96 965	43 828
链式输送机	26 461	21 922	2 470	15 717	37 639	6 205
辊式输送机	45 143	16 405	4 331	20 102	36 507	−3 697
其他输送机及提升机	125 151	40 119	14 089	30 184	70 303	9 935
架空索道	17 601	465	82	6 022	6 487	−5 557
2. 装卸机械	6 199	16 179	985	9 969	26 148	6 210
装船机	234	2 227			2 227	2 227
卸船机	30	2 416			2 416	2 416
堆取料机	1 581	9 421	335	6 034	15 455	3 387
其他装卸机械	4 354	2 115	650	3 935	6 050	−1 821
六、其他物料搬运设备	**2 955 448**	**208 942**	**243 100**	**186 435**	**395 378**	**22 507**
自动化立体仓储设备	19 370	3 468	717	11 667	15 134	−8 199
有轨巷道堆垛机	163	1 513	309	6 210	7 723	−4 697
机械停车设备	27 276	5 456	36	400	5 856	5 056
机场用旅客登机桥	223	5 958	0	0	5 958	5 958
其他旅客登机（船）桥	317	563	3	6	569	557
矿车推进机、转车台、货车倾卸	671	633	2	173	806	460
搬运机器人	14 559	9 632	31 754	29 020	38 652	−19 388
未列名提升、搬运、装卸机械	2 636 121	95 566	198 829	103 829	199 395	−8 263
税号 84.28 所列其他机械零件	256 748	86 154	11 450	35 131	121 285	51 024

〔撰稿人：中国重型机械工业协会严祥文　　审稿人：中国重型机械工业协会王继生〕

2019 年冶金机械进出口额分类统计

序号	分类方式	出口金额（万美元）	占出口总额的比重（%）	序号	分类方式	进口金额（万美元）	占进口总额的比重（%）
	冶金机械	**188 087**	**100**		**冶金机械**	**47 496**	**100**
一	**按贸易方式分类**			一	**按贸易方式分类**		
1	一般贸易	158 878	84.47	1	一般贸易	41 626	87.64
2	进料加工贸易	20 206	10.74	2	保税监管场所进出境货物	3 164	6.66
3	对外承包工程出口货物	4 188	2.23	3	海关特殊监管区域物流货物	1 107	2.33
4	边境小额贸易	1 454	0.77	4	进料加工贸易	525	1.11
5	来料加工贸易	1 235	0.66	5	海关特殊监管区域进口设备	377	0.79
6	保税监管场所进出境货物	818	0.43	6	来料加工贸易	223	0.47
7	其他	622	0.33	7	其他	181	0.38
8	海关特殊监管区域物流货物	567	0.30	8	外商投资企业作为投资进口的设备、物品	173	0.36
9	出料加工贸易	106	0.06	9	出料加工贸易	120	0.25
10	国家间、国际组织无偿援助和赠送的物资	10	0.01	10			
11	易货贸易	3	0.00	11			
12	租赁贸易	0	0.00	12			
二	**按行政区分类**			二	**按行政区分类**		
1	江苏省	39 123	20.80	1	江苏省	9 820	20.67
2	上海市	24 757	13.16	2	山东省	7 740	16.30
3	河北省	18 459	9.81	3	上海市	4 453	9.38
4	北京市	13 413	7.13	4	湖北省	4 207	8.86
5	山东省	10 681	5.68	5	辽宁省	3 317	6.98
6	广东省	10 050	5.34	6	河南省	3 118	6.56
7	福建省	9 970	5.30	7	浙江省	2 405	5.06
8	浙江省	9 415	5.01	8	北京市	1 958	4.12
9	辽宁省	8 638	4.59	9	福建省	1 810	3.81
10	天津市	6 489	3.45	10	安徽省	1 311	2.76
11	其他	37 091	19.70	11	其他	9 820	20.68
三	**按国家和地区分类**			三	**按国家和地区分类**		
1	印度	28 094	14.94	1	德国	19 332	40.70
2	越南	14 634	7.78	2	日本	7 530	15.85
3	印度尼西亚	11 685	6.21	3	意大利	7 071	14.89

（续）

序号	分类方式	出口金额（万美元）	占出口总额的比重（%）	序号	分类方式	进口金额（万美元）	占进口总额的比重（%）
三	**按国家和地区分类**			三	**按国家和地区分类**		
4	日本	11 442	6.08	4	美国	5 898	12.42
5	墨西哥	8 993	4.78	5	韩国	1 707	3.59
6	美国	8 261	4.39	6	奥地利	1 300	2.74
7	俄罗斯联邦	8 123	4.32	7	法国	648	1.36
8	泰国	6 939	3.69	8	瑞士	594	1.25
9	马来西亚	6 086	3.24	9	中国台湾	469	0.99
10	韩国	5 658	3.01	10	英国	444	0.93
11	其他	78 173	41.56	11	其他	2 502	5.27

〔撰稿人：中国重型机械工业协会严祥文　审稿人：中国重型机械工业协会王继生〕

2019 年矿山机械进出口额分类统计

序号	贸易方式	出口金额（万美元）	占出口总额的比重（%）	序号	贸易方式	进口金额（万美元）	占进口总额的比重（%）
	矿山机械	**168 537**	**100**		**矿山机械**	**40 388**	**100**
一	**按贸易方式分类**			一	**按贸易方式分类**		
1	一般贸易	113 667	67.44	1	一般贸易	32 712	80.99
2	进料加工贸易	29 861	17.72	2	海关特殊监管区域物流货物	4 864	12.04
3	对外承包工程出口货物	16 978	10.07	3	保税监管场所进出境货物	1 374	3.40
4	边境小额贸易	5 052	3.00	4	进料加工贸易	1 256	3.11
5	其他	1 274	0.76	5	海关特殊监管区域进口设备	121	0.30
6	海关特殊监管区域物流货物	747	0.44	6	外商投资企业作为投资进口的设备、物品	53	0.13
7	保税监管场所进出境货物	434	0.26	7	其他	8	0.02
8	来料加工贸易	390	0.23				
9	国家间、国际组织无偿援助和赠送的物资	85	0.05				
10	租赁贸易	48	0.03				
二	**按行政区分类**			二	**按行政区分类**		
1	广东省	26 208	15.55	1	上海市	6 463	16.00
2	北京市	22 089	13.11	2	河北省	5 785	14.32
3	河南省	17 814	10.57	3	江苏省	5 774	14.30

（续）

序号	贸易方式	出口金额（万美元）	占出口总额的比重（%）	序号	贸易方式	进口金额（万美元）	占进口总额的比重（%）
二	**按行政区分类**			二	**按行政区分类**		
4	上海市	17 500	10.38	4	天津市	4 854	12.02
5	江苏省	11 342	6.73	5	北京市	4 796	11.87
6	辽宁省	10 298	6.11	6	陕西省	3 074	7.61
7	山东省	9 540	5.66	7	广东省	2 754	6.82
8	浙江省	8 778	5.21	8	山东省	1 534	3.80
9	天津市	7 195	4.27	9	安徽省	1 196	2.96
10	福建省	4 482	2.66	10	浙江省	779	1.93
11	其他	33 290	19. 75	11	其他	3 378	8.36
三	**按国家和地区分类**			三	**按国家和地区分类**		
1	新加坡	16 451	9.76	1	德国	12 961	32.09
2	俄罗斯联邦	15 257	9.05	2	美国	3 655	9.05
3	澳大利亚	14 554	8.64	3	芬兰	3 456	8.56
4	印度尼西亚	10 096	5.99	4	英国	3 206	7.94
5	越南	7 376	4.38	5	日本	3 088	7.65
6	刚果（金）	6 342	3.76	6	韩国	2 642	6.54
7	印度	5 855	3.47	7	印度	2 023	5.01
8	美国	4 720	2.80	8	奥地利	1 668	4.13
9	哈萨克斯坦	3 918	2.32	9	法国	1 493	3.70
10	乌兹别克斯坦	3 412	2.02	10	加拿大	1 161	2.88
11	其他	80 557	47.80	11	其他	5 035	12.47

〔撰稿人：中国重型机械工业协会严祥文　　审稿人：中国重型机械工业协会王继生〕

2019 年物料搬运机械进出口额分类统计

序号	贸易方式	出口金额（万美元）	占出口总额的比重（%）	序号	贸易方式	进口金额（万美元）	占进口总额的比重（%）
	物料搬运机械	**1 649 031**	**100.00**		**物料搬运机械**	**396 590**	**100.00**
一	**按贸易方式分类**			一	**按贸易方式分类**		
1	一般贸易	1 150 176	69.75	1	一般贸易	297 325	74.97
2	进料加工贸易	382 455	23.19	2	海关特殊监管区域物流货物	31 537	7.95

（续）

序号	贸易方式	出口金额（万美元）	占出口总额的比重（%）	序号	贸易方式	进口金额（万美元）	占进口总额的比重（%）
一	**按贸易方式分类**			一	**按贸易方式分类**		
3	对外承包工程出口货物	68 296	4.14	3	进料加工贸易	29 895	7.54
4	海关特殊监管区域物流货物	13 479	0.82	4	外商投资企业作为投资进口的设备、物品	18 350	4.63
5	边境小额贸易	13 352	0.81	5	海关特殊监管区域进口设备	10 687	2.69
6	其他	9 484	0.58	6	保税监管场所进出境货物	6 242	1.57
7	保税监管场所进出境货物	7 291	0.44	7	其他	1 360	0.34
8	租赁贸易	1 976	0.12	8	来料加工贸易	576	0.15
9	来料加工贸易	1 841	0.11	9	加工贸易进口设备	371	0.09
10	国家间、国际组织无偿援助和赠送的物资	681	0.04	10	租赁贸易	245	0.06
11	易货贸易	1	0.00	11	边境小额贸易	1	0.00
12	寄售、代销贸易	0	0.00	12	国家间、国际组织无偿援助和赠送的物资	1	0.00
二	**按行政区分类**			二	**按行政区分类**		
1	江苏省	366 928	22.25	1	上海市	92 319	23.28
2	上海市	331 671	20.11	2	江苏省	75 823	19.12
3	浙江省	293 103	17.77	3	广东省	55 092	13.89
4	广东省	127 133	7.71	4	山东省	26 656	6.72
5	山东省	86 285	5.23	5	北京市	25 928	6.54
6	辽宁省	70 404	4.27	6	天津市	20 517	5.17
7	北京市	56 666	3.44	7	浙江省	20 137	5.08
8	安徽省	50 334	3.05	8	辽宁省	15 140	3.82
9	湖南省	48 799	2.96	9	安徽省	11 663	2.94
10	福建省	42 806	2.60	10	湖北省	7 847	1.98
11	其他	174 902	10.61	11	其他	45 468	11.46
三	**按国家和地区分类**			三	**按国家和地区分类**		
1	美国	207 544	12.59	1	德国	97 592	24.61
2	印度尼西亚	95 484	5.79	2	日本	78 058	19.68
3	越南	75 794	4.60	3	韩国	49 144	12.39
4	印度	67 402	4.09	4	意大利	24 572	6.20
5	日本	66 046	4.01	5	美国	22 842	5.76
6	澳大利亚	58 698	3.56	6	中国台湾	21 746	5.48
7	俄罗斯联邦	55 943	3.39	7	瑞士	11 721	2.96
8	韩国	51 949	3.15	8	奥地利	11 308	2.85
9	泰国	51 478	3.12	9	法国	9 766	2.46
10	马来西亚	47 799	2.90	10	中国	9 544	2.41
11	其他	870 894	52.81	11	其他	60 295	15.20

〔撰稿人：中国重型机械工业协会严祥文　　审稿人：中国重型机械工业协会王继生〕

2019 年冶金机械进出口地区数统计

货品名称	出口地区数（个）		进口地区数（个）	
	省、自治区、直辖市	国家和地区	省、自治区、直辖市	国家和地区
冶金设备	**29**	**170**	**27**	**48**
一、金属冶炼设备	**21**	**58**	**6**	**6**
1. 炼焦炉	4	4	0	0
2. 转炉	19	50	3	4
3. 炉外精炼设备	14	29	4	4
二、连续铸钢设备	**20**	**36**	**3**	**3**
1. 方坯连铸机	16	20	0	0
2. 板坯连铸机	5	6	1	1
3. 其他钢坯连铸机	12	25	2	2
三、金属轧制设备	**27**	**163**	**18**	**16**
1. 板材轧机	24	143	8	7
板材热轧机	16	22	3	3
板材冷轧机	23	142	6	7
2. 管轧机	22	88	4	5
热轧管机	14	19	1	1
冷轧管机	19	57	4	3
定、减径轧管机	9	19	0	0
其他金属管轧机	18	57	1	1
3. 型材轧机	18	43	0	0
4. 线材轧机	21	51	9	6
5. 其他金属轧机	23	126	11	9
其他金属热轧机或冷热联轧机	15	35	3	3
其他金属冷轧机	22	124	11	8
6. 拉拔机	25	97	15	11
300t 及以下的冷拔管机	14	20	3	3
其他冷拔管机	3	6	1	1
7. 拔丝机	25	87	13	9
金属杆、管、型材、异型材等拉拔机	19	51	7	9
四、冶金设备零件	**28**	**148**	**27**	**48**
1. 金属冶炼设备零件	28	118	25	39
海绵铁回转窑的零件	14	21	1	1

（续）

货品名称	出口地区数（个）		进口地区数（个）	
	省、自治区、直辖市	国家和地区	省、自治区、直辖市	国家和地区
焦炉零件	15	27	4	5
锭模及浇包	26	87	10	8
炉外精炼设备的零件	22	51	12	13
其他金属冶炼设备零件	27	112	24	36
2. 连铸机零件	23	106	14	20
钢坯连铸机用结晶器	18	72	8	5
钢坯连铸机用振动装置	14	26	8	7
其他钢坯连铸机用零件	23	93	14	20
3. 金属轧制设备零件	28	148	27	48
金属轧机用轧辊（个）	25	120	22	23
其他金属轧机零件	24	137	23	36

〔撰稿人：中国重型机械工业协会严祥文　审稿人：中国重型机械工业协会王继生〕

2019 年矿山机械进出口地区数统计

货品名称	出口地区数（个）		进口地区数（个）	
	省、自治区、直辖市	国家和地区	省、自治区、直辖市	国家和地区
矿山机械	**30**	**186**	**30**	**40**
一、采掘、凿岩设备及钻机	**27**	**147**	**18**	**14**
1. 采煤、凿岩机及隧道掘进机	27	117	18	11
自推进的采（截）煤机、凿岩机及隧道掘进机	26	75	9	6
非自推进的采煤、凿岩机及隧道掘进机	26	100	16	10
矿用电铲	3	3	0	0
2. 采矿钻机	21	61	4	4
牙轮直径≥ 380mm 的采矿钻机	8	9	0	0
其他采矿钻机	21	59	4	4
3. 工程钻机	24	132	9	10
钻筒直径≥ 3m 的非自推进工程钻机	10	15	3	2
其他非自推进工程钻机	24	131	9	10
二、破碎、粉磨设备	**30**	**176**	**25**	**29**

（续）

货品名称	出口地区数（个）		进口地区数（个）	
	省、自治区、直辖市	国家和地区	省、自治区、直辖市	国家和地区
三、筛分、洗选设备	**30**	**174**	**27**	**34**
四、矿山提升设备	**23**	**65**	**7**	**7**
五、矿山机械零件	**21**	**58**	**13**	**17**

〔撰稿人：中国重型机械工业协会严祥文　　审稿人：中国重型机械工业协会王继生〕

2019 年物料搬运机械进出口地区数统计

货品名称	出口地区数（个）		进口地区数（个）	
	省、自治区、直辖市	国家和地区	省、自治区、直辖市	国家和地区
物料搬运机械	**31**	**217**	**31**	**78**
一、轻小型起重设备	**30**	**203**	**29**	**56**
1. 电动葫芦	31	178	17	33
2. 滑车及手动葫芦	31	186	23	34
3. 卷扬机及绞盘	28	174	24	34
电动的卷扬机及绞盘	27	174	19	32
非电动卷扬机及绞盘	25	153	22	33
4. 千斤顶	31	197	24	41
车库中使用的固定千斤顶系统	16	63	6	7
其他液压千斤顶	31	189	21	36
其他千斤顶	27	181	22	31
5. 车辆举升机	26	177	15	19
液压举升机	25	176	13	16
其他举升机	22	128	9	13
6. 轻小型起重零件	29	171	27	46
二、起重机	**30**	**190**	**23**	**34**
1. 桥式起重机	26	129	14	18
通用桥式起重机	26	120	8	13
其他桥式起重机	25	74	11	13
2. 门式起重机	26	104	5	4
3. 装卸桥及其他桥架型起重机	23	92	9	9
装卸桥	15	48	3	4

（续）

货品名称	出口地区数（个）		进口地区数（个）	
	省、自治区、直辖市	国家和地区	省、自治区、直辖市	国家和地区
其他桥架型起重机	19	71	10	11
4. 塔式起重机	23	93	2	2
5. 门座起重机	23	76	13	19
6. 流动式起重机	27	142	13	14
轮式起重机	27	124	9	7
履带式起重机	22	63	8	7
其他流动式起重机	5	6	3	3
公路车辆随车起重机	19	62	6	8
7. 未列名起重机	26	133	17	19
8. 起重机零件	28	169	15	28
三、工业车辆	**31**	**205**	**27**	**57**
乘驾高起升堆垛叉车	16	85	4	3
其他电动车辆（叉车）	26	177	20	23
集装箱叉车	14	57	1	1
其他内燃叉车	29	195	15	17
电动牵引车	16	65	13	11
其他机动牵引车	14	67	4	4
电动固定平台搬运车	22	111	10	15
其他固定平台搬运车	22	91	8	6
手动起升搬运车辆	31	187	18	11
品目 8427 所列零件	28	187	24	56
税号 8709 所列零件	21	69	13	25
四、电梯及自动扶梯	**28**	**193**	**22**	**59**
1. 载客电梯	25	165	9	16
2. 其他升降机及倒卸式起重机	27	137	16	22
3. 自动梯及自动人行道	18	134	1	1
4. 电梯、自动梯及升降机零件	29	186	22	59
五、连续搬运设备	**30**	**186**	**29**	**52**
1. 输送机械	30	185	29	51
气力输送机	25	133	20	27
地下专用的输送机	14	42	10	8
斗式提升输送机	27	150	21	21
带式输送机	30	175	27	42
链式输送机	29	144	22	27
辊式输送机	26	132	23	30

（续）

货品名称	出口地区数（个）		进口地区数（个）	
	省、自治区、直辖市	国家和地区	省、自治区、直辖市	国家和地区
其他输送机及提升机	30	158	29	36
架空索道	16	48	12	11
2. 装卸机械	25	92	19	19
装船机	7	9	0	0
卸船机	4	13	0	0
堆取料机	22	88	17	13
其他装卸机械	22	54	20	14
六、其他物料搬运设备	**31**	**195**	**30**	**60**
自动化立体仓储设备	19	44	17	18
有轨巷道堆垛机	10	28	10	10
机械停车设备	15	79	5	8
机场用旅客登机桥	5	21	0	0
其他旅客登机（船）桥	8	17	1	2
矿车推进机、转车台、货车倾卸	16	23	2	2
搬运机器人	21	91	20	27
未列名提升、搬运、装卸机械	31	190	29	52
税号 84.28 所列其他机械零件	31	175	30	56

〔撰稿人：中国重型机械工业协会严祥文　审稿人：中国重型机械工业协会王继生〕

标准与质量

介绍重型机械行业标准化及质量工作情况

Introduce progress of industry-wide standardization and quality work for the heavy machinery industry

标准与质量

我国冶金设备行业标准化工作情况

近些年，国家越来越重视标准化工作，标准化主管部门对标准化工作质量提出了更高的要求，相继出台了一系列政策，也开展了一系列活动。

全国冶金设备标准化技术委员会（SAC/TC409，简称全国冶金设备标委会）是国家标准化管理委员会直属的技术委员会，负责全国冶金设备标准化的技术归口工作并与相应的国际标准化组织建立联系和开展交流活动。按照国家标准委规定的业务范围，全国冶金设备标委会主要负责冶炼设备、连铸设备、轧制设备、重型锻压和金属挤压成型设备、冶金专用液压润滑及控制设备、冶金机械专用配套和冶金专用传动配套设备等专业领域的国家标准、行业标准和团体标准的制（修）订工作。

一、标准制修订工作

1.《重型机械通用技术条件》系列国家标准发布

2019 年是冶金设备领域标准化工作的丰收年，经过全国冶金设备标委会和标准起草单位的共同努力，共批准发布 20 项国家标准（含 3 项双归口标准），其中《重型机械通用技术条件》系列国家标准属于具有国际先进水平的重型装备制造业基础工艺标准，对指导重型装备制造行业设计、制造、采购有重大的意义，已陆续成为我国冶金、矿山、起重、物料搬运、工业车辆，工程机械、石化、核电、风电、大飞机、轨道交通等行业大、中型装备制造中重要的基础工艺标准。20 项国家标准（含 3 项双归口标准）清单见表 1。与之对应的《重型机械通用技术条件》英文版（表 1 前 16 项），也已经进入了报批阶段，英文版的顺利发布将推动我国重型机械制造行业整体的工艺技术进步，支撑和服务“一带一路”建设，为开拓市场、参与国际竞争发挥桥梁作用。

表 1　20 项国家标准（含 3 项双归口标准）**清单**

序号	标准号	标准名称
1	GB/T 37400.1—2019	重型机械通用技术条件　第 1 部分：产品检验
2	GB/T 37400.2—2019	重型机械通用技术条件　第 2 部分：火焰切割件
3	GB/T 37400.3—2019	重型机械通用技术条件　第 3 部分：焊接件
4	GB/T 37400.4—2019	重型机械通用技术条件　第 4 部分：铸铁件
5	GB/T 37400.5—2019	重型机械通用技术条件　第 5 部分：有色金属铸件
6	GB/T 37400.6—2019	重型机械通用技术条件　第 6 部分：铸钢件
7	GB/T 37400.7—2019	重型机械通用技术条件　第 7 部分：铸钢件补焊
8	GB/T 37400.8—2019	重型机械通用技术条件　第 8 部分：锻件
9	GB/T 37400.9—2019	重型机械通用技术条件　第 9 部分：切削加工件
10	GB/T 37400.10—2019	重型机械通用技术条件　第 10 部分：装配
11	GB/T 37400.11—2019	重型机械通用技术条件　第 11 部分：配管
12	GB/T 37400.12—2019	重型机械通用技术条件　第 12 部分：涂装
13	GB/T 37400.13—2019	重型机械通用技术条件　第 13 部分：包装
14	GB/T 37400.14—2019	重型机械通用技术条件　第 14 部分：铸钢件无损探伤
15	GB/T 37400.15—2019	重型机械通用技术条件　第 15 部分：锻钢件无损探伤
16	GB/T 37400.16—2019	重型机械通用技术条件　第 16 部分：液压系统
17	GB/T 38274—2019	润滑系统　能效评定方法
18	GB/T 38275—2019	润滑系统　检验规范
19	GB/T 38276—2019	润滑系统　术语和图形符号
20	GB/T 38392—2019	冶金设备　联轴器　试验方法、检验规则及验收规范

2. 行业标准制修订

为提高标准的制定质量，全国冶金设备标委会成立了相关专业的标准工作组，并多次组织工作组会议，从立项、编写、参数确定，标准制修订任务分工，标准起草的专家评审、审查各项环节进行了认真安排，保证了标准的质量，完成了 6 项行业标准制修订任务。已完成制修订的行业标准清单见表 2。

表 2　已完成制修订的行业标准清单

序号	计划号	标准名称
1	2018-0717T-JB	宽厚板粗轧立辊轧机
2	2018-1011T-JB	热轧带钢四辊平整机　技术条件
3	2018-1003T-JB	超级电容器供电式钢卷运输车
4	2018-0716T-JB	金属静液挤压机
5	2013-0488T-JB	冶金重载膜片联轴器
6	2011-0202T-JB	双筒网式过滤器　型式、参数与尺寸

3. 国家标准《润滑系统　能效评定方法》成功发布

2019 年，国家标准《润滑系统　能效评定方法》成功发布，该标准的制定，从高质高效的绿色润滑产品出发，以效率参数结合润滑系统的功能满足程度作为创新点，弥补了标准体系中的缺失部分。推广该标准，将推进全国在运行中的约 50 万台润滑装置产生巨大的节能效益，使润滑装置在绿色生态环境下运行，以此推动润滑产品及元件的智能制造及制造智能产品的革命。

二、标准化建设工作

1. 标准化试点

成功申报西安先进制造业标准化试点工作中《金属材料成型高端装备制造》标准化试点工作，组建了标准化试点的领导机构和工作机构，制定了工作计划和监督检查制度，完善了四级标准框架体系，后续工作正在有条不紊地展开。

2. 我国冶金设备专业领域标准化体系结构建设

完成国家标准委和工信部安排的专业标准化体系建设工作，在全国冶金设备标委会及行业相关单位专家的共同努力下，逐步开展了调研、分析、研究、讨论，征求意见，和专家审查确定等工作，编制了科学、有效、全面、完整的我国冶金设备专业领域标准化体系结构，目前均已按要求上报。

3. 促进科研成果向标准成果的转化应用

在充分调研的基础上，全国冶金设备标委会在行业内征集标准化项目，以促进科研成果向标准化成果的转化应用。2019 年，冶金设备领域申请制定国家标准项目 2 项，行业标准项目 18 项。其中，由太原科技大学研发的液压滚切式剪切设备打破了进口设备价格昂贵、投资成本大等约束我国钢铁冶金行业快速发展的瓶颈，同时该滚切原理技术的研究成功可以为剪切机床类企业进行产品升级和企业转型提供强有力的技术支持，并提升整体产业在国外市场上的竞争力，经过全国冶金设备标委会和起草单位的共同努力，该新技术已转化为标准成果，并完成申报行业标准立项计划。

冶金设备行业标准化工作任务仍然很艰巨，需要全行业共同努力。2019 年 12 月全国冶金设备标准化技术委员会在云南省昆明市召开了第三届换届大会暨 2019 年标准技术审查会，进行 2019 工作总结和 2020 年工作部署。全国冶金设备标委会会一如既往地提升为行业服务的水平，也希望行业各相关单位积极参与标准化建设，为冶金设备领域的标准化工作添砖加瓦，贡献自己的力量。

〔撰稿人：中国重型机械研究院股份公司夏娟　审稿人：中国重型机械研究院股份公司吴量〕

我国矿山机械行业标准化工作情况

全国矿山机械标准化技术委员会（SAC/TC88，简称全国矿机标委会）是全国性矿山机械领域（固体矿物的开采与选别加工处理设备）行业标准化工作的技术组织，负责全国矿山机械行业标准化工作的技术归口管理，并与相应的国际标准化组织建立联系和开展交流活动。2019 年全国矿机标委会秘书处组织完成标委会的换届工作，成立了第六届全国矿机标委会。根据工作需要，年内分别组建成立了外文版标准审定专家工作组和金属耐磨材料标准化工作组（SAC/TC88/WG3）等新领域的工作机构。至 2019 年年底，全国矿机标委会下设电气设备、液压传动与控制设备、石料矿山开采设备等 3 个分委会（SC）和筒式磨机、金属耐磨材料两个工作组（WG）。

全国矿机标委会 2019 年主要组织完成多项标准制修订、标委会换届、外文版国家标准审查报批、参与国际标准化活动、重点标准实施情况分析研究和加强行业技术服务等重点工作，圆满完成了各项工作任务，继续保持了稳步发展的良好态势。截至 2019 年年底，矿山机械行业现行有效标准共有 426 项，其中，国家标准 88 项（含强制性国家标准 19 项），机械行业标准 338 项。

一、标准制（修）订工作完成情况

为落实《“十三五”标准化发展规划》和《矿山机械专业领域“十三五”技术标准体系建设方案》，适时将矿山机械最新科研成果和先进技术转化为标准，2019 年全国矿机标委秘书处按照国家标准化管理委员会（简称国标委）《2019 年国家标准立项指南》与工业和信息化部行业标准化工作要点的要求，组织完成《矿用机械正铲式挖掘机 安全要求》等 12 项国家标准计划项目、8 项国家标准外文版计划项目和 28 项机械行业标准计划项目的申报列项工作。2019 年矿山机械领域 4 项国家标准和 8 项国家标准外文版被列入国家标准制修订计划，工业和信息化部下达 51 项机械行业标准被列入制修订计划。

为落实 2019 年国家标准和行业标准制（修）订项目计划，12 月在江苏省无锡市召开的第六届全国矿机标委会成立大会上，完成《地下撬毛台车》等 23 项机械行业标准计划项目的审查。2019 年全国矿机标委会完成审查的标准计划项目见表 1。

表 1　2019 年全国矿机标委会完成审查的标准计划项目

序号	标准计划项目名称	标准级别	制（修）订	代替标准
1	地下撬毛台车	行业准标	制定	
2	矿山救援机械　多功能抢险救援车	行业标准	制定	
3	矿山救援机械　路轨两用底盘	行业标准	制定	
4	矿山救援机械　抛沙灭火车	行业标准	制定	
5	矿山救援机械　狭小地域消防救援车	行业标准	制定	
6	矿用电动液控闸阀装置	行业标准	制定	
7	矿用耐磨橡胶衬板　技术条件	行业标准	制定	
8	矿用耐磨橡胶筛板	行业标准	制定	
9	矿用挖掘机　铸造斗齿　技术条件	行业标准	制定	
10	轮胎式气动装岩机	行业标准	制定	
11	石料矿山开采设备　臂式金刚石带锯	行业标准	制定	
12	双转子立轴破碎机	行业标准	制定	
13	水煤浆用推进式搅拌器	行业标准	制定	
14	四齿辊破碎机	行业标准	制定	
15	碗式磨煤机用行星齿轮减速器	行业标准	制定	
16	巷道掘进钻锚护台车	行业标准	制定	
17	圆槽浮选机	行业标准	制定	
18	矿用气动夹管阀装置	行业标准	制定	
19	动力头式钻机	行业标准	修订	JB/T 10344—2002
20	格栅除污机	行业标准	修订	JB/T 9046—1999
21	宽筛面强迫同步直线振动筛	行业标准	修订	JB/T 10657—2006
22	石料矿山开采设备　金刚石串珠锯	行业标准	修订	JB/T 11114—2010
23	吸附槽	行业标准	修订	JB/T 9041—1999

2019 年国标委新批准发布矿山机械领域的 GB/T 37923—2019《露天矿用无轨运矿车　安全要求》等 4 项国家标准，工业和信息化部新批准发布矿山机械领域的 JB/T 13667—2019《立式搅拌磨》等 32 项机械行业标准。

二、全国矿机标委会换届和组织机构建设

全国矿机标委会在国标委、工信部及中国机械工业联合会的领导和支持下，本着为矿山机械行业发展服务的宗旨，充分发挥秘书处及全体委员的职能作用，建立健全组织机构，精心组织，严把标准制修订质量，形成了行业标准化工作蓬勃发展的良好态势。按照《全国专业标准化技术委员会管理办法》的规定，本着优化结构、增强活力的原则，2019 年全国矿机标委会秘书处组织完成换届工作，61 名委员组成了第六届全国矿机标委会，秘书处仍设在洛阳矿山机械工程设计研究院有限责任公司。根据行业发展和工作需要，年度内分别组建成立了矿山机械领域外文版标准审定专家工作组和金属耐磨材料标准化工作组

（SAC/TC88/WG3）等新领域的工作机构。同时，加强对下属机构的管理和考核评估，促进其工作的有效开展。

三、国家标准外文版计划项目审查报批

根据国标委综合〔2018〕52 号文下达的矿山机械领域 3 项国家标准外文版项目计划，2018 年全国矿机标委会秘书处组织完成 GB/T 20961—2018《单绳缠绕式矿井提升机》、GB/T 25709—2010《自磨机和半自磨机》和 GB/T 25708—2010《球磨机和棒磨机》3 项国家标准外文版的翻译工作；2019 年上半年组建外文版标准审定专家工作组，组织完成 3 项国家标准外文版的审查和报批工作。

四、参与国际标准化活动

近年来，全国矿机标委会根据国标委有关我国实质性参与国际标准化活动为产品出口提供强有力技术支持的要求，制定了积极寻找突破口、参与相关国际标准制定、争取更多标准提案并承担秘书处工作为阶段性目标的工作计划。目前，全国矿机标委会秘书处已与国际标准化组织 ISO/TC82（矿业）和 ISO/TC127（土方机械）等相关的 ISO 技术委员会建立了正常的工作渠道，多名行业专家成为 ISO 注册专家，重点关注矿业新领域国际标准化动向，同时积极参与国际标准相关活动。2019 年组织行业有关专家完成国际标准投票共 6 项次（包括立项和阶段投票），参与国际标准 ISO 22932-1《采矿　术语　第 1 部分：规划和测量》、ISO 22932-2《采矿　术语　第 2 部分：地质特征》、ISO 19426-7《矿井结构　第 7 部分：绳索导向装置设计》和 ISO 19225：2017/DAmd 1《地下采矿机　露天采煤机　采煤机和刨煤机系统的安全要求》等 4 项国际标准的制定工作。目前全国矿机标委会参与国际标准化活动的程度还较低，需要多参与 ISO 组织的各种活动，建立流畅的工作渠道，进而提出自己的标准项目，主导国际标准的制修订工作，才能更快地实现国际化，促进我国矿山机械产品的出口。

五、重点标准实施情况分析研究

为了进一步提高标准的适用性，全国矿机标委会定期对领域内已颁布实施的重点标准进行跟踪研究，通过调研主要产品制造商、检验机构、用户、大专院校和科研院所，同时利用标准宣贯培训时收集相关信息，并采用对重点标准实施情况进行分析总结等多种形式，进一步了解和掌握标准的使用情况和技术水平。2019 年，全国矿机标委会秘书处组织对 GB/T 35737—2017《多绳缠绕式矿井提升机》和 GB/T 15113—2017《调度绞车》两项标准的实施情况进行了跟踪分析研究。研究表明，矿井提升设备生产厂家以及煤矿、非煤矿山用户贯彻使用的多绳缠绕式矿井提升机和调度绞车国家标准，技术内容先进合理，试验方法切实可行，能适应矿用产品安标认证及国家质量监督抽查的需要，切实保障了产品的质量和安全性能，标准实施情况良好，对促进我国矿山机械行业健康有序发展起到了重要作用。

六、行业技术服务

为推动标准的贯彻实施，全国矿机标委会积极开展标准培训工作，在第六届全国矿机标委会成立大会上，就 GB/T 系列标准以及标准立项、起草等程序和要求向参会单位代表进行了广泛宣贯培训。同时与中国重型机械工业协会矿山机械分会等行业组织联合，举办了“第五届矿井提升机使用与维护技术培训班”，向行业企业和用户推广宣传提升机有关技术标准。

为了进一步搞好行业技术服务，提高服务水平，全国矿机标委会编辑出版《矿山机械标准化》内部刊物，并利用全国矿机标委会门户网站、微信群及微信公众号，广泛宣传国家标准化相关政策，积极开展矿山机械行业标准化服务工作，为行业发展提供交流平台，收到了很好效果。

行业标准化工作只有与市场经济紧密结合，与企业发展需求紧密结合，才能充满新的活力，有大的发展。多年以来，全国矿机标委会十分重视依靠企业的力量促进行业标准化工作的开展，通过公开征集标准项目，吸引了大量关心标准化工作的单位和个人加入到矿山机械行业标准化工作中，使企业真正成为标准化工作的主体，调动了企业参与标准化工作的积极性，同时也使标准与工作实际密切结合，实用性更强。

〔撰稿人：洛阳矿山机械工程设计研究院有限责任公司杨现利　审稿人：洛阳矿山机械工程设计研究院有限责任公司程波〕

我国物料搬运机械行业标准化工作情况

近年来，随着《深化标准化工作改革方案》《国家标准化体系建设发展规划（2016—2020 年）》《中华人民共和国标准化法》等一系列标准化法规政策的深入推进，国家标准化工作发生了深刻变革。面对新变化、新思想、新形势，2019 年度，我国物料搬运机械标准化工作，紧密围绕全国标准化工作会议精神及国家标准化工作重点，坚持“创新、协调、绿色、开放、共享”5 大发展理念，不断强化标准制修订工作，持续开展标准宣传，高点站位研究标准体系，全力支撑特种设备监管，全面提升标准的国际化水平，在提升产品质量安全、促进科技进步、支撑产业发展、便利国际贸易和配合特种设备监管等方面，发挥了积极作用。

一、标准化技术组织

我国物料搬运机械专业领域的标准化技术组织包括全国起重机械标准化技术委员会（简称起重机标委会）及下属的塔式起重机、流动式起重机、臂架起重机、桥式和门式起重机、停车设备共5个分技术委员会，以及电气设备、千斤顶2个标准化工作组；全国工业车辆标准化技术委员会（简称工业车辆标委会）及下属的属具工作组；全国连续搬运机械标准化技术委员会（简称连续搬运机械标委会）；全国物流仓储设备标准化技术委员会（简称物流仓储设备标委会）；ISO/TC96国内技术对口专家工作组共4个全国标委会、5个分技术委员会和4个标准化工作组，对口的国际标准化组织为ISO/TC96起重机技术委员会、ISO/TC101连续搬运机械技术委员会、ISO/TC110工业车辆技术委员会、ISO/TC111钢制圆环链、吊链、部件及附件技术委员会。

目前我国标准化技术组织承担了ISO/T96的主席和秘书处、ISO/TC96/SC4主席以及ISO/TC110/SC5主席和秘书处。

二、标准化工作开展情况

1. 国内标准化工作

（1）组织建设工作。为增强标委会的凝聚力和向心力，扩大标准化的影响力、提高标准的权威性，2019年度各标委会度开展了以下组织建设工作：①按照《全国专业标准化技术委员会管理办法》的有关规定，完成第五届全国起重机械标准化技术委员会的换届申报工作，包括征集委员、编写上报材料等；②组建成立了起重机标委会停车设备分技术委员会；③按照《全国专业标准化技术委员会管理办法》的有关规定，组织召开了各专业标委会及下属分会、工作组的年度工作会议，分别包括物流仓储设备标委会二届二次会议、连续搬运机械标委会三届二次会议、工业车辆标委会三届二次扩大会议、工业车辆标委会属具工作组一届三次会议、起重机标委会桥式和门式起重机分会三届二次扩大会议、起重机标委会停车设备分会成立大会暨一届一次扩大会议、起重机标委会电气设备工作组一届四次会议、ISO/TC96国内技术对口专家工作组一届五次会议等会议。

（2）标准体系建设。2019年，起重机械专业领域开展了“起重机械国内外标准体系及重点产品关键技术标准内容比对分析、‘一带一路’标准应用分析”研究项目，组织召开了项目启动会和研讨会，研究工作取得阶段性成果。该项目拟实现4个“精准”目标：一是精准掌握我国起重机械标准体系存在的不足和缺失，建设具有前瞻性、引领性的高质量标准体系；二是精准掌握我国重要标准与国外先进标准在技术水平上的差异，提升我国标准技术水平，指导企业实施产品质量提升，减少起重机贸易的技术壁垒；三是精准掌握国际标准体系的缺失标准，指导我国标准化组织高水平提出国际标准项目，增强在起重机国际标准化工作中的影响力和话语权；四是精准掌握“一带一路”建设中起重机标准的应用情况，以及应用标准的策略，为我国起重机装备、技术、服务、标准的“走出去”提供便利。

（3）标准制修订工作。2019年组织开展了47项标准的制修订工作，并完成8项国家标准、21项行业标准和1项团体标准的制修订工作。其中包括《机械式停车设备设计规范》《汽车起重机燃油消耗量试验方法》《工业车辆　安全监控管理系统》等一批重要国家标准和行业标准的制定工作。

截至2019年年底，我国物料搬运机械行业已制定标准485项，其中，国家标准276项（包括强制性国家标准6项，推荐性国家标准270项），机械行业标准209项。

（4）宣传贯彻培训工作。①组织召开3次重要标准宣传贯彻会。2019年度针对GB/T 36697—2018《铸造起重机报废条件》、GB/T 36698—2018《带式输送机设计计算方法》、JB/T 2391—2017《500—10 000kg乘驾式平衡重式叉车》及T/CCMA 0060—2018《牵引用铅酸蓄电池电源装置箱体》等重要标准组织召开了3期标准宣贯会，来自全国生产、制造、检验和使用等方面的260余人参加了培训。通过标准宣贯，使从事产品设计、制造、安装、改造、维修、检验、使用和维保等方面的人员能够了解标准制定的背景、详细的技术内容及其制定依据，进而为正确理解、使用和执行标准，打下了良好的基础。②组织标准起草人培训。为使标准主要负责起草人熟悉和掌握标准的编写要求，促进标准计划项目能够顺利完成，提高标准编写质量，2019年2月27日至3月1日，在北京市组织召开了2019年物料搬运机械标准制修订工作会议（第十期），会议主要介绍了标准的制修订程序、编写要求及编制说明的内容和要求，并落实了标准项目计划进度等。

（5）完成上级主管部门下达的各项任务。2019年较好地完成了起重机械、工业车辆、连续搬运机械和物流仓储设备4个专业领域标委会秘书处的日常工作，并按时保质完成了上级主管部门下达的各项工作任务，包括2018年度工作年报的上报、国际标准转化情况调研、行业标准复审、工业通信业2019年标准化工作亮点报送和重型矿山机械行业“十四五”标准化规划的编制启动工作等。

（6）支撑特种设备监管工作。起重机械和工业车辆属于特种设备，做好特种设备监管的技术支撑，是物料搬运机械标准化工作的重要任务之一。2019年，配合特种设备开展了《工业车辆　安全监控管理系统》《起重机械安全评估规范》等国家标准的制定以及标准解释等工作。

（7）大型行业标准化活动。2019年6月25日至28日，在江西省南昌市组织召开了“首届中国起重机械安全、绿色、智能高质量发展大会”，全国起重机械行业的生产单位、检验机构和使用单位等方面的代表共计240余人参加了会议。此次会议邀请行业专家解读了6月1日实施的《特种设备生产和充装单位许可规则》，分享了在起重机械安全、绿色和智能化等方面的最新研究成果和经验，分析了我国标准与国外先进标准之间的技术差异。

（8）标准发布情况。2019 年物料搬运机械专业领域共批准发布 13 项标准，其中，国家标准 6 项，行业标准 7 项。2019 年物料搬运机械专业领域批准发布的标准见表 1。

表 1　2019 年物料搬运机械专业领域批准发布的标准

序号	标准编号	标准名称	代替标准	实施日期
1	GB/T 5031—2019	塔式起重机	GB/T 5031—2008	2020-03-01
2	GB/T 5082—2019	起重机　手势信号	GB/T 5082—1985	2020-07-01
3	GB/T 26949.22—2019	工业车辆　稳定性验证　第 22 部分：操作者位置可或不可起升的三向堆垛式叉车		2020-05-01
4	GB/T 27542—2019	蓄电池托盘搬运车	GB/T 27542—2011	2020-01-01
5	GB/T 37366—2019	塔式起重机安全监控系统及数据传输规范		2019-10-01
6	GB/T 38055.1—2019	越野叉车　对用户的要求　第 1 部分：通用要求	GB/T 38055.1—2019	2020-05-01
7	JB/T 7679—2019	螺旋输送机	JB/T 7679—2008	2020-04-01
8	JB/T 13692—2019	工业车辆排气消声器		2020-10-01
9	JB/T 13693—2019	工业车辆司机座椅		2020-10-01
10	JB/T 13694—2019	叉车属具推拉器		2020-10-01
11	JB/T 13695—2019	工业车辆制动器		2020-10-01
12	JB/T 13696—2019	无人驾驶工业车辆		2020-10-01
13	JB/T 13730—2019	带式输送机　液压拉紧装置		2020-04-01

（9）标准化宣传工作

为扩大标准化宣传，提高标准影响力，积极建设并利用网站（www.ncsnc.com）、微信公众号（wlbyjx）等信息媒介，宣传国家标准化的政策法规以及物料搬运机械国内外标准化工作动态，包括国家标准和行业标准的制修订动态、最新出版的国内外标准、国际标准化工作等信息。为服务行业的标准需求，积极为行业各单位提供标准文本以及有关书籍的咨询。

2. 国际标准化工作

我国物料搬运机械国际标准化工作在国内技术对口单位北京起重运输机械设计研究院有限公司的推动下，经过十几年的努力，起重机和工业车辆领域标准的国际化水平得到了全面提升。不仅承担了 3 个国际标准主席单位和 2 个国际标准秘书处工作，还逐步开始牵头制修订国际标准，在国际标准化领域中的地位越来越高。2019 年的国际标准化工作情况如下：

（1）牵头制修订国际标准情况。2019 年，积极推进由我国牵头制修订的 9 项起重机和工业车辆国际标准。截至 2019 年年底，我国已牵头制定或正在牵头制定 10 项国际标准。2019 年我国牵头制定或正在牵头制修订的 10 项国际标准见表 2。

表 2　2019 年我国牵头制定或正在牵头制修订的 10 项国际标准

序号	标准编号	标准名称	制修订
1	ISO 4306-4	起重机　术语　第 4 部分：臂架起重机	制定
2	ISO10245-3	起重机　限制器和指示器　第 3 部分：塔式起重机	修订
3	ISO12480-1	起重机　安全使用　第 1 部分：总则	修订
4	ISO12480-2	起重机　安全使用　第 2 部分：流动式起重机	制定
5	ISO 9374-5	起重机　供需双方应提供的资料　第 5 部分：桥式和门式起重机	修订
6	ISO12210-5	起重机　工作和非工作状态下的锚定装置　第 5 部分：桥式和门式起重机	制定
7	ISO 7752-5	起重机　控制装置特性和布置形式　第 5 部分：桥式和门式起重机	修订
8	ISO 21262	工业车辆　使用、操作与维护安全规范	制定
9	ISO 23434-1	工业车辆　可持续性　第 1 部分：术语	制定
10	ISO 23434-2	工业车辆　可持续性　第 2 部分：因素及报告	制定

（2）国际标准投票情况。2019年，秘书处共收到投票文件78个。其中，ISO/TC96投票文件34个，已投票34个；ISO/TC110投票文件39个，已投票39个；ISO/TC111投票文件4个，已投票4个；ISO/TC101投票文件1个，已投票1个。国际标准文件投票率为100%。

（3）参加国际会议情况。2019年5月30日至6月7日，ISO/TC96起重机技术委员会2019年系列会议在英国伦敦召开，会议由英国标准协会（BSI）主办。来自澳大利亚、中国、法国、芬兰、德国、意大利、日本、韩国、波兰、瑞典、英国及美国共12个国家的70余名代表出席了会议。北京起重运输机械设计研究院有限公司作为ISO/TC96国内技术对口单位，组织起重机械行业的18名专家代表我国标准化管理委员会（SAC）参加了系列会议。

此次系列会议包括10个工作组（WG）会议、9个分技术委员会（SC）会议和ISO/TC96大会，中国代表团参加了所有的会议。在召开的SC9特别工作组会议和SC9分技术委员会会议上，各国代表主要讨论了制修订ISO 7752-5《起重机械　控制装置布置形式和特性　第5部分：桥式和门式起重机》、ISO 9374-5《起重机　供需双方应提供的资料　第5部分：桥式和门式起重机》以及ISO 12210-5《起重机　工作和非工作状态下的锚定装置　第5部分：桥式和门式起重机》3项国际标准的有关事项。中国代表团在此次会议上取得了多项工作成果，除了将正在牵头制定的国际标准ISO 4306-4《起重机　术语　第4部分：臂架起重机》推进到征询意见阶段（DIS）外，还牵头承担了1项国际标准ISO 7752-5：1985《起重机械　控制装置　布置形式和特性　第5部分：桥式和门式起重机》的修订工作；派专家参与了ISO 23853：2018《起重机　吊装工和指挥人员的培训》及ISO 16881-1《起重机　车轮和小车轨道承轨结构的设计计算　第1部分：总则》共2项国际标准的修订工作。另外，在2018年芬兰赫尔辛基会议上我国提出的国际标准提案《起重吊具　术语》，经过SC2术语分技术委员会会议讨论，决定将起《重吊具　术语》的内容纳入ISO 4306-1《起重机　术语　第1部分：通用术语》中。

（4）承办国际会议。2019年11月11日至15日，ISO/TC110工业车辆技术委员会2019年系列会议在安徽省合肥市召开。会议由国家标准化管理委员会主办，北京起重运输机械设计研究院有限公司和安徽合力股份有限公司承办，来自中国、德国、法国、英国、意大利、日本、澳大利亚、瑞典和韩国共9个国家的30余名代表出席了会议。北京起重运输机械设计研究院有限公司作为ISO/TC110国内技术对口单位，组织工业车辆行业的17名行业专家代表国家标准化管理委员会（SAC）参加了系列会议。

此次会议是我国首次承办ISO/TC110系列会议，包括3个分技术委员会（SC）会议、3个工作组（WG）会议、2个主席顾问团（CAG）会议及ISO/TC110大会。各国代表对此次会议的承办工作给予了高度评价，为持续提升我国在上述国际标准化组织中的影响力，打下了良好的基础。

（5）标准外文版发布情况。为了推动我国标准走出去，服务“一带一路”建设中的产品应用，2019年组织申报了5项国家标准和1项行业标准英文版的翻译出版计划，标准名称分别为GB/T 6067.5—2014《起重机械安全规程　第5部分：桥式和门式起重机》、GB/T 33082—2016《机械式停车设备　使用与操作安全要求》、GB 14784—2013《带式输送机　安全规范》、GB/T 26950.2—2015《防爆工业车辆　第2部分：内燃工业车辆》、GB/T 35759—2017《物流仓储配送中心成品连续垂直输送机》、JB/T 2391—2017《500kg～10 000kg乘驾式平衡重式叉车》。截至2019年，物料搬运机械专业领域已翻译出版和正在翻译的标准英文版达到28项，为方便物料搬运机械装备、技术、服务和标准在国际贸易和“一带一路”建设中的应用，奠定了基础。

（6）国际标准转化情况。为降低我国物料搬运机械在出口贸易中的技术壁垒，近年来我国持续加强了对对口国际标准的跟踪和转化力度。其中，起重机的国际标准转化率已达到95%。

2019年，我国物料搬运机械专业领域在加强标委会组织建设、优化完善标准体系、强化标准制修订和标准贯彻、提升标准国际化水平等方面，取得了显著的成绩，在行业高质量发展中发挥了标准的基础性、战略性和引领性作用，为国际标准化事业的发展贡献了积极的中国力量和中国智慧。

〔撰稿人：北京起重运输机械设计研究院有限公司林夫奎　审稿人：北京起重运输机械设计研究院有限公司路建湖〕

国家市场监督管理总局关于 2019 年全国特种设备安全状况的通告（摘录）

（2020 年第 7 号）

一、特种设备基本情况

1. 特种设备登记数量情况

截至 2019 年年底，全国特种设备总量达 1 525.47 万台。其中，锅炉 38.30 万台、压力容器 419.12 万台、电梯 709.75 万台、起重机械 244.01 万台、客运索道 1 089 条、大型游乐设施 2.49 万台（套）、场（厂）内专用机动车辆 111.69 万台。另有气瓶 1.64 亿只、压力管道 56.13 万 km。2019 年特种设备数量分类比例如图 1 所示。

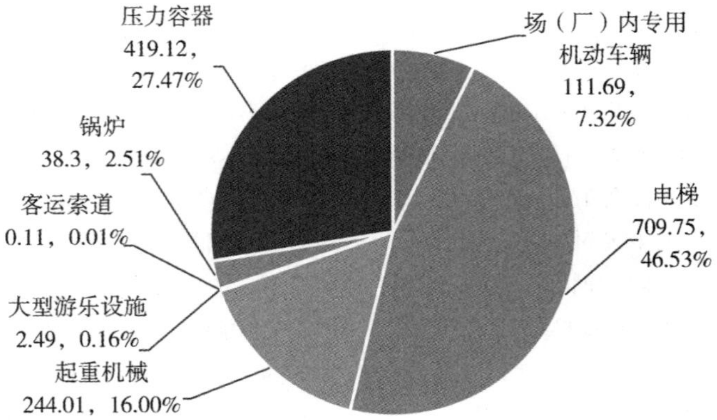

图 1　2019 年特种设备数量分类比例

2. 特种设备生产和作业人员情况

截至 2019 年年底，全国共有特种设备生产（含设计、制造、安装、改造、修理、气体充装）单位 78 111 家，持有许可证 80 227 张。其中，设计单位 3 634 家、持有许可证 3 663 张，制造单位 17 282 家、持有许可证 17 905 张，安装改造修理单位 30 470 家、持有许可证 30 539 张，移动式压力容器及气瓶充装单位 27 328 家、持有许可证 28 120 张。特种设备作业人员持证 1 215.55 万张。2019 年特种设备生产许可证分类比例如图 2 所示。

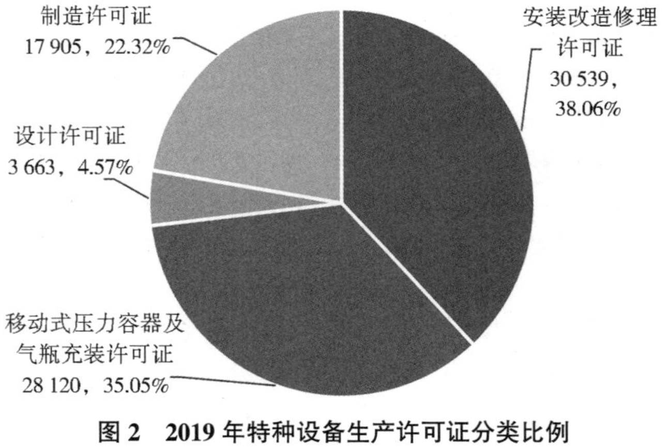

图 2　2019 年特种设备生产许可证分类比例

3. 特种设备安全监察和检验检测情况

截至 2019 年年底，全国共设置特种设备安全监察机构 4 161 个，其中，国家级 1 个、省级 33 个、市级 481 个、县级 2 552 个、区县派出机构 1 094 个。全国特种设备安全监察人员共计 90 164 人。

截至 2019 年年底，全国共有特种设备综合性检验机构 454 个，其中，系统内检验机构 270 个，行业检验机构和企业自检机构 184 个。另有型式试验机构 43 个，无损检测机构 563 个，气瓶检验机构 2 065 个，安全阀校验机构 665 个，房屋建筑工地和市政工程工地起重机械检验机构 310 个。

2019 年，全国各级特种设备安全监管部门开展特种设备执法监督检查 203.04 万人次，发出安全监察指令书 13.39 万份。特种设备检验机构对 104.39 万台特种设备及部件的制造过程进行了监督检验，发现并督促企业处理质量安全问题 2.10 万个；对 157.66 万台特种设备安装、改造、修理过程进行了监督检验，发现并督促企业处理质量安全问题 47.30 万个。对 861.37 万台在用特种设备进行了定期检验，发现并督促使用单位处理质量安全问题 191.32 万个，其中，承压类设备问题 16.30 万个，机电类设备问题 175.02 万个。

二、特种设备安全状况

1. 事故总体情况

2019 年，全国共发生特种设备事故和相关事故 130 起，死亡 119 人，受伤 49 人。与 2018 年相比，事故起数减少 37 起、降幅为 22.2%，死亡人数减少 34 人、降幅 为 22.2%，受伤人数减少 11 人、降幅为 18.3%。万台特种设备死亡率为 0.11。全年未发生重特大事故，特种设备安全形势总体平稳。

2. 事故特点

按设备类别划分，锅炉事故 11 起、死亡 9 人，压力容器事故 4 起、死亡 7 人，气瓶事故 4 起、死亡 3 人，压力管道事故 1 起、死亡 1 人，电梯事故 33 起、死亡 29 人，起重机械事故 26 起、死亡 26 人，场（厂）内专用机动车辆事故 45 起、死亡 42 人，大型游乐设施事故 6 起、死亡 2 人。其中，事故起数排名前 3 位的设备为场（厂）内专用机动车辆、电梯和起重机械，均为机电类特种设备，占事故总起数的 80.00%，占死亡总人数的 81.51%。2019 年特种设备事故起数及占比情况如图 3 所示，2019 年特种设备事故死亡人数及占比情况如图 4 所示。

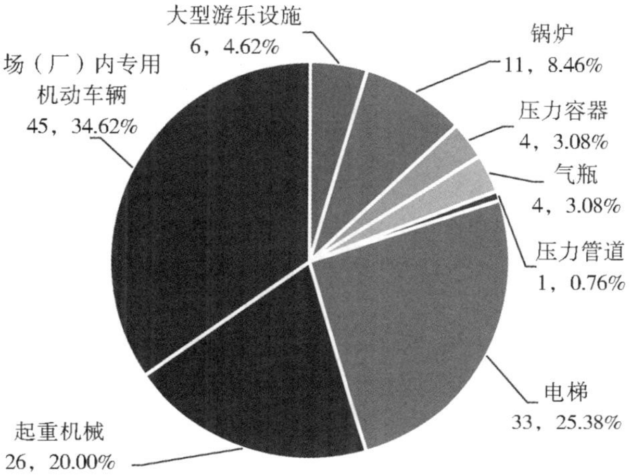

图 3　2019 年特种设备事故起数及占比情况

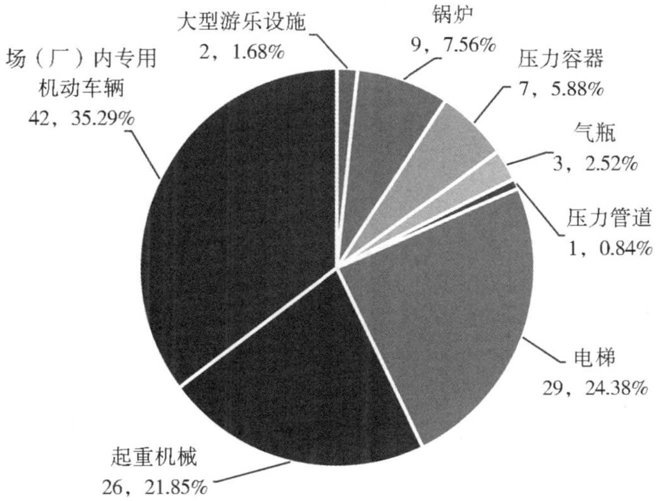

图 4　2019 年特种设备事故死亡人数及占比情况

按事故发生环节划分，发生在使用环节 109 起，占 83.85%；维修检修环节 16 起，占 12.31%；安装拆卸环节 3 起，占 2.31%；充装运输环节 1 起，占 0.77%；制造环节 1 起，占 0.76%。

按涉事行业划分，发生在制造业 51 起，占 39.23%；发生在社会及公共服务业 26 起，占 20.00%；发生在冶金石化业 17 起，占 13.08%；发生在交通运输与物流业 11 起，占 8.46%；其他行业和领域 25 起，占 19.23%。

按损坏形式划分，承压类设备（锅炉、压力容器、气瓶、压力管道）事故的主要特征是爆炸、泄漏、着火等，机电类设备［起重机械、电梯、大型游乐设施、场（厂）内专用机动车辆］事故的主要特征是坠落、碰撞、挤压、剪切等。

按发生月份进行划分，2 月份发生特种设备事故数量最低，8 月份、10 月份和 12 月份发生特种设备事故数量最高。其原因主要是 2 月份春节休假期间，工矿商贸行业停工停产，事故相对低发；8 月份和 10 月份为暑期假期，人员安全意识懈怠，在线监测、隐患排查、安全管理等多方面存在漏洞、盲区，事故相对多发；12 月份临近年底，多个行业存在赶工期、交叉作业等问题，事故相对多发。2019 年 1—12 月特种设备事故起数分布如图 5 所示。

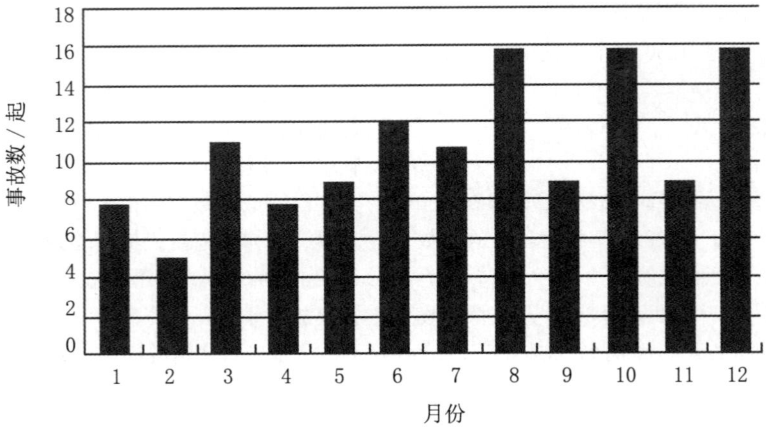

图 5　2019 年 1—12 月特种设备事故起数分布

3. 事故原因

截至 2019 年年底，特种设备事故共结案 93 起。根据结案材料分析，事故原因主要分三类：一是因使用、管理不当发生事故，占事故总起数的 87.10% 左右。违章作业仍是造成事故的主要原因，具体表现为作业人员违章操作、操作不当甚至无证作业、维护缺失、管理不善等；二是因设备制造、维修检修、安装拆卸以及运行过程中产生的质量安全缺陷导致的事故约占 8.60%；三是其他次生原因导致的事故，约占 4.30%。

事故原因按设备分类如下：

（1）锅炉事故。违章作业或操作不当 1 起，无证操作 3 起，设备缺陷和安全附件失效 1 起，其他次生原因 3 起。

（2）压力容器事故。违章作业或操作不当 1 起。

（3）气瓶事故。安全管理、维护保养不到位 1 起，其他次生原因 1 起。

（4）压力管道事故。安全管理、维护保养不到位 1 起。

（5）电梯事故。违章作业或操作不当 9 起，无证操作 1 起，设备缺陷和安全部件失效或保护装置失灵等原因 4 起，应急救援（自救）不当 2 起，安全管理、维护保养不到位 8 起。

（6）起重机械事故。违章作业或操作不当 14 起，无证操作 1 起，设备缺陷和安全部件失效或保护装置失灵等原因 3 起。

（7）场（厂）内专用机动车辆事故。违章作业或操作不当 24 起，无证操作 10 起。

（8）大型游乐设施事故。违章操作或操作不当 3 起，无证操作 2 起。

三、2019 年特种设备安全监察与节能主要工作情况

1. 牢牢守住安全底线，安全状况稳定向好

组织开展危险化学品相关特种设备、液化石油气瓶、电站锅炉范围内管道、大型游乐设施及客运索道等专项安全隐患排查治理，全国共消除各类特种设备安全隐患 256 336 处，组织推进 X80 钢级天然气管道焊接工艺和检测标准研究，取得阶段性成果。

2. 深入推进放管服改革，各项工作成效明显

精简合并下放特种设备许可项目，生产单位许可项目减少 132 项，降幅达 54%；作业人员资质认定项目减少 35 项，降幅达 64%；下放省级市场监管部门实施检验检测人员子项目 8 项。进一步完善许可工作制度，优化许可工作流程，实施自我声明承诺免评审换证制度，有效降低企业制度性交易成本。

3. 探索电梯监管创新，安全共治初见成效

大力推进电梯安全责任保险，不断探索电梯保险新模式。截至 2019 年年底，全国各类电梯责任保险共覆盖电梯 273.16 万台，占在用电梯数量的 38.49%，超额完成年度目标任务。

4. 深化重大活动保障机制，圆满完成各项保障任务

统筹协调新中国成立 70 周年、第七届军运会等重大活动特种设备服务保障工作，建立重大活动举办地与周边省份特种设备安全联防联治机制。

同时，一系列基础工作得到强化，监管效能进一步提升。完善法规标准体系，组织开展《起重机械型式试验规则》《热交换器能效测试与评价规则》安全技术规范制修订工作。加强特种设备信息化建设，在部分省市开展电梯质量安全追溯信息平台试点应用；气瓶质量安全追溯信息平台加快建设；移动式压力容器质量安全追溯信息平台初步建成；实现设备型式试验报告网上实时查询。加大教育培训力度，组织制作培训视频及教材，组织开展锅炉节能环保培训，提升基层安全监察人员专业能力和技术水平。加强国际交流，推动建立标准合作机制。组织开展电梯安全宣传，制作安全乘梯宣传片及公益广告，被媒体广泛转载传播，取得良好宣传效果。

特此通告。

市场监管总局

2020 年 4 月 14 日

〔来源：市场监管总局官网〕

（此件公开发布，本文为摘录件）

总结回顾中国重型机械工业协会第七届理事会主要工作

公布中国重型机械工业协会第八届组织机构，理事会、监事会名单，分会会员名录

Brief description of the main work of the Seventh Council of china Heary Machinery Industny Association.

Publicize organization structure of China Heavy Machinery Industry Association (CHMIA), name list of its council and board of supervisors, and list of members in its branches

附录

中国重型机械工业协会第七届理事会主要工作简述

4年来，在国务院国资委协会党建局、中国机械工业联合会党委的领导下，在政府有关部门的指导下，在全体会员的支持下，中国重型机械工业协会（以下简称“协会”）第七届理事会以维护国家利益、公众利益、行业利益、会员利益为宗旨，认真贯彻党的方针政策，贯彻党的十九大精神，践行“创新、协调、绿色、开放、共享”的发展理念，按照国家“十三五”规划和“中国制造2025”提出的方向，以“强基创新、升级换代，实现重型机械行业持续健康发展”为发展基线，努力推动行业供给侧结构性改革，为实现行业持续稳定健康发展积极工作；同时按照有关部门的要求，在中国机械工业联合会（以下得简称“中国机械联”）的具体组织下，完成了“协会与政府脱钩”的改革任务。

一、做好会员服务工作，促进行业持续健康发展

2016年第七届理事会组建时，恰逢重型机械行业处在经济运行的低潮，行业主营业务收入增速为0.66%。协会引导会员企业利用任务不多的时机，梳理管理制度缺陷，加紧老产品升级、新产品研发，调整结构，保持定力，蓄势待发。2017年下半年重型机械行业进入新循环周期的上升阶段后，协会引导会员企业紧跟新时代的步伐，向高质量发展方向努力。

1. 发布重型机械行业规划

2016年协会发布了《重型机械行业“十三五”发展规划纲要》，纲要结合国家“十三五”规划和“中国制造2025”战略，提出了2016—2020年行业在技术创新、生产经营等方面的目标、策略和切入点。

2. 提出年度行业发展的意见建议

协会在每年召开的会员代表大会上，结合贯彻当年中央经济会议以及“两会”方针政策，分析行业的短板，依照行业规划纲要，远近结合，提出年度创新发展的意见建议。在2017年七届二次会员代表大会上提出：“十三五”是重型机械企业二次创业的转折期，是“夯实基础、提质增效、转型发展”的新元年，引导会员企业适应新常态，跟上经济发展的潮流，将经营战略由“多、快”逐渐向“好、省”转变。

3. 开展行业交流，开阔创新发展的视野

协会秘书处每年甄选课题，遴选业内外专家，举办交流论坛。各分会也按照工作计划召开本专业的技术、质量等方面的交流会。形成了多层次、多角度的交流氛围。

2016年和2017年协会连续两年举办“重型机械智能制造座谈会”，探讨行业从目前半机械化生产逐步向机械化－自动化－数控化－信息网络化－智能化迈进的技术路线和思路。2018年6月协会召开了“中国重型机械行业‘一带一路’国际合作论坛”，分析外贸环境，制定走出去的策略。同年9月在长沙市举办了第六届中国物料搬运机械技术与设备论坛（CMHF2018）。2019年6月协会在成都市举办了中国重型机械行业高质量发展技术论坛。同年9月在燕山大学举办了第三届中国冶金矿山机械行业产业升级发展高峰论坛（CMMF2019），会议邀请多名院士和专家有针对性地讲解了重型机械面临的形势，钢铁、有色等传统服务行业在节能减排、提质增效方面的需求，以及无（少）人化和智能化产品发展方向。参会代表很受启发，特别是对企业制定发展战略规划大有收益。2019年的两个论坛收录的论文集已被国家工程技术图书馆收藏。

协会各分会也结合专业发展的新动向、趋势开展了交流。停车设备专委会多次召开技术研讨会，联合上下游兄弟协会进行多层次、多维度交流，促进与房地产、物业、政府等方面的沟通。桥式起重机、起重葫芦、重型基础件、带式输送机等分会在年会上，分析市场形势，探讨技术发展趋势，开展企业经营交流；矿山机械、油膜轴承分会举办用户培训班，交流设备运行维护技术；物流仓储分会探讨细分市场趋势，并针对企业工程低价竞争、总承包管理等方面出现的情况提出风险警示。

同时，协会利用《重机通讯》《统计简报》等刊物，以及行业网站、微信群、公众号等新媒体通报企业创新信息，转达政府有关部门的政策法规。通过相互交流，行业各方面得到了很大的发展。

在产品升级换代方面，会员企业对主导产品开展了优化完善和迭代研发：中信重工、方大北方重工开发了节能效果显著的大型立式搅拌磨，方大北方重工研制了煤矿地下980m岩巷全断面掘进机，贵阳高原矿机研发了永磁电动机内装式矿井提升机，北起院牵头设计的轻量化系列桥式起重机换代产品得到推广，新型电动葫芦生产量逐年增加，豫飞重工开发的埋刮板式卸船机为船舶连续卸料提供了绿色装备，力博重工研发的大功率永磁直流电动机内

装式胶带式输送机驱动滚筒逐渐在现场推广；管状胶带式输送机在减少污染、长距离输送物料方面得到认可，被国家确定为在冶金、水泥等行业首选的绿色产品；二重装备800MN模锻压力机开始批量生产，出口大飞机等使用的高端模锻商品。中国一重等企业完成了百万千瓦级核岛成套锻件研制工作并开始装机。

在推进两化融合、智能化方面，企业纷纷寻找自己的结合点，开发出一批升级的产品，引导用户加快技术进步：桥式、门式起重机运行自动定位系统得到普遍商业应用；天地科技、太重煤机分别研制的井下智能综合机械化采煤成套装备，在近百个工作面上实现了无（少）人远程采煤作业，部分矿井实现了在地面远程操控；太重、大连华锐重工研制的环保型智能焦炉机械成套设备得到推广应用；大连华锐重工出口澳大利亚铁矿的14 400m^3/h斗轮堆取料机，实现了几千公里外的远程操作；上海振华重工研制的集装箱自动化无人装卸成套设备为港口提供了“两化融合”的绿色换代装备，新冠肺炎疫情期间他们利用视频通信在国内指挥远隔大洋的国外港口滚装卸下集装箱起重机整机；燕山大学研制的轧钢机在线板型检测仪为轧钢机提供了国产的关键部件。

在技术改造方面，凭借着“智能制造”的热潮，结合企业实际情况，从机械化、自动化入手，创新制造工艺和装备，生产效率、效益和产品质量一致性明显提高：卫华、河南矿山、上海振华重工、中原圣起等企业组织桥式、门式起重机部件模块自动化生产线；卫华、河南矿山、广州起重、山起重型等斥资建造起重机部件机器人自动化生产线；河南飞马起重将桥式、门式起重机梁隔板下料改为冲压工艺，既提高了效率，又保证了零件生产一致性；上海科大、北京约基、衡阳运机、力博重工、焦作科瑞森等企业实现胶带运输机主要部件机械化、自动化生产，在工序上广泛使用焊装机器人；2019年卫华、河南矿山投巨资建设桥式、门式起重机自动化、智能化工厂。

在信息化管理方面，企业努力探索企业管理与信息化的结合点：焦作科瑞森、江西华伍、通润千斤顶、马鞍山泰尔重工引入信息码等，向信息化、网络化、大数据迈出一步。

在跨界发展方面，企业利用品牌和自身的优势，积极拓展服务领域，谋求新的增长点：中国一重将经营领域拓展到有色冶炼业，为省内农村提供农业、能源供应等方面服务；二重装备开发出飞轮储能装置，用于应急电源；北方重工研发的页岩气开采成套设备投入商业运行；山东华特磁电借助磁选机中的超导磁体制造技术，开发了医学核磁共振设备核心部件；中信重工引入战略合作者研制特种机器人用于消防应急抢险、磨机维护等，研发成功工业CT机，开发的红外测温安检门恰好用于疫情筛查；新冠肺炎疫情期间中信重工和卫华集团迅速开发了消杀机器人。

在企业重组方面，部分企业抓住机遇，在有关部门的帮助下进行企业重组：2017年中国机械工业集团组织其属下的中国二重集团、中国重型机械有限公司、中国重型机械研究院等单位组建了国机重装股份有限公司，并于2020年6月8日重新上市。2019年北方重工运用司法破产方式，进入方大集团重组运行。此外，还有一批历史上辉煌的企业，由于各种原因被迫关闭，或调整经营方向离开行业。

4．调查研究，总结行业发展中的经验和问题

协会秘书处通过走访会员企业实地调研和专题调研、召开相关会议和参加分会活动等方式，与企业家和专业人士分析政策效应，探讨治厂方略，了解技术和管理改革创新情况。通过分析行业企业运行中的问题和困难，形成行业导向意见，或向政府反映诉求的基础材料。2017年协会在太重组织召开“重型机械行业科技管理交流会”，2018年在北京组织召开“重型机械企业发展座谈会”，停车设备专委会召开了“‘营改增’后安装服务征税情况座谈会”，2019年协会会同中国支付与清算协会召开“重型机械行业商业承兑汇票使用座谈会”。

5．弘扬行业正能量，树立行业标杆

协会在2017年表彰了20家自主创新领军企业，39家自主创新先进企业；2019年授予20名技术工人为“中国重型机械行业大工匠”和50名“中国重型机械行业工匠”。

组织年度机械工业重型机械专业科技成果评审工作，4年来在参评的218个项目中评出102项科技成果，其中有17个项目获得中国机械工业科学技术奖一等奖。2019年在参评的62个项目中，评出一等奖4项（大跨度柔性吊装技术及应用、高压变频调速一体机研发及在矿山装备上的应用、AP1000反应堆压力容器制造技术、带钢退火关键工艺研究与产品质量综合控制技术及应用）、二等奖11项、三等奖13项。

参加由工信部组织的工业大奖、单项冠军等阶段评审工作。2019年国机重装－二重装备研制的800MW模锻液压机和中国重型机械研究院分别获得工业大奖的产品表彰奖、单位表彰奖；2017年组织了机械工业产品质量奖推选工作，共有19家企业的三类产品获“中国机械工业名牌产品”称号，协会获得组织奖；2018年为中国机械联“选树机械百名工匠”推荐了参选人员名单；派员参加河南、山西、黑龙江等省组织的科技项目认定、评审等工作。先后为近40家参加协会统计网的会员企业开具了向有关部门申报项目、评奖、资质等所需的协会证明，为企业申获地方名优等荣誉提供凭据。

6．开展标准编制工作

团体标准适用于企业生产销售急需，而国家标准、行业标准立项不及时或技术指标高于国际、行业标准的各类标准制定。对有先进技术和产品的企业利用团体标准，抢先占据市场前位发挥着更好的作用。2018年协会开始组织团体标准制定工作，截至2019年年底，由大型铸锻件、停车设备等分支机构提出的8项团体标准已完成编制工作并发布，目前还有3项标准在编制中。

大型铸锻件、重型基础件、油膜轴承等分会和停车设备专委会也分别开展了本专业国际标准、行业标准的制（修）订工作。

7．为会员单位做好个性化服务，配合会员单位举办各类活动

2019年，应邀参加山东矿机在济宁市举办的（上海）高端装备产业招商推介会、济南重工举办的2019创新发展研讨会和江苏国茂减速机举办的“港口起重机械技术交流会”等。开展了2019年第二十一届中国专利奖的征集、整理推荐工作，推荐的4家企业中河南矿山、铁岭五星两家企业的专利获得中国专利优秀奖。征集推荐东海减速机、鹤壁豫兴煤机等5家单位参加两岸企业家峰会——智能制造及装备产业合作推进小组。

二、向政府主管部门反映情况，建言献策，增强行业话语权

1．反映行业突出问题

根据企业反映的情况，协会综合分析后择机向有关部门提出建议。

（1）2017年停车设备企业反映“营改增”后，其安装服务业务征税“不降反增”，协会两次致函国家税务总局，得到了解决。2018年年底，根据会员反映，协会向中国人民银行提交了《商业承兑汇票在重型机械行业使用中的情况》的函，反映了企业的诉求，为此中国人民银行完善了监管措施。

（2）2017年协会组织提出国家产业政策如何支持重型机械大型企业（集团）核心竞争力的意见后，工信部装备司在北京召开了部分副理事长单位参加的重型机械企业发展座谈会，会后协会又向国家发展改革委、工信部提出“我国重型机械行业及大型国营企业转型升级的发展建议”。2018年按照工信部装备司的要求上报了“重型机械行业高质量发展研究报告”。

（3）根据国家发展改革委、工信部、商务部等有关部门要求，及时提供行业经济运行情况和调控措施建议。同时也通过中国机械联组织的经济运行会反映情况和问题建议。

（4）应国家发展改革委产业政策司的要求，编报了重型机械行业“中国制造2025”落实情况，提出了“重型机械行业2030发展规划的建议”；向工信部产业政策司提供《行业产业布局和转移意见建议》《关于重机行业产业政策的建议》等专题报告。

针对国际经贸形势的不确定性，协会向工信部有关司局上报了《重机行业“一带一路”工作汇报》《关于中美贸易摩擦对重机行业的影响与分析》《中美贸易中重机产品情况》等报告。还上报商务部“关于重型机械行业进出口工作的意见”。推荐南昌矿机、湘电重装等5家企业开展国际营销服务公共平台的建设。

2．积极为政府提供政策研究

4年来，协会为政府制定政策建言献策，完成国家发展改革委、工信部、商务部、科技部、自然资源部、环保部、国家商监局、能源局等政府部门布置的工作。

（1）参加法规修订工作。参加了原国家质检总局特种设备局组织的《起重机械定期检验规则》《起重机械安装改造重大修理监督检验规则（报批稿）》等法规修改工作；参与修订了《特种设备生产和安装单位许可规则》；在国家发展改革委征求“招投标法”修改意见时，协会呈报了招投标程序、最低价中标等方面的修改建议。还参加国家统计局行业产品代码修订，提出“将机械式停车设备上升到小类码”的建议并得到采纳。向财政部、海关总署年度《税则》提出调整建议，配合关税办将停车设备产品纳入税则的后续工作。

（2）向政府提出目录清单的制（修）订建议。参加工信部、保监会2016—2019年度“重大装备首台（套）保险机制”目录及年度申保项目评审，参加财政部、工信部2016—2019年“企业进口免税资质和额度”、《鼓励进口技术、装备项目》《进口关键零部件免税产品及项目》、“重大技术装备进口税优惠项目”审查，向商务部提出2017年双边、多边以及自贸区的贸易措施建议，对国家发展改革委组织的2018年《工业企业技术改造升级指南》提出重型机械企业入库项目建议并参加审查、回复市场准入负面清单征求意见。向会员企业征集并遴选46项重型机械行业短板项目纳入重大技术装备（2018—2020）版的建议，参加工信部装备司2017—2019年度“智能装备专项”项目、“重大技术装备目录”、《首台（套）国家重大技术装备推广应用指导目录》编制、修订，提出2019年关键领域工程化产品和技术清单，将“商用车辆立体停车库”纳入首台（套）重大技术装备推广应用目录。

（3）提出行业科技发展建议。2019年，协会参加了国家重大科技专项（04专项）和科技部“煤炭清洁高效利用与节能新技术”等重点项目的评审工作，向工信部有关司局提出“煤炭无人化开采技术装备研发应用”“关于加快煤矿智能化发展的指导意见”的意见建议、“重大短板装备需求建议”“东北地区装备制造智能化和服务发展行

动方案”“重型机械产业基础薄弱项目”“大型矿用电动轮自卸车电动轮等关键零部件列入强基工程的建议”等意见和建议。

按有关部门要求，先后提出境外企业兼并国内行业企业、境外企业之间兼并对我国重型机械企业影响意见；提出进口二手设备审查意见等。

三、坚持党的领导，完善协会建设

1．加强党建工作

协会秘书处党支部在中国机械联党委领导下，发挥基层党组织战斗堡垒作用，组织协会党员及员工学习党的文件和习近平中国特色社会主义的理论和讲话文章，学习“纪律处分条例”等党规党纪，开展“三会一课”活动；参加了“两学一做”“不忘初心、牢记使命”等专题教育活动。及时组织秘书处员工学习党和国家的大政方针，组织参观了改革开放40年和新中国成立70周年大型成就展；与工会联合组织瞻仰西柏坡、抗日战争纪念馆等红色教育基地。不断增强党员和员工“四个意识”，坚定“四个自信”，做到“两个维护”的政治理念和为会员服务的意识。

2．完善协会制度和组织建设

（1）按照国家及中国机械联的部署，2017年起协会开展了与政府脱钩的改革工作，2018年1月协会得到国务院国资委下发的包括协会在内的《关于中国机床工具工业协会等40家协会脱钩实施方案的批复》（联组办〔2018〕12号）。之后，依照民政部提供的《社会组织章程》范本，对《中国重型机械工业协会章程》做了修订，并对《会员会费标准及管理办法》《分支机构暂行管理办法》等管理制度进行了修订，制定了《监事会条例（试行）》《行业自律公约》《团体标准管理办法》等协会管理制度。按照国家对协会及分支机构资产统一管理的要求，2017年年底如期完成了协会所属19个分支机构资产财务统一纳入协会管理的工作。协会改革期间，得到广大会员企业、理事，以及各分支机构理事长单位的理解和大力支持。

（2）加强分会和会员会籍管理。对到届的分支机构进行换届，对调整工作岗位的分支机构负责人及时进行了补充。协会积极发展新会员，同时对长期不参加行业活动或连续两年以上不缴纳会费的单位按照章程规定进行了除名处理，目前协会有会员1 200家。

（3）增强服务意识，完善工作平台。协会不断完善各种交流平台，针对行业发展中的热点问题，充实行业发展论坛内容。将上海行业展览会调整为两年一次，与河南长垣起重工业园区管委会合作举办长垣起重机展览会。与国家节能中心、绿色制造中心、中国－东盟商务理事会、石墨烯产业创新战略联盟、中国机械工业基金会等社会组织建立工作联络机制，开拓多方位行业服务工作。2019年调整了《重机通讯》会刊的版面和内容，升级了协会网站服务器，更新了统计软件并改进《统计简报》内容，开辟了微信公众号并要求在协会和分支机构的微信群中不得发布与业务无关的内容。协会还专门设立了新闻发言人。

（4）参与编写了《机械工业史一重型机械篇》。2020年恰逢协会成立30周年，协会组织力量编写完成了《风雨兼程三十年，中国重型机械工业协会成立30周年特辑》纪念册。

（5）对协会工作人员进行业务培训。派员参加了上级单位组织的党务、财务、税务、统计、协会管理等方面的培训；组织了分会秘书长及工作人员业务培训；统计网软件升级培训。

（6）接受了管理机关年审、专项审计和延伸巡视各种审计。通过了民政部的“社团组织年检”，通过了财政部、税务局、国务院国资委、中国机械联分别组织的年度财务、资产、税务审计。上报了《社团领导干部情况》《负责人办公用房情况》《协会涉企收费、评比达标表彰情况》以及中央派驻国务院国资委巡视组需要的材料。

四、听从党中央的部署，严格防控新冠肺炎疫情

2020年1月下旬新冠肺炎疫情暴发，在中国机械联党委的领导下，协会成立了“重机协会疫情防控领导小组”，及时组织员工学习贯彻并按照中央政治局常委会议抗击疫情的部署。遵照习近平总书记关于在抗击疫情中发挥社会团体作用的讲话精神，协会秘书处同志会同各分支机构线上线下结合，积极与企业联系，每周抽样收集企业遇到的问题和困难，分析行业运行动态，向国家发展改革委、工信部、国务院国资委、商务部等部门及时反映行业情况，并提出建议。2020年2月19日、3月2日分别向行业发出了“重机企业安全复工提示”和《重机协会在防控疫情期间服务会员的意见》；在协会官方网站、微信公众号以及协会和分支机构微信群里转发中央和地方的复工政策，宣传行业企业驰援疫区的事迹；分享企业复工复产的经验。通过这次抗击疫情，秘书处同志的政治素质、应对突发事件能力得到了提升。

五、2020年行业发展建议

2019年全行业运行总体平稳，实现营业收入约9 792.2亿元，同比增长9.3%；实现利润总额约559.2亿元，同比增长21.7%；利润率5.71%，同比上升0.58个百分点；完成进出口总额248.5亿美元，进口金额较上年有所减少，出口金额较上年略有增长。经过前3年增幅连续上升后，2019年行业营业收入增速较上年下降了2个百分点，增势拐点出现。

2020年上半年，受新冠肺炎疫情影响，给行业特别是中小企业和湖北地区的企业带来较大挑战，到4月13日全行业企业复工率达到99.88%，基本达到疫前的正常水平。1—3月累计营业收入同比下降20%左右，增幅较上年同期下降37个百分点。4—6月行业生产经营逐步恢复正常，1—6月累计营业收入同比下降2.9%，较上年同期下降13.3个百分点。

2020年是全面建成小康社会和“十三五”规划收官之年，也是行业经济运行下行压力加大的一年，加之延续多个月的新冠肺炎疫情，给行业运行造成新的难度。通过调研分析判断，2020年重型机械行业市场需求基本稳定，多数企业生产任务比较充足，但是企业间两极分化趋势明显，一些企业出工而不得利的现象较为突出，预计2020年营业收入增长约为4%左右，较2019年将下降5个百分点。

新冠肺炎疫情对经济社会产生了巨大的冲击，使行业经营形势发生了的重大变化，2020年行业发展的思路是“化危为机，攻坚克难，努力实现重机行业的高质量发展”。

1. 化危为机，努力实现持续增长

国家在疫情防控和恢复生产两大攻坚战中，强化“六稳”“六保”举措，制定了包括降税、减免费、信贷支持、延期支付、行政帮扶、用工政策和减少用电、物流成本等各项优惠政策，支持实体制造业发展。希望企业安排专人分析研究，对优惠政策能享尽享、能惠尽惠，借助国家恢复经济的优惠政策，化危为机。通过积极承担国家科技创新、技术改造、绿色制造等方面的项目，把每年所交的部分税费，再回流到企业来，减少在筹措创新研发、技改资金和税费、利息等方面的实际支出。分析疫情防控常态化的经济发展的特点，重视建立以诚信为基础，以电子商务为手段的人、财、物、产、供、销新的经营方式。激发全体员工的积极性，发挥重型机械生产企业的韧性，努力实现持续增长。

为了助力行业的发展，协会利用平台效应精准指导，选择一些国家专项集中推荐申报，为会员企业能够充分享受国家政策，把复产工作做得更好一些。

2. 攻坚克难，创新驱动，努力保持持续发展

通过集成创新可以使产品和服务升级换代，提高产品的附加值；通过新技术的嫁接和再开发可以实现新领域拓展，形成新的增长点；通过工艺创新和新材料应用，可以降低成本提高质量和效益。当前，绿色化、智能化成为市场发展的趋势，5G、大数据、智能化、信息化等技术的普及应用大大加速。有条件的企业要关注“卡脖子”“补空白”和替代进口等国家方向性的“产品创新指南”，积极承担国家首台（套）重大装备的研制，新材料、新工艺和新服务的开发研究，新技术嫁接等攻关任务，使企业得到提升。

企业创新重在科研成果的二次技术集成，落地产业化。围绕企业实际需要，设立课题规划，远近结合，提高立题和阶段目标的准确性，攻坚克难实现企业持续发展。设立开放基金、开放课题，小步快走，利用丰富的国内外社会资源，协力攻克难题。对具有挑战性的课题要建立容错机制，发挥员工的聪明才智，创造具有企业自身特色的文化。

协会将积极推荐有能力的企业重点申请国家项目，帮助企业进行各类项目申报咨询工作，为增强企业后劲开展工作。

3. 强化管理，实现提质增效高质量发展

近两年重型机械行业的营业收入规模增加较快，但平均利润率一直在5%左右徘徊，行业亏损面仍在15%之上。长期效益低下严重制约着企业的创新步伐。2018年前，协会提出了行业企业人均产值100万元（效率）、人均利润5万元（效益）、产品安装调试后一次开动率98%以上（质量）、新产品贡献率50%以上（动力）的基本指标，目前还有许多企业尚未把经营理念调整到效益上来，更有不顾行业、企业安全，不求职工劳动所得和尊严，追求规模，杀低价格恶抢合同。为此，协会希望会员企业转变旧的经营方式，跟上新时代发展理念，把技术优势、产品特色、服务质量、职工收益视为企业安全的核心要素，通过我们的共同努力，形成高质量发展的共识，使提质增效迈上一个新台阶。

一要形成企业诚信经营的氛围。目前行业价格竞争，造成有活干的企业和没活干的企业都挣不到钱的现状应该引起大家的思考。创建诚信经营的环境，已成为行业面临的迫切而艰巨的问题。2020年协会将开展会员企业诚信评价活动，提倡做受人尊重的企业和企业家，为行业高质量发展提供正能量。

二要把产品的质量作为企业立足之本。除了贯彻质量管理体系外，产品实物质量依靠专用工艺装备和技术手段来稳定和保持；把品牌培育当做利润增长点贯穿在质量提升全过程中，协会将协助会员企业开展品牌培育工作。

三要关注疫情后国际制造体系和结构的变化，为重型机械产品提供的市场机遇。协会将参照成功企业的经验，加强行业企业间的交流合作，促进行业参与“一带一路”建设，实施国际化经营战略。

〔撰稿人：中国重型机械工业协会李镜　审稿人：中国重型机械工业协会张艳君〕

中国重型机械工业协会组织机构

〔供稿人：中国重型机械工业协会张艳君〕

中国重型机械工业协会第八届理事会正副理事长、正副秘书长名单

序号	姓名	单位名称	单位职务或职称
理事长			
1	韩珍堂	太原重型机械集团有限公司	党委书记、董事长
常务副理事长			
1	景晓波	中国重型机械工业协会	常务副理事长
副理事长			
1	王继生	中国重型机械工业协会	副理事长兼秘书长
2	蒋金水	中国第一重型机械股份公司	副总经理
3	李骏骋	二重（德阳）重型装备有限公司	总经理
4	王学民	北方重工集团有限公司	董事长
5	俞章法	中信重工机械股份有限公司	董事长
6	田长军	大连华锐重工集团股份有限公司	总　裁
7	费　国	上海振华重工（集团）股份有限公司	总工程师
8	肖　平	中国重型机械有限公司	董事长
9	倪国平	上海重型机器厂有限公司	执行董事、总经理
10	王社昌	中国重型机械研究院股份公司	党委书记、董事长
11	唐　超	北京起重运输机械设计研究院有限公司	董事长、总经理
12	程　波	洛阳矿山机械工程设计研究院有限责任公司	院　长
13	贾建平	中钢设备有限公司	副总经理
14	韩红安	卫华集团有限公司	董事长
15	赵胜国	华电重工股份有限公司	党委书记、副董事长
16	任海涛	河南省矿山起重机有限公司	总经理
17	肖宝贵	天地科技股份有限公司	总经理
18	李　平	上海科大重工集团有限公司	法定代表人
19	孙善金	山东山矿机械有限公司	董事长
20	王兆连	山东华特磁电科技股份有限公司	董事长
21	盛嘉庆	浙江双鸟机械有限公司	总经理
秘书长、副秘书长			
1	王继生	中国重型机械工业协会	秘书长（兼）
2	张维新	中国重型机械工业协会	副秘书长
3	张艳君	中国重型机械工业协会	副秘书长

〔供稿人：中国重型机械工业协会张艳君〕

中国重型机械工业协会
第八届理事会常务理事、理事名单

序号	姓名	单位名称	单位职务或职称
常务理事			
1	黄庆学	太原理工大学	校长、院士
2	赵永生	燕山大学	副校长
3	马立峰	太原科技大学	机械工程学院院长
4	宋太俊	河南长垣起重工业园区管理委员会	主任
5	肖建平	株洲天桥起重机股份有限公司	董事长
6	徐新民	山起重型机械股份公司	董事长
7	李　静	芜湖起重运输机器股份有限公司	董事长
8	周水妹	杭州西子智能停车股份有限公司	董事长
9	郭章先	豫飞重工集团有限公司	董事长
10	黄　涛	鞍山重型矿山机器股份有限公司	董事长
11	黄海珊	广州起重机械有限公司	董事长
12	张志华	郑州新大方重工科技有限公司	董事长
13	罗永忠	四川川润股份有限公司	董事长
14	王红华	浙江冠林机械有限公司	董事长
15	喻连生	江西工埠机械有限责任公司	董事长
16	黄珑琳	凯澄起重机械有限公司	总经理
17	张晓华	衡阳运输机械有限公司	副总经理
18	龚欣荣	四川省自贡运输机械集团股份有限公司	总经理
19	赵能平	沈阳隆基电磁科技股份有限公司	总经理
20	李　志	四川矿山机器（集团）有限责任公司	常务副总经理
21	孟凡波	焦作科瑞森重装股份有限公司	副总经理
22	徐　亮	北京约基工业股份有限公司	总经理
23	龚友良	南昌矿山机械有限公司	总经理
24	李祥啟	大洋泊车股份有限公司	总经理
25	祝　伟	常熟通润汽车零部件股份有限公司	副总经理
26	许　强	中机第一设计研究院有限公司	总工程师
27	郭继保	太原通泽重工有限公司	总工程师
28	曹明生	江西华伍制动器股份有限公司	总经理
理事			
1	孙小跃	云南冶金昆明重工有限公司	董事长
2	华　良	上海起重运输机械厂有限公司	总经理
3	李海龙	北京首钢机电有限公司	总经理

（续）

序号	姓名	单位名称	单位职务或职称
4	杨树勇	中国煤炭机械工业协会	理事长
5	葛文亮	江苏象王集团股份有限公司	副总经理
6	陆　璐	中冶京诚（湘潭）矿山装备有限公司	副总经理
7	杨方祥	重庆起重机厂有限责任公司	党委书记、执行董事
8	卢庆亮	济南重工股份有限公司	总经理
9	杨聪俐	河南黎明重工科技股份有限公司	董事、副总经理
10	方德松	湖南长重机器股份有限公司	总经理
11	梁侠津	南宁广发重工集团有限公司	党委书记、董事长
12	杨洪志	哈尔滨重型机器有限责任公司	总经理助理
13	胡善宏	淮北矿山机器制造有限公司	董事长
14	秦英奕	江西起重机械总厂	总经理
15	马卫国	新疆通用机械有限公司	总经理
16	孙雨生	中航工程集成设备有限公司	副总经理
17	张俊国	中信机电制造公司	总经理
18	徐　彬	江苏国茂减速机股份有限公司	总经理
19	王　农	中冶陕压重工设备有限公司	副总经理、总工程师
20	郧青峰	内蒙古北方重型汽车股份有限公司	总经理
21	钱立华	铜陵天奇蓝天机械设备有限公司	董事长
22	王建梅	太原科技大学重型机械教育部工程研究中心	常务副主任
23	鞠益荣	江苏三马起重机械制造有限公司	总经理
24	段京丽	焦作金箍制动器股份有限公司	董事长
25	苗体魁	河南圣起机械集团有限公司	董事长
26	张明荣	泰星减速机股份有限公司	董事长
27	殷爱国	江苏泰隆减速机股份有限公司	总经理
28	郑才刚	宁波东力传动设备有限公司	董事长
29	翁耀根	无锡华东重型机械股份有限公司	董事长
30	汪　玉	安徽盛运重工机械有限责任公司	董事长
31	汪碧远	SEW-传动设备（天津）有限公司	总经理助理
32	韩红静	北京斯诺堡轴承有限公司	总经理
33	任会江	河南省新乡市矿山起重机有限公司	董事长
34	胡鹏辉	河南重工集团起重机科技有限公司	总经理
35	韩永章	河南宝起华东起重机有限公司	总经理
36	胡章和	河南豫中起重集团有限公司	执行董事
37	李子木	宁夏天地奔牛银起设备有限公司	总经理
38	王孙同	浙江东海减速机有限公司	总经理
39	刘益民	鞍钢重型机械有限责任公司	党委副书记
40	吴　潇	柳州起重机器有限公司	董事长
41	张玉清	天水长城控制电器有限责任公司	董事长

（续）

序号	姓名	单位名称	单位职务或职称
42	陶　楠	中国电建集团长春发电设备有限公司	董事长
43	梁　旭	洛阳起重机厂有限公司	总经理
44	邱　平	上海电力环保设备总厂有限公司	副总经理
45	项建忠	浙江通力重型齿轮股份有限公司	董事长
46	施　凡	湖州双力自动化科技装备有限公司	总经理
47	徐　敏	无锡新大力电机有限公司	总经理
48	杜　勇	中国电建集团武汉重工装备有限公司	副总经理
49	李　坤	天津重钢机械装备股份有限公司	董事长
50	陆永生	山东莱钢泰达车库有限公司	经理
51	张彦五	上海嘉庆轴承制造有限公司	董事长
52	李伟敏	河南省东风起重机械有限公司	董事长
53	杜左海	八达机电有限公司	总经理
54	操文章	安徽攀登重工股份有限公司	董事长
55	丁加新	吉林省佳信通用机械股份有限公司	董事长
56	郑惠芸	山西新富升机器制造有限公司	总工程师
57	纪振昌	河北同力滑车有限公司	总经理
58	王东升	北京中冶华润科技发展有限公司	董事长
59	万名炎	湖北咸宁三合机电股份有限公司	董事长
60	徐　兵	浙江矿山机械有限公司	董事长
61	李海通	河南奔宇电机科技有限公司	总经理
62	韩景轩	河南华北起重吊钩有限公司	董事长
63	高　海	安徽铜冠机械股份有限公司	副总经理
64	金红萍	法兰泰克重工股份有限公司	董事长
65	承　勇	常州市华立液压润滑设备有限公司	董事长
66	李传林	中钢集团衡阳机械有限公司	执行董事、党委书记、总经理
67	陈清波	科尼起重机设备（上海）有限公司	总裁
68	陈　浩	德马格起重机械（上海）有限公司	总经理
69	苏光耀	浙江五一机械有限公司	董事长
70	陆　洋	常熟中材装备重型机械有限公司	总经理
71	祁　军	科威瑞（广东）矿机装备有限公司	副总经理
72	刁明霞	淄博大力矿山机械有限公司	董事长
73	王家宝	沈阳新松机器人自动化股份有限公司	副总裁
74	朱　帅	宁波市凹凸重工有限公司	总裁
75	汪东华	江苏省特种设备安全监督检验研究院	院长
76	邱增华	湘电重型装备有限公司	所长
77	陈利华	浙江浙矿重工股份有限公司	董事长
78	杨　钢	镇江电磁设备厂有限责任公司	董事长
79	王思民	河南威猛振动设备股份有限公司	总经理

（续）

序号	姓名	单位名称	单位职务或职称
80	江　斌	华德起重机（天津）股份有限公司	销售总监
81	田　振	辽宁国远科技有限公司	董事长
82	许剑平	湖北博尔德科技股份有限公司	总经理
83	徐建人	绍兴华运输送设备有限公司	总经理
84	李继东	沈阳泰丰胶带制造有限公司	销售总经理
85	张　斌	广东中兴液力传动有限公司	董事长
86	裍伟军	东莞大马输送设备有限公司	销售经理
87	肖阳东	四川东林矿山运输机械有限公司	总经理
88	郇正彪	泰尔重工股份有限公司	董事长
89	陈德木	杭州杰牌传动科技有限公司	董事长、总经理
90	高铁英	杭州中德传动设备有限公司	集团副总经理
91	马景山	北京航天汇信科技有限公司	副总经理
92	洪伟泉	浙江子华停车设备科技股份有限公司	董事长
93	王忠利	唐山通宝停车设备有限公司	董事长
94	侯玉鹏	山东天辰智能停车设备有限公司	总经理
95	蒋玲华	上海赐宝停车设备制造有限公司	总经理
96	杨晓代	昆明昆船物流信息产业有限公司	副总经理
97	曹奉来	沈阳飞机工业集团物流装备有限公司	副总经理
98	梁新文	山西省平遥减速器有限责任公司	董事长
99	苏建涛	北京中科凯思科技有限公司	董事长
100	吉富华	苏州吉人高新材料股份有限公司	董事长
101	李　宗	徐州徐工矿业机械有限公司	总经理
102	戚　建	三一重型装备有限公司	董事长
103	梁丰收	北京机电研究所有限公司	党委书记、董事长
104	徐振勇	山东力山特智能科技有限公司	总经理
105	何建波	希望森兰科技股份有限公司	总经理
106	刘　强	日照港船机工业有限公司	总经理
107	周　彬	中国二重万路运业有限公司	总经理
108	吴继承	一重新能源发展集团有限公司	党委书记、副总经理
109	张蕴锋	洛阳中重运输有限责任公司	总经理
110	张洪涛	北京祥龙物流（集团）有限公司	副总经理
111	刘紫军	河南省大方重型机器有限公司	总经理
112	沈耿亮	浙江双箭橡胶股份有限公司	董事长
113	马新强	武汉华工激光工程有限责任公司	董事长
114	邓清锐	四川鸿舰重型机械制造有限责任公司	总经理
115	胡家喜	株洲变流技术国家工程研究中心有限公司	总经理

（续）

序号	姓名	单位名称	单位职务或职称
个人理事			
1	须　雷	河南省矿山起重机有限公司	高级顾问
2	徐格宁	太原科技大学	原副校长
3	孟文俊	山西能源学院	副院长
4	李国杰	苏州大学应用技术学院	工学院副院长

〔供稿人：中国重型机械工业协会张艳君〕

中国重型机械工业协会 第八届理事会监事长、监事名单

序号	姓名	单位名称	单位职务
监事长			
1	王国强	吉林大学	教务处处长
监事			
1	王玉敏	中国建材机械工业协会	常务副会长兼秘书长
2	尹军琪	北京伍强科技有限公司	董事长
3	林卫国	国家起重运输机械质量监督检验中心	副主任

〔供稿人：中国重型机械工业协会张艳君〕

中国重型机械工业协会会员名录

矿山机械

单位名称	联系地址	邮编	电话	传真
中信重工机械股份有限公司	河南省洛阳市涧西区建设路 206 号	471039	0379-64088001	0379-64214680
鞍山重型矿山机器股份有限公司	辽宁省鞍山市鞍千路 294 号	114042	0412-6215364	0412-6216900
大连光阳轴承制造有限公司	辽宁省瓦房店市北共济街北段 17 号	116300	0411-85518888	
北京金煤创业科技股份有限公司	北京市石景山区古城西街 19 号古城基地 D 座南楼 2 层	100043	010-88909291	
长沙正忠科技发展有限公司	湖南省长沙市雨花区环保科技园职教城路 32 号	410006	0731-85350116	
徐州徐工矿山机械有限公司	江苏省徐州市经济技术开发区高新路 39 号	221004	0516-83111663	
山东硕园工业机械设备有限公司	山东省淄博市沂源县城沂河东路北侧	256100	0533-3438899	

（续）

单位名称	联系地址	邮编	电话	传真
云南凯瑞特重工科技有限公司	云南省昆明市彩云北路星都国际总部 37 栋	651701	0871-65936037	
河北省邢台县长江矿山机械制造厂	河北省邢台市桥东区白塔市场	054000	0319-3221853	
湘潭市恒欣实业公司	湖南省韶山市永泉科技园	411300	0731-55672100	
济南重工股份有限公司	山东省济南市东郊机场路	250109	0531-86139298	0531-88287286
吉林大学机械科学与工程学院	吉林省长春市人民大街 5988 号	130025	0431-85094404	0431-85095288
太原科技大学交通与物流学院	山西省太原市万柏林区窊流路 66 号	030024	0351-6998056	0351-6863369
淄博大力矿山机械有限公司	山东省淄博市周村区恒通路 887 号	255300	0533-6181501	0533-6181392
山东泰山天盾矿山机械有限公司	山东省新泰市开发区新兴路	271200	0538-7069810-8603	0538-7069332
湘电重型装备股份有限公司	湖南省湘潭市岳塘区下摄司街 302 号	411100	0731-58595647	0731-58595267
四川矿山机器（集团）有限责任公司	四川省江油市建设北路 888 号	621701	0816-3696018	0816-3698888
浙江双金机械集团有限公司	浙江省杭州市余杭区瓶窑镇	311115	0571-28057991	0571-28057991
浙江浙矿重工股份有限公司	浙江省湖州市长兴县和平镇工业园区	313103	0572-6955888	0572-6959977
洛阳矿山机械工程设计研究院有限责任公司	河南省洛阳市涧西区建设路 206 号	471039	0379-64087719	0379-64221800
哈尔滨国海星轮传动有限公司	黑龙江省哈尔滨市哈平路工业区烟台三路 8 号	150060	0451-86522278	0451-86530858
安徽盛运重工机械有限责任公司	安徽省桐城市同安路 265 号	231400	0556-6213999	0556-6205280
洛阳大华重工科技有限公司	河南省洛阳市洛龙区关林路 280 号	471023	0379-65520221	0379-65511602
河南黎明重工科技股份有限公司	河南省郑州市高新区科学大道 169 号	450001	0371-67988906	0371-67988906
科威瑞（广东）矿机装备有限公司	广东省韶关市高新开发区莞韶双创（装备）中心	512026	0751-8721999	0751-8721999
贵阳高原矿山机械有限公司	贵州省贵阳市花溪区航天路路尾	550025	0851-83636103	0851-83636113
重庆泰丰矿山机器有限公司	重庆市九龙坡区石坪桥横街 66 号	400051	023-68822731	023-68822731
郑州鸿源重型机械有限公司	河南省郑州市郑上路石砦	450100	0371-64629998	0371-64602334
洛阳百克特摩擦材料有限公司	河南省洛阳市高新开发区孙辛辅路 4 号	471003	0379-65112136	0379-64183328
中实洛阳工程塑料有限公司	河南省洛阳市涧西区建设路 206 号	471039	0379-64088063	0379-64214823
太原重型机械集团有限公司	山西省太原市万柏林区玉河街 53 号	030024	0351-6365768	0351-6361133
湘煤立达矿山装备股份有限公司	湖南省株洲市新华东路 699 号	412003	0731-22493253	0731-28780421
浙江武精机器制造有限公司	浙江省金华市武义县青年路 108 号	321200	0579-87641326	0579-87647558
广东省韶铸企业集团	广东省韶关市浈江区十里亭镇	512031	0751-8832578	0751-8853784
湖州恒通机械设备有限公司	浙江省湖州市吴兴区埭溪镇工业开发区（104 国道路 8 号）	313000	0572-2367341	0572-2367343
鹤壁市豫兴煤机有限公司	河南省鹤壁市山城区豫兴工业园	458007	0392-2560169	0392-2566177
鹤壁市万丰矿山机械制造有限公司	河南省鹤壁市山城区石林乡东石林村	458000	0392-2566777	0392-2560777
鹤壁市四达矿山设备有限公司	河南省鹤壁市山城区汤鹤路中段	458000	0392-2560391	0392-2560800
鹤壁市通达矿山设备有限公司	河南省鹤壁市山城区汤鹤路中段山城工业区	458000	0392-2560354	0392-2568096
鹤壁市星光矿山机械制造有限公司	河南省鹤壁市山城区石林乡东石林村	458000	0392-2563669	0392-2566433
鹤壁市双信矿山机械有限公司	河南省鹤壁市山城区汤鹤路中段路北	458000	0392-2560366	0392-2568366
太重煤机有限公司	山西省太原市经济技术开发区电子街 25 号	030009	0351-3040108	0351-3041942
重庆四丰矿山建筑机械有限公司	重庆市大渡口区八桥镇互助工业园	400084	023-68953208	023-68953258
河南太行振动机械股份有限公司	河南省新乡市经济开发区西区中央大道北段 66 号	453731	0373-5590168	0373-5586881
郑州一帆机械设备有限公司	河南省郑州市荥阳市开发区郑源路中段	450100	0371-64606406	0371-64606468
山东升金矿山机械有限公司	山东省新泰市新安路 53 号	271200	13805487285	0538-2200111

（续）

单位名称	联系地址	邮编	电 话	传 真
宁夏天地西北煤机有限公司	宁夏回族自治区石嘴山市大武口工业园区长安路 1 号	753001	0952-2175328	0952-2175329
山东东平开元机械制造有限公司	山东省泰安市东平县工业园区	271500	0538-2821052	0538-6356808
浙江镇南精工机械有限公司	浙江省诸暨市店口镇解放路 259 号	311835	0575-87655388	0575-87655618
南昌矿山机械研究所	江西省南昌市下罗枫林东大街 168 号	330001	0791-83806998	0791-83805987
南昌矿山机械有限公司	江西省南昌市湾里区盘龙路 23 号	330004	0791-83798611	0791-83761006
山东华特磁电科技股份有限公司	山东省潍坊市临朐县经济技术开发区华特路 6999 号	262600	0536-3158808	0536-3158801
山东山矿机械有限公司	山东省济宁市济安桥北路 11 号	272014	0537-2226931	0537-2228529
沈阳隆基电磁科技股份有限公司	辽宁省抚顺市经济开发区文华路 6 号	113122	024-56605765	024-56605768
浙江东海减速机有限公司	浙江省温州市平阳经济开发区（鳌江镇）	325401	0577-63675933	0577-63635393
石家庄油漆厂	河北省石家庄市中山西路 433 号	050000	0311-85233768	0311-83013681
鸡西永益煤矿机械制造有限公司	黑龙江省鸡西市鸡冠区南星街 47 号	158100	0467-2725068	0467-2725068
大连骅洋液力偶合器有限公司	辽宁省大连市甘井子区营城子街道对门沟村	116036	0411-84444529	0411-84444509
遵化市禹铭矿山机械厂	河北省遵化市黎河桥路西	064200	0315-6883926	0315-6603658
河北宣化工程机械股份有限公司	河北省张家口市宣化区东升路 21 号	075105	0313-3186001	0313-3186026
洛阳百力克矿山机械有限公司	河南省洛阳市洛新工业园双湘路 12 号	471822	0379-65190660	0379-67312866
江苏三羊开泰煤矿电机制造有限公司	江苏省丹阳市开发区胡桥乡大贡村	212313	0511-86981555	0511-86967626
青岛胶六橡特胶带有限公司	山东省青岛市市北区市场二路 36 号	266011	0532-82825527	
南昌凯马有限公司	江西省南昌市国家经济技术开发区丁香路凯马机电工业园	330101	0791-83951398	0791-83951350
山西电机制造有限公司	山西省太原市并州南路 68 号	030012	0351-7081088	
广州机械科学研究院	广东省广州市黄埔区茅岗路 828 号	510700	020-32389630	
芜湖众发中运机械有限公司	安徽省芜湖市鸠江经济开发区二期永昌路 67 号	241100	0553-5716423	
湖南山拓机械制造有限公司	湖南省岳阳市华容县工业园	414200	0730-4108893	
中实洛阳重型机械有限公司	河南省洛阳市涧西区建设路 206 号	471039	0379-64088063	
四川川润液压润滑设备有限公司	四川省成都市郫都区现代工业港北区港北六路 85 号	611743	028-61836518	
上海辛格林纳新时达电机有限公司	上海市嘉定区思义路 1560 号	201801	021-69896275	021-69926011
江苏太兴隆减速机有限公司	江苏省泰兴市城区科技工业园	225400	0523-87996888	0523-87996999
河南省荥阳市矿山机械制造厂	河南省郑州市荥阳市荥密路三里庄	450100	0371-64696896	
荆州市康海传动机械制造有限公司	湖北省荆州市沙市区锣场工业园二号路 20 号	434000	0716-8377491	0716-8377493
中国矿业大学科学技术研究院	江苏省徐州市三环南路	221116	0516-83590758	0516-83590289
重庆忠惠机械有限责任公司	重庆市九龙坡区西彭镇长安村	401326	13808300938	023-65805411
安徽铜冠机械股份有限公司	安徽省铜陵市经济技术开发区翠湖三路西段 998 号	244061	0562-5864504	0562-5861106
四川俊江机械有限公司	四川省内江市隆昌县三道桥工业园区	642150	0832-3950899	0832-3965222
浙江双飞无油轴承股份有限公司	浙江省嘉兴市嘉善县干窑工业区宏伟北路 18 号	314115	0573-84519568	
臣桀（上海）橡胶工业技术有限公司	上海市金山区吕巷镇溪南路 86 号	214107	021-61841222	021-61842333
唐山拓新电器有限公司	河北省唐山市高新区西昌路（创业中心）	063000	13932554266	0315-3851766
遵化市一超盛方重型机械厂	河北省遵化市苏家洼镇苏家洼村	064200	13931583670	
郑州中意矿山机械有限公司	河南省郑州市荥阳市荥密路三里庄	450100	13838055736	0371-64793555
鄂州市恒基矿山机械制造有限公司	湖北省鄂州市经济开发区	436001	13677117578	0711-3619268
洛阳力为机械科技有限公司	河南省洛阳市西工区洛阳工业园区经十路 16 号	471041	0379-62189698	0379-62189698
山西新富升机器制造有限公司	山西省太原市经济技术开发区十四号线 68 号	030013	0351-3075217	0351-2664710

（续）

单位名称	联系地址	邮编	电话	传真
天津市立鑫晟精细铸造有限公司	天津市静海区良王庄乡良二村	301601	022-68122819	022-68122819
德力西（杭州）变频器有限公司	浙江省杭州市西湖区转塘街道科技经济区块 8 号	310023	0571-85362042	0571-85225972
沈阳市永达有色铸造厂	辽宁省沈阳市皇姑区鸭绿江北街 168 号	110033	024-86671086	024-86671086
江阴齿轮箱制造有限公司	江苏省江阴市山观工业园澄山路 601 号	214437	0510-86993113	0510-86993519
卫华集团有限公司	河南省新乡市长垣县卫华大道西段	453400	0373-8888761	0373-8888761
中冶京诚（湘潭）矿山装备有限公司	湖南省湘潭市九华江南大道 8 号	411200	0731-58276200	0731-58276200
新乡市通用电机有限公司	河南省新乡市小店工业区经九路纬六路西南	453000	13937303339	0373-3686333
矿山机械杂志社	河南省洛阳市涧西区建设路 206 号	471039	0379-64087786	0379-64087868
全国矿山机械标准化技术委员会	河南省洛阳市涧西区建设路 206 号	471039	0379-64087746	0379-64087746
国家矿山机械质量监督检测中心	河南省洛阳市涧西区建设路 206 号	471039	0379-64087842	0379-64215427
浙江矿山机械有限公司	浙江省义乌市义亭镇矿机一路 96 号	322005	0579-85817891	0579-85815387
义乌黑白矿山机械有限公司	浙江省义乌市上溪镇四通西路 36 号	322000	0579-85861866	0579-85866118
河南蒲瑞精密机械有限公司	河南省新乡市长垣县巨人大道南段路西	453000	0373-8621889	0373-8621889
泰星减速机股份有限公司	江苏省泰兴市姚王镇泰姚北路 10 号	225402	0523-87635681	
广州华宝矿山设备有限公司	广东省广州市天河区广汕路凤凰软件园首层 B2 区	510520	020-87026100	020-87026465
定襄县佳敏机械锻造有限公司	山西省忻州市定襄县九龙湾工业区	035400	0350-6090909	0350-6090911
河南红星矿山机器有限公司	河南省郑州市高新技术产业开发区檀香路 8 号	450100	0371-86670277	
山西平遥减速器有限责任公司	山西省晋中市平遥县科技工业区	031100	0354-5650091	
湖州电动滚筒有限公司	浙江省湖州市经济技术开发区西风路 888 号	313000	0572-2059480	
河南省华宏重型机械制造有限公司	河南省新乡市凤泉区宝山中路	453011	13598717955	
洛阳诚创耐磨材料有限公司	河南省洛阳市涧西区先进制造业集聚区三西路	471003	0379-64721868	

破碎粉磨设备

单位名称	联系地址	邮编	电话	传真
四川矿山机器(集团)有限责任公司	四川省江油市建设北路 888 号	621701	0816-3696025	0816-3698888
河北金马矿山机械集团公司	河北省遵化市东新庄镇	064209	0315-6999117	0315-6999117
河南省群英机械制造有限责任公司	河南省焦作市解放路 397 号	454002	0391-3906898	0391-3933430
上海嘉庆轴承制造有限公司	上海市闸北区民德路 158 号铭德国际广场 1802 室	200071	021-56559515	021-56639899
江苏鹏胜重工股份有限公司	江苏省淮安市盱眙经济开发区玉兰大道	211700	0517-88293993	0517-88293883
松滋市金津矿山机械有限责任公司	湖北省松滋市城东工业园永兴路 3 号	434200	0716-6210381	0716-6222339
广西壮族自治区桂林矿山机械厂	广西壮族自治区桂林市灵川县桂矿路 1 号	541200	0773-6825032	0773-6812096
哈尔滨国海星轮传动有限公司	黑龙江省哈尔滨市哈平路工业园烟台三路 8 号	150060	0451-86530858	0451-86523288
广西南宁金宇破碎设备有限责任公司	广西壮族自治区南宁市秀安路 15 号	530001	0771-3130687	0771-3123361
山东大通机械科技有限公司	山东省淄博市博山区东良庄北首	255200	0533-4200699	0533-4200699
洛阳矿山机械工程设计研究院有限责任公司	河南省洛阳市涧西区建设路 206 号	471039	0379-64087722	0379-64221800
山东山矿机械有限公司	山东省济宁市济安桥北路 11 号	272041	0537-2225292	0537-2228529
上海龙阳机械厂	上海市浦东新区龙东支路 98 号	201201	021-68915989-835	021-58970007
湖北枝江峡江矿山机械有限责任公司	湖北省宜昌市白洋镇沿江街 1 号	443208	0717-4400029	0717-4402299
成都大宏立机器制造有限公司	四川省成都市大邑县工业大道 128 号	611330	028-88201030	028-88201030

（续）

单位名称	联系地址	邮编	电话	传真
溧阳中材重型机器有限公司	江苏省溧阳市天目湖工业园区滨河路 11 号	213332	0519-80895001	0519-80895018
河北万矿机械厂	河北省张家口市西山产业集聚区（万全县）矿机路 6 号	076250	0313-4881100	0313-4811166
上海山美重型矿山机械有限公司	上海市奉贤区青村镇奉村路 258 号	201414	021-57566188	021-57566188
山东黑山路桥机械科技有限公司	山东省淄博市博山区八陡镇黑山前 165 号	255203	0533-4518240	0533-4518147
北京斯诺堡轴承有限公司	北京市西城区广安门外三义东里 20 号	100055	010-63427566	010-63479753
海门市重型矿山机械厂	江苏省海门市三厂镇厂洪路 28 号	226121	0513-82602392	0513-82608081
北京锋必达矿山机械有限公司	北京市门头沟区中门寺街 69 号	102300	010-61890942	010-61891117
北方重工集团有限公司矿山冶金设备分公司	辽宁省沈阳市经济技术开发区开发大路 16 号	110860	024-25802282	024-25802858
上海恒源冶金设备有限公司	上海市浦东新区老芦公路 938 号	201304	021-58975926	021-58975926
遵化市宏宇矿山机械有限公司	河北省遵化市西留村乡学汉坨村	064200	0315-6601688	0315-6603666
昆山多灵重型设备科技有限公司	江苏省昆山市锦溪镇锦荣路 550 号	471700	0512-54083495	0512-83639697
山东益杰重工机械有限公司	山东省淄博市博山区博莱高速路口	255200	0533-4658626	0533-4658727
包头市冶金矿山机械制造有限公司	内蒙古自治区包头市铝业产业园区长征路 2 号	014040	0472-4111538	0472-4172310
遵化新保益达重型机械制造有限公司	河北省遵化市黎河桥西行 4km 路南	064200	0315-6989111	0315-6989222
成都市双流金石机械制造有限公司	四川省成都市双流区金桥镇永和村三组	610200	028-85851618	028-85851618
山东华力电机集团股份有限公司	山东省荣成市明珠路 89 号	264300	0631-7551153	0631-7553744
中南大学机电工程学院	湖南省长沙市岳麓山南路 105 号	454002	0731-88877025	0731-88851136
荆州市巨鲸传动机械有限公司	湖北省荆州市经济技术开发区东方大道 58 号	434000	0716-8303999	0716-8303886
河南焦矿机器有限公司	河南省焦作市焦东中路 28 号	454002	0391-3976001	0391-3929939
河北省邯郸市邯山冶金机械备件厂	河北省邯郸市马庄收费站东 200m	056001	0310-5503398	0310-5276955
山东华特磁电科技股份有限公司	山东省潍坊市临朐县经济技术开发区华特路 6999 号	262600	0536-3158808	0536-3158801
启东市南方润滑液压设备有限公司	江苏省启东市惠萍镇工业园区	226255	0513-83792888	0513-83795028
浙江镇南精工机械有限公司	浙江省诸暨市店口镇解放路 259 号	311835	0575-87655388	0575-87655618
朝阳华亿重工机械制造有限责任公司	辽宁省朝阳市中山大街一段 35 号	122000	0421-3724900	0421-3724900
章丘市东风水泥机械有限公司	山东省济南市章丘区相公庄镇四村	250203	0531-83831130	0531-83821626
洛阳市豫跃矿业设备有限公司	河南省洛阳市涧西区建设路 133 号	471039	0379-64250589	0379-64250589
定襄县佳敏机械锻造有限公司	山西省忻州市定襄县九龙湾工业区	035400	0350-3329586	0350-6090911
宁波市实立矿山机械制造有限公司	浙江省宁波市象山县石浦镇兴港路 100 号	315731	0574-65912665	0574-65912665
邯郸四达电机股份有限公司	河北省邯郸市中华北大街 680 号	056004	0310-3178286	0310-3178506
南昌矿山机械有限公司	江西省南昌市湾里区盘龙路 23 号	330004	0791-83782882	0791-83961006
陕西蒲城秦星建设机械有限公司	陕西省渭南市蒲城县苏坊镇东大街	715514	0913-7325552	0913-7325552
唐山鑫虎重型矿山机械有限公司	河北省遵化市团瓢庄乡山里各庄村	064209	0315-6986988	0315-6986868
遵化市宏盛大诚矿山机械厂	河北省遵化市黎河桥西 1km	064200	0315-6601589	0315-6601489
遵化市大明矿山机械有限公司	河北省遵化市团瓢庄乡兴隆店村	064200	0315-6991888	0315-6991788
山东省东平县开元机械制造有限公司	山东省泰安市东平县工业园	271500	0538-6356808	0538-6356808
吉林大学（吉林大学南岭校区）	吉林省长春市人民大街 5988 号	130025	0431-85095288	0431-85095288
山东睿能机械有限公司	山东省济南市蓝翔路 15 号 -6 区 -2 号	250023	0531-85980518	0531-85980518
固安百滤得机械制造有限公司	河北省廊坊市固安县温泉园区	065501	0316-6228358	0316-6228358
淄博市博山万雷机械设备厂	山东省淄博市博山区颜北路 192 路	255200	0533-4231525	0533-4235111

（续）

单位名称	联系地址	邮编	电话	传真
巢湖诺信建材机械设备有限公司	安徽省巢湖市烔炀工业区	238072	0551-88515783	0551-88512652
浙江矿山机械有限公司	浙江省义乌市义亭镇矿机一路96号	322005	0579-85815385	0579-85815387
国茂减速机集团有限公司	江苏省常州市武进高新技术产业开发区西湖路111号	213164	0519-86568898	0519-86581901
天津赛瑞机器设备有限公司齿轮制造分公司	天津市东丽区滨海重机工业园重工路3号	300350	022-24362086	022-24355100
山西东皇风电法兰制造有限公司	山西省忻州市定襄县崔家庄工业园	035400	0350-3323183	0350-3323182
广东磊蒙重型机械制造有限公司	广东省韶关市浈江区产业转移工业园	512000	0751-6528888	
山东九昌重工科技有限公司	山东省潍坊市临朐县东城工业区朐阳路368号	262600	0536-3157532	0536-3157006
济南永固重型机械制造有限公司	山东省济南市堤口路177号	250203	0531-85994678	0531-85994678
上海创申重型装备制造有限公司	上海市奉贤区塘外工业园地8号	201411	021-53011861-8001	021-53011873
杭州山虎机械有限公司	浙江省杭州市余杭区仁和镇	311107	0571-86391375	0571-86390372
浙江双金机械集团股份有限公司	浙江省杭州市余杭区瓶窑镇南山村	311115	0571-88537288	0571-88503532
臣桀（上海）橡胶工业技术有限公司	上海市金山区吕巷镇溪南路86号	214107	021-88733929	021-88733929
常熟中材装备重型机械有限公司	江苏省常熟市北三环276号	215500	0512-52858639	0512-52850414
新乡市鼎力矿山设备有限公司	河南省卫辉市唐庄镇工业园区	453100	0373-4222222	0373-4222222
山东金宝山机械有限公司	山东省临沂市金宝山路1号	276000	0539-8529300	0539-8529099
哈尔滨和泰电力设备有限公司	黑龙江省哈尔滨市南岗区长江路380号	150090	0451-82314958	0451-82314178
沈阳远大科技电工有限公司	辽宁省沈阳市经济技术开发区十六号街6号	110027	024-25273535	024-25273535
新乡市通用电机有限公司	河南省新乡市国家经济技术开发区丰收路	453000	0373-3686333	0373-3686333
天津市立鑫晟精细铸造有限公司	天津市静海区良王庄乡良二村	301601	022-68120451	022-68120451
江阴兴澄特种钢铁有限公司	江苏省江阴市滨江东路297号	214400	0510-86191400	0510-86191400
莒州集团有限公司	山东省日照市莒县浮来工业园	276511	0633-7882278	0633-6269678
长沙矿冶研究院有限责任公司	湖南省长沙市麓山南路966号	410012	13808462653	0731-88657306
沈阳罕王精密轴承有限公司	辽宁省沈阳市经济技术开发区沈西三东路9号	110027	024-25991863	024-25991863
上海电气上重碾磨特装设备有限公司	上海市闵行区江川路1880号	200245	021-54721753	021-54721753
瓦房店金峰轴承制造有限公司	辽宁省瓦房店市西安北街28号	116300	0411-85658333	0411-85658333
韶关市韶瑞重工有限公司	广东省韶关市武江区西郊六公里武江科技工业园	512000	0751-8136871	0751-8136871
福建宏大特钢有限公司	福建省福鼎市太姥山镇文渡工业区文渡路1号	355200	0593-7276488	0593-7276488
山东邦德重工科技有限公司	山东省淄博市博山经济开发区工业园	255200	0533-4526666	0533-4526666
无锡江溪弹簧制造有限公司	江苏省无锡市新吴区鸿山街道鸿祥路67号	214000	0510-88550199	0510-88550199
广州市光泽齿轮机械有限公司	广东省广州市荔湾区海龙街道东联路40号	510378	020-81419878	020-81419733
广州市孟维矿山机械设备有限公司	广东省广州市天河区龙洞广汕一路685号	510000	020-37360100	020-37360100
哈尔滨贵友科技开发有限公司	黑龙江省哈尔滨市呼兰区双井镇勤劳村	510378	0451-55234800	0451-55234700
武汉正通传动技术有限公司	湖北省武汉市黄陂区横店街正通大道99号	430301	027-61768899	027-61768899
云南冶金昆明重工有限公司	云南省昆明市五华区龙泉路871号	650203	0871-66085302	0871-66085303

洗选设备

单位名称	联系地址	邮编	电话	传真
北方重工集团有限公司矿业装备分公司	辽宁省沈阳市经济技术开发区开发大路16号	110860	024-25802477	024-25197493
海安县万力振动机械有限公司	江苏省南通市海安县江海西路168号	226600	13706277726	0513-88814780

（续）

单位名称	联系地址	邮编	电 话	传 真
北京矿冶研究总院机械研究所	北京市丰台区南四环西路 188 号总部基地 18 区 23 号楼	100044	13701325849	010-68336186
煤炭科学研究总院唐山设计研究院	河北省唐山市新华西道 21 号	063012	13703348985	0315-2829275
上海盾牌矿筛有限公司	上海市闸北区天目中路 383 号海文大楼 1503 室	200070	18930850700	021-23010291
唐山汇力科技有限公司	河北省唐山市路南区唐古街 3 号	063001	13503152229	0315-2876709
河南威猛振动设备股份有限公司	河南省新乡市新乡县工业路 1 号	453700	13837359259	0373-5590098
江阴齿轮箱制造有限公司	江苏省江阴市山观工业园澄山路 601 号	214437	13656165722	0510-86993196
上海山美重型矿山机械有限公司	上海市奉贤区青村镇奉村路 258 号	453731	13700863691	021-58200089
钟祥市新宇机电制造有限公司	湖北省钟祥市经济开发区西环二路 8 号	431900	13707264888	0724-4223279
沈阳鸿翔复合弹性设备有限公司	辽宁省沈阳市大东区大什字街 80-1 号	110014	13604904882	024-88472546
中信重工机械股份有限公司矿山机器厂	河南省洛阳市涧西区建设路 206 号	471039	15690660259	0379-64088626
上海嘉庆轴承制造有限公司	上海市闸北区民德路 158 号铭德国际广场 1802 室	200071	13564241799	021-56559515
河南太行振动机械股份有限公司	河南省新乡市经济开发区西区中央大道北段 66 号	453731	13803738509	0373-5586811
辽源通工机械有限公司	吉林省辽源市工业开发区向阳工业园福兴路 1 号	136200	13604375653	0437-3170955
郑州一帆机械设备有限公司	河南省荥阳市开发区郑源路中段	450131	13849040105	0371-88380880
河南师大振动机械有限公司	河南省新乡市建设东路 46 号	543007	13603737789	0373-3326999
江苏保龙机电制造有限公司	江苏省溧阳市昆仑开发区昆仑北路 75 号	213300	13906143181	0519-87301886
泰州市白塔橡胶厂	江苏省泰州市姜堰区民营经济产业中心	225500	13705268229	0523-88286079
柳州中特高压电器有限公司	广西壮族自治区柳州市柳东路 222 号	545006	13707726048	0772-2615882
河南省群英机械制造有限责任公司	河南省焦作市解放路 397 号	454002	13782713789	0391-3911397
辽阳市望水橡胶制品厂	辽宁省辽阳市振兴路下王家 256 号	111004	13704196882	0419-3306825
沈阳隆基电磁科技股份有限公司	辽宁省抚顺市抚顺经济开发区文华路 6 号	113122	13904930842	024-56605768
扬州市金马矿机配件有限公司	江苏省扬州市江都区通江路 43 号	225200	13705250833	0514-86893833
淮北市协力重型机器有限责任公司	安徽省淮北市濉溪经济开发区工业园金桂西路 2 号	235000	13905612169	0561-4080808
淮北市一环矿山机械有限公司	安徽省淮北市南黎路西段	235000	13909615455	0561-3015222
淮北科源矿山机器有限公司	安徽省淮北市杜集经济开发区滂汪工业园	235037	13905610939	0561-3038516
北京有色冶金设计研究总院选矿室	北京市海淀区复兴路戊 12 号	100038	13641233600	010-63963662
沈阳永翔科技有限公司	辽宁省沈阳市和平区十三纬路 39 号	110002	13804077264	024-22722669
镇江市鸿兴磁选设备有限公司	江苏省镇江市润州区润兴路 33 号	212002	13705283961	0511-85287677
松滋市金津矿山机械有限责任公司	湖北省松滋市城东工业园永兴路 3 号	434200	13972364370	0716-5951166
抚顺沃尔普机电设备有限公司	辽宁省抚顺市望花区铁岭街 12-1 号	113001	13904934942	024-56380540
辽宁志远筛子王制造有限公司	辽宁省鞍山市达到湾工业园区 C05-6 号	114044	13204233336	0412-5210599
山东华特磁电科技股份有限公司	山东省潍坊市临朐县经济技术开发区华特路 6999 号	262600	13791661888	0536-3158801
江苏磁谷科技股份有限公司	江苏省镇江市丁卯开发区南纬四路 10 号	212009	13906104105	0511-88893966
淮北中芬矿山机器有限公司	安徽省淮北市杜集区孙谢庄工业园腾飞路 1 号	235000	13905610503	0561-3091224
河南省平原矿山机械有限公司	河南省新乡市黄河大道 289 号	453700	13803802825	0373-5071699
河北金马矿山机械集团公司	河北省遵化市新东庄镇	064209	13933336380	0315-6998918
唐山陆凯科技有限公司	河北省唐山市高新技术产业园区火炬路 208 号	063020	18733371027	0315-3859960
扬州市亚业筛网厂	江苏省扬州市江都区城南工业园刘桥路	225200	13905258171	0514-86545138
柳州市远健磁力设备制造有限责任公司	广西壮族自治区柳州市柳江县新兴工业园兴福路 12 号	545112	13807722327	0772-3269178
中煤国际工程集团南京设计研究院	江苏省南京市浦口区浦东路 20 号	210031	025-85046362	025-85046441

（续）

单位名称	联系地址	邮编	电话	传真
河南省金特振动机械有限公司	河南省新乡市经济开发区太行北路西段	453731	13803734948	0373-5597320
江苏科行环境工程技术有限公司	江苏省盐城市新洋经济区新洋路9号	224003	13705103032	0515-88566200
鞍山重型矿山机器股份有限公司	辽宁省鞍山市鞍千路294号	114051	13904120312	0412-5239900
黑旋风工程机械开发有限公司	湖北省宜昌市大连路8号	443005	13607200788	0717-6467192
浙江镇南精工机械有限公司	浙江省诸暨市店口镇解放路259号	311835	13395758888	0575-87655618
淄博九州润滑科技有限公司	山东省淄博市高新区万杰路108号1208室	255086	13355281819	0533-3588387
太重煤机有限公司	山西省太原市经济技术开发区电子街25号	030032	18935128282	0351-3035236
江苏金基特钢有限公司	江苏省句容市宝华镇和平村汤龙公路旁	212415	13705183558	025-85818226
济南中燃科技发展有限公司	山东省济南市高新区开拓路1251号	250101	0531-81212379	0531-81212387
赣州金环磁选设备有限公司	江西省赣州市章贡区沙河工业园	325000	13970765025	0797-8325798
威海市润泽矿山洗选设备有限公司	山东省威海市环翠区桥头镇临港科技创业园	264212	13863138508	0631-5800797
新乡市高科机械设备有限公司	河南省新乡市新乡县小冀镇21号桥西800m路北	453731	13903734412	0373-5593617
山东科力华电磁设备有限公司	山东省潍坊市临朐县城南工业园	262600	13953602126	0536-3181099
淮北矿山机器制造有限公司	安徽省淮北市濉溪经济开发区工业园白杨路15号	235005	13965876158	0561-6063318
岳阳科德科技有限责任公司	湖南省岳阳市经济开发区188号科德工业园	414000	13332509188	0730-8729288
辽宁翔宇压滤机有限公司	辽宁省沈阳市于洪区太湖街1-3-1号	110141	024-25835556	024-25300270
东阳市天力磁电有限公司	浙江省东阳市经济开发区八华南路18号	322100	13605727760	0579-86816587
上海恒源冶金设备有限公司	上海市浦东新区东胜路1001号	201201	13701688151	021-58975926
凤城市矿冶齿轮有限责任公司	辽宁省凤城市边门镇边门街	118119	13941542271	0415-8072666
西安船舶工程研究院有限公司	陕西省西安市雁塔区团结南路35号航海科技园3层	710077	15991797102	029-88891530
沈阳博众重型机械制造有限公司	辽宁省沈阳市皇姑区三台子经济开发区方溪湖村	110034	13909838049	024-89340303
四川高德特科技有限公司	四川省攀枝花市仁和区攀枝花大道南段234号	617000	13508236601	0812-2512388
昆明华扬机械制造有限公司	云南省昆明市晋宁区晋宁工业园区上蒜基地	620215	13312589333	0871-67822912
淮北市金牛源矿山机器有限公司	安徽省淮北市濉溪乾隆湖工业园	235100	13966112959	0561-7518061
东北大学资源与土木工程学院	辽宁省沈阳市和平区文化路265号信箱	110006	15904051956	024-23890448
烟台龙腾机械设备有限公司	山东省招远市初山东路99号	265400	13853511669	0535-8113099
扬州宝飞优斯特振动器制造有限公司	江苏省扬州市宝应县安宜创业园22幢	225800	13901440380	0514-88279611
朝阳市宏晟机械制造有限公司	辽宁省北票市下府经济开发区	122113	13841306326	0421-5950000
沈阳斯瑞重型机械制造有限公司	辽宁省沈阳市辽中区满都户镇满东村	110000	13504043811	024-87901804
河南省荥阳市矿山机械制造厂	河南省荥阳市荥密路三里庄	450100	15890055500	0371-64696720
天津市立鑫晟精细铸造有限公司	天津市静海区良王庄乡良二村	301600	13920890723	022-68122819
中国矿业大学化工学院	江苏省徐州市大学路1号	022116	0516-83985486	0516-83591056
福州大学紫金矿业学院	福建省福州市福州地区大学新区学园路2号	350108	15806038882	0591-22865213
沈阳永达有色铸造厂	辽宁省沈阳市皇姑区鸭绿江北街168号	110033	024-86671638	024-86673763
沈阳有色金属研究院	辽宁省沈阳市经济技术开发区七号路7甲6号	110141	024-25813463	024-25375511
镇江电磁设备厂有限责任公司	江苏省镇江市丹徒区新城谷阳大道东延99号	212004	13805282608	0511-85622591
韶关市韶瑞重工有限公司	广东省韶关市武江区西郊六公里武江科技工业园	512029	18948839999	0751-8136871
无锡久申诺科技有限公司	江苏省无锡市锡山区羊尖镇工业园区	214107	0510-88733929	0510-88733929
兴东不锈钢制件厂	福建省晋江市西园街道仕头社区	362200	13505975666	0595-85602756
河北亚恒橡胶科技有限公司	河北省衡水市深州大屯乡张屯工业区	053800	13785836738	

（续）

单位名称	联系地址	邮编	电话	传真
南昌矿山机械有限公司	江西省南昌市湾里区盘龙路23号	330004	13807085540	0791-83761006

桥式起重机

单位名称	通讯地址	邮编	电话	传真
北京起重运输机械设计研究院有限公司	北京市东城区雍和宫大街52号	100007	010-64032298	010-84037436
象王重工股份有限公司	江苏省盐城市建湖县经济开发区明珠东路1号	224700	0515-86317221	0515-86317221
中国有色（沈阳）冶金机械有限公司	辽宁省沈阳市经济技术开发区细河十北街26号	110027	024-31228033	024-31228088
上海嘉庆轴承制造有限公司	上海市静安区普善路239弄19号101室	200070	021-56559515	021-56559517
河南省力源重型起重机有限公司	河南省新乡市长垣县魏庄工业园区 纬七路15号	453424	0373-8710919	0373-8710919
江苏锦友减速机制造有限公司	江苏省泰兴市城东工业园戴王路1号	225400	0523-87692335	0523-87694775
上海宝松重型机械工程有限公司	上海市宝山区盘古路732号	201900	021-56698880	021-56690455
无锡大力起重机械有限公司	江苏省无锡市华清路148号	214124	0510-85628988	0510-85627005
山东益杰重工机械有限公司	山东省淄博市博山区博莱高速路口	255213	0533-4658626	0533-4658727
江西飞达电气设备有限公司	江西省宜春市经济技术开发区宜工大道	336000	0795-2192198	0795-3245060
山东泰峰起重设备制造有限公司	山东省新泰市羊流工业区	271208	0538-7442272	0538-7442858
山东德鲁克起重机有限公司	山东省新泰市开发区新区	271208	0538-7442429	0538-7442118
宁夏天地奔牛银起设备有限公司	宁夏回族自治区银川市西夏区金波南街160号	750021	0951-5615026	0951-3067126
山东泰山起重机械有限公司	山东省新泰市羊流工业区	271208	0538-7442312	0538-7442366
江苏格雷特起重机械有限公司	江苏省南通市通州区平潮镇沿江工业园蛟龙路18号	226361	0513-86725777	0513-86725777
山东柳杭减速机有限公司	山东省淄博市博山区水河路中段	255200	0533-4266859	0533-4182198
淄博市博山起重机器厂	山东省淄博市博山区白塔镇小庄村17号	255202	0533-4680509	0533-4680509
南京特种电机厂有限公司	江苏省南京市六合区雄州东路289号	211500	025-57512565	025-57512565
湖北鄂南起重运输机械有限公司	湖北省赤壁市经济开发区发展大道159号	437300	0715-5250777	0715-5250326
江苏宏达起重电机有限公司	江苏省无锡市惠山区前州镇开发区惠和路3号	214181	0510-83396666	0510-83396666
山东华通机械有限公司	山东省新泰市羊流工业区	271208	0538-7442393	0538-7442003
山东开元重型机械有限公司	山东省新泰市羊流工业区	271208	0538-7443936	0538-7443936
上海海希工业通讯股份有限公司	上海市松江区新桥镇莘砖公路518号15幢	201612	021-54902525	021-54902626
法兰泰克重工股份有限公司	江苏省苏州市吴江区汾湖高新技术产业开发区汾越路288号	215211	0512-82072999	0512-82072999
无锡市安特防爆机电制造有限公司	江苏省无锡市惠山区长安街道长东工业园	214177	0510-83620477	0510-83622120
赤壁市蒲圻起重运输机械有限责任公司	湖北省赤壁市经济开发区凤凰山路	437300	0715-5250377	0715-5250489
重庆金象起重设备制造有限公司	重庆市江津区德感工业园18号	402284	023-87063693	023-87063693
焦作市长控液压制动器有限公司	河南省焦作市修武县集聚产业区	454950	0391-7260558	0391-7260558
湖北省咸宁三合机电制造有限责任公司	湖北省咸宁市咸安区同心路138号	437000	0715-8322725	0715-8322725
无锡市安能滑触电器有限公司	江苏省无锡市锡山区东北塘镇农坝工业园	214191	0510-83776272	0510-83776272
河南华豫起重集团有限公司	河南省新乡市长垣县起重工业园区华豫大道	453400	0373-8717666	0373-8717555
四平市海格起重机器制造有限公司	吉林省四平市红嘴经济技术开发区兴红路1515号	136000	0434-5016806	0434-5016816
武汉正通传动技术有限公司	湖北省武汉市黄陂区横店街正通大道99号	430301	027-61879999	027-61768899
上海共久电气有限公司	上海市松江区石湖荡镇育新路88号	201617	021-57841571	021-57841775
武汉钢铁重工集团冶金重工有限公司	湖北省武汉市青山区厂前街青王路10号	430083	027-86303703	027-86865751

（续）

单位名称	联系地址	邮编	电话	传真
上海美绿起重设备有限公司	上海市崇明区港沿镇富强路 807 号	202158	021-59465126	021-66208650
南通力威机械有限公司	江苏省如皋市如城镇东部工业园区兴源大道 6 号	226522	0513-87268999	0513-87268999
江苏省泰宇减速机有限公司	江苏省泰兴市姚王镇石桥村工业园	225402	0523-87540099	0523-87540099
天津重钢机械装备股份有限公司	天津市滨海新区塘沽厦门路 139 号	300459	022-25211535	022-25211535
天府重工有限公司	山东省烟台市福山区上庄路 81 号	265500	0535-6331648	0535-6331648
诸暨劼力起重吊索具有限公司	浙江省诸暨市人民中路 75 号	311800	0575-88791616	0575-88791616
浙江赛诺起重机械有限公司	浙江省杭州市拱墅区工业园区康惠路 1 号	310015	0535-6331468	0535-6331468
象山万邦电器有限公司	浙江省宁波市象山县产业区城东工业园望海路 5 号	315700	0574-65626626	0574-65626626
新乡市志远起重配件厂	河南省新乡市长垣县起重工业园区	453400	0373-8615167	0373-8615167
河南新起腾升起重设备有限公司	河南省新乡市延津县榆东产业聚集区	453000	0373-7722088	0373-7722088
重庆起重机厂有限责任公司	重庆市九龙坡区中梁山街道人和场	400052	023-65269394	023-65258916
绍兴起重机总厂	浙江省绍兴市越城区袍江新区洋江东路 38 号	312000	0575-88265977	0575-88265977
江阴市起重运输机械有限公司	江苏省江阴市申港街道申新路 33 号	214443	0510-86621524	0510-86621524
成都三江起重机制造有限公司	四川省成都市金堂县三中园区钢城路西段	610400	028-84934393	028-84934393
江西华伍制动器股份有限公司	江西省丰城市高新技术产业园区火炬大道 26 号	331100	0795-6203200	0795-6203200
郑州市华中路桥设备有限公司	河南省郑州市上街区洛宁路 88 号	450041	0371-68117266	0371-68117258
唐山沧达电缆有限公司	河北省唐山市路南区复兴路 54 号	063011	0315-2863232	0315-2866206
长沙起重机厂有限公司	湖南省长沙市韶山南路 123 号	410004	0731-85590525	0731-85011565
江苏金长城减速机有限公司	江苏省泰兴市经济开发区城东工业园	225400	0523-87700018	0523-87552788
四川成启起重机制造有限公司	四川省什邡市经济开发区北区海淀路	610083	028-82572910	028-82572910
湖北创新电气有限公司	湖北省宜昌市伍家岗临江坪科技园	443000	022-84893995 （天津办事处）	022-6572412 （天津办事处）
洛阳起重机厂	河南省洛阳市老城区唐宫东路 10 号	471009	0379-63415918	0379-63415999
无锡文鼎线缆有限公司	江苏省宜兴市官林镇工业集中区张来路	214251	0510-87206210	0510-87209409
银川银重(集团)起重机有限公司	宁夏回族自治区银川市金凤区贺兰山中路 533 号	750011	0951-3073729	0951-3072981
伟肯（中国）电气传动有限公司	北京市朝阳区光华路甲 8 号和乔大厦 A 座 528 室	100026	010-51280006	010-51280006
宁波市鄞州中久电子有限公司	浙江省宁波市鄞州区横溪镇上畈 58 号	315000	0574-88136553	0574-88239555
宜昌市微特电子设备有限责任公司	湖北省宜昌市发展大道 28 号	443005	0717-6922999	0717-6906018
无锡宏达特种电机厂	江苏省无锡市惠山区前州镇工业区兴州路 23 号	214181	0510-83393888	0510-83393188
南京高锐特起重机械有限公司	江苏省南京市六合区东沟镇前街	211514	025-68902298	025-68902298
云南昆钢重型装备制造集团有限公司	云南省安宁市昆钢物流园区	650302	0871-8602490	0871-8602490
上海君睿起重设备安装工程有限公司	上海市闸北区永和路 398 号 315 室	200072	021-56652336	021-56652336
河南省恒远起重机械集团有限公司	河南省新乡市长垣县起重工业园区巨人大道 6 号	453400	0373-8622265	0373-8726666
常州市常欣电子衡器有限公司	江苏省常州市中凉亭夏雷路 68 号	213001	0519-86643942	0519-86640473
岳阳科德科技有限责任公司	湖南省岳阳市经济开发区 188 号科德工业园	414000	0730-8729888	0730-8729288
浙江三港起重电器有限公司	浙江省台州市三门县滨海新城永盛路 8 号	317100	0576-83351555	0576-83351555
南京神天起重机械设备有限公司	江苏省南京市江宁区禄口街道石埝社区	211156	025-87191633	025-87191633
宜昌三思科技有限公司	湖北省宜昌市高新区大连路 33 号清华科技园	443000	0717-6341110	0717-6342020
无锡市西塘宏达机电有限公司	江苏省无锡市惠山区前洲镇西塘村	214181	0510-83396588	0510-83396588
上海乐派特机电科技有限公司	上海市普陀区中山北路 2130 号万千大厦 23 层	200063	021-52911319	021-32010097

（续）

单位名称	联系地址	邮编	电话	传真
新起起重机有限公司	河南省新乡市长垣县魏庄工业园区	453424	0373-8672222	0373-8672222
意凯希通信设备（北京）有限公司	北京市朝阳区望京阜通东大街6号方恒国际中心C座902室	100102	010-84674921	010-84674931
索肯和平（上海）电气有限公司	上海市宝山区沪太路8017号	201908	021-36659997	021-36659997
上海辛格林纳新时达电机有限公司	上海市嘉定区思义路1560号	201801	021-69926036	021-69926011
杭州起重机械有限公司	浙江省杭州市余杭区勾运路19号	311112	0571-88747563	0571-88747388
宁波新大通电机有限公司	浙江省宁波市象山县产业区城东工业园万隆路587号	315706	0574-65626009	0574-65626009
象山亿佳电器有限公司	浙江省宁波市象山县滨海工业园金开路80号	315712	0574-65626626	0574-65803535
湖北神力起重机械有限公司	湖北省赤壁市经济开发区起重机工业园发展大道93号	437300	0715-5251589	0715-5251589
湖北重工蒲圻机械有限公司	湖北省赤壁市经济开发区赤马港工业园11号路	437300	0715-5362978	0715-5362978
江苏上上电缆集团有限公司	江苏省溧阳市上上路68号	213300	0519-87308866	0519-87308866
山东天源重型起重机械有限公司	山东省新泰市羊流工业园	271208	0538-7443456	0538-7443456
河南省龙祥电力电缆有限公司	河南省新乡市长垣县人民路西段路南	453400	0373-8881932	0373-8881932
武汉金地球起重设备有限责任公司	湖北省武汉市中南路14号世纪广场802室	430071	027-85981426	027-85981426
上海辽清缓实业有限公司	上海市宝山区爱辉路27弄4号102	200431	021-66207428	021-66207428
广东日丰电缆股份有限公司	广东省中山市西区广丰工业园	528401	0760-88166388	0760-88166388
黑龙江富锦富华起重机有限公司	黑龙江省富锦市富福路西段	156101	0454-2347124	0454-2349210
丹东万达电缆卷筒有限公司	辽宁省丹东市元宝区八道街165号	118000	0415-3128544	0415-3131002
河南江河重工集团有限公司	河南省郑州市嵩山北路83号	450000	0371-55173989	0371-55173989
鞍山市起重机械有限公司	辽宁省鞍山市立山区羊草庄工业园区强工路369号	114031	0412-6612568	0412-6600118
开原市起重机总厂	辽宁省开原市工业区铁西北街86号	112300	0410-73715036	0410-73715036
开原星都起重设备有限公司	辽宁省开原市工业区北区北环路4号	112000	0410-73115556	0410-73115559
山东益统重工机械有限公司	山东省新泰市羊流工业园	271208	0538-7446888	0538-7446777
山东鲁新起重设备有限公司	山东省新泰市羊流工业园	271208	0538-7442439	0538-7442439
深圳市英威腾电气股份有限公司	广东省深圳市南山区龙井路高发科技园4号楼英威腾大厦	518055	0755-86312603	0755-86312603
石家庄铁道大学国防交通研究所	河北省石家庄市北二环东路17号	050043	0311-87935570	0311-87935570
西安宝德自动化股份有限公司	陕西省西安市高新区草堂科技产业基地秦岭大道西4号	710034	029-88323387-8231	029-88323336
柳州起重机器有限公司	广西壮族自治区柳州市阳和工业新区雒容工业园2号	545616	0772-3117615	0772-3117615
浙江麒龙起重机械有限公司	浙江省绍兴市兰亭镇工业园区	312043	0575-84608897	0575-84608897
浙江天正电气股份有限公司	上海市浦东新区康桥东路388号	201319	021-31167247	021-31198729
上海佩纳沙士吉打机械有限公司	上海市青浦区朱家角镇沪清平公路6098号	201713	021-59232408	021-33864157
江阴市三叶机械有限公司	江苏省江阴市申港街道申港路259号	214443	0510-86629737	0510-86682877
乐清市东方胶塑电器开关有限公司	浙江省乐清市柳市镇苏吕村苏太路418号	325604	0577-62790993	0577-62790784
德马科起重机械有限公司	河南省新乡市长垣县起重工业园区纬四路1号	453400	0373-8614789	0373-8614455
浙江协成起重机械有限公司	浙江省嘉兴市嘉善县惠民街道成功路101号	314100	4008041010-810	0573-84648605
北起院装备制造（北京）有限公司	北京市通州区永乐经济开发区	101115	010-80513958	010-80513958
承德市开发区盛方电子有限公司	河北省承德市高新区科技大厦附楼8层	067000	0314-2067073	0314-2067073
上海宏欣电线电缆有限公司	上海市浦东新区新场镇祝桥一灶240号	201314	021-68158306	021-68158268
大连重工·起重集团有限公司	辽宁省大连市西岗区八一路169号	116013	0411-86852166	0411-86852222

（续）

单位名称	联系地址	邮编	电话	传真
德马格起重机械（上海）有限公司	上海市闵行区沪闵路 6088 号 18 层	201199	021-37182205	021-57464558
北京北起新创起重设备有限公司	北京市大兴区西红门嘉悦广场 5 号楼 907 室	102609	010-63518521	010-83511775
北京和欣运达科技有限公司	北京市昌平区回龙观镇定福黄庄宾宾集团和欣控制楼 2 层	102208	010-62719109-8009	010-62718559
辽宁三洋重工起重机装备有限公司	辽宁省开原市解放路 578 号	112300	0410-73609128	0410-73357999
上海龙合电子商务有限公司	上海市浦东新区秀浦路 2500 弄 13 号	201319	021-68133305	021-68067644
深圳市益尔智控技术有限公司	广东省深圳市南山区公园南路蛇口联合工业村 G 栋南山区电子商务创新服务基地 B602-1 室	518067	0755-26433905	0755-26641880
安徽多杰电气有限公司	安徽省黄山市歙县经济技术开发区潭石路 6 号	245200	0559-6913999	0559-6833333
斯泰尔起重设备（上海）有限公司	上海市普陀区绥德路 128 号	200331	021-66083737-13	021-66083015
浙江箭环电气开关有限公司	浙江省义乌市稠城街道城中北路 37-1 号	322000	0579-85555715	0579-85555726
无锡市安全滑触线有限公司	江苏省无锡市滨湖区雪浪街道南泉赵祖浜路北	214128	0510-85062656	0510-85418311
泉州市恒力起重机制造有限公司	福建省泉州市鲤城区江南高新技术园区紫山路 30 号	362000	0595-28829999	0595-28896889
河南豫飞重工集团有限公司	河南省新乡市新飞大道北段 81 号	453002	0373-3321000	0373-3321906
东莞市台冠起重机械设备有限公司	广东省东莞市大朗镇杨涌金朗南路 229 号	523770	0769-83019666-881	0769-83019666
河南蒲瑞精密机械有限公司	河南省新乡市长垣县巨人大道南段路西	453400	0373-8619999	0373-8625688
湖北圣河金起重设备有限公司	湖北省襄阳市樊城区柿铺杨湖	441000	0710-3113198	0710-3113178
江阴市金达传动机械有限公司	江苏省江阴市云亭街道那巷路 9 号	214400	0510-86022317	0510-86022092
凯道起重设备（上海）有限公司	上海市徐汇区中山西路 1800 号兆丰环球大厦 11J 室	200235	021-54488935	021-54488937
石家庄五龙制动器股份有限公司	河北省石家庄市桥西区新石中路 375 号金石大厦 C 座 501 室	050091	0311-83805606	0311-83826381
武汉港迪电气传动技术有限公司	湖北省武汉市东湖新技术开发区理工大科技园理工园路 6 号	430223	010-84340251	010-84340251
义乌恒邦建筑智能科技有限公司	浙江省义乌市雪峰西路 968 号（义乌科技创业园）8 幢 6 层	322000	0579-85232071	0579-85232073
浙江众磊起重设备制造有限公司	浙江省诸暨市江龙工业开发区	311800	0575-87398028	0575-87398028
定襄县佳敏机械锻造有限公司	山西省忻州市定襄县九龙湾工业区	035400	0350-6090911	0350-6090911
辽宁清原第一缓冲器制造有限公司	辽宁省抚顺市 146 信箱	113103	024-54077398	024-53020828
江阴市正盛机械制造有限公司	江苏省江阴市申港街道于门工业园 68 号	214443	0510-86688868	0510-86623128
浙江欧迈特减速机械有限公司	浙江省温州市平阳县宋桥镇工业园	325409	0577-63770881	0577-63775678
天津市百业机械制造有限公司	天津市东丽区民族路 2 号	300300	022-84893995	022-84893985
河南省盛华起重机有限公司	河南省新乡市长垣县起重工业园区	453400	0373-8712503	0373-8710509
江西省宜春市建达安全装置设备有限公司	江西省宜春市明月南路 267 号	336000	0795-7040312	0795-7040312
江西冠华重工机械有限公司	江西省宜春市经济技术开发区	336000	0795-3248111 3241888	0795-3241288
河南省新科起重机有限公司	河南省新乡市长垣县起重工业园区纬七路	453400	0373-8622113	0373-8622900
无锡市新宏达电机有限公司	江苏省无锡市惠山区玉祁民主新桥	214183	0510-80226838	0510-80226978
江苏沃得起重机有限公司	江苏省镇江市丹徒区勤政南路	212143	0511-85935166	0511-85935226
河南振强起重机械有限公司	河南省新乡市长垣县恼里镇碱场工业区	453400	0373-8639293	0373-8639288
云南冶金昆明重工有限公司	云南省昆明市五华区龙泉路 871 号	650203	0871-66085085	0871-66085285
江阴市兴科起重机械有限公司	江苏省江阴市申港街道东徐路 9 号	214443	0510-86621891	0510-86621891

（续）

单位名称	联系地址	邮编	电话	传真
河南省宏业起重设备有限公司	河南省新乡市长垣县长恼工业区	453423	0373-8639350	0373-8639059
咸宁起重机械有限公司	湖北省咸宁市巨宁大道56号	437000	0715-8343666	0715-8312668
常州达卡重工机械制造有限公司	江苏省常州市新北区薛冶路20号	213000	0519-85135677	0519-85135627
河北金马矿山机械集团公司	河北省遵化市东新庄镇	064209	0315-6999117	0315-6999117
河南省中威金属制品有限公司	河南省新乡市长垣县长城大道199号	543400	0373-8885868	0373-8885868
云南劲力重型机器有限公司	云南省安宁市昆钢物流园区	650238	0871-68712750	0871-67122749
淄博九州润滑科技有限公司	山东省淄博市高新区万杰路121号	255086	0533-4548567	0533-4546336
河南省盛达起重机械有限公司	河南省新乡市长垣县长恼工业区	453423	0373-8731356	0373-8731355
河南省远征起重机械有限公司	河南省新乡市长垣县魏庄工业园区南	453400	0373-8611999	0373-8611997
江苏泰隆减速机股份有限公司	江苏省泰兴市大庆东路88号	225400	0523-87668088	0523-87665426
上海神安起重运输机械制造有限公司	上海市青浦区西岑镇莲西路4398号	201721	0391-59294306	0391-59295355
新乡市广增起重设备有限公司	河南省新乡市长垣县长恼工业区	453423	0373-8639183	0373-8639488
浙江凯岛起重机械有限公司	浙江省台州市椒江区启航路998号	318014	0576-88165522	0576-88165522
浙江浩全电器科技有限公司	浙江省乐清市柳市镇苏吕村苏太路418号	325604	0577-62790993	0577-62790993
北京辰极国泰科技有限公司	北京市海淀区学院路30号	100083	010-62330876	010-62330876
江苏金泰新减速机有限公司	江苏省泰兴市高新区文昌东路	225400	0523-87830888	0523-87839888
江阴帕沃特起重机械有限公司	江苏省江阴市城东街道金石路228号	214432	0510-86299187	0510-86299187
山东贝特起重机有限公司	山东省青州市高柳镇天桥宋	262500	0536-3289186	0536-3289186
阿尔法起重机有限公司	河南省新乡市长垣县国贸中心B座18层	453400	0373-8992558	0373-8927810
常州基腾电气有限公司	江苏省常州市钟楼区飞龙西路76号	213000	0519-86764962	0519-86764962
湖北银轮起重机械股份有限公司	湖北省赤壁市河北大道170号	437300	0715-5337928	0715-5337966
播驰工业通讯设备（上海）有限公司	上海市松江区赵家泾路389号	201106	021-67629680	21-67629680
河南省大方重型机器有限公司	河南省新乡市长垣县上脑工业园	453400	0373-2157000	0373-2157000
山东龙辉起重机械有限公司	山东省新泰市羊流工业园	271208	0538-7442599	0538-7442599
上海技景自动化科技有限公司	上海市松江区车墩镇泖亭路188弄29号	201611	021-5855148	021-50761002
浦江召日电气有限公司	浙江省金华市浦江县黄宅镇岳塘村	322204	0579-84300200	0579-84300200
诺德（中国）传动设备有限公司	江苏省苏州市工业园长阳街510号	215000	0512-87170666	0512-87170666
焦作工业制动器制造有限公司	河南省焦作市太行西路（煤校北侧）	454001	0391-2312585	0391-3414996
辽宁恒泰重机有限公司	辽宁省本溪市明山区文化路14号	117022	0414-4845903	0414-4829202
郑起重工有限公司	河南省郑州市高新区化工路158号	450066	0371-67848168	0371-67848299
新乡市中原起重电器厂有限公司	河南省新乡市长垣县东关工业区工业路	453400	0373-8810889	0373-8812882
河南省东风起重机械有限公司	河南省新乡市长垣县起重工业园区纬二路1号	453400	0373-2156668	0373-2156886
卫华集团有限公司	河南省新乡市长垣县卫华大道西段	453400	0373-8887699	0373-8887646
广东永通起重机械股份有限公司	广东省佛山市顺德区陈村镇潭村工业区三路	528313	0757-23329912	0757-23833832
河南重工集团起重机科技有限公司	河南省新乡市长垣县魏庄工业园区6号	453424	0373-8927999	0373-8927999
河南宝起华东起重机有限公司	河南省新乡市长垣县起重工业园区巨人大道	453400	0373-8619880	0373-8619880
江西起重机械总厂	江西省樟树市共和东路82号	331200	0795-7364266	0795-7364566
浙江众擎起重机械制造有限公司	浙江省诸暨市城西工业区千禧路1号	311800	0575-87385688	0575-87387610
无锡新大力电机有限公司	江苏省无锡市惠山区惠畅路19号	214177	0510-83761037	0510-83621022
丹东振安建工机械有限公司	辽宁省丹东市振安区果园路30号	118001	0415-4188608	0415-4188606

（续）

单位名称	联系地址	邮编	电话	传真
江苏三马起重机械制造有限公司	江苏省靖江市开发区城南园区江防西路3号	214500	0523-84866933	0523-56778610
新乡市起重设备厂有限责任公司	河南省新乡市经济开发区新长北线北侧经11路东2门	453003	0373-3054082	0373-3058094
河南圣起机械集团有限公司	河南省新乡市长垣县魏庄工业园区1号	453424	0373-8710562	0373-8711808
太原重工股份有限公司	山西省太原市万柏林区玉河街53号	030024	0351-6362824	0351-6362554
河南豫中起重集团有限公司	河南省新乡市长垣县城南工业区	453424	0373-8791368	0373-8791898
新乡市中原起重机械厂有限公司	河南省新乡市长垣县东关工业区工业路	453400	0373-8814682	0373-8810258
新疆通用机械有限公司	新疆维吾尔自治区乌鲁木齐市米东区九沟北路2446号	830019	0991-6868164	0991-6868363
河南省新乡市矿山起重机有限公司	河南省新乡市长垣县长恼工业区	453423	0373-8732008	0373-8732014
浙江通力重型齿轮股份有限公司	浙江省瑞安市林垟工业区通力大道	325207	0577-65599838	0577-65598888
上海豪力起重机械有限公司	上海市浦东新区凌白公路1128号	201201	021-58971138	021-58971159
浙江合建重工科技有限公司	浙江省温州市平阳县鳌江镇墨城临港工业小区4号路	325401	0577-58126288	0577-63191160
宁波市凹凸重工有限公司	浙江省宁波市鄞州区机场路3998号	315176	0574-88008778	0574-88008779
焦作金箍制动器股份有限公司	河南省焦作市博爱县发展大道1688号	454450	0391-2931288	0391-2924446
宁波东力传动设备股份有限公司	浙江省宁波市江北工业区银海路1号	315033	0574-87587777	0574-88388889
河南省矿山起重机有限公司	河南省新乡市长垣县长恼工业区矿山路与纬三路交汇处	453400	0373-8735555	0373-8735555
河南华北起重吊钩有限公司	河南省新乡市长垣县魏庄工业园区	453424	0373-8791377	0373-8710503
奔宇电机集团有限公司	河南省新乡市长垣县起重工业园区纬二路西段	453400	0373-8622311	0373-8622313
郑州凯澄起重设备有限公司	河南省新郑市双湖经济开发区磨河桥南	451191	0371-62579688	0371-62575699
甘肃省定西起重机厂有限责任公司	甘肃省定西市安定区焦家坡新村3号	730050	0932-8216532	0932-8221013
泰星减速机股份有限公司	江苏省泰兴市姚王镇泰姚北路10号	225402	0523-87635681	0523-87635683
江西江特电机有限公司	江西省宜春市环城南路581号	336000	0795-3285285	0795-3263554
大连辽南起重机器有限公司	辽宁省大连市旅顺口区营顺路102号	116050	0411-86233046	0411-86236371
新乡市起重机厂有限公司	河南省新乡市南环路东1号	453003	0373-5795338	0373-5797669
辽宁国远科技有限公司	辽宁省鞍山市千山区通海大道427号	114041	0412-5644999	0412-5644777
奥力通起重机（北京）有限公司	北京市通州区张家湾镇枣林庄南口	101103	010-61509090-809	010-61509780
上海起重运输机械厂有限公司	上海市嘉定区昌吉路28号	201805	021-65564735	021-56639864
江苏太兴隆减速机有限公司	江苏省泰兴市城区科技工业园	225400	0523-87996666	0523-87996999
河南恒达机电设备有限公司	河南省新乡市长垣县魏庄工业园区纬十路与巨人大道交叉口向东150m路南	453424	0373-2156768	0373-2156189
江西工埠机械有限责任公司	江西省樟树市药都北大道223号	331200	0795-7776606	0795-7776268
无锡市宏泰电机股份有限公司	江苏省无锡市惠山区前洲镇工业园区万寿路17号	214181	0510-83392288	0510-83395888
浙江东海减速机有限公司	浙江省温州市平阳经济开发区鸽巢路（鳌江镇）	325401	0577-58111903	0577-63679809
科尼起重机设备（上海）有限公司	上海市普陀区祁连山南路2891弄100号D栋	200331	021-26061051	021-26061182
深圳市汇川技术股份有限公司	广东省深圳市宝安区新安街道留仙二路鸿威工业区E栋	518101	0755-29799595	0755-29799579
四川合能起重设备有限公司	四川省成都市金堂县淮口工业园现代大道999号	610400	028-84901618	028-84903300
辽宁铭鹏防爆起重机有限公司	辽宁省铁岭市清河区工业园区	112003	024-2131180	024-2131180
常州常矿起重机械有限公司	江苏省常州市武进高新技术开发区凤鸣路18-2号	213119	0519-88609206	0519-88609203
株洲天桥起重机股份有限公司	湖南省株洲市石峰区新民路266号	412001	0731-28432961	0731-28435573
常州市潞城常东塑料五金厂	江苏省常州市武进区潞城街道李家塘村	213025	0519-88402188	0519-88400668
山东省生建重工有限责任公司	山东省淄博市淄川区昆仑镇昆仑路1号	255129	0533-5787381	0533-5780070

（续）

单位名称	联系地址	邮编	电话	传真
西安标准起重机械有限公司	陕西省西安市西郊红光路 72 号	710077	029-84241163	029-84497216
大连起重矿山机械有限公司	辽宁省大连市甘井子区营日路 10 号	116036	0411-86704818	0411-86704184
上海伯瑞制动器有限公司	上海市奉贤区奉城镇东街 108 号	201411	021-57522358	021-57522350
上海雄风起重设备厂有限公司	上海市松江区佘北公路 2199 号	201602	021-57796242	021-57792656
常州市海之杰港口起重机设备有限公司	江苏省常州市新北区罗溪镇汤庄叶汤公路	213133	0519-83205268	0519-83205568
天津津起起重设备有限公司	天津市津南区葛沽镇	300352	022-28682369	022-28682369
扬戈科技股份有限公司	浙江省台州市三门县滨海新城滨港路 16 号	317100	0576-83337758	0576-83373755
浙江立新起重开关厂	浙江省乐清市柳市镇西仁宕工业区柳黄路 1658 号	325604	0577-62718111	0577-62718999
山起重型机械股份公司	山东省青州市昭德北路 2198 号	262515	0536-3203038	0536-3203037
河南省中原奥起实业有限公司	河南省新乡市长垣县文明路 402 号	453400	0373-8810848	0373-8813875
常州市武进起重电器有限公司	江苏省常州市武进区横林镇崔桥村横北路 169 号	213103	0519-88501043	0519-88501298
河南省飞马起重机械有限公司	河南省新乡市长垣县魏庄工业园区纬五东路	453400	0373-8712222	0373-8711976
江阴真良机械有限公司	江苏省江阴市利港镇	214444	0510-86636637	
昌乐县东田聚氨酯厂	山东省潍坊市昌乐县红河镇	262413	0536-69732555	0536-69732555
天水长城控制电器厂起重电气设备厂	甘肃省天水市秦州区南廓路 11 号	741018	0938-8383411	0938-8383411
新乡克瑞重型机械科技股份有限公司	河南省新乡市长垣县华垣路西段	453400	0373-8887988	0373-8887999
山东烟起起重设备有限公司	山东省烟台市福山区金凤路 50 号	265500	0535-6362473	0535-6367663
焦作市长江制动器有限公司	河南省焦作市武陟县大司马工业区 888 号	454981	0391-7517888	0391-7515658
焦作市制动器开发有限公司	河南省焦作市武陟县工业园区工业南路 202 号	454950	0391-7268818	0391-7268019
广州起重机械有限公司	广东省广州市广园中路 283 号	510405	020-86798891	020-86796828
南京开关厂有限公司	江苏省南京市江宁滨江开发区秀玉路 2 号	210078	025-68729100	025-68729106
泰兴市华东减速机制造有限公司	江苏省泰兴市鑫泰路 318 号	225400	0523-87694282	0523-87694337
无锡市宏泰电机股份有限公司	江苏省无锡市惠山区前州镇工业园区万寿路 17 号	214181	0510-83392288	0510-83395888
新乡市鹏升起重设备有限公司	河南省新乡市长垣县魏庄工业园区	453424	0373-8719619	0373-8719398
施耐德电气（中国）投资有限公司	上海市普陀区云岭东路 89 号长风国际大厦 8 层	200062	021-62848800	021-62848800
江苏太兴隆减速机有限公司	江苏省泰兴市城区科技工业园	225400	0523-87996888	0523-87996999
江苏泰宏减速机有限公司	江苏省泰兴市姚王镇大庆东路 999 号	225400	0523-87548779	0523-87540655
无锡石油化工起重机有限公司	江苏省无锡市惠山区长安街道张村路 9 号	214178	0510-83592637	0510-83591226
中国长江航运集团电机厂	湖北省武汉市江夏区藏龙岛科技园九凤街 5 号	430205	027-81977307	027-87801309
焦作市虹桥重工科技发展股份有限公司	河南省焦作市武陟县云台大道东侧 2 号	454981	0391-7541888	0391-7541666

起重葫芦

单位名称	联系地址	邮编	电话	传真
江苏三马起重机械制造有限公司	江苏省靖江市开发区城南园区江防西路 3 号	214500	0523-84866933	0523-84866284
慈溪起升机械设备有限公司	浙江省慈溪市崇寿镇绿色食品工业园绿园二路 123 号	315326	0574-63297580	0574-63419928
慈溪市慈春机械有限公司	浙江省慈溪市坎墩街道坎中村郑家甲北路	315303	0574-63273105	0574-63273105
慈溪市启力机械有限公司	浙江省慈溪市坎墩街道坎墩西路 428 号	315303	0574-56337822	0574-56338380
慈溪市动力机械配件厂	浙江省慈溪市坎墩街道长白路 9 号	315303	0574-63273010	0574-63273010
慈溪市通发汽车配件有限公司	浙江省慈溪市坎墩街道沈家甲北路 96 号	315303	0574-63287578	0574-63275628
慈溪市兴迪机械配件有限公司	浙江省慈溪市坎墩道镇中路	315303	0574-63288032	0574-63288297

（续）

单位名称	联系地址	邮编	电话	传真
慈溪市庵东镇建兴机械配件厂	浙江省慈溪市庵东镇元祥村	315327	0574-63475790	0574-63475790
慈溪市海锐机械配件厂	浙江省慈溪市坎墩街道坎中村坎中路118号	315303	0574-63282081	0574-63289281
常州深兰工程材料有限公司	江苏省常州市新北区河海东路108号国宾一号7丙101	213004	0519-89890325	0519-89890326
慈溪益通机械有限公司	浙江省慈溪市坎墩街道坎中村严家路1号	315303	0574-63273202	0574-63273223
上海雄风起重设备厂有限公司	上海市松江区佘北公路2199号	201602	021-57796432	021-57796450
慈溪市航林机械配件厂	浙江省慈溪市坎墩街道九甲弄	315303	0574-63289316	0574-56337602
广东日丰电缆股份有限公司	广东省中山市西区广丰工业园	528401	0760-88166388-888	0760-88166383
上海鑫斌机械有限公司	上海市嘉定区安亭镇漳翔路1189号	201814	021-59508789	021-59505086
宁波吉业机电有限公司	浙江省慈溪市古塘街道天和家园5号楼501室	315300	0574-63887357	0574-63887357
鞍山起重控制设备有限公司	辽宁省鞍山市千山区通海大道427号	114041	0412-5644676	0412-5644676
咸宁三宁机电有限公司	湖北省咸宁市长江产业园（旗鼓大道12号）	437000	0715-7200919	0715-8200937
南通合兴铁链股份有限公司	江苏省南通市如东县新店镇工业集中区	226432	0513-84399999	0513-84386666
上海精浦机电有限公司	上海市普陀区新村路666号5号楼3层	200331	021-36320991	021-36320990
临安华龙摩擦材料有限公司	浙江省临安市龙岗镇龙岗街130号	311322	0571-63631188	0571-63631988
无锡文鼎线缆有限公司	江苏省宜兴市官林镇工业集中区张来路	214251	0510-87211101	0510-87206210
江西起重机械总厂	江西省樟树市共和东路82号	331200	0795-7364266	0795-7364566
上海冠威工具有限公司	上海市宝山区共康路726号	200443	021-56405418	021-56405418
江西省宜春市建达安全装置设备有限公司	江西省宜春市明月南路267号	336000	0795-7040312	0795-7040312
江苏欧玛机械有限公司	江苏省常熟市碧溪新区迎宾路19-1号	215513	0512-52639735	0512-52296322
重庆维大力起重设备有限公司	重庆市渝北区黄山大道中段77号	401121	023-88505800	023-88505859
郑州市泰德尔电机厂	河南省郑州市郑上路李克寨	450100	0371-64951411	0371-64951411
华德起重机（天津）有限公司	天津市武清区京滨工业园泰元道5号	301712	022-22199090	022-29467189
河北神力索具集团有限公司	河北省保定市清苑区东吕工业区	071100	0312-8156666	0312-8153333
江西工埠机械有限责任公司	江西省樟树市药都北大道223号	331200	0795-7776368	0795-7776268
上海宏欣电线电缆有限公司	上海市浦东新区新场镇荷花路19号	201316	021-68158066	021-68158268
浙江东海减速机有限公司	浙江省温州市平阳经济开发区鸽巢路（鳌江镇）	325401	0577-63631862	0577-63679809
新乡市起重设备厂有限责任公司	河南省新乡市经济开发区新长北线北侧经11路东2门	453003	0373-3838082	0373-3058094
无锡市瑞特起重机械有限公司	江苏省无锡市锡山区东港镇	214199	0510-88352279	0510-88763811
重庆美和机电有限公司	重庆市大渡口区建桥工业园C区建园路	401325	023-61556906	023-61556907
清苑伟业起重机械制造有限公司	河北省保定市清苑区东吕工业园	071100	0312-8106333	0312-8106222
河南省兴垣电子商务有限公司	河南省新乡市长垣县南蒲起重汇展厅	453400	0373-8712560	0373-8712115
铜陵市神雕机械制造有限公司	安徽省铜陵市经济技术开发区泰山大道南段618号	244061	0562-5886768	0562-5886758
河北辰力吊索具制造有限公司	河北省保定市清苑区发展东街33号	071100	0312-8036111	0312-8152928
文盛钢绳（昆山）有限公司	江苏省昆山市周市镇金茂路699号5#厂房	201210	0512-50118457	
湖北华博三六电机有限公司	湖北省咸宁市咸安区凤凰工业园	437000	0715-8341384	0715-8341028
临清天德轴承有限公司	山东省临清市烟店经济开发区许张寨工业园110号	252665	0635-2855109	0635-2103777
浙江维大茵特起重设备有限公司	浙江省杭州市下沙经济技术开发区八号坝栋梁路87号	314423	0571-88035681	0571-86925638
湖北银轮起重机械股份有限公司	湖北省赤壁市河北大道170号	437300	0715-5337938	0715-5337966
丹东市起重机械有限公司	辽宁省丹东市大孤山经济区嵩山街7号	118013	0415-6681188	0415-6681166

（续）

单位名称	联系地址	邮编	电话	传真
池州市华安起重机械有限公司	安徽省池州市高新区白浦路	247000	0566-3381969	0566-3381919
温州朗菲电气科技有限公司	浙江省乐清市柳市镇方斗岩工业区	325600	0577-62867767	0577-62867767
慈溪市洲际齿轮厂	浙江省慈溪市坎墩街道严家河路 47 号	315303	0574-63280945	0574-63276818
湖北恒欣传动设备有限公司	湖北省咸宁市长江产业园（旗鼓大道 12 号）	437000	0715-8200935	0715-8200935
东莞市台冠起重机械设备有限公司	广东省东莞市大朗镇杨涌金朗南路 229 号	523790	0769-83019666	0769-83019669
南通瑞金制链科技有限公司	江苏省南通市如东县丰利镇枫发工业区	226408	0513-84582588	0513-84581688
中煤张家口煤矿机械有限责任公司	河北省张家口市产业集聚区煤机路 1 号	076250	0313-2056561	0313-2032388
无锡市欧力特起重设备有限公司	江苏省无锡市东港镇五一园区	214199	0510-88350326	0510-88353672
八达机电有限公司	浙江省瑞安市经济开发区毓蒙路 8 号	325200	0577-65156662	0577-65159998
南阳起重机械厂有限公司	河南省南阳市龙升工业园	473008	0377-63381700	0377-63380410
洛阳汉鼎起重机械有限公司	河南省洛阳市老城区唐宫东路 256 号	471000	0379-63415988	0379-63415999
象王重工股份有限公司	江苏省盐城市建湖县经济开发区明珠东路 1 号	224700	0515-82068988	0515-86312253
《起重运输机械》杂志社	北京市东城区雍和宫大街 52 号	100007	010-64031987	010-64031987
凯澄起重机械有限公司	江苏省江阴市澄江东路 18 号	214429	0510-86199688	0510-86196633
德马格起重机械（上海）有限公司	上海市闵行区沪闵路 6088 号 18 层	201199	021-34702800	021-34702854
科尼起重机设备（上海）有限公司	上海市普陀区祁连山南路 2891 弄 4 号楼 1~3 层	200331	021-26061051	021-26061069
诺威起重设备(苏州)有限公司	江苏省苏州市吴江经济开发区庞金路 1288 号	215211	0512-63120889	0512-63120886
甘肃省定西起重机厂有限责任公司	甘肃省定西市安定区焦家坡新村 3 号	743000	0932-8212961	0932-8227125
西安起重机械总厂	陕西省西安市莲湖区红光路 72 号	710077	029-84253907	029-84236974
江阴市鼎力起重机械有限公司	江苏省江阴市金山路 303 号	214437	0510-86996868	0510-86996666
上海浦东明昌起重机械制造有限公司	上海市浦东新区川沙镇鹿达路 39 号	201202	021-58590038	021-58590038
广东超宇起重设备有限公司	广东省梅州市梅江区城北镇新田村福瑞岗厂区内	514089	0753-2382068	0753-2382063
聊城五环机械有限公司	山东省聊城市经济开发区嫩江路 55 号	252000	0635-8880688	0635-8880699
山东聊城科顺机械有限公司	山东省聊城市东昌府区凤凰工业园	252000	0635-8578888	0635-8579988
纽科伦（新乡）起重机有限公司	河南省新乡市长垣县起重工业园区	453424	0373-8622060	0373-8622060
重庆凯荣机械有限责任公司	重庆市九龙坡区九龙工业园区华龙大道 9 号	400052	023-68466283	023-68466282
杭州电机有限公司	浙江省杭州市西湖区文三路上宁巷 1 号	310012	0571-88833358	0571-88077935
河南省飞马起重机械有限公司	河南省新乡市长垣县魏庄工业区区纬五东路	453400	0373-8712222	0373-8712368
北京北起科瑞起重设备制造有限公司	北京市通州区食品工业园 16 号	102628	010-60214567	
浙江手牌起重葫芦有限公司	浙江省嵊州市黄泽镇工业功能区腾龙路 9 号	312455	0575-83260828	0575-83261266
慈溪捷豹起重机械有限公司	浙江省慈溪市庵东镇沿江路 288 号	315327	0574-63932588	0574-63932599
慈溪市勤丰机械有限公司	浙江省慈溪市庵东镇七二三大街 11 弄 3 号	315300	0574-63477188	0574-63479188
南京宝龙起重机械有限公司	江苏省南京市鼓楼区热河路 50 号	210031	025-58802630	025-58806417
常州市常欣电子衡器有限公司	江苏省常州市中凉亭夏雷路 68 号	213001	0519-86643943	0519-86640473
河南恒达机电设备有限公司	河南省新乡市长垣县魏庄工业园区纬十路与巨人大道交叉口向东 150m 路南	453424	0373-2156199-8008	0373-2156189
北京起重运输机械设计研究院有限公司	北京市东城区雍和宫大街 52 号	100007	010-84037438	010-64079406
南京特种电机厂有限公司	江苏省南京市六合区雄州东路 289 号	211500	025-57512568	025-57107279
南京起重电机总厂	江苏省南京市江宁区东山科宁路 268 号	211100	025-51191919	025-52282652
南京开关厂有限公司	江苏省南京市江宁区滨江开发区绣玉路 2 号	211178	025-86106608	025-86106515

（续）

单位名称	联系地址	邮编	电 话	传 真
杭州浙起机械有限公司	浙江省杭州市富阳区东洲工业园区 7 号路 9 号	311401	0571-87191600-808	0571-87191609
重庆市飞鹰起重设备有限责任公司	重庆市九龙坡区中梁山起重新村 1 号	400052	023-61771787	023-65263714
江苏佳力起重机械制造有限公司	江苏省淮安市盱眙工业园区工六路	211700	0517-88299039	0517-88298123
湖北三六重工有限公司	湖北省咸宁市巨宁大道 36 号	437000	0715-8343111	0715-8312668
南京禄口起重机械有限公司	江苏省南京市江宁区禄口街道燕湖路	211113	025-52771222	025-52775660
北京双泰气动设备有限公司	北京市通州区张家湾镇枣林庄工业大院	101113	010-61569832	010-61505340
常熟海鸥起重机械有限公司	江苏省常熟市碧溪镇留下村	215512	0512-52631785	0512-52637785
天津起重设备有限公司	天津市滨海新区经济开发区西区中南一街 29 号	300462	022-65382330	022-65382332
四川莱斯特机械制造有限公司	四川省眉山市丹棱县关帝路 69 号	620200	028-37263360	028-37263222
南京神天起重机械设备有限公司	江苏省南京市江宁区禄口街道石埝社区	211156	025-87191633	025-87191633
上海万铂起重机械有限公司	上海市嘉定区丰功路 628 号	201801	021-59158828	021-69151468
浙江凯勋机电有限公司	浙江省瑞安市林垟工业区八达路 35 号	325207	0577-65592888	0577-65590198
上海劲雕起重设备厂有限公司	上海市嘉定区金园六路 396 号	201812	021-56651383	021-56650541
宁波市凹凸重工有限公司	浙江省宁波市鄞州区机场路 3998 号	315176	0574-88008778	0574-88008779
柯迈（杭州）起重机械有限公司	上海市浦东新区张江高科技园区毕升路 289 弄 6 号 501 室	201204	021-38820620	021-38820619
高博（天津）起重设备有限公司	天津市滨海新区经济技术开发区第十三大街 58 号	300457	022-59822285	022-59822286
星都起重设备（辽宁）有限公司	辽宁省沈阳市沈北新区佳阳路 18 号	110164	024-88087557	024-88087007
吴江市麒麟起重机械有限公司	江苏省苏州市吴江区铜锣镇人民街 20 号	215237	0512-63881419	0512-63881774
北京起重工具厂	北京市朝阳区王四营桥南 200m	100026	010-65976750	010-65067014
四川合能起重设备有限公司	四川省成都市金堂县淮口工业园现代大道 999 号	610400	028-84903622	028-84903300
慈溪市金鑫机械有限公司	浙江省慈溪市庵东镇工业园区南侧	315327	0574-63471402	0574-63475858
赤壁市蒲圻起重运输机械有限责任公司	湖北省赤壁市经济开发区凤凰山路	437300	0715-5250338	0715-5250823
江阴市兴科起重机械有限公司	江苏省江阴市申港街道东徐路 9 号	214443	0510-86685317	0510-86621770
无锡市永昌起重机械厂	江苏省无锡市锡山区东港镇	214199	0510-88761399	0510-88760121
安徽九华机械股份有限公司	安徽省池州市经济技术开发区金科路 19 号	247000	0566-2220981	0566-2417707
山东省聊城市隆达实业有限公司	山东省聊城市经济开发区东城工业园九洲路 7 号	252000	0635-6976982	0635-8346011
常州市沪力起重机械有限公司	江苏省常州市青龙镇纺织工业园	213017	0519-85509090	0519-85503356
广州广鸽起重设备有限公司	广东省广州市荔湾区芳村白鹤洞罗冲岗 1 号之十三	510380	020-81502431	020-81515587
浙江双鸟机械有限公司	浙江省嵊州市黄泽镇工业功能区玉龙路 16 号	312455	0575-83503888	0575-83503888
保定怀鸽起重机械制造有限公司	河北省保定市清苑区东吕怀鸽工业园	071100	0312-8498889	0312-8498890
清苑县川岛起重机械制造有限公司	河北省保定市清苑区东吕村	071100	0312-8151230	0312-8152011
杭州恒力机械厂	浙江省杭州市余杭区瓶窑镇凤都工业园区羊城路 8 号	311115	0571-88533080	0571-88533038
天津永恒泰科技有限公司	天津市西青区经济开发区津淄公路天祥工业园祥瑞路 7 号	300385	022-23789800	022-23786763
南京江陵机电制造有限责任公司	江苏省南京市江宁区上坊镇魏村	211103	025-52703728	025-52705288
合康变频科技（武汉）有限公司	湖北省武汉市东湖高新开发区佛祖岭三路 6 号	430205	027-81650223	027-81650200
扬戈科技股份有限公司	浙江省台州市三门县滨海新城滨港路 16 号	317100	0576-83337758	0576-83373755
杭州四达机械电子有限公司	浙江省杭州市余杭区瓶窑镇凤都工业园区	311115	0571-88531361	0571-88531629
常州市武进起重电器有限公司	江苏省常州市武进区横林镇崔桥村横北路 169 号	213103	0519-88503118	0519-88501298

（续）

单位名称	联系地址	邮编	电话	传真
江苏宇泰电器有限公司	江苏省泰兴市分界工业一区	225416	0523-87261026	0523-87265388
浙江冠林机械有限公司	浙江省湖州市安吉县天子湖园区五福路7号	313310	0572-5091151	0572-5098786
杭州勤裕昌机械设备制造有限公司	浙江省杭州市余杭区瓶窑镇凤都工业园区	311115	0571-88545633	0571-88545611
泰安金龙起重配件有限公司	山东省泰安市泰山区省庄镇东羊楼工业区	271039	0538-6512088	0538-6551728
乐清市东方胶塑电器开关有限公司	浙江省乐清市柳市镇苏吕村苏太路418号	325604	0577-62790993	0577-62790780
浙江中富电气有限公司	浙江省乐清市经济开发区纬十一路259号	325600	0577-62998000	0577-62998111
江西飞达电气设备有限公司	江西省宜春市经济技术开发区宜工大道	336000	0795-3245168	0795-3245060
浙江立新起重开关厂	浙江省乐清市柳市镇西仁宕工业区柳黄路1658号	325604	0577-62711333	0577-62718999
衡水贝瑞起重机械有限公司	河北省衡水市和平西路肖屯新区60号	053000	0318-2328038	0318-2328038
慈溪市锦华机械实业有限公司	浙江省慈溪市古塘街道新潮塘村368号	315303	0574-63272222	0574-63272727
慈溪市平浪实业有限公司	浙江省慈溪市古塘街道新潮塘村	315300	0574-63286888	0574-63286888
慈溪市华表五金厂	浙江省慈溪市庵东镇北路515号	315327	0574-63474222	0574-63471848
浙江五一机械有限公司	浙江省衢州市衢江区百灵南路888号	324022	0570-2295151	0570-2295051
慈溪市腾达滚子有限公司	浙江省慈溪市庵东镇工业园区纬三西路	315327	0574-63472021	0574-63472822
慈溪市通发机械有限公司	浙江省慈溪市坎墩工业开发区A区	315303	0574-63288185	0574-63282993
浙江省慈溪市精驰齿轮有限公司	浙江省慈溪市坎墩街道坎中路75号	315303	0574-63289280	0574-63288255
慈溪市威宁机械有限公司	浙江省慈溪市坎墩街道五房弄11号	315303	0574-63273238	0574-63273237
慈溪市庵东镇勤丰机械厂	浙江省慈溪市庵东镇宏兴路449弄6号	315327	0574-63471095	0574-63476158
慈溪市神州机电实业有限公司	浙江省慈溪市坎墩街道兴安路250号	315303	0574-63286681	0574-63288238
慈溪市朝阳机械有限公司	浙江省慈溪市庵东镇北路34号	315327	0574-63471257	0574-63472257
慈溪市庵东镇红光滚柱厂	浙江省慈溪市庵东镇七二三大街	315327	13906745562	0574-63472963
慈溪市文祥机械实业有限公司	浙江省慈溪市坎墩街道坎中路1号	315303	0574-63283758	0574-63283488
慈溪市金祥机械配件有限公司	浙江省慈溪市坎墩街道坎墩大道606号	315303	0574-63288363	0574-63288011

千斤顶

单位名称	联系地址	邮编	电话	传真
江苏通润集团常熟市千斤顶厂	江苏省常熟市联丰路58-1号	215500	0512-52820788	0512-52822288
承德胜利千斤顶有限公司	河北省承德市承德县孟家院街6号	067411	0314-3056478	0314-3056478
上海宝山千斤顶总厂有限公司	上海市宝山区江杨南路1085号	200434	021-56881711	021-56881711
承德润韩千斤顶有限公司	河北省承德市西大街142号	067000	0314-21185487	0314-21185589
安徽黄山密封件厂	安徽省黄山市屯溪区黎阳街261号	245000	0559-21114736	0559-21114736
安徽黄山市鑫佳橡塑有限责任公司	安徽省黄山市屯溪区新潭东源口8号	245000	18726859856	
抚顺市南山城螺旋千斤顶厂	辽宁省抚顺市清原满族自治县南山城镇中街	113308	024-53555035	024-53555605
杭州临安市橡胶有限公司	浙江省临安市昌化工业园区1号	311321	0572-63668866	0572-63668866
嘉兴市大通机械厂	浙江省嘉兴市南湖区余新镇	314009	0573-83166238	0573-83165918
海盐忠鑫五金机械厂	浙江省嘉兴市海盐县西塘桥街道大宁村	314300	13706835781	
绵阳市金象机械有限公司	四川省绵阳市涪城区塘汛镇群丰东街154号	621000	0816-2212022	0816-2213008
北京起重运输机械设计研究院有限公司	北京市东城区雍和宫大街52号	100007	010-64032277	010-64052584
上海沪南千斤顶厂	上海市南汇区六灶镇东首	201322	021-58162999	021-58162126
上海金星机械实业有限公司	上海市奉贤区庄行镇丁宁路28号	201415	021-57469550	021-57469550

（续）

单位名称	联系地址	邮编	电话	传真
重庆千斤顶厂	重庆市北碚区静宁路 44 号	400700	13509417295	023-68206405
奉化南方机械制造有限公司	浙江省宁波市奉化区尚田镇	315511	13105588888	0574-56377770
杭州三星机械有限公司	浙江省杭州市丁桥镇	310021	0571-88111937	0571-88111040
上海江南千斤顶厂	上海市奉贤区庄行镇郳桥社区安东路 25 号	201402	13801704932	021-57401566
长春一汽技术中心	吉林省长春市创业大街 35 号	130011	13596499516	
杭州天恒机械有限公司	浙江省临安市板桥乡下板桥 113 号	311301	13868098080	0571-63780362
海盐金鑫机械有限公司	浙江省嘉兴市海盐县西塘桥镇曙光村	314305	0573-86819668	0573-86819668
嘉兴大隆机械有限公司	浙江省嘉兴市海盐县经济开发区杭州湾大桥新区西场路 58 号	314305	0573-86811151	0573-86811151
一汽四环随车工具总厂	吉林省长春市吉林大路 3473 号	130031	0431-84842054	0431-84842054
山西太谷县永星铸造有限公司	山西省晋中市太谷县太古胡村镇墩坊村	030800	13903446563	
上海鑫栋钢球轴承有限公司	上海市浦东新区航头镇航业路 8 号	201319	021-58116922	
承德相一机械有限公司	河北省承德市平泉县红山嘴开发区	067500	13663142639	
嘉兴力托机械有限公司	浙江省平湖市曹桥街道景兴一路 158 号	314305	13957328571	
南德认证检测（中国）有限公司上海分公司	上海市闸北区恒通路 88 号	200070	13918815583	
海盐亿达电子科技有限公司	浙江省嘉兴市海盐县武原镇盐北路 211 号	314305	13666772017	
海盐海顶机械有限公司	浙江省嘉兴市海盐县元通街道真北路 586 号	314317	13906834159	0573-86813838
嘉兴市舜天机械有限公司	浙江省嘉兴市南湖区余新镇真北路 21 号	314008	13806737856	
富阳通力机械有限公司	浙江省杭州市富阳区鹿山工业园同辉路 8 号	311407	13968141718	
嘉兴金腾机械实业有限公司	浙江省嘉兴市海盐县西塘桥中乐路 6 号	314305	0573-86811167	0573-86811167
上海宝山液压工具有限公司	上海市宝山区宝杨路 3055 号	201901	021-56801448	021-56801448
上海沪南千斤顶厂	上海市南汇区六灶镇东首	201322	021-5816299	021-5816299
山东临沂启阳工具有限公司	山东省临沂市河东区双桥街东段	276000	0539-8082188	0539-8082929
嘉兴市正发机械厂	浙江省嘉兴市南胡区凤桥镇	314008	18368339238	0573-3131171
上海千斤顶厂	上海市虹口区周家嘴路 500 号	200080	021-65455036	021-65415171

物流与仓储机械

单位名称	联系地址	邮编	电话	传真
中国机械工程学会	北京市海淀区首体南路 9 号主语国际 4 号楼 11 层	100048	010-68799005	010-68799050
天海欧康科技信息（厦门）有限公司	福建省厦门市火炬高新区软件园创新大厦 A 区	361005	0592-2521388	0592-2521399
山西东杰智能物流装备股份有限公司	山西省太原市新兰路 51 号	030008	0351-3633818	0351-3633521
北京博途物流设备有限公司	北京市朝阳区南新园西路 6 号香榭舍公寓 2B1 室	100122		010-61552161
浙江德马科技股份有限公司	上海市徐汇区虹漕路 461 号 56 栋软件大厦 7 层 A 座	313023	021-64856600	021-54260092
北京科技大学	北京市海淀区学院路 30 号	100083	010-62332914	010-62329145
浙江刚玉智能科技有限公司	浙江省杭州市上城区婺江路 217 号近江时代大厦 B 座 12 层	310016	0571-88223938	0571-89988561
中邮科技有限责任公司	北京市海淀区西三旗建材城西路 65 号	100096	010-82913059	010-82915761
北京康拓红外技术股份有限公司	北京市海淀区中关村环保科技示范园地锦路 7 号院 2 号楼 4 层	100190	010-62549641 62579141	010-62573969
江苏六维物流设备实业有限公司	江苏省南京市建邺奥林大街 118 号紫金西城 1 幢 905 室	210019	025-86106520	025-86100397
天奇自动化工程股份有限公司	江苏省无锡市惠山区洛社镇洛藕路 288 号	214187	0510-83311041	0510-83313751

（续）

单位名称	联系地址	邮编	电话	传真
北京机械工业自动化研究所	北京市西城区德胜门外校场口1号	100011	010-62032255	010-62050838
江苏前程工业包装有限公司	江苏省无锡市梅村新泰工业园锡鸿路18号	214112	0510-88551666-8035	0510-88551919
上海天睿物流咨询有限公司	上海市徐汇区虹漕南路718号1号楼9B室	200233	021-54190656	021-54198876
北京邮电大学自动化学院物流工程系	北京市海淀区西土城路10号	100876	010-62283296	010-62283296
同济大学机械与能源工程学院	上海市嘉定区曹安公路4800号	201804	021-69589736	021-69589485
河北滦宝装备制造有限公司	河北省承德市双滦区双塔山镇	067101	0317-4320186	0317-4044797
南京音飞货架制造有限公司	江苏省南京市江宁经济技术开发区殷华街470号	211102	025-52726325	025-52726328
武汉理工大学物流工程学院	湖北省武汉市和平大道1178号	430063	027-86533992	027-86533992
全国物流仓储设备标准化技术委员会	北京市东城区雍和宫大街52号	100007	010-64035247	010-64035403
国家起重运输机械质量监督检验测试中心	北京市东城区雍和宫大街52号	100007	010-64004968	010-64052252
三维通信股份有限公司	浙江省杭州市滨江区火炬大道581号	310053	0571-88866999	0571-88923311
上海精星仓储设备工程有限公司	上海市松江区车墩镇泖亭路398号	201611	021-37620999	021-37837356
浙江德能物流装备科技有限公司	浙江省湖州市八里店镇湖织大道三一重工园区西侧	313000	0572-2282001	0572-2282210
黄石邦柯科技股份有限公司	湖北省黄石市杭州西路194号	435000	0714-3090018-8311	0714-6352817
南京华德仓储设备制造有限公司	江苏省南京市江宁科学园侯焦路111号	211122	025-52641198	025-52643200
机科发展科技股份有限公司	北京市海淀区首体南路2号	100044	010-88301025	010-68343180
苏州市普成机械有限公司	江苏省苏州市吴中区天鹅荡路2555号	215103	0512-65466477	0512-65466577
无锡中鼎物流设备有限公司	江苏省无锡市蠡园开发区鸿桥路801号（无锡现代工业设计大厦12B）	214000	0510-81175555-8007	0510-83318379
湖北三丰智能输送机装备股份公司	湖北省黄石市黄金山工业新区金山大道398号	435000	0714-6359320	0714-6359320
上海睿丰自动化系统有限公司	上海市普陀区中江路889号曹杨商务大厦1303室	200333	021-61170109-203	021-61170109-201
SEW-传动设备（天津）有限公司	天津市滨海新区经济技术开发区第七大街46号	300457	022-25322612	022-25323273
劳易测电子贸易（深圳）有限公司	广东省深圳市南山区桃园路1号西海明珠大厦F501-510室	518059	0755-86264909-811	0755-86294901
昆明昆船物流信息产业有限公司	云南省昆明市人民中路6号昆船大厦	650051	0871-63172565	0871-63173570
永恒力叉车（上海）有限公司	上海市普陀区绥德路2弄12号	200331	021-26020371	021-26020301
湖州锐格物流科技有限公司	浙江省湖州市南太湖高新区环渚路518号	313000	0572-2582598	0572-2293680
沈阳沈飞电子科技发展有限公司	辽宁省沈阳市皇姑区松山路11号	110034	024-86500156	024-86545727
哈尔滨龙航仓储设备制造有限公司	黑龙江省哈尔滨市南岗区民建路18号	150080	0451-82467705	0451-86655026
湖州双力自动化科技装备有限公司	浙江省湖州市经济技术开发区西凤路888号	313000	0572-2053013	0572-2031173
湖州众友物流技术装备有限公司	浙江省湖州市长兴县李家巷工业集中区华锦路	313100	0572-6600801	0572-6600801
杭州厚达自动化系统有限公司	浙江省杭州市天目山西路58号	310023	0571-89301096	0571-89301105
吉林省佳信通用机械股份有限公司	吉林省集安市工业园区创业路3号	134200	0435-6222011	0435-6222532
浙江管工智能机械设备有限公司	浙江省湖州市南太湖高新技术产业园区工业路1号科创园3幢1层1号	313000	0572-2673290	0572-2673290
魏德米勒电联接（上海）有限公司	上海市静安区裕通路100号宝矿洲际商务中心25层	200070	021-22195132	021-22195060
北京伍强科技有限公司	北京市海淀区上地三街9号嘉华大厦C608室	100086	010-82783336	010-82782140
苏州希倍优辊轮有限公司	江苏省苏州市工业园区唯亭镇水东港路20号怡邻工业坊B区6号	215121	0512-65078973	0512-65078643

（续）

单位名称	联系地址	邮编	电话	传真
普天物流技术有限公司	北京市海淀区中关村北二街6号普天大厦1001层	100080	010-62418007	010-62418000
青岛科捷物流科技有限公司	上海市闵行区瓶安路1358号3号楼3层	201100	021-60759888-818	021-61157115
苏州怡丰自动化装备有限公司	江苏省苏州市吴中区河东工业园尹中南路888号	215124	0512-65978988	0512-66981179
希望森兰科技股份有限公司	四川省成都市双流区西南航空港经济开发区空港二路1599号	610207	028-85960127	028-85962488
中国中元国际工程有限公司	北京市海淀区西三环北路5号	100089	010-68732798	010-68478686
沈阳飞机工业集团物流装备有限公司	辽宁省沈阳市皇姑区松山路11号	110034	024-86598228 86598225	024-86598218
沈阳新松机器人自动化有限公司	辽宁省沈阳市浑南区金辉街16号	110168	024-31699677	024-31699275
北京起重运输机械设计研究院有限公司	北京市东城区雍和宫大街52号	100007	010-64033773	010-64002961

带式输送机

单位名称	联系地址	邮编	电话	传真
北方重工集团有限公司	辽宁省沈阳市经济技术开发区开发大路16号	110141	024-25802099	024-24835186
北京约基工业股份有限公司	北京市通州区中关村科技园通州园光机电一体化产业基地嘉创路10号C4座	101111	010-57601117	010-57601100
上海嘉庆轴承制造有限公司	上海市闸北区民德路158号铭德国际广场1802室	200071	021-56559515	021-56639899
上海起重运输机械厂有限公司	上海市嘉定区昌吉路28号	201805	021-59921261	021-56639864
上海富运运输机械有限公司	上海市虹口区保定路437号	200082	021-65590898	021-65418294
江西省萍乡市永固冶金矿山机械有限公司	江西省萍乡市高坑镇铁桥背	337042	0799-6378096	0799-6378096
江西铜业集团（贵溪）冶金机械厂	江西省贵溪市国道1号江铜技校院内	335421	0701-3338669	0701-3331861
南京梅山工程技术新产业开发有限公司	江苏省南京市雨花台区梅山街道中兴路	210039	025-86707834	025-86707834
南京三户机械制造有限公司	江苏省南京市沿江工业开发区新华路148号	210048	025-57791473	025-57058515
南京夏元机械设备制造有限公司	江苏省南京市六合区冶山镇迎山村299号	211523	025-57570017	025-57570570
南京飞达机械有限公司	江苏省南京市沿江工业开发区中山科技园汇鑫路16号	210048	025-58399016	025-58395616
无锡迪达钢管有限公司	江苏省无锡市锡山区羊尖镇龙凤巷工业区	214101	0510-88738228	0510-88738218
吉林省佳信通用机械股份有限公司	吉林省集安市工业园区创业路3号	134200	0435-6225696	0435-6225918
无锡宝通带业股份有限公司	江苏省无锡市新吴区张公路19号	214112	0510-88155778	0510-88157553
江阴市特种运输机械有限公司	江苏省江阴市云亭工业园区松文头路8号	214422	0510-86010318	0510-88615981
江苏牧羊集团输送设备分公司	江苏省扬州市邗江工业园牧羊路1号	225127	0514-87848801	0514-87848802
国茂减速机集团有限公司	江苏省常州市武进高新技术产业开发区西湖路111号	213161	0519-86588878	0519-86583315
江苏环宇起重运输机械有限责任公司	江苏省扬州市宝应县运西工业园区	225825	0514-88356868	0514-88351351
徐州光环皮带机托辊有限公司	江苏省徐州市解放南路矿大南都国际公寓4号楼002室	221004	0516-83876198	0516-83876098
江苏上齿集团有限公司	江苏省溧阳市溪缘路6号	213333	0519-83101153	0519-88301184
响水县寇龙轴承座制造有限公司	江苏省盐城市响水县张集工业园区	224600	0515-86616568	0515-86616586
江苏山鑫重工有限公司	江苏省靖江市生祠镇江平路21号	214531	0523-81386620	0523-81389188
常州市传动输送机械有限公司	江苏省常州市武进高新技术产业开发区龙惠路27号	213166	0519-86485188	0519-86480737
宁夏天地西北煤机有限公司	宁夏回族自治区石嘴山市大武口工业园区长安路1号	753001	0952-2175329	0952-2175357
台州千里马汽车零部件制造有限公司	浙江省临海市沿江工业区	317022	0576-85695777	0576-85695600
江阴华峰特种运输机械有限公司	江苏省江阴市临港新城璜土工业园区蓝湫路13号	214440	0510-86273273	0510-86272216

（续）

单位名称	联系地址	邮编	电话	传真
江苏泰隆减速机股份有限公司	江苏省泰兴市大庆东路 88 号	225400	0523-87762233	0523-87668163
广西百色矿山机械厂有限公司	广西壮族自治区百色市右江区（六塘）工业园区	533000	0776-2770802	0776-2770802
长沙第三机床厂	湖南省长沙市岳麓区含浦科教园工业职业技术学院	410208	0731-82946288	0731-82946290
昆明运输机械有限公司	云南省昆明市五华区人民西路 684 号	650106	0871-68184208	0871-68184910
武汉武钢北湖机械制造有限公司	湖北省武汉市青山区武钢北湖农场 39 号	430085	027-86469165	027-86469165
武汉泛达机电有限公司	湖北省武汉市青山区前龚家岭	430083	027-86465086	027-86465872
武汉洪源机械制造有限公司	湖北省武汉市洪山区狮子山街南湖汽校 7011 工厂	430064	027-88035450	027-88035450
武汉丰凡科技开发有限责任公司	湖北省武汉市青山区冶金大道 12 号	430080	027-86879863	027-86866860
力博重工科技股份有限公司	山东省泰安市宁阳经济开发区	271044	0538-2133993	0538-6962086
福州鑫广盛机电有限公司	福建省福州市五一南路 186 号和平大厦	350009	0591-83284295	0591-83284295
江门市振达机械制造有限公司	广东省江门市江海区外海东升路 187 号 1 座	529000	0750-3065012	0750-3869690
广州液力传动设备有限公司	广东省广州市花都区炭步镇茶塘工业区	510820	020-86735308	020-86735228
中联重科物料输送设备有限公司	湖南省长沙市芙蓉中路三段 613 号	410007	0731-88998380	0731-88998333
许昌煤机制造有限公司	河南省许昌市五一路 17 号	461000	0374-3328666	0374-3314613
河南鹤壁市起重运输机械厂	河南省鹤壁市长风路北段	458020	0392-2897342	0392-2897342
郑州同力重型机械有限公司	河南省郑州市高新区瑞达路华夏村 18 号	450001	0371-63657050	0371-63657050
焦作市正浩机械制造有限公司	河南省焦作市高新区中纬路	454003	0391-8865566	0391-8865511
焦作市中和通用机械有限责任公司	河南省焦作市焦西矿西 200m 铁路北	454000	0391-2933380	0391-2916939
鑫恒重工机械有限公司	河南省焦作市解放东路 827 号	454003	0391-3955009	0391-3958123
东北大学机械工程学院	辽宁省沈阳市和平区文化路 3 号巷 11 号	110819	024-83670898	024-83679731
焦作市虹发制动器有限公司	河南省焦作市武陟县虹桥工业区	454981	0391-7541838	0391-7542897
焦作金箍制动器股份有限公司	河南省焦作市博爱县发展大道 1688 号	454450	0391-2086210	0391-2086210
洛阳豫新工程技术有限公司	河南省洛阳市文新科技开发区	471000	13526902740	0379-64122126
新乡中新环保输送设备有限责任公司	河南省新乡市辖区 4281 信箱	453000	0373-2682193	0373-5466125
长治市潞安合力机械有限责任公司	山西省长治市城区南环东街 138 号	046000	0355-3137324	0355-3137324
原平凯世达机械制造有限公司	山西省原平市大牛店镇中神山村	034100	0350-8352588	0350-8352580
原平市宝丰机械制造有限公司	山西省原平市城西大运路	034100	0350-8273788	0350-8373360
原平市丰峰起重运输机械有限公司	山西省原平市永康南路 42 号	034100	0350-8234366	0350-8277010
原平市宇峰起重运输机械有限公司	山西省原平市原五路南（东营）	034100	0350-8341112	0350-8341115
原平市兴胜机械制造有限公司	山西省原平市东原南路 538 号	034100	0350-8258123	0350-8258123
大连液力机械有限公司	辽宁省大连市甘井子区营城子工业园营辉路 5 号	116036	0411-85993888	0411-86642765
原平维达机械制造有限公司	山西省原平市城南大运路西东泥河	034100	0350-8256588	0350-8586588
长治市潞安飞虹煤机有限公司	山西省长治市郊区老顶山镇南垂村	046011	0355-2131119	0355-2130560
焦作宏德重型机器制造有限公司	河南省焦作市太行街北侧 61 号	454000	0391-2858229	0391-3519129
焦作三岛输送机械有限公司	河南省焦作市高新区神州路东段	454003	0391-3683692	0391-3683690
义马永兴矿山机械设备修造有限公司	河南省义马市毛沟开发区	472300	0398-5637130	0398-5637112
山东淄博电动滚筒厂有限公司	山东省淄博市博山岭西	255213	0533-4140168	0533-4140088
天津中外建输送机械有限公司	天津市津南区双港工业园发港路 27 号	300350	022-88822043	022-88822043
天津市电动滚筒厂	天津市东丽区津塘公路 7 号桥	300300	022-24991119	022-24995599
泰州市运达电动滚筒制造有限公司	江苏省泰州市东花园路 11 号（钢厂大院内）	225300	0523-86231268	0523-86214599

（续）

单位名称	联系地址	邮编	电话	传真
福伊特驱动技术系统(上海)有限公司北京销售分公司	北京市朝阳区曙光西里甲5号凤凰置地广场F座1801室	100028	010-56653388	010-56653333
SEW-传动设备（天津）有限公司	天津市滨海新区经济技术开发区第七大街46号	300457	022-25322612	022-25348795
南宁市劲源电机有限责任公司	广西壮族自治区南宁市北湖南路30号	530001	0771-3323116	0771-3323116
桐乡市梧桐东方齿轮厂	浙江省桐乡市梧桐街道文华路519号	314500	0573-88119699	0573-88112774
阜阳轴承有限公司	安徽省阜阳市阜埠路58号	236023	0558-2323393	0558-2323368
山西凤凰胶带有限公司	山西省长治市太行西街168号	046011	0355-2085924	0355-2085924
中交第三航务工程勘察设计院有限公司	上海市徐汇区肇嘉浜路831号	200032	021-64381730-3226	021-64335958
安徽芜湖市宝丰输送机械有限公司	安徽省芜湖市无为县无城工业园	238300	0553-6316855	0553-6316728
孚乐率传输设备制造（上海）有限公司	上海市松江区新润路388号17幢	201612	021-33528388	021-33528058
山东华城中德传动设备有限公司	山东省淄博市博山经济开发区	255200	0533-4662478	0533-4661009
通化建新科技有限公司	吉林省通化市二道江路2326号	134001	0435-3656911	0435-3942661
安徽省巢湖运输机械制造有限公司	安徽省芜湖市无为县无城无开路9号	238300	0565-6311696	0565-6311616
包头市万里机械有限责任公司	内蒙古自治区包头市东河区南二里半	014040	0472-4604508	0472-4604234
湖南鸿韵传送科技发展有限公司	湖南省长沙市雨花区人民中路568号融圣国际公寓3栋1703室	421001	0731-89787996	0731-89787559
比塞洛斯（淮南）机械有限公司	安徽省淮南市经济技术开发区	232008	0554-3609708	0554-3660921
山东祥通橡塑集团有限公司	山东省济宁市高新区凯旋路1号(祥通工业园)	272073	0537-2078989	0537-2935111
萧爱矿业设备（天津）有限公司	天津市西青区赛达汇亚工业园13A区	300385	022-23889075	022-23889071
瑞安市康泰机械制造有限公司	浙江省瑞安市塘下镇海安风山村凤凰西路6号	325205	0577-65272511	0577-65273956
浙江宝科机械有限公司	浙江省台州市天台县洪畴镇洪三工业园区	317200	0576-83018858	0576-83018898
沧州国峰精密钢管有限公司	河北省沧州市南皮县冯家口开发区（南冯路西）	061504	0317-8781199	0317-8783155
山西晋煤集团金鼎公司皮带机分公司	山西省晋城市城区北石店镇	048006	0356-3667597	0356-3667597
北京雨润华科技开发有限公司	北京市东城区草园胡同76号聚才大厦A-308室	100007	010-84001165	010-64063037
铜陵百瑞豪科技股份有限公司	安徽省铜陵市经济开发区石桥路288号	244000	0562-5859007	0562-5859009
青岛华夏橡胶工业有限公司	山东省即墨市通济区城马路146号	266228	0532-82519338	0532-82519876
自贡市倍特逆止器制造有限公司	四川省成都市新都区工业园东区创业路189号	616500	028-83939059	028-83939059
唐山东亚重工装备集团有限公司	河北省唐山市玉田县玉泰工业区	064100	0315-5053344	0315-6136126
广州飞旋橡胶有限公司	广东省广州市花都区赤坭镇橡胶路3号	510828	020-86748413	020-86748418
河北鲁梅卡机械制造股份有限公司	河北省沧州市盐山县正港工业园18号	061300	0317-6193011	0317-6193922
四川自贡红光输送机械制造有限公司	四川省自贡市火车站东侧（原高阀总厂）大楼内	643000	0813-2701219	0813-2701219
衡水金太阳输送机械工程有限公司	河北省衡水市桃城区北方工业基地橡塑路6号	053020	0318-2257600	0318-2892988
霍州煤电集团辛置多种经营公司	山西省霍州市辛置矿区	031412	0357-5632096	0357-5633132
湖南中特液力传动机械有限公司	湖南省益阳市泉交河镇万利工业园	413043	0737-6181876	0737-6181199
重庆市九龙橡胶制品制造有限公司	重庆市长寿区经济技术开发区齐心大道46号	401221	023-85330687	023-85330695
山东横滨橡胶工业制品有限公司	山东省潍坊市临朐县辛寨镇	262610	0536-3440237	0536-3342597
唐山重型装备集团有限责任公司	河北省唐山市路北区缸窑路4号	063027	0315-3100968	0315-3100968
西安重装韩城煤矿机械有限公司	陕西省韩城市新城区苏山路	715401	0913-5265031	0913-5290676
阳煤集团奥伦胶带公司	山西省阳泉市开发区大连东路99号	045000	0353-7088466	0353-7088466
山东胶六橡特胶带有限公司	山东省高密市胶河疏港物流园区胶平路1号	261503	0536-82825527	0536-83809013

（续）

单位名称	联系地址	邮编	电话	传真
浙江龙圣华橡胶有限公司	浙江省台州市天台县洪畴镇洪三工业园区	317200	0576-83013082	0576-83013099
江阴华东机械有限公司	江苏省江阴市杨宦路8号	214400	13961617793	0510-86190678
艾克玛（惠州）输送设备有限公司	广东省惠州市惠阳区新圩镇红卫村	516225	0752-6516777	0752-6516777
江苏泰来减速机有限公司	江苏省泰兴市江平南路588号	225400	0523-87565988	0523-87566000
江苏鼎阳机电科技实业有限公司	江苏省南京市栖霞区紫东路2号紫东创意园区A2栋	210046	025-83696880	025-83696880
福建龙净环保股份有限公司	福建省龙岩市新罗区陵园路81号	364000	0597-2886020	0597-2988512
阳泉煤业集团华越机械有限公司	山西省阳泉市矿区桃南中路112号	045008	0353-7024666	0353-7024666
北京起重运输机械设计研究院有限公司	北京市东城区雍和宫大街52号	100007	010-64032598	010-64032570
唐山开元自动焊接装备有限公司	河北省唐山市高新区火炬路189号	063000	0315-3855257	0315-3859644
湖州恒通机械设备有限公司	浙江省湖州市吴兴区埭溪镇工业开发区（104国道路8号）	031300	0572-3827830	0572-3827036
日照港机工程有限公司	山东省日照市黄海一路126号	276826	0633-8380632	0633-8380167
苏州大力神起重运输机械制造有限公司	江苏省苏州市吴江区汾湖镇芦墟梗田路183号	215211	0512-63263288	0512-63263166
山东泰丰钢业有限公司	山东省新泰市经济技术开发区	271200	0538-7059589	0538-7059915
献县通利达机械设备制造有限公司	河北省沧州市献县南河头乡抛庄工业区	062250	0317-6010168	0317-6010160
山东省莱州市金桥实业总公司	山东省莱州市虎头崖镇后桥工业园	261415	0535-2329191	0535-2329134
大连长盛海华输送设备制造有限公司	辽宁省大连市金州区亮甲店镇石城村	116104	0411-87275188	0411-87275757
山西东昌实业有限公司	山西省原平市108国道薛孤站	034100	0350-8552158	0350-8552158
开封铁塔橡胶（集团）有限公司	河南省开封市金明区汴西新区周天路109号	475000	0371-23978341	0371-23978341
江苏凯博传动设备有限公司	江苏省常州市武进国家高新区南夏墅	213166	0519-86483908	0519-86487355
华电重工股份有限公司	北京市丰台区汽车博物馆东路6号华电产业园B座7层	100077	010-51966621	010-68710552
南通世邦机器有限公司	江苏省启东市海滨工业园区北海路78号	226200	0513-68958325	0513-68958325
东莞大马输送设备有限公司	广东省东莞市企石镇莫屋村远鑫工业园区五街1号	523502	0769-82216389	0769-82216029
安徽华运机械有限公司	安徽省桐城市经济开发区	231400	0556-6219679	0556-6567629
河北奋进矿山机械有限公司	河北省衡水市枣强县崔庄工业区	053100	0318-8435636	0318-8438910
沈阳皆爱喜输送设备有限责任公司	辽宁省沈阳市经济技术开发区五号路19号	110141	024-25370292	024-25370293
山东能源重装集团巨力装备有限公司	山东省新泰市东都镇	271400	0538-7861103	0538-7861103
天津博宇钢管有限公司	天津市静海区大邱庄镇太平村工业园区	301606	022-68558955	022-68558977
希望森兰科技股份有限公司	四川省成都市双流区西南航空港经济开发区空港二路1599号	610207	028-85964751	028-85962488
南京世嘉机械制造有限公司	江苏省南京市江宁区横溪街道陶吴工业集中区	210000	025-86700058	025-86738226
泰星减速机股份有限公司	江苏省泰兴市姚王镇泰姚北路10号	225402	0523-87086618	0523-87096617
芜湖起重运输机器股份有限公司	安徽省芜湖市三山经济开发区官河路5号	241080	0553-5859945	0553-5852711
中发电气（铜陵）海德精密工业有限公司	安徽省铜陵市经济技术开发区西湖一路中发产业园区内	244000	0562-2627644	0562-2627501
徐州光环钢管（集团）有限公司	江苏省徐州市经济技术开发区三环东路19号	221004	0516-87779220	0516-87779220
江阴齿轮箱制造有限公司	江苏省江阴市山观工业园澄山路601号	214437	0510-86991225	0510-86993196
安徽盛运环保（集团）股份有限公司	安徽省桐城市经济开发区东环路1号	231400	0556-6191666	0556-6205898
安徽攀登重工股份有限公司	安徽省桐城市南岛日华广场	231400	0556-6131226	0556-6127222
江阴市鹏锦机械制造有限公司	江苏省江阴市南闸观山东盟科技园10号	214405	13706168197	0510-86271878
安徽马钢输送设备制造有限公司	安徽省马鞍山市经济技术开发区阳湖路499号	243000	0555-2109765	0555-2109765

（续）

单位名称	联系地址	邮编	电话	传真
山东山矿机械有限公司	山东省济宁市济安桥北路 11 号	272041	0537-2783800	0537-2228529
浙江双箭橡胶股份有限公司	浙江省桐乡市洲泉镇工业园区	314513	0573-88533806	0573-88531385
东莞市奥能实业有限公司	广东省东莞市望牛墩镇洲涡工业区	523206	0769-88560099	0769-88563508
东莞市隆泰实业有限公司	广东省东莞市石碣镇民丰路 421 号	523291	0769-86347218	0769-86623390
湖州电动滚筒有限公司	浙江省湖州市经济技术开发区西凤路 888 号	313000	0572-2022263	0572-2111316
桐乡机械厂有限公司	浙江省桐乡市崇福镇锦绣路 1082 号	314511	0573-88381709	0573-88381709
宝鸡杭叉工程机械有限责任公司	陕西省宝鸡市金台区十里铺纺西村 111 号	721004	0917-3454663	0917-3415180
太原向明机械制造有限公司	山西省太原市高新技术开发区中心街晨雨大厦 6 层	030006	0351-2533227	0351-2533227
河南天隆输送装备有限公司	河南省新乡市高新技术开发区新一街	453000	18790518089	0373-7763882
中平能化集团机械制造有限公司	河南省平顶山市卫东区矿工路东段 11 号院	467021	18637559196	0375-2743018
国家起重运输机械质量监督检验中心	北京市东城区雍和宫大街 52 号	100007	010-64004968	010-64052252
衡阳运输机械有限公司	湖南省衡阳市珠晖区狮山路 1 号	421002	0734-3172006	0734-3172066
沈阳泰丰胶带制造有限公司	辽宁省新民市大河沟村 88 号	110000	024-24363002	024-24363002
四川东林矿山运输机械有限公司	四川省内江市市中区工业集中发展区乐贤大道 398 号	641005	0832-2190099	0832-2112500
四川自贡起重输送机械制造有限公司	四川省自贡市高新工业园区金川路 33 号	643000	0813-2703285	0813-2703183
广东中兴液力传动有限公司	广东省云浮市郁南县都城镇河堤路 45 号	527100	0766-7592180	0766-7596216
国家安全生产北京矿用起重运输设备检测检验中心	北京市东城区雍和宫大街 52 号	100007	010-64065522	010-64032570
佳信通用机械泰州有限公司	江苏省泰州市海陵工业园区泰安路 46 号	225300	0523-86650182	0523-86558037
本溪市运输机械配件厂	辽宁省本溪市平山区生源街 7 号	117021	0414-2372156	0414-2372594
本溪华隆清扫器制造有限公司	辽宁省本溪市明山区大峪	117022	024-44592675	024-44592676
鞍钢附企炼铁建筑安装工程公司	辽宁省鞍山市铁东区团结街 38 号甲	114002	0412-6318878	0412-6318878
鞍钢附属企业公司烧结安装公司	辽宁省鞍山市鞍钢南门内 100m	114021	0412-6724579	0412-6728698
四川省自贡运输机械集团股份有限公司	四川省自贡市高新工业园区富川路 3 号	643000	0813-8233678	0813-8233588
鞍钢矿建建设工业公司	辽宁省鞍山市立山区鞍千路 143 号	114031	13050038165	0412-6961145
沈阳市煤机配件厂	辽宁省沈阳市于洪区长江北街 58 号	110034	024-86808449	024-86808506
沈阳市通用电器研究所	辽宁省沈阳市沈河区乐郊路 35 甲 4 号	110011	024-24804947	024-62465178
沈阳万捷重工机械有限公司	辽宁省沈阳市经济技术开发区 8 号路 8 甲 6 号	110127	024-23814646	024-23814545
沈阳德蒙福特电力设备制造有限公司	辽宁省沈阳市沈北新区沈北路 160 甲	110146	024-88260201	024-88260069
沈阳沈起技术工程有限责任公司	辽宁省沈阳市于洪区造化镇永强工业园 206-600 号	110034	024-86000177	024-86000155
沈阳制动电磁铁厂（有限公司）	辽宁省沈阳市铁西区路官一街 31 号	110023	024-25369240	024-25295198
沈阳市三原电器研究所	辽宁省沈阳市大东区珠林路 71 号	110042	024-88738001	024-88738002
辽宁起重机械有限公司	辽宁省沈阳市和平区十三纬路格林大厦 2302 室	110000	024-62669688	024-23253200
朝阳宏达机械有限公司	辽宁省朝阳市龙城区工业园区文化路 5 段 108 号	122005	0421-3931700	0421-3931590
上海科大重工集团有限公司	上海市青浦区青浦工业园华青路 815 号	201707	021-69213885	021-69211138
大连营城液力偶合器厂	辽宁省大连市甘井子区营城子工业园区	116036	0411-86690271	0411-86690273
大连骅洋液力偶合器有限公司	辽宁省大连市甘井子区营城子街道对门沟村	116036	0411-84444529	0411-84444509
黑龙江鹤岗斯达机电公司	黑龙江省鹤岗市南山区跃进路 87 号	154103	0468-3731415	0468-3382480
青岛银龙特种胶带有限公司	山东省胶州市胶东纺织工业园	266317	0532-88268130	0532-88268288
青岛港（集团）公司机械维修中心	山东省青岛市黄岛区黄河东路 114 号	266500	0532-82988639	0532-82988190

（续）

单位名称	联系地址	邮编	电话	传真
山东省生建重工有限责任公司	山东省淄博市淄川区昆仑镇昆仑路 1 号	255129	18053324001	0533-7910977
山东益杰重工机械有限公司	山东省淄博市博山区博莱高速路口	255200	0533-4658626	0533-4658727
北京新兴超越离合器有限公司	北京市昌平区沙河镇踩河新村南 500m	102206	010-80712591	010-80712591
天津减速机股份有限公司	天津市河东区程林庄路 8 号	300160	022-24419736	022-24326558
河北港口集团港口机械有限公司	河北省秦皇岛市海港区开滦路 5 号	066000	0335-3093143	0335-3094743
太原科技大学机械工程学院	山西省太原市万柏林区瓦流路 66 号	030024	0351-6998032	0351-6998032
唐山市协力胶带输送设备公司	河北省唐山市路南工业园区北小街 2 号	063000	0315-2867507	0315-3187508
保定华月胶带有限公司	河北省保定市博野县橡胶工业区	071300	0312-8349877	0312-8349877
玉田县金利冷拔钢有限责任公司	河北省唐山市玉田县东关	064100	0315-5052666	0315-6114075
包头钢建新科机械设备制造有限公司	内蒙古自治区包头市昆都仑区包钢厂区北门外三角地	010070	0472-2186528	0472-2188139
呼和浩特市强力煤矿机械有限责任公司	内蒙古自治区呼和浩特市金山开发区福康路（金山管委会西侧 500m）	010070	0471-3620069	0471-3620715
天津宝来工贸有限公司	天津市静海区大邱庄	301606	022-68588001	022-68587681
天津成科传动机电技术股份有限公司	天津市西青区华苑产业区（环外）海泰发展一路 6 号	300384	022-83711199	022-83711200
山东华特磁电科技股份有限公司	山东省潍坊市临朐县经济技术开发区华特路 6999 号	262600	0536-3158808	
内蒙古神华皮带机有限公司	内蒙古自治区鄂尔多斯市伊金霍洛旗	017209	0477-8284692	0477-8284692
兖矿集团大陆机械有限公司	山东省济宁市兖州区经济技术开发区	272109	0537-3472966	0537-3472482
焦作市科瑞森机械制造有限公司	河南省焦作市高新区神州路 2878 号	454000	0391-3663601	0391-3683672
海汇集团有限公司	山东省日照市莒县工业园	276500	0633-6269999	0633-6269678
安徽扬帆机电设备制造有限公司	安徽省桐城市西环线西南工业园	231404	0556-6138888	0556-6127788
安徽永生机械股份有限公司	安徽省桐城市龙眠街道同安北路 245 号	231400	0556-6968699	0556-6968699
凯盛重工有限公司	安徽省淮南市谢家集区蔡新路	232058	0554-5727529	0554-5717376
铜陵飞特运输机械厂	安徽省铜陵市西湖经济开发区	244000	0562-6865379	0562-6866021
滁州市宏伟橡胶制品有限公司	安徽省滁州市南谯区担子理想创业园北区 1 号	239000	0550-3023965	0550-3034157
安徽省无为神力运输机器制造有限公司	安徽省芜湖市无为县赫店镇苏塘村	238366	0565-6285091	0565-6285008
安徽省无为煤矿机械制造有限公司	安徽省芜湖市无为县赫店工业区	238367	0553-6600038	0553-6602198
芜湖市爱德运输机械有限公司	安徽省芜湖市高薪技术开发区珩琅山路 8 号	241002	0553-5682700	0553-5687666
黄山市轴承有限责任公司	安徽省黄山市黟县马道路 9 号	245500	0559-5522179	0559-5522926
铜陵天奇蓝天机械设备有限公司	安徽省铜陵市经济技术开发区翠湖三路 1355 号	244061	0562-2686168	0562-2686167
绍兴华运输送设备有限公司	浙江省绍兴市上虞区驿亭镇五夫工业园区驿五东路 55 号	312353	0575-82415818	0575-82415626
宁波甬港起重运输设备有限公司	浙江省宁波市鄞州区潘火街道王家弄村	315105	0574-88235492	0574-88546211
象山光明输送机有限公司	浙江省宁波市象山县石浦镇光明路	315731	0574-65983991	0574-65977491
宁波华臣输送设备制造有限公司	浙江省宁波市象山县经济开发区滨海工业园金商路 20 号	315712	0574-65803687	0574-65803687
杭州雄鹰机械有限公司	浙江省杭州市萧山区南阳街道南兴路	311227	0571-82188686	0571-82180111
浙江宇龙机械有限公司	浙江省瑞安市塘下镇鲍四工业区	325204	0577-65205101	0577-65211889
浙江通力重型齿轮股份有限公司	浙江省瑞安市林垟工业区通力大道	325207	0577-65592000	0577-86559888
浙江鑫隆机械制造有限公司	浙江省瑞安市塘下镇前进工业区	325205	0577-65275038	0577-65279868
湖州新天翔橡胶厂	浙江省湖州市杨家埠镇九九桥北	313000	0572-2351969	0572-2361386
上海一钢南翔传动设备厂	上海市嘉定区于湾路 469 号	201808	021-59123997	021-59129910

输送机、给料机

单位名称	联系地址	邮编	电话	传真
芜湖起重运输机器股份有限公司	安徽省芜湖市三山经济开发区官河路 5 号	241001	0553-3916777	0553-5852711
诸暨链条总厂	浙江省诸暨市牌头镇五一路 1 号	311825	0575-87051296	0575-87056868
芜湖市爱德运输机械有限公司	安徽省芜湖市高新技术开发区纬十路	241001	0553-5682728	
浙江恒丰泰减速机制造有限公司	浙江省温州市瓯海区梅屿工业区 2～5 号	325016	0577-86113799	0577-86111989
仪征市橡胶制品有限公司	江苏省仪征市陈集镇江淮街 37 号	211400	0514-83870019	0514-83873977
天津减速机股份有限公司	天津市河东区程林庄路 8 号	300160	022-24328922	022-24326558
石家庄科一重工有限公司减速机分公司	河北省石家庄市和平西路 595 号	050071	0311-87731909	0311-87772060
邯郸市红星机械制造有限公司	河北省邯郸市峰峰矿区太行东路 25 号	056200	0310-5167699	0310-5167188
大连理工大学	辽宁省大连市甘井子区凌工路 2 号	116024	0411-84708409	0411-84707507
鹤壁链条有限责任公司	河南省鹤壁市红旗街 150 号	458000	0329-2912392	0329-2891112
焦作市新链条输送设备制造有限公司	河南省焦作市解放西路中段 54 号	454191	0391-2947975	0391-2947487
北京起重运输机械设计研究院有限公司	北京市东城区雍和宫大街 52 号	100007	010-64033564	010-64047537
昆明市输送机械有限公司	云南省昆明市五华区人民西路 684 号	650106	0871-68184910	0871-68184910
福州提升机厂	福建省福州市仓山公园路 5 号	050007	0591-83471735	0591-83441278
荆州市巨鲸传动机械有限公司	湖北省荆州市经济技术开发区东方大道 58 号	434000	0716-8303900	0716-8303809
宜昌三峡输送机械制造总公司	湖北省宜昌市西陵区窑湾乡东山村	443000	0717-6445067	0717-6445067
启东天地机械制造有限公司	江苏省启东市和平南路 105 号	226200	0513-83312668	0513-83312649
巢湖市工矿配件有限公司	安徽省巢湖市中阜工业区	238074	0565-8531058	0565-8531246
江苏双菱链传动有限公司	江苏省常州市武进区湟里镇卜东路 1 号	213151	0519-83341135	0519-83341270
扬州市精固链传动机械有限公司	江苏省扬州市朴席工业规划区	211426	0514-83617988	0514-83615003
通化市起重运输机械制造有限责任公司	吉林省通化市保安路 2369 号	134099	0435-3652137	0435-3617752
宏兴机械制造有限公司	黑龙江省鹤岗市红旗路 69 号	154101	0468-3342098	0468-3342098
太原科技大学华科学院	山西省太原市万柏林区瓦流路 66 号	030024	0351-6998039	0351-6998005
沈阳市通用电器研究所	辽宁省沈阳市沈河区乐郊路 35 甲 4 号	110011	024-24804947	024-24804947
江阴华东机械有限公司	江苏省江阴市杨宦路 8 号	214429	0510-86195578	0510-86190678
江苏泰兴隆减速机有限公司	江苏省泰兴市城区科技工业园	225400	0523-87996888	0523-87996999
国茂减速机集团有限公司	江苏省常州市武进高新技术产业开发区西湖路 111 号	213161	0519-86581901	0519-86578002
朝阳东大运输机械有限公司	辽宁省朝阳市中山大街二段 38 号	122000	0421-3853370	0421-3853370
长沙起重运输机械厂	湖南省长沙市临乡县华夏工业园新康路 9 号	410005	0731-85555999	0731-85010292
黄山市轴承有限责任公司	安徽省黄山市黟县马道路 9 号	242700	0559-5522179	0559-5522926
黄山市健力输送机械有限公司	安徽省黄山市黟县马道路	242700	0559-5527927	0559-5527927
常州东吴链传动制造有限公司	江苏省常州市武进区遥观镇东开发区洪庄路	213102	0519-88700518	0519-88700526
滁州市宏伟橡胶制品有限公司	安徽省滁州市南谯区担子理想创业园北区 1 号	239000	0550-3023152	0550-2133810
广西百色矿山机械厂有限公司	广西壮族自治区百色市右江区（六塘）工业园区	533000	0776-2770823	0776-2770488
湖南中特液力传动机械有限公司	湖南省益阳市泉交河镇万利工业园	413000	0737-4743608	0737-6181199
安徽省无为神力运输机器制造有限公司	安徽省芜湖市无为县赫店镇苏塘村	238366	0565-6285091	0565-6285008
安徽省无为煤矿机械制造有限公司	安徽省芜湖市无为县赫店工业区	238300	0565-6200038	0565-6202198
上虞华运输送设备有限公司	浙江省绍兴市上虞区驿亭镇五夫工业园区	312353	0575-82415928	0575-82415626

（续）

单位名称	联系地址	邮编	电话	传真
杭州临安输送机械链条厂	浙江省临安市青山工业园区	311300	0571-63783450	0571-63783450
湖州电动滚筒有限公司	浙江省湖州市经济技术开发区西凤路 888 号	313000	0572-2022263	0572-2022202
芜湖市通达成套输送设备有限公司	安徽省芜湖市清水工业园区	241060	0553-8294780	0553-8292361
芜湖中南轴承实业有限公司	安徽省芜湖市五一广场南侧	241002	0553-4110362	0553-4110363
南京起重电器厂	江苏省南京市江宁区淳化七里岗 12 号	211123	025-52262925	025-52252014
焦作市华武制动器厂	河南省焦作市虹桥工业区	454981	0391-7543668	0391-7543168
湖北博尔德科技股份有限公司	湖北省宜昌市珍珠路 69 号盈嘉酒店 23 层	443300	0717-8868868	0717-8868877
盐城康威特橡塑有限公司	江苏省盐城市大丰区大桥镇潘街 39 号	224000	0515-83384848	0515-83382398
上海交华液力机械有限公司	上海市崇明区绿华镇新建路 575 号	202151	021-59353159	021-59351202
天津重钢机械装备股份有限公司	天津市滨海新区塘沽厦门路 139 号	300459	022-25214993	022-25211535
安徽盛运重工机械股份有限公司	安徽省桐城市同安路 265 号	231400	0556-6206966	0556-6205280
湖北天宜机械股份有限公司	湖北省宜都市陆城十里铺工业园区	443000	0717-4823199	0717-4828111
中德（扬州）输送工程技术有限公司	江苏省扬州市开发区鸿扬路 66 号	225009	0514-85881696	0514-85881690
哈尔滨和泰电力设备有限公司	黑龙江省哈尔滨市南岗区长江路 380 号	150090	0451-82314958	0451-82314178
临安格林输送机械有限公司	浙江省临安市青山街道雅观村	311307	0571-63773958	0571-63771566
山东中一橡胶有限公司	山东省东营市大王经济开发区	257355	0546-6890999	0546-6890988
海安县万力振动机械有限公司	江苏省南通市海安县江海西路 168 号	226600	0513-88898572	0513-88814780
上海科大重工集团有限公司	上海市青浦区青浦工业园华青路 815 号	201707	021-69213885	021-69211138
盐城市羽佳有色金属制品有限公司	江苏省盐城市建湖县汇文东路 576 号	224700	0515-86200056	0515-86203388
北京华伍创新科技有限责任公司	北京市东城区建国门南大街 7 号万豪酒店	100005	010-59117400	010-59117413
四川省自贡运输机械集团股份有限公司	四川省自贡市高新工业园区富川路 3 号	643000	0813-8236964	0813-8233608
甘肃二通机械制造有限公司	甘肃省兰州市安宁区安宁中路 148 号	730070	0931-7752255	0931-5786512
江阴齿轮箱制造有限公司	江苏省江阴市山观工业园澄山路 601 号	214437	0510-86993222	0510-86993196

散料装卸机械与搬运车辆

单位名称	联系地址	邮编	电话	传真
大连重工・起重集团有限公司	辽宁省大连市西岗区八一路 169 号	116013	0411-86852166	0411-86852222
上海电力环保设备总厂有限公司	上海市宝山区山链路 358 号	200444	021-56650088	021-56657888
丹东振安建工机械有限公司	辽宁省丹东市振安区果园路 30 号	118003	0415-4188609	0415-4188606
武汉电力设备厂	湖北省武汉市武昌区白沙洲特 1 号	430064	027-68888403	027-88113825
岳阳强力电磁设备有限公司	湖南省岳阳市京珠连线 5km 处	414000	0730-8799598	0730-8799009
江阴市万事达液压机械有限公司	江苏省江阴市周庄镇周西工业园区高僧桥	214423	0510-86221271	0510-86903068
浙江特种电机股份有限公司	浙江省嵊州市经济开发区加佳路 18 号	312400	0575-83000258	0575-83000566
上海公茂起重设备有限公司	上海市浦东新区云台路 145 号 2803 室	200126	021-50871759	021-50871665
常熟市亿安电动平车有限公司	江苏省常熟市董浜镇徐市徐吴公路 2 幢	215535	0512-52496081	0512-52496082
浙江双鸟机械有限公司	浙江省嵊州市黄泽镇工业功能区玉龙路 16 号	312455	0575-83503888	0575-83503801
上海特国斯传动设备有限公司	上海市闸北区曲阜西路 268 号恒安大厦 1302 室	200122	021-63812226	021-63810571
哈尔滨重型机器有限责任公司	黑龙江省哈尔滨市经济技术开发区镜泊路 10 号	150060	0451-87091585	0451-87091617
哈尔滨龙鑫重型机械有限公司	黑龙江省哈尔滨市香坊区珠江路 29 号 807 室	150040	13503618096	0451-55195730

（续）

单位名称	联系地址	邮编	电话	传真
大连长盛海华输送设备制造有限公司	辽宁省大连市金州区亮甲店镇石城村	116104	0411-87275136	0411-87275757
大连通达矿冶机械有限公司	辽宁省大连市普湾新区三十里堡街道	116103	0411-87362498	0411-87350008
大连重工机电动力有限公司	辽宁省大连市沙河口区河川街 21 号	116021	0411-39757578	0411-39757528
常熟市凯龙电动平车有限公司	江苏省常熟市梅李镇珍南路 18 号	215514	0512-52664298	0512-52262798
无锡巨力电动平车有限公司	江苏省无锡市新吴区新光工业园 5 号地块	214028	0510-82255086	0510-85210217
哈尔滨国海星轮传动有限公司	黑龙江省哈尔滨市哈平路工业区烟台三路 8 号	150000	0451-86530858	0451-86523288
秦皇岛秦冶重工有限公司	河北省秦皇岛市经济技术开发区鄱阳湖路 2 号	066318	0335-8358085	0335-8586258
湖北三六重工有限公司	湖北省咸宁市巨宁大道 36 号	437000	0715-8343111	0715-8312668
哈尔滨和泰电力设备有限公司	黑龙江省哈尔滨市南岗区长江路 380 号	150090	0451-82314958	0451-82314178
湖南长重机器股份有限公司	湖南省长沙市开福区湘江北路一段 12 号	410201	0731-85318081	0731-85318081
大连天重散装机械设备有限公司	辽宁省大连市沙河口区会展路 33 号环球金融中心 7A	116023	0411-62631977	0411-62631978
南京三埃工控有限公司	江苏省南京市江宁经济开发区胜利路 12 号	211100	025-52078957	025-52124028
泰富重装集团有限公司	湖南省湘潭市九华经济技术开发区奔驰路 6 号	430107	0731-52837017	0731-52837255
湖南省映宏新材料股份有限公司	湖南省娄底市新化经济开发区向红工业园	417600	0738-3537338	0738-3537909
康稳移动供电设备（上海）有限公司	上海市浦东新区世纪大道 1500 号东方大厦 925 室	200122	021-68407060	021-68407060
上海振华重工港机通用装备有限公司	上海市浦东新区东方路 3261 号	200125	021-31195630	021-31195918
北京起重运输机械设计研究院有限公司	北京市东城区雍和宫大街 52 号	100007	010-64023392	010-64052252
华电重工股份有限公司上海分公司	上海市浦东新区国展路 839 号华电大厦 15 层	200122	021-60126207	021-60126207
北方重工装备（沈阳）有限公司散料装备事业部	辽宁省沈阳市经济技术开发区开发大路 16 号	110027	13609820458	024-25802527
常熟市电动平车厂	江苏省常熟市梅李镇聚沙路 5 号	215511	0512-52661892	0512-52661886
中国电建集团长春发电设备有限公司	吉林省长春市经济技术开发区世纪大街 3388 号	130033	0431-81966709	0431-85868500

润滑液压设备

单位名称	联系地址	邮编	电话	传真
太原矿山机器润滑液压设备有限公司	山西省太原市经济技术开发区电子街 25 号	030032	0351-3045918	0351-3045918
燕山大学	河北省秦皇岛市海港区河北大街西段 438 号	066004	0335-8051166	0335-8074498
上海润滑设备厂有限公司	上海市奉贤区平港路 655 号	201413	021-65430543	021-65431871
黄山工业泵制造有限公司	安徽省黄山市屯溪区九龙工业园区九龙大道 5 号	245021	0559-2553898	0559-2568248
北方重工集团有限公司设计研究院	辽宁省沈阳市经济技术开发区开发大路 16 号	110141	024-25802407	024-25802416
辽宁省机械研究院有限公司	辽宁省沈阳市皇姑区北陵大街 56 号	110032	024-86890291	024-86890291
中冶京诚工程技术有限公司技术研究院	北京市大兴区北京经济技术开发区建安街 7 号	100176	010-67835821	010-67835154
中色科技股份有限公司装备所	河南省洛阳市西苑路 1 号	471039	0379-64872373	0379-64872352
二重集团重型机械设计研究院	四川省德阳市珠江路 1 号	618013	0838-2342292	0838-2204416
北京冶金设备研究设计总院	北京市朝阳区安定门外胜古庄 2 号	100029	010-64428432	010-64418694
北京科技大学	北京市海淀区学院路 30 号	100083	010-62332916	010-62332916
中国重型机械研究院股份公司	陕西省西安市辛家庙	710032	029-86322543	029-86322431
大连华锐重工集团股份有限公司液压装备厂	辽宁省大连市甘井子区新水泥路 78-7 号	116035	0411-86426269	0411-86427852
宁波盛发液压有限公司	浙江省宁波市鄞州区高桥镇宋家漕村	315175	0574-88449050	0574-88055152
江苏澳瑞思液压润滑设备有限公司	江苏省启东市城北工业园经济开发区杨沙路 2 号	226200	0513-83637418	0513-83637448

（续）

单位名称	联系地址	邮编	电话	传真
沈阳市北方润滑设备制造有限公司	辽宁省沈阳市沈河区文化东路 99 号	110015	024-24824187	024-24206028
淄博九洲润滑科技有限公司	山东省淄博市博山区北博山	255207	0533-4548567	0533-4546336
温州中合润滑设备制造有限公司	浙江省温州市双屿街道屿头工业区 3 号 -2	325007	0577-88781219	0577-88781270
温州市龙湾润滑液压设备厂	浙江省温州市飞鹏巷 6 号 (新 14 号)	325000	0577-88290271	0577-88295568
温州市三丰润滑设备制造有限公司	浙江省温州市双屿街道嵇师新街 11 号	325007	0577-88763177	0577-88766885
沈阳市大金润滑设备厂	辽宁省沈阳市沈河区沈洲路 185-2 号	110014	024-22907338	024-22940938
上海澳瑞特润滑设备有限公司	上海市虹口区丰镇路 788 号	200434	021-65288155	021-65288155
四川川润液压润滑设备有限公司	四川省成都市郫都区现代工业港北区港北六路 85 号	611743	028-61836200	028-61777787
启东安升润液设备有限公司	江苏省启东市久隆新巷工业集中区 118 号	226222	0513-83852668	0513-83852108
苏州宝宇液压设备制造有限公司	江苏省太仓市浏河镇听海路 106 号	215431	0512-53601818	0512-53601155
沈阳市北方润华冷却设备有限公司	辽宁省沈阳市东陵区泉园二路 15-4 号	110015	024-86670917	024-86670451
启东中冶润滑设备有限公司	江苏省启东市台角工业园区跃龙路 16 号	226200	0513-83250190	0513-83250310
四平市隆百洲机电科技有限公司	吉林省四平市铁东区山门镇	136002	0434-3301333	0434-3301598
启东丰汇润滑设备有限公司	江苏省启东市南苑西路 999 号	226200	0513-83113685	0513-83349800
沈阳三丰液压润滑设备有限公司	辽宁省沈阳市于洪区平罗镇陆家村	110147	024-89286088	024-89286893
江苏恒泰自动化润滑设备有限公司	江苏省启东市南苑工业园区恒丰路 28 号	226200	0513-80286900	0513-83307018
北京中冶华润科技发展有限公司	北京市丰台区南四环西路 188 号三区 21 号楼	100070	010-63964536	010-63964534
美润思（北京）科技有限公司	河北省秦皇岛市北戴河区海宁路 225 号	066102	0335-4289066	0335-4289066
常州市华立液压润滑设备有限公司	江苏省常州市武进区郑陆镇三河口	213115	0519-88675056	0519-88675343
浙江镇南精工机械有限公司	浙江省诸暨市店口镇解放路 259 号	311835	0575-87655388	0575-87655618
陕西中润液压设备有限公司	陕西省西安市经济技术开发区泾渭工业园泾高南路中段 22 号	710201	029-86963180	029-86963166
吉林四平维克斯换热设备有限公司	吉林省四平市铁东区南一经街 5665 号	136001	0434-3335589	0434-3335515
淄博市博山润丰油泵厂	山东省淄博市博山区博山镇博沂路	255207	0533-4544888	0533-4548198
南通博南润滑液压设备有限公司	江苏省启东市开发区精工路 7 号（一区）	226200	0513-83122033	0513-83228811
泰州市远望换热设备有限公司	江苏省泰州市姜堰市娄庄镇	225300	0523-88691628	0523-88696288
重庆安特瑞润滑设备有限公司	重庆市万州区经济技术开发区化工园内	404130	023-58325121	023-58325121
启东润滑设备有限公司	江苏省启东市和平中路 306 号	226200	0513-83356668	0513-83312646
太原科技大学机电工程学院	山西省太原市万柏林区窊流路 66 号	030024	0351-6963399	0351-6963399
一重集团大连设计研究院有限公司	辽宁省大连市经济技术开发区东北大街 96 号	116600	0411-39243635	0411-39243366
南通市南方润滑液压设备有限公司	江苏省启东市开发区纬二路 236 ～ 238 号	226200	0513-83110190	0513-83110290
启东市南方润滑液压设备有限公司	江苏省启东市惠萍镇工业园区	226255	0513-83792888	0513-83795028

重型基础件

单位名称	联系地址	邮编	电话	传真
中国重型机械研究院股份公司	陕西省西安市未央区东元路 209 号	710032	029-86322583	029-86322583
浙江长城减速机有限公司	浙江省温州市鹿城区轻工产业园戍浦江路 28 号	325019	0577-88628620	0577-88628622
浙江东海减速机有限公司	浙江省温州市平阳经济开发区鸽巢路（鳌江镇）	325401	13906669365	0577-63635393
意宁液压股份有限公司	浙江省宁波市北仑区坝头西路 288 号	315806	0574-86115072	0574-86115070
昆山荣星动力传动有限公司	江苏省昆山市高新区中华园西路 1869 号	215347	0512-57781849	0512-57797398

（续）

单位名称	联系地址	邮编	电话	传真
中信重工机械股份有限公司	河南省洛阳市涧西区建设路206号	471039	0379-64088608	0379-64211297
大连重工·起重集团公司减速机厂	辽宁省大连市甘井子区新水泥路78-11号	116035	0411-86426178	0411-86426041
天津市万新减速机有限公司	天津市东丽区经济开发区一经路31号	300300	022-24830967	022-24374550
重庆齿轮箱有限责任公司	重庆市江津区东方红厂区	402263	023-47211757	023-47211161
燕山大学机械工程学院	河北省秦皇岛市海港区河北大街西段438号	066004	13081889632	
西安理工大学	陕西省西安市金花南路	710048	029-82319700	029-83230026
宁波东力传动设备股份有限公司	浙江省宁波市江北工业区银海路1号	315000	0574-88398990	0574-88398840
江阴齿轮箱制造有限公司	江苏省江阴市山观工业园澄山路601号	214437	0510-86993103	0510-86993196
安徽省湖滨机械厂	安徽省巢湖市居巢区巢湖北路369号	238013	0565-2393587	0565-2317765
上海茂德企业集团	上海市南汇区南汇工业园区沪南公路9408号茂德工业园	201300	021-68016659	021-68016458
南京高精齿轮集团有限公司	江苏省南京市江宁科学园莱茵达路299号	211100	025-52172828	025-52172700
哈尔滨国海星轮传动有限公司	黑龙江省哈尔滨市哈平路工业区烟台三路8号	150060	0451-86530788	0451-86530858
内蒙古兴华机械制造厂	内蒙古自治区呼和浩特市玉泉区昭君路小黑河村	010070	0471-2397262	0471-5686313
二重集团(德阳)精衡传动设备公司	四川省德阳市珠江西路460号	618000	0838-2341179	0838-2341179
北方重工集团有限公司传动设备分公司	辽宁省沈阳市经济技术开发区开发大路16号	110142	024-85834628	024-85834325
太原重工股份有限公司技术中心	山西省太原市万柏林区玉河街53号	030024	13513638123	
上海尔华杰机电装备制造有限公司	上海市宝山区宝安公路1785号	201907	021-66028006	021-56022054
浙江通力重型齿轮股份有限公司	浙江省瑞安市林垟工业区通力大道	325207	0577-65590088	0577-65598888
江苏上齿集团有限公司	江苏省溧阳市天目湖工业园溪缘路6号	213333	0519-88301181	0519-88301197
宁波中意液压马达有限公司	浙江省宁波市镇海经济开发区中意路88号	315200	0574-86264491	0574-86378310
石家庄科一重工有限公司	河北省石家庄市和平西路595号	050071	0311-87796242	0311-87783772
德阳立达基础件有限公司	四川省德阳市庐山南路3段32号	618000	0838-2903951	0838-2903848
山东省德州市金宇机械有限公司	山东省德州市德城区胡滨北路888号	253015	0534-2745001	0534-2745033
冀州市联轴器厂	河北省冀州市刘杨工业区	053200	0318-8693695	0318-8691484
乐清重型机械配件厂	浙江省乐清市城关镇宁康西路157号	325600	0577-62522038	0577-61527608
宁波市实立矿山机械制造有限公司	浙江省宁波市象山县石铺镇兴港路100号	315731	0574-65982886	0574-65982886
宁波市东钱湖旅游度假区华实传动机械厂	浙江省宁波市东钱湖工业园区莫高公路58号	315121	0574-88370903	0574-88373598
乐清市联轴器厂	浙江省乐清市柳市镇翔金垟村	325604	0577-62722326	0577-62728326
安徽泰尔重工股份有限公司	安徽省马鞍山市经济技术开发区红旗南路18号	243000	0555-2229329	0555-2229287
乐清虹桥万向轴有限公司	浙江省乐清市虹桥镇西工业区E2-1	325608	0577-62311811	0577-62322180
常州市二传机械有限公司	江苏省常州市武进区漕桥镇运村	213175	0519-86131020	0519-86133108
陕西博特齿轮集团有限公司	陕西省咸阳市西咸新区泾河新城泾阳县工业密集区	713702	029-36386088	029-36386092
盐城华兴液压机械有限公司	江苏省盐城市建湖县近湖镇严桥村	224700	13921851333	
中钢西重传动机械公司	陕西省西安市汉城北路99号	710077	029-88461974	029-84619371
西安环力传动机械股份有限公司	陕西省西安市经济技术开发区凤城十一路91号	710018	029-86171905	029-85251460
乐清机械厂有限公司	浙江省乐清市城西路55号	325600	0577-62522885	0577-62522885
上海合纵重工机械有限公司	上海市金山区金山工业区金流路879号	201506	021-67276715	021-67277700
扬中市金星联轴器制造有限公司	江苏省扬中市新坝科技园区	212212	0511-88433602	0511-88436976
陕西秦川机械发展股份有限公司	陕西省宝鸡市姜谭路22号	721009	0917-3670640	0917-3393841

（续）

单位名称	联系地址	邮编	电话	传真
荆州市巨鲸传动机械有限公司	湖北省荆州市高新技术开发区东方大道 58 号	434000	0716-8303805	0716-8303886
青海华鼎齿轮箱有限公司	青海省西宁市南川东路 75 号	810021	0971-4310385	0971-4310004
山东博山减速机厂	山东省淄博市博山区水河路中段	255200	0533-4264888	0533-4184888
镇江通宇传动机械有限公司	江苏省镇江市矿机路 5 号	212003	0511-84421221	0511-84422078
江苏新瑞戴维布朗齿轮系统有限公司	江苏省常州市武进高新技术产业开发区西太湖大道 1 号	213149	0519-83163480	0519-86361355
江苏东方万向重型机械有限公司	江苏省镇江市辛丰镇	212141	0511-83321074	0511-83322338
太原科技大学机械学院	山西省太原市万柏林区苊流路 66 号	030024	0351-2503969	
西安帆力机电技术有限公司	陕西省西安市碑林区曹家巷 44 号	710000	029-82497223	
西安航盛机械制造有限公司	陕西省咸阳市泾阳县永乐镇	713702	029-36395066	
西安润风风电设备有限公司	陕西省西安市未央区徐家湾街道渭滨街 55 号	710021	029-89616159	
陕西旭日机电设备有限公司	陕西省西安市新城区西五路物资大厦 76 号	710004	029-87384188	
恒星科技控股集团有限公司	浙江省杭州市萧山经济技术开发区鸿达路 66 号	311215	0571-22892908	0571-82605888
宁波镇海减变速机有限公司	浙江省宁波市镇海经济开发区青青路 168 号	315200	0574-86300305	0574-86302358
泰星减速机股份有限公司	江苏省泰兴市姚王镇泰姚北路 10 号	225402	0523-87541669	0523-87635683
山西平遥减速器有限责任公司	山西省晋中市平遥县科技工业区	031100	0354-5650091	0354-5650268

油膜轴承

单位名称	联系地址	邮编	电话	传真
太原重工油膜轴承分公司	山西省太原市万柏林区玉河街 53 号	030024	0351-6367118	0351-6360514
首秦金属材料有限公司轧钢部	河北省秦皇岛市海港区杜庄乡	066326	0335-6086238	0335-6089252
南钢股份有限公司宽厚板厂	江苏省南京市六合区大厂	210035	025-57074699	025-57072545
首钢京唐钢铁公司热轧部	河北省唐山市曹妃甸工业区	100043	0315-88292051	0315-8871641
安钢股份有限公司第二炼轧厂	河南省安阳市殷都区梅园庄	455004	0372-3120928	0372-3120909
武汉钢铁集团公司热轧总厂	湖北省武汉市青山区厂前街	430083	027-86891525	027-86891525
攀枝花钢铁集团公司热连轧厂	四川省攀枝花市市东区向阳村街道	617062	0812-3393260	0812-3396573
太钢热连轧厂	山西省太原市尖草坪区尖草坪 2 号	030003	0351-3014802	0351-3016105
包钢钢联股份有限公司	内蒙古自治区包头市河西工业区	014010	0472-2181236	0472-2181236
宝钢集团宝钢分公司设备部	上海市宝山区富锦路 800 弄路 5 号	201900	021-26646629	021-26648830
宝钢热轧厂	上海市宝山区宝钢纬三路	200941	021-26645174	021-26649677
宝钢湛江钢铁有限公司	上海市宝山区富锦路	201900	021-56780055	021-26648046
鞍钢第二冷轧厂	辽宁省鞍山市铁东区鞍千路 298 甲	114021	0412-6752596	0412-6751512
上海大学机自学院	上海市闸北区延长路 149 号	200072	021-82669152	021-56331937
铁岭五星油膜橡胶研究所	辽宁省铁岭市辽海北路 15 号	112000	024-74564226	024-74501500
太原科技大学机械工程学院	山西省太原市万柏林区窊流路 66 号	030024	0351-6998313	0351-6963332
鞍钢中板厂	辽宁省鞍山市鞍钢厂区北部	114021	0412-6762355	0412-6761293
沙钢集团有限公司	江苏省张家港市锦丰镇	215625	13951139955	0512-58550681
唐山中厚板有限公司	河北省唐山市乐亭县玉滩镇	063610	0315-4959566	0315-4959336
唐山港陆钢铁有限公司	河北省遵化市镇海东街 198 号	064200	0315-6075518	0315-6075518
唐山不锈钢有限公司热轧厂	河北省唐山市古冶区唐家庄	063105	0315-3765888	0315-3768802
唐山钢铁集团公司第一轧钢厂	河北省唐山市滨河路 9 号	063013	0315-3707227	0315-3707227

（续）

单位名称	联系地址	邮编	电话	传真
本钢板材采购中心	辽宁省本溪市平山区 6 号	117000	0414-7839809	0414-2842074
安钢股份有限公司第二轧钢厂	河南省安阳市殷都区梅园庄	455004	0372-3123012	0372-3123613
武汉钢铁集团公司冷轧厂	湖北省武汉市青山区厂前街	430083	027-86894638	027-86891470
涟源钢铁集团公司热轧板厂	湖南省娄底市轧钢东路	417009	0738-8663655	0738-8663726
攀枝花钢铁集团公司冷轧厂	四川省攀枝花市市东区向阳村街道	617062	0812-3380118	0812-3380137
首钢迁钢股份有限公司	河北省迁安市扬店子镇滨河村	064404	0315-7703962	0315-7703011
宁波钢铁有限公司热轧厂	浙江省宁波市北仑区霞浦临港二路 168 号	315800	0574-86859108	0574-86859126
南京钢铁有限公司中板厂	江苏省南京市六合区卸甲店	210035	025-57074699	025-57072545
宝钢不锈钢分公司热轧厂	上海市宝山区长江路 735 号	200431	021-26033369	021-26034661
广西柳钢热轧板带厂	广西壮族自治区柳州市北雀路 117 号	545002	0772-2596358	0772-2596355
新余钢铁有限责任公司	江西省新余市新钢冶金路	338001	0790-6293328	0790-6294999
鞍钢设备资材采购中心	辽宁省鞍山市南中华路 396 号	114021	0412-6734511	0412-6753575
五矿营口中板有限责任公司设备部	辽宁省营口市老边区	115005	0417-3256655	0417-3256063
吉林通化钢铁股份公司热轧厂	吉林省通化市二道江区	134003	13304422311	0435-3775652
舞阳钢铁有限责任公司一轧厂	河南省舞钢市湖滨大道西段	462400	13937566928	0395-8112802
邯郸钢铁有限责任公司中板厂	河北省邯郸市复兴路 232 号	056015	0310-6075426	0310-4959971
河钢承钢板带事业部	河北省承德市双滦区滦河镇	067002	0314-4079789	0314-4314947
马钢股份有限公司第四钢轧总厂	安徽省马鞍山市三台路	243051	13805551364	0555-2890805
江阴兴澄特种钢铁有限公司钢板厂	江苏省江阴市滨江东路 297 号	214429	13961672702	0510-86190970
河北敬业集团中厚板厂	河北省石家庄市平山县南甸镇	050400	13230135485	0310-82878888
冀南钢铁有限公司	河北省武安市上团城乡	056300	0310-5179100	0310-5179100
沧州中铁装备制造材料有限公司轧钢厂	河北省沧州市渤海新区	061113	0317-5761614	0317-5761614
太钢不锈钢股份有限公司	山西省太原市尖草坪区解放北路 113 号	030003	0351-3011010	0351-3134170
山西百一机械制造有限公司	山西省太原市尖草坪区尖草坪 2 号	030003	0351-3016342	0351-3016803
优必胜（大连）轴承制造有限公司	辽宁省瓦房店市北三家瓦窝工业园	116300	0411-85508388	0411-85545658
广州机械科学研究院密封研究所	广东省广州市黄埔区茅岗路 828 号	510700	020-32388050	020-32389624
中国石化润滑油公司北京研发中心	北京市海淀区安宁庄西路 6 号	100085	010-62949743	010-62949751
中国一重集团大连设计研究院	辽宁省大连市经济技术开发区	116600	0411-39243245	0411-39243388
上海重型机器厂有限公司	上海市闵行区江川路 1388 号	200245	021-64632262	021-54722933
中钢设备公司机电部	北京市朝阳区芳园街 1 号	100016	010-62688018	010-62688098
宝钢八钢热轧厂	新疆维吾尔自治区乌鲁木齐市头屯河区新钢路	830022	0991-3886408	0991-3886458
燕山钢铁公司 1780 热轧厂	河北省迁安市迁安火车站旁	063000	18903380259	0315-5359666
燕山钢铁公司 1580 热轧厂	河北省迁安市迁安火车站旁	063000	18931537633	0315-5359666
太原理工大学	山西省太原市迎泽西大街 73 号	030024	0351-6010290	0351-6220233
安丰钢铁公司 1780 热轧厂	河北省秦皇岛市昌黎县靖安镇	063000	18031658999	0315-2092111
北海诚德金属压延有限公司	广西壮族自治区北海市铁山港区 4 号路与 7 号路交汇处	536082	0779-8527463	0779-8527464
莱芜钢铁集团银山板带厂	山东省莱芜市钢城区	271100	13156347978	0634-6921887
舞阳钢铁有限责任公司二轧厂	河南省舞钢市湖滨大道西段	462400	13837510808	0395-8112802
南阳汉冶特钢有限公司轧钢厂	河南省南阳市西峡县回车镇	473000	18695968869	0377-69693555
太原嘉明科技有限公司	山西省晋中市榆次区工业园区中央大道	030600	13934156424	0354-3966970

（续）

单位名称	联系地址	邮编	电话	传真
瓦房店轴承股份有限公司	辽宁省瓦房店市北共济街	116300	0351-2390981	0351-6827588
济钢中厚板厂	山东省济南市工业北路 21 号	250101	0531-88847758	0531-88847461
太原重工油膜轴承分公司	山西省太原市万柏林区玉河街 53 号	030024	0351-6367206	0351-6367206
鞍钢热连轧厂	辽宁省鞍山市鞍钢厂区北部	114021	0412-6751589	0412-6752915
本钢集团有限公司热连轧厂	辽宁省本溪市平山区轧钢路	117021	18041406000	024-7825049

停车设备

单位名称	联系地址	邮编	电话	传真
中国重型机械工业协会停车设备工作委员会	北京市西城区月坛南街 26 号院 1 号楼 2002 室	100825	010-68584668	010-68584667
大洋泊车股份有限公司	山东省潍坊市潍城区拥军路 3777 号	261041	4008080536	0536-8662694
石家庄舒玛停车设备有限公司	河北省石家庄市正定县南牛村	050800	0311-88257270	0311-88257270
石家庄宝地停车机械有限公司	河北省石家庄市平山县西柏坡工业园区南区 199 号	050400	0311-89115889	0311-89115885
河北高西宅智能车库工程有限公司	河北省衡水市经济开发区北区新区七路以南滏阳三路以东	053000	15350810900	0318-2331070
河北约基输送机械制造有限公司	河北省廊坊市大厂回族自治县潮白河工业区福喜路 1200 号	065300	0316-8961984	0316-8961799
唐山宝乐智能科技有限公司	河北省唐山市滦县装备制造产业园区	063706	13903256868	0315-7410188
河北京驿车屋科技有限责任公司	河北省廊坊市大厂回族自治县潮白河经济开发区	100053	13810695916	0316-63578681
河北建帮立体停车设备有限公司	河北省石家庄市新华区中华北大街 27 号鑫明商务中心 404 室	050000	0311-89937699	0311-89937696
衡水奇佳停车设备有限公司	河北省衡水市工业新区北区新区七路以南、滏阳三路以东	053000	0318-2331062	0318-2331062
沧州瑞泰保源泊车设备有限公司	河北省沧州市南皮县乌马营镇工业区正港路南侧	061500	0317-8619558	0317-8619558
河南宏丰停车设备制造有限公司	河南省新乡市经济开发区环城北路	453700	0373-5635559	0373-5636844
山东天辰智能停车股份有限公司	山东省德州市（禹城）国家高新技术产业开发区振兴大道西侧	251200	15020008578	0534-7289960
洛阳龙辇居停车设备有限公司	河南省洛阳市孟津县小浪底镇小浪底街	471100	15038559988	0379-63086309
河南中州起重集团有限公司	河南省新乡市长垣县魏庄工业园区	453400	0373-8611564	0373-8611564
南阳市海鑫智能科技有限公司	河南省南阳市生态工业园区纬十路	473000	18937719988	0377-60876999
河南省中原奥起实业有限公司	河南省新乡市长垣县文明路 402 号	453400	0373-8615105	0373-8813875
河南华士机械设备科技有限公司	河南省郑州市金水区金水路 297 号	450000	15936373333	0371-86135600
河南省健泰实业有限公司	河南省商丘市民权县产业集聚区兴业路	476800	13702601164	
哈尔滨龙士达钢结构彩板有限公司	黑龙江省哈尔滨市道里区群力开发区洪湖络 7 号	150078	0451-84373223	
武汉沃强智能装备有限公司	湖北省武汉市武昌区白鹭街水果湖公共停车场	430050	027-68870658	027-68870658
中国电建集团武汉重工装备有限公司	湖北省武汉市武昌区白沙洲特 1 号	430064	027-68888714	027-68888714
湖北中筑邦建筑工程有限公司	湖北省武汉市汉阳区瑞地自由度 3 层	430050	18872230393	
上海赐宝停车设备制造有限公司	上海市黄浦区打浦路 1 号金玉兰广场 906 室	200023	021-53960436	021-53960435
湖北新世纪环保设备制造有限公司	湖北省武汉市光谷大道 62 号光谷总部国际 1 号楼 1105 室	430073	027-86397698	027-86550036
湖北华鸿智能化立体停车设备有限公司	湖北省黄石市黄石大道 658 号	435001	0714-8669999	0714-8380222
湖北勇创智能泊车设备有限公司	湖北省十堰市普林工业园 31 号	442000	0719-8880005	
湖北天弓智能设备有限公司	湖北省黄冈市红安县经济开发区高新技术产业园	438400	0713-5289666	0713-5319280
湖北省齐星汽车车身股份有限公司	湖北省随州市经济技术开发区十里铺村	441300	13886865569	0722-3587089

（续）

单位名称	联系地址	邮编	电话	传真
创拓建设有限公司	湖北省十堰市茅箭区北京北路 82 号 6 幢 28 层	442000	0719-8897787	0719-8897787
湖南泰安智能立体车库设备有限公司	湖南省郴州市苏仙区良田工业园	423026	0735-2763358	0735-2763316
湖南宇恒立体停车立体停车设备有限公司	湖南省湘潭市九华示范区银盖南路	411100	15874862390	0731-52650708
湖南铭泰智能停车科技有限公司	湖南省长沙市高新开发区林语路 158 号研发楼 6 层	410205	0731-89930399	0731-89930399
湖南涟钢建设有限公司	湖南省娄底市涟钢北大桥	417009	0738-8660031	0738-8660031
北京鑫华源机械制造有限责任公司	北京市门头沟区门头沟路 47 号	102300	010-61814331-32251	010-61815100
吉林省利源机械制造有限公司	吉林省长春市绿园区西新镇开元村 4 队	130013	18910290024	0431-87089509
辽源市鑫锐机械制造有限公司	吉林省辽源市经济技术开发区友谊工业园区甲六路	136200	18243716619	0437-5017555
四平市金立方停车设备有限公司	吉林省四平市铁西区红嘴经济技术开发区新材街 111 号	136000	0434-2206666	0434-3252266
苏州江南嘉捷电梯股份有限公司	江苏省苏州市工业园区唯新路 28 号	215122	0512-62746790-3048	0512-62741517
江苏冠宇机械设备制造有限公司	江苏省溧阳市中关村科技产业园吴潭渡路 9 号	213300	0519-87033616	0519-87036130
江苏省宏展机械有限公司	江苏省盐城市大丰区经济开发区申丰路（七灶河桥北 200m）	224100	18651528888	0515-83532158
昆山华恒焊接股份有限公司	江苏省昆山市巴城镇博士路 1588 号	215300	0512-81866666	0512-87880400
江苏瑞科停车系统科技有限公司	江苏省常州市金坛区儒林镇府前路 68 号 218 室	213225	18752748303	0514-85869366
昆山翔固机械有限公司	江苏省昆山市周市镇长兴路 219 号	215314	0512-83663988	0512-83663788
江苏精诚电工有限公司	江苏省南京市溧水区和凤镇工业集中区	211218	025-57466288	025-57466222
明椿电气机械股份有限公司	上海市松江区石湖荡镇长塔公路 565 号 3 号楼	201617	021-59177921	021-59177920
南京力霸智能停车设备制造有限公司	江苏省南京市江宁滨江开发区绣玉路 1 号	211178	025-83340638	025-58707353
江苏金三角钢结构有限公司	江苏省淮安市淮安区工业新区吴鞠通路 46 号	223200	13905230159	0517-85201112
江苏谦益实业有限公司	江苏省盐城市建湖县高新产业园唐桥路 66 号	224700	0515-86235868	0515-86390680
布兰汀机电工程南通有限公司	江苏省南通市海安县大公科技产业园海古路 2 号	226623	18862701581	0513-88698611
江苏恒瑞科智能车库有限公司	江苏省盐城市建军东路 856 号	224001	15189215299	0515-88298358
扬州鑫昊重型机械有限公司	江苏省扬州市江都区宜陵镇工业集中区	225253	0514-86835888	0514-86836555
国信机器人无锡股份有限公司	江苏省无锡市惠山区经济开发区堰新路 311 号 3 号楼 509 室	214000	0510-88150159	0510-88150159
淮安市魔方泊车自动车库有限公司	江苏省淮安市经济开发区白果路 10 号	223005	0517-89888296	0517-89888296
宏达博能自动化设备（江苏）有限公司	江苏省盐城市经济开发区湘江路 12 号	224007	18118685999	0515-80500999
江苏升辉装备集团股份有限公司	江苏省南通市海安县白甸镇府前路 33 号	226682	18012285805	0513-88408655
北京起重运输机械设计研究院有限公司	北京市东城区雍和宫大街 52 号	100007	010-64032277	010-64052584
苏州鑫丰恒富科技有限公司	江苏省苏州市高新区锦峰路 8 号 5 号楼 4 层	215163	0513-66806798	0513-66806798
江苏一元泊车设备科技有限公司	江苏省无锡市锡山区羊尖镇机械装备产业园 A 区园丰路 36 号	214107	0510-88733355	0510-88733355
江苏神通重工集团	江苏省张家港市金港镇长江东路 73 号	215635	0512-58758888	0512-58758888
江西龙腾工程机械有限公司	江西省宜春市经济技术开发区 C1-7 号	336000	0795-2197596	0795-2197598
江西中升智能停车设备有限公司	江西省南昌市进贤县工业开发区迎宾大道（新 320 国道）南侧	331700	0791-86272779	0791-86272779
大连华锐重工集团股份有限公司钢构设备制造厂	辽宁省大连市甘井子区中华东路 3 号	116031	0411-86855206	0411-86855208
大连誉兴智能设备有限公司	辽宁省大连市保税区亮甲店工业区 B-01-3 亮源路 5 号	116600	0411-87300643	0411-87150505

（续）

单位名称	联系地址	邮编	电话	传真
大连辽南起重机器有限公司	辽宁省大连市旅顺口区营顺路 102 号	116050	0411-86233046	0411-86236371
沈阳华德机械工程安装有限公司	辽宁省沈阳市大东区联合路 176 号	110044	024-88093011	
营口天兴机械制造有限公司	辽宁省营口市沿海产业基地新联大街东 1 号	115003	0417-3443311	
杭州友佳精密机械有限公司	浙江省杭州市萧山经济技术开发区市心北路 120 号	311215	13817071008	0571-82832353
盘锦智人科技有限公司	辽宁省盘锦市大洼临港经济区榆树镇梧桐苑小区对面	124000	18742389666	0427-8620999
鞍山千钢机械制造有限公司	辽宁省鞍山市铁西区鞍刘路 460 号	114000	13942272350	0412-8435858
沈阳建伟智能立体停车系统有限公司	辽宁省沈阳市沈河区西滨河路 62 号滨湖俪园大厦 18B2	110014	024-22906641	024-22906641
宁夏鑫华源智能立体停车设备制造有限公司	宁夏回族自治区银川市金凤区正源南街 534 号天乐苑大厦 3 层	750002	0951-5113155	0951-5055260
青岛昊悦机械有限公司	山东省青岛市李沧区遵义路 3 号	266043	0532-84829888	0532-84816885
烟台华安智能停车设备制造有限公司	山东省烟台市开发区华山路 7 号	265304	13002741420	0535-6393888
青岛车的家车库有限公司	山东省青岛市城阳区玉皇岭工业园	266107	13605427666	0532-66736769
德州科博智能仓储物流设备限公司	山东省德州市经济开发区高速东路（凯元热电西北侧）	253000	13905342560	0534-2722667
山东华亿钢机股份有限公司	山东省曲阜市王庄主体功能区华亿路 1 号	273100	13021781586	0537-4653666
山东天宇结构工程有限公司	山东省曲阜市经济开发区（东区）发展大道西首路北	273100	0537-4483999	0537-4438558
江苏启良停车设备有限公司	江苏省江阴市锡澄路 886 号	214405	0510-80667788	0510-80667733
山东恒运自动化泊车设备股份有限公司	山东省淄博市张店区华光路玉龙大厦 B 座 2017 号	256406	0533-8789397	0533-8788878
山东克瑞斯立体车库有限公司	山东省泰安市岱岳区石膏工业园	271000	13805484085	0538-8160795
山东瑞莱堡立体停车设备有限公司	山东省菏泽市定陶经济开发区北外环北侧、京九铁路东侧	274100	18953018166	0530-7396177
山起重型机械股份公司	山东省青州市昭德北路 2198 号	262500	0536-3295377	0536-3203037
山东博创智能停车设备有限公司	山东省淄博市临淄区经七路 18 号	255400	4006652313	0533-7217210
济南可瑞思数控科技有限公司	山东省济南市科院路 19 号院内自动化所	250012	0531-67897136	0531-67897136
青州市莱保彩钢立体车库有限公司	山东省青州市 309 国道立交桥东路北	262500	0536-3528619	0536-3528619
凯尔菱电（山东）电梯有限公司	山东省济宁市汶上县城区南二环以南	272500	0537-7193999	0537-7193999
太原市大强伟业机械制造有限公司	山西省太原市晋源区姚村镇南峪村村南	030025	13835128887	0351-6932222
山西森尔科技有限公司	山西省太原市小店区农科南路 76 号	030031	13834201239	0351-7128772
江苏金冠停车产业股份有限公司	江苏省南通市港闸区兴盛路 6 号	226003	0513-81552626	0513-81552626
山西德奥电梯股份有限公司	山西省忻州市五台县豆村镇开发区工业园区德奥大道	035502	0350-8754360	0350-8754360
陕西吉亨自动化科技有限公司	陕西省咸阳市渭城区周陵镇西兰路北段苏家寨村咸阳空压机厂院内	712000	029-89238089	029-89238318
陕西仑堡工程科技有限公司	陕西省咸阳市人民东路鼎城花园 1 号楼 601 室	712000	18691981553	029-33215560
陕西双力智能机械发展有限公司	陕西省宝鸡市陈仓区科技工业园西虢大道 1 号	721400	0917-6213488	0917-6213488
陕西上通泊车设备有限公司	陕西省宝鸡市扶风县机械加工园立体车库	722200	13335376602	0917-5231502
陕西天驹静态交通科技有限公司	陕西省西安市雁塔区雁翔路 99 号	710054	13335383718	
西安航天动力机械厂	陕西省西安市灞桥区田王街特字一号 14 号	710025	029-83605360	029-83602276
上海人本旭川自动化机械有限公司	上海市闵行区顾戴路 3009 号 902 室	201101	021-54152892	021-54152892
上海爱登堡电梯股份有限公司	上海市闵行区浦星公路 1601 号	201114	021-54331601	021-64970181
上海沈中停车设备有限公司	上海市浦东新区浦建路 729 号 804 室	200127	021-61460158	021-61460108
广东三浦车库股份有限公司	广东省广州市海珠区新港西路 1 号银华大厦 20 层	510260	020-34112922	020-34061599
上海泊鼎停车设备有限公司	上海市宝山区湄星路 1933 号	201906	021-66788790	021-66787981
上海萨逸检测设备制造股份有限公司	上海市嘉定区外冈镇恒冠路 120 号	201816	13321819329	021-39537132

（续）

单位名称	联系地址	邮编	电话	传真
上海新泊乐停车设备有限公司	上海市长宁区仙霞路137号盛高国际大厦2F201室	200131	13916589247	021-33550173
上海腾库智能科技有限公司	上海市闵行区恒西路189号507室	201114	15000128187	021-34786970
上海轼泊停车场管理有限公司	上海市浦东新区张杨路188号汤臣商务中心B座1401室	200122	18616743561	
上海彭浦机器厂有限公司	上海市浦东新区沧海路288号	201306	021-38584602	021-38584770
上海赛迪停车设备有限公司	上海市浦东新区沪南路2419弄30号复地万科活力城B座902室	200120	021-61106032	021-61106033
上海畅悦自动化机械有限公司	上海市普陀区武宁路423号18号楼405室	200063	021-33608902	021-33608902
上海上汽安悦充电科技有限公司	上海市虹口区中山北一路121号A8幢（上汽安悦大楼）	200083	021-36606022	021-36606022
成都东风停车设备制造有限公司	四川省成都市新都区工业园东区高东路	610500	13908047636	028-83939176
中国重型机械工业协会停车设备工作委员会	北京市西城区月坛南街26号院1号楼2002室	100825	010-68584668	010-68584667
上海万强自动化设备有限公司	上海市金山区张堰镇松金公路2502号	201514	021-57210128	021-57213723
四川五新智能设备有限公司	四川省成都市双流区西南航空工业港空港二路二段1399号	610200	15828158212	028-85744258
四川志泰立体车库有限公司	四川省成都市锦江区东大街东方广场A座2210室	620000	13696084999	028-84442325
四川金牛智能机械有限公司	四川省自贡市沿滩工业集中区	643030	13990076857	0813-3808020
四川金石东方新材料设备股份有限公司	四川省成都市双流区九江街道万家社区3组203	610000	18710143336	
天津鑫基机械停车设备有限公司	天津市东丽区幺六桥乡三合庄北赤海路6499号	300402	022-60409228	022-60409228
天津通广集团专用设备有限公司	天津市河北区新大路185号	300140	022-26237315	022-26270462
天津市中环富士智能设备有限公司	天津市西青区李七庄街天祥工业区祥遵路10号	300385	13602190505	022-23962205
天津赛瑞机器设备有限公司	天津市东丽区滨海重机工业园重工路3号	300301	022-24943116	022-24355100
天津知时捷科技发展有限公司	天津市东丽区华明高新技术产业区华兴路10号2号院	300300	15692259126	022-60126488
新疆神洲汇和重工有限公司	新疆维吾尔自治区昌吉市三工镇八钢工业园	831113	13899991032	0994-2717667
上海浦东新区远东立体停车装备有限公司	上海市浦东新区东川公路7447号	201201	021-68903740	021-68901921
昆明松骋汽修设备有限公司	云南省昆明市关雨路东聚小车汽配城B区11幢	650214	13187443209	0871-67369448
云南名家智能设备股份有限公司	云南省昆明市经开区顺通大道世纪浩鸿商业广场3幢11层	650217	13518765786	0871-68135189
云南中建博能工程技术有限公司	云南省曲靖市经济技术开发区西城工业园区	655011	0874-3925688	0874-3925688
宁波邦达智能停车设备股份有限公司	浙江省宁波市国家高新区剑兰路1369号	315013	13906611118	0574-88411233
宁波祥云停车设备有限公司	浙江省余姚市泗门镇光明北路	315470	13757488877	0574-62165172
森赫电梯股份有限公司	浙江省湖州市练市工业园区森赫大道1号	313013	0572-2923378	0572-2923397
浙江越宫钢结构有限公司	浙江省绍兴市袍中南路166号	312017	13777339769	0575-89103789
浙江双金机械集团股份有限公司	浙江省杭州市余杭区瓶窑镇南山村	311115	0571-88566829	0571-88560827
浙江巨人控股有限公司	浙江省湖州市南浔镇胜利路698号	313009	0572-3912111	0572-3912112
浙江天马停车设备有限公司	浙江省杭州市石祥路208号	311215	18858297778	0571-86479153
北京天宏恩机电科技有限公司	北京市海淀区复兴路12号	100038	010-63963040	010-63962898
浙江正立钢结构有限公司	浙江省温州市火车站广场瓯江大厦主楼1607室	325014	0577-86788201	0577-86788061
浙江嘉联电梯有限公司	浙江省海宁市硖川路399号	314400	13968101431	0573-87251685
浙江诺力车库设备制造有限公司	浙江省湖州市长兴县太湖街道长城路358号	313100	13757257771	0572-6210097
绍兴市中立钢业建筑工程有限公司	浙江省绍兴市越城区袍江新区袍渎路15号-3	312000	13819583778	0575-88331447
杭州专用汽车有限公司	浙江省杭州市经济技术开发区M20-15-1地块	310018	13606557439	0571-86721839

（续）

单位名称	联系地址	邮编	电话	传真
浙江先锋机械股份有限公司	浙江省桐乡市梧桐街道石门路 10 号	314500	0573-88108133	0573-88103866
重庆桥瑞工程机械制造有限公司	重庆市九龙坡区巴国公馆 6 号楼 13-7 室	400039	023-68193631	023-68193301
重庆钢铁集团三峰工业有限公司	重庆市长寿区晏家工业园区 D 区	401221	13608313471	023-40713306
重庆伊士顿电梯有限责任公司	重庆市南岸区茶园新区	401336	023-62489680	023-62489679
重庆大江本大工程机械有限责任公司	重庆市巴南区鱼洞镇大江工业园	401321	13908388120	023-66456629
敬稳（北京）机电设备有限公司	北京市东城区建外大街 19 号国际大厦 B 座 202 室	100004	010-85261141	010-85261145
重庆复融科技有限公司	重庆市长寿区经济技术开发区齐心大道 19 号	401221	023-40767569	023-40767569
上海亚赦机电科技有限公司	上海市青浦区金泽镇沪青平公路 9188 号	201718	021-59266855	021-69232222-601
浙江康明斯机械有限公司	浙江省温岭市新河镇中厢工业园	317502	0576-86578602	0576-86578336
昆山达嘉传动设备有限公司	江苏省昆山市周市镇横长泾路 515 号	215300	0512-57938806	0512-57938801
江西特种电机股份有限公司	江西省宜春市环城南路 581 号	336000	13879533689	0795-3512060
上海东元德高电机有限公司	上海市长宁区中山西路 1279 弄 6 号 3 层 321 室	200051	021-51168255	021-32098761
上海至宝电机制造有限公司	上海市嘉定区黄渡镇曹联路 19 号	201804	13391020398	021-69597848
南京特种电机厂有限公司	江苏省南京市六合区雄州东路 289 号	211500	025-57512569	025-57107279
苏州乔力以机械设备有限公司	江苏省苏州市相城区太平街道聚金路 11 号	215100	13405048618	0512-65719022
广东星光传动股份有限公司	广东省佛山市三水区白坭镇汇金工业城 10 号	528100	13172378877	0757-66639837
广州广日智能停车设备有限公司	广东省广州市番禺区石楼镇国贸大道南 636 号之一	511447	13560178302	020-39965877
万鑫精工（湖南）有限公司	湖南省长沙市宁乡县金州新区金沙东路 158 号	410600	13809275632	0731-87074866
苏州金有冠电机有限公司	江苏省昆山市张浦镇垌坵路 88 号 B 栋 3 层 - 凤冠工业园	215321	0512-82190808	0512-82177558
厦门东炜庭电机工业有限公司	福建省厦门市同安区五显镇西洋路 79 号	361100	0592-7016977	0592-7016977
大连日牵电机有限公司	辽宁省大连市甘井子区营城子街道前牧村	116036	0411-86742167	0411-86742167
山东汉隆液压机械有限公司	山东省济南市历城区工业北路 161-1 号	250100	0531-83130517	0531-68820518
南京英沃斯汶智控集团有限公司	江苏省南京市六合区八百金牛工业集中区一区	210000	025-83750297	025-83750297
杭州海康机器人技术有限公司	浙江省杭州市丹枫路 399 号 2 号楼 B 楼 304 室	310052	0571-86611880	0571-88805843
欧姆龙自动化（中国）有限公司	上海市浦东新区银城中路 200 号中银大厦 2211 室	200431	021-50372222	021-50373300
北京第一机床电器厂有限公司	北京市海淀区知春路 114 号华源写字楼	100086	13601286747	010-61233595
上海兰宝传感科技股份有限公司	上海市奉贤区金汇工业园区金碧路 228 号	201404	021-57486188	021-57486188
上海天地岛川停车设备制造有限公司	上海市虹口区东宝兴路 157 号	200080	021-63563092	021-63243035
上海佐逸电器有限公司	上海市徐汇区天钥桥路 567 号森本大夏 3 楼	201206	021-61126791	
上海宝舟电器有限公司	上海市普陀区西康路 1068 号 A 幢 15 层	200060	021-62274842	021-62661382
中山市希福特曼电子科技有限公司	广东省中山市东区利和国际公馆 1 座 3106 室	528403	0760-89818710	0760-89818710
汉立威尔（东莞）电子科技有限公司	广东省东莞市道滘镇南丫村南丫组南阁东三路	523170	0769-82255016	0769-82255016
深圳市汇川技术股份有限公司	广东省深圳市宝安区新安街道留仙二路鸿威工业园 E 栋	518101	0755-29619876	0755-29799579
北京亚博瑞思科技开发有限责任公司	北京市海淀区祁家豁子甲 2 号健德商务楼 107A 室	100000	010-82076094	010-62740309
施瑞克（北京）电气自动化技术有限公司	北京市石景山区八大处高科技园 1906 室	100041	15901102719	010-62568906
杭州赛翔科技有限公司	浙江省杭州市西湖区文三路 408 号综合楼 218 室	310012	0571-89738802	0571-87357542
北京京溪友联科技有限公司	北京市海淀区阜石路甲 69 号 10-423 室	100043	13511075086	010-56531337
河南翰森智能科技有限公司	河南省郑州市高新区莲花街 100 号 6 号楼	450000	0371-61738377	0371-61738377
杭州福瑞科技有限公司	浙江省杭州市塘苗路 18 号华星现代产业园 B 座 5F	310013	0571-85023846	0571-85123228

（续）

单位名称	联系地址	邮编	电话	传真
中船重工海为郑州高科技有限公司	河南省郑州市高新区金梭路29号	450000	18537121918	0371-67132366
北京昌立达科技有限公司	北京市房山区拱辰街道天星街1号院4-615室	102488	010-60388376	
郑州纬达自动化科技有限公司	河南省郑州市二七区京广路与长江路交叉口仁恒上元小区	450000	0371-63302468	0371-60972076
中瑞丸达机电科技（北京）有限公司	北京市顺义区顺平路580号航城广场G座402室	101309	010-89477167	010-89477167
杭州神光电器有限公司	浙江省杭州市萧山区新湾街道三新村	311228	0571-57182941	0571-57182944
北京蓝卡科技股份有限公司	北京市海淀区上地西路8号院上地科技大厦4号楼801室	100085	010-58859090-851	010-58859191
无锡市三爱电器有限公司	江苏省无锡市苏锡路553号	214121	0510-85072580	0510-85072581
无锡市明达电器有限公司	江苏省无锡市滨湖经济技术开发区立业路7号	214124	0510-85629938	0510-85627663
射阳县达金电气有限公司	江苏省盐城市射阳县经济开发区西区北环西路66号	224300	0515-82391680	0515-82391080
合肥汉德贝尔属具科技有限公司	安徽省合肥市肥东县经济开发区金阳北路16号	230011	0551-64328418	0551-64328665
深圳市伟创自动化设备有限公司	广东省深圳市福田区上梅林卓悦汇A座南区701室	518000	0755-82445970	0755-82439670
瑞安市科达电子电器制造有限公司	浙江省瑞安市沿江西路163号	325200	0577-65675177	0577-65675177
罗巴鲁（上海）商贸有限公司	上海市嘉定区马陆镇丰功路393号	201801	021-69156584	021-69152081
山东神宇机械制造有限公司	山东省东营市广饶县广明路	257300	18766476793	0543-7793898
莱芜市耀辉金属制品有限公司	山东省莱芜市钢城区颜庄镇颜庄创业园	271107	13906342436	0634-6464969
浙江澳琪同济停车配件制造有限公司	浙江省湖州市长兴县吕山工业集中区38号	310004	0572-6219899	0572-6219388
宣城市华菱精工科技股份有限公司	安徽省宣城市郎溪县梅渚镇郎梅路	242115	0563-7793336	0563-7793336
上海正盟精密传动有限公司	上海市浦东新区老港工业园区良欣路265号	201302	021-60273626-888	021-60273620
杭州东华链条集团有限公司	浙江省杭州市余杭经济开发区昌达路1号	311101	0571-85042765	0571-85040765
诸暨链条总厂	浙江省诸暨市牌头镇五一路1号	311525	0575-87051296	0575-87056868
浙江神牛机械制造有限公司	浙江省诸暨市丰南路8号	311800	0575-89096982	0575-87185255
镭蒙机电股份有限公司	浙江省诸暨市城西工业区千禧路8-1号	311800	0575-87380088	0575-87399282
浙江恒久机械集团有限公司	浙江省诸暨市迎宾路8号	311800	0575-87389767	0575-87214388
浙江力璇链传动有限公司	浙江省金华市武义县黄龙工业园区二路9号	321200	0579-87988090	0579-87698070
北京双马飞腾传动机械设备有限公司	北京市大兴区旧宫工业区北西区甲5号	100076	13910992566	010-59751579
杭州东毅链传动有限公司	浙江省杭州市萧山区衙前镇新林周工业园	311200	0571-82921882	0571-82921882
青岛征和工业股份有限公司	山东省平度市香港路112号	266700	18053223933	0532-83305918
常州明瑞链传动有限公司	江苏省常州市新北区春江镇百丈创业东路20号	213034	13606124818	0519-85860171
桂盟链条（太仓）有限公司	江苏省太仓市陆渡镇郑和中路165号	215412	0512-82783067	0512-53453112
杭州东腾实业有限公司	浙江省杭州市萧山区靖江镇靖东村	311200	0571-82973496	0571-82978729
杭州盾牌链条有限公司	浙江省杭州市余杭经济开发区宏达路10号	311000	0571-85140164	0571-85140164
浙江川益机械有限公司	浙江省嵊州市三界镇振兴北路245号	312452	0575-83831189	0575-83083988
车立方（北京）新能源科技有限公司	北京市海淀区昆明湖南路甲72号院3号楼西厅	100097	13311566888	010-88462779-8866
淮安市东方油尼龙有限公司	江苏省淮安市淮安区博里镇工业集中区	223200	15950355233	0517-85681234
丹东振安建工机械有限公司	辽宁省丹东市振安区果园路30号	118003	0415-4188608	0415-4188606
杭州台创实业有限公司	浙江省杭州市余杭区瓶窑镇窑北村	311115	0571-86771291	0571-86778253
潍坊奥腾冷弯机械有限公司	山东省潍坊市坊子区北海路翠坊街交叉口西700m路北	261200	13355368018	0536-7658855

（续）

单位名称	联系地址	邮编	电话	传真
金城集团进出口有限公司	江苏省南京市龙蟠中路216号金城大厦26层	210002	025-51815963	025-51815379
厦门正黎明冶金机械有限公司	福建省厦门市同安区圳南二路187号	361000	13806005679	0592-6385810
济南燎原数控机械有限公司	山东省济南市高新区舜华东路666号A座5层	250012	13969197379	0531-55585077
山东法因数控机械股份有限公司	山东省济南市高新区天辰大街389号	250101	0531-88875517	
济南光先数控机械有限公司	山东省济南市吴家堡龙腾工业园18号	250118	13305317659	0531-85986889
济南天辰铝机股份有限公司	山东省济南市高新区天辰路1571号	250101	18660196303	0531-88882995
杭州西子智能停车股份有限公司	浙江省杭州市余杭经济技术开发区宏达路181号	311199	0571-88136666	0571-88139678
江苏普腾停车设备有限公司	江苏省南通市经济技术开发区通盛南路32-9号	226017	0513-80770518	0513-80770077
山东拓维数控设备有限公司	山东省济南市槐荫区小李庄工业园南首	250000	0531-85981057	0531-85985911
潍坊银河泊车设备有限公司	山东省潍坊市潍城区乐埠山工业园银河街8号	261055	15953686228	0536-5603509
国家建筑城建机械质量监督检验中心	湖南省长沙市银盆南路361号	410013	0731-88923872	0731-88910912
天津滨新科技贸易发展有限公司	天津市河北区胜利路与新开路交口北斗花园8-2804室	300000	022-24388662	022-24127208
河北睿众机械停车设备销售有限公司	河北省石家庄市裕华区翟营南大街43号金马国际大厦A2座7层	050800	13831108727	
山西华博科技有限公司	山西省太原市长治路249号523室	030006	0351-7024989	0351-7024987
深圳市快易停立体车库销售有限公司	广东省深圳市南山区粤海街道高新南一道创维大厦A座901室	518057	0755-86959387	0755-86959386
都市（北京）智能停车设备集团股份有限公司	北京市怀柔区迎宾中路1号508室	101400	010-69685415	010-69685415
安恒国际停车设备科技有限公司	北京市丰台区富丰路2号星火科技大厦1612室	100070	010-83618636	010-83618636
西安怡丰停车设备有限公司	陕西省西安市高新区科技六路中段数字空间20802室	710065	029-87429909	029-87429909
江苏中泰停车产业有限公司	江苏省南京市建邺区云龙山路88号烽火科技大厦B座11层	210019	025-86658965	025-86658965
北京东合南泊车科技有限公司	北京市西城区马连道路中基大厦7层	100055	010-63260560	010-63260560
深圳市易停车库科技有限公司	广东省深圳市龙岗区中心城黄阁北路天安数码城2栋B座403B室	518172	15818737980	0755-88609800
西安博铭智能科技有限公司	陕西省西安市高新区锦业一路56号研祥城市广场B座2127室	710065	18192380999	029-81108061
云鼎智慧城（北京）科技有限公司	北京市大兴区经济技术开发区科创十三街锋创科技园9号楼四层	100176	010-67862306	
平安国际融资租赁有限公司	上海市浦东新区世纪大道8号上海国金中心办公楼二期18层	200120	13602628750	021-50338427
安吉仓储（上海）有限公司	上海市青浦区徐泾涞港路181号国展中心办公楼B栋520室	201702	021-31653992	021-31653992
北京中安国机停车设备检测有限公司	北京市大兴区经济技术开发区地盛南街甲1号2号楼4层	100176	010-67899779	010-67899779
北京京能千方智慧城市科技有限公司	北京市丰台区丽泽路5号金泰地产大厦11层	100173	18810308105	
南京海轩企业管理咨询有限公司	江苏省南京市建邺区万达广场西地E座1503室	210017	025-87716968	025-87716878
南京一招人力资源有限公司	江苏省南京市鼓楼区中央路417号先锋广场1033、1034室	210012	4008841004	025-66639971
青岛齐星车库有限公司	山东省胶州市九龙工业园新东路17号	266300	0532-58651778	0532-58651778
日立产机系统（中国）有限公司	上海市卢湾区茂名南路205号瑞金大厦1207室	200020	021-54892378-2002	021-33565070
苏州东力机电工业有限公司	北京市朝阳区朝外大街乙12号昆泰国际公寓2204室	100020	010-58790418	010-58790065
苏州仲益电机设备有限公司	江苏省苏州市相城区太平街道聚金路28号	215000	0512-66830093	0512-66830315

（续）

单位名称	联系地址	邮编	电话	传真
河南省盛茂永代机械制造有限责任公司	河南省郑州市惠济区绿源路与丰硕街交叉口北	450000	13838009289	0371-63770651
杭州永利百合实业有限公司	浙江省杭州市萧山区义桥工业园区	311256	13758137728	0571-82409363
安徽马钢智能立体停车设备有限公司	安徽省马鞍山市经济技术开发区红旗南路19号	243071	0555-2960018	0555-2960021
安徽乐库智能停车设备有限公司	安徽省合肥市肥东县经济开发区金阳北路16号	231600	0551-62533979	0551-62533977
山东莱钢泰达车库有限公司	山东省莱芜市钢城区泰达工业园	271129	0634-5879939	0634-5879911
深圳中集天达空港设备有限公司	广东省深圳市宝安区福永福园二路9号	518103	4006007756	0755-26685815
湖南地生工业设备有限公司	湖南省长沙市雨花区芙蓉中路三段489号鑫融国际25层	410000	17775810190	0731-85781519
江苏润邦智能停车设备有限公司	江苏省南京市浦口区星甸工业园	211803	025-58465657	025-58265566
陕西隆翔停车设备集团有限公司	陕西省西安市高新区锦业路38号粤汉国际D座18层	710077	029-88865536	029-88865382
上海剑峰停车设备工程有限公司	上海市黄浦区南京东路61号新黄浦金融大厦607室	200002	021-63392097	021-63391924
杭州大中泊奥科技有限公司	浙江省杭州市萧山经济技术开发区桥南区高新五路58号	311231	0571-22867610	0571-82695083
苏州联发电机有限公司	江苏省苏州市相城经济开发区富元路402号	215131	0512-65793566	0512-65793569
苏州环球科技股份有限公司	江苏省苏州市吴中区胥口镇石中路188号	215156	0512-65333805	0512-66235388-0
上海山电电机有限公司	上海市普陀区祁连山南路2888弄B座507室	200331	021-62841028	021-52841755
青岛茂源停车设备制造有限公司	山东省青岛市黄岛区临港路1319号	266400	18366262658	0532-83196318
深圳怡丰自动化科技有限公司	广东省深圳龙岗区龙城大道龙西路口龙岗高科技园	518116	0755-84879829	0755-84879397
上海禾通涌源停车设备有限公司	上海市闵行区莲花路1555号318室	200233	13020217116	021-33677096
安徽华星智能停车设备有限公司	安徽省合肥市循环经济示范园天工路1号	231602	0551-67758520	0551-67601802
浙江东海减速机有限公司	浙江省温州市平阳县鳌江镇鸽巢路（鳌江镇）	200070	021-63812226	021-63810571
无锡许继富通达车库装备有限公司	江苏省无锡市滨湖区梁青路58号华邸国际大厦B座6层	214062	0510-85881881-208、203	0510-85868947
山西东杰智能物流装备股份有限公司	山西省太原市新兰路51号	030008	13935163396	0351-3633521
天马华源停车设备（北京）有限公司	北京市大兴区经济技术开发区科创二街3号	100176	010-87952557	010-87952559
江苏聚力智能机械股份有限公司	江苏省苏州市吴江区汾湖高新技术产业开发区新黎路300号	215211	0512-82880000	0512-82855666
山东九路泊车设备股份有限公司	山东省聊城市高唐县人和街道办事处卢田楼村北段	252800	13801184460	0635-3673899
安徽鸿路钢结构（集团）股份有限公司	安徽省合肥市双凤工业区鸿路大厦	231131	0551-6391971	0551-6391793
安徽凯旋智能停车设备有限公司	安徽省合肥市高新区黄山路601号科技创新公共服务中心104室	230088	0551-63475498	0551-63475418
河南中继威尔停车系统股份有限公司	河南省许昌市城乡一体化示范区魏武大道与尚德路交汇处东南角	461000	0374-3219098	
合肥巍华智能停车设备有限公司	安徽省合肥市肥东经济开发区公园路12号	231600	0551-67266669	0551-67799556
安徽鸿杰威尔停车设备有限公司	安徽省六安市裕安区平桥工业园	237000	13625711830	0564-3351677
宿州方圆安全设备有限公司	安徽省宿州市经济开发区金海六路西外环一路南	234000	13655577233	0557-3318065
中国电子科技集团公司第三十八研究所	安徽省合肥市高新区香樟大道199号	230088	0551-65391748	0551-65391748
安徽双骏智能科技有限公司	安徽省合肥市包河区青年电子商务产业园二期8号楼3层301室	230051	0551-66165515	0551-66165515
安徽朗停停车科技有限公司	安徽省合肥市庐阳区汲桥路52号	231110	0551-66688963	0551-66688963
北京大兆新元停车设备有限公司	北京市海淀区北小马厂6号华天大厦12层13-16室	100038	010-51916680	010-63319786
北京宏地车港科技有限公司	河北省石家庄市建设北大街228号东海国际19层B2区	050000	0311-86692826	0311-68022622

（续）

单位名称	联系地址	邮编	电话	传真
北京博锐奥盛科技发展有限公司	北京市大兴区经济技术开发区地盛北街1号院40号楼701室	100176	010-67886088	
北京安祥通机电设备有限公司	北京市通州区台湖镇府东苑34栋01号	101111	010-81507019	010-81507019
北京航天汇信科技有限公司	北京市大兴区经济技术开发区中和街20号	100176	010-67886600	010-67874871
北京首钢机电有限公司	北京市石景山区老山西里甲8号	100049	010-88297133	010-88297135
北京首钢城运控股有限公司	北京市石景山区石景山路首钢厂东门内	100043	010-88292668	
北京东星立达立体停车设备有限公司	北京市通州区西集工业区	101106	13901257287	010-61557469
北京韩建河山科技有限公司	北京市房山区韩村河镇	102423	15699829360	010-80389041
北京康拓红外技术股份有限公司	北京市海淀区中关村环保科技示范园地锦路7号院2号楼4层	100095	13466778367	010-82493674
北京四季快安科技有限公司	北京市海淀区恩济花园13号楼2层210室	100036	010-88112178	010-88112178
福建敏捷机械有限公司	福建省南安市官桥镇洪邦工业区	362341	13505013675	0595-86881520
厦门炜城智能停车科技有限公司	福建省厦门市湖里区五缘湾海富中心B座17层C区	362342	0592-5795913	0592-5793912
厦门市华尔曼泊车设备有限公司	福建省厦门市湖里区安岭路1001号	361015	0592-8808989	0592-2612566
福建金三洋控股有限公司	福建省福州市鼓楼区西江滨大道66号融侨锦江B区	350000	15280083002	0591-83300344
浙江子华停车设备科技股份有限公司	浙江省绍兴市柯桥区滨海工业区思源路782号	312073	0575-81199858	0575-81199877
福建省闽亿钢构铁塔有限公司	福建省南安市康美镇团结工业园	363233	0595-26532999	0595-26532999
厦门市鑫创达科技有限公司	福建省厦门市湖里区五缘湾宝拓大厦写字楼5层01单元	361000	0592-5552009	0592-5552009
兰州远达停车产业有限公司	甘肃省兰州市西固区西固西路35号	730060	0931-8585511	
兰州亚太澳泊智能设备有限公司	甘肃省兰州市城关区庆阳路75号中科银座21层	730030	0931-8622296	0931-8622296
佛山市南海高达建筑机械有限公司	广东省佛山市南海区平洲工业园胜利西路6号	528251	0757-86795321	0757-86778582
深圳市中科利亨车库设备有限公司	广东省深圳市宝安区西乡街道桃花源科技创新园主楼513室	518102	0755-29981555	0755-29981777
广东溢隆实业有限公司	广东省广州市越秀区东风东路天誉大厦东塔109室	510000	020-37615036	020-37885775
深圳精智机器有限公司	广东省深圳市南山区科技园科研路9号比克科技大厦11层B座	518057	0755-86017789	0755-86017528
深圳市金正方科技股份有限公司	广东省深圳市龙岗区南湾街道南岭村社区黄金北路7号厂房	518000	0755-28324399-8038	0755-25501937
韶关市磊信机械制造有限公司	广东省韶关市浈江区产业转移工业园狮塘路47号	512000	0751-8838236	0751-8838231
唐山通宝停车设备有限公司	河北省唐山市丰润区公园道162号	064000	18631576606	0315-3081781
广州建德机电有限公司	广东省广州市花都区新华街九塘1404号	510800	020-62321784	020-62321791
深圳市华智联科技有限公司	广东省深圳市龙华新区清湖新侨工业园第4栋3层	518000	4008939885	0755-29476689
中建钢构有限公司	广东省深圳市南山区高新园高新南一道富诚科技大厦6层	518000	18787025852	
广东明和智能设备有限公司	广东省广州市南沙区东涌镇石排村市南公路南侧	511455	020-29855018	020-29855018
广州福倍至机械设备有限公司	广东省广州市白云区增槎路富力半岛花园A22-203房	510080	020-81780988	020-81780988
广西景和停车设备有限责任公司	广西壮族自治区南宁市民族大道115-1号现代国际905-908室	530028	0771-5595654	0771-5596031
桂林市中天机械有限公司	广西壮族自治区桂林市雁山区柘木镇奇峰创业园	541001	13317737778	0773-2561698
南宁市宏涛机械设备有限责任公司	广西壮族自治区南宁市五一中路南五里10号	530022	0771-4855196	0771-4848255
贵州高矿重工（长顺）有限公司	贵州省黔南布依族苗族自治州长顺县威远工业园区	550704	13885819500	0854-6644666
贵州海悦科技立体停车设备有限公司	贵州省毕节市黔西县经济开发区甘棠工业园	557500	0857-4669000	0857-4668000

大型铸锻件

单位名称	联系地址	邮编	电话	传真
二重集团（德阳）重型装备股份有限公司	四川省德阳市珠江西路 460 号	618013	0838-2341181	0838-2201998
天津市天重江天重工有限公司	天津市北辰区西堤头镇津榆公路 609 号	300408	022-86885999	022-86885999
中车资阳机车有限公司	四川省资阳市雁江区晨风路 6 号	641301	028-26282650	028-26653416
中钢集团邢台机械轧辊有限公司	河北省邢台市新兴西大街 1 号	054025	0319-2022061	0319-2022061
北京科技大学材料科学与工程学院	北京市海淀区学院路 30 号主楼 201 室	100083	010-62332572	010-62397463
清华大学材料学院	北京市海淀区双清路 30 号	100084	010-62789922	010-62773637
燕山大学	河北省秦皇岛市海港区河北大街西段 438 号	066004	0335-8074036	0335-8387472
东方汽轮机有限公司	四川省德阳市高新技术产业园金沙江西路 666 号	618000	0838-2687289	0838-2687253
上海电气电站设备有限公司上海汽轮机厂	上海市闵行区江川路 333 号	200240	021-64358331-2100	021-64355046
哈尔滨汽轮机厂有限责任公司	黑龙江省哈尔滨市香坊区三大动力路 345 号	150046	0451-82953194	0451-82681364
石钢京诚装备技术有限公司	辽宁省营口市老边区柳树镇	115004	0417-3257899	0417-3257777
中国第一重型机械股份公司	黑龙江省齐齐哈尔市富拉尔基区厂前路 9 号	161042	0452-6810488	0452-6810111
沈阳铸锻工业有限公司锻造分公司	辽宁省沈阳市经济技术开发区沈辽西路 188 号	110142	024-25336760	024-25336788
烟台台海马努尔核电设备股份有限公司	山东省烟台市莱山经济开发区恒源路 6 号	264003	0535-3725658	0535-3725699
二重集团（德阳）重型装备股份有限公司铸锻公司	四川省德阳市珠江西路 460 号	618013	0838-2341631	0838-2201742
天津重型装备工程研究有限公司	天津市滨河新区经济技术开发区宏达街 21 号 B 座 11 层	300457	022-58808555	022-58808000
中国第一重型机械股份公司铸锻钢事业部	黑龙江省齐齐哈尔市富拉尔基区厂前路 9 号	161042	0452-6811237	0452-6810030
内蒙古北方重工业集团有限公司	内蒙古自治区包头市青山区兵工路	014030	13947285732	0472-3335641
大连华锐重工集团股份有限公司	辽宁省大连市甘井子区新水泥路 78 号	116035	0411-86427062	0411-86428210
武汉重工铸锻有限责任公司技术中心	湖北省武汉市青山区武东路 1 号	430084	027-68861955	027-68861955
云南冶金昆明重工有限公司锻造分公司	云南省昆明市五华区龙泉路 871 号	650203	13700685245	0871-66085054
沈阳铸造研究所	辽宁省沈阳市铁西区云峰南街 17 号	110025	13332430936	024-25851306
上海电气上重铸锻有限公司	上海市闵行区江川路 1800 号	200245	021-34098018	021-54721132
中国第二重型机械集团德阳万航模锻有限责任公司	四川省德阳市珠江西路 460 号	618013	0838-2342304	0838-2201552
太原重工股份有限公司	山西省太原市万柏林区玉河街 53 号	030024	0351-6366750	0351-6366750
大连理工大学材料学院	辽宁省大连市高新园区凌工路 2 号	116024	0411-84706183	0411-84709284
上海电气上重铸锻有限公司大锻所	上海市闵行区江川路 1800 号	200245	021-34098189	021-34098188
鞍钢重型机械有限责任公司锻造厂	辽宁省鞍山市立山区灵山红旗路 28 号	114042	0412-6762398	0412-6763038
中冶陕压重工设备有限公司铸锻厂	陕西省渭南市富平县庄里镇北新街 19 号	711711	0913-8622622	0913-8622708
中山市广重铸轧钢有限公司	广东省中山市黄圃镇鲤鱼嘴工业开发区	528429	0760-23213333	0760-23212227
无锡宏达重工股份有限公司	江苏省无锡市滨湖区南泉镇壬港村	214128	0510-85952557	0510-85953536
重庆焱炼重型机械设备有限公司	重庆市江津区德感工业园	400084	023-47840718	023-47840718
天津天重车轴制造有限公司	天津市北辰区天穆镇马庄村	300400	022-26626168	022-26341806
洛阳中重铸锻有限责任公司	河南省洛阳市涧西区建设路 206 号	471039	0379-64088816	0379-64088394
上海申模计算机系统集成有限公司	上海市徐汇区华山路 1954 号	200030	021-62813430-8026	021-62946388
德阳万鑫电站产品开发有限公司	四川省广汉市高坪镇龙潭村八社	618306	0838-5603545	0838-5603545

（续）

单位名称	联系地址	邮编	电话	传真
中国长江动力集团有限公司	湖北省武汉市东湖新技术开发区佛祖岭一路 6 号	430074	027-59704989	027-59704989
太原重工股份有限公司锻造分公司	山西省太原市万柏林区玉河街 53 号	030024	0351-6365304	0351-6365304
武汉迈特炉业科技有限公司	湖北省武汉市东湖高新区光谷大道 303 号光谷芯中心 2-1-503 号	430223	027-87806707	027-87677372
天津市中达电热设备有限公司	天津市西青区南河工业园	300382	022-23811661	022-23811991
中国联合工程公司工业装备分公司	浙江省杭州市石桥路 338 号	310022	0571-88155018	0571-88155018
中航卓越锻造（无锡）有限公司	江苏省无锡市玉祁工业集中区祁北路 8 号	214183	0510-83896535	0510-83896512
内蒙古北方重工业集团有限公司特钢事业部	内蒙古自治区包头市青山区兵工路	014030	13500627867	0472-3335641
德阳天元重工股份有限公司	四川省德阳市庐山南路 3 段 20 号	618000	0838-2902987	0838-2904108
太原科技大学材料科学与工程学院	山西省太原市万柏林区窊流路 66 号	030024	0351-2161129	0351-6963369
山东伊莱特重工股份有限公司技术研发中心	山东省济南市章丘区济王路 9001 号	250217	0531-83800663	0531-83809527
德阳市产品质量监督检验所	四川省德阳市荷花巷 99 号	618000	0838-2300169	0838-2206507
鞍钢重型机械有限责任公司	辽宁省鞍山市立山区建国东路 40 甲	114042	0412-6613453	0412-6613453
中原特钢股份有限公司	河南省济源市第 9 号信箱	454685	0391-6099019	0391-6099019
内蒙古北方重工业集团有限公司	内蒙古自治区包头市青山区兵工路	014033	0472-3384491	0472-3335641
中国中元国际工程有限公司工业工程设计所	北京市海淀区西三环北路 5 号	100089	010-68732019	010-68715543

重型锻压机械

单位名称	联系地址	邮编	电话	传真
中国第二重型机械集团公司	四川省德阳市珠江西路 460 号	618000	0838-2341181	0838-2341181
清华大学机械系	北京市海淀区双清路 30 号	100084	010-62782448	010-62788675
德阳立达基础件有限公司	四川省德阳市庐山南路 3 段 32 号	618099	13981099142	
中国重型机械研究院有限公司	陕西省西安市未央区东元路 209 号	710032	029-86322430	029-86322430
太原重型机械集团有限公司	山西省太原市万柏林区玉河街 53 号	030024	0351-6361327	0351-6361327
上海重型机器厂有限公司	上海市闵行区江川路 1800 号	200245	021-34098005	021-34098005
北方重工集团有限公司	辽宁省沈阳市经济技术开发区开发大路 16 号	110141	024-25802222	024-25802222
中国第一重型机械集团公司	黑龙江省齐齐哈尔市富拉尔基区厂前路 9 号	161042	0452-6810123	0452-6810111
西安交通大学	陕西省西安市咸宁路 28 号	710049	029-82668607	029-82665204
重庆大学	重庆市沙坪坝区沙正街 174 号	040044	023-6511493	023-6511493
燕山大学	河北省秦皇岛市海港区河北大街西段 438 号	066004	0335-8052253	0335-8074783

冶金压延机械

单位名称	联系地址	邮编	电话	传真
中国第一重型机械集团公司	黑龙江省齐齐哈尔市富拉尔基区厂前路 9 号	161042	0452-6810186	0452-6810111
天津天重重型机器有限公司	天津市北辰区高峰路	300400	022-26341079	022-26340718
燕山大学机械学院	河北省秦皇岛市海港区河北大街 169 号	066044	0335-8057040	0335-8050148
浙江省宁波凯特机械有限公司	浙江省宁波市宁海县越龙街道西郊路 55 号	315600	0574-65210558	0574-65562620
包头市冶金矿山机械制造有限公司	内蒙古自治区包头市铝业产业园区长征路 2 号	014040	0472-4111538	0472-4172310

（续）

单位名称	联系地址	邮编	电话	传真
云南冶金昆明重工有限公司拉丝设备分公司	云南省昆明市茨坝路 31 号	650203	0871-65150091-2241	0871-65150151
一重集团大连设计研究院有限公司冷轧部	辽宁省大连市经济技术开发区东北大街 96 号	116600	0411-39243366	0411-39243133
中冶京诚工程技术有限公司	北京市大兴区经济技术开发区建安街 7 号	100176	010-83587839	010-83587998
北京科技大学机械工程学院	北京市海淀区学院路 30 号	100083	010-62334723	010-62329145
北京有色冶金设计研究院	北京市海淀区复兴路 12 号	100038	010-63936451	010-63936618
邢台冶金机械轧辊厂	河北省邢台市新兴西大街 1 号	054025	0319-2116090	0319-2022061
中国重型机械研究院股份公司	陕西省西安市未央区东元路 209 号	710032	029-86322669	029-86713965
哈尔滨环保制氢设备工业公司	黑龙江省哈尔滨市南岗区哈西大街 107 号	150080	0451-86662954	0451-86662954
沈阳冶金机械有限公司	辽宁省沈阳市经济技术开发区沈辽路 2 号	110141	024-25810645	024-25810645
太原重型机械集团有限公司	山西省太原市万柏林区玉河街 53 号	030024	0351-6362594-8018	0351-6365903
太原矿山机器集团有限公司	山西省太原市解放北路 75 号	030009	0351-3041086	0351-3041086
太原科技大学冶金机械学院	山西省太原市万柏林区瓦流路 66 号	030024	0351-6963332	0351-6963332
鞍山矿山机械股份有限公司	辽宁省鞍山市立山区励工街 5 号	114032	0412-6612676	0412-6612313
矿山机械工程设计研究院有限责任公司	河南省洛阳市涧西区建设路 206 号	471039	0379-64087777	0379-64087818
杭州拉丝机制造厂	浙江省杭州市桐庐县富春江镇子陵路 10 号	311504	0571-64653908	0571-64653411
西安忠义金属制品设备总厂	陕西省西安市未央宫乡小白杨路 20 号	710016	029-86312404	029-86312404
锡山大象机械制造有限公司	江苏省无锡市锡山区荡口镇人民路 63 号	214116	0510-88741471	0510-88741471
中国重型机械有限公司	北京市海淀区复兴路甲 23 号	100036	010-68221576	010-68296106
大连重工•起重集团有限公司设计研究院	辽宁省大连市西岗区八一路 169 号	116013	0411-86852288	0411-86852283
云南冶金昆明重工有限公司	云南省昆明市五华区龙泉路 871 号	650203	0871-66085233	0871-66085085
上海市机电设计研究院有限公司	上海市静安区北京西路 1287 号	200040	021-62479741	021-62479741
中国第二重型机械集团公司	四川省德阳市珠江路 1 号	618013	0838-2341817	0838-2201998
上海重型机器厂有限公司	上海市闵行区江川路 1800 号	200245	021-54721141-2110	021-54722933
北方重工集团有限公司	辽宁省沈阳市经济技术开发区开发大路 16 号	110025	024-25802406	024-25802416

大型企业运输联合服务

单位名称	联系地址	邮编	电话
中国二重万路运业有限公司	四川省德阳市岷江西路 76 号	618000	13909027520
一重新能源发展集团有限公司	黑龙江省齐齐哈尔市富拉尔基区和平路 214 号	161041	13359526316
洛阳中重运输有限责任公司	河南省洛阳市涧西区建设路 206 号	471000	13938843833
东方电气集团大件物流有限公司	四川省成都市高新西区西芯大道 18 号	610041	13808235028
中国外运大件物流有限公司	上海市浦东新区龙阳路 2277 号永达国际大厦 1005 室	200120	13909080351
太原重工股份有限公司包装储运分公司	山西省太原市万柏林区玉河街 53 号	030000	18603410002
上海电气电站工程公司	上海市闵行区莘庄都市路 4855 号 1 号楼 806 室	221100	13801841440
四川东方物流集团有限公司	四川省自贡市沿滩区高新工业园区荣川路 19 号（办公楼）	610000	13980098811
张家港港新重装码头港务有限公司	江苏省张家港市沿江公路段山港东侧	215600	13706227381
中铁特货大件运输有限责任公司	北京市丰台区南四环西路 188 号七区 24 号楼	100071	13911678082
湖南电力物流服务有限责任公司	湖南株洲市云龙示范区云田镇马鞍社区中特物流园	412000	13574289936

（续）

单位名称	联系地址	邮编	电话
上海千瓦运输有限公司	上海市闵行江川路333号	221100	13601965615
北京祥龙物流（集团）有限公司	北京市朝阳区广渠东路2号	100020	13311135888
陕西大件汽车运输有限公司	陕西西安市丰禾路336号	710014	13991838177
河南九域博大实业有限公司	河南省郑州市西站路74号	450051	13608686119
上海巨神大件运输有限公司	上海市嘉定区横仓公路1500号	201800	13601664920
沈阳黎明新航运输有限公司	辽宁省沈阳市大东区东塔街6号	110041	13998815988
大连嘉汇海运有限公司	辽宁省大连市中山区朝阳路57号花香维也纳3-15-1	116001	13842872333
上海江电装卸储运服务有限公司	上海市闵行区江川路555号	221100	13601906828
振华物流集团有限公司大连分公司	辽宁省大连市中山区人民路68号宏誉大厦1904-1905	116001	13940917655
中能运输无锡有限公司	江苏省无锡市惠山区惠澄大道77号中投保物流园综合楼513室	214100	13921390559
哈尔滨动力设备物流有限责任公司	黑龙江哈尔滨市香坊区通乡街248号	150036	13503643653
西安安航大件运输有限公司	陕西省西安市西二环北段59号	710077	13891853966
上海凯源电站设备运输有限公司	上海市闵行华宁路250号	221100	13801917511
哈尔滨会能物流有限责任公司	黑龙江省哈尔滨市香坊区三大动力路99号	150036	13946103305
哈尔滨市和盛运输有限公司	黑龙江省哈尔滨市三合路77号	150036	15658399999
上海电力环保设备总厂有限公司	上海市宝山区山连路358号	201900	13611655337
上海交运大件物流有限公司	上海市宝山区宝杨路2045号	201900	13801709390
湖南中电物流有限公司	湖南省衡阳市雁峰区白沙大道1号	421000	15973412238
辽阳鑫众诚大型设备运输有限公司	辽宁省辽阳市太子河区繁荣路中段	111000	18741937999
大连春安国际物流有限公司	辽宁省大连市中山区中山路天安国际大厦	116001	13504096217
太原重工股份有限公司滨海港务分公司	天津市滨海新区临港经济区渤海50路69号	300450	13132183008
天津市平发大件运输有限公司	天津市静海县双塘镇增福堂村	301600	13820002838
广东天泰供应链有限公司	广东省广州市番禺区亚运大道498号金海岸皇玛12-1-1002	511400	13980086308
巩义锦轩物流有限公司	河南省洛阳市洛龙区美茵街建业左岸B座27楼	471000	13937158111
西安虹桥货运有限公司	陕西省西安市未央区朱宏路纬二十八街8号	710016	18729002633
中电华运国际物流（大连）有限公司	辽宁省大连市开发区金普国际大厦C座409室	116600	17731855555
大连双迎服务有限公司	辽宁省大连市甘井子区祥龙街华东人家14号楼3单元17楼1号	116033	13841159965
郑州大运运输有限公司	河南省郑州市中原区桐柏南路98号帝湖花园东王府1号楼	450000	13592597352
大连金易鸿嘉有限公司	辽宁省大连保税区黄海西三路62号豪轩国际大厦	116600	13841159965
哈尔滨龙吉大件运输有限公司	黑龙江省哈尔滨市道外区团结镇机关家属楼一楼20-17号	150026	13845144488
上海和电大件运输有限公司	上海市闵行区江川路2060弄50号	221100	13818018968
重庆实力大件吊装运输有限公司	重庆市沙坪区汉渝路金沙港湾C区24栋3-1	400000	15086829594
中设国际商务运输代理有限公司	北京市西城区广安门外大街178号	100032	13801322255
中国人民财产保险股份有限公司沈阳市分公司	辽宁省沈阳市和平区西滨河路8号	110000	18640567375

中国战略性新兴产业研究与发展系列

中国战略性新兴产业发展蓝皮书

中国战略性新兴产业研究与发展系列图书是国家出版基金资助的重点图书。该系列图书涵盖了中国战略性新兴产业中的新能源、新材料、新一代信息技术产业、生物、节能环保产业、新能源汽车、高端装备制造产业和相关服务业中的若干个分领域。图书为 16 开本，图文混排，面向国内外公开发行。

由国家主管部门、行业管理机构、各主要行业协会及相关研究院所的知名研究人员、行业专家及出版专家组成图书编委会，相关产业领域的专家顾问、产业研究人员、行业管理部门专家执笔精心编纂。

图书定位：

为政府、行业、企业领导制定政策、规划及决策等提供指导，为工程技术人员提供参考。

内容特点：

图书阐述了国外相关产业的新近发展动态，结合我国的具体现状，从战略高度为我国新兴产业发展提供具有现实和可操作性的指导建议。在内容上，保持了科学性和普及性的有机统一，既具有一定的思想理论深度，又具有易懂实用的特点。

读者定位：

各级政府和行业决策规划管理人员，企业决策者、技术、管理及市场人员，投资、证券及咨询机构人员，科研院所研究人员。